**Real
MySQL** 8.0 ② 2권 개정판

개발자와 DBA를 위한 MySQL 실전 가이드

Real MySQL 8.0

개발자와 DBA를 위한 MySQL 실전 가이드

지은이 백은빈, 이성욱

펴낸이 박찬규 엮은이 이대엽 디자인 북누리 표지디자인 Arowa & Arowana

펴낸곳 위키북스 전화 031-955-3658, 3659 팩스 031-955-3660

주소 경기도 파주시 문발로 115, 311호 (파주출판도시, 세종출판벤처타운)

가격 32,000 페이지 760 책규격 188 x 240mm

1쇄 발행 2021년 09월 08일
2쇄 발행 2022년 03월 18일
3쇄 발행 2023년 04월 14일
4쇄 발행 2024년 12월 30일
ISBN 979-11-5839-272-7 (93000)

등록번호 제406-2006-000036호 등록일자 2006년 05월 19일
홈페이지 wikibook.co.kr 전자우편 wikibook@wikibook.co.kr

Real
MySQL 8.0

개발자와 DBA를 위한 MySQL 실전 가이드

2

전면 개정판

백은빈, 이성욱 지음

위키북스

책 사용 설명서

본문 내용을 시작하기에 앞서 이 책의 도서 홈페이지 및 예제 파일을 소개하고, 이 책에서 사용된 편집 서식에 대해 알아보겠습니다.

도서 홈페이지

이 책의 홈페이지 URL은 다음과 같습니다.

- 책 홈페이지: https://wikibook.co.kr/realmysql802

이 책을 읽는 과정에서 내용상 궁금한 점이나 잘못된 내용, 오탈자가 있다면 홈페이지 우측의 [도서 관련 문의]를 통해 문의해 주시면 빠른 시간 내에 안내해 드리겠습니다.

예제 파일

이 책의 예제 파일은 깃허브 저장소에서 관리됩니다. 아래 깃허브 저장소에서 예제 파일을 확인하고 내려받을 수 있습니다.

- 깃허브 저장소: https://github.com/wikibook/realmysql80

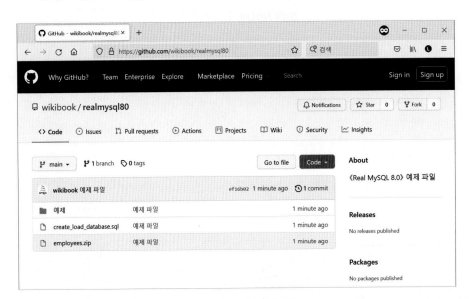

예제 파일이 변경될 경우 위 깃허브 저장소에 반영됩니다.

예제 파일 다운로드

이 책의 예제 파일을 다운로드하는 방법을 알아보겠습니다.

1. 웹 브라우저로 깃허브 저장소(https://github.com/wikibook/realmysql80)에 접속해 우측 상단의 [Code]를 클릭한 후 [Download ZIP]을 클릭합니다.

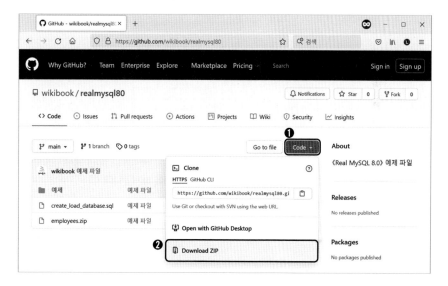

2. 다운로드할 폴더를 지정해 압축 파일(ZIP 파일)을 내려받습니다. 특별히 다운로드 폴더를 지정하지 않으면 다운로드 폴더에 내려받습니다.

1. 다운로드한 압축 파일(realmysql80-main.zip)의 압축을 풉니다. 이때 압축 해제된 파일이 위치할 대상 폴더를 지정하거나 현재 디렉터리에 압축을 해제한 후 대상 폴더로 옮길 수 있습니다.

2. 압축을 해제한 폴더로 이동하면 폴더 구성을 확인할 수 있습니다. 이 가운데 예제 데이터베이스 파일(employees.sql)을 압축한 employees.zip 파일의 압축을 해제합니다.

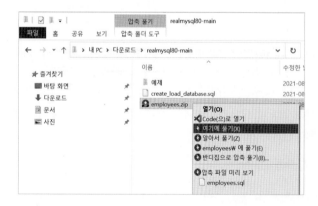

편집 서식

이 책의 본문에 사용된 서식은 다음과 같습니다.

- 본문 코드: 본문에서 코드, 파일명, 옵션 등과 관련된 사항을 표기합니다.

  SET PERSIST 명령이나 SET PERSIST_ONLY 명령으로 시스템 변수를 변경하면 다음과 같이 JSON 포맷의 mysqld-auto.cnf 파일이 생성된다.

- 코드 블록: 코드 예제를 나타냅니다.

```
mysql> SET PERSIST max_connections=5000;
mysql> SHOW GLOBAL VARIABLES LIKE 'max_connections';
+-----------------+-------+
| Variable_name   | Value |
+-----------------+-------+
| max_connections | 5000  |
+-----------------+-------+
```

- 참고: 본문 내용과 관련해서 알아둘 만한 내용을 나타냅니다.

  > **참고** yum 명령어 앞에 사용된 sudo 명령은 yum 명령을 root 권한으로 실행하게 해준다. MySQL 서버를 설치하는 과정에서 리눅스 서버의 관리자만 접근할 수 있는 디렉터리에 파일들을 복사하기 때문에 반드시 root 권한이 필요하다. 그래서 만약 현재 사용자가 root가 아니라면 sudo 명령을 yum 명령과 함께 사용해야 한다.

- 주의: 본문 내용과 관련해서 주의해야 할 내용을 나타냅니다.

  > **주의** MySQL 서버가 시작되거나 종료될 때는 MySQL 서버(InnoDB 스토리지 엔진)의 버퍼 풀 내용을 백업하고 복구하는 과정이 내부적으로 실행된다. 실제 버퍼 풀의 내용을 백업하는 것이 아니라, 버퍼 풀에 적재돼 있던 데이터 파일의 데이터 페이지에 대한 메타 정보를 백업하기 때문에 용량이 크지 않으며, 백업 자체는 매우 빠르게 완료된다. 하지만 MySQL 서버가 새로 시작될 때는 디스크에서 데이터 파일들을 모두 읽어서 적재해야 하므로 상당한 시간이 걸릴 수도 있다.

예제 데이터베이스

이 책에서 사용하는 예제 데이터베이스의 ERD와 예제 데이터베이스를 생성하는 방법입니다.

ERD

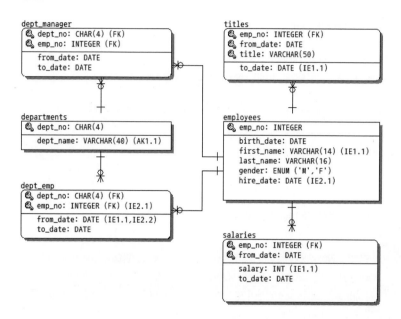

예제 데이터베이스 생성

다음 명령을 MySQL에서 차례로 실행합니다. 책 사용 설명서에서 설명한 바와 같이 employees.zip 파일의 압축을 풀어 employees.sql 파일이 현재 디렉터리에 있다고 가정합니다.

```
mysql> CREATE DATABASE employees
          DEFAULT CHARACTER SET utf8mb4 COLLATE utf8mb4_0900_ai_ci;

mysql> USE employees
mysql> SOURCE employees.sql
```

《Real MySQL》이 출간된 2012년 즈음은 다양한 DBMS들이 우후죽순으로 탄생하던 춘추전국 시대와 같은 시기였으며, 아마도 그때는 전통적인 RDBMS들은 살아남지 못하고 곧 사라질 것이라고 생각한 사람들도 많았을 것이다. 빅데이터 기술에 대한 관심이 높아지고 단순 로그 성격의 대량 데이터 저장을 위한 솔루션의 필요성이 대두되면서 Cassandra나 HBase 같은 NoSQL DBMS가 급부상했으며, 그를 뒤이은 후발 주자로 MongoDB도 많은 관심을 받았다.

10년이 지난 지금, 그 누구도 그때 출시됐던 NoSQL DBMS를 언급하지 않는 듯하다(여기서 이야기하는 DBMS 범주에서 Redis와 Memcached는 제외했다). 그나마 HBase와 MongoDB만이 자기만의 자리를 찾아서 사용되고 있는 상황이다. 오히려 전통적인 RDBMS들은 자기만의 영역과 역할을 견고히 다져왔으며, 그중에서도 MySQL 서버는 수많은 NoSQL DBMS를 대체하면서 더 발전해 왔다. MySQL 서버가 오라클로 인수되면서 오픈소스로 유지되기 어려울 것이라는 예측이 많았지만, 그 이후 안정성 향상뿐만 아니라 더 많은 기능들이 추가되면서 상용 RDBMS와 견주어 부족함이 없을 정도로 발전했으며, 더 많은 회사들이 오픈소스 버전의 MySQL 서버를 사용하고 있다. MySQL 서버는 26년간의 역사를 통틀어서 오늘이 가장 발전된 모습이며, 다가올 1년 그리고 10년 후 오늘보다 더 나은 기능과 성능을 보여줄 것이라 믿는다.

앞에서 언급했던 HBase와 MongoDB는 특정 유스케이스에 적합한 DBMS인 반면, MySQL 서버와 같은 RDBMS는 범용 DBMS 영역에 속한다. 어떤 서비스를 개발하든 초기에는 범용 DBMS를 선택하고, 사용량이나 데이터의 크기가 커지면 일부 도메인 또는 테이블의 데이터만 전용 DBMS로 이전해서 확장하는 형태를 대부분 회사에서 선택하고 있다. 그래서 어떤 서비스를 개발하더라도 RDBMS 선택을 피할 수 없으며, 그 선택의 첫 번째 후보로 MySQL 서버가 견고하게 자리잡고 있다. 이는 다른 DBMS보다 MySQL 서버의 노력과 시간 투자 대비 효율이 가장 높다는 것을 의미하며, 서비스 개발자라면 MySQL 서버를 이해하기 위해서 시간을 투자해야 하는 이유다.

최근에는 다양한 프로그래밍 언어에서 ORM 도구를 지원하고 있으며, 많은 프로젝트에서 ORM 기능을 채택하고 있다. 더 나아가서 SQL 문장을 직접 작성하는 것보다 ORM을 통해서 간접적으로 DBMS를 접근하는 것을 더 선호하는 개발자들도 많아졌다. 요즘은 오픈소스로 제공되는 기능들에 대한 신뢰도가 매우 높아진 것으로 보인다. 물론 오픈소스를 활용하면 개발 생산성을 높일 수 있고 오픈소스의 검증된 코드를 활용하면서 서비스의 안정성을 더 높일 수도 있다. 하지만 모든 오픈소스가 그런 것은 아니라는 것에 주의해야 한다. ORM은 DBMS와의 인터랙션을 블랙박스로 만들어 버리기 때문에 ORM 도구가 DBMS로 어떤 쿼리를 실행하는지를 알기 어렵다. ORM이 만들어 내는 쿼리가 여러분이 직접 작성하는 쿼리보다 더 나은 성능을 보일 것이라는 기대를 해서는 안 되며, 유스케이스별로 ORM이 생성한 쿼리들을 검토해볼 것을 권장한다. 즉 ORM이 최적은 아니어도 최악의 쿼리를 만들어내는 경우를 회피하기 위해 서비스 개발자는 RDBMS와 쿼리 처리 방식을 이해할 필요가 있다.

물론 ORM 사용에 대해서는 많은 논쟁거리가 있다는 것을 잘 알고 있다. 하지만 이 문제에 대해서 하나의 정답이 없다는 것은 확실하다. 개발 생산성에 가중치를 줄 것인지 성능이나 안정성 그리고 서버 비용에 가중치를 줄 것인지는 직접 판단해야 할 문제다. ORM을 사용했을 때 테이블의 레코드를 1건만 읽어도 될 쿼리를 몇만 또는 몇십만 레코드를 읽어서 처리하도록 쿼리를 생성하는 경우가 드물지 않게 발생하는 것을 경험했다. 앞으로 ORM 도구들이 얼마나 더 발전하게 될지는 알 수 없지만, 적어도 아직은 ORM을 전적으로 신뢰해서는 안 될 것으로 보인다.

또한 개발자들은 항상 바쁜 프로젝트 일정을 소화해야 하기 때문에 DBMS에 대해서 입력과 출력 자체에만 집중하는 경우가 많다. 즉 DBMS 서버가 그 결과를 만들기 위해서 내부적으로 무슨 과정을 거쳤는지는 크게 관심을 가지지 않는다. 그런데 AWS 같은 클라우드 환경의 DBMS 서버들은 자원을 무제한 사용하도록 해주고 사용한 만큼 비용을 가져간다. 즉 컴퓨팅 자원이 너무 쉽게 낭비될 수 있는 환경이고 이런 낭비는 결국 비용 증가로 연결될 것이다. 클라우드 서비스 회사와 ORM 도구들은 우리가 지불해야 할 비용에 대해서 걱정해주지 않기 때문에 결국 사용자 입장에서 필요한 만큼 지식과 경험을 갖추고 있어야 하는 것이다. 이 책을 통해 그러한 지식과 경험을 쌓는 시간을 절약하고, MySQL을 사용할 때 더욱 효율적이고 최적화된 형태로 개발이 이뤄질 수 있기를 바란다.

18. Performance 스키마 & Sys 스키마   646

11

쿼리 작성 및 최적화

애플리케이션에서 입력된 데이터를 데이터베이스에 저장하거나 데이터베이스로부터 필요한 데이터를 가져오려면 SQL이라는 정형화된 문장을 사용해야 한다. 데이터베이스나 테이블의 구조를 변경하기 위한 문장을 DDL(Data Definition Language)이라 하며, 테이블의 데이터를 조작(읽고, 쓰기)하기 위한 문장을 DML(Data Manipulation Language)이라고 한다.

애플리케이션에서 데이터를 저장 또는 조회하기 위해 데이터베이스와 통신할 때 데이터베이스 서버로 전달되는 것은 SQL뿐이다. SQL은 어떠한(What) 데이터를 요청하기 위한 언어이지, 어떻게(How) 데이터를 읽을지를 표현하는 언어는 아니므로 C나 자바 같은 언어와 비교했을 때 상당히 제한적으로 느껴질 수 있다. 그래서 쿼리가 빠르게 수행되게 하려면 데이터베이스 서버에서 쿼리가 어떻게 요청을 처리할지 예측할 수 있어야 한다. 그래서 SQL을 작성하는 방법이나 규칙은 물론, 내부적인 처리 방식(옵티마이저)에 대해 어느 정도의 지식이 필요한 것이다.

애플리케이션 코드를 튜닝해서 성능을 2배 개선한다는 것은 쉽지 않은 일이다. 하지만 DBMS에서 몇십 배에서 몇백 배의 성능 향상이 이뤄지는 것은 상당히 흔한 일이다. SQL 처리에서 "어떻게(How)"를 이해하고, 쿼리를 작성하는 것이 그만큼 중요하다는 것이다. 이번 장에서는 쿼리의 패턴별로 "어떻게 처리되는가?"를 살펴보겠다. 또한 많이 알려져 있진 않지만 프로그램 코드를 상당히 줄일 수 있는 유용한 쿼리 패턴도 함께 살펴보겠다.

11.1 쿼리 작성과 연관된 시스템 변수

대소문자 구분, 문자열 표기 방법 등과 같은 SQL 작성 규칙은 MySQL 서버의 시스템 설정에 따라 달라진다. 이번 절에서는 MySQL 서버의 시스템 설정이 쿼리에 어떤 영향을 주는지 살펴보자. 그리고 MySQL의 예약어는 어떤 것이 있고, 이러한 예약어를 사용할 때 주의해야 할 사항은 무엇인지도 함께 살펴보겠다.

11.1.1 SQL 모드

MySQL 서버의 sql_mode라는 시스템 설정에는 여러 개의 값이 동시에 설정될 수 있다. 그중에서 대표적으로 SQL의 작성과 결과에 영향을 미치는 값은 어떤 것들이 있는지 살펴보자. MySQL 서버의 설정 파일에서 sql_mode를 설정할 때는 구분자(,)를 이용해 다음에 설명되는 키워드를 동시에 설정할 수 있다.

MySQL 서버의 sql_mode 시스템 변수에 설정된 값들은 SQL 문장 작성 규칙뿐만 아니라 MySQL 서버 내부적으로 자동 실행되는 데이터 타입 변환 및 기본값 제어 등과 관련된 옵션도 가지고 있다. 그래서 일단 MySQL 서버에 사용자 테이블을 생성하고 데이터를 저장하기 시작했다면 가능한 한 sql_mode 시스템 변수의 내용을 변경하지 않는 것이 좋다. 그리고 하나의 복제 그룹에 속한 모든 MySQL 서버들은 동일한 sql_mode 시스템 변수를 유지하는 게 좋다. sql_mode 시스템 변수를 변경해야 하는 경우 MySQL 서버가 자동으로 실행하는 데이터 타입 변환이나 기본값 제어에 영향을 미치는지 확인한 후 적용하는 것이 좋다.

MySQL 서버에 익숙하지 않다면 가능하면 sql_mode 시스템 변수를 변경하지 않고 기본값을 그대로 사용하는 것도 좋은 방법이다. MySQL 8.0 서버의 sql_mode 기본값은 다음 옵션으로 구성돼 있다.

- ONLY_FULL_GROUP_BY
- STRICT_TRANS_TABLES
- NO_ZERO_IN_DATE
- NO_ZERO_DATE
- ERROR_FOR_DIVISION_BY_ZERO
- NO_ENGINE_SUBSTITUTION

MySQL 8.0 이전 버전에서 MySQL 8.0 버전으로 업그레이드하는 경우라면 기존 버전의 sql_mode 시스템 변수에 설정된 값을 그대로 유지하는 것이 호환성 측면에서 좋을 것이다. 기존 버전에서 sql_mode 시스템 변수를 별도로 설정하지 않고 기본값을 사용하는 상태에서 MySQL 8.0 업그레이드를 해야 한다면 sql_mode 시스템 변수의 ONLY_FULL_GROUP_BY 옵션에 주의하자.

- **STRICT_ALL_TABLES & STRICT_TRANS_TABLES**: MySQL 서버에서 INSERT나 UPDATE 문장으로 데이터를 변경하는 경우 칼럼의 타입과 저장되는 값의 타입이 다를 때 자동으로 타입 변경을 수행한다. 이때 타입이 적절히 변환되기 어렵거나 칼럼에 저장될 값이 없거나 값의 길이가 칼럼의 최대 길이보다 큰 경우 MySQL 서버가 INSERT나 UPDATE 문장을 계속 실행할지, 아니면 에러를 발생시킬지를 결정한다. STRICT_TRANS_TABLES 옵션(옵션 이름의 "TRANS"는 "TRANSACTION"의 약어다)은 InnoDB 같은 트랜잭션을 지원하는 스토리지 엔진에만 엄격한 모드(Strict Mode)를 적용하며, STRICT_ALL_TABLES 옵션은 트랜잭션 지원 여부와 무관하게 모든 스토리지 엔진에 대해 엄격한 모드(Strict Mode)를 적용한다. STRICT_ALL_TABLES와 STRICT_TRANS_TABLES 옵션은 사용자가 원하지 않는 방향으로 값의 자동 변환이 유발될 수도 있으므로 MySQL 서버를 서비스에 적용하기 전에 반드시 활성화할 것을 권장한다. 서비스 도중에 이 두 옵션을 변경해야 한다면 응용 프로그램에서 사용하는 INSERT와 DELETE 문장을 검토해서 의도하지 않은 결과가 발생하지 않도록 주의하자.

- **ANSI_QUOTES**: MySQL에서는 문자열 값(리터럴)을 표현하기 위해 홑따옴표와 쌍따옴표를 동시에 사용할 수 있다. 하지만 오라클 같은 DBMS에서는 홑따옴표를 문자열 값을 표기하는 데 사용하고, 쌍따옴표는 칼럼명이나 테이블명과 같은 식별자(Identifier)를 구분하는 용도로만 사용한다. 이 또한 MySQL에 익숙하지 않은 사용자에게는 혼란스러

울 수 있다. 때로는 MySQL에 익숙하다고 하더라도 하나의 SQL 문장에서 홑따옴표와 쌍따옴표가 엉켜 있으면 가독성이 떨어지기도 한다. sql_mode 시스템 변수에 ANSI_QUOTES를 설정하면 홑따옴표만 문자열 값 표기로 사용할 수 있고, 쌍따옴표는 칼럼명이나 테이블명과 같은 식별자를 표기하는 데만 사용할 수 있다.

- **ONLY_FULL_GROUP_BY**: MySQL의 쿼리에서는 GROUP BY 절에 포함되지 않은 칼럼이더라도 집합 함수의 사용 없이 그대로 SELECT 절이나 HAVING 절에 사용할 수 있다. 이러한 부분도 SQL 표준이나 다른 DBMS와는 다른 동작 방식인데, sql_mode 시스템 변수에 ONLY_FULL_GROUP_BY를 설정해서 SQL 문법에 조금 더 엄격한 규칙을 적용한다. MySQL 5.7 버전까지 이 옵션은 기본값으로 비활성화돼 있었지만 MySQL 8.0 버전부터는 이 옵션이 기본적으로 활성화돼 있다. 그래서 MySQL 8.0으로 업그레이드하는 경우라면 sql_mode 시스템 변수의 ONLY_FULL_GROUP_BY 옵션에 특별히 주의하자. ONLY_FULL_GROUP_BY 옵션이 활성화되면 GROUP BY 절이 사용된 문장의 SELECT 절에는 GROUP BY 절에 명시된 칼럼과 집계 함수(COUNT 또는 SUM과 같은 그룹 함수)만 사용할 수 있다. SELECT 절에 집계 함수가 사용되는 경우 GROUP BY 절에 명시되지 않은 칼럼도 집계 함수의 인자로 사용할 수 있다. MySQL 5.7 버전까지는 ONLY_FULL_GROUP_BY 규칙을 준수하지 않는 쿼리가 많이 사용됐기 때문에 MySQL 5.7에서 8.0으로 업그레이드하는 경우에는 ONLY_FULL_GROUP_BY 옵션을 비활성화해야 할 수도 있다.

- **PIPES_AS_CONCAT**: MySQL에서 "||"는 OR 연산자와 같은 의미로 사용된다. 하지만 sql_mode 시스템 변수에 PIPES_AS_CONCAT 값을 설정하면 오라클과 같이 문자열 연결 연산자(CONCAT)로 사용할 수 있다.

- **PAD_CHAR_TO_FULL_LENGTH**: MySQL에서는 CHAR 타입이라고 하더라도 VARCHAR와 같이 유효 문자열 뒤의 공백 문자는 제거되어 반환된다. 이는 주로 애플리케이션 개발자에게 민감한 부분인데, 개인적으로 저자는 MySQL이 불필요한 공백 문자를 제거하는 방식이 더 편리한 것 같다. 하지만 CHAR 타입의 칼럼값을 가져올 때 뒤쪽의 공백이 제거되지 않고 반환돼야 한다면 sql_mode 시스템 설정에 PAD_CHAR_TO_FULL_LENGTH를 추가하면 된다. 더 자세한 내용은 15.1절 '문자열(CHAR와 VARCHAR)'에서 언급하겠다.

- **NO_BACKSLASH_ESCAPES**: MySQL에서도 일반적인 프로그래밍 언어에서처럼 역슬래시 문자를 이스케이프 문자로 사용할 수 있다. sql_mode 시스템 설정에 NO_BACKSLASH_ESCAPES를 추가하면 역슬래시를 문자의 이스케이프 용도로 사용하지 못한다. 이 설정을 활성화하면 역슬래시 문자도 다른 문자와 동일하게 취급한다. 더 자세한 내용은 15.1절 '문자열(CHAR와 VARCHAR)'에서 언급하겠다.

- **IGNORE_SPACE**: MySQL에서 스토어드 프로시저나 함수의 이름 뒤에 공백이 있으면 "스토어드 프로시저나 함수가 없습니다"라는 에러가 출력될 수도 있다. MySQL에서는 스토어드 프로시저나 함수명과 괄호 사이에 있는 공백까지도 스토어드 프로시저나 함수의 이름으로 간주한다. 이 동작 방식이 기본 모드이므로 몇 번이고 함수가 있는지 확인하기도 한다. sql_mode 시스템 변수에 IGNORE_SPACE를 추가하면 프로시저나 함수명과 괄호 사이의 공백은 무시한다. IGNORE_SPACE 옵션은 MySQL 서버의 내장 함수에만 적용되며, IGNORE_SPACE 옵션이 활성화되면 MySQL 서버의 내장 함수는 모두 예약어로 간주되어 테이블이나 칼럼의 이름으로 사용될 수 없다. 물론 역따옴표(', backtick)를 이용하면 예약어를 테이블이나 칼럼의 이름으로 사용할 수 있다.

- **REAL_AS_FLOAT**: MySQL 서버에서는 부동 소수점 타입은 FLOAT과 DOUBLE 타입이 지원되는데, REAL 타입은 DOUBLE 타입의 동의어로 사용된다. 하지만 REAL_AS_FLOAT 모드가 활성화되면 MySQL 서버는 REAL이라는 타입이 FLOAT 타입의 동의어로 바뀐다.

- NO_ZERO_IN_DATE & NO_ZERO_DATE: 이 두 옵션이 활성화되면 MySQL 서버는 DATE 또는 DATETIME 타입의 칼럼에 "2020-00-00" 또는 "0000-00-00"과 같은 잘못된 날짜를 저장하는 것이 불가능해진다. 이처럼 실제 존재하지 않는 날짜를 저장하지 못하게 하려면 sql_mode에 NO_ZERO_DATE와 NO_ZERO_IN_DATE 모드를 활성화하면 된다.

- ANSI: 이 값은 앞에서 설명한 여러 가지 옵션을 조합해서 MySQL 서버가 최대한 SQL 표준에 맞게 동작하게 만들어준다. ANSI 모드는 "REAL_AS_FLOAT, PIPES_AS_CONCAT, ANSI_QUOTES, IGNORE_SPACE, ONLY_FULL_GROUP_BY" 모드의 조합으로 구성된 모드다.

- TRADITIONAL: STRICT_TRANS_TABLES나 STRICT_ALL_TABLES와 비슷하지만 조금 더 엄격한 방법으로 SQL의 작동을 제어한다. TRADITIONAL 모드는 "STRICT_TRANS_TABLES, STRICT_ALL_TABLES, NO_ZERO_IN_DATE, NO_ZERO_DATE, ERROR_FOR_DIVISION_BY_ZERO, NO_ENGINE_SUBSTITUTION" 모드의 조합으로 구성된 모드다. sql_mode의 TRADITIONAL 모드가 활성화되면 TRADITIONAL 모드가 아닐 때 경고로 처리되던 상황이 모두 에러로 바뀌고 SQL 문장은 실패한다.

11.1.2 영문 대소문자 구분

MySQL 서버는 설치된 운영체제에 따라 테이블명의 대소문자를 구분한다. 이는 MySQL의 DB나 테이블이 디스크의 디렉터리나 파일로 매핑되기 때문이다. 즉, 윈도우에 설치된 MySQL에서는 대소문자를 구분하지 않지만 유닉스 계열의 운영체제에서는 대소문자를 구분한다. DB나 테이블명의 대소문자 구분은 가끔 윈도우에서 운영되던 MySQL 데이터를 리눅스로 가져오거나 그 반대의 경우 문제가 되기도 한다. MySQL 서버가 운영체제와 관계없이 대소문자 구분의 영향을 받지 않게 하려면 MySQL 서버의 설정 파일에 lower_case_table_names 시스템 변수를 설정하면 된다. 이 변수를 1로 설정하면 모두 소문자로만 저장되고, MySQL 서버가 대소문자를 구분하지 않게 해준다. 이 설정의 기본값은 0으로, DB나 테이블명에 대해 대소문자를 구분한다. 또한 윈도우와 macOS에서는 2를 설정할 수도 있는데, 이 경우에는 저장은 대소문자를 구분해서 하지만 MySQL의 쿼리에서는 대소문자를 구분하지 않게 해준다. 이러한 설정 자체를 떠나서 가능하면 초기 DB나 테이블을 생성할 때 대문자 또는 소문자만으로 통일해서 사용하는 편이 좋다.

11.1.3 MySQL 예약어

생성하는 데이터베이스나 테이블, 칼럼의 이름을 예약어와 같은 키워드로 생성하면 해당 칼럼이나 테이블을 SQL에서 사용하기 위해 항상 역따옴표(`)나 쌍따옴표로 감싸야 한다. 이는 프로그램을 개발할 때뿐만 아니라 관리 작업을 할 때도 상당히 성가신 일이 될 것이다. 또한 단순히 "문법이 틀리다"라는 형식의 에러만 출력하므로 SQL을 작성하는 개발자에게는 찾아내기 어려운 버그의 원인이 될 수도 있다. MySQL에서 이미 등록된 예약어의 개수는 적지 않으며, 예약어별로 문제가 되지 않는 키워드들도 있다.

이러한 예약어를 모두 구분해서 기억하기란 쉽지 않은 일이다. 매뉴얼을 통해 예약어인지 아닌지를 찾아보는 것도 방법이지만 가장 좋은 방법은 직접 MySQL에서 테이블을 생성해 보는 것이다. 이때 주의해야 할 사항은 역따옴표(`)로 테이블명이나 칼럼명을 둘러싸지 않고 테이블을 생성해야 한다는 것이다. 역따옴표로 둘러싸고 테이블을 생성하는 경우 예약어를 사용했다고 하더라도 에러나 경고를 보여주지 않고, 그대로 테이블을 생성해 버리기 때문이다. 테이블을 생성할 때는 항상 역따옴표로 테이블이나 칼럼의 이름을 둘러싸지 않은 상태로 생성하길 권장한다. 그래야만 예약어인지 아닌지를 MySQL 서버가 에러로 알려주기 때문이다. 테이블 생성이 실패하는 경우라면 해당 예약어는 역따옴표로 감싸지 않고는 사용할 수 없다는 것을 의미한다.

11.2 매뉴얼의 SQL 문법 표기를 읽는 방법

MySQL 매뉴얼에 명시된 SQL 문법은 사용할 수 있는 모든 키워드나 기능을 하나의 문장에 다 표기해뒀기 때문에 한눈에 이해되지 않는다는 단점이 있다. 하지만 해당 버전에 맞는 SQL 문법을 참조하기에는 매뉴얼만큼 정확한 자료가 없다. 그래서 더 정확하고 더 상세한 문법을 확인하려면 MySQL 매뉴얼의 SQL 문법을 참조하는 것이 좋다. 이번에는 MySQL 매뉴얼에서 SQL 문법을 표기하는 방법을 간단히 알아보자.

```
INSERT [LOW_PRIORITY | DELAYED | HIGH_PRIORITY] [IGNORE]
    [INTO] tbl_name
    [PARTITION (partition_name [, partition_name] ...)]
    [(col_name [, col_name] ...)]
    {VALUES | VALUE} (value_list) [, (value_list)] ...
    [ON DUPLICATE KEY UPDATE assignment_list]

value: {expr | DEFAULT}

value_list: value [, value] ...

assignment: col_name = value

assignment_list: assignment [, assignment] ...
```

그림 11.1 MySQL 매뉴얼의 SQL 문법 표기

SQL에서 각 키워드는 그림 11.1과 같이 키워드나 표현식이 표기된 순서로만 사용할 수 있다.

위 표기법에서 대문자로 표현된 단어는 모두 키워드를 의미한다. 키워드는 대소문자를 특별히 구분하지 않고 사용할 수 있다. 그림 11.1의 표기법에서 이탤릭체로 표현한 단어는 사용자가 선택해서 작성하는 토큰을 의미하는데, 대부분 테이블명이나 칼럼명 또는 표현식을 사용한다. 이 항목이 SQL 키워드나 식별자(테이블명이나 칼럼명 등)가 아니라면 MySQL 매뉴얼에서는 그 항목에 대해 그림 11.1의 하단에 나열된 "value"나 "value_list"와 같이 다시 상세한 문법을 설명해 준다. 단말 노드도 중요 사항이나 주의사항이 있으면 매뉴얼의 하단에서 별도 설명이 추가되기 때문에 쉽게 참조할 수 있다.

대괄호("[]")는 해당 키워드나 표현식 자체가 선택 사항임을 의미한다. 즉, 대괄호로 묶인 키워드나 표현식은 없어도 문법적인 오류를 일으키지 않으며, 있어도 문법적인 오류가 발생하지 않는다.

파이프("|")는 앞과 뒤의 키워드나 표현식 중에서 단 하나만 선택해서 사용할 수 있음을 의미한다. 즉 그림 11.1에서 첫 번째 라인의 LOW_PRIORITY, DELAYED, HIGH_PRIORITY는 셋 중에서 단 하나만 선택해서 사용할 수 있음을 의미한다. 그런데 이 세 개의 키워드가 대괄호로 싸여 있기 때문에 INSERT 키워드와 INTO 키워드 사이에는 아무것도 사용하지 않거나 셋 중에서 하나만 사용할 수 있다.

중괄호("{}")는 괄호 내의 아이템 중에서 반드시 하나를 사용해야 하는 경우를 의미한다. 그림 11.1의 5번째 라인에서 "VALUES"나 "VALUE" 중에서 반드시 하나만 사용해야 한다.

"…" 표기는 앞에 명시된 키워드나 표현식의 조합이 반복될 수 있음을 의미한다. 그림 11.1의 5번째 라인에서 "…"은 "(value_list)"를 여러 번 반복해서 사용할 수 있다.

11.3 MySQL 연산자와 내장 함수

여타 DBMS에서 사용되는 기본적인 연산자는 MySQL에서도 거의 비슷하게 사용되지만 MySQL에서만 사용되는 연산자나 표기법이 있다. 여기에는 ANSI 표준 형태가 아닌 연산자가 많이 있는데, 이러한 부분은 MySQL을 처음 사용하는 사용자를 혼란스럽게 만들기도 한다. 이번 절에서는 MySQL에서만 사용 가능한 연산자도 함께 살펴보겠지만 가능하면 SQL의 가독성을 높이기 위해 ANSI 표준 형태의 연산자를 사용하길 권장한다.

일반적으로 각 DBMS의 내장 함수는 거의 같은 기능을 제공하지만 이름이 호환되는 것은 거의 없다. 주요 내장 함수의 이름과 기능도 간략히 살펴보겠다.

11.3.1 리터럴 표기법 문자열

11.3.1.1 문자열

SQL 표준에서 문자열은 항상 홑따옴표(')를 사용해서 표시한다. 하지만 MySQL에서는 다음과 같이 쌍따옴표를 사용해 문자열을 표기할 수도 있다.

```
SELECT * FROM departments WHERE dept_no='d001';
SELECT * FROM departments WHERE dept_no="d001";
```

또한 SQL 표준에서는 문자열 값에 홑따옴표가 포함돼 있을 때 홑따옴표를 두 번 연속해서 입력하면 된다. 하지만 MySQL에서는 쌍따옴표와 홑따옴표를 혼합해서 이러한 문제를 피해 가기도 한다. 마찬가지로 문자열 값이 쌍따옴표를 가지고 있을 때는 쌍따옴표를 두 번 연속해서 사용할 수 있다. 다음 예제 모두 MySQL에서 아무 문제없이 사용할 수 있는 문자열 표기 방법이다. 첫 번째와 두 번째 쿼리의 문자열 표기법은 SQL 표준이지만, 세 번째와 네 번째 표기법은 MySQL에서만 지원되는 방식이다.[1]

```
SELECT * FROM departments WHERE dept_no='d''001';
SELECT * FROM departments WHERE dept_no='d"001';
SELECT * FROM departments WHERE dept_no="d'001";
SELECT * FROM departments WHERE dept_no="d""001";
```

SQL에서 사용되는 식별자(테이블명이나 칼럼명 등)가 키워드와 충돌할 때 오라클이나 PostgreSQL에서는 쌍따옴표나 대괄호로 감싸서 충돌을 피한다. MySQL에서는 역따옴표(`)로 감싸서 사용하면 예약어와의 충돌을 피할 수 있다.

```
CREATE TABLE tab_test (`table` VARCHAR(20) NOT NULL, ...);
SELECT `column` FROM tab_test;
```

MySQL 서버의 sql_mode 시스템 변숫값에 ANSI_QUOTES를 설정하면 쌍따옴표는 문자열 리터럴 표기에 사용할 수 없다. 그리고 테이블명이나 칼럼명의 충돌을 피하려면 역따옴표(`)가 아니라 쌍따옴표를 사용해야 한다.

---

1 이 내용은 sql_mode 시스템 변수에 ANSI_QUOTES 모드가 활성화돼 있다면 달라질 수 있으니 현재 사용 중인 MySQL 서버의 ANSI_QUOTES 모드가 활성화돼 있는지 여부를 확인하자.

```
SELECT * FROM departments WHERE dept_no='d''001';
SELECT * FROM departments WHERE dept_no='d"001';

CREATE TABLE tab_test ("table" VARCHAR(20) NOT NULL, ...);
SELECT "column" FROM tab_test;
```

이 밖에도 MySQL 매뉴얼의 sql_mode 시스템 변수에는 상당히 많은 모드가 있다. 전체적으로 MySQL 서버의 고유한 방법은 배제하고, SQL 표준 표기법만 사용할 수 있게 강제하려면 sql_mode 시스템 변숫 값에 "ANSI"를 설정하면 된다. 하지만 이 설정은 대부분 쿼리의 작동 방식에 영향을 미치므로 프로젝트 초기에 적용하는 것이 좋다. 운용 중인 애플리케이션에서 sql_mode 설정을 변경하는 것은 상당히 위험 하므로 주의해야 한다.

11.3.1.2 숫자

숫자 값을 상수로 SQL에 사용할 때는 다른 DBMS와 마찬가지로 따옴표(' 또는 ") 없이 숫자 값을 입 력하면 된다. 또한 문자열 형태로 따옴표를 사용하더라도 비교 대상이 숫자 값이거나 숫자 타입의 칼 럼이면 MySQL 서버가 문자열 값을 숫자 값으로 자동 변환한다. 하지만 이처럼 숫자 값과 문자열 값을 비교할 때는 한 가지 주의할 사항이 있다. 서로 다른 타입으로 WHERE 조건 비교가 수행되는 다음 쿼리를 잠깐 살펴보자.

```
SELECT * FROM tab_test WHERE number_column='10001';
SELECT * FROM tab_test WHERE string_column=10001;
```

위 쿼리와 같이 두 비교 대상이 문자열과 숫자 타입으로 다를 때는 자동으로 타입의 변환이 발생한다. MySQL은 숫자 타입과 문자열 타입 간의 비교에서 숫자 타입을 우선시하므로 문자열 값을 숫자 값으 로 변환한 후 비교를 수행한다.

첫 번째 쿼리는 주어진 상숫값을 숫자로 변환하는데, 이때는 상숫값 하나만 변환하므로 성능과 관련된 문제가 발생하지 않는다. 두 번째 쿼리는 주어진 상숫값이 숫자 값인데, 비교되는 칼럼은 문자열 칼럼 이다. 이때 MySQL은 문자열 칼럼을 숫자로 변환해서 비교한다. 즉, string_column 칼럼의 모든 문자열 값을 숫자로 변환해서 비교를 수행해야 하므로 string_column에 인덱스가 있더라도 이를 이용하지 못한 다. string_column에 알파벳과 같은 문자가 포함된 경우에는 숫자 값으로 변환할 수 없으므로 쿼리 자체 가 실패할 수도 있다.

원천적으로 이러한 문제점을 제거하려면 숫자 값은 숫자 타입의 칼럼에만 저장해야 한다. 아주 간단한 것 같지만 처음 데이터 모델이 생성된 이후 이런저런 변경을 거치다 보면 이처럼 간단한 규칙도 검사하지 못할 때가 허다하다. 주로 코드나 타입과 같은 값을 저장하는 칼럼에서 이 같은 현상이 자주 발생하므로 주의하자.

11.3.1.3 날짜

다른 DBMS에서 날짜 타입을 비교하거나 INSERT하려면 문자열을 DATE 타입으로 변환하는 코드가 필요하다. 하지만 MySQL에서는 정해진 형태의 날짜 포맷으로 표기하면 MySQL 서버가 자동으로 DATE나 DATETIME 값으로 변환하기 때문에 복잡하게 STR_TO_DATE() 같은 함수를 사용하지 않아도 된다.

```
SELECT * FROM dept_emp WHERE from_date='2011-04-29';
SELECT * FROM dept_emp WHERE from_date=STR_TO_DATE('2011-04-29','%Y-%m-%d');
```

첫 번째 쿼리와 같이 날짜 타입의 칼럼과 문자열 값을 비교하는 경우 MySQL 서버는 문자열 값을 DATE 타입으로 변환해서 비교한다. 두 번째 쿼리는 SQL에서 문자열을 DATE 타입으로 강제 변환해서 비교하는 예제인데, 이 두 쿼리의 차이점은 없다. 첫 번째 쿼리와 같이 비교한다고 해서 from_date 칼럼의 값을 문자열로 변환해서 비교하지 않기 때문에 from_date 칼럼으로 생성된 인덱스를 이용하는 데 문제가 되지 않는다.

11.3.1.4 불리언

BOOL이나 BOOLEAN이라는 타입이 있지만 사실 이것은 TINYINT 타입에 대한 동의어일 뿐이다. 테이블의 칼럼을 BOOL로 생성한 뒤에 조회해보면 칼럼의 타입이 BOOL이 아니라 TINYINT라는 점을 알 수 있다. MySQL에서는 다음 예제 쿼리와 같이 TRUE 또는 FALSE 형태로 비교하거나 값을 저장할 수 있다. 하지만 이는 BOOL 타입뿐만 아니라 숫자 타입의 칼럼에도 모두 적용되는 비교 방법이다.

```
mysql> CREATE TABLE tb_boolean (bool_value BOOLEAN);

mysql> INSERT INTO tb_boolean VALUES (FALSE);
mysql> SELECT * FROM tb_boolean WHERE bool_value=FALSE;
mysql> SELECT * FROM tb_boolean WHERE bool_value=TRUE;
```

위의 쿼리에서 TRUE나 FALSE로 비교했지만 실제로 값을 조회해 보면 0 또는 1 값이 조회된다. 즉, MySQL은 C/C++ 언어에서처럼 TRUE 또는 FALSE 같은 불리언 값을 정수로 매핑해서 사용하는 것이다. 이때 MySQL에서는 FALSE가 C/C++ 언어에서처럼 정숫값 0이 되지만 TRUE는 C/C++ 언어와 달리 1만을 의미한다는 점에 주의해야 한다. 그래서 숫자 값이 저장된 칼럼을 TRUE나 FALSE로 조회하면 0이나 1 이외의 숫자 값은 조회되지 않는다.

```
mysql> CREATE TABLE tb_boolean (bool_value BOOLEAN);
mysql> INSERT INTO tb_boolean VALUES (FALSE), (TRUE), (2), (3), (4), (5);

mysql> SELECT * FROM tb_boolean WHERE bool_value IN (FALSE, TRUE);
+------------+
| bool_value |
+------------+
|          0 |
|          1 |
+------------+
```

모든 숫자 값이 TRUE나 FALSE라는 두 개의 불리언 값으로 매핑되지 않는다는 것은 혼란스럽고 애플리케이션의 버그로 연결됐을 가능성이 크다. 불리언 타입을 꼭 사용하고 싶다면 ENUM 타입으로 관리하는 것이 조금 더 명확하고 실수할 가능성도 줄일 수 있다.

11.3.2 MySQL 연산자

11.3.2.1 동등(Equal) 비교(=, <=>)

동등 비교는 다른 DBMS에서와 마찬가지로 "=" 기호를 사용해 비교를 수행하면 된다. 하지만 MySQL에서는 동등 비교를 위해 "<=>" 연산자도 제공한다. "<=>" 연산자는 "=" 연산자와 같으며, 부가적으로 NULL 값에 대한 비교까지 수행한다. MySQL에서는 이 연산자를 NULL-Safe 비교 연산자라고 하는데, "=" 연산자와 "<=>"의 차이를 예제로 살펴보자.

```
mysql> SELECT 1 = 1, NULL = NULL, 1 = NULL;
+-------+-------------+----------+
| 1 = 1 | NULL = NULL | 1 = NULL |
+-------+-------------+----------+
|     1 |        NULL |     NULL |
+-------+-------------+----------+
```

```
mysql> SELECT 1 <=> 1, NULL <=> NULL, 1 <=> NULL;
+---------+---------------+------------+
| 1 <=> 1 | NULL <=> NULL | 1 <=> NULL |
+---------+---------------+------------+
|       1 |             1 |          0 |
+---------+---------------+------------+
```

위 예제 결과에서도 알 수 있듯이 NULL은 "IS NULL" 연산자 이외에는 비교할 방법이 없다. 그래서 첫 번째 쿼리에서 한쪽이 NULL이면 비교 결과도 NULL로 반환한다. 하지만 Null-Safe 비교 연산자를 이용해 비교한 결과를 보면 양쪽 비교 대상 모두 NULL이라면 TRUE를 반환하고, 한쪽만 NULL이라면 FALSE를 반환한다. 즉, "<=>" 연산자는 NULL을 하나의 값으로 인식하고 비교하는 방법이라고 볼 수 있다.

11.3.2.2 부정(Not-Equal) 비교(<>, !=)

"같지 않다" 비교를 위한 연산자는 "<>"를 일반적으로 많이 사용한다. 이와 함께 C/C++의 연산자인 "!="도 Not-Equal 연산자로 사용할 수 있다. 어느 쪽을 사용하든 특별히 문제가 되지는 않겠지만 하나의 SQL 문장에서 "<>"와 "!="가 혼용되면 가독성이 떨어지므로 통일해서 사용하는 방법을 권장한다.

11.3.2.3 NOT 연산자(!)

TRUE 또는 FALSE 연산의 결과를 반대로(부정) 만드는 연산자로 "NOT"을 사용한다. 하지만 C/C++에서처럼 "!" 연산자를 같은 목적으로 사용할 수 있다. 사실 NOT이나 "!"는 불리언 값뿐만 아니라 숫자나 문자열 표현식에서도 사용할 수 있지만 부정의 결괏값을 정확히 예측할 수 없는 경우에는 사용을 자제하는 것이 좋다. 다음 예제로 NOT이나 "!" 연산자의 사용법을 살펴보자.

```
mysql> SELECT ! 1;
+----+
| 0 |
+----+

mysql> SELECT !FALSE;
+--------+
|      1 |
+--------+
```

```
mysql> SELECT NOT 1;
+-------+
|     0 |
+-------+

mysql> SELECT NOT 0;
+-------+
|     1 |
+-------+

mysql> SELECT NOT (1=1);
+-----------+
|         0 |
+-----------+
```

11.3.2.4 AND(&&)와 OR(||) 연산자

일반적으로 DBMS에서는 불리언 표현식의 결과를 결합하기 위해 AND나 OR를 사용한다. MySQL에서는 AND와 OR뿐만 아니라 "&&"와 "||"의 사용도 허용한다. "&&"는 AND 연산자와 같으며, "||"는 OR 연산자와 같다. 오라클에서는 "||"를 불리언 표현식의 결합 연산자가 아니라 문자열을 결합하는 연산자로 사용한다. 오라클에서 운영되던 애플리케이션을 MySQL로 이관한다거나 문자열 결합 연산에 "||"를 사용하고 싶을 수도 있다. 이때는 sql_mode 시스템 변숫값에 PIPES_AS_CONCAT을 설정하면 된다. 물론 이 설정이 활성화되면 불리언 표현식을 결합할 때 "&&" 연산자는 사용할 수 있지만 "||" 연산자는 사용할 수 없다. SQL의 가독성을 높이기 위해 다른 용도로 사용될 수 있는 "&&" 연산자와 "||" 연산자는 사용을 자제하는 것이 좋다.

```
mysql> SET sql_mode='PIPES_AS_CONCAT';

mysql> SELECT 'abc' || 'def' AS concated_string;
+-----------------+
| concated_string |
+-----------------+
|          abcdef |
+-----------------+
```

11.3.2.5 나누기(/, DIV)와 나머지(%, MOD) 연산자

나누기 연산자는 일반적으로 알고 있는 "/" 연산자를 사용한다. 나눈 몫의 정수 부분만 가져오려면 DIV 연산자를 사용하고, 나눈 결과 몫이 아닌 나머지를 가져오는 연산자로는 "%" 또는 MOD 연산자(함수)를 사용한다. 다음의 간단한 예제로 쉽게 이해할 수 있을 것이다.

```
mysql> SELECT 29 / 9;
+--------+
| 3.2222 |
+--------+
```

```
mysql> SELECT 29 DIV 9;
+----------+
|        3 |
+----------+

mysql> SELECT MOD(29,9);
+----------+
|        2 |
+----------+

mysql> SELECT 29 MOD 9;
+----------+
|        2 |
+----------+

mysql> SELECT 29 % 9;
+--------+
|      2 |
+--------+
```

11.3.2.6 REGEXP 연산자

문자열 값이 어떤 패턴을 만족하는지 확인하는 연산자이며, RLIKE는 REGEXP와 똑같은 비교를 수행하는 연산자다. RLIKE는 가끔 문자열 값의 오른쪽 일치용 LIKE 연산자(Right LIKE)로 혼동할 때가 있는데, MySQL의 RLIKE는 정규 표현식(Regular expression)을 비교하는 연산자라는 점을 기억하자. REGEXP 연산자를 사용하려면 다음 예제와 같이 REGEXP 연산자의 좌측에 비교 대상 문자열 값 또는 문자열 칼럼을, 우측에 검증하고자 하는 정규 표현식을 사용하면 된다.

다음 예제는 "abc"라는 문자열 값이 'x', 'y', 'z' 문자로 시작하는지 검증하는 표현식의 예다.

```
mysql> SELECT 'abc' REGEXP '^[x-z]';
+----------------------+
|                    0 |
+----------------------+
```

정규 표현식은 자바 또는 자바스크립트와 같은 언어에서 많이 사용되기 때문에 정규 표현식 자체에 대한 자세한 소개는 생략하겠다. REGEXP 연산자의 정규 표현식은 POSIX 표준으로 구현돼 있어서 POSIX

정규 표현식에서 사용하는 패턴 키워드를 그대로 사용할 수 있다. 여기서는 대표적으로 많이 사용되는 심벌 몇 개를 소개하면서 마무리하고, 더 자세한 내용은 MySQL이나 POSIX 정규 표현식 매뉴얼을 참조하길 바란다.

- ^: 문자열의 시작을 표시. 정규 표현식은 그 표현식에 일치하는 부분이 문자열의 시작이나 중간 또는 끝부분 어디에 나타나든 관계없지만 "^" 심벌을 표현식의 앞쪽에 넣어주면 일치하는 부분이 반드시 문자열의 제일 앞쪽에 있어야 함을 의미한다.
- $: 문자열의 끝을 표시. "^"와는 반대로 표현식의 끝부분에 "$"를 넣어주면 일치하는 부분이 반드시 문자열의 제일 끝에 있어야 함을 의미한다.
- [ ]: 문자 그룹을 표시. [xyz] 또는 [x-z]라고 표현하면 'x', 'y', 'z' 문자 중 하나인지 확인하는 것이다. 대괄호는 문자열이 아니라 문자 하나와 일치하는지를 확인하는 것이다.
- ( ): 문자열 그룹을 표시. (xyz)라고 표현하면 세 문자 중 한 문자가 있는지 체크하는 것이 아니라 반드시 "xyz"가 모두 있는지 확인하는 것이다.
- |: "|"로 연결된 문자열 중 하나인지 확인한다. "abc|xyz"라고 표현하면 "abc"이거나 "xyz"인지 확인하는 것이다.
- .: 어떠한 문자든지 1개의 문자를 표시하며, 정규 표현식으로 ". . ."이라고 표현했다면 3개의 문자(실제 문자의 값과 관계없이)로 구성된 문자열을 찾는 것이다.
- *: 이 기호 앞에 표시된 정규 표현식이 0 또는 1번 이상 반복될 수 있다는 표시다.
- +: 이 기호 앞에 표시된 정규 표현식이 1번 이상 반복될 수 있다는 표시다.
- ?: 이 기호 앞에 표시된 정규 표현식이 0 또는 1번만 올 수 있다는 표시다.

위의 조합으로 몇 가지 간단한 패턴을 만들어 보자. 간단한 정규 표현식을 이용해 전화번호나 이메일 주소처럼 특정한 형태를 갖춰야 하는 문자열을 쉽게 검증할 수 있다.

```
[0-9]*
'0'~'9'까지의 숫자만 0 또는 1번 이상 반복되는 문자열을 위한 정규 표현

[a-z]*
'a'~'z'까지의 소문자 알파벳만 0 또는 1번 이상 반복되는 문자열을 위한 정규 표현

[a-zA-Z]*
'a'~'z'까지, 그리고 'A'~'Z'까지 대소문자 알파벳만 0 또는 1번 이상 반복되는 문자열을 위한 정규 표현
```

```
[a-zA-Z0-9]*
```
영문 대소문자와 숫자만으로 구성된 문자열에 대한 정규 표현

```
^Tear
```
Tear 문자열로 시작하는 정규 표현

```
Tear$
```
Tear 문자열로 끝나는 정규 표현

```
^Tear$
```
Tear와 같은 문자열에 대한 정규 표현. 이 경우는 'T'로 시작하고 연속해서 ear이 나타나야 하며, 그 뒤에 아무런 문자가 없어야 한다.

REGEXP 연산자를 문자열 칼럼 비교에 사용할 때 REGEXP 조건의 비교는 인덱스 레인지 스캔을 사용할 수 없다. 따라서 WHERE 조건절에 REGEXP 연산자를 사용한 조건을 단독으로 사용하는 것은 성능상 좋지 않다. 가능하다면 데이터 조회 범위를 줄일 수 있는 조건과 함께 REGEXP 연산자를 사용하길 권장한다.

11.3.2.7 LIKE 연산자

REGEXP 연산자보다는 훨씬 단순한 문자열 패턴 비교 연산자이지만 DBMS에서는 LIKE 연산자를 더 많이 사용한다. REGEXP 연산자는 인덱스를 전혀 사용하지 못한다는 단점이 있지만 LIKE 연산자는 인덱스를 이용해 처리할 수도 있다. LIKE 연산자는 정규 표현식을 검사하는 것이 아니라 어떤 상수 문자열이 있는지 없는지 정도를 판단하는 연산자다. 다음 예제를 통해 LIKE 연산자의 사용법을 한번 살펴보자.

```
mysql> SELECT 'abcdef' LIKE 'abc%';
+----------------------+
|                    1 |
+----------------------+

mysql> SELECT 'abcdef' LIKE '%abc';
+----------------------+
|                    0 |
+----------------------+

mysql> SELECT 'abcdef' LIKE '%ef';
+----------------------+
|                    1 |
+----------------------+
```

LIKE에서 사용할 수 있는 와일드카드 문자는 "%"와 "_"가 전부다. REGEXP는 비교 대상 문자열의 일부에 대해서만 일치해도 TRUE를 반환하는 반면, LIKE는 항상 비교 대상 문자열의 처음부터 끝까지 일치하는 경우에만 TRUE를 반환한다.

- %: 0 또는 1개 이상의 모든 문자에 일치(문자의 내용과 관계없이)
- _: 정확히 1개의 문자에 일치(문자의 내용과 관계없이)

와일드카드 문자인 '%'나 '_' 문자 자체를 비교한다면 ESCAPE 절을 LIKE 조건 뒤에 추가해 이스케이프 문자(Escape sequence)를 설정할 수 있다.

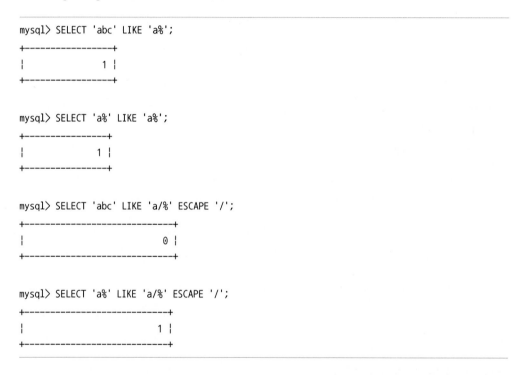

```
mysql> SELECT 'abc' LIKE 'a%';
+-----------------+
|               1 |
+-----------------+

mysql> SELECT 'a%' LIKE 'a%';
+-----------------+
|               1 |
+-----------------+

mysql> SELECT 'abc' LIKE 'a/%' ESCAPE '/';
+----------------------------+
|                          0 |
+----------------------------+

mysql> SELECT 'a%' LIKE 'a/%' ESCAPE '/';
+----------------------------+
|                          1 |
+----------------------------+
```

LIKE 연산자는 와일드카드 문자인 (%, _)가 검색어의 뒤쪽에 있다면 인덱스 레인지 스캔으로 사용할 수 있지만 와일드카드가 검색어의 앞쪽에 있다면 인덱스 레인지 스캔을 사용할 수 없으므로 주의해서 사용해야 한다.

```
mysql> EXPLAIN
       SELECT COUNT(*)
       FROM employees
       WHERE first_name LIKE 'Christ%';
```

employees 테이블에서 "Christ"로 시작하는 이름을 검색하려면 다음과 같이 인덱스 레인지 스캔을 이용해 검색할 수 있다.

```
+----+-----------+-------+--------------+------+---------------------------+
| id | table     | type  | key          | rows | Extra                     |
+----+-----------+-------+--------------+------+---------------------------+
|  1 | employees | range | ix_firstname |  226 | Using where; Using index  |
+----+-----------+-------+--------------+------+---------------------------+
```

하지만 "rist"으로 끝나는 이름을 검색할 때는 와일드카드가 검색어의 앞쪽에 있게 되는데, 이 경우 인덱스의 Left-most 특성으로 인해 레인지 스캔을 사용하지 못하고 인덱스를 처음부터 끝까지 읽는 인덱스 풀 스캔 방식으로 쿼리가 처리된다.

```
mysql> EXPLAIN
       SELECT COUNT(*)
       FROM employees
       WHERE first_name LIKE '%rist';
```

```
+----+-----------+-------+--------------+--------+---------------------------+
| id | table     | type  | key          | rows   | Extra                     |
+----+-----------+-------+--------------+--------+---------------------------+
|  1 | employees | index | ix_firstname | 300584 | Using where; Using index  |
+----+-----------+-------+--------------+--------+---------------------------+
```

11.3.2.8 BETWEEN 연산자

BETWEEN 연산자는 "크거나 같다"와 "작거나 같다"라는 두 개의 연산자를 하나로 합친 연산자다. 이미 많이 알려진 연산자이므로 연산자 자체에 대한 설명은 생략한다. BETWEEN 연산자는 다른 비교 조건과 결합해 하나의 인덱스를 사용할 때 주의해야 할 점이 있다. 동등 비교 연산자와 BETWEEN 연산자를 이용해 부서 번호와 사원 번호로 dept_emp 테이블을 조회하는 다음 쿼리를 한번 생각해보자.

```
SELECT * FROM dept_emp
WHERE dept_no='d003' AND emp_no=10001;

SELECT * FROM dept_emp
WHERE dept_no BETWEEN 'd003' AND 'd005' AND emp_no=10001;
```

dept_emp 테이블에는 (dept_no, emp_no) 칼럼으로 구성된 프라이머리 키가 존재한다. 그래서 첫 번째 쿼리는 dept_no와 emp_no 조건 모두 인덱스를 이용해 범위를 줄여주는 방법으로 사용할 수 있다. 하지만 두 번째 쿼리에서 사용한 BETWEEN은 크다(>) 또는 작다(<) 연산자와 같이 범위를 읽어야 하는 연산자라서 dept_no가 'd003'보다 크거나 같고 'd005'보다 작거나 같은 모든 인덱스의 범위를 검색해야만 한다. 결국 BETWEEN이 사용된 두 번째 쿼리에서 emp_no=10001 조건은 비교 범위를 줄이는 역할을 하지 못한다.

BETWEEN과 IN을 동일한 비교 연산자로 생각하는 사람도 있는데, 사실 BETWEEN은 크다와 작다 비교를 하나로 묶어 둔 것에 가깝다. 그리고 IN 연산자의 처리 방법은 동등 비교(=) 연산자와 비슷하다. 그림 11.2는 이 IN과 BETWEEN 처리 과정의 차이를 보여주는데, IN 연산자는 여러 개의 동등 비교(=)를 하나로 묶은 것과 같은 연산자라서 IN과 동등 비교 연산자는 같은 형태로 인덱스를 사용한다.

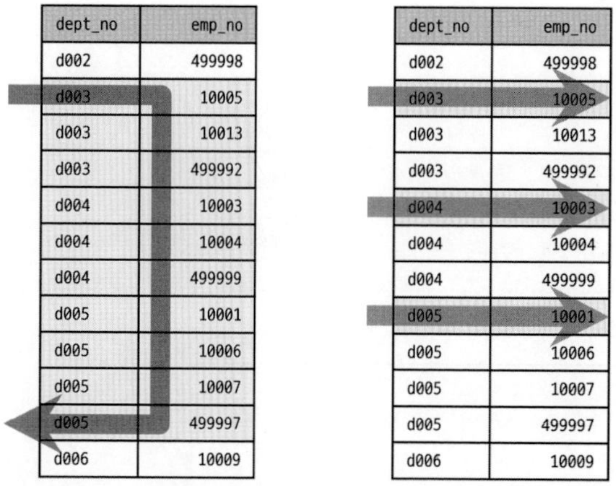

그림 11.2 BETWEEN(왼쪽)과 IN(오른쪽)의 인덱스 사용 방법의 차이

BETWEEN 조건을 사용하는 위의 쿼리는 dept_emp 테이블의 (dept_no, emp_no) 인덱스의 상당히 많은 레코드(전체 데이터의 1/3)를 읽는다. 하지만 실제로 가져오는 데이터는 1건밖에 안 된다. 결국 이 쿼리는 10만 건을 읽어서 1건 반환하는 것이다. 그런데 이 쿼리를 다음과 같은 형태로 바꾸면 emp_no=10001 조건도 작업 범위를 줄이는 용도로 인덱스를 이용할 수 있게 된다.

```
SELECT * FROM dept_emp
WHERE dept_no IN ('d003', 'd004', 'd005')
  AND emp_no=10001;
```

BETWEEN이 선형으로 인덱스를 검색해야 하는 것과는 달리 IN은 동등(Equal) 비교를 여러 번 수행하는
것과 같은 효과가 있기 때문에 dept_emp 테이블의 인덱스(dept_no, emp_no)를 최적으로 사용할 수 있는
것이다.

이 예제처럼 여러 칼럼으로 인덱스가 만들어져 있는데, 인덱스 앞쪽에 있는 칼럼의 선택도가 떨어질 때
는 IN으로 변경하는 방법으로 쿼리의 성능을 개선할 수도 있다. 실제 두 쿼리의 차이는 실행 계획을 통
해서도 알 수 있다. 다음 예제 쿼리에서 사용된 "USE INDEX(PRIMARY)" 힌트는 단지 이 예제를 재현하기
위해 사용한 것일 뿐, BETWEEN과 IN 연산자의 처리 방법과는 전혀 무관하다.[2]

```
mysql> SELECT * FROM dept_emp USE INDEX(PRIMARY)
       WHERE dept_no BETWEEN 'd003' AND 'd005' AND emp_no=10001;

mysql> SELECT * FROM dept_emp USE INDEX(PRIMARY)
       WHERE dept_no IN ('d003', 'd004', 'd005') AND emp_no=10001;
```

다음은 BETWEEN 연산자를 사용하는 첫 번째 예제 쿼리의 실행 계획이다.

id	table	type	key	key_len	rows	Extra
1	dept_emp	range	PRIMARY	20	165571	Using where

그리고 다음은 BETWEEN 대신 IN 연산자를 사용한 두 번째 예제 쿼리의 실행 계획이다.

id	table	type	key	key_len	rows	Extra
1	dept_emp	range	PRIMARY	20	3	Using where

---

2 USE INDEX(PRIMARY) 힌트가 없다면 MySQL 서버는 (emp_no, from_date) 칼럼 조합의 인덱스를 사용할 것이다. 하지만 BETWEEN 연산자와 IN 연산자의 비교 설명을
위한 예제는 PRIMARY 인덱스를 사용해야 한다. 즉, 이 예제는 dept_emp 테이블에 (emp_no, from_date) 조합의 인덱스가 없다는 가정에서 만들어진 예제라고 생각하면
된다.

BETWEEN을 사용한 쿼리와 IN을 사용한 쿼리 둘 다 인덱스 레인지 스캔을 하고 있지만 실행 계획의 rows 칼럼에 표시된 레코드 건수는 매우 큰 차이가 있음을 알 수 있다. BETWEEN 비교를 사용한 쿼리에서는 부서 번호가 'd003'인 레코드부터 'd005'인 레코드의 전체 범위를 다 비교해야 하지만 IN을 사용한 쿼리에서는 부서 번호와 사원 번호가 (('d003', 10001), ('d004', 10001), ('d005', 1000)) 조합인 레코드만 비교해 보면 되기 때문이다.

예전 버전의 MySQL 서버에서는 BETWEEN 연산자를 IN 연산자로 변경하기 위해서는 우선 dept_no 칼럼의 값이 'd003'와 'd005' 사이의 모든 부서 코드 값을 가져와 "dept_no IN ('d003','d004','d005')" 조건을 만들어야 했다. 하지만 MySQL 8.0 버전부터는 다음과 같이 "IN (subquery)" 형태로 작성하면 옵티마이저가 세미 조인 최적화를 이용해 더 빠른 쿼리로 변환해서 실행한다.

```
SELECT *
FROM dept_emp USE INDEX(PRIMARY)
WHERE dept_no IN (
        SELECT dept_no
        FROM departments
        WHERE dept_no BETWEEN 'd003' AND 'd005')
    AND emp_no=10001;
```

> **참고** 그런데 departments 테이블에서 dept_no 칼럼은 프라이머리 키이기 때문에 이 결과는 항상 유니크한 결과를 반환한다. 그래서 사실 이 예제 쿼리는 다음과 같이 단순히 조인으로 변경해서 실행할 수도 있다.
>
> ```
> SELECT *
> FROM departments d
>   INNER JOIN dept_emp de USE INDEX(PRIMARY) ON de.dept_no=d.dept_no AND de.emp_no=10001
> WHERE d.dept_no BETWEEN 'd003' AND 'd005';
> ```
>
> MySQL 8.0 버전의 세미 조인 최적화 기능은 상당히 많이 안정화됐다. 그래서 실제로는 위의 "IN (subquery)" 조인을 실행해도 MySQL 옵티마이저는 JOIN 쿼리로 재작성해서 쿼리를 최적화한다.

11.3.2.9 IN 연산자

IN은 여러 개의 값에 대해 동등 비교 연산을 수행하는 연산자다. 여러 개의 값이 비교되지만 범위로 검색하는 것이 아니라 여러 번의 동등 비교로 실행하기 때문에 일반적으로 빠르게 처리된다. IN 연산자는 다음과 같이 두 형태를 구분해서 생각해볼 필요가 있다.

- 상수가 사용된 경우 – IN (?, ?, ?)

- 서브쿼리가 사용된 경우 – IN (SELECT .. FROM ..)

IN 연산자에 상수가 사용된 경우는 동등 비교와 동일하게 작동하기 때문에 매우 빠르게 쿼리가 처리될 것이다. MySQL 8.0 이전 버전까지는 IN 절에 튜플(레코드)을 사용하면 항상 풀 테이블 스캔을 했었다. 다음 예제 쿼리를 한번 살펴보자.

```
mysql> SELECT *
       FROM dept_emp
       WHERE (dept_no, emp_no) IN (('d001',10017), ('d002',10144), ('d003',10054));
```

위의 예제 쿼리는 IN 절의 상숫값이 단순 스칼라값이 아니라 튜플이 사용됐다. MySQL 8.0 이전 버전까지는 이런 쿼리를 실행하면 성능에 문제가 생겨서 일부러 쿼리를 쪼개어 여러 번 실행했다. 하지만 MySQL 8.0 버전부터는 위의 쿼리와 같이 IN 절에 튜플을 그대로 나열해도 인덱스를 최적으로 사용할 수 있게 개선됐다. 다음은 MySQL 8.0 버전에서 위 쿼리의 실행 계획을 확인해본 결과다.

```
+----+----------+-------+---------+---------+------+-------------+
| id | table    | type  | key     | key_len | rows | Extra       |
+----+----------+-------+---------+---------+------+-------------+
|  1 | dept_emp | range | PRIMARY | 20      |    3 | Using where |
+----+----------+-------+---------+---------+------+-------------+
```

실행 계획을 살펴보면 dept_emp 테이블의 프라이머리 키를 이용했는데, key_len 칼럼의 값이 20인 것으로 보아 dept_no 칼럼(4글자×4바이트)과 emp_no 칼럼(4바이트)을 모두 이용해 인덱스 레인지 스캔을 실행한다는 것을 확인할 수 있다.

IN (subquery) 형태의 조건이 사용된 쿼리는 최적화가 매우 까다로운데, MySQL 8.0 이전 버전까지만 해도 최적화가 상당히 불안했다. 하지만 MySQL 8.0 버전부터는 IN (subquery) 같은 세미 조인의 최적화가 많이 안정화됐다. 세미 조인의 최적화에 대해서는 9.3절 '고급 최적화'를 참조하자.

NOT IN의 실행 계획은 인덱스 풀 스캔으로 표시되는데, 동등이 아닌 부정형 비교여서 인덱스를 이용해 처리 범위를 줄이는 조건으로는 사용할 수 없기 때문이다. NOT IN 연산자가 프라이머리 키와 비교될 때 가끔 쿼리의 실행계획에 인덱스 레인지 스캔이 표시되는 경우가 있다. 하지만 이는 InnoDB 테이블에서 프라이머리 키가 클러스터링 키이기 때문일 뿐 실제 IN과 같이 효율적으로 실행된다는 것을 의미하지는 않는다.

11.3.3 MySQL 내장 함수

DBMS 종류와 관계없이 기본적인 기능의 SQL 함수는 대부분 동일하게 제공된다. 하지만 함수의 이름이나 사용법은 표준이 없으므로 DBMS별로 거의 호환되지 않는다. MySQL의 함수는 MySQL에서 기본으로 제공하는 내장 함수와 사용자가 직접 작성해서 추가할 수 있는 사용자 정의 함수(UDF, User Defined Function)로 구분된다. MySQL에서 제공하는 C/C++ API를 이용해 사용자가 원하는 기능을 직접 함수로 만들어 추가할 수 있는데, 이를 사용자 정의 함수라고 한다. 여기서 언급하는 내장 함수나 사용자 정의 함수는 스토어드 프로그램으로 작성되는 프로시저나 스토어드 함수와는 다르므로 혼동하지 않도록 주의하자.

11.3.3.1 NULL 값 비교 및 대체(IFNULL, ISNULL)

IFNULL()은 칼럼이나 표현식의 값이 NULL인지 비교하고, NULL이면 다른 값으로 대체하는 용도로 사용할수 있는 함수다. IFNULL() 함수에는 두 개의 인자를 전달하는데, 첫 번째 인자는 NULL인지 아닌지 비교하려는 칼럼이나 표현식을, 두 번째 인자로는 첫 번째 인자의 값이 NULL일 경우 대체할 값이나 칼럼을설정한다. IFNULL() 함수의 반환 값은 첫 번째 인자가 NULL이 아니면 첫 번째 인자의 값을, 첫 번째 인자의 값이 NULL이면 두 번째 인자의 값을 반환한다.

ISNULL() 함수는 이름 그대로 인자로 전달한 표현식이나 칼럼의 값이 NULL인지 아닌지 비교하는 함수다. 반환되는 값은 인자의 표현식이 NULL이면 TRUE(1), NULL이 아니면 FALSE(0)를 반환한다. 두 함수의사용법을 예제로 살펴보자.

```
mysql> SELECT IFNULL(NULL, 1);
+-----------------+
|               1 |
+-----------------+


mysql> SELECT IFNULL(0, 1);
+--------------+
|            0 |
+--------------+


mysql> SELECT ISNULL(0);
+-----------+
|         0 |
+-----------+
```

```
mysql> SELECT ISNULL(1/0);
+-------------+
|           1 |
+-------------+
```

11.3.3.2 현재 시각 조회(NOW, SYSDATE)

두 함수 모두 현재의 시간을 반환하는 함수로서 같은 기능을 수행한다. 하지만 NOW()와 SYSDATE() 함수는 작동 방식에서 큰 차이가 있다. 하나의 SQL에서 모든 NOW() 함수는 같은 값을 가지지만 SYSDATE() 함수는 하나의 SQL 내에서도 호출되는 시점에 따라 결괏값이 달라진다.

다음 예제를 한번 살펴보자. 여기서 SLEEP() 함수는 2초 동안 대기하게 하는 함수로서 뒤에서 다시 자세히 설명하겠다.

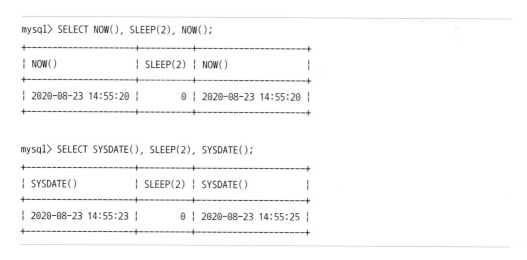

NOW() 함수를 사용한 첫 번째 예제에서는 두 번의 NOW() 함수 결과가 같은 값을 반환했다. 하지만 두 번째 예제에서 사용된 SYSDATE() 함수는 SLEEP() 함수의 대기 시간인 2초 동안의 차이가 있음을 알 수 있다.

SYSDATE() 함수는 이러한 특성 탓에 두 가지 큰 잠재적인 문제가 있다.

- 첫 번째로는 SYSDATE() 함수가 사용된 SQL은 레플리카 서버에서 안정적으로 복제되지 못한다.
- 두 번째로는 SYSDATE() 함수와 비교되는 칼럼은 인덱스를 효율적으로 사용하지 못한다.

두 번째 문제에 대해서는 다음 예제로 좀 더 자세히 알아보자.

```
mysql> EXPLAIN
       SELECT emp_no, salary, from_date, to_date
       FROM salaries
       WHERE emp_no=10001 AND from_date>NOW();

mysql> EXPLAIN
       SELECT emp_no, salary, from_date, to_date
       FROM salaries
       WHERE emp_no=10001 AND from_date>SYSDATE();
```

다음은 NOW() 함수를 사용하는 첫 번째 예제 쿼리의 실행 계획이다.

```
+----+----------+-------+---------+---------+------+-------------+
| id | table    | type  | key     | key_len | rows | Extra       |
+----+----------+-------+---------+---------+------+-------------+
|  1 | salaries | range | PRIMARY | 7       |    1 | Using where |
+----+----------+-------+---------+---------+------+-------------+
```

그리고 다음은 NOW() 대신 SYSDATE() 함수를 사용한 두 번째 예제 쿼리의 실행 계획이다.

```
+----+----------+------+---------+---------+------+-------------+
| id | table    | type | key     | key_len | rows | Extra       |
+----+----------+------+---------+---------+------+-------------+
|  1 | salaries | ref  | PRIMARY | 4       |   17 | Using where |
+----+----------+------+---------+---------+------+-------------+
```

위의 예제를 살펴보면 첫 번째 쿼리는 emp_no와 from_date 칼럼 모두 적절히 인덱스를 사용했기 때문에 인덱스의 전체 길이인 7바이트를 모두 사용했지만 두 번째 쿼리는 emp_no 칼럼만 인덱스를 사용했기 때문에 인덱스 중에서 emp_no에 속하는 4바이트만 레인지 스캔에 이용했다.

SYSDATE() 함수는 위에서도 언급했듯이 이 함수가 호출될 때마다 다른 값을 반환하므로 사실은 상수가 아니다. 그래서 인덱스를 스캔할 때도 매번 비교되는 레코드마다 함수를 실행해야 한다. 하지만 NOW() 함수는 쿼리가 실행되는 시점에서 실행되고 값을 할당받아서 그 값을 SQL 문장의 모든 부분에서 사용하기 때문에 쿼리가 1시간 동안 실행되더라도 실행되는 위치나 시점에 관계없이 항상 같은 값을 보장할 수 있다.

꼭 필요한 때가 아니라면 SYSDATE() 함수를 사용하지 않는 편이 좋겠지만, 이미 SYSDATE() 함수를 사용하고 있다면 MySQL 서버의 설정 파일(my.cnf나 my.ini 파일)에 sysdate-is-now 시스템 변수를 넣어서 활성화하는 것이 이 같은 문제점을 제거하는 빠른 해결책이다. sysdate-is-now가 설정되면 SYSDATE() 함수도 NOW() 함수와 같이 함수의 호출 시점에 관계없이 하나의 SQL에서는 같은 값을 갖게 된다. 사실 일반적인 웹 서비스에서는 특별히 SYSDATE() 함수를 사용해야 할 이유가 없다. 시스템 설정 파일(my.cnf)에 sysdate-is-now 시스템 변수를 추가해서 SYSDATE() 함수가 NOW() 함수와 동일하게 작동하게 설정할 것을 권장한다. 그뿐만 아니라 복제를 사용하고 있다면 모든 복제 소스 서버와 레플리카 서버에 공통으로 적용할 것을 권장한다.

11.3.3.3 날짜와 시간의 포맷(DATE_FORMAT, STR_TO_DATE)

DATETIME 타입의 칼럼이나 값을 원하는 형태의 문자열로 변환해야 할 때는 DATE_FORMAT() 함수를 이용하면 된다. 날짜의 각 부분을 의미하는 지정자는 다음과 같다. 여기서는 대표적인 지정자만 나열했으며, 나머지 더 자세한 사항은 매뉴얼을 참조하자.

지정문자	내용
%Y	4자리 연도
%m	2자리 숫자 표시의 월 (01 ~ 12)
%d	2자리 숫자 표시의 일자 (01 ~ 31)
%H	2자리 숫자 표시의 시 (00 ~ 23)
%i	2자리 숫자 표시의 분 (00 ~ 59)
%s	2자리 숫자 표시의 초 (00 ~ 59)

위의 지정자를 이용해 다음과 같이 필요한 포맷 또는 필요한 부분만의 문자열로 변환할 수 있다. 날짜 포맷 변경을 위한 지정자는 모두 대소문자를 구분해서 사용해야 한다.

```
mysql> SELECT DATE_FORMAT(NOW(), '%Y-%m-%d') AS current_dt;
+------------+
| current_dt |
+------------+
| 2020-08-23 |
+------------+
```

```
mysql> SELECT DATE_FORMAT(NOW(), '%Y-%m-%d %H:%i:%s') AS current_dttm;
+---------------------+
| current_dttm        |
+---------------------+
| 2020-08-23 15:06:45 |
+---------------------+
```

SQL에서 표준 형태(년-월-일 시:분:초)로 입력된 문자열은 필요한 경우 자동으로 DATETIME 타입으로 변환되어 처리된다. 물론 이 밖에도 DATETIME으로 자동 변환이 가능한 형태가 있다. 하지만 그렇지 않은 형태는 MySQL 서버가 문자열에 사용된 날짜 타입의 포맷을 알 수 없으므로 명시적으로 날짜 타입으로 변환해야 한다. 이때 STR_TO_DATE() 함수를 이용해 문자열을 DATETIME 타입으로 변환할 수 있다. 날짜의 각 부분을 명시하는 지정자는 DATE_FORMAT() 함수에서 사용했던 지정자와 동일하게 사용하면 된다.

```
mysql> SELECT STR_TO_DATE('2020-08-23','%Y-%m-%d') AS current_dt;
+------------+
| current_dt |
+------------+
| 2020-08-23 |
+------------+

mysql> SELECT STR_TO_DATE('2020-08-23 15:06:45','%Y-%m-%d %H:%i:%s') AS current_dttm;
+---------------------+
| current_dttm        |
+---------------------+
| 2020-08-23 15:06:45 |
+---------------------+
```

11.3.3.4 날짜와 시간의 연산(DATE_ADD, DATE_SUB)

특정 날짜에서 연도나 월일 또는 시간 등을 더하거나 뺄 때는 DATE_ADD() 함수나 DATE_SUB() 함수를 사용한다. 사실 DATE_ADD() 함수로 더하거나 빼는 처리를 모두 할 수 있기 때문에 DATE_SUB()는 크게 필요하지 않다. DATE_ADD() 함수와 DATE_SUB() 함수 모두 두 개의 인자를 필요로 하는데, 첫 번째 인자는 연산을 수행할 날짜이며, 두 번째 인자는 더하거나 빼고자 하는 월의 수나 일자의 수 등을 입력하면 된다. 두 번째 인자는 INTERVAL n [YEAR, MONTH, DAY, HOUR, MINUTE, SECOND,...] 형태로 입력해야 한다. 여기서 n은 더하거나 빼고자 하는 차이 값이며, 그 뒤에 명시되는 단위에 따라 하루를 더할지 한 달을 더할지를 결정한다.

```
mysql> SELECT DATE_ADD(NOW(), INTERVAL 1 DAY) AS tomorrow;
+---------------------+
| tomorrow            |
+---------------------+
| 2020-08-24 15:11:07 |
+---------------------+

mysql> SELECT DATE_ADD(NOW(), INTERVAL -1 DAY) AS yesterday;
+---------------------+
| yesterday           |
+---------------------+
| 2020-08-22 15:11:07 |
+---------------------+
```

단위는 대표적인 것들만 명시했으며 더 상세한 내용은 매뉴얼을 참조하자.

단위	의미
YEAR	연도(중간의 숫자 값은 더하거나 뺄 연수를 의미함)
MONTH	월(중간의 숫자 값은 더하거나 뺄 개월 수를 의미함)
DAY	일(중간의 숫자 값은 더하거나 뺄 일자 수를 의미함)
HOUR	시(중간의 숫자 값은 더하거나 뺄 시를 의미함)
MINUTE	분(중간의 숫자 값은 더하거나 뺄 분 수를 의미함)
SECOND	초(중간의 숫자 값은 더하거나 뺄 초 수를 의미함)
MICROSECOND	마이크로 초(중간의 숫자 값은 더하거나 뺄 마이크로초 수를 의미함)
QUARTER	분기(중간의 숫자 값은 더하거나 뺄 분기의 수를 의미함)
WEEK	주(중간의 숫자 값은 더하거나 뺄 주 수를 의미함)

11.3.3.5 타임스탬프 연산(UNIX_TIMESTAMP, FROM_UNIXTIME)

UNIX_TIMESTAMP() 함수는 '1970-01-01 00:00:00'으로부터 경과된 초의 수를 반환하는 함수다. 다른 운영체제나 프로그래밍 언어에서도 같은 방식으로 타임스탬프를 산출하는 경우에는 상호 호환해서 사용할 수 있다. UNIX_TIMESTAMP() 함수는 인자가 없으면 현재 날짜와 시간의 타임스탬프 값을, 인자로 특정 날짜를 전달하면 그 날짜와 시간의 타임스탬프를 반환한다. FROM_UNIXTIME() 함수는 UNIX_TIMESTAMP() 함수와 반대로, 인자로 전달한 타임스탬프 값을 DATETIME 타입으로 변환하는 함수다.

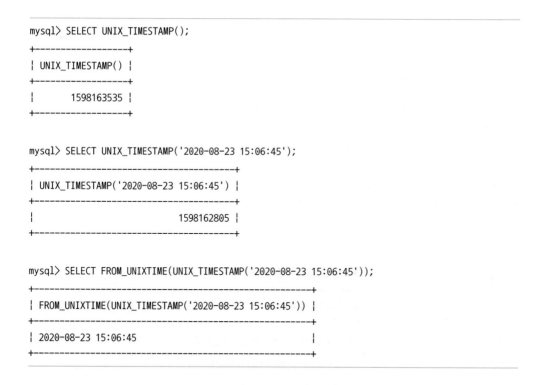

```
mysql> SELECT UNIX_TIMESTAMP();
+------------------+
| UNIX_TIMESTAMP() |
+------------------+
|       1598163535 |
+------------------+

mysql> SELECT UNIX_TIMESTAMP('2020-08-23 15:06:45');
+---------------------------------------+
| UNIX_TIMESTAMP('2020-08-23 15:06:45') |
+---------------------------------------+
|                            1598162805 |
+---------------------------------------+

mysql> SELECT FROM_UNIXTIME(UNIX_TIMESTAMP('2020-08-23 15:06:45'));
+-----------------------------------------------------+
| FROM_UNIXTIME(UNIX_TIMESTAMP('2020-08-23 15:06:45')) |
+-----------------------------------------------------+
| 2020-08-23 15:06:45                                 |
+-----------------------------------------------------+
```

MySQL의 TIMESTAMP 타입은 4바이트 숫자 타입으로 저장되기 때문에 실제로 가질 수 있는 값의 범위는 '1970-01-01 00:00:01'~'2038-01-09 03:14:07'까지의 날짜 값만 가능하다. FROM_UNIXTIME() 함수나 UNIX_TIMESTAMP() 함수도 이 범위의 날짜 안에서만 사용할 수 있다.

11.3.3.6 문자열 처리(RPAD, LPAD / RTRIM, LTRIM, TRIM)

RPAD()와 LPAD() 함수는 문자열의 좌측 또는 우측에 문자를 덧붙여서 지정된 길이의 문자열로 만드는 함수다. RPAD() 함수나 LPAD() 함수는 3개의 인자가 필요하다. 첫 번째 인자는 패딩 처리를 할 문자열이며, 두 번째 인자는 몇 바이트까지 패딩할 것인지(정확히는 패딩 적용 후 결과로 반환될 문자열의 최대 길이), 세 번째 인자는 어떤 문자를 패딩할 것인지를 의미한다.

RTRIM() 함수와 LTRIM() 함수는 문자열의 우측 또는 좌측에 연속된 공백 문자(Space, NewLine, Tab 문자)를 제거하는 함수다. TRIM() 함수는 LTRIM()과 RTRIM()을 동시에 수행하는 함수다. 다음 예제를 통해 사용법을 살펴보자.

```
mysql> SELECT RPAD('Cloee', 10, '_');
+------------------------+
| RPAD('Cloee', 10, '_') |
+------------------------+
| Cloee_____             |
+------------------------+

mysql> SELECT LPAD('123', 10, '0');
+----------------------+
| LPAD('123', 10, '0') |
+----------------------+
| 0000000123           |
+----------------------+

mysql> SELECT RTRIM('Cloee ') AS name;
+-------+
| name  |
+-------+
| Cloee |
+-------+

mysql> SELECT LTRIM('    Cloee') AS name;
+-------+
| name  |
+-------+
| Cloee |
+-------+

mysql> SELECT TRIM('    Cloee    ') AS name;
+-------+
| name  |
+-------+
| Cloee |
+-------+
```

11.3.3.7 문자열 결합(CONCAT)

여러 개의 문자열을 연결해서 하나의 문자열로 반환하는 함수로, 인자의 개수는 제한이 없다. 숫자 값을 인자로 전달하면 문자열 타입으로 자동 변환한 후 연결한다. 의도된 결과가 아닌 경우에는 명시적으로 CAST() 함수를 이용해 타입을 문자열로 변환하는 편이 안전하다.

```
mysql> SELECT CONCAT('Georgi','Christian') AS name;
+-----------------+
| name            |
+-----------------+
| GeorgiChristian |
+-----------------+

mysql> SELECT CONCAT('Georgi','Christian',2) AS name;
+------------------+
| name             |
+------------------+
| GeorgiChristian2 |
+------------------+

mysql> SELECT CONCAT('Georgi','Christian',CAST(2 AS CHAR)) AS name;
+------------------+
| name             |
+------------------+
| GeorgiChristian2 |
+------------------+
```

비슷한 함수로 CONCAT_WS()라는 함수가 있는데, 각 문자열을 연결할 때 구분자를 넣어준다는 점을 제외하면 CONCAT() 함수와 같다. CONCAT_WS() 함수는 첫 번째 인자를 구분자로 사용할 문자로 인식하고, 두 번째 인자부터는 연결할 문자로 인식한다.[3]

```
mysql> SELECT CONCAT_WS(',','Georgi','Christian') AS name;
+------------------+
| name             |
+------------------+
| Georgi,Christian |
+------------------+
```

11.3.3.8 GROUP BY 문자열 결합(GROUP_CONCAT)

COUNT()나 MAX(), MIN(), AVG() 등과 같은 그룹 함수(Aggregate, 여러 레코드의 값을 병합해서 하나의 값을 만들어내는 함수) 중 하나다. 주로 GROUP BY와 함께 사용하며, GROUP BY가 없는 SQL에서 사용하면 단 하나의 결괏값만 만들어낸다. GROUP_CONCAT() 함수는 값들을 먼저 정렬한 후 연결하거나 각 값의 구

---

3 CONCAT_WS 함수의 이름에서 "WS"는 "With Separator"의 약어다. "Wide Character String"을 의미하는 "WS"와 혼동하지 않도록 주의하자.

분자 설정도 가능하며, 여러 값 중에서 중복을 제거하고 연결하는 것도 가능하므로 상당히 유용하게 사용된다. 간단히 예제를 한번 살펴보자.

```
mysql> SELECT GROUP_CONCAT(dept_no) FROM departments;
+---------------------------------------------+
| GROUP_CONCAT(dept_no)                       |
+---------------------------------------------+
| d009,d005,d002,d003,d001,d004,d006,d008,d007 |
+---------------------------------------------+

mysql> SELECT GROUP_CONCAT(dept_no SEPARATOR '|') FROM departments;
+---------------------------------------------+
| GROUP_CONCAT(dept_no SEPARATOR '|')         |
+---------------------------------------------+
| d009|d005|d002|d003|d001|d004|d006|d008|d007 |
+---------------------------------------------+

mysql> SELECT GROUP_CONCAT(dept_no ORDER BY emp_no DESC)
       FROM dept_emp
       WHERE emp_no BETWEEN 100001 and 100003;
+---------------------------------------------+
| GROUP_CONCAT(dept_no ORDER BY emp_no DESC)  |
+---------------------------------------------+
| d005,d008,d008,d005                         |
+---------------------------------------------+

mysql> SELECT GROUP_CONCAT(DISTINCT dept_no ORDER BY emp_no DESC)
       FROM dept_emp
       WHERE emp_no BETWEEN 100001 and 100003;
+----------------------------------------------------+
| GROUP_CONCAT(DISTINCT dept_no ORDER BY emp_no DESC) |
+----------------------------------------------------+
| d008,d005                                          |
+----------------------------------------------------+
```

- 첫 번째 예제는 가장 기본적인 형태의 GROUP_CONCAT() 함수의 사용법이다. 쿼리를 실행하면 departments 테이블의 모든 레코드에서 dept_no 칼럼의 값을 기본 구분자(,)로 연결한 값을 반환한다.

- 두 번째 예제는 첫 번째 예제와 같지만 각 dept_no의 값들을 연결할 때 사용한 구분자를 ","에서 "|" 문자로 변경한 것이다.

- 세 번째 예제는 dept_emp 테이블에서 emp_no 칼럼의 역순으로 정렬해서, dept_no 칼럼의 값을 연결해서 가져오는 쿼리다. 이 예제에서 GROUP_CONCAT() 함수 내에서 정의된 ORDER BY는 쿼리 전체적으로 설정된 ORDER BY와 무관하게 처리된다.

- 네 번째 예제는 세 번째 예제와 같지만 중복된 dept_no 값이 있다면 제거하고 유니크한 dept_no 값만을 연결해서 값을 가져오는 예제다.

GROUP_CONCAT() 함수는 지정한 칼럼의 값들을 연결하기 위해 제한적인 메모리 버퍼 공간을 사용한다. 어떤 쿼리에서 GROUP_CONCAT() 함수의 결과가 시스템 변수에 지정된 크기를 초과하면 쿼리에서 경고 메시지(Warning)가 발생한다. MySQL 클라이언트 또는 TOAD나 SQLyog 같은 GUI 도구를 이용해 실행하는 경우 단순히 경고(Warning)만 발생하고 쿼리의 결과는 출력된다. 하지만 GROUP_CONCAT() 함수가 JDBC로 실행될 때는 경고가 아니라 에러로 취급되어 쿼리가 실패하기 때문에 GROUP_CONCAT()의 결과가 지정된 버퍼 크기를 초과하지 않게 주의해야 한다.

GROUP_CONCAT() 함수가 사용하는 메모리 버퍼의 크기는 group_concat_max_len 시스템 변수로 조정할 수 있다. 기본으로 설정된 버퍼의 크기가 1KB밖에 안 되기 때문에 GROUP_CONCAT() 함수를 자주 사용한다면 버퍼의 크기를 적절히 늘려서 설정해 두는 것도 좋다. MySQL 8.0 이전 버전까지는 GROUP BY의 그룹별로 개수를 제한해서 가져올 수 있는 방법이 없었다. 하지만 MySQL 8.0 버전부터는 용도에 맞게 다음과 같이 래터럴 조인이나 윈도우 함수를 이용할 수 있다.

```
-- // 윈도우 함수를 이용해 최대 5개 부서만 GROUP_CONCAT 실행
mysql> SELECT GROUP_CONCAT(dept_no ORDER BY dept_name DESC)
        FROM (
            SELECT *, RANK() OVER (ORDER BY dept_no) AS rnk
            FROM departments
        ) as x
        WHERE rnk <= 5;
+-----------------------------------------------+
| GROUP_CONCAT(dept_no ORDER BY dept_name DESC) |
+-----------------------------------------------+
| d004,d001,d003,d002,d005                      |
+-----------------------------------------------+

-- // 래터럴 조인을 이용해 부서별로 10명씩만 GROUP_CONCAT 실행
mysql> SELECT d.dept_no, GROUP_CONCAT(de2.emp_no)
        FROM departments d
```

```
       LEFT JOIN LATERAL (SELECT de.dept_no, de.emp_no
                          FROM dept_emp de
                          WHERE de.dept_no=d.dept_no
                          ORDER BY de.emp_no ASC LIMIT 10) de2 ON de2.dept_no=d.dept_no
    GROUP BY d.dept_no;

+---------+------------------------------------------------------------+
| dept_no | GROUP_CONCAT(de2.emp_no)                                   |
+---------+------------------------------------------------------------+
| d001    | 10017,10055,10058,10108,10140,10175,10208,10228,10239,10259 |
| d002    | 10042,10050,10059,10080,10132,10144,10146,10147,10165,10173 |
| d003    | 10005,10013,10036,10039,10054,10071,10077,10080,10086,10100 |
| d004    | 10003,10004,10010,10018,10020,10024,10026,10029,10030,10032 |
| d005    | 10001,10006,10008,10012,10014,10018,10021,10022,10023,10025 |
| d006    | 10009,10010,10029,10033,10067,10073,10111,10124,10138,10152 |
| d007    | 10002,10016,10034,10041,10050,10053,10060,10061,10068,10087 |
| d008    | 10007,10015,10019,10040,10046,10052,10064,10070,10082,10094 |
| d009    | 10011,10038,10049,10060,10088,10098,10112,10115,10126,10128 |
+---------+------------------------------------------------------------+
```

11.3.3.9 값의 비교와 대체(CASE WHEN ... THEN ... END)

CASE WHEN은 함수가 아니라 SQL 구문이지만 여기서 함께 설명하겠다. CASE WHEN은 프로그래밍 언어에서 제공하는 SWITCH 구문과 같은 역할을 한다. CASE로 시작하고 END로 끝나야 하며, WHEN ... THEN ...은 필요한 만큼 반복해서 사용할 수 있다.

크게 2가지 방법으로 사용할 수 있는데, 예제를 통해 살펴보자. 다음 예제는 단순히 코드 값을 실제 값으로 변환하거나 특정 일자를 기준으로 이전인지 이후인지 비교해 설명을 붙이는 용도로 CASE WHEN이 사용됐다. 여러 가지 용도로 사용될 수 있으며, 이 책의 다른 예제에서도 자주 사용되므로 그때그때 사용법을 참조하면 된다.

```
mysql> SELECT emp_no, first_name,
         CASE gender WHEN 'M' THEN 'Man'
                     WHEN 'F' THEN 'Woman'
                     ELSE 'Unknown' END AS gender
       FROM employees
       LIMIT 10;
```

이 방식은 동등 연산자(=)로 비교할 수 있을 때 비교하고자 하는 칼럼이나 표현식을 CASE와 WHEN 키워드 사이에 두고, 비교 기준값을 WHEN 뒤에 입력해서 사용하는 방식이다. 이 방식은 일반적인 프로그래밍 언어의 SWITCH 문법과 같은 방식으로 사용한다.

```
mysql> SELECT emp_no, first_name,
              CASE WHEN hire_date<'1995-01-01' THEN 'Old'
                   ELSE 'New' END AS employee_type
       FROM employees
       LIMIT 10;
```

이 방식은 단순히 두 비교 대상 값의 동등 비교가 아니라 크다 또는 작다 비교와 같이 표현식으로 비교할 때 사용하는 방식이다. CASE와 WHEN 사이에는 아무것도 입력하지 않고, WHEN 절에 불리언 값을 반환할 수 있는 표현식을 적어 주면 된다.

CASE WHEN 구문에서 한 가지 중요한 사실은 CASE WHEN 절이 일치하는 경우에만 THEN 이하의 표현식이 실행된다는 점이다. 다음 예제 쿼리는 "Marketing('d001')" 부서에 소속된 적이 있는 모든 사원의 가장 최근 급여를 조회하는 쿼리다. 이 쿼리는 2만여 건의 레코드를 조회하는데, 급여 테이블을 조회하는 서브쿼리도 이 레코드 건수만큼 실행한다.

```
mysql> SELECT de.dept_no, e.first_name, e.gender,
              (SELECT s.salary FROM salaries s
               WHERE s.emp_no=e.emp_no
               ORDER BY from_date DESC LIMIT 1) AS last_salary
       FROM dept_emp de, employees e
       WHERE e.emp_no=de.emp_no
             AND de.dept_no='d001';
```

그런데 성별이 여자인 경우에만 최종 급여 정보가 필요하고, 남자이면 그냥 이름만 필요한 경우를 한번 생각해 보자. 물론 이 쿼리를 그대로 사용하면서 남자일 때는 가져온 last_salary 칼럼을 그냥 버리면 된다. 하지만 남자인 경우는 salaries 테이블을 조회할 필요가 없는데, 서브쿼리는 실행되므로 불필요한 작업을 하는 것이다. 이런 불필요한 작업을 제거하기 위해 CASE WHEN으로 서브쿼리를 감싸면 필요한 경우에만 서브쿼리를 실행할 수 있다.

```
mysql> SELECT de.dept_no, e.first_name, e.gender,
              CASE WHEN e.gender='F' THEN
                        (SELECT s.salary FROM salaries s
                         WHERE s.emp_no=e.emp_no
                         ORDER BY from_date DESC LIMIT 1)
                   ELSE 0 END AS last_salary
       FROM dept_emp de, employees e
       WHERE e.emp_no=de.emp_no
              AND de.dept_no='d001';
```

이렇게 쿼리를 변경하면 여자인 경우(gender='F')에만 서브쿼리가 실행될 것이다. 그 덕분에 남자 사원의 수(1만 2천여 번)만큼 서브쿼리의 실행 횟수를 줄일 수 있다.

11.3.3.10 타입의 변환(CAST, CONVERT)

프리페어 스테이트먼트(Prepared Statement)를 제외하면 SQL은 텍스트(문자열) 기반으로 작동하기 때문에 SQL에 포함된 모든 입력값은 문자열처럼 취급된다. 이럴 때 명시적으로 타입의 변환이 필요하다면 CAST() 함수를 이용하면 된다. CONVERT() 함수도 CAST()와 거의 비슷하며, 단지 함수의 인자 사용 규칙만 조금 다르다.

CAST() 함수를 통해 변환할 수 있는 데이터 타입은 DATE, TIME, DATETIME, BINARY, CHAR, DECIMAL, SIGNED INTEGER, UNSIGNED INTEGER다. 타입을 변환하는 예제를 잠깐 살펴보자. CAST() 함수는 하나의 인자를 받아들이며, 그 하나의 인자는 다시 두 부분으로 나뉘어 첫 번째 부분에 타입을 변환할 값이나 표현식을, 두 번째 부분에는 변환하고자 하는 데이터 타입을 명시하면 된다. 첫 번째 부분과 두 번째 부분을 구분하기 위해 AS를 사용한다.

```
mysql> SELECT CAST('1234' AS SIGNED INTEGER) AS converted_integer;
mysql> SELECT CAST('2000-01-01' AS DATE) AS converted_date;
```

일반적으로 문자열과 숫자, 날짜의 변환은 명시적으로 해주지 않아도 MySQL이 자동으로 필요한 형태로 변환하는 경우가 많다. 하지만 SIGNED나 UNSIGNED 같은 부호 있는 정수 또는 부호 없는 정숫값의 변환은 그렇지 않을 때가 많다. 이때는 다음 예제와 같이 명시적인 타입 변환을 해야 한다.

```
mysql> SELECT CAST(1-2 AS UNSIGNED);
+-----------------------+
| CAST(1-2 AS UNSIGNED) |
+-----------------------+
|  18446744073709551615 |
+-----------------------+

mysql> SELECT 1-2;
+-----+
| 1-2 |
+-----+
|  -1 |
+-----+
```

CONVERT() 함수는 CAST() 함수와 같이 타입을 변환하는 용도와 문자열의 문자 집합을 변환하는 용도라는 두 가지로 사용할 수 있다.

```
mysql> SELECT CONVERT(1-2 , UNSIGNED);
+-------------------------+
| CONVERT(1-2 , UNSIGNED) |
+-------------------------+
|     18446744073709551615 |
+-------------------------+

mysql> SELECT CONVERT('ABC' USING 'utf8mb4');
+--------------------------------+
| CONVERT('ABC' USING 'utf8mb4') |
+--------------------------------+
| ABC                            |
+--------------------------------+
```

타입 변환은 변환하려는 값이나 표현식을 첫 번째 인자로, 변환하려는 데이터 타입을 두 번째 인자로 명시하면 된다. 문자열의 문자 집합을 변경하려는 경우에는 하나의 인자를 받아들이는데, 이는 다시 두 부분으로 나눌 수 있다. 첫 번째 부분에는 변환하고자 하는 값이나 표현식, 두 번째 부분에는 문자 집합의 이름을 지정하면 된다. 첫 번째와 두 번째 부분의 구분자로 USING 키워드를 명시하면 된다.

11.3.3.11 이진값과 16진수 문자열(Hex String) 변환(HEX, UNHEX)

HEX() 함수는 이진값을 사람이 읽을 수 있는(Human readable) 형태의 16진수의 문자열(Hex String)로 변환하는 함수이고, UNHEX() 함수는 16진수의 문자열(Hex String)을 읽어서 이진값(BINARY)으로 변환하는 함수다. 여기서 이진값은 사람이 읽을 수 있는 형태의 문자열이나 숫자가 아니라 바이너리 값이다. 이 함수의 사용법은 뒤에서 다룰 MD5() 함수의 예제를 참조하기 바란다.

11.3.3.12 암호화 및 해시 함수(MD5, SHA, SHA2)

MD5와 SHA 모두 비대칭형 암호화 알고리즘인데, 인자로 전달한 문자열을 각각 지정된 비트 수의 해시 값을 만들어내는 함수다. SHA() 함수는 SHA-1 암호화 알고리즘을 사용하며, 결과로 160비트(20바이트) 해시 값을 반환한다. SHA2() 함수는 SHA 암호화 알고리즘보다 더 강력한 224비트부터 512비트 암호화 알고리즘을 사용해 생성된 해시 값을 반환한다. MD5() 함수는 메시지 다이제스트(Message Digest) 알고리즘을 사용해 128비트(16바이트) 해시 값을 반환한다.

이 함수들 모두 사용자의 비밀번호와 같은 암호화가 필요한 정보를 인코딩하는 데 사용되며, 특히 MD5() 함수는 말 그대로 입력된 문자열(Message)의 길이를 줄이는(Digest) 용도로도 사용된다. SHA와 MD5 두 함수의 출력 값은 16진수 문자열 형태이기 때문에 저장하려면 저장 공간이 각각 20바이트와 16바이트의 두 배로 필요하다. 그리고 SHA2 함수는 사용된 인자 값에 따라 출력되는 해시 값의 길이가 달라지므로 사용된 인자의 두 배가 필요하다. 그래서 암호화된 값을 저장해 두기 위해 MD5() 함수는 CHAR(32), SHA() 함수는 CHAR(40)의 타입을 필요로 한다.

```
mysql> SELECT MD5('abc');
+----------------------------------+
| MD5('abc')                       |
+----------------------------------+
| 900150983cd24fb0d6963f7d28e17f72 |
+----------------------------------+

mysql> SELECT SHA('abc');
+------------------------------------------+
| SHA('abc')                               |
+------------------------------------------+
| a9993e364706816aba3e25717850c26c9cd0d89d |
+------------------------------------------+
```

```
mysql> SELECT SHA2('abc',256);
+------------------------------------------------------------------+
| SHA2('abc',256)                                                  |
+------------------------------------------------------------------+
| ba7816bf8f01cfea414140de5dae2223b00361a396177a9cb410ff61f20015ad |
+------------------------------------------------------------------+
```

저장 공간을 원래의 16바이트와 20바이트로 줄이고 싶다면 CHAR나 VARCHAR 타입이 아닌 BINARY 또는 VARBINARY 형태의 타입에 저장하면 된다. 이때는 칼럼의 타입을 BINARY(16) 또는 BINARY(20)으로 정의하고, MD5() 함수나 SHA() 함수의 결과를 UNHEX() 함수를 이용해 이진값으로 변환해서 저장하면 된다. BINARY 타입에 저장된 이진값을 사람이 읽을 수 있는 16진수 문자열로 다시 되돌릴 때는 HEX() 함수를 사용하면 된다. 다음은 MD5() 함수와 SHA() 함수의 결과를 HEX()와 UNHEX() 함수를 이용해 문자열에서 이진값으로 또는 그 반대로 변환하는 예제다.

```
mysql> CREATE TABLE tab_binary (
         col_md5 BINARY(16),
         col_sha BINARY(20),
         col_sha2_256 BINARY(32)
       );
mysql> INSERT INTO tab_binary VALUES
         (UNHEX(MD5('abc')), UNHEX(SHA('abc')), UNHEX(SHA2('abc',256)));

mysql> SELECT HEX(col_md5), HEX(col_sha), HEX(col_sha2_256) FROM tab_binary \G
*************************** 1. row ***************************
     HEX(col_md5): 900150983CD24FB0D6963F7D28E17F72
     HEX(col_sha): A9993E364706816ABA3E25717850C26C9CD0D89D
HEX(col_sha2_256): BA7816BF8F01CFEA414140DE5DAE2223B00361A396177A9CB410FF61F20015AD
```

MD5() 함수나 SHA(), SHA2() 함수는 모두 비대칭형 암호화 알고리즘이다. 이 함수들의 결괏값은 중복 가능성이 매우 낮기 때문에 길이가 긴 데이터를 크기를 줄여서 인덱싱(해시)하는 용도로도 사용된다. 예를 들어, URL 같은 값은 1KB를 넘을 때도 있으며 전체적으로 값의 길이가 긴 편이다. 이러한 데이터를 검색하려면 인덱스가 필요하지만 긴 칼럼에 대해 전체 값으로 인덱스를 생성하는 것은 불가능(Prefix 인덱스 제외)할뿐만 아니라 공간 낭비도 커진다. URL의 값을 MD5() 함수로 단축하면 16바이트로 저장할 수 있고, 이 16바이트로 인덱스를 생성하면 되기 때문에 상대적으로 효율적이다.

간단히 MD5() 함수를 이용하는 예제를 통해 해시 칼럼을 추가하고 사용하는 방법을 살펴보자. 다음 예제의 테이블은 해시 칼럼을 적용하기 전의 테이블이다.

```
CREATE TABLE tb_accesslog (
  access_id BIGINT NOT NULL AUTO_INCREMENT,
  access_url VARCHAR(1000) NOT NULL,
  access_dttm DATETIME NOT NULL,
  PRIMARY KEY (access_id),
  INDEX ix_accessurl (access_url)
) ENGINE=INNODB;
```

위의 테이블에서 access_url 칼럼은 길이가 상당히 길지만, 이 칼럼에 인덱스를 생성해야 한다. 예전 버전의 MySQL 서버라면 해시를 저장하는 칼럼을 수동으로 추가하고 그 칼럼에 인덱스를 생성해야 했다. 하지만 MySQL 8.0 버전부터는 함수 기반의 인덱스를 생성하면 별도 칼럼을 추가하지 않아도 된다. 다음 예제는 함수 기반의 인덱스를 가지는 테이블 예시다.

```
mysql> CREATE TABLE tb_accesslog (
        access_id BIGINT NOT NULL AUTO_INCREMENT,
        access_url VARCHAR(1000) NOT NULL,
        access_dttm DATETIME NOT NULL,
        PRIMARY KEY (access_id),
        INDEX ix_accessurl ( (MD5(access_url)) )
      );
```

이렇게 함수 기반의 인덱스를 가진 테이블은 다음과 같이 사용하면 된다.

```
-- // 예제 레코드를 INSERT
mysql> INSERT INTO tb_accesslog VALUES (1, 'http://matt.com', NOW());

-- // 데이터를 조회할 때는 다음과 같이 평문으로 검색하면 결과가 없음
mysql> SELECT * FROM tb_accesslog WHERE MD5(access_url)='http://matt.com';
Empty set (0.00 sec)

-- // 다음과 같이 MD5 해시 값으로 검색하면 원하는 결과가 출력됨
mysql> SELECT * FROM tb_accesslog WHERE MD5(access_url)=MD5('http://matt.com');
```

```
+-----------+----------------+---------------------+
| access_id | access_url     | access_dttm         |
+-----------+----------------+---------------------+
|         1 | http://matt.com | 2020-08-23 16:38:55 |
+-----------+----------------+---------------------+
```

예제 쿼리의 실행 계획을 살펴보면 다음과 같이 인덱스를 사용해서 검색했으며 실행 계획의 key_len 칼럼의 값은 131바이트로 표시되는 것을 확인할 수 있다. 여기서 131바이트는 MD5() 함수의 결과 32글자가 차지하는 바이트 수(32×4)와 메타 정보(문자열 길이)의 공간을 포함한 바이트 수다.

```
mysql> EXPLAIN SELECT * FROM tb_accesslog WHERE MD5(access_url)=MD5('http://matt.com');
+----+--------------+------+--------------+---------+------+-------+
| id | table        | type | key          | key_len | rows | Extra |
+----+--------------+------+--------------+---------+------+-------+
|  1 | tb_accesslog | ref  | ix_accessurl | 131     |    1 | NULL  |
+----+--------------+------+--------------+---------+------+-------+
```

이 저장 공간을 더 줄이고자 한다면 다음과 같이 MD5() 함수의 결과를 UNHEX() 함수를 사용해 이진값으로 만들면 된다. 이렇게 함으로써 아무런 노력 없이 메모리 사용량을 조금 더 줄일 수 있다.

```
mysql> CREATE TABLE tb_accesslog (
          access_id BIGINT NOT NULL AUTO_INCREMENT,
          access_url VARCHAR(1000) NOT NULL,
          access_dttm DATETIME NOT NULL,
          PRIMARY KEY (access_id),
          INDEX ix_accessurl ( (UNHEX(MD5(access_url))) )
       );

mysql> INSERT INTO tb_accesslog VALUES (1, 'http://matt.com', NOW());

mysql> SELECT * FROM tb_accesslog WHERE UNHEX(MD5(access_url))=UNHEX(MD5('http://matt.com'));
+-----------+----------------+---------------------+
| access_id | access_url     | access_dttm         |
+-----------+----------------+---------------------+
|         1 | http://matt.com | 2020-08-23 16:49:01 |
+-----------+----------------+---------------------+
```

```
mysql> EXPLAIN
       SELECT * FROM tb_accesslog
       WHERE UNHEX(MD5(access_url))=UNHEX(MD5('http://matt.com'));
+----+--------------+------+-------------+---------+------+-------------+
| id | table        | type | key         | key_len | rows | Extra       |
+----+--------------+------+-------------+---------+------+-------------+
|  1 | tb_accesslog | ref  | ix_accessurl | 67     |    1 | Using where |
+----+--------------+------+-------------+---------+------+-------------+
```

11.3.3.13 처리 대기(SLEEP)

SLEEP() 함수는 프로그래밍 언어나 셸 스크립트 언어에서 제공하는 "sleep" 기능을 수행한다. DBMS는 빠르게 쿼리를 처리하는 것을 항상 최선으로 생각하는데, "쿼리 실행 도중 멈춰서 대기하는 기능이 왜 필요할까"라고 생각할 수도 있다. 하지만 SQL의 개발이나 디버깅 용도로 잠깐 대기하거나 일부러 쿼리의 실행을 오랜 시간 유지하고자 할 때 상당히 유용한 함수다.

이 함수는 대기할 시간을 초 단위로 인자를 받으며, 특별히 어떠한 처리를 하거나 반환 값을 넘겨주지 않는다. 단지 지정한 시간만큼 대기할 뿐이다. 다음 쿼리를 직접 한번 실행해보자. 다음에 설명하는 BENCHMARK() 함수와 더불어 이러한 디버깅이나 테스트 용도의 함수는 뜻밖에 중요한 역할을 할 때가 있기 때문에 이와 같은 함수가 있다는 것을 기억해 두는 것이 좋다.

```
mysql> SELECT SLEEP(1.5)
       FROM employees
       WHERE emp_no BETWEEN 10001 AND 10010;
```

SLEEP() 함수는 레코드의 건수만큼 SLEEP() 함수를 호출하기 때문에 위의 쿼리는 employees 테이블에서 조회되는 레코드 건별로 1.5초 동안 대기한다. 조회되는 레코드가 총 10건이라고 하면, 결국 전체적으로 15초 동안 쿼리를 실행하는 셈이 된다.

11.3.3.14 벤치마크(BENCHMARK)

BENCHMARK() 함수는 SLEEP() 함수와 같이 디버깅이나 간단한 함수의 성능 테스트용으로 아주 유용한 함수다. BENCHMARK() 함수는 2개의 인자를 필요로 한다. 첫 번째 인자는 반복해서 수행할 횟수이며, 두 번째 인자로는 반복해서 실행할 표현식을 입력하면 된다. 두 번째 인자의 표현식은 반드시 스칼라값을 반환하는 표현식이어야 한다. 즉 SELECT 쿼리를 BENCHMARK() 함수에 사용하는 것도 가능하지만, 반드시 스칼라값(하나의 칼럼을 가진 하나의 레코드)을 반환하는 SELECT 쿼리만 사용할 수 있다.

BENCHMARK() 함수의 반환 값은 중요하지 않으며, 단지 지정한 횟수만큼 반복 실행하는 데 얼마나 시간이 소요됐는지가 중요할 뿐이다. 다음 예제를 보면 MD5() 함수를 10만 번 실행하는 데 0.2초의 시간이 소요된다는 것을 알 수 있다. 그리고 두 번째 예제는 employees 테이블에서 건수만 세는 SQL 문장의 성능을 확인해 볼 수 있다.

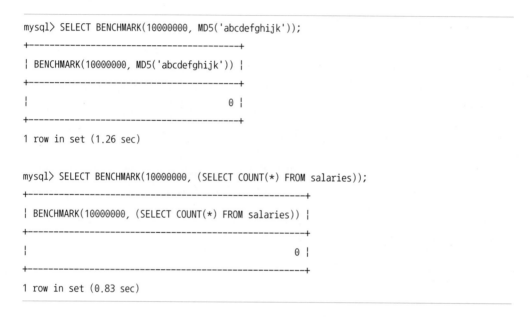

```
mysql> SELECT BENCHMARK(10000000, MD5('abcdefghijk'));
+-----------------------------------------+
| BENCHMARK(10000000, MD5('abcdefghijk')) |
+-----------------------------------------+
|                                       0 |
+-----------------------------------------+
1 row in set (1.26 sec)

mysql> SELECT BENCHMARK(10000000, (SELECT COUNT(*) FROM salaries));
+-----------------------------------------------------+
| BENCHMARK(10000000, (SELECT COUNT(*) FROM salaries)) |
+-----------------------------------------------------+
|                                                   0 |
+-----------------------------------------------------+
1 row in set (0.83 sec)
```

하지만 이렇게 SQL 문장이나 표현식의 성능을 BENCHMARK() 함수로 확인할 때는 주의할 사항이 있다. 그것은 "SELECT BENCHMARK(10, expr)"와 "SELECT expr"을 10번 직접 실행하는 것과는 차이가 있다는 것이다. SQL 클라이언트와 같은 도구로 "SELECT expr"을 10번 실행하는 경우에는 매번 쿼리의 파싱이나 최적화, 테이블 잠금이나 네트워크 비용 등이 소요된다. 하지만 "SELECT BENCHMARK(10, expr)"로 실행하는 경우에는 벤치마크 횟수에 관계없이 단 1번의 네트워크, 쿼리 파싱 및 최적화 비용이 소요된다는 점을 고려해야 한다.

또한 "SELECT BENCHMARK(10, expr)"을 사용하면 한 번의 요청으로 expr 표현식이 10번 실행되는 것이므로 이미 할당받은 메모리 자원까지 공유되고, 메모리 할당도 "SELECT expr" 쿼리로 직접 10번 실행하는 것보다는 1/10밖에 일어나지 않는다. 그래서 위의 예제에서는 생각보다 짧은 시간에 완료된 것이다.

BENCHMARK() 함수로 얻은 쿼리나 함수의 성능은 그 자체로는 큰 의미가 없으며, 두 개의 동일 기능을 상대적으로 비교 분석하는 용도로 사용할 것을 권장한다.

11.3.3.15 IP 주소 변환(INET_ATON, INET_NTOA)

아마도 프로그래밍 경험이 있는 사용자라면 IP 주소가 4바이트의 부호 없는 정수(Unsigned Integer)라는 것은 잘 알고 있을 것이다. 하지만 대부분의 DBMS에서는 IP 정보를 VARCHAR(15) 타입에 '.'으로 구분해서 저장한다. 이렇게 문자열로 저장된 IP 주소는 저장 공간을 훨씬 많이 필요로 한다. 게다가 일반적으로 IP 주소를 저장할 때 "127.0.0.1" 형태로 저장하므로 IP 주소 자체를 A, B, C 클래스로 구분하는 것도 불가능하다. 하지만 많은 DBMS에서 IP 주소를 저장하는 타입은 별도로 제공하지 않는다.

MySQL에서는 INET_ATON() 함수와 INET_NTOA() 함수를 이용해 IPv4 주소를 문자열이 아닌 부호 없는 정수 타입에 저장할 수 있게 제공한다. INET_ATON() 함수는 문자열로 구성된 IPv4 주소를 정수형으로 변환하는 함수이며, INET_NTOA() 함수는 정수형의 IPv4 주소를 사람이 읽을 수 있는 형태의 '.'으로 구분된 문자열로 변환하는 함수다.

INET6_ATON() 함수와 INET6_NTOA() 함수를 이용하면 IPv6 주소를 변환할 수 있다. INET6_ATON() 함수는 IPv6뿐만 아니라 IPv4 포맷의 IP 주소를 모두 BINARY 타입으로 변환할 수 있다. 반대로 INET6_NTOA() 함수는 BINARY 타입의 IPv4 주소와 IPv6 주소를 모두 문자열로 변환할 수 있다.

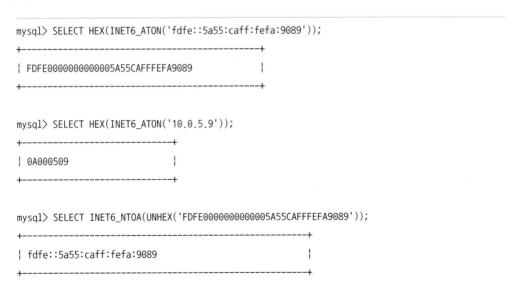

```
mysql> SELECT HEX(INET6_ATON('fdfe::5a55:caff:fefa:9089'));
+------------------------------------------------+
| FDFE0000000000005A55CAFFFEFA9089               |
+------------------------------------------------+


mysql> SELECT HEX(INET6_ATON('10.0.5.9'));
+----------------------------+
| 0A000509                   |
+----------------------------+


mysql> SELECT INET6_NTOA(UNHEX('FDFE0000000000005A55CAFFFEFA9089'));
+--------------------------------------------------+
| fdfe::5a55:caff:fefa:9089                         |
+--------------------------------------------------+
```

```
mysql> SELECT INET6_NTOA(UNHEX('0A000509'));
+------------------------------+
| 10.0.5.9                     |
+------------------------------+
```

INET6_ATON()이나 INET6_NTOA() 함수를 이용해 변환된 IPv6나 IPv4 주소를 저장하고자 한다면 바이너리 값을 저장할 수 있는 BINARY 또는 VARBINARY 타입을 사용해야 한다. IPv4를 위해서는 BINARY(4) 타입을, IPv6를 위해서는 BINARY(16) 타입을 사용해야 한다. IPv4와 IPv6를 모두 저장하고자 한다면 BINARY(16)보다는 VARBINARY(16) 타입을 사용할 것을 권장한다.

11.3.3.16 JSON 포맷(JSON_PRETTY)

MySQL 클라이언트에서 JSON 데이터의 기본적인 표시 방법은 단순 텍스트 포맷인데, 이 포맷은 JSON 칼럼값에 대한 가독성이 떨어진다. 하지만 JSON_PRETTY() 함수를 이용하면 JSON 칼럼의 값을 읽기 쉬운 포맷으로 변환해준다.

```
mysql> SELECT doc FROM employee_docs WHERE emp_no=10005;
+------------------------------------------------------------------+
| doc                                                              |
+------------------------------------------------------------------+
| {"emp_no": 10005, "gender": "M", "salaries": [{"salary": 9145...|
+------------------------------------------------------------------+

mysql> SELECT JSON_PRETTY(doc) FROM employee_docs WHERE emp_no=10005 \G
*************************** 1. row ***************************
JSON_PRETTY(doc): {
  "emp_no": 10005,
  "gender": "M",
  "salaries": [
    {
      "salary": 91453,
      "to_date": "2001-09-09",
      "from_date": "2000-09-09"
    },
    {
      "salary": 94692,
```

```
      "to_date": "9999-01-01",
      "from_date": "2001-09-09"
    }
  ],
  "hire_date": "1989-09-12",
  "last_name": "Maliniak",
  "birth_date": "1955-01-21",
  "first_name": "Kyoichi"
}
```

11.3.3.17 JSON 필드 크기(JSON_STORAGE_SIZE)

JSON 데이터는 텍스트 기반이지만 MySQL 서버는 디스크의 저장 공간을 절약하기 위해 JSON 데이터를 실제 디스크에 저장할 때 BSON(Binary JSON) 포맷을 사용한다. 하지만 BSON으로 변환됐을 때 저장 공간의 크기가 얼마나 될지 예측하기는 어렵다. 이를 위해 MySQL 서버에서는 JSON_STORAGE_SIZE() 함수를 제공한다. JSON_STORAGE_SIZE() 함수의 실행 결과로 반환되는 값의 단위는 바이트(Byte)다.

```
mysql> SELECT emp_no, JSON_STORAGE_SIZE(doc) FROM employee_docs LIMIT 2;
+--------+------------------------+
| emp_no | JSON_STORAGE_SIZE(doc) |
+--------+------------------------+
|  10001 |                    611 |
|  10002 |                    383 |
+--------+------------------------+
```

JSON_STORAGE_SIZE() 함수와 함께 JSON_STORAGE_FREE() 함수도 자주 사용될 수 있는데, 이 두 함수에 대한 자세한 사용법은 15.7.2절 '부분 업데이트 성능'을 참조하자.

11.3.3.18 JSON 필드 추출(JSON_EXTRACT)

JSON 도큐먼트에서 특정 필드의 값을 가져오는 방법은 여러 가지가 있지만 가장 일반적인 방법은 JSON_EXTRACT() 함수를 사용하는 것이다. JSON_EXTRACT() 함수는 2개의 인자를 필요로 하는데, 첫 번째 인자는 JSON 데이터가 저장된 칼럼 또는 JSON 도큐먼트 자체이며, 두 번째 인자는 가져오고자 하는 필드의 JSON 경로(JSON Path)를 명시한다.

```
mysql> SELECT emp_no, JSON_EXTRACT(doc, "$.first_name") FROM employee_docs;
+--------+-----------------------------------+
| emp_no | JSON_EXTRACT(doc, "$.first_name") |
+--------+-----------------------------------+
|  10001 | "Georgi"                          |
|  10002 | "Bezalel"                         |
|  10003 | "Parto"                           |
|  10004 | "Christian"                       |
|  10005 | "Kyoichi"                         |
+--------+-----------------------------------+

mysql> SELECT emp_no, JSON_UNQUOTE(JSON_EXTRACT(doc, "$.first_name")) FROM employee_docs;
+--------+-------------------------------------------------+
| emp_no | JSON_UNQUOTE(JSON_EXTRACT(doc, "$.first_name")) |
+--------+-------------------------------------------------+
|  10001 | Georgi                                          |
|  10002 | Bezalel                                         |
|  10003 | Parto                                           |
|  10004 | Christian                                       |
|  10005 | Kyoichi                                         |
+--------+-------------------------------------------------+
```

JSON_EXTRACT() 함수의 결과에는 따옴표가 붙은 상태인데, 두 번째 예제처럼 JSON_UNQUOTE() 함수를 함께 사용하면 따옴표 없이 값만 가져올 수 있다. JSON_EXTRACT()와 JSON_UNQUOTE() 함수는 JSON 처리의 아주 기본적인 처리이기 때문에 사용자의 편의성을 위해 MySQL 서버는 다음과 같이 JSON 연산자를 제공한다.

```
mysql> SELECT emp_no, doc->"$.first_name" FROM employee_docs LIMIT 2;
+--------+---------------------+
| emp_no | doc->"$.first_name" |
+--------+---------------------+
|  10001 | "Georgi"            |
|  10002 | "Bezalel"           |
+--------+---------------------+
```

```
mysql> SELECT emp_no, doc->>"$.first_name" FROM employee_docs LIMIT 2;
+--------+---------------------+
| emp_no | doc->>"$.first_name" |
+--------+---------------------+
|  10001 | Georgi              |
|  10002 | Bezalel             |
+--------+---------------------+
```

"->" 연산자는 JSON_EXTRACT() 함수와 동일한 기능이며, "->>" 연산자는 JSON_UNQUOTE() 함수와 JSON_EXTRACT() 함수를 조합한 것과 동일한 기능이다.

11.3.3.19 JSON 오브젝트 포함 여부 확인(JSON_CONTAINS)

JSON 도큐먼트 또는 지정된 JSON 경로에 JSON 필드를 가지고 있는지를 확인하는 함수다. 함수의 사용법은 간단히 다음 예제로 살펴보자.

```
mysql> SELECT emp_no FROM employee_docs
       WHERE JSON_CONTAINS(doc, '{"first_name":"Christian"}');
+--------+
| emp_no |
+--------+
|  10004 |
+--------+

mysql> SELECT emp_no FROM employee_docs
       WHERE JSON_CONTAINS(doc, '"Christian"', '$.first_name');
+--------+
| emp_no |
+--------+
|  10004 |
+--------+
```

JSON_CONTAINS() 함수의 첫 번째 인자는 JSON 데이터를 저장하고 있는 칼럼이나 JSON 도큐먼트이며, 두 번째 인자는 JSON 오브젝트(도큐먼트 또는 필드 값)를 사용한다. 첫 번째 인자로 주어진 JSON 도큐먼트에서 두 번째 인자의 JSON 오브젝트가 존재하는지를 검사하는 함수다. 세 번째 인자는 선택적으로 부여할 수 있는데, 세 번째 인자로 JSON 경로를 명시하면 해당 경로에 JSON 오브젝트가 존재하는지 여부를 체크한다.

11.3.3.20 JSON 오브젝트 생성(JSON_OBJECT)

RDBMS 칼럼의 값을 이용해 JSON 오브젝트를 생성하는 함수다.

```
mysql> SELECT
          JSON_OBJECT("empNo", emp_no,
                      "salary", salary,
                      "fromDate", from_date,
                      "toDate", to_date) AS as_json
       FROM salaries LIMIT 3;

+--------------------------------------------------------------------------------+
| as_json                                                                        |
+--------------------------------------------------------------------------------+
| {"empNo": 10001, "salary": 60117, "toDate": "1987-06-26", "fromDate": "1986-06-26"} |
| {"empNo": 10001, "salary": 62102, "toDate": "1988-06-25", "fromDate": "1987-06-26"} |
| {"empNo": 10001, "salary": 66074, "toDate": "1989-06-25", "fromDate": "1988-06-25"} |
+--------------------------------------------------------------------------------+
```

11.3.3.21 JSON 칼럼으로 집계(JSON_OBJECTAGG & JSON_ARRAYAGG)

JSON_OBJECTAGG()와 JSON_ARRAYAGG() 함수는 GROUP BY 절과 함께 사용되는 집계 함수로서, RDBMS 칼럼의 값들을 모아 JSON 배열 또는 도큐먼트를 생성하는 함수다.

```
mysql> SELECT dept_no, JSON_OBJECTAGG(emp_no, from_date) AS agg_manager
       FROM dept_manager
       WHERE dept_no IN ('d001','d002','d003')
       GROUP BY dept_no;
+---------+------------------------------------------------+
| dept_no | agg_manager                                    |
+---------+------------------------------------------------+
| d001    | {"110022": "1985-01-01", "110039": "1991-10-01"} |
| d002    | {"110085": "1985-01-01", "110114": "1989-12-17"} |
| d003    | {"110183": "1985-01-01", "110228": "1992-03-21"} |
+---------+------------------------------------------------+

mysql> SELECT dept_no, JSON_ARRAYAGG(emp_no) as agg_manager
       FROM dept_manager
```

```
            WHERE dept_no IN ('d001','d002','d003')
            GROUP BY dept_no;
    +---------+------------------+
    | dept_no | agg_manager      |
    +---------+------------------+
    | d001    | [110022, 110039] |
    | d002    | [110085, 110114] |
    | d003    | [110183, 110228] |
    +---------+------------------+
```

JSON_OBJECTAGG() 함수는 2개의 인자가 필요한데, 첫 번째 인자는 키(Key)로, 두번째 인자는 값(Value)으로 사용되어 키-밸류 쌍(Key-Value Pair)의 JSON 도큐먼트를 만들어 반환한다. JSON_ARRAYAGG()는 하나의 인자를 필요로 하며, 주어진 RDBMS 칼럼의 값을 이용해 JSON 배열을 만들어서 반환한다.

11.3.3.22 JSON 데이터를 테이블로 변환(JSON_TABLE)

JSON_TABLE() 함수는 JSON 데이터의 값들을 모아서 RDBMS 테이블을 만들어 반환한다. 이때 JSON_TABLE() 함수가 만들어서 반환하는 테이블의 레코드 건수는 원본 테이블(JSON_TABLE() 함수 직전에 명시된 테이블)과 동일한 레코드 건수를 가진다.

```
mysql> SELECT e2.emp_no, e2.first_name, e2.gender
       FROM employee_docs e1,
            JSON_TABLE(doc, "$" COLUMNS (emp_no INT PATH "$.emp_no",
                                        gender CHAR(1) PATH "$.gender",
                                        first_name VARCHAR(20) PATH "$.first_name")
                  ) AS e2
       WHERE e1.emp_no IN (10001, 10002);

+--------+------------+--------+
| emp_no | first_name | gender |
+--------+------------+--------+
|  10001 | Georgi     | M      |
|  10002 | Bezalel    | F      |
+--------+------------+--------+
```

JSON_TABLE() 함수는 항상 내부 임시 테이블을 이용하기 때문에 임시 테이블에 레코드가 많이 저장되지 않게 주의하자.

```
mysql> EXPLAIN SELECT e2.emp_no, e2.first_name, e2.gender
          FROM employee_docs e1,
             JSON_TABLE(doc, "$" COLUMNS (emp_no INT PATH "$.emp_no",
                                          gender CHAR(1) PATH "$.gender",
                                          first_name VARCHAR(20) PATH "$.first_name")
                      ) AS e2
          WHERE e1.emp_no IN (10001, 10002);
+----+-------------+-------+-------+---------+-------------------------------------------+
| id | select_type | table | type  | key     | Extra                                     |
+----+-------------+-------+-------+---------+-------------------------------------------+
|  1 | SIMPLE      | e1    | range | PRIMARY | Using where                               |
|  1 | SIMPLE      | e2    | ALL   | NULL    | Table function: json_table; Using temporary |
+----+-------------+-------+-------+---------+-------------------------------------------+
```

참고 MySQL 5.6 버전부터 8.0 버전까지 업그레이드되면서 MySQL 서버의 JSON 관련 기능들은 상당히 많이 개선되고 보완됐다. 여기서는 MySQL 서버에서 빈번하게 사용되는 JSON 함수 몇 개만 나열했으며, 전체 함수 목록과 더 자세한 내용은 MySQL 서버의 매뉴얼[4]을 참조하자.

11.4 SELECT

웹 서비스 같이 일반적인 온라인 트랜잭션 처리 환경의 데이터베이스에서는 INSERT나 UPDATE 같은 작업은 거의 레코드 단위로 발생하므로 성능상 문제가 되는 경우는 별로 없다. 하지만 SELECT는 여러 개의 테이블로부터 데이터를 조합해서 빠르게 가져와야 하기 때문에 여러 개의 테이블을 어떻게 읽을 것인가에 많은 주의를 기울여야 한다. 하나의 애플리케이션에서 사용되는 쿼리 중에서도 SELECT 쿼리의 비율은 높다. 이번 절에서는 SELECT 쿼리의 각 부분에 사용될 수 있는 기능을 성능 위주로 살펴보겠다.

---

4 https://dev.mysql.com/doc/refman/8.0/en/json-functions.html

11.4.1 SELECT 절의 처리 순서

이 책에서 SELECT 문장이라고 하면 SQL 전체를 의미한다. 그리고 SELECT 키워드와 실제 가져올 칼럼을 명시한 부분만 언급할 때는 SELECT 절이라고 표현하겠다. 여기서 절이란 우리가 주로 알고 있는 키워드(SELECT, FROM, JOIN, WHERE, GROUP BY, HAVING, ORDER BY, LIMIT)와 그 뒤에 기술된 표현식을 묶어서 말한다. 다음 예제는 여러 가지 절이 포함된 쿼리다.

```
SELECT s.emp_no, COUNT(DISTINCT e.first_name) AS cnt
FROM salaries s
  INNER JOIN employees e ON e.emp_no=s.emp_no
WHERE s.emp_no IN (100001, 100002)
GROUP BY s.emp_no
HAVING AVG(s.salary) > 1000
ORDER BY AVG(s.salary)
LIMIT 10;
```

이 쿼리 예제를 각 절로 나눠보면 다음과 같다. 하지만 이 책에서는 더 상세히 SQL의 위치를 언급할 때는 INNER JOIN 키워드나 그 뒤의 ON까지 구분해서 INNER JOIN 절 또는 ON 절이라고 표현하기도 한다.

- SELECT 절: SELECT s.emp_no, COUNT(DISTINCT e.first_name) AS cnt

- FROM 절: FROM salaries s INNER JOIN employees e ON e.emp_no=s.emp_no

- WHERE 절: WHERE s.emp_no IN (100001, 100002)

- GROUP BY 절: GROUP BY s.emp_no

- HAVING 절: HAVING AVG(s.salary) > 1000

- ORDER BY 절: ORDER BY AVG(s.salary)

- LIMIT 절: LIMIT 10

위의 예제 쿼리는 SELECT 문장에 지정할 수 있는 대부분의 절이 포함돼 있다. 가끔 이런 쿼리에서 어느 절이 먼저 실행될지 예측하지 못할 때가 있는데, 어느 절이 먼저 실행되는지를 모르면 처리 내용이나 처리 결과를 예측할 수 없다.

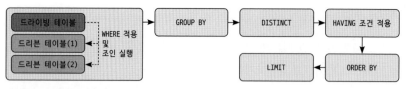

그림 11.3 각 쿼리 절의 실행 순서

그림 11.3에서 각 요소가 없는 경우는 가능하지만, 이 순서가 바뀌어서 실행되는 형태의 쿼리는 거의 없다(바로 뒤에 설명할 그림 11.4, 그리고 CTE와 윈도우 함수 제외). 또한 SQL에는 ORDER BY나 GROUP BY 절이 있더라도 인덱스를 이용해 처리할 때는 그 단계 자체가 불필요하므로 생략된다.

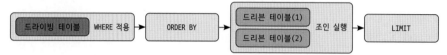

그림 11.4 쿼리 각 절의 실행 순서(예외적으로 ORDER BY가 조인보다 먼저 실행되는 경우)

그림 11.4는 ORDER BY가 사용된 쿼리에서 예외적인 순서로 실행되는 경우를 보여준다. 이 경우는 첫 번째 테이블만 읽어서 정렬을 수행한 뒤에 나머지 테이블을 읽는데, 주로 GROUP BY 절이 없이 ORDER BY만 사용된 쿼리에서 사용될 수 있는 순서다.

그림 11.3이나 그림 11.4에서 소개한 실행 순서를 벗어나는 쿼리가 필요하다면 서브쿼리로 작성된 인라인 뷰(Inline View)를 사용해야 한다. 예를 들어, 위의 쿼리에서 LIMIT을 먼저 적용하고 ORDER BY를 실행하고자 한다면 다음과 같이 인라인 뷰를 사용해야 한다. 다음 쿼리는 ORDER BY와 LIMIT의 순서가 바뀌었기 때문에 위의 쿼리와 동일한 결과를 반환하지 않을 수도 있다.

```
SELECT emp_no, cnt
FROM (
    SELECT s.emp_no, COUNT(DISTINCT e.first_name) AS cnt, MAX(s.salary) AS max_salary
    FROM salaries s
      inner join employees e ON e.emp_no=s.emp_no
    WHERE s.emp_no IN (100001, 100002)
    GROUP BY s.emp_no
    HAVING MAX(s.salary) > 1000
    LIMIT 10
  ) temp_view
ORDER BY max_salary;
```

LIMIT을 GROUP BY 전에 실행하고자 할 때도 마찬가지로 서브쿼리로 인라인 뷰를 만들어서 그 뷰 안에서 LIMIT을 적용하고 바깥 쿼리(아우터 쿼리)에서 GROUP BY와 ORDER BY를 적용해야 한다. 하지만 이렇게 인라인 뷰가 사용되면 10.3.2.8절 'DERIVED'에서 살펴본 것처럼 임시 테이블이 사용되기 때문에 주의해야 한다. MySQL의 LIMIT은 오라클의 ROWNUM과 조금 성격이 달라서 WHERE 조건으로 사용하지 않고 항상 모든 처리의 결과에 대해 레코드 건수를 제한하는 형태로 사용한다.

> **참고**　MySQL 8.0 버전에서는 FROM 절에 위치한 서브쿼리(Derived Table)를 외부 쿼리와 병합하면서 쿼리를 최적화할 수도 있다. 이 경우도 결국 FROM 절의 서브쿼리가 아니라 조인으로 실행되는 형태가 되기 때문에 그림 11.3 또는 그림 11.4 중 하나의 순서로 실행되는 것이다.

여기에 표시되지는 않았지만 MySQL 8.0에 새로 도입된 WITH 절(CTE, Common Table Expression)은 항상 제일 먼저 실행되어 임시 테이블로 저장된다. 그리고 WITH 절로 만들어진 임시 테이블은 그림 11.3과 11.4에서 단독으로 조회되거나 조인되는 테이블로 활용된다. 또한 MySQL 8.0에 새로 추가된 윈도우 함수에서도 쿼리의 각 절이 실행되는 순서가 중요한데, 윈도우 함수가 사용된 쿼리에서 각 절의 실행 순서는 11.4.12.1절 '쿼리 각 절의 실행 순서'에서 자세히 살펴보겠다.

11.4.2 WHERE 절과 GROUP BY 절, ORDER BY 절의 인덱스 사용

WHERE 절의 조건뿐만 아니라 GROUP BY나 ORDER BY 절도 인덱스를 이용해 빠르게 처리할 수 있다는 점은 이미 언급했다. 이번 절에서는 각 절에서 어떤 요건을 갖췄을 때 인덱스를 이용할 수 있는지 좀 더 자세히 살펴보겠다.

11.4.2.1 인덱스를 사용하기 위한 기본 규칙

WHERE 절이나 ORDER BY 또는 GROUP BY가 인덱스를 사용하려면 기본적으로 인덱스된 칼럼의 값 자체를 변환하지 않고 그대로 사용한다는 조건을 만족해야 한다. 인덱스는 칼럼의 값을 아무런 변환 없이 B-Tree에 정렬해서 저장한다. WHERE 조건이나 GROUP BY 또는 ORDER BY에서도 원본값을 검색하거나 정렬할 때만 B-Tree에 정렬된 인덱스를 이용한다. 즉, 인덱스는 salary 칼럼으로 만들어져 있는데, 다음 예제의 WHERE 절과 같이 salary 칼럼을 가공한 후 다른 상숫값과 비교한다면 이 쿼리는 인덱스를 적절히 이용하지 못하게 된다.

```
mysql> SELECT * FROM salaries WHERE salary*10 > 150000;
```

사실 이 쿼리는 간단히 다음과 같이 변경해서 salary 칼럼의 값을 변경하지 않고 검색하도록 유도할 수 있지만 MySQL 옵티마이저에서는 인덱스를 최적으로 이용할 수 있게 표현식을 변환하지는 못한다.

```
mysql> SELECT * FROM salaries WHERE salary > 150000/10;
```

이러한 형태는 아주 단순한 예제이며, 복잡한 연산을 수행한다거나 MD5() 함수와 같이 해시 값을 만들어서 비교해야 하는 경우라면 미리 계산된 값을 저장하도록 MySQL의 가상 칼럼(Virtual Column)을 추가하고 그 칼럼에 인덱스를 생성하거나 함수 기반의 인덱스를 사용하면 된다. 결론적으로 인덱스의 칼럼을 변형해서 비교하는 경우(그 변형이 아무리 간단한 연산이라고 하더라도)에는 인덱스를 이용할 수 없게 된다는 점에 주의하자.

추가로 WHERE 절에 사용되는 비교 조건에서 연산자 양쪽의 두 비교 대상 값은 데이터 타입이 일치해야 한다. 사실 이 내용은 위에서 언급한 값 자체를 변환하지 않는다는 것과 같은 범주에 속하는 이야기다. 다음과 같은 간단한 쿼리로 이 내용을 한번 살펴보자.

```
mysql> CREATE TABLE tb_test (age VARCHAR(10), INDEX ix_age (age));
mysql> INSERT INTO tb_test VALUES ('1'), ('2'), ('3'), ('4'), ('5'), ('6'), ('7');

mysql> SELECT * FROM tb_test WHERE age=2;
```

위 예제와 같이 age라는 VARCHAR 타입의 칼럼이 있는 테이블을 생성하고, 테스트용 레코드를 INSERT 하자. 그리고 SELECT 쿼리의 실행 계획을 한번 확인해 보자. 이 쿼리는 분명히 age라는 칼럼에 인덱스가 준비돼 있어서 실행 계획의 type 칼럼에 "ref"나 "range"가 표시됐야 할 것으로 기대하지만 사실은 "index"라고 표시된다. "index"는 인덱스 풀 스캔을 의미한다.

인덱스 레인지 스캔을 사용하지 못하고 인덱스를 풀 스캔한 이유는 age 칼럼의 데이터 타입(VARCHAR 타입)과 비교되는 값 2(INTEGER 타입)의 데이터 타입이 다르기 때문이다. 이렇게 비교되는 두 값의 타입이 문자열 타입(VARCHAR나 CHAR)과 숫자 타입(INTEGER)으로 다를 때 MySQL 옵티마이저가 내부적으로 문자열 타입을 숫자 타입으로 변환한 후 비교 작업을 처리한다. 결국 문자열 타입인 age 칼럼이 숫자 타입으로 변환된 후 비교돼야 하므로 인덱스 레인지 스캔이 불가능한 것이다. 이 쿼리를 다음과 같이 변경하면 인덱스 레인지 스캔을 사용하도록 유도할 수 있다.

```
mysql> SELECT * FROM tb_test WHERE age='2';
```

저장하고자 하는 값의 타입에 맞춰 칼럼의 타입을 선정하고, SQL을 작성할 때는 데이터의 타입에 맞춰서 비교 조건을 사용하길 권장한다. 데이터 타입이 조금이라도 다른 경우 최적화되지 못하는 현상은 MySQL 서버의 버전이 업그레이드된다고 해서 해결될 수 있는 부분이 아니므로 항상 주의하자.

11.4.2.2 WHERE 절의 인덱스 사용

WHERE 절의 조건이 인덱스를 사용할 수 있는 기준은 이미 8장 '인덱스'에서 살펴봤다. WHERE 조건이 인덱스를 사용하는 방법은 크게 작업 범위 결정 조건과 체크 조건의 두 가지 방식으로 구분할 수 있다. 두 방식 중 작업 범위 결정 조건은, WHERE 절에서 동등 비교 조건이나 IN으로 구성된 조건에 사용된 칼럼들이 인덱스의 칼럼 구성과 좌측에서부터 비교했을 때 얼마나 일치하는가에 따라 달라진다.

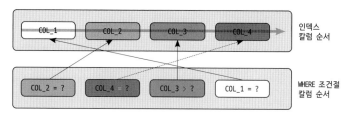

그림 11.5 WHERE 조건의 인덱스 사용 규칙

그림 11.5에서 위쪽은 4개의 칼럼이 순서대로 결합 인덱스로 생성돼 있는 것을 의미하며, 아래쪽은 SQL의 WHERE 절에 존재하는 조건을 의미한다. 그림 11.5에서 "WHERE 조건절의 순서"에 나열된 조건들의 순서는 실제 인덱스의 사용 여부와 무관하다. 즉, 그림 11.5와 같이 WHERE 조건절에 나열된 순서가 인덱스와 다르더라도 MySQL 서버 옵티마이저는 인덱스를 사용할 수 있는 조건들을 뽑아서 최적화를 수행할 수 있다. 그림 11.5에서 COL_1과 COL_2는 동등 비교 조건이며 COL_3의 조건이 동등 비교 조건이 아닌 크다 또는 작다와 같은 범위 비교 조건이므로 뒤 칼럼인 COL_4의 조건은 작업 범위 결정 조건으로 사용되지 못하고 체크 조건(점선 표기)으로 사용된다. 이는 WHERE 조건절과 인덱스의 칼럼 순서가 일치하지 않기 때문이 아니라 인덱스 순서상 COL_4의 직전 칼럼인 COL_3가 동등 비교 조건 아니라 범위 비교 조건으로 사용됐기 때문이다.

MySQL 8.0 이전 버전까지는 하나의 인덱스를 구성하는 각 칼럼의 정렬 순서가 혼합되어 사용할 수 없었다. 하지만 MySQL 8.0 버전부터는 다음 예제와 같이 인덱스를 구성하는 칼럼별로 정순(오름차순)과 역순(내림차순) 정렬을 혼합해서 생성할 수 있게 개선됐다.

```
ALTER TABLE ... ADD INDEX ix_col1234 (col_1 ASC, col_2 DESC, col_3 ASC, col_4 ASC);
```

하지만 이해도를 높이기 위해 여기서는 모든 칼럼이 정순으로만 정렬된 인덱스를 가정하자.

> **주의** WHERE 절의 조건이 인덱스에 명시된 칼럼의 순서대로 나열됐야 하는 것이 아닌지 궁금해하는 사용자가 많았다.
> GROUP BY나 ORDER BY와는 달리 WHERE 절의 조건절은 순서를 변경해도 결과의 차이가 없기 때문에 WHERE 절에서의
> 각 조건이 명시된 순서는 중요치 않고 인덱스를 구성하는 칼럼에 대한 조건이 있는지 없는지가 중요하다. 그림 11.5에
> 서 인덱스에는 두꺼운 화살표로 방향 표시를 해 둔 것은 칼럼의 순서가 중요함을 의미하는 것이며, WHERE 절에서는 나
> 열되는 칼럼의 순서가 중요하지 않기 때문에 화살표가 없는 것이다.

지금까지 보여준 모든 WHERE 조건은 AND 연산자로 연결되는 경우를 가정한 것이며, 다음과 같이 OR 연산
자가 있으면 처리 방법이 완전히 바뀐다.

```
mysql> SELECT *
       FROM employees
       WHERE first_name='Kebin' OR last_name='Poly';
```

위의 쿼리에서 first_name='Kebin' 조건은 인덱스를 이용할 수 있지만 last_name='Poly'는 인덱스를 사
용할 수 없다. 이 두 조건이 AND 연산자로 연결됐다면 first_name의 인덱스를 이용하겠지만 OR 연산자로
연결됐기 때문에 옵티마이저는 풀 테이블 스캔을 선택할 수밖에 없다. (풀 테이블 스캔) + (인덱스 레
인지 스캔)의 작업량보다는 (풀 테이블 스캔) 한 번이 더 빠르기 때문이다. 이 경우 first_name과 last_
name 칼럼에 각각 인덱스가 있다면 index_merge 접근 방법으로 실행할 수 있다. 물론 이 방법은 풀 테이
블 스캔보다는 빠르지만 여전히 제대로 된 인덱스 하나를 레인지 스캔하는 것보다는 느리다. WHERE 절
에서 각 조건이 AND로 연결되면 읽어와야 할 레코드의 건수를 줄이는 역할을 하지만 각 조건이 OR로 연
결되면 읽어서 비교해야 할 레코드가 더 늘어나기 때문에 WHERE 조건에 OR 연산자가 있다면 주의해야
한다.

11.4.2.3 GROUP BY 절의 인덱스 사용

SQL에 GROUP BY가 사용되면 인덱스의 사용 여부는 어떻게 결정될까? GROUP BY 절의 각 칼럼은 비교
연산자를 가지지 않으므로 작업 범위 결정 조건이나 체크 조건과 같이 구분해서 생각할 필요는 없다.
GROUP BY 절에 명시된 칼럼의 순서가 인덱스를 구성하는 칼럼의 순서와 같으면 GROUP BY 절은 일단 인덱
스를 이용할 수 있다. 조금 풀어서 사용 조건을 정리해보면 다음과 같다. 여기서 설명하는 내용은 여러

개의 칼럼으로 구성된 다중 칼럼 인덱스를 기준으로 한다. 하지만 칼럼이 하나인 단일 칼럼 인덱스도 똑같이 적용된다.

- GROUP BY 절에 명시된 칼럼이 인덱스 칼럼의 순서와 위치가 같아야 한다.
- 인덱스를 구성하는 칼럼 중에서 뒤쪽에 있는 칼럼은 GROUP BY 절에 명시되지 않아도 인덱스를 사용할 수 있지만 인덱스의 앞쪽에 있는 칼럼이 GROUP BY 절에 명시되지 않으면 인덱스를 사용할 수 없다.
- WHERE 조건절과는 달리 GROUP BY 절에 명시된 칼럼이 하나라도 인덱스에 없으면 GROUP BY 절은 전혀 인덱스를 이용하지 못한다.

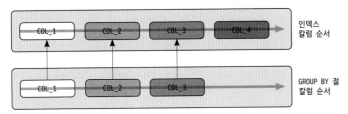

그림 11.6 GROUP BY 절의 인덱스 사용 규칙

그림 11.6은 GROUP BY 절이 인덱스를 사용하기 위한 조건을 간단하게 보여준다. 그림 11.6의 위쪽은 (COL_1, COL_2, COL_3, COL_4)로 만들어진 인덱스를 의미하며, 아래쪽은 COL_1부터 COL_3을 순서대로 GROUP BY 절에 명시된 칼럼을 의미한다. 이 그림에서 GROUP BY 절과 인덱스를 구성하는 칼럼의 순서가 중요하므로 굵은 화살표로 방향 표시를 넣어둔 것이다. 다음에 예시된 GROUP BY 절은 모두 그림 11.6의 인덱스를 이용하지 못하는 경우다.

```
... GROUP BY COL_2, COL_1
... GROUP BY COL_1, COL_3, COL_2
... GROUP BY COL_1, COL_3
... GROUP BY COL_1, COL_2, COL_3, COL_4, COL_5
```

위의 예제가 인덱스를 사용하지 못하는 원인을 살펴보자.

- 첫 번째와 두 번째 예제는 GROUP BY 칼럼이 인덱스를 구성하는 칼럼의 순서와 일치하지 않기 때문에 사용하지 못하는 것이다.
- 세 번째 예제는 GROUP BY 절에 COL_3가 명시됐지만 COL_2가 그 앞에 명시되지 않았기 때문이다.
- 네 번째 예제에서는 GROUP BY 절의 마지막에 있는 COL_5가 인덱스에는 없어서 인덱스를 사용하지 못하는 것이다.

다음 예제는 GROUP BY 절이 인덱스를 사용할 수 있는 패턴이다. 다음 예제는 WHERE 조건 없이 단순히 GROUP BY만 사용된 형태의 쿼리다.

```
... GROUP BY COL_1
... GROUP BY COL_1, COL_2
... GROUP BY COL_1, COL_2, COL_3
... GROUP BY COL_1, COL_2, COL_3, COL_4
```

WHERE 조건절에 COL_1이나 COL_2가 동등 비교 조건으로 사용된다면 GROUP BY 절에 COL_1이나 COL_2가 빠져도 인덱스를 이용한 GROUP BY가 가능할 때도 있다. 다음 예제는 인덱스의 앞쪽에 있는 칼럼을 WHERE 절에서 상수로 비교하기 때문에 GROUP BY 절에 해당 칼럼이 명시되지 않아도 인덱스를 이용한 그루핑이 가능한 예제다.

```
... WHERE COL_1='상수' ... GROUP BY COL_2, COL_3
... WHERE COL_1='상수' AND COL_2='상수' ... GROUP BY COL_3, COL_4
... WHERE COL_1='상수' AND COL_2='상수' AND COL_3='상수' ... GROUP BY COL_4
```

위 예제와 같이 WHERE 절과 GROUP BY 절이 혼용된 쿼리가 인덱스를 이용해 WHERE 절과 GROUP BY 절이 모두 처리될 수 있는지는 다음 예제와 같이 WHERE 조건절에서 동등 비교 조건으로 사용된 칼럼을 GROUP BY 절로 옮겨보면 된다.

```
-- // 원본 쿼리
... WHERE COL_1='상수' ... GROUP BY COL_2, COL_3

-- // WHERE 조건절의 COL_1 칼럼을 GROUP BY 절의 앞쪽으로 포함시켜 본 쿼리
... WHERE COL_1='상수' ... GROUP BY COL_1, COL_2, COL_3
```

위의 예제에서 COL_1은 상숫값과 비교되므로 "GROUP BY COL_2, COL_3"는 "GROUP BY COL_1, COL_2, COL_3"와 똑같은 결과를 만들어 낸다. 이처럼 GROUP BY 절을 고쳐도 똑같은 결과가 조회된다면 WHERE 절과 GROUP BY 절이 모두 인덱스를 사용할 수 있는 쿼리로 판단하면 된다.

11.4.2.4 ORDER BY 절의 인덱스 사용

MySQL에서 GROUP BY와 ORDER BY는 처리 방법이 상당히 비슷하다. 그래서 ORDER BY 절의 인덱스 사용 여부는 GROUP BY의 요건과 거의 흡사하다. 하지만 ORDER BY는 조건이 하나 더 있는데, 정렬되는 각 칼럼

의 오름차순(ASC) 및 내림차순(DESC) 옵션이 인덱스와 같거나 정반대인 경우에만 사용할 수 있다는 것이다. 여기서 MySQL의 인덱스는 모든 칼럼이 오름차순으로만 정렬돼 있기 때문에 ORDER BY 절의 모든 칼럼이 오름차순이거나 내림차순일 때만 인덱스를 사용할 수 있다. 인덱스의 모든 칼럼이 ORDER BY 절에 사용돼야 하는 것은 아니지만, ORDER BY 절의 칼럼들이 인덱스에 정의된 칼럼의 왼쪽부터 일치해야 하는 것에는 변함이 없다. 그림 11.7은 ORDER BY 절이 인덱스를 이용하기 위한 요건을 보여준다.

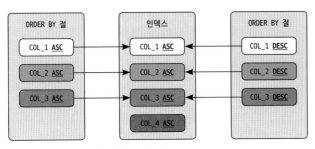

그림 11.7 ORDER BY 절의 인덱스 사용 규칙

그림 11.7과 같은 인덱스에서 다음 예제의 ORDER BY 절은 인덱스를 이용할 수 없다. 참고로 ORDER BY 절에 ASC나 DESC와 같이 정렬 순서가 생략되면 오름차순(ASC)으로 해석한다.

```
... ORDER BY COL_2, COL_3
... ORDER BY COL_1, COL_3, COL_2
... ORDER BY COL_1, COL_2 DESC, COL_3
... ORDER BY COL_1, COL_3
... ORDER BY COL_1, COL_2, COL_3, COL_4, COL_5
```

위의 각 예제가 인덱스를 사용하지 못하는 원인을 살펴보자.

- 첫 번째 예제는 인덱스의 제일 앞쪽 칼럼인 COL_1이 ORDER BY 절에 명시되지 않았기 때문에 인덱스를 사용할 수 없다.

- 두 번째 예제는 인덱스와 ORDER BY 절의 칼럼 순서가 일치하지 않기 때문에 인덱스를 사용할 수 없다.

- 세 번째 예제는 ORDER BY 절의 다른 칼럼은 모두 오름차순인데, 두 번째 칼럼인 COL_2의 정렬 순서가 내림차순이라서 인덱스를 사용할 수 없다. 인덱스가 "(COL_1 ASC, COL_2 DESC, COL_3 ASC, COL_4 ASC)"와 같이 정의됐다면 이 정렬은 인덱스를 사용할 수 있게 된다.

- 네 번째 예제는 인덱스에는 COL_1과 COL_3 사이에 COL_2 칼럼이 있지만 ORDER BY 절에는 COL_2 칼럼이 명시되지 않았기 때문에 인덱스를 사용할 수 없다.

- 다섯 번째 예제는 인덱스에 존재하지 않는 COL_5가 ORDER BY 절에 명시됐기 때문에 인덱스를 사용하지 못한다.

11.4.2.5 WHERE 조건과 ORDER BY(또는 GROUP BY) 절의 인덱스 사용

일반적으로 우리가 사용하는 쿼리는 WHERE 절을 가지고 있으며, 선택적으로 ORDER BY나 GROUP BY 절을 포함할 것이다. 쿼리에 WHERE 절만 또는 GROUP BY나 ORDER BY 절만 포함돼 있다면 사용된 절 하나에만 초점을 맞춰서 인덱스를 사용할 수 있게 튜닝하면 된다. 하지만 애플리케이션에서 사용되는 쿼리는 그렇게 단순하지 않다. SQL 문장이 WHERE 절과 ORDER BY 절을 가지고 있다고 가정했을 때 WHERE 조건은 A 인덱스를 사용하고 ORDER BY는 B 인덱스를 사용하도록 쿼리가 실행될 수는 없다. 이는 WHERE 절과 GROUP BY 절이 같이 사용된 경우와 GROUP BY와 ORDER BY가 같이 사용된 쿼리에서도 마찬가지다.

WHERE 절과 ORDER BY 절이 같이 사용된 하나의 쿼리 문장은 다음 3가지 중 한 가지 방법으로만 인덱스를 이용한다.

- WHERE 절과 ORDER BY 절이 동시에 같은 인덱스를 이용: WHERE 절의 비교 조건에서 사용하는 칼럼과 ORDER BY 절의 정렬 대상 칼럼이 모두 하나의 인덱스에 연속해서 포함돼 있을 때 이 방식으로 인덱스를 사용할 수 있다. 이 방법은 나머지 2가지 방식보다 훨씬 빠른 성능을 보이기 때문에 가능하다면 이 방식으로 처리할 수 있게 쿼리를 튜닝하거나 인덱스를 생성하는 것이 좋다.

- WHERE 절만 인덱스를 이용: ORDER BY 절은 인덱스를 이용한 정렬이 불가능하며, 인덱스를 통해 검색된 결과 레코드를 별도의 정렬 처리 과정(Using Filesort)을 거쳐 정렬을 수행한다. 주로 이 방법은 WHERE 절의 조건에 일치하는 레코드의 건수가 많지 않을 때 효율적인 방식이다.

- ORDER BY 절만 인덱스를 이용: ORDER BY 절은 인덱스를 이용해 처리하지만 WHERE 절은 인덱스를 이용하지 못한다. 이 방식은 ORDER BY 절의 순서대로 인덱스를 읽으면서 레코드 한 건씩 WHERE 절의 조건에 일치하는지 비교하고, 일치하지 않을 때는 버리는 형태로 처리한다. 주로 아주 많은 레코드를 조회해서 정렬해야 할 때는 이런 형태로 튜닝하기도 한다.

또한 WHERE 절에서 동등 비교 조건으로 비교된 칼럼과 ORDER BY 절에 명시된 칼럼이 순서대로 빠짐없이 인덱스 칼럼의 왼쪽부터 일치해야 한다. WHERE 절에 동등 비교 조건으로 사용된 칼럼과 ORDER BY 절의 칼럼이 중첩되는 부분은 인덱스를 사용할 때 문제가 되지는 않는다. 하지만 중간에 빠지는 칼럼이 있으면 WHERE 절이나 ORDER BY 절 모두 인덱스를 사용할 수 없다. 이때는 주로 WHERE 절만 인덱스를 이용할 수 있다.[5]

---

5 MySQL 8.0 버전에 새롭게 추가된 인덱스 스킵 스캔 최적화는 인덱스에 나열된 칼럼의 순서상 선행되는 칼럼의 조건이 없다고 하더라도 인덱스의 후행 칼럼을 이용할 수 있게 해준다. 여기서는 설명의 이해도를 높이기 위해 인덱스 스킵 스캔과 같은 예외적인 형태의 최적화는 배제한다.

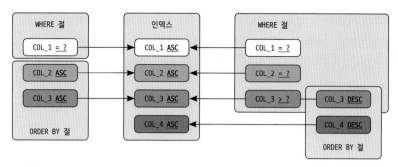

그림 11.8 WHERE 절과 ORDER BY 절의 인덱스 사용 규칙

그림 11.8은 WHERE 절과 ORDER BY 절이 결합된 두 가지 패턴의 쿼리를 표현한 것이다. 그림 11.8의 오른쪽과 같이 ORDER BY 절에 해당 칼럼이 사용되고 있다면 WHERE 절에 동등 비교 이외의 연산자로 비교돼도 WHERE 조건과 ORDER BY 조건이 모두 인덱스를 이용할 수 있다. 일반적으로 WHERE 절에서 동등 비교로 사용된 칼럼과 ORDER BY 절의 칼럼이 인덱스를 구성하는 칼럼과 같은 순서로 연속해서 사용됐는지를 확인해야 한다. 그림 11.8의 왼쪽 패턴의 쿼리 예제를 한번 살펴보자.

```
mysql> SELECT *
       FROM tb_test
       WHERE COL_1=10
       ORDER BY COL_2, COL_3;
```

이 예제 쿼리는 얼핏 보면 ORDER BY 절의 칼럼 순서가 인덱스의 칼럼 순서와 달라서 정렬할 때 인덱스를 이용하지 못할 것처럼 보인다. 이럴 때는 ORDER BY 절에 인덱스의 첫 번째 칼럼인 COL_1 칼럼을 포함해서 다시 한번 쿼리를 작성하고 결과를 살펴본다.

```
mysql> SELECT *
       FROM tb_test
       WHERE COL_1=10
       ORDER BY COL_1, COL_2, COL_3;
```

이 쿼리에서 WHERE 조건이 상수로 동등 비교를 하고 있기 때문에 ORDER BY 절에 COL_1 칼럼을 추가해도 정렬 순서에 변화가 없다. 즉, 이 쿼리는 변경되기 이전의 쿼리와 같다. 하지만 이렇게 변경된 쿼리에서는 WHERE 절과 ORDER BY 절이 동시에 인덱스를 이용할 수 있는지를 더 쉽게 판단할 수 있다.

GROUP BY나 ORDER BY가 인덱스를 사용할 수 있을지 없을지 모호할 때는 이처럼 조금 변경한 쿼리와 원본 쿼리가 같은 순서나 결과를 보장하는지 확인해 보면 된다. 여기서 쿼리를 잠깐 변경한 것은 이해를 돕기 위한 것일 뿐, 실제로 변경하기 이전과 이후의 쿼리 모두 MySQL 옵티마이저는 인덱스를 적절히 사용할 수 있게 실행 계획을 수립한다.

지금까지는 쉽게 설명하기 위해 동등 조건만 예를 들었는데, WHERE 조건절에서 범위 조건의 비교가 사용되는 쿼리를 한번 살펴보자.

```
mysql> SELECT * FROM tb_test WHERE COL_1 > 10 ORDER BY COL_1, COL_2, COL_3;
mysql> SELECT * FROM tb_test WHERE COL_1 > 10 ORDER BY COL_2, COL_3;
```

위의 첫 번째 예제 쿼리에서 COL_1>10 조건을 만족하는 COL_1 값은 여러 개일 수 있다. 하지만 ORDER BY 절에 COL_1부터 COL_3까지 순서대로 모두 명시됐기 때문에 인덱스를 사용해 WHERE 조건절과 ORDER BY 절을 처리할 수 있다. 하지만 두 번째 쿼리에서는 WHERE 절에서 COL_1이 동등 조건이 아니라 범위 조건으로 검색됐는데, ORDER BY 절에는 COL_1이 명시되지 않았기 때문에 정렬할 때는 인덱스를 이용할 수 없게 된다.

다음과 같이 WHERE 절과 ORDER BY 절에 명시된 칼럼의 순서가 일치하지 않거나 중간에 빠지는 칼럼이 있으면 인덱스를 이용해 WHERE 절과 ORDER BY 절을 모두 처리하기란 불가능하다.

```
... WHERE COL_1=10 ORDER BY COL_3, COL_4
... WHERE COL_1>10 ORDER BY COL_2, COL_3
... WHERE COL_1 IN (1,2,3,4) ORDER BY COL_2
```

지금까지는 WHERE 절과 ORDER BY 절 위주였지만 WHERE 절과 GROUP BY 절의 조합도 모두 똑같은 기준이 적용된다. WHERE 절과 ORDER BY나 GROUP BY 절의 조합에서 인덱스의 사용 여부를 판단하는 능력은 상당히 중요하므로 여러 가지 경우에 대해 직접 테스트해보는 것이 좋다.

11.4.2.6 GROUP BY 절과 ORDER BY 절의 인덱스 사용

GROUP BY와 ORDER BY 절이 동시에 사용된 쿼리에서 두 절이 모두 하나의 인덱스를 사용해서 처리되려면 GROUP BY 절에 명시된 칼럼과 ORDER BY에 명시된 칼럼의 순서와 내용이 모두 같아야 한다. GROUP BY와 ORDER BY가 같이 사용된 쿼리에서는 둘 중 하나라도 인덱스를 이용할 수 없을 때는 둘 다 인덱스를 사용하지 못한다. 즉 GROUP BY는 인덱스를 이용할 수 있지만 ORDER BY가 인덱스를 이용할 수 없을 때 이 쿼리의 GROUP BY와 ORDER BY 절은 모두 인덱스를 이용하지 못한다. 물론 그 반대의 경우도 마찬가지다.

```
... GROUP BY col_1, col_2 ORDER BY col_2
... GROUP BY col_1, col_2 ORDER BY col_1, col_3
```

MySQL 5.7 버전까지는 GROUP BY는 GROUP BY 칼럼에 대한 정렬까지 함께 수행하는 것이 기본 작동 방식이었다. 하지만 MySQL 8.0 버전부터는 GROUP BY 절이 칼럼의 정렬까지는 보장하지 않는 형태로 바뀌었다. 그래서 MySQL 8.0 버전부터는 GROUP BY 칼럼으로 그루핑과 정렬을 모두 수행하기 위해서는 GROUP BY 절과 ORDER BY 절을 모두 명시해야 한다.

11.4.2.7 WHERE 조건과 ORDER BY 절, GROUP BY 절의 인덱스 사용

WHERE 절과 GROUP BY 절, ORDER BY 절이 모두 포함된 쿼리가 인덱스를 사용하는지 판단하는 방법을 알아보자. 다음과 같은 3개의 질문을 기본으로 해서 그림 11.9의 흐름을 적용해 보면 된다.

1. WHERE 절이 인덱스를 사용할 수 있는가?

2. GROUP BY 절이 인덱스를 사용할 수 있는가?

3. GROUP BY 절과 ORDER BY 절이 동시에 인덱스를 사용할 수 있는가?

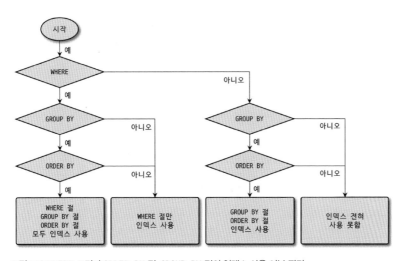

그림 11.9 WHERE 조건과 ORDER BY 절, GROUP BY 절의 인덱스 사용 여부 판단

11.4.3 WHERE 절의 비교 조건 사용 시 주의사항

WHERE 절에 사용되는 비교 조건의 표현식은 상당히 중요하다. 쿼리가 최적으로 실행되려면 적합한 인덱스와 함께 WHERE 절에 사용되는 비교 조건의 표현식을 적절하게 사용해야 한다.

11.4.3.1 NULL 비교

다른 DBMS와는 조금 다르게 MySQL에서는 NULL 값이 포함된 레코드도 인덱스로 관리된다. 이는 인덱스에서는 NULL을 하나의 값으로 인정해서 관리한다는 것을 의미한다. SQL 표준에서 NULL의 정의는 비교할 수 없는 값이다. 그래서 두 값이 모두 NULL을 가진다고 하더라도 이 두 값이 동등한지 비교하는 것은 불가능하다. 연산이나 비교에서 한쪽이라도 NULL이면 그 결과도 NULL이 반환되는 이유가 바로 여기에 있다. 쿼리에서 NULL인지 비교하려면 "IS NULL"(또는 "<=>") 연산자를 사용해야 한다. 그 밖의 방법으로는 칼럼의 값이 NULL인지 알 수 있는 방법이 없다.

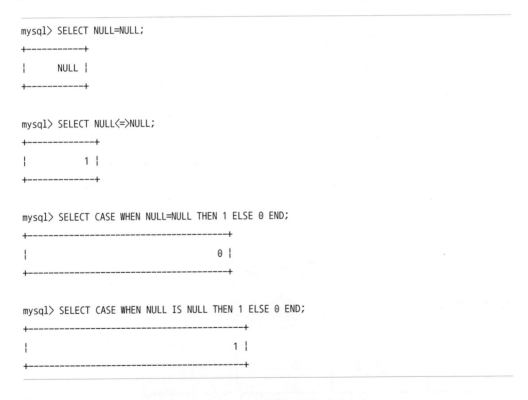

```
mysql> SELECT NULL=NULL;
+-----------+
|      NULL |
+-----------+

mysql> SELECT NULL<=>NULL;
+-------------+
|           1 |
+-------------+

mysql> SELECT CASE WHEN NULL=NULL THEN 1 ELSE 0 END;
+---------------------------------------+
|                                     0 |
+---------------------------------------+

mysql> SELECT CASE WHEN NULL IS NULL THEN 1 ELSE 0 END;
+---------------------------------------+
|                                     1 |
+---------------------------------------+
```

다음 예제 쿼리의 NULL 비교가 인덱스를 사용하는 방법을 한번 살펴보자.

```
mysql> SELECT * FROM titles WHERE to_date IS NULL;
```

위의 쿼리는 to_date 칼럼이 NULL인 레코드를 조회하는 쿼리지만 to_date 칼럼에 생성된 ix_todate 인덱스를 ref 방식으로 적절히 이용하고 있음을 알 수 있다.

```
+----+--------+------+----------+-----------------------+
| id | table  | type | key      | Extra                 |
+----+--------+------+----------+-----------------------+
|  1 | titles | ref  | ix_todate | Using where; Using index |
+----+--------+------+----------+-----------------------+
```

사실 칼럼의 값이 NULL인지 확인할 때는 ISNULL()이라는 함수를 사용해도 된다. 하지만 ISNULL() 함수를 WHERE 조건에서 사용할 때는 주의할 점이 있다. 다음 예제 쿼리를 한번 살펴보자.

```
mysql> SELECT * FROM titles WHERE to_date IS NULL;
mysql> SELECT * FROM titles WHERE ISNULL(to_date);
mysql> SELECT * FROM titles WHERE ISNULL(to_date)=1;
mysql> SELECT * FROM titles WHERE ISNULL(to_date)=true;
```

위에 나열된 4개의 쿼리는 전부 정상적으로 to_date 칼럼이 NULL인지 판별해 낼 수 있는 쿼리다. 예제에서 첫 번째와 두 번째 쿼리는 titles 테이블의 ix_todate 인덱스를 레인지 스캔으로 사용할 수 있다. 하지만 세 번째와 네 번째 쿼리는 인덱스나 테이블을 풀 스캔하는 형태로 처리된다. NULL 비교를 할 때는 가급적 IS NULL 연산자를 사용하길 권장한다. 예상외로 세 번째나 네 번째 쿼리가 자주 사용되는데, 이러한 비교는 인덱스를 사용하지 못한다는 점을 확실히 알아두기 바란다.

11.4.3.2 문자열이나 숫자 비교

문자열 칼럼이나 숫자 칼럼을 비교할 때는 반드시 그 타입에 맞는 상숫값을 사용할 것을 권장한다. 즉 비교 대상 칼럼이 문자열 칼럼이라면 문자열 리터럴을 사용하고, 숫자 타입이라면 숫자 리터럴을 이용하는 규칙만 지켜주면 된다.

```
mysql> SELECT * FROM employees WHERE emp_no=10001;
mysql> SELECT * FROM employees WHERE first_name='Smith';
mysql> SELECT * FROM employees WHERE emp_no='10001';
mysql> SELECT * FROM employees WHERE first_name=10001;
```

첫 번째와 두 번째 쿼리는 적절히 타입을 맞춰서 비교를 수행했지만, 세 번째와 네 번째 쿼리는 칼럼의 타입과 비교 상수의 타입이 일치하지 않는 WHERE 조건이 포함돼 있다. 위 예제의 쿼리가 어떻게 실행되는지 쿼리별로 한번 살펴보자.

- 첫 번째와 두 번째 쿼리는 칼럼의 타입과 비교하는 상숫값이 동일한 타입으로 사용됐기 때문에 인덱스를 적절히 이용할 수 있다.

- 세 번째의 쿼리는 emp_no 칼럼이 숫자 타입이기 때문에 문자열 상숫값을 숫자로 타입 변환해서 비교를 수행하므로 특별히 성능 저하는 발생하지 않는다.

- 네 번째 쿼리는 first_name이 문자열 칼럼이지만 비교되는 상숫값이 숫자 타입이므로 옵티마이저는 우선순위를 가지는 숫자 타입으로 비교를 수행하려고 실행 계획을 수립한다. 그래서 first_name 칼럼의 문자열을 숫자로 변환해서 비교를 수행한다. 하지만 first_name 칼럼의 타입 변환이 필요하기 때문에 ix_firstname 인덱스를 사용하지 못한다.

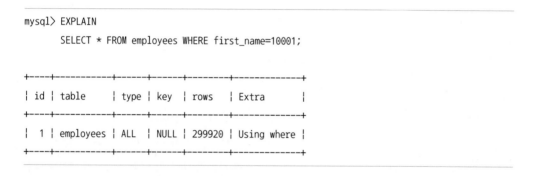

```
mysql> EXPLAIN
       SELECT * FROM employees WHERE first_name=10001;


+----+-----------+------+------+--------+-------------+
| id | table     | type | key  | rows   | Extra       |
+----+-----------+------+------+--------+-------------+
|  1 | employees | ALL  | NULL | 299920 | Using where |
+----+-----------+------+------+--------+-------------+
```

옵티마이저가 어떤 경우에 어떻게 타입 변환을 유도하는지 정확히 아는 것도 필요하지만 칼럼의 타입에 맞게 상수 리터럴을 비교 조건에 사용하는 것이 중요하다.

11.4.3.3 날짜 비교

SQL을 처음 접하거나 익숙하지 않은 사용자가 가장 많이 실수하는 부분이 아마 날짜 타입의 비교가 아닐까 싶다. 특히나 MySQL에서는 날짜만 저장하는 DATE 타입과 날짜와 시간을 함께 저장하는 DATETIME과 TIMESTAMP 타입이 있으며, 시간만 저장하는 TIME이라는 타입도 있기 때문에 상당히 복잡하게 느껴질 수 있다. 이번 절에서는 자주 사용되는 DATE와 DATETIME 비교 방식과 함께 TIMESTAMP와 DATETIME 비교에 대해 살펴보겠다.

11.4.3.3.1 DATE 또는 DATETIME과 문자열 비교

DATE 또는 DATETIME 타입의 값과 문자열을 비교할 때는 문자열 값을 자동으로 DATETIME 타입의 값으로 변환해서 비교를 수행한다. 다음 예제에서 첫 번째 쿼리는 DATE 타입의 hire_date 칼럼과 비교하기 위해 STR_TO_DATE() 함수를 이용해 문자열 "2011-07-23"을 DATE 타입으로 변환했다. 하지만 이렇게 칼럼의 타입이 DATE나 DATETIME 타입이면 별도로 문자열을 DATE나 DATETIME 타입으로 명시적으로 변환하지 않아도 MySQL이 내부적으로 변환을 수행한다. 결과적으로 두 번째 예제도 첫 번째 예제와 동일하게 처리된다. 물론 첫 번째 쿼리와 두 번째 쿼리 모두 인덱스를 효율적으로 이용하기 때문에 성능과 관련된 문제는 고민하지 않아도 된다. DATETIME 타입도 DATE 타입과 마찬가지로 동작한다.

```
mysql> SELECT COUNT(*)
       FROM employees
       WHERE hire_date>STR_TO_DATE('2011-07-23','%Y-%m-%d');

mysql> SELECT COUNT(*)
       FROM employees
       WHERE hire_date>'2011-07-23';
```

그런데 가끔 위의 쿼리를 다음과 같이 작성하는 사람들이 있다. 이미 눈치챘겠지만 다음 쿼리는 hire_date 타입을 강제적으로 문자열로 변경하기 때문에 인덱스를 효율적으로 이용하지 못한다. 가능하면 DATE나 DATETIME 타입의 칼럼을 변경하지 말고 상수를 변경하는 형태로 조건을 사용하는 것이 좋다.

```
mysql> SELECT COUNT(*)
       FROM employees
       WHERE DATE_FORMAT(hire_date,'%Y-%m-%d') > '2011-07-23';
```

위의 예제와 같이 날짜 타입의 포맷을 변환하는 형태를 포함해서 날짜 타입 칼럼의 값을 더하거나 빼는 함수로 변형한 후 비교해도 마찬가지로 인덱스를 이용할 수 없다.

```
mysql> SELECT COUNT(*)
       FROM employees
       WHERE DATE_ADD(hire_date, INTERVAL 1 YEAR) > '2011-07-23';

mysql> SELECT COUNT(*)
       FROM employees
       WHERE hire_date > DATE_SUB('2011-07-23', INTERVAL 1 YEAR);
```

위의 첫 번째 쿼리는 hire_date 칼럼을 DATE_ADD() 함수로 변형하기 때문에 인덱스를 사용할 수 없다. 따라서 두 번째 쿼리와 같이 칼럼이 아니라 상수를 변형하는 형태로 쿼리를 작성해야 한다.

11.4.3.3.2 DATE와 DATETIME의 비교

DATETIME 값에서 시간 부분만 떼어 버리고 비교하려면 다음 예제와 같이 쿼리를 작성하면 된다. DATE() 함수는 DATETIME 타입의 값에서 시간 부분은 버리고 날짜 부분만 반환하는 함수다.

```
mysql> SELECT COUNT(*)
       FROM employees
       WHERE hire_date>DATE(NOW());
```

DATETIME 타입의 값을 DATE 타입으로 만들지 않고 그냥 비교하면 MySQL 서버가 DATE 타입의 값을 DATETIME으로 변환해서 같은 타입을 만든 다음 비교를 수행한다. 즉, 다음 예제에서 DATE 타입의 값 "2011-06-30"과 DATETIME 타입의 값 "2011-06-30 00:00:01"을 비교하는 과정에서는 "2011-06-30"을 "2011-06-30 00:00:00"으로 변환해서 비교를 수행한다.

```
mysql> SELECT
       STR_TO_DATE('2011-06-30','%Y-%m-%d') < STR_TO_DATE('2011-06-30 00:00:01','%Y-%m-%d %H:%i:%s');
+--------+
|      1 |
+--------+

mysql> SELECT
       STR_TO_DATE('2011-06-30','%Y-%m-%d') >= STR_TO_DATE('2011-06-30 00:00:01','%Y-%m-%d %H:%i:%s');
+--------+
|      0 |
+--------+
```

DATETIME과 DATE 타입의 비교에서 타입 변환은 인덱스의 사용 여부에 영향을 미치지 않기 때문에 성능보다는 쿼리의 결과에 주의해서 사용하면 된다.

11.4.3.3.3 DATETIME과 TIMESTAMP의 비교

DATE나 DATETIME 타입의 값과 TIMESTAMP의 값을 별도의 타입 변환 없이 비교하면 문제없이 작동하고 실제 실행 계획도 인덱스 레인지 스캔을 사용해서 동작하는 것처럼 보이지만 사실은 그렇지 않다.

```
mysql> SELECT COUNT(*) FROM employees WHERE hire_date < '2011-07-23 11:10:12';
+----------+
| COUNT(*) |
+----------+
|   300024 |
+----------+


mysql> SELECT COUNT(*) FROM employees WHERE hire_date > UNIX_TIMESTAMP('1986-01-01 00:00:00');
+----------+
| COUNT(*) |
+----------+
|        0 |
+----------+
1 row in set, 2 warnings (0.04 sec)


mysql> SHOW WARNINGS;
+---------+------+------------------------------------------------------------------+
| Level   | Code | Message                                                          |
+---------+------+------------------------------------------------------------------+
| Warning | 1292 | Incorrect date value: '504889200' for column 'hire_date' at row 1 |
| Warning | 1292 | Incorrect date value: '504889200' for column 'hire_date' at row 1 |
+---------+------+------------------------------------------------------------------+
```

UNIX_TIMESTAMP() 함수의 결괏값은 MySQL 내부적으로는 단순 숫자 값에 불과할 뿐이므로 두 번째 쿼리와 같이 비교해서는 원하는 결과를 얻을 수 없다. 이때는 반드시 비교 값으로 사용되는 상수 리터럴을 비교 대상 칼럼의 타입에 맞게 변환해서 사용하는 것이 좋다. 칼럼이 DATETIME 타입이라면 FROM_UNIXTIME() 함수를 이용해 TIMESTAMP 값을 DATETIME 타입으로 만들어서 비교해야 한다. 그리고 반대로 칼럼의 타입이 TIMESTAMP라면 UNIX_TIMESTAMP() 함수를 이용해 DATETIME을 TIMESTAMP로 변환해서 비교해야 한다. 또는 간단하게 NOW() 함수를 이용해도 된다.

```
mysql> SELECT COUNT(*) FROM employees WHERE hire_date < FROM_UNIXTIME(UNIX_TIMESTAMP());
mysql> SELECT COUNT(*) FROM employees WHERE hire_date < NOW();
```

11.4.3.4 Short-Circuit Evaluation

프로그램 개발 경험이 있다면 "Short-circuit Evaluation"[6]이라는 말을 들어본 적이 있을 것이다. 간단히 다음 의사 코드를 이용해 "Short-circuit Evaluation"의 작동 방식을 살펴보자.

```
boolean in_transaction;

if ( in_transaction && has_modified() ) {
  commit();
}
```

위의 예제 코드에서는 in_transaction 불리언 변수의 값이 TRUE이면 has_modified() 함수를 호출하고, 그 결괏값이 TRUE라면 commit() 함수가 실행될 것이다. 그런데 in_transaction 불리언 변수의 값이 FALSE라면 has_modified() 함수의 결괏값에 관계없이 commit() 함수는 호출되지 않는다. 그래서 많은 프로그래밍 언어에서는 빠른 성능을 위해 in_transaction 불리언 변숫값이 FALSE라면 has_modified() 함수를 호출도 하지 않고 다음 코드를 실행한다. 이처럼 여러 개의 표현식이 AND 또는 OR 논리 연산자로 연결된 경우 선행 표현식의 결과에 따라 후행 표현식을 평가할지 말지 결정하는 최적화를 "Short-circuit Evaluation"이라고 한다.

그럼 이제 MySQL 서버에서 "Short-circuit Evaluation"이 어떻게 쿼리의 성능에 영향을 미치는지 한번 살펴보자. 다음 쿼리는 salaries 테이블에서 2개의 조건을 모두 만족하는 레코드를 조회하는 쿼리다. 이해를 돕기 위해서 2개의 조건이 각각 별도로 사용됐을 때 일치하는 레코드의 건수도 함께 확인했다.

```
-- // salaries 테이블의 전체 레코드 건수
mysql> SELECT COUNT(*) FROM salaries;
+----------+
| COUNT(*) |
+----------+
|  2844047 |
+----------+

-- // 1번 조건을 만족하는 레코드 건수
```

---

6 Short-circuit evaluation은 한글로 적절한 번역이 어려워 이 책에서는 영어 그대로 사용하겠다.

```
mysql> SELECT COUNT(*) FROM salaries
    WHERE CONVERT_TZ(from_date,'+00:00','+09:00')>'1991-01-01';
+----------+
| COUNT(*) |
+----------+
|  2442943 |
+----------+

-- // 2번 조건을 만족하는 레코드 건수
mysql> SELECT COUNT(*) FROM salaries
    WHERE to_date<'1985-01-01';
+----------+
| COUNT(*) |
+----------+
|        0 |
+----------+

-- // 1번과 2번 조건 결합
mysql> SELECT * FROM salaries
    WHERE CONVERT_TZ(from_date,'+00:00', '+09:00')>'1991-01-01'  /* 1번 조건 */
      AND to_date<'1985-01-01'                                   /* 2번 조건 */
```

위의 예제 쿼리에서 사용된 두 개의 조건은 모두 인덱스를 사용하지 못하기 때문에 이 쿼리는 풀 테이블 스캔을 하게 된다. 그리고 1번과 2번 조건을 AND로 연결한 3번째 쿼리의 결과는 0건이 될 것이다. 이런 형태의 쿼리에서 WHERE 절에 나열되는 조건의 순서가 쿼리의 성능에 영향을 미칠 것이라는 생각을 해본 사용자는 많지 않을 것이다. 이제 WHERE 절에서 1번 조건과 2번 조건의 순서만 바꿔가면서 쿼리 성능을 한번 확인해보자.

```
mysql> SELECT * FROM salaries
    WHERE CONVERT_TZ(from_date,'+00:00','+09:00')>'1991-01-01'  /* 1번 조건 */
      AND to_date<'1985-01-01'                                   /* 2번 조건 */
==> (0.73 sec)

mysql> SELECT * FROM salaries
    WHERE to_date<'1985-01-01'                                   /* 2번 조건 */
      AND CONVERT_TZ(from_date,'+00:00','+09:00')>'1991-01-01'  /* 1번 조건 */
==> (0.52 sec)
```

WHERE 절에 1번 조건을 먼저 사용한 쿼리의 응답 시간은 0.73초인 반면, 2번 조건을 먼저 사용한 쿼리의 응답 시간은 0.52초다. 사실 별 차이가 아니라고 생각할 수도 있지만, 1번 조건이 더 많은 CPU를 사용하거나 더 많은 자원을 소모하는 조건이었다면 두 쿼리의 시간 차이는 훨씬 더 커졌을 것이다.

WHERE 절에 1번 조건이 먼저 사용된 쿼리의 경우 MySQL 서버는 salaries 테이블 전체 레코드에서 대해 CONVERT_TZ(from_date, ...) 함수를 실행하고 그 결과에 대해 to_date 칼럼의 비교 작업을 한다. 즉, CONVERT_TZ() 함수가 2844047번 실행되고 to_date 칼럼 비교 작업이 2442943번 실행돼야 한다. 하지만 WHERE 절에 2번 조건이 먼저 사용된 쿼리의 경우 salaries 테이블에서 "to_date<'1985-01-01'" 조건을 만족하는 레코드가 한 건도 없기 때문에 to_date 칼럼의 비교 작업만 2844047번 실행하면 되고 CONVERT_TZ() 함수는 한 번도 호출되지 않는다. 이로 인해 두 번째 쿼리의 성능이 30% 정도 빨라진 것이다.

MySQL 서버는 쿼리의 WHERE 절에 나열된 조건을 순서대로 "Short-circuit Evaluation" 방식으로 평가해서 해당 레코드를 반환해야 할지 말지를 결정한다. 그런데 WHERE 절의 조건 중에서 인덱스를 사용할 수 있는 조건이 있다면 "Short-circuit Evaluation"과는 무관하게 MySQL 서버는 그 조건을 가장 최우선으로 사용한다. 그래서 WHERE 조건절에 나열된 조건의 순서가 인덱스의 사용 여부를 결정하지는 않는다. 예를 들어, 다음 예제를 한번 살펴보자.

```
mysql> SELECT * FROM employees
       WHERE last_name='Aamodt'
         AND first_name='Matt';
```

위의 쿼리에서 last_name 칼럼 조건은 인덱스를 사용할 수 없지만 first_name 칼럼 조건은 인덱스를 효율적으로 사용할 수 있다. 이러한 경우 WHERE 절에 나열된 조건의 순서와 무관하게 MySQL 서버는 인덱스를 사용할 수 있는 조건을 먼저 평가한다. 그래야만 MySQL 서버는 employees 테이블의 ix_firstname (first_name) 인덱스를 이용해서 꼭 필요한 레코드만 빠르게 가져올 수 있다. 그리고 나서 WHERE 절에 first_name 조건을 제외한 나머지 조건을 순서대로 평가한다. WHERE 조건절에 다음과 같이 인덱스를 사용하지 못하는 또 다른 조건이 있었다면 MySQL 서버는 first_name 조건을 평가하고 그다음 last_name 조건, 그리고 마지막으로 birth_date 조건을 평가하는 순서를 사용한다.

```
mysql> SELECT * FROM employees
       WHERE last_name='Aamodt'
         AND first_name='Matt'
         AND MONTH(birth_date)=1
```

이제 조금 더 복잡한 예제를 한번 살펴보자. 참고로 아래 예제 쿼리의 EXIST (subquery) 부분은 GROUP BY ... HAVING ... 절을 가지고 있기 때문에 MySQL의 세미 조인 최적화를 활용할 수가 없는 형태다. 다음 패턴의 쿼리가 세미 조인 최적화를 활용해 서브쿼리가 조인으로 변경되어 실행된다면 다음 2개의 예제 쿼리는 내부 처리 방식에 차이가 없을 수도 있다.

```
mysql> SELECT *
    FROM employees e
    WHERE e.first_name='Matt'
      AND EXISTS (SELECT 1 FROM salaries s
                     WHERE s.emp_no=e.emp_no AND s.to_date>'1995-01-01'
                     GROUP BY s.salary HAVING COUNT(*)>1)
      AND e.last_name='Aamodt';
```

위의 예제 쿼리에서 first_name 칼럼의 조건은 인덱스를 사용할 수 있으므로 MySQL 서버 옵티마이저는 최우선으로 ix_firstname (first_name) 인덱스를 사용해 필요한 데이터의 범위를 최소화할 것이다. 그리고 그 결과에서 last_name='Aamodt' 조건과 서브쿼리 조건을 만족하는 레코드만 걸러서 결과를 반환한다. 이때 WHERE 절에 서브쿼리 조건이 먼저 나열됐기 때문에 MySQL 서버는 last_name 칼럼의 조건보다 EXISTS (subquery) 조건을 먼저 평가한다. last_name 조건은 이미 가져온 레코드에서 last_name 칼럼의 값이 'Aamodt'인지 단순 비교만 하면 된다. 하지만 MySQL 서버 옵티마이저는 WHERE 절에 EXISTS (subquery) 조건이 먼저 나열됐기 때문에 salaries 테이블을 검색하는 서브쿼리를 먼저 실행해서 결과를 판단한다.

다음은 EXISTS (subquery) 조건과 last_name='Aamodt' 조건의 순서만 바꿔서 쿼리를 실행해본 결과다.

```
mysql> FLUSH STATUS; /* 현재 커넥션의 상태 값 초기화 */
mysql> SELECT *
    FROM employees e
    WHERE e.first_name='Matt'
      AND e.last_name='Aamodt'
      AND EXISTS (SELECT 1 FROM salaries s
                     WHERE s.emp_no=e.emp_no AND s.to_date>'1995-01-01'
                     GROUP BY s.salary HAVING COUNT(*)>1);
```

```
mysql> SHOW STATUS LIKE 'Handler%';
+-------------------------+-------+
| Variable_name           | Value |
+-------------------------+-------+
| Handler_read_key        | 9     |
| Handler_read_next       | 247   |
| Handler_read_rnd_next   | 8     |
| Handler_write           | 7     |
+-------------------------+-------+

mysql> FLUSH STATUS; /* 현재 커넥션의 상태 값 초기화 */
mysql> SELECT *
       FROM employees e
       WHERE e.first_name='Matt'
         AND EXISTS (SELECT 1 FROM salaries s
                         WHERE s.emp_no=e.emp_no AND s.to_date>'1995-01-01'
                         GROUP BY s.salary HAVING COUNT(*)>1)
         AND e.last_name='Aamodt';

mysql> SHOW STATUS LIKE 'Handler%';
+-------------------------+-------+
| Variable_name           | Value |
+-------------------------+-------+
| Handler_read_key        | 1807  |
| Handler_read_next       | 2454  |
| Handler_read_rnd_next   | 1806  |
| Handler_write           | 1573  |
+-------------------------+-------+
```

첫 번째 쿼리에서는 last_name='Aamodt' 조건이 EXISTS (subquery) 조건보다 먼저 나열됐기 때문에 MySQL 서버는 ix_firstname 인덱스를 통해 233건의 레코드를 가져온 다음 last_name='Aamodt' 조건을 만족하는지를 먼저 평가했다. 그리고 first_name='Matt'이면서 last_name='Aamodt'인 레코드 1건에 대해 EXISTS (subquery) 조건의 만족 여부를 평가한 것이다. 결과적으로 MySQL 서버는 첫 번째 쿼리를 위해 260번 정도의 레코드 처리로 쿼리를 완료했다. 이는 Handler_xxx 상태 값들을 통해서도 확인할 수 있다.

하지만 EXISTS (subquery) 조건이 last_name 조건보다 먼저 나열된 경우의 쿼리에서는 ix_firstname 인 덱스를 통해 가져온 233건에 대해 복잡한 EXISts (subquery) 조건을 평가하면서 상당히 많은 레코드를 읽고 쓰는 작업을 한 것을 확인할 수 있다. 단순히 레코드를 많이 읽기만 한 것이 아니라 임시 테이블에 레코드를 쓰기도 상당히 많이 실행했다는 것을 확인할 수 있다.

MySQL 서버에서 쿼리를 작성할 때 가능하면 복잡한 연산 또는 다른 테이블의 레코드를 읽어야 하는 서브쿼리 조건 등은 WHERE 절의 뒤쪽으로 배치하는 것이 성능상 도움이 될 것이다. 물론 WHERE 조건 중에서 인덱스를 사용할 수 있는 조건은 WHERE 절의 어느 위치에 나열되든지 그 순서에 관계없이 가장 먼저 평가되기 때문에 고려하지 않아도 된다.

11.4.4 DISTINCT

특정 칼럼의 유니크한 값을 조회하려면 SELECT 쿼리에 DISTINCT를 사용한다. 많은 사용자가 조인을 하는 경우 레코드가 중복해서 출력되는 것을 막기 위해 DISTINCT를 남용하는 경향이 있다. DISTINCT를 남용하는 것은 성능적인 문제도 있지만 쿼리의 결과도 의도한 바와 달라질 수 있다. 이 부분은 매우 중요하므로 9.2.5절 'DISTINCT 처리'를 꼭 참조하자.

> **주의** 여러 테이블을 조인하는 쿼리에서는 조인 조건에 따라서 레코드가 몇 배씩 불어나기도 하는데, 각 테이블 간의 업무적인 연결 조건을 이해하지 못하고 쿼리를 작성하는 경우 주로 이렇게 DISTINCT를 남용하는 경우가 발생한다. 테이블 간 조인 쿼리를 작성하는 경우 각 테이블 간의 조인이 1:1 조인인지, 1:M 조인인지 업무적인 특성을 잘 이해하는 것이 중요하다.

11.4.5 LIMIT n

LIMIT은 쿼리 결과에서 지정된 순서에 위치한 레코드만 가져오고자 할 때 사용한다. 우선 LIMIT이 사용된 예제 쿼리를 한번 살펴보자.

```
mysql> SELECT * FROM employees
       WHERE emp_no BETWEEN 10001 AND 10010
       ORDER BY first_name
       LIMIT 0, 5;
```

위의 쿼리는 다음과 같은 순서로 실행된다.

1. employees 테이블에서 WHERE 절의 검색 조건에 일치하는 레코드를 전부 읽어 온다.

2. 1번에서 읽어온 레코드를 first_name 칼럼값에 따라 정렬한다.

3. 정렬된 결과에서 상위 5건만 사용자에게 반환한다.

오라클의 ROWNUM에 익숙한 사용자에게는 조금 이상하겠지만 MySQL의 LIMIT은 WHERE 조건이 아니기 때문에 항상 쿼리의 가장 마지막에 실행된다. LIMIT의 중요한 특성은 LIMIT에서 필요한 레코드 건수만 준비되면 즉시 쿼리를 종료한다는 것이다. 즉, 위의 쿼리에서 모든 레코드의 정렬이 완료되지 않았다고 하더라도 상위 5건까지만 정렬되면 작업을 멈춘다.[7]

다른 GROUP BY 절이나 DISTINCT 등과 같이 LIMIT이 사용됐을 때 어떻게 작동하는지 다음의 쿼리로 조금 더 살펴보자.

```
mysql> SELECT * FROM employees LIMIT 0,10;
mysql> SELECT first_name FROM employees GROUP BY first_name LIMIT 0, 10;
mysql> SELECT DISTINCT first_name FROM employees LIMIT 0, 10;

mysql> SELECT * FROM employees
       WHERE emp_no BETWEEN 10001 AND 11000
       ORDER BY first_name
       LIMIT 0, 10;
```

- 첫 번째 쿼리에서 LIMIT이 없을 때는 employees 테이블을 처음부터 끝까지 읽는 풀 테이블 스캔을 실행할 것이다. 하지만 LIMIT 조건이 있기 때문에 풀 테이블 스캔을 실행하면서 MySQL이 스토리지 엔진으로부터 10개의 레코드를 읽어 들이는 순간 스토리지 엔진으로부터 읽기 작업을 멈춘다. 이렇게 정렬이나 그루핑 또는 DISTINCT가 없는 쿼리에서 LIMIT 조건을 사용하면 쿼리가 상당히 빨리 끝날 수 있다.

- 두 번째 쿼리는 GROUP BY가 있기 때문에 GROUP BY 처리가 완료되고 나서야 LIMIT 처리를 수행할 수 있다. 인덱스를 사용하지 못하는 GROUP BY는 그루핑과 정렬의 특성을 모두 가지고 있기 때문에 일단 GROUP BY 작업이 모두 완료돼야만 LIMIT을 수행할 수 있다. 결국 LIMIT이 GROUP BY와 함께 사용되는 경우에는 LIMIT 절이 있더라도 실질적인 서버의 작업 내용을 크게 줄여주지는 못한다.

---

7 하지만 정렬 후 5건만 가져온다고 하더라도 정렬의 특성상 상당히 많은 작업이 완료돼야만 상위 5건을 가려낼 수 있기 때문에 정렬이 필요한 쿼리에서 LIMIT 절이 추가된다고 해서 성능 향상 효과가 크지는 않은 것이 일반적이다.

- 세 번째 쿼리에서 사용한 DISTINCT는 정렬에 대한 요건이 없이 유니크한 그룹만 만들어 내면 된다. MySQL은 스토리지 엔진을 통해 풀 테이블 스캔 방식을 이용해 employee 테이블 레코드를 읽어 들임과 동시에 DISTINCT를 위한 중복 제거 작업(임시 테이블을 사용)을 진행한다. 이 작업을 반복적으로 처리하다가 유니크한 레코드가 LIMIT 건수만큼 채워지면 그 순간 쿼리를 멈춘다. 예를 들어, employees 테이블의 레코드를 10건 읽었는데, first_name 값이 모두 달랐다면 유니크한 first_name 값 10개를 가져온 것이므로 employees 테이블을 더는 읽지 않고 쿼리를 완료한다는 것이다. DISTINCT와 함께 사용된 LIMIT은 실질적인 중복 제거 작업의 범위를 줄이는 역할을 한다. 이 쿼리에서는 10만 건의 레코드를 읽어야 할 작업을 10건만 읽어서 완료할 수 있게 했으므로 LIMIT 절이 작업량을 상당히 줄여준 것이다.

- 네 번째 쿼리는 employees 테이블로부터 WHERE 조건절에 일치하는 레코드를 읽은 후 first_name 칼럼의 값으로 정렬을 수행한다. 정렬을 수행하면서 필요한 10건이 완성되는 순간, 나머지 작업을 멈추고 결과를 사용자에게 반환한다. 정렬을 수행하기 전에 WHERE 조건에 일치하는 모든 레코드를 읽어 와야 하지만 읽어온 결과가 전부 정렬돼야 쿼리가 완료되는 것이 아니라 필요한 만큼만 정렬되면 된다. 하지만 이 쿼리도 두 번째 쿼리와 같이 크게 작업량을 줄여주지는 못한다.

이 예제에서도 알 수 있듯이 쿼리 문장에 GROUP BY나 ORDER BY 같은 전체 범위 작업이 선행되더라도 LIMIT 절이 있다면 크진 않지만 나름의 성능 향상은 있다고 볼 수 있다. 이 예제는 모두 ORDER BY나 DISTINCT, GROUP BY가 인덱스를 적절히 이용하지 못하는 경우를 설명한 것이다. ORDER BY나 GROUP BY 또는 DISTINCT가 인덱스를 이용해 처리될 수 있다면 LIMIT 절은 꼭 필요한 만큼의 레코드만 읽게 만들어 주기 때문에 쿼리의 작업량을 상당히 줄여준다.

LIMIT 절은 1개 또는 2개의 인자를 사용할 수 있는데, 인자가 1개인 경우에는 상위 n개의 레코드를 가져오며, 2개의 인자를 지정하는 경우에는 첫 번째 인자에 지정된 위치부터 두 번째 인자에 명시된 개수만큼의 레코드를 가져온다. LIMIT 절에서 2개의 인자를 사용할 경우 첫 번째 인자(시작 위치, 오프셋)는 0부터 시작한다는 것에 주의하자. LIMIT 10과 같이 인자가 1개인 경우는 사실 LIMIT 0, 10과 동일하다. 다음 예제의 첫 번째 쿼리는 상위 10개의 레코드만, 두 번째 쿼리는 상위 11번 째부터 10개의 레코드를 가져온다.

```
mysql> SELECT * FROM employees LIMIT 10;
mysql> SELECT * FROM employees LIMIT 10, 10;
```

자주 부딪히는 LIMIT 제한 사항으로는 LIMIT의 인자로 표현식이나 별도의 서브쿼리를 사용할 수 없다는 점이 있다. 다음 예제 쿼리를 보면 쉽게 이해할 수 있을 것이다.

```
mysql> SELECT * FROM employees LIMIT (100-10);
ERROR 1064 (42000): You have an error in your SQL syntax; check the manual that corresponds to
your MySQL server version for the right syntax to use near '(100-10)' at line 1
```

LIMIT을 사용할 때 한 가지 더 주의해야 할 것이 있다. 실제 쿼리의 성능은 사용자의 화면에 레코드가 몇 건이 출력되느냐보다 MySQL 서버가 그 결과를 만들어 내기 위해 어떠한 작업들을 했는지가 중요하다. 많은 응용 프로그램에서 테이블의 데이터를 SELECT할 때 조금씩 잘라서(페이징) 가져가게 되는데, 이때 다음과 같이 LIMIT을 사용하는 경우가 많다.

```
SELECT * FROM salaries ORDER BY salary LIMIT n, m;
```

일반적으로 처음 몇 개 페이지만 자주 조회되기 때문에 이런 쿼리들은 문제가 되지 않는다. 하지만 특별한 경우 LIMIT의 "n"과 "m"에 주어지는 수치가 매우 커질 수가 있는데, 이런 경우에는 쿼리 실행에 상당히 오랜 시간이 걸린다.

```
mysql> SELECT * FROM salaries ORDER BY salary LIMIT 0,10;
10 rows in set (0.00 sec)

mysql> SELECT * FROM salaries ORDER BY salary LIMIT 2000000,10;
10 rows in set (1.57 sec)
```

"LIMIT 2000000, 10"은 먼저 salaries 테이블을 처음부터 읽으면서 2000010건의 레코드를 읽은 후, 2000000건은 버리고 마지막 10건만 사용자에게 반환한다. 실제 사용자의 화면에는 10건만 표시되지만, MySQL 서버는 2000010건의 레코드를 읽어야 하기 때문에 쿼리가 느려지는 것이다.

LIMIT 조건의 페이징이 처음 몇 개 페이지 조회로 끝나지 않을 가능성이 높다면 다음과 같이 WHERE 조건절로 읽어야 할 위치를 찾고 그 위치에서 10개만 읽는 형태의 쿼리를 사용하는 것이 좋다.

```
-- // 첫 페이지 조회용 쿼리
mysql> SELECT * FROM salaries ORDER BY salary LIMIT 0, 10;
+--------+--------+------------+------------+
| emp_no | salary | from_date  | to_date    |
+--------+--------+------------+------------+
| 253406 |  38623 | 2002-02-20 | 9999-01-01 |
```

```
...
| 274049 |  38864 | 1996-09-01 | 1997-09-01 |
+--------+--------+------------+------------+
10 rows in set (0.01 sec)

-- // 두 번째 페이지 조회용 쿼리(첫 페이지의 마지막 salary 값과 emp_no 값을 이용)
mysql> SELECT * FROM salaries
       WHERE salary>=38864 AND NOT (salary=38864 AND emp_no<=274049)
       ORDER BY salary LIMIT 0, 10;
+--------+--------+------------+------------+
| emp_no | salary | from_date  | to_date    |
+--------+--------+------------+------------+
| 473390 |  38872 | 1995-03-20 | 1995-09-22 |
...
| 401786 |  38942 | 2001-11-02 | 9999-01-01 |
+--------+--------+------------+------------+
10 rows in set (0.01 sec)


...

-- // 마지막 페이지의 데이터 조회 쿼리
mysql> SELECT * FROM salaries
       WHERE salary>=154888 AND NOT (salary=154888 AND emp_no<=109334)
       ORDER BY salary LIMIT 0, 10;
+--------+--------+------------+------------+
| emp_no | salary | from_date  | to_date    |
+--------+--------+------------+------------+
| 109334 | 155190 | 2002-02-11 | 9999-01-01 |
...
|  43624 | 158220 | 2002-03-22 | 9999-01-01 |
+--------+--------+------------+------------+
7 rows in set (0.01 sec)
```

위의 예제에서 "NOT (salary=38864 AND emp_no<=274049)" 조건은 이전 페이지에서 이미 조회됐던 건을 제외하기 위해 추가한 조건이다. salaries 테이블의 salary 칼럼에 인덱스가 있는데, 이 인덱스는 중복이 허용되는 인덱스이기 때문에 단순히 이전 페이지의 마지막 salary 값(이전 페이지에서 가장 큰 salary 값)보다 큰 것을 조회하거나 크거나 같은 경우를 조회하면 중복이나 누락이 발생할 수 있다. 중

복이나 누락을 제외하기 위한 방법은 사용하는 인덱스가 몇 개의 칼럼으로 구성돼 있는지, 유니크한지에 따라 달라질 수 있으니 쿼리 작성 시 주의하자.

11.4.6 COUNT()

COUNT() 함수는 다들 잘 알고 있듯이 결과 레코드의 건수를 반환하는 함수다. COUNT() 함수는 칼럼이나 표현식을 인자로 받으며, 특별한 형태로 "*"를 사용할 수도 있다. 여기서 "*"는 SELECT 절에 사용될 때처럼 모든 칼럼을 가져오라는 의미가 아니라 그냥 레코드 자체를 의미하는 것이다. 실제로 COUNT(*)라고 해서 레코드의 모든 칼럼을 읽는 형태로 처리하지는 않는다. 그래서 굳이 COUNT(프라이머리 키 칼럼) 또는 COUNT(1)과 같이 사용하지 않고 COUNT(*)라고 표현해도 동일한 처리 성능을 보인다.

MyISAM 스토리지 엔진을 사용하는 테이블은 항상 테이블의 메타 정보에 전체 레코드 건수를 관리한다. 그래서 "SELECT COUNT(*) FROM tb_table"과 같이 WHERE 조건이 없는 COUNT(*) 쿼리는 MySQL 서버가 실제 레코드 건수를 세어 보지 않아도 바로 결과를 반환할 수 있기 때문에 빠르게 처리된다. 하지만 WHERE 조건이 있는 COUNT(*) 쿼리는 그 조건에 일치하는 레코드를 읽어 보지 않는 이상 알 수 없으므로 일반적인 DBMS와 같이 처리된다. InnoDB 스토리지 엔진을 사용하는 테이블에서는 WHERE 조건이 없는 COUNT(*) 쿼리라고 하더라도 직접 데이터나 인덱스를 읽어야만 레코드 건수를 가져올 수 있기 때문에 큰 테이블에서 COUNT() 함수를 사용하는 작업은 주의해야 한다.

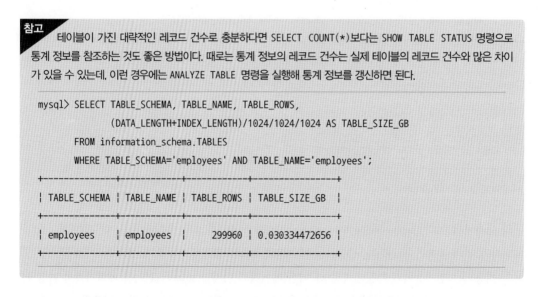

참고 테이블이 가진 대략적인 레코드 건수로 충분하다면 SELECT COUNT(*)보다는 SHOW TABLE STATUS 명령으로 통계 정보를 참조하는 것도 좋은 방법이다. 때로는 통계 정보의 레코드 건수는 실제 테이블의 레코드 건수와 많은 차이가 있을 수 있는데, 이런 경우에는 ANALYZE TABLE 명령을 실행해 통계 정보를 갱신하면 된다.

```
mysql> SELECT TABLE_SCHEMA, TABLE_NAME, TABLE_ROWS,
              (DATA_LENGTH+INDEX_LENGTH)/1024/1024/1024 AS TABLE_SIZE_GB
       FROM information_schema.TABLES
       WHERE TABLE_SCHEMA='employees' AND TABLE_NAME='employees';
+--------------+------------+------------+----------------+
| TABLE_SCHEMA | TABLE_NAME | TABLE_ROWS | TABLE_SIZE_GB  |
+--------------+------------+------------+----------------+
| employees    | employees  |     299960 | 0.030334472656 |
+--------------+------------+------------+----------------+
```

COUNT(*) 쿼리에서 가장 많이 하는 실수는 ORDER BY 구문이나 LEFT JOIN과 같은 레코드 건수를 가져오는 것과는 무관한 작업을 포함하는 것이다. 대부분 COUNT(*) 쿼리는 페이징 처리를 위해 사용할 때가 많은데, 많은 개발자가 SELECT 쿼리를 그대로 복사해서 칼럼이 명시된 부분만 삭제하고 그 부분을 COUNT(*) 함수로 대체해서 사용하곤 한다. 그래서 단순히 COUNT(*)만 실행하는 쿼리임에도 ORDER BY가 포함돼 있다거나 별도의 체크 조건을 가지지도 않는 LEFT JOIN이 사용된 채로 실행될 때가 많다. COUNT(*) 쿼리에서 ORDER BY 절은 어떤 경우에도 필요치 않다. 그리고 LEFT JOIN 또한 레코드 건수의 변화가 없거나 아우터 테이블에서 별도의 체크를 하지 않아도 되는 경우에는 모두 제거하는 것이 성능상 좋다.

> **참고** MySQL 8.0 버전부터는 SELECT COUNT(*) 쿼리에 사용된 ORDER BY 절은 옵티마이저가 무시하도록 개선됐다. 하지만 여전히 꼭 필요한 부분만 간결하게 사용해 쿼리를 작성하는 것은 쿼리의 복잡도를 낮추고 가독성을 높인다는 장점이 있다.

많은 사용자가 일반적으로 칼럼의 값을 SELECT하는 쿼리보다 COUNT(*) 쿼리가 훨씬 빠르게 실행될 것으로 생각한다. 하지만 인덱스를 제대로 사용하도록 튜닝되지 못한 COUNT(*) 쿼리는 페이징해서 데이터를 가져오는 쿼리보다 몇 배 또는 몇십 배 더 느리게 실행될 수도 있다. COUNT(*) 쿼리도 많은 부하를 일으키기 때문에 주의 깊게 작성해야 한다.

COUNT() 함수에 칼럼명이나 표현식이 인자로 사용되면 그 칼럼이나 표현식의 결과가 NULL이 아닌 레코드 건수만 반환한다. 예를 들어, "COUNT(column1)"이라고 SELECT 쿼리에 사용하면 column1이 NULL이 아닌 레코드의 건수를 가져온다. 그래서 NULL이 될 수 있는 칼럼을 COUNT() 함수에 사용할 때는 의도대로 쿼리가 작동하는지 확인하는 것이 좋다.

> **주의** 게시물 목록을 보여줄 때 일반적으로 다음과 같은 쿼리를 사용한다. 물론 이 형태는 아주 간단한 형태이며, 실제 서비스 요건은 이것보다는 훨씬 복잡한 조건들이 더 추가될 것이다.
>
> ```
> -- // 게시물 건수 확인
> mysql> SELECT COUNT(*) FROM articles WHERE board_id=1
>
> -- // 특정 페이지의 게시물 조회
> mysql> SELECT * FROM articles WHERE board_id=? ORDER BY article_id DESC LIMIT 0, 10
> ```

많은 사람이 게시물 건수를 확인하는 첫 번째 쿼리가 어느 정도로 MySQL 서버에 부하를 유발하는지 잘 모르고 개발하는 것처럼 보인다. board_id가 1인 레코드 건수가 백만 건이라면 첫 번째 쿼리는 articles 테이블에서 100만 건을 읽어야 한다. 물론 인덱스만 읽어서 처리(커버링 인덱스)가 가능하다면 쿼리 성능은 빨라질 것이다. 하지만 앞에서 언급했던 것처럼 실제 서비스에서는 보여줄지 말지, 그리고 삭제됐는지 여부 등을 식별해야 하기 때문에 테이블의 데이터를 읽어야만 하는 경우가 대부분이다. 그렇다면 건수를 확인하는 첫 번째 쿼리의 부하는 게시물 10건을 가져오는 두 번째 쿼리보다 10만 배 느리게 처리될 것이다. 물론 게시물을 가져오는 두 번째 쿼리도 다음 페이지로 넘어가면 갈수록 성능이 더 느려질 가능성이 높다. 게시물의 전체 건수를 조회하는 작업은 피하는 것이 좋은데, 게시물의 페이지 번호를 보여주는 방식보다는 "이전"과 "다음" 버튼만 표시하는 방식을 검토해볼 것을 권장한다.

11.4.7 JOIN

OUTER JOIN이나 INNER JOIN 등과 같은 JOIN의 여러 가지 유형에 대해서는 이미 익숙할 것이다. 여기서는 JOIN이 어떻게 인덱스를 사용하는지에 대해 쿼리 패턴별로 자세히 살펴보자. 또한 JOIN의 유형별로 주의할 사항도 함께 살펴보겠다.

11.4.7.1 JOIN의 순서와 인덱스

8.3.4.1절 '인덱스 레인지 스캔'에서 살펴본 바와 같이 인덱스 레인지 스캔은 인덱스를 탐색(Index Seek)하는 단계와 인덱스를 스캔(Index Scan)하는 과정으로 구분해 볼 수 있다. 일반적으로 인덱스를 이용해서 쿼리하는 작업에서는 가져오는 레코드의 건수가 소량이기 때문에 인덱스 스캔 작업은 부하가 작지만 특정 인덱스 키를 찾는 인덱스 탐색 작업은 상대적으로 부하가 높은 편이다.

조인 작업에서 드라이빙 테이블을 읽을 때는 인덱스 탐색 작업을 단 한 번만 수행하고, 그 이후부터는 스캔만 실행하면 된다. 하지만 드리븐 테이블에서는 인덱스 탐색 작업과 스캔 작업을 드라이빙 테이블에서 읽은 레코드 건수만큼 반복한다. 드라이빙 테이블과 드리븐 테이블이 1:1로 조인되더라도 드리븐 테이블을 읽는 것이 훨씬 더 큰 부하를 차지한다. 그래서 옵티마이저는 항상 드라이빙 테이블이 아니라 드리븐 테이블을 최적으로 읽을 수 있게 실행 계획을 수립한다. 다음과 같이 employees 테이블과 dept_emp 테이블을 조인하는 쿼리로 이 내용을 한번 살펴보자.

```
SELECT *
FROM employees e, dept_emp de
WHERE e.emp_no=de.emp_no;
```

이 두 테이블의 조인 쿼리에서 employees 테이블의 emp_no 칼럼과 dept_emp 테이블의 emp_no 칼럼에 각각 인덱스가 있을 때와 없을 때 조인 순서가 어떻게 달라지는지 한번 살펴보자.

- 두 칼럼 모두 각각 인덱스가 있는 경우: employees 테이블의 emp_no 칼럼과 dept_emp 테이블의 emp_no 칼럼에 모두 인덱스가 준비돼 있을 때는 어느 테이블을 드라이빙으로 선택하든 인덱스를 이용해 드리븐 테이블의 검색 작업을 빠르게 처리할 수 있다. 이럴 때 옵티마이저가 통계 정보를 이용해 적절히 드라이빙 테이블을 선택하게 된다. 각 테이블의 통계 정보에 있는 레코드 건수에 따라 employees가 드라이빙 테이블이 될 수도 있고, dept_emp 테이블이 드라이빙 테이블로 선택될 수도 있다. 보통의 경우 어느 쪽 테이블이 드라이빙 테이블이 되든 옵티마이저가 선택하는 방법이 최적일 때가 많다.

- employees.emp_no에만 인덱스가 있는 경우: employees.emp_no에만 인덱스가 있을 때 dept_emp 테이블이 드리븐 테이블로 선택된다면 employees 테이블의 레코드 건수만큼 dept_emp 테이블을 풀 스캔해야만 "e.emp_no=de.emp_no" 조건에 일치하는 레코드를 찾을 수 있다. 그래서 옵티마이저는 항상 dept_emp 테이블을 드라이빙 테이블로 선택하고, employees 테이블을 드리븐 테이블로 선택한다. 이때는 "e.emp_no=100001"과 같이 employees 테이블을 아주 효율적으로 접근할 수 있는 조건이 있더라도 옵티마이저는 employees 테이블을 드라이빙 테이블로 선택하지 않을 가능성이 높다.

- dept_emp.emp_no에만 인덱스가 있는 경우: 위의 "employees.emp_no에만 인덱스가 있는 경우"와는 반대로 처리된다. 이때는 employees 테이블의 반복된 풀 스캔을 피하기 위해 employees 테이블을 드라이빙 테이블로 선택하고 dept_emp 테이블을 드리븐 테이블로 조인을 수행하게 실행 계획을 수립한다.

- 두 칼럼 모두 인덱스가 없는 경우: "두 칼럼 모두 각각 인덱스가 있는 경우"와 마찬가지로 어느 테이블을 드라이빙으로 선택하더라도 드리븐 테이블의 풀 스캔[8]은 발생하기 때문에 옵티마이저가 적절히 드라이빙 테이블을 선택한다. 단 레코드 건수가 적은 테이블을 드라이빙 테이블로 선택하는 것이 훨씬 효율적이다. 이렇게 조인 조건을 빠르게 처리할 적절한 인덱스가 없는 경우 MySQL 8.0.18 이전 버전까지는 블록 네스티드 루프 조인을 사용했다. 하지만 MySQL 8.0.18 버전부터는 블록 네스티드 루프 조인이 없어지고 해시 조인이 도입되면서 해시 조인으로 처리된다. 해시 조인에 대한 자세한 내용은 9.3.1.19절 '해시 조인(hash_join)'을 참조하자.

11.4.7.2 JOIN 칼럼의 데이터 타입

WHERE 절에 사용되는 조건에서 비교 대상 칼럼과 표현식의 데이터 타입을 반드시 동일하게 사용해야 하는 이유는 이미 자세히 살펴봤다. 이것은 테이블의 조인 조건에서도 동일하다. 조인 칼럼 간의 비교에서 각 칼럼의 데이터 타입이 일치하지 않으면 인덱스를 효율적으로 이용할 수 없다. 다음 예제를 살펴보자.

---

8 각 테이블의 데이터 조회 범위를 좁힐 수 있는 조건이 있다면 풀 스캔이 아닌 인덱스 레인지 스캔으로 범위를 좁힐 수 있다. 즉, 조인 조건 자체는 효율적이지 못하지만 조인 대상을 찾을 범위는 줄일 수 있다.

```
mysql> CREATE TABLE tb_test1 (user_id INT, user_type INT, PRIMARY KEY(user_id));
mysql> CREATE TABLE tb_test2 (user_type CHAR(1), type_desc VARCHAR(10), PRIMARY KEY(user_type));

mysql> SELECT *
       FROM tb_test1 tb1, tb_test2 tb2
       WHERE tb1.user_type=tb2.user_type;
```

tb_test2 테이블의 user_type 칼럼은 프라이머리 키다. 이 쿼리는 최소한 드리븐 테이블은 프라이머리 키를 이용한 인덱스 레인지 스캔을 사용해 조인이 처리될 것으로 예상할 수 있다. 하지만 이 쿼리의 실행 계획은 두 테이블을 모두 풀 테이블 스캔으로 접근한다. 게다가 드리븐 테이블(실행 계획의 두 번째 줄)의 Extra 칼럼에 "Using join buffer (hash join)"가 표시된 것으로 봐서 조인 버퍼를 이용해 해시 조인이 실행된 것을 알 수 있다.

```
+----+-------+------+------+-------------------------------------------+
| id | table | type | key  | Extra                                     |
+----+-------+------+------+-------------------------------------------+
|  1 | tb1   | ALL  | NULL | NULL                                      |
|  1 | tb2   | ALL  | NULL | Using where; Using join buffer (hash join) |
+----+-------+------+------+-------------------------------------------+
```

사실 이 문제는 이미 11.4.3.2절 '문자열이나 숫자 비교'에서 자세히 살펴본 것과 같은 것이다. 이 쿼리에서는 비교 조건의 양쪽 항이 모두 테이블의 칼럼이라는 점만 다르다. 즉, 비교 조건에서 양쪽 항이 상수이든 테이블의 칼럼이든 관계없이 인덱스를 사용하려면 양쪽 항의 데이터 타입을 일치시켜야 한다는 것은 마찬가지다. 이 쿼리에서는 tb_test2 테이블의 user_type 칼럼을 CHAR(1)에서 INT로 변환해서 비교를 수행한다. 그로 인해 인덱스의 변형이 필요하기 때문에 tb_test2 테이블의 인덱스를 제대로 사용할 수 없게 된 것이다.

옵티마이저는 드리븐 테이블이 인덱스 레인지 스캔을 사용하지 못하고, 드리븐 테이블의 풀 테이블 스캔이 필요한 것을 알고 조금이라도 빨리 실행되도록 조인 버퍼를 활용한 해시 조인을 사용한다.

인덱스 사용에 영향을 미치는 데이터 타입 불일치는 CHAR 타입과 VARCHAR 타입, 또는 INT 타입과 BIGINT 타입, 그리고 DATE 타입과 DATETIME 타입 사이에서는 발생하지 않는다. 즉, CHAR 타입과 VARCHAR 타입의 비교는 특별히 문제되지 않으며, INT 타입과 BIGINT 타입 또는 SMALLINT 타입과의 비교 등도 문제가 되지 않는다. 하지만 대표적으로 다음의 비교 패턴은 문제가 될 가능성이 높다.

- CHAR 타입과 INT 타입의 비교와 같이 데이터 타입의 종류가 완전히 다른 경우

- 같은 CHAR 타입이더라도 문자 집합이나 콜레이션이 다른 경우

- 같은 INT 타입이더라도 부호(Sign)의 존재 여부가 다른 경우

두 개의 테이블에서 같은 값을 저장하는 각 칼럼이 서로 다른 문자 집합과 콜레이션으로 생성됐을 때 조인에 어떤 영향을 미치게 되는지 다음 예제 쿼리로 살펴보자.

```
mysql> CREATE TABLE tb_test1(
         user_id INT,
         user_type CHAR(1) COLLATE utf8mb4_general_ci,
         PRIMARY KEY(user_id)
       );

mysql> CREATE TABLE tb_test2(
         user_type CHAR(1) COLLATE latin1_general_ci,
         type_desc VARCHAR(10),
         INDEX ix_usertype (user_type)
       );

mysql> SELECT *
       FROM tb_test1 tb1, tb_test2 tb2
       WHERE tb1.user_type=tb2.user_type;
```

위와 같이 tb_test1과 tb_test2 테이블을 생성하고, 두 테이블을 조인하는 쿼리의 실행 계획을 한번 살펴보자.

```
+----+-------+------+------+------------------------------------------+
| id | table | type | key  | Extra                                    |
+----+-------+------+------+------------------------------------------+
|  1 | tb1   | ALL  | NULL | NULL                                     |
|  1 | tb2   | ALL  | NULL | Using where; Using join buffer (hash join) |
+----+-------+------+------+------------------------------------------+
```

드리븐 테이블을 풀 테이블 스캔하는 실행 계획으로 조인이 실행됐기 때문에 옵티마이저가 조인 버퍼를 사용했다. 기본적인 표준화 규칙을 가지고 데이터 모델링된 경우에는 이러한 케이스가 잘 발생하지

않지만 규칙 없이 조금씩 데이터 모델을 변경하다 보면 이런 현상이 자주 발생한다. 이럴 때는 칼럼의 문자 집합과 콜레이션을 통일하는 것만이 유일한 해결책이다. 데이터베이스 모델에 대한 표준화 규칙을 수립하고, 규칙을 기반으로 설계를 진행한다면 이런 문제를 최소화할 수 있을 것이다. 표준 규칙을 수립하기가 어렵다면 각 칼럼에 저장되는 데이터 타입에 맞게 칼럼의 타입을 선정하는 것이 중요하다. 그리고 조인이 수행되는 칼럼은 데이터 타입을 일치시키기 위해 최종 점검을 하는 것이 좋다.

11.4.7.3 OUTER JOIN의 성능과 주의사항

이너 조인(INNER JOIN)은 조인 대상 테이블에 모두 존재하는 레코드만 결과 집합으로 반환한다. 이너 조인의 이 같은 특성 때문에 아우터 조인(OUTER JOIN)으로만 조인을 실행하는 쿼리들도 자주 보인다. 다음 예제 쿼리는 3개 테이블을 조인하면서 LEFT JOIN만 사용하고 있다.

```
mysql> SELECT *
       FROM employees e
         LEFT JOIN dept_emp de ON de.emp_no=e.emp_no
         LEFT JOIN departments d ON d.dept_no=de.dept_no AND d.dept_name='Development';
```

이 쿼리의 실행 계획을 보면 다음과 같이 제일 먼저 employees 테이블을 풀 스캔하면서 dept_emp 테이블과 departments 테이블을 드리븐 테이블로 사용한다는 것을 알 수 있다.

id	table	type	key	rows	Extra
1	e	ALL	NULL	299920	NULL
1	de	ref	ix_empno_fromdate	1	NULL
1	d	eq_ref	PRIMARY	1	Using where

employees 테이블에 존재하는 사원 중에서 dept_emp 테이블에 레코드를 갖지 않는 경우가 있다면 아우터 조인이 필요하지만, 대부분 그런 경우는 없으므로 굳이 아우터 조인을 사용할 필요가 없다. 즉 테이블의 데이터가 일관되지 않은 경우에만 아우터 조인이 필요한 경우인 것이다. MySQL 옵티마이저는 절대 아우터로 조인되는 테이블을 드라이빙 테이블로 선택하지 못하기 때문에 풀 스캔이 필요한 employees 테이블을 드라이빙 테이블로 선택한다. 그 결과 쿼리의 성능이 떨어지는 실행 계획을 수립한 것이다.

이 쿼리에 이너 조인을 이용했다면 다음과 같이 departments 테이블에서 부서명이 "Development"인 레코드 1건만 찾아서 조인을 실행하는 실행 계획을 선택했을 것이다.

```
+----+-------+--------+-------------+-------+-------------+
| id | table | type   | key         | rows  | Extra       |
+----+-------+--------+-------------+-------+-------------+
|  1 | d     | ref    | ux_deptname |     1 | Using index |
|  1 | de    | ref    | PRIMARY     | 41392 | NULL        |
|  1 | e     | eq_ref | PRIMARY     |     1 | NULL        |
+----+-------+--------+-------------+-------+-------------+
```

이너 조인으로 사용해도 되는 쿼리를 아우터 조인으로 작성하면 MySQL 옵티마이저가 조인 순서를 변경하면서 수행할 수 있는 최적화의 기회를 빼앗아버리는 결과가 된다. 필요한 데이터와 조인되는 테이블 간의 관계를 정확히 파악해서 꼭 필요한 경우가 아니라면 이너 조인을 사용하는 것이 업무 요건을 정확히 구현함과 동시에 쿼리의 성능도 향상시킬 수 있다.

아우터 조인(OUTER JOIN) 쿼리를 작성하면서 많이 하는 또 다른 실수는 다음 예제와 같이 아우터(OUTER)로 조인되는 테이블에 대한 조건을 WHERE 절에 함께 명시하는 것이다.

```
mysql> SELECT *
       FROM employees e
         LEFT JOIN dept_manager mgr ON mgr.emp_no=e.emp_no
       WHERE mgr.dept_no='d001';
```

ON 절에 조인 조건은 명시했지만 아우터로 조인되는 테이블인 dept_manager의 dept_no='d001' 조건을 WHERE 절에 명시한 것은 잘못된 조인 방법이다. 위의 LEFT JOIN이 사용된 쿼리는 WHERE 절의 조건 때문에 MySQL 옵티마이저가 LEFT JOIN을 다음 쿼리와 같이 INNER JOIN으로 변환해서 실행해버린다.

```
mysql> SELECT *
       FROM employees e
         INNER JOIN dept_manager mgr ON mgr.emp_no=e.emp_no
       WHERE mgr.dept_no='d001';
```

정상적인 아우터 조인이 되게 만들려면 다음 쿼리와 같이 WHERE 절의 "mgr.dept_no='d001'" 조건을 LEFT JOIN의 ON 절로 옮겨야 한다.

```
mysql> SELECT *
       FROM employees e
         LEFT JOIN dept_manager mgr ON mgr.emp_no=e.emp_no AND mgr.dept_no='d001';
```

예외적으로 OUTER JOIN으로 연결되는 테이블의 칼럼에 대한 조건을 WHERE 절에 사용해야 하는 경우가
있는데, 다음과 같이 안티 조인(ANTI-JOIN) 효과를 기대하는 경우가 그렇다.

```
mysql> SELECT *
       FROM employees e
         LEFT JOIN dept_manager dm ON dm.emp_no=e.emp_no
       WHERE dm.emp_no IS NULL
       LIMIT 10;
```

위 쿼리는 사원 중에서 매니저가 아닌 사용자들만 조회하는 쿼리인데, WHERE 절에 아우터로 조인된
dept_manager 테이블의 emp_no 칼럼이 NULL인 레코드들만 조회한다. 이런 형태의 요건이 아우터 테이블
의 칼럼이 WHERE 절에 사용될 수 있는 유일한 경우다. 그 외의 경우 MySQL 서버는 LEFT JOIN을 INNER
JOIN으로 자동 변환한다는 것을 꼭 기억하자.

11.4.7.4 JOIN과 외래키(FOREIGN KEY)

데이터베이스에 외래키(FOREIGN KEY)가 생성돼 있어야만 조인할 수 있는지 궁금해하는 게시물을
본 적이 있다. 외래키는 조인과 아무런 연관이 없다. 외래키를 생성하는 주목적은 데이터의 무결성을
보장하기 위해서다. 외래키와 연관된 무결성을 참조 무결성이라고 표현한다. 예를 들어, 부서 테이블
과 사원 테이블이 있고, 사원 테이블에 이 사원이 소속된 부서 정보를 저장하는 칼럼이 있다. 이때 사원
테이블의 부서 코드는 반드시 부서 테이블에 존재하는 부서 정보만 사용해야 하는데, 이것이 바로 참조
무결성이다. 그런데 애플리케이션의 버그 등의 이유로 부서 테이블에는 존재하지 않는 부서 코드가 사
원 테이블에 있을 수 있다. 이렇게 참조 무결성이 깨지는 문제를 DBMS 차원에서 막기 위해 외래키를
생성한다.

하지만 SQL로 테이블 간의 조인을 수행하는 것은 전혀 무관한 칼럼을 조인 조건으로 사용해도 문법적
으로는 문제가 되지 않는다. 데이터 모델링을 할 때는 각 테이블 간의 관계를 필수적으로 그려 넣어야
한다. 하지만 그 데이터 모델을 데이터베이스에 생성할 때는 그 테이블 간의 관계는 외래키로 생성하지
않을 때가 더 많다. 하지만 테이블 간의 조인을 사용하기 위해 외래키가 필요한 것은 아니다.

11.4.7.5 지연된 조인(Delayed Join)

조인을 사용해서 데이터를 조회하는 쿼리에 GROUP BY 또는 ORDER BY를 사용할 때 각 처리 방법에서 인덱스를 사용한다면 이미 최적으로 처리되고 있을 가능성이 높다. 하지만 그렇지 못하다면 MySQL 서버는 우선 모든 조인을 실행하고 난 다음 GROUP BY나 ORDER BY를 처리할 것이다. 조인은 대체로 실행되면 될수록 결과 레코드 건수가 늘어난다. 그래서 조인의 결과를 GROUP BY하거나 ORDER BY하면 조인을 실행하기 전의 레코드에 GROUP BY나 ORDER BY를 수행하는 것보다 많은 레코드를 처리해야 한다. 지연된 조인이란 조인이 실행되기 이전에 GROUP BY나 ORDER BY를 처리하는 방식을 의미한다. 지연된 조인은 주로 LIMIT이 함께 사용된 쿼리에서 더 큰 효과를 얻을 수 있다.

인덱스를 사용하지 못하는 GROUP BY와 ORDER BY 쿼리를 지연된 조인으로 처리하는 방법을 한번 살펴보자.

```
mysql> SELECT e.*
       FROM salaries s, employees e
       WHERE e.emp_no=s.emp_no
         AND s.emp_no BETWEEN 10001 AND 13000
       GROUP BY s.emp_no
       ORDER BY SUM(s.salary) DESC
       LIMIT 10;
```

위 쿼리의 실행 계획은 다음과 같다. 실행 계획상으로는 employees 테이블을 드라이빙 테이블로 선택해서 "emp_no BETWEEN 10001 AND 13000" 조건을 만족하는 레코드 3000건을 읽고, salaries 테이블을 조인했다. 이때 조인을 수행한 횟수는 12,000번(3000 * 4) 정도라는 것을 알 수 있다. 그리고 조인의 결과 12,000건의 레코드를 임시 테이블에 저장하고 GROUP BY 처리를 통해 3000건으로 줄였다. 그리고 ORDER BY를 처리해서 상위 10건만 최종적으로 반환한다.

```
+----+-------+-------+---------+------+-------------------------------------------+
| id | table | type  | key     | rows | Extra                                     |
+----+-------+-------+---------+------+-------------------------------------------+
|  1 | e     | range | PRIMARY | 3000 | Using where; Using temporary; Using filesort |
|  1 | s     | ref   | PRIMARY |   10 | NULL                                      |
+----+-------+-------+---------+------+-------------------------------------------+
```

이제 지연된 조인으로 변경한 쿼리를 한번 살펴보자. 다음 쿼리에서는 salaries 테이블에서 가능한 모든 처리(WHERE 조건 및 GROUP BY와 ORDER BY, LIMIT까지)를 수행한 다음, 그 결과를 임시 테이블에 저장했다. 그리고 임시 테이블의 결과를 employees 테이블과 조인하도록 고친 것이다. 즉, 모든 처리를 salaries 테이블에서 수행하고, 최종 10건만 employees 테이블과 조인했다.

```
mysql> SELECT e.*
       FROM
         (SELECT s.emp_no
          FROM salaries s
          WHERE s.emp_no BETWEEN 10001 AND 13000
          GROUP BY s.emp_no
          ORDER BY SUM(s.salary) DESC
          LIMIT 10) x,
         employees e
       WHERE e.emp_no=x.emp_no;
```

지연된 조인으로 변경한 쿼리의 실행 계획은 다음과 같다.

id	table	type	key	rows	Extra
1	\<derived2\>	ALL	NULL	10	NULL
1	e	eq_ref	PRIMARY	1	NULL
2	s	range	PRIMARY	56844	Using where; Using temporary; Using filesort

예상했던 대로 FROM 절에 서브쿼리가 사용됐기 때문에 이 서브쿼리의 결과는 파생 테이블(세 번째 줄의 DERIVED)로 처리됐다. 다음 실행 계획에서 FROM 절의 서브쿼리를 위해 전체 56,844건의 레코드를 읽어야 한다고 나왔지만 사실은 28,606건의 레코드만 읽으면 되는 쿼리다. 지연된 조인으로 변경된 이 쿼리는 salaries 테이블에서 28,606건의 레코드를 읽어 임시 테이블에 저장하고, GROUP BY 처리를 통해 3,000건으로 줄였다. 그리고 ORDER BY를 처리해 상위 10건만 임시 테이블(\<derived2\>)에 저장한다. 최종적으로 임시 테이블의 10건을 읽어서 employees 테이블과 조인을 10번만 수행해서 결과를 반환한다.

지연된 조인으로 개선되기 전과 후의 쿼리가 어떻게 처리되는지 간략하게 살펴봤다. 물론 지연된 조인으로 개선된 쿼리는 임시 테이블(〈derived2〉)을 한 번 더 사용하기 때문에 느리다고 예상할 수도 있다. 하지만 임시 테이블에 저장할 레코드가 10건밖에 되지 않으므로 메모리를 이용해 빠르게 처리된다. 조인의 횟수를 비교해보면 지연된 조인으로 변경된 쿼리의 조인 횟수가 훨씬 적다는 사실을 알 수 있다. 실행 계획상으로 보면 지연된 조인으로 변경된 쿼리가 오히려 더 느릴 것 같지만, 실제 테스트를 해보면 지연된 조인으로 개선된 쿼리가 3~4배 정도는 더 빠르게 실행된다는 것을 확인할 수 있다. 지연된 쿼리의 원리를 정확히 이해하지 못한 상태로 지연된 쿼리를 작성하면 오히려 역효과가 날 수도 있다. 하지만 잘 튜닝된 지연된 쿼리는 원래의 쿼리보다 몇십 배, 몇백 배 더 나은 성능을 보일 수도 있다.

지연된 조인은 경우에 따라 상당한 성능 향상을 가져올 수 있지만 모든 쿼리를 지연된 조인 형태로 개선할 수 있는 것은 아니다. OUTER JOIN과 INNER JOIN에 대해 다음과 같은 조건이 갖춰져야만 지연된 쿼리로 변경해서 사용할 수 있다.

- LEFT (OUTER) JOIN인 경우 드라이빙 테이블과 드리븐 테이블은 1:1 또는 M:1 관계여야 한다.

- INNER JOIN인 경우 드라이빙 테이블과 드리븐 테이블은 1:1 또는 M:1의 관계임과 동시에 (당연한 조건이겠지만) 드라이빙 테이블에 있는 레코드는 드리븐 테이블에 모두 존재해야 한다. 두 번째와 세 번째 조건은 드라이빙 테이블을 서브쿼리로 만들고 이 서브쿼리에 LIMIT을 추가해도 최종 결과의 건수가 변하지 않는다는 보증을 해주는 조건이기 때문에 반드시 정확히 확인한 후 적용해야 한다.

앞의 예제나 지금 개발하고 있는 페이징 쿼리를 지연된 조인 쿼리로 한번 변경해보고, 성능 차이를 비교해 보자. 이런 작업을 몇 번 해보면 위의 두 조건이 어떤 의미인지 더 쉽게 이해할 수 있을 것이다.

> **주의** 지연된 조인은 여기서 언급한 조인의 개수를 줄이는 것뿐만 아니라 GROUP BY나 ORDER BY 처리가 필요한 레코드의 전체 크기를 줄이는 역할도 한다. 첫 번째 GROUP BY와 ORDER BY가 포함된 예제 쿼리를 보면 지연된 조인으로 개선되기 전 쿼리는 salaries 테이블과 employees 테이블의 모든 칼럼을 임시 테이블에 저장하고 GROUP BY를 해야 한다. 하지만 지연된 조인으로 개선된 쿼리는 salaries 테이블의 칼럼만 임시 테이블에 저장하고 GROUP BY를 수행하면 되기 때문에 원래의 쿼리보다는 GROUP BY나 ORDER BY용 버퍼를 더 적게 필요로 한다.

11.4.7.6 래터럴 조인(Lateral Join)

MySQL 8.0 이전 버전까지는 그룹별로 몇 건씩만 가져오는 쿼리를 작성할 수가 없었다. 하지만 MySQL 8.0 버전부터는 래터럴 조인이라는 기능을 이용해 특정 그룹별로 서브쿼리를 실행해서 그 결과와 조인하는 것이 가능해졌다. 예를 들어, 다음 쿼리를 한번 살펴보자.

```
mysql> SELECT *
       FROM employees e
         LEFT JOIN LATERAL (SELECT *
                            FROM salaries s
                            WHERE s.emp_no=e.emp_no
                            ORDER BY s.from_date DESC LIMIT 2) s2 ON s2.emp_no=e.emp_no
       WHERE e.first_name='Matt';
```

위의 쿼리는 employees 테이블에서 이름이 'Matt'인 사원에 대해 사원별로 가장 최근 급여 변경 내역을 최대 2건씩만 반환한다. 래터럴 조인에서 가장 중요한 부분은 FROM 절에 사용된 서브쿼리(Derived Table)에서 외부 쿼리의 FROM 절에 정의된 테이블의 칼럼을 참조할 수 있다는 것이다. 이 예제에서는 salaries 테이블을 읽는 서브쿼리에서 employees 테이블의 emp_no를 참조한다. 이렇게 FROM 절에 사용된 서브쿼리가 외부 쿼리의 칼럼을 참조하기 위해서는 "LATERAL" 키워드가 명시돼야 한다. LATERAL 키워드 없이 외부 쿼리의 칼럼을 참조하면 다음과 같은 에러가 발생한다.

```
mysql> SELECT *
       FROM employees e
       LEFT JOIN (SELECT *
                  FROM salaries s
                  WHERE s.emp_no=e.emp_no
                  ORDER BY s.from_date DESC LIMIT 2) s2 ON s2.emp_no=e.emp_no
       WHERE e.first_name='Matt';

ERROR 1054 (42S22): Unknown column 'e.emp_no' in 'where clause'
```

LATERAL 키워드를 가진 서브쿼리는 조인 순서상 후순위로 밀리고, 외부 쿼리의 결과 레코드 단위로 임시 테이블이 생성[9]되기 때문에 꼭 필요한 경우에만 사용해야 한다.

11.4.7.7 실행 계획으로 인한 정렬 흐트러짐

MySQL 8.0 이전 버전까지는 네스티드-루프 방식의 조인만 가능했지만 MySQL 8.0 버전부터는 해시 조인 방식이 도입됐다. 네스티드-루프 조인은 알고리즘의 특성상 드라이빙 테이블에서 읽은 레코드의 순서가 다른 테이블이 모두 조인돼도 그대로 유지된다. 그래서 MySQL에서 조인을 사용하는 쿼리의

---

9 외부 쿼리 결과의 레코드 단위로 임시 테이블이 생성되기 때문에 래터럴 조인의 실행 계획에는 Extra 칼럼에 "Rematerialize"라는 메시지가 표시된다.

결과는 드라이빙 테이블을 읽은 순서로 정렬된다고 생각할 때가 많다. 실제로도 주어진 조건에 의해 드라이빙 테이블을 인덱스 스캔이나 풀 테이블 스캔을 하고, 그때 드라이빙 테이블을 읽은 순서가 그대로 최종 결과에 반영된다.

하지만 쿼리의 실행 계획에서 네스티드 루프 조인 대신 해시 조인이 사용되면 쿼리 결과의 레코드 정렬 순서가 달라진다. 해시 조인뿐만 아니라 MySQL 8.0 이전 버전에서 사용되던 블록 네스티드 루프 조인이 사용되는 경우도 동일하게 쿼리 결과의 정렬 순서가 드라이빙 테이블을 읽는 순서와 다르게 출력됐다.

해시 조인이 사용되는 쿼리에서 결과가 어떤 순서로 출력되는지 한번 살펴보자. 예제 쿼리의 실행 계획을 보면 네스티드 루프 조인이 아니라 해시 조인이 사용된 것을 확인할 수 있다.

```
mysql> SELECT e.emp_no, e.first_name, e.last_name, de.from_date
       FROM dept_emp de, employees e
       WHERE de.from_date>'2001-10-01' AND e.emp_no<10005;
```

+----+-------+-------+-------------+--+
| id | table | type | key | Extra |
+----+-------+-------+-------------+--+
| 1 | e | range | PRIMARY | Using where |
| 1 | de | range | ix_fromdate | Using where; Using index; Using join buffer (hash join) |
+----+-------+-------+-------------+--+

네스티드 루프 방식으로 조인이 처리되면 드라이빙 테이블을 읽은 순서대로 결과가 조회되는 것이 일반적이다. 즉, 이 예제에서는 employees 테이블의 프라이머리 키인 emp_no 값의 순서대로 조회돼야 한다. 하지만 이 쿼리의 결과는 emp_no 칼럼으로 정렬돼 있지 않고, emp_no가 반복적으로 순환되는 결과가 만들어진 것을 확인할 수 있다.

+--------+------------+----------+------------+
| emp_no | first_name | last_name | from_date |
+--------+------------+----------+------------+
10001	Georgi	Facello	2001-10-02
10002	Bezalel	Simmel	2001-10-02
10003	Parto	Bamford	2001-10-02
10004	Chirstian	Koblick	2001-10-02

```
| 10001 | Georgi    | Facello | 2001-10-02 |
| 10002 | Bezalel   | Simmel  | 2001-10-02 |
| 10003 | Parto     | Bamford | 2001-10-02 |
| 10004 | Chirstian | Koblick | 2001-10-02 |
| 10001 | Georgi    | Facello | 2001-10-02 |
| 10002 | Bezalel   | Simmel  | 2001-10-02 |
...
```

실행 계획은 MySQL 옵티마이저에 의해 그때그때 상황에 따라 달라질 수 있다. 그러므로 정렬된 결과가 필요한 경우라면 드라이빙 테이블의 순서에 의존하지 말고 ORDER BY 절을 명시적으로 사용하는 것이 좋다.

11.4.8 GROUP BY

GROUP BY는 특정 칼럼의 값으로 레코드를 그루핑하고, 그룹별로 집계된 결과를 하나의 레코드로 조회할 때 사용한다. 이번에는 MySQL에서 GROUP BY를 사용할 때 함께 사용할 수 있는 유용한 기능과 주의사항 위주로 살펴보겠다.

11.4.8.1 WITH ROLLUP

GROUP BY가 사용된 쿼리에서는 그루핑된 그룹별로 소계를 가져올 수 있는 롤업(ROLLUP) 기능을 사용할 수 있다. ROLLUP으로 출력되는 소계는 단순히 최종 합만 가져오는 것이 아니라 GROUP BY에 사용된 칼럼의 개수에 따라 소계의 레벨이 달라진다. MySQL의 GROUP BY ... ROLLUP 쿼리는 엑셀의 피벗 테이블과 거의 동일한 기능으로 생각하면 된다. ROLLUP 쿼리의 결과를 보면서 살펴보자.

```
mysql> SELECT dept_no, COUNT(*)
       FROM dept_emp
       GROUP BY dept_no WITH ROLLUP;
```

WITH ROLLUP과 함께 사용된 GROUP BY 쿼리의 결과는 그룹별로 소계를 출력하는 레코드가 추가되어 표시된다. 소계 레코드의 칼럼값은 항상 NULL로 표시된다는 점에 주의해야 한다. 이 예제에서는 GROUP BY 절에 dept_no 칼럼 1개만 있기 때문에 소계가 1개만 존재하고 dept_no 칼럼값은 NULL로 표기됐다.

dept_no	COUNT(*)
d001	20211
d002	17346
…	…
d009	23580
NULL	331603

GROUP BY 절에 칼럼이 2개인 다음 쿼리를 한번 살펴보자. 다음 쿼리는 사원의 first_name과 last_ name 으로 그루핑하는 예제다.

```
mysql> SELECT first_name, last_name, COUNT(*)
       FROM employees
       GROUP BY first_name, last_name WITH ROLLUP;
```

이 쿼리의 결과는 다음과 같은데, GROUP BY 절에 칼럼이 2개로 늘어나면서 소계가 2단계로 표시됐다. 이 쿼리에서 ROLLUP 결과는 first_name 그룹별로 소계 레코드가 출력되고, 맨 마지막에 전체 총계가 출력된다. first_name 그룹별 소계 레코드의 first_name 칼럼은 NULL이 아니지만 last_name 칼럼의 값은 NULL로 채워져 있다. 마지막의 총계는 first_name과 last_name 칼럼이 모두 NULL로 채워져 있다. 소계나 총계 레코드는 항상 해당 그룹의 마지막에 나타난다.

first_name	last_name	COUNT(*)
Aamer	Anger	1
Aamer	…	…
Aamer	NULL	228
Aamod	Andreotta	2
Aamod	…	…
Aamod	NULL	216
…	…	…
NULL	NULL	300024

MySQL 8.0 버전부터는 그룹 레코드에 표시되는 NULL을 사용자가 변경할 수 있게 GROUPING() 함수를 지원한다.

```
mysql> SELECT
         IF(GROUPING(first_name), 'All first_name', first_name) AS first_name,
         IF(GROUPING(last_name), 'All last_name', last_name) AS last_name,
         COUNT(*)
       FROM employees
       GROUP BY first_name, last_name WITH ROLLUP;
```

GROUPING() 함수의 사용 결과에서는 더이상 NULL로 표시되지 않고, 주어진 문자열('All last_name'과 'All first_name')이 표시되는 것을 확인할 수 있다.

first_name	last_name	COUNT(*)
Aamer	Anger	1
Aamer	...	...
Aamer	All last_name	228
Aamod	Andreotta	2
Aamod	...	...
Aamod	All last_name	216
...	...	...
All first_name	All last_name	300024

11.4.8.2 레코드를 칼럼으로 변환해서 조회

GROUP BY나 집합 함수를 통해 레코드를 그루핑할 수 있지만 하나의 레코드를 여러 개의 칼럼으로 나누거나 변환하는 SQL 문법은 없다. 하지만 SUM()이나 COUNT() 같은 집합 함수와 CASE WHEN... END 구문을 이용해 레코드를 칼럼으로 변환하거나 하나의 칼럼을 조건으로 구분해서 2개 이상의 칼럼으로 변환하는 것은 가능하다. 레코드를 칼럼으로 변환한다는 것은 엑셀의 피봇(Pivot) 테이블을 만드는 것과 동일한 개념이다.

11.4.8.2.1 레코드를 칼럼으로 변환

우선 다음과 같이 dept_emp 테이블을 이용해 부서별로 사원의 수를 확인하는 쿼리를 생각해 보자.

```
mysql> SELECT dept_no, COUNT(*) AS emp_count
       FROM dept_emp
       GROUP BY dept_no;


+---------+-----------+
| dept_no | emp_count |
+---------+-----------+
|   d001  |     20211 |
|   d002  |     17346 |
|   d003  |     17786 |
|   d004  |     73485 |
        ...
+---------+-----------+
```

위 쿼리로 부서 번호와 부서별 사원 수를 그루핑한 결과가 만들어졌다. 하지만 레포팅 도구나 OLAP 같은 도구에서는 자주 이러한 결과를 반대로 만들어야 할 수도 있다. 즉, 레코드를 칼럼으로 변환해야 하는 것이다. 이때는 위의 GROUP BY 쿼리 결과를 SUM(CASE WHEN ...) 구문을 사용해 한 번 더 변환하면 된다. 다음 예제를 한번 살펴보자.

```
SELECT
  SUM(CASE WHEN dept_no='d001' THEN emp_count ELSE 0 END) AS count_d001,
  SUM(CASE WHEN dept_no='d002' THEN emp_count ELSE 0 END) AS count_d002,
  SUM(CASE WHEN dept_no='d003' THEN emp_count ELSE 0 END) AS count_d003,
  SUM(CASE WHEN dept_no='d004' THEN emp_count ELSE 0 END) AS count_d004,
  SUM(CASE WHEN dept_no='d005' THEN emp_count ELSE 0 END) AS count_d005,
  SUM(CASE WHEN dept_no='d006' THEN emp_count ELSE 0 END) AS count_d006,
  SUM(CASE WHEN dept_no='d007' THEN emp_count ELSE 0 END) AS count_d007,
  SUM(CASE WHEN dept_no='d008' THEN emp_count ELSE 0 END) AS count_d008,
  SUM(CASE WHEN dept_no='d009' THEN emp_count ELSE 0 END) AS count_d009,
  SUM(emp_count) AS count_total
FROM (
  SELECT dept_no, COUNT(*) AS emp_count FROM dept_emp GROUP BY dept_no
) tb_derived;
```

위 쿼리의 결과로 다음과 같이 부서 정보와 부서별 사원의 수가 가로(레코드)가 아니라 세로(칼럼)로 변환된 것을 확인할 수 있다.

count_d001	count_d002	count_d003	count_d004	...	count_total
20211	17346	17786	73485	...	331603

변환의 원리는 간단하다. 우선 부서별로 9개의 레코드를 한 건의 레코드로 만들어야 하기 때문에 GROUP BY된 결과를 서브쿼리로 만든 후 SUM() 함수를 적용했다. 즉, 9개의 레코드를 1건의 레코드로 변환했다. 그리고 부서 번호의 순서대로 CASE WHEN 구문을 이용해 각 칼럼에서 필요한 값만 선별해서 SUM()을 했다.

이처럼 레코드를 칼럼으로 변환하는 작업을 할 때는 목적이나 용도에 맞게 COUNT, MIN, MAX, AVG, SUM 등의 집합 함수를 사용하면 된다. 이 예제의 한 가지 단점은 부서 번호가 쿼리의 일부로 사용되기 때문에 부서 번호가 변경되거나 추가되면 쿼리까지도 변경돼야 한다는 것이다. 이런 부분은 동적으로 쿼리를 생성하는 방법 등으로 보완하면 된다.

11.4.8.2.2 하나의 칼럼을 여러 칼럼으로 분리

다시 앞의 쿼리로 돌아가보자. 다음 결과는 단순히 부서별로 전체 사원의 수만 조회하는 쿼리였다.

```
mysql> SELECT dept_no, COUNT(*) AS emp_count
        FROM dept_emp
        GROUP BY dept_no;
```

SUM(CASE WHEN...) 문장은 소그룹을 특정 조건으로 나눠서 사원의 수를 구하는 용도로도 사용할 수 있다. 다음 쿼리는 전체 사원 수와 함께 입사 연도별 사원 수를 구하는 쿼리다.

```
SELECT de.dept_no,
   SUM(CASE WHEN e.hire_date BETWEEN '1980-01-01' AND '1989-12-31' THEN 1 ELSE 0 END) AS cnt_1980,
   SUM(CASE WHEN e.hire_date BETWEEN '1990-01-01' AND '1999-12-31' THEN 1 ELSE 0 END) AS cnt_1990,
   SUM(CASE WHEN e.hire_date BETWEEN '2000-01-01' AND '2009-12-31' THEN 1 ELSE 0 END) AS cnt_2000,
   COUNT(*) AS cnt_total
FROM dept_emp de, employees e
WHERE e.emp_no=de.emp_no
GROUP BY de.dept_no;
```

위 쿼리의 결과는 다음과 같이 1980년도, 1990년도, 2000년도의 부서별 입사 사원의 수를 보여준다.

dept_no	cnt_1980	cnt_1990	cnt_2000	cnt_total
d001	11038	9171	0	20211
d002	9580	7765	1	17346
d003	9714	8068	4	17786
. . .				

dept_emp 테이블만으로는 사원의 입사 일자를 알 수 없으므로 employees 테이블을 조인했으며, 조인된 결과를 dept_emp 테이블의 dept_no별로 GROUP BY를 실행했다. 그루핑된 부서별 사원의 정보에서 CASE WHEN으로 사원의 입사 연도를 구분해서 연도별로 합계(SUM 함수)를 실행하면 원하는 결과를 얻을 수 있다. 이처럼 간단한 SQL 문장으로 상당히 많은 프로그램 코드를 줄일 수 있다. 그리고 이러한 형태의 쿼리에 WITH ROLLUP 기능을 함께 사용한다면 더 유용한 결과를 만들어 낼 수 있을 것이다.

11.4.9 ORDER BY

ORDER BY는 검색된 레코드를 어떤 순서로 정렬할지 결정한다. ORDER BY 절이 사용되지 않으면 SELECT 쿼리의 결과는 어떤 순서로 정렬될까?

- 인덱스를 사용한 SELECT의 경우에는 인덱스에 정렬된 순서대로 레코드를 가져온다.

- 인덱스를 사용하지 못하고 풀 테이블 스캔을 실행하는 SELECT를 가정해보자. MyISAM 테이블은 테이블에 저장된 순서대로 가져오는데, 이 순서가 정확히 INSERT된 순서는 아닐 수도 있다. 일반적으로 테이블의 레코드가 삭제되면서 빈 공간이 생기고, INSERT되는 레코드는 항상 테이블의 마지막이 아니라 빈 공간이 있으면 그 빈 공간에 저장되기 때문이다. InnoDB의 경우에는 항상 프라이머리 키로 클러스터링돼 있기 때문에 풀 테이블 스캔의 경우에는 기본적으로 프라이머리 키 순서대로 레코드를 가져온다.

- SELECT 쿼리가 임시 테이블을 거쳐 처리되면 조회되는 레코드의 순서를 예측하기는 어렵다.

ORDER BY 절이 없는 SELECT 쿼리 결과의 순서는 처리 절차에 따라 달라질 수 있다. 어떤 DBMS도 ORDER BY 절이 명시되지 않은 쿼리에 대해서는 어떠한 정렬도 보장하지 않는다. 예를 들어, 인덱스를 사용한 SELECT 쿼리이기 때문에 ORDER BY 절을 사용하지 않아도 된다는 것은 잘못된 생각이다. 항상 정렬이 필요한 곳에서는 ORDER BY 절을 사용해야 한다.

ORDER BY에서 인덱스를 사용하지 못할 때는 추가 정렬 작업이 수행되며, 쿼리 실행 계획에 있는 Extra 칼럼에 "Using filesort"라는 코멘트가 표시된다. "filesort"라는 단어에 포함된 "file"은 디스크의 파일을 이용해 정렬을 수행한다는 의미가 아니라 쿼리를 수행하는 도중에 MySQL 서버가 명시적으로 정렬 알고리즘을 수행했다는 의미 정도로 이해하면 된다. 정렬 대상이 많은 경우에는 여러 부분으로 나눠서 처리하는데, 정렬된 결과를 임시로 디스크나 메모리에 저장해 둔다. 실제로 메모리만 이용해 정렬이 수행됐는지 디스크의 파일을 이용했는지는 실행 계획을 통해서는 알 수 없지만 MySQL 서버의 상태 값을 확인해보면 알 수 있다.

```
mysql> SHOW STATUS LIKE 'Sort_%';
+-------------------+----------+
| Variable_name     | Value    |
+-------------------+----------+
| Sort_merge_passes | 316      |
| Sort_range        | 0        |
| Sort_rows         | 14257137 |
| Sort_scan         | 27       |
+-------------------+----------+
```

Sort_merge_passes 상태 값은 메모리의 버퍼(sort_buffer_size 시스템 변수로 설정되는 메모리 공간)와 디스크에 저장된 레코드를 몇 번이나 병합했는지를 보여준다. 이 상태 값이 0보다 크다면 이는 정렬해야 할 데이터가 정렬용 버퍼보다 커서 디스크를 이용했다는 것을 의미한다. Sort_range와 Sort_scan은 인덱스 레인지 스캔을 통해서 읽은 레코드를 정렬한 횟수와 풀 테이블 스캔을 통해서 읽은 레코드를 정렬한 횟수를 누적한 값이다. Sort_rows는 정렬을 수행했던 전체 레코드 건수의 누적된 값을 나타낸다.

11.4.9.1 ORDER BY 사용법 및 주의사항

ORDER BY 절은 1개 또는 그 이상 여러 개의 칼럼으로 정렬을 수행할 수 있으며, 정렬 순서(오름차순, 내림차순)는 칼럼별로 다르게 명시할 수 있다. 일반적으로 정렬할 대상은 칼럼명이나 표현식으로 명시하지만 SELECT되는 칼럼의 순번을 명시할 수도 있다. 즉, "ORDER BY 2"라고 명시하면 SELECT되는 칼럼 중에서 2번째 칼럼으로 정렬하라는 의미가 된다. 다음 2개의 쿼리는 동일한 정렬을 수행한다. 이 예제에서 2번째 칼럼은 last_name이므로 ORDER BY 2는 ORDER BY last_name과 같은 의미가 된다.

```
mysql> SELECT first_name, last_name FROM employees
       ORDER BY last_name;
```

```
mysql> SELECT first_name, last_name FROM employees
       ORDER BY 2;
```

하지만 다음과 같이 ORDER BY 뒤에 숫자 값이 아닌 문자열 상수를 사용하는 경우에는 옵티마이저가 ORDER BY 절 자체를 무시한다. 칼럼명이라 하더라도 다음 쿼리와 같이 따옴표를 이용해 문자 리터럴로 표시하면 상숫값으로 정렬하라는 의미가 된다. 상숫값으로 정렬을 수행하는 것은 아무런 의미가 없으므로 옵티마이저는 이렇게 문자 리터럴이 ORDER BY 절에 사용되면 모두 무시한다.

```
mysql> SELECT first_name, last_name FROM employees
       ORDER BY "last_name";
```

다른 DBMS에서 쌍따옴표는 식별자를 표현하기 위해 사용하지만 MySQL에서 쌍따옴표는 문자열 리터럴을 표현하는 데 사용된다. 다른 DBMS에 익숙한 사용자라면 위와 같이 ORDER BY 절을 작성하면 last_name 칼럼으로 정렬될 것이라고 생각할 수도 있다. 하지만 MySQL의 기본 모드(sql_mode 시스템 변수의 기본 설정)에서 쌍따옴표는 문자열 리터럴로 인식된다. 결국 위의 쿼리는 문자열 리터럴 값으로 정렬하라는 의미가 된다.

11.4.9.2 여러 방향으로 동시 정렬

MySQL 8.0 이전 버전까지는 여러 개의 칼럼을 조합해서 정렬할 때 각 칼럼의 정렬 순서가 오름차순과 내림차순이 혼용되면 인덱스를 이용할 수 없다. 하지만 MySQL 8.0 버전부터는 다음 예제와 같이 오름차순과 내림차순을 혼용해서 인덱스를 생성할 수 있게 개선됐다.

```
mysql> ALTER TABLE salaries ADD INDEX ix_salary_fromdate (salary DESC, from_date ASC);
```

응용 프로그램에서 오름차순과 내림차순을 혼용해서 정렬하고자 하는 경우에는 위 예제와 같이 ASC와 DESC 옵션을 섞어서 하나의 인덱스를 생성하면 된다. 그런데 응용 프로그램에서 다음 예제 쿼리와 같이 내림차순으로만 조회하는 경우를 한번 가정해보자.

```
mysql> SELECT * FROM salaries
       ORDER BY salary DESC LIMIT 10;
```

다음 2개의 인덱스 중 하나만 있어도 옵티마이저는 위 쿼리가 적절히 인덱스를 이용해서 정렬할 수 있게 최적화할 수 있다.

```
mysql> ALTER TABLE salaries ADD INDEX ix_salary_asc  (salary ASC );
mysql> ALTER TABLE salaries ADD INDEX ix_salary_desc (salary DESC);
```

하지만 쿼리가 내림차순으로만 레코드를 정렬해서 가져간다면 인덱스는 당연히 ix_salary_desc를 생성하는 것이 좋다. 오름차순 인덱스와 내림차순 인덱스의 성능 차이에 대한 더 자세한 내용은 8.3.6.1.2절 '내림차순 인덱스'를 참조하자.

11.4.9.3 함수나 표현식을 이용한 정렬

하나 또는 여러 칼럼의 연산 결과를 이용해 정렬하는 것도 가능하다. MySQL 8.0 이전까지는 연산의 결과를 기준으로 정렬하기 위해서는 가상 칼럼(Virtual Column)을 추가하고 인덱스를 생성하는 방법을 사용해야 했다. 하지만 MySQL 8.0 버전부터는 함수 기반의 인덱스를 지원하기 시작했다. 그래서 다음과 같이 연산의 결괏값을 기준으로 정렬하는 작업이 인덱스를 사용하도록 튜닝하는 것이 가능해졌다.

```
mysql> SELECT *
       FROM salaries
       ORDER BY COS(salary);
```

함수 기반의 인덱스를 활용하는 방법에 대해서는 8.6절 '함수 기반 인덱스'를 참조하자.

11.4.10 서브쿼리

쿼리를 작성할 때 서브쿼리를 사용하면 단위 처리별로 쿼리를 독립적으로 작성할 수 있다. 조인처럼 여러 테이블을 섞어 두는 형태가 아니어서 쿼리의 가독성도 높아지며, 복잡한 쿼리도 손쉽게 작성할 수 있다. MySQL 5.6 버전까지는 서브쿼리를 최적으로 실행하지 못할 때가 많았지만 MySQL 8.0 버전부터는 서브쿼리 처리가 많이 개선됐다.

서브쿼리는 쿼리의 여러 위치에서 사용될 수 있는데, 대표적으로 SELECT 절과 FROM 절, WHERE 절에 사용될 수 있다. 하지만 사용되는 위치에 따라 쿼리의 성능 영향도와 MySQL 서버의 최적화 방법은 완전히 달라진다. 서브쿼리가 사용되는 위치별로 어떻게 최적화되는지, 그리고 어떻게 쿼리를 작성해야 성능에 도움이 될지를 살펴보자.

11.4.10.1 SELECT 절에 사용된 서브쿼리

SELECT 절에 사용된 서브쿼리는 내부적으로 임시 테이블을 만들거나 쿼리를 비효율적으로 실행하게 만들지는 않기 때문에 서브쿼리가 적절히 인덱스를 사용할 수 있다면 크게 주의할 사항은 없다.

일반적으로 SELECT 절에 서브쿼리를 사용하면 그 서브쿼리는 항상 칼럼과 레코드가 하나인 결과를 반환해야 한다. 그 값이 NULL이든 아니든 관계없이 레코드가 1건이 존재해야 한다는 것인데, MySQL에서는 이 체크 조건이 조금은 느슨하다. 다음 예제로 한번 살펴보자.

```
mysql> SELECT emp_no, (SELECT dept_name FROM departments WHERE dept_name='Sales1')
       FROM dept_emp LIMIT 10;
+--------+-----------+
| 100001 | NULL      |
| 100003 | NULL      |
| 100004 | NULL      |
| 100005 | NULL      |
| 100006 | NULL      |
| 100007 | NULL      |
| 100008 | NULL      |
| 100009 | NULL      |
| 100010 | NULL      |
+--------+-----------+

mysql> SELECT emp_no, (SELECT dept_name FROM departments)
       FROM dept_emp LIMIT 10;
ERROR 1242 (21000): Subquery returns more than 1 row

mysql> SELECT emp_no, (SELECT dept_no, dept_name FROM departments WHERE dept_ name='Sales1')
       FROM dept_emp LIMIT 10;
ERROR 1241 (21000): Operand should contain 1 column(s)
```

위 예제의 각 쿼리에서 주의할 점을 살펴보자.

- 첫 번째 쿼리에서 사용된 서브쿼리는 항상 결과가 0건이다. 하지만 첫 번째 쿼리는 에러를 발생하지 않고, 서브쿼리의 결과는 NULL로 채워져서 반환된다.

- 두 번째 쿼리에서 서브쿼리가 2건 이상의 레코드를 반환하는 경우에는 에러가 나면서 쿼리가 종료된다.

- 세 번째 쿼리와 같이 SELECT 절에 사용된 서브쿼리가 2개 이상의 칼럼을 가져오려고 할 때도 에러가 발생한다.

즉, SELECT 절의 서브쿼리에는 로우 서브쿼리를 사용할 수 없고, 오로지 스칼라 서브쿼리만 사용할 수 있다.

> **참고** 서브쿼리는 만들어 내는 결과에 따라 스칼라 서브쿼리(Scalar subquery)와 로우 서브쿼리(Row 또는 Record, 매뉴얼에서는 "Row subquery"로 소개하고 있음)로 구분할 수 있다. 스칼라 서브쿼리는 레코드의 칼럼이 각각 하나인 결과를 만들어내는 서브쿼리이며, 스칼라 서브쿼리보다 레코드 건수가 많거나 칼럼 수가 많은 결과를 만들어 내는 서브쿼리를 로우 서브쿼리 또는 레코드 서브쿼리라고 한다.

가끔 조인으로 처리해도 되는 쿼리를 SELECT 절의 서브쿼리를 사용해서 작성할 때도 있다. 하지만 서브쿼리로 실행될 때보다 조인으로 처리할 때가 조금 더 빠르기 때문에 가능하다면 조인으로 쿼리를 작성하는 것이 좋다. 다음 예제를 한번 살펴보자.

```
mysql> SELECT
         COUNT(CONCAT(e1.first_name,
               (SELECT e2.first_name FROM employees e2 WHERE e2.emp_no=e1.emp_no))
           ) FROM employees e1;

mysql> SELECT COUNT(CONCAT(e1.first_name, e2.first_name))
       FROM employees e1, employees e2
       WHERE e1.emp_no=e2.emp_no;
```

위의 두 예제 쿼리 모두 employees 테이블을 두 번씩 프라이머리 키를 이용해 참조하는 쿼리다. 물론 위 emp_no는 프라이머리 키라서 조인이나 서브쿼리 중 어떤 방식을 사용해도 같은 결과를 가져온다. 서브쿼리를 사용한 첫 번째 쿼리는 평균 0.78초가 걸렸지만, 조인을 사용한 두 번째 쿼리는 평균 0.65초가 걸렸다. 처리해야 하는 레코드 건수가 많아지면 많아질수록 성능 차이가 커질 수도 있으므로 가능하면 조인으로 쿼리를 작성하는 방법을 권장한다.

그리고 가끔 다음 예제와 같이 SELECT 절에 서브쿼리가 사용되는 경우에 동일한 서브쿼리가 여러 번 사용되기도 한다.

```
mysql> SELECT e.emp_no, e.first_name,
         (SELECT s.salary FROM salaries s
            WHERE s.emp_no=e.emp_no
            ORDER BY s.from_date DESC LIMIT 1) AS salary,
         (SELECT s.from_date FROM salaries s
            WHERE s.emp_no=e.emp_no
            ORDER BY s.from_date DESC LIMIT 1) AS salary_from_date,
         (SELECT s.to_date FROM salaries s
            WHERE s.emp_no=e.emp_no
            ORDER BY s.from_date DESC LIMIT 1) AS salary_to_date
       FROM employees e
       WHERE e.emp_no=499999;
```

이 쿼리의 경우, 서브쿼리에 "LIMIT 1" 조건 때문에 salaries 테이블을 조인으로 사용할 수가 없었다. 하지만 MySQL 8.0 버전부터 도입된 래터럴 조인을 이용하면 이렇게 동일한 레코드의 각 칼럼을 가져오기 위해서 서브쿼리를 3번씩이나 남용하지 않아도 된다.

```
mysql> SELECT e.emp_no, e.first_name,
            s2.salary, s2.from_date, s2.to_date
       FROM employees e
         INNER JOIN LATERAL (
           SELECT * FROM salaries s
           WHERE s.emp_no=e.emp_no
           ORDER BY s.from_date DESC
           LIMIT 1) s2 ON s2.emp_no=e.emp_no
       WHERE e.emp_no=499999;
```

3번의 서브쿼리를 하나의 래터럴 조인으로 변경했기 때문에 이제 salaries 테이블을 한 번만 읽어서 쿼리를 처리할 수 있다.

안타깝게도 MySQL 8.0의 래터럴 조인은 한 가지 문제점이 있다. 다음 표는 서브쿼리를 사용한 쿼리와 래터럴 조인을 사용한 쿼리를 실행했을 때 MySQL 서버의 상태 값 변화를 확인해본 결과다. 상태 값 수집은 다음과 같이 실행했다.

```
mysql> FLUSH STATUS;

mysql> -- // 각 쿼리 실행
mysql> SHOW STATUS LIKE 'Handler_%';
```

	서브쿼리	래터럴 조인
Handler_external_lock	8	4
Handler_read_key	4	3
Handler_read_next	0	6
Handler_write	0	1

래터럴 조인은 내부적으로 임시 테이블을 생성하기 때문에 Handler_write 값과 Handler_read_key 값이 증가할 수 있다. 그리고 서브쿼리를 사용한 경우는 salaries 테이블을 여러 번 읽기 때문에 Handler_read_key 값이 증가할 수 있는 실행 계획이 맞다. 하지만 래터럴 조인을 사용한 쿼리에서 Handler_read_next 값이 6이 된 것은 잘못된 것이다. 서브쿼리를 사용한 경우와 래터럴 조인을 사용한 경우의 쿼리 실행 계획을 한번 비교해보자.

서브쿼리를 사용한 쿼리의 실행 계획

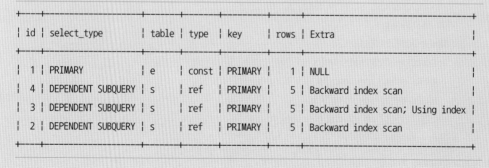

```
+----+--------------------+-------+-------+---------+------+-------------------------------+
| id | select_type        | table | type  | key     | rows | Extra                         |
+----+--------------------+-------+-------+---------+------+-------------------------------+
|  1 | PRIMARY            | e     | const | PRIMARY |    1 | NULL                          |
|  4 | DEPENDENT SUBQUERY | s     | ref   | PRIMARY |    5 | Backward index scan           |
|  3 | DEPENDENT SUBQUERY | s     | ref   | PRIMARY |    5 | Backward index scan; Using index |
|  2 | DEPENDENT SUBQUERY | s     | ref   | PRIMARY |    5 | Backward index scan           |
+----+--------------------+-------+-------+---------+------+-------------------------------+
```

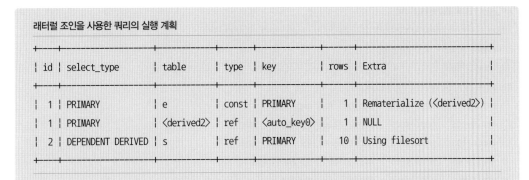

래터럴 조인을 사용한 쿼리의 실행 계획

```
+----+-------------------+-------------+-------+------------+------+---------------------------+
| id | select_type       | table       | type  | key        | rows | Extra                     |
+----+-------------------+-------------+-------+------------+------+---------------------------+
|  1 | PRIMARY           | e           | const | PRIMARY    |    1 | Rematerialize (<derived2>)|
|  1 | PRIMARY           | <derived2>  | ref   | <auto_key0>|    1 | NULL                      |
|  2 | DEPENDENT DERIVED | s           | ref   | PRIMARY    |   10 | Using filesort            |
+----+-------------------+-------------+-------+------------+------+---------------------------+
```

래터럴 조인을 사용한 경우 "Using filesort"가 표시된 것을 확인할 수 있다. 인덱스를 이용해 충분히 정렬된 결과를 가져올 수 있음에도 불구하고 정렬을 실행했으며, 이로 인해 Handler_read_next 값이 6으로 증가했다. 이는 MySQL 8.0 버전의 버그로 식별됐는데, 아직 이 버그는 해결되지 않은 상태다. 버그가 해결됐는지 알고 싶다면 MySQL 버그 페이지[10]를 참조하자.

11.4.10.2 FROM 절에 사용된 서브쿼리

이전 버전의 MySQL 서버에서는 FROM 절에 서브쿼리가 사용되면 항상 서브쿼리의 결과를 임시 테이블로 저장하고 필요할 때 다시 임시 테이블을 읽는 방식으로 처리했다. 그래서 가능하면 FROM 절의 서브쿼리를 외부 쿼리로 병합하는 형태로 쿼리 튜닝을 했다. 하지만 MySQL 5.7 버전부터는 옵티마이저가 FROM 절의 서브쿼리를 외부 쿼리로 병합하는 최적화를 수행하도록 개선됐다.

다음 예제는 MySQL 옵티마이저가 FROM 절에 사용된 서브쿼리를 어떻게 병합했는지, 그리고 병합된 쿼리의 실행 계획이 어떻게 표시되는지를 보여준다. EXPLAIN 명령을 실행한 후 SHOW WARNINGS 명령을 실행하면 MySQL 서버가 서브쿼리를 병합해서 재작성한 쿼리의 내용을 확인할 수 있다.

```
mysql> EXPLAIN SELECT * FROM (SELECT * FROM employees) y;
+----+-------------+-----------+------+------+--------+-------+
| id | select_type | table     | type | key  | rows   | Extra |
+----+-------------+-----------+------+------+--------+-------+
|  1 | SIMPLE      | employees | ALL  | NULL | 299920 | NULL  |
+----+-------------+-----------+------+------+--------+-------+
```

---

10 https://bugs.mysql.com/bug.php?id=94903

```
mysql> SHOW WARNINGS \G
*************************** 1. row ***************************
  Level: Note
   Code: 1003
Message: /* select#1 */ select
  `employees`.`employees`.`emp_no` AS `emp_no`,
  `employees`.`employees`.`birth_date` AS `birth_date`,
  `employees`.`employees`.`first_name` AS `first_name`,
  `employees`.`employees`.`last_name` AS `last_name`,
  `employees`.`employees`.`gender` AS `gender`,
  `employees`.`employees`.`hire_date` AS `hire_date`
from `employees`.`employees`
```

서브쿼리의 외부 쿼리 병합은 꼭 FROM 절의 서브쿼리에 대해서만 적용되는 최적화는 아니다. FROM 절에 사용된 뷰(View)의 경우에도 MySQL 옵티마이저는 뷰 쿼리와 외부 쿼리를 병합해서 최적화된 실행 계획을 사용한다.

FROM 절의 모든 서브쿼리를 외부 쿼리로 병합할 수 있는 것은 아니다. 대표적으로 다음과 같은 기능이 서브쿼리에 사용되면 FROM 절의 서브쿼리는 외부 쿼리로 병합되지 못한다.

- 집합 함수 사용(SUM(), MIN(), MAX(), COUNT() 등)

- DISTINCT

- GROUP BY 또는 HAVING

- LIMIT

- UNION(UNION DISTINCT) 또는 UNION ALL

- SELECT 절에 서브쿼리가 사용된 경우

- 사용자 변수 사용(사용자 변수에 값이 할당되는 경우)

외부 쿼리와 병합되는 FROM 절의 서브쿼리가 ORDER BY 절을 가진 경우에는 외부 쿼리가 GROUP BY나 DISTINCT 같은 기능을 사용하지 않는다면 서브쿼리의 정렬 조건을 외부 쿼리로 같이 병합한다. 외부 쿼리에서 GROUP BY나 DISTINCT와 같은 기능이 사용되고 있다면, 서브쿼리의 정렬 작업은 무의미하기 때문에 서브쿼리의 ORDER BY 절은 무시된다.

MySQL 서버에서 FROM 절의 서브쿼리를 외부 쿼리로 병합하는 최적화는 optimizer_switch 시스템 변수로 제어할 수 있는데, 서브쿼리 병합에 대한 더 자세한 내용과 제어 방법은 9.3.1.16절 '파생 테이블 머지(derived_merge)'를 참조하자.

11.4.10.3 WHERE 절에 사용된 서브쿼리

WHERE 절의 서브쿼리는 SELECT 절이나 FROM 절보다는 다양한 형태(연산자)로 사용될 수 있는데, 크게 다음 3가지로 구분해서 살펴보겠다. 이는 MySQL 옵티마이저가 최적화하는 형태를 기준으로 구분해본 것이다.

- 동등 또는 크다 작다 비교(= (subquery))
- IN 비교(IN (subquery))
- NOT IN 비교(NOT IN (subquery))

11.4.10.3.1 동등 또는 크다 작다 비교

MySQL 5.5 이전 버전까지는 서브쿼리 외부의 조건으로 쿼리를 실행하고, 최종적으로 서브쿼리를 체크 조건으로 사용했다. 하지만 이러한 처리 방식의 경우 풀 테이블 스캔이 필요한 경우가 많아서 성능 저하가 심각했다. 다음 예제 쿼리를 한번 살펴보자.

```
mysql> SELECT * FROM dept_emp de
        WHERE de.emp_no=(SELECT e.emp_no
                        FROM employees e
                        WHERE e.first_name='Georgi' AND e.last_name='Facello' LIMIT 1);
```

MySQL 5.5 이전 버전까지는 위 쿼리의 경우 dept_emp 테이블을 풀 스캔하면서 서브쿼리의 조건에 일치하는지 여부를 체크했다. 하지만 이는 많은 사용자가 기대하는 실행 순서는 아니었을 것이다.

MySQL 5.5 버전부터는 이 쿼리의 실행 계획은 그 이전 버전과는 정반대로 실행되도록 개선됐다. 서브쿼리를 먼저 실행한 후 상수로 변환한다. 그리고 상숫값으로 서브쿼리를 대체해서 나머지 쿼리 부분을 처리한다. 그래서 위 쿼리의 경우 다음과 같은 실행 계획을 사용한다.

```
+----+-------------+-------+------+------------------+------+-------------+
| id | select_type | table | type | key              | rows | Extra       |
+----+-------------+-------+------+------------------+------+-------------+
|  1 | PRIMARY     | de    | ref  | ix_empno_fromdate |   1 | Using where |
|  2 | SUBQUERY    | e     | ref  | ix_firstname     |  253 | Using where |
+----+-------------+-------+------+------------------+------+-------------+
```

위의 실행 계획에 의하면 dept_emp 테이블을 풀 스캔하지 않고 (emp_no, from_date) 조합의 인덱스를 사용했다는 것을 알 수 있다. 이를 위해서는 서브쿼리 부분이 먼저 처리됐어야 한다는 것도 예측할 수 있다. 조금 더 명확히 순서를 확인해보기 위해서는 "FORMAT=TREE" 옵션을 추가해서 쿼리의 실행 계획을 확인해보면 된다.

```
mysql> EXPLAIN FORMAT=TREE
       SELECT * FROM dept_emp de
       WHERE de.emp_no=(SELECT e.emp_no
                        FROM employees e
                        WHERE e.first_name='Georgi' AND e.last_name='Facello' LIMIT 1);

  -> Filter: (de.emp_no = (select #2))  (cost=1.10 rows=1)
    -> Index lookup on de using ix_empno_fromdate (emp_no=(select #2))  (cost=1.10 rows=1)
    -> Select #2 (subquery in condition; run only once)
        -> Limit: 1 row(s)
            -> Filter: (e.last_name = 'Facello')  (cost=70.49 rows=25)
                -> Index lookup on e using ix_firstname (first_name='Georgi')  (cost=70.49
rows=253)
```

위의 TREE 포맷의 실행 계획을 보면 제일 하단의 제일 안쪽 "Index lookup on e using ix_firstname" 라인을 확인할 수 있다. 즉, employees 테이블의 ix_firstname 인덱스로 서브쿼리를 처리한 후, 그 결과를 이용해 dept_emp 테이블의 ix_empno_fromdate 인덱스를 검색해 쿼리가 완료된다는 것을 의미한다.

여기서는 동등 비교만 예시로 살펴봤지만 동등 비교 대신 크다 또는 작다 비교가 사용돼도 동일한 실행 계획을 사용한다.

다음과 같이 단일 값 비교가 아닌 튜플 비교 방식이 사용되면 서브쿼리가 먼저 처리되어 상수화되긴 하지만 외부 쿼리는 인덱스를 사용하지 못하고 풀 테이블 스캔을 실행하는 것을 확인할 수 있다. MySQL 8.0 버전이라고 하더라도 아직 튜플 형태의 비교는 주의해서 사용해야 한다.

```
mysql> EXPLAIN
    SELECT *
    FROM dept_emp de WHERE (emp_no, from_date) = (
        SELECT emp_no, from_date
        FROM salaries
        WHERE emp_no=100001 limit 1);
```

```
+----+-------------+----------+------+---------+--------+-------------+
| id | select_type | table    | type | key     | rows   | Extra       |
+----+-------------+----------+------+---------+--------+-------------+
|  1 | PRIMARY     | de       | ALL  | NULL    | 331143 | Using where |
|  2 | SUBQUERY    | salaries | ref  | PRIMARY |      4 | Using index |
+----+-------------+----------+------+---------+--------+-------------+
```

11.4.10.3.2 IN 비교(IN (subquery))

실제 조인은 아니지만 다음 예제와 같이 테이블의 레코드가 다른 테이블의 레코드를 이용한 표현식(또는 칼럼 그 자체)과 일치하는지를 체크하는 형태를 세미 조인(Semi-Join)이라고 한다. 즉 WHERE 절에 사용된 IN (subquery) 형태의 조건을 조인의 한 방식인 세미 조인이라고 보는 것이다.

```
mysql> SELECT *
    FROM employees e
    WHERE e.emp_no IN
        (SELECT de.emp_no FROM dept_emp de WHERE de.from_date='1995-01-01');
```

MySQL 5.5 버전까지는 세미 조인의 최적화가 매우 부족해서 대부분 풀 테이블 스캔을 했다. 그래서 이런 세미 조인 형태는 MySQL 서버에서 사용하면 안 되는 패턴으로 기억하는 사용자가 많을 것이다. 하지만 MySQL 5.6 버전부터 8.0 버전까지 세미 조인의 최적화가 많이 개선되면서 이제 더 이상은 IN (subquery) 형태를 2개의 쿼리로 쪼개어 실행하거나 다른 우회 방법을 찾을 필요가 없어졌다.

MySQL 서버의 세미 조인 최적화는 쿼리 특성이나 조인 관계에 맞게 다음과 같이 5개의 최적화 전략을 선택적으로 사용한다.

- 테이블 풀-아웃(Table Pull-out)
- 퍼스트 매치(Firstmatch)

- 루스 스캔(Loosescan)

- 구체화(Materialization)

- 중복 제거(Duplicated Weed-out)

이미 9.3.1.9절 '세미 조인(semijoin)'에서 세미 조인의 각 최적화 전략이 어떤 형태로 처리되고 어떤 경우 사용될 수 있는지, 어떤 장단점이 있는지에 대해서는 자세히 살펴봤으니 필요하다면 9.3.1.9절 '세미 조인(semijoin)'을 참조하자. MySQL 8.0을 사용한다면 세미 조인 최적화에 익숙해져야 한다. 예전처럼 불필요하게 쿼리를 여러 조각으로 분리해서 실행하는 습관은 버리고, MySQL 8.0의 기능을 적극 활용해 개발 생산성을 높이는 방향을 추천한다.

11.4.10.3.3 NOT IN 비교(NOT IN (subquery))

IN (subquery)와 비슷한 형태지만 이 경우를 안티 세미 조인(Anti Semi-Join)이라고 명명한다. 일반적인 RDBMS에서 Not-Equal 비교(◇ 연산자)는 인덱스를 제대로 활용할 수 없듯이 안티 세미 조인 또한 최적화할 수 있는 방법이 많지 않다. MySQL 옵티마이저는 안티 세미 조인 쿼리가 사용되면 다음 두 가지 방법으로 최적화를 수행한다.

- NOT EXISTS

- 구체화(Materialization)

두 가지 최적화 모두 그다지 성능 향상에 도움이 되지 않는 방법이므로 쿼리가 최대한 다른 조건을 활용해서 데이터 검색 범위를 좁힐 수 있게 하는 것이 좋다. WHERE 절에 단독으로 안티 세미 조인 조건만 있다면 풀 테이블 스캔을 피할 수 없으니 주의하자.

11.4.11 CTE(Common Table Expression)

CTE(Common Table Expression)는 이름을 가지는 임시 테이블로서, SQL 문장 내에서 한 번 이상 사용될 수 있으며 SQL 문장이 종료되면 자동으로 CTE 임시 테이블은 삭제된다. CTE는 재귀적 반복 실행 여부를 기준으로 Non-recursive와 Recursive CTE로 구분된다. MySQL 서버의 CTE는 재귀 여부에 관계없이 다음과 같이 다양한 SQL 문장에서 사용할 수 있다.

- SELECT, UPDATE, DELETE 문장의 제일 앞쪽

  - WITH cte1 AS (SELECT ...) SELECT ...

  - WITH cte1 AS (SELECT ...) UPDATE ...

  - WITH cte1 AS (SELECT ...) DELETE ...

- 서브쿼리의 제일 앞쪽

  - SELECT ... FROM ... WHERE id IN (WITH cte1 AS (SELECT ...) SELECT ...) ...

  - SELECT ... FROM (WITH cte1 AS (SELECT ...) SELECT ...) ...

- SELECT 절의 바로 앞쪽

  - INSERT ... WITH cte1 AS (SELECT ...) SELECT ...

  - REPLACE ... WITH cte1 AS (SELECT ...) SELECT ...

  - CREATE TABLE ... WITH cte1 AS (SELECT ...) SELECT ...

  - CREATE VIEW ... WITH cte1 AS (SELECT ...) SELECT ...

  - DECLARE CURSOR ... WITH cte1 AS (SELECT ...) SELECT ...

  - EXPLAIN ... WITH cte1 AS (SELECT ...) SELECT ...

여기서는 재귀 실행되지 않는 CTE를 간단히 살펴보고, 많은 MySQL 사용자가 기다려왔던 재귀적 CTE를 살펴보겠다.

11.4.11.1 비 재귀적 CTE(Non-Recursive CTE)

MySQL 서버에서는 ANSI 표준을 그대로 이용해서 WITH 절을 이용해 CTE를 정의한다. 다음 쿼리는 CTE를 사용하는 예제 쿼리다.

```
mysql> WITH cte1 AS (SELECT * FROM departments)
       SELECT * FROM cte1;
```

CTE 쿼리는 WITH 절로 정의하고, CTE 쿼리로 생성되는 임시 테이블의 이름은 WITH 바로 뒤에 "cte1"로 정의했다. 이 쿼리에서 cte1 임시 테이블은 한 번만 사용되기 때문에 다음 쿼리처럼 FROM 절의 서브쿼리로 바꿔 사용할 수 있다. 실제 두 쿼리는 실행 계획까지 동일하게 사용한다.

```
mysql> SELECT *
       FROM (SELECT * FROM departments) cte1;
```

CTE는 다음 쿼리와 같이 여러 개의 임시 테이블을 하나의 쿼리에서 사용할 수도 있다.

```
mysql> WITH cte1 AS (SELECT * FROM departments),
            cte2 AS (SELECT * FROM dept_emp)
       SELECT *
       FROM cte1
         INNER JOIN cte2 ON cte2.dept_no=cte1.dept_no;
```

물론 이렇게 여러 개의 CTE 임시 테이블을 사용하는 쿼리도 FROM 절의 서브쿼리(Derived Table)로 대체해서 사용할 수 있다. 하지만 다음과 같이 임시 테이블이 여러 번 사용되는 쿼리는 둘의 실행 계획이 조금 달라진다.

CTE를 이용한 쿼리의 실행 계획

```
mysql> EXPLAIN
       WITH cte1 AS (SELECT emp_no, MIN(from_date) FROM salaries GROUP BY emp_no)
       SELECT * FROM employees e
         INNER JOIN cte1 t1 ON t1.emp_no=e.emp_no
         INNER JOIN cte1 t2 ON t2.emp_no=e.emp_no;
```

id	select_type	table	type	key	rows	Extra
1	PRIMARY	<derived2>	ALL	NULL	273035	NULL
1	PRIMARY	e	eq_ref	PRIMARY	1	NULL
1	PRIMARY	<derived2>	ref	<auto_key0>	10	NULL
2	DERIVED	salaries	range	PRIMARY	273035	Using index for group-by

FROM 절의 서브쿼리를 이용한 경우

```
mysql> EXPLAIN
       SELECT * FROM employees e
         INNER JOIN (SELECT emp_no, MIN(from_date) FROM salaries GROUP BY emp_no) t1
             ON t1.emp_no=e.emp_no
         INNER JOIN (SELECT emp_no, MIN(from_date) FROM salaries GROUP BY emp_no) t2
             ON t2.emp_no=e.emp_no;
```

```
+----+-------------+-------------+--------+-------------+--------+----------------------------+
| id | select_type | table       | type   | key         | rows   | Extra                      |
+----+-------------+-------------+--------+-------------+--------+----------------------------+
|  1 | PRIMARY     | <derived2>  | ALL    | NULL        | 273035 | NULL                       |
|  1 | PRIMARY     | e           | eq_ref | PRIMARY     |      1 | NULL                       |
|  1 | PRIMARY     | <derived3>  | ref    | <auto_key0> |     10 | NULL                       |
|  3 | DERIVED     | salaries    | range  | PRIMARY     | 273035 | Using index for group-by   |
|  2 | DERIVED     | salaries    | range  | PRIMARY     | 273035 | Using index for group-by   |
+----+-------------+-------------+--------+-------------+--------+----------------------------+
```

CTE를 이용한 쿼리에서는 salaries 테이블을 이용한 cte1 임시 테이블(〈derived2〉)을 한 번만 생성하지만 FROM 절의 서브쿼리를 이용한 쿼리에서는 2개의 임시 테이블(〈derived2〉와 〈derived3〉)을 생성하기 위해서 각 서브쿼리에서 salaries 테이블을 읽었다는 것을 알 수 있다.

그리고 CTE로 생성된 임시 테이블은 다른 CTE 쿼리에서 참조할 수 있다는 장점도 있다.

```
WITH
  cte1 AS (SELECT emp_no, MIN(from_date) as salary_from_date
             FROM salaries
             WHERE salary BETWEEN 50000 AND 51000
             GROUP BY emp_no),
  cte2 AS (SELECT de.emp_no, MIN(from_date) as dept_from_date
             FROM cte1
               INNER JOIN dept_emp de ON de.emp_no=temp1.emp_no
             GROUP BY emp_no)
SELECT * FROM employees e
  INNER JOIN cte1 t1 ON t1.emp_no=e.emp_no
  INNER JOIN cte2 t2 ON t2.emp_no=e.emp_no;
```

위의 예제 쿼리에서는 2개의 CTE 임시 테이블이 정의됐는데, cte2 테이블의 정의는 직전에 정의된 cte1 테이블을 이용해서 조인하도록 정의돼 있다. 이렇게 WITH 절에 정의된 순서대로 CTE 임시 테이블은 재사용될 수 있는데, WITH 절에서 뒤에 정의된 cte2 테이블을 먼저 선언된 cte1의 CTE 쿼리에서는 참조할 수 없다.

CTE를 재귀적으로 사용하지 않더라도 기존 FROM 절에 사용되던 서브쿼리에 비해 다음의 3가지 장점이 있다.

- CTE 임시 테이블은 재사용 가능하므로 FROM 절의 서브쿼리보다 효율적이다.

- CTE로 선언된 임시 테이블을 다른 CTE 쿼리에서 참조할 수 있다.

- CTE는 임시 테이블의 생성 부분과 사용 부분의 코드를 분리할 수 있으므로 가독성이 높다.

11.4.11.2 재귀적 CTE(Recursive CTE)

재귀 쿼리는 아마도 많은 MySQL 사용자가 기다리던 기능일 것이다. 데이터베이스 업계에서는 윈백 (Win Back) 프로젝트라는 말을 자주 듣는다.[11] 윈백 프로젝트에서 많은 사용자가 특정 기능이 없어서 MySQL 서버를 사용하기 어렵다고 이야기했는데, 그중에서 가장 대표적인 기능이 재귀 쿼리였다. MySQL 8.0 버전에서야 비로소 CTE를 이용한 재귀 쿼리가 가능해졌다. 우선 재귀적으로 사용되는 CTE를 사용한 예제 쿼리를 먼저 살펴보자.

```
mysql> WITH RECURSIVE cte (no) AS (
         SELECT 1
         UNION ALL
         SELECT (no + 1) FROM cte WHERE no < 5
       )
       SELECT * FROM cte;


+------+
| no   |
+------+
|    1 |
|    2 |
|    3 |
|    4 |
|    5 |
+------+
5 rows in set (0.00 sec)
```

---

11 예를 들어, 지금까지는 오라클 RDBMS나 PostgreSQL을 사용하다가 MySQL 서버가 조금씩 좋아지고 비용도 저렴해서 기존 DBMS를 MySQL로 마이그레이션하는 작업을 윈백 프로젝트라고 한다. 정확히 윈백(Win Back)이라는 단어는 처음 프로젝트를 시작할 때는 MySQL 서버를 검토했다가 MySQL 서버의 기능이나 처리 성능이 부족해서 다른 DBMS를 선택했지만 시간이 지나서 다시 MySQL 서버로 되돌아가는 것을 의미한다. 아무튼 특정 DBMS에서 다른 DBMS로 일괄 마이그레이션하는 작업을 주로 윈백 프로젝트라고 한다.

비 재귀적 CTE는 단순히 쿼리를 한 번만 실행해 그 결과를 임시 테이블로 저장한다. 재귀적 CTE 쿼리는 비 재귀적 쿼리 파트와 재귀적 파트로 구분되며, 이 둘을 UNION(UNION DISTINCT) 또는 UNION ALL로 연결하는 형태로 반드시 쿼리를 작성해야 한다. 위의 예제에서 UNION ALL 위쪽의 "SELECT 1"은 비 재귀적 파트이며, UNION ALL 아래의 "SELECT (no + 1) FROM cte WHERE no < 5"는 재귀적 파트다. 비 재귀적 파트는 처음 한 번만 실행되지만 재귀적 파트는 쿼리 결과가 없을 때까지 반복 실행된다.

위의 예제 쿼리가 작동하는 방법은 다음과 같다.

1. CTE 쿼리의 비 재귀적 파트의 쿼리를 실행

2. 1번의 결과를 이용해 cte라는 이름의 임시 테이블 생성

3. 1번의 결과를 cte라는 임시 테이블에 저장

4. 1번 결과를 입력으로 사용해 CTE 쿼리의 재귀적 파트의 쿼리를 실행

5. 4번의 결과를 cte라는 임시 테이블에 저장(이때 UNION 또는 UNION DISTINCT의 경우 중복 제거를 실행)

6. 전 단계의 결과를 입력으로 사용해 CTE 쿼리의 재귀적 파트 쿼리를 실행

7. 6번 단계에서 쿼리 결과가 없으면 CTE 쿼리를 종료

8. 6번의 결과를 cte라는 임시 테이블에 저장

9. 6번으로 돌아가서 반복 실행

1번 과정에서 매우 중요한 부분이 결정되는데, 바로 CTE 임시 테이블의 구조가 그것이다. CTE 임시 테이블의 구조(테이블의 칼럼명과 칼럼의 데이터 타입)는 CTE 쿼리의 비 재귀적 쿼리 파트의 결과로 결정된다. 예를 들어, 비 재귀적 파트의 결과와 재귀적 파트의 결과에서 칼럼 개수나 칼럼의 타입, 칼럼 이름이 서로 다른 경우 MySQL 서버는 비 재귀적 파트에 정의된 결과를 사용한다. CTE의 비 재귀적 쿼리 파트는 초기 데이터와 임시 테이블의 구조를 준비하고, 재귀적 쿼리 파트에서는 이후 데이터를 생성해내는 역할을 한다.

재귀적 쿼리 파트를 실행할 때는 지금까지의 모든 단계에서 만들어진 결과 셋이 아니라 직전 단계의 결과만 재귀 쿼리의 입력으로 사용된다. 즉, 예제 쿼리에서 재귀적 쿼리 파트는 "SELECT (no + 1) FROM cte WHERE no < 5"로 작성돼 있는데, 이 문장이 cte 테이블의 모든 레코드를 조회하는 것이 아니라 직전 단계에서 만들어진 결과만을 참조해서 쿼리가 실행된다. 예를 들어, 앞의 예제 쿼리에서 재귀적 쿼리 파트가 2번 실행됐다면 cte 임시 테이블은 3건의 레코드(no 칼럼의 값이 1, 2, 3)를 갖게 된다. 이 상태

에서 재귀적 쿼리 파트가 3번째 실행되는 시점에는 cte 임시 테이블의 레코드 1건(no 칼럼의 값이 3)만 참조하게 되는 것이다.

각 재귀 실행 차수별로 CTE의 각 쿼리 파트가 실행되기 전 "cte 임시 테이블이 실제 가진 레코드"와 CTE 쿼리 파트의 실행을 위한 입력과 출력은 다음과 같다.

	cte 임시 테이블이 실제 가진 레코드	쿼리 입력 레코드	쿼리 출력 레코드
비 재귀적 쿼리 파트의 실행	없음	없음	1
재귀적 쿼리 파트의 첫 번째 실행	1	1	2
재귀적 쿼리 파트의 두 번째 실행	1,2	2	3
재귀적 쿼리 파트의 세 번째 실행	1,2,3	3	4
재귀적 쿼리 파트의 네 번째 실행	1,2,3,4	4	5

재귀적으로 실행되는 CTE에서 하나 더 주의할 것은 반복 실행의 종료 조건이다. 이 예제에서는 재귀적 파트 쿼리의 WHERE 조건절에 "no < 5"라는 조건이 반복 종료 조건으로 사용됐다. 이 예제를 보면 왠지 모든 재귀 쿼리에는 이런 조건이 필요할 것처럼 보인다. 하지만 실제 재귀 쿼리가 반복을 멈추는 조건은 재귀 파트 쿼리의 결과가 0건일 때까지다. 실제 응용 프로그램의 쿼리에서 사용하는 데이터는 몇 단계까지 재귀적으로 실행돼야 할지 알 수 없는 경우가 더 많다. 부서의 조직도가 대표적이라고 할 수 있다. 조직 관리 프로그램을 개발하는데, 모든 회사의 조직이 항상 5단계로만 구성된다고 보장할 수 없기 때문이다.

> **참고**
>
> 기본적으로 CTE 쿼리로 만들어지는 임시 테이블의 칼럼 이름과 각 칼럼의 데이터 타입은 비 재귀적 쿼리 파트의 결과를 그대로 차용한다. 하지만 CTE 임시 테이블의 칼럼명을 변경하고자 한다면 CTE 별명(Alias) 뒤에 "(...)"를 이용해 새로운 이름을 부여할 수 있다. 하지만 칼럼의 이름을 별도로 명시하는 경우에도 각 칼럼의 데이터 타입은 비 재귀적 쿼리 파트의 결과에 의해 결정된다. 이는 재귀적 CTE와 비 재귀적 CTE 모두 적용되는 규칙이다.
>
> 다음의 두 예제에서 첫 번째 예제 쿼리는 departments 테이블의 결과의 칼럼명과 칼럼 타입을 그대로 이용하는 경우이며, 두 번째 예제 쿼리는 칼럼의 이름을 fd1, fd2, fd3로 변경한 경우다.

```
mysql> WITH cte1 AS (SELECT * FROM departments)
       SELECT * FROM cte1;
+---------+-------------------+-----------+
| dept_no | dept_name         | emp_count |
+---------+-------------------+-----------+
| d001    | Marketing         |      NULL |
| d002    | Finance           |      NULL |
...


mysql> WITH cte1 (fd1, fd2, fd3) AS (SELECT * FROM departments)
       SELECT * FROM cte1;
+------+-------------------+------+
| fd1  | fd2               | fd3  |
+------+-------------------+------+
| d001 | Marketing         | NULL |
| d002 | Finance           | NULL |
...
```

데이터의 오류나 쿼리 작성자의 실수로 재귀적 CTE가 종료 조건을 만족하지 못해서 무한 반복하는 경우도 발생할 수 있다. 이 같은 오류를 막기 위해서 MySQL 서버는 cte_max_recursion_depth 시스템 변수를 이용해 최대 반복 실행 횟수를 제한할 수 있다. cte_max_recursion_depth 시스템 변수의 기본값은 1000인데, 단순히 1부터 시작하는 시리얼 번호를 가지는 임시 테이블을 생성하는 경우를 제외한다면 이 기본값은 너무 큰 편이다. 따라서 가능하면 cte_max_recursion_depth 시스템 변수의 값을 적절히 낮은 값으로 변경하고, 꼭 필요한 쿼리에서만 SET_VAR 힌트를 이용해 해당 쿼리에서만 반복 호출 횟수를 늘리는 방법을 권장한다.

```
-- // 최대 재귀 호출 횟수를 10번으로 제한
mysql> SET cte_max_recursion_depth=10;

-- // 10번 이상 재귀 호출을 실행하는 쿼리 실행 시 에러 발생
mysql> WITH RECURSIVE cte (no) AS (
           SELECT 1 AS no
           UNION ALL
           SELECT (no + 1) AS no FROM cte WHERE no < 1000
```

```
  )
  SELECT * FROM cte;

ERROR 3636 (HY000): Recursive query aborted after 11 iterations.
                Try increasing @@cte_max_recursion_depth to a larger value.
```

10번 이상의 재귀 호출이 필요한 경우에는 SET_VAR 옵티마이저 힌트를 이용해 해당 쿼리에 대해서만 일시적으로 제한을 완화할 수 있다.

```
WITH RECURSIVE cte (no) AS (
  SELECT 1 as no
  UNION ALL
  SELECT (no + 1) as no FROM cte WHERE no < 1000
)
SELECT /*+ SET_VAR(cte_max_recursion_depth=10000) */ * FROM cte;
+------+
| no   |
+------+
|    1 |
|    2 |
|    3 |
...
|  997 |
|  998 |
|  999 |
| 1000 |
+------+
1000 rows in set (0.01 sec)
```

11.4.11.3 재귀적 CTE(Recursive CTE) 활용

지금까지 재귀적 CTE 쿼리가 어떤 원리로 작동하는지를 살펴봤다. 하지만 지금까지 살펴본 예제는 실제 테이블을 사용하는 것이 아니기 때문에 재귀적 쿼리 파트의 내용이 매우 단순한 형태였다. 이제 실제 응용 프로그램에서 사용될 쿼리 예제를 한번 살펴보자.

우선 재귀적 CTE를 활용하기 위해 다음과 같이 테스트용 테이블과 데이터를 준비했다. employees 데이터베이스의 employees 테이블과의 충돌을 막기 위해 test 데이터베이스에 테이블을 생성했다.

```
mysql> CREATE DATABASE test;
mysql> USE test;

mysql> CREATE TABLE test.employees (
        id          INT PRIMARY KEY NOT NULL,
        name        VARCHAR(100) NOT NULL,
        manager_id INT NULL,
        INDEX (manager_id),
        FOREIGN KEY (manager_id) REFERENCES employees (id)
      );

mysql> INSERT INTO test.employees VALUES
        (333,  "Yasmina", NULL),  # CEO (manager_id is NULL)
        (198,  "John",     333),  # John의 id는 198이며, John의 매니저는 Yasmina
        (692,  "Tarek",    333),
        (29,   "Pedro",    198),
        (4610, "Sarah",     29),
        (72,   "Pierre",    29),
        (123,  "Adil",     692);
```

이제 employees 테이블에서 직원 'Adil'(id=123)의 상위 조직장을 찾는 쿼리를 한번 살펴보자.

```
mysql> WITH RECURSIVE
        managers AS (
          SELECT *, 1 AS lv FROM employees WHERE id=123
          UNION ALL
          SELECT e.*, lv+1 FROM managers m
                  INNER JOIN employees e ON e.id=m.manager_id AND m.manager_id IS NOT NULL
        )
      SELECT * FROM managers
      ORDER BY lv DESC;

+------+---------+------------+------+
| id   | name    | manager_id | lv   |
+------+---------+------------+------+
|  333 | Yasmina |       NULL |    3 |
|  692 | Tarek   |        333 |    2 |
|  123 | Adil    |        692 |    1 |
+------+---------+------------+------+
```

위의 예제 쿼리를 보면 지금까지 사용하던 재귀적 쿼리 파트와는 조금 다르게 CTE 임시 테이블인 managers 테이블과 employees 테이블을 조인한다. 지금까지 단순히 숫자만 가져오던 예제에는 별도로 데이터를 읽는 테이블이 없었기 때문에 재귀적 쿼리 파트의 FROM 절에 CTE 임시 테이블만 사용했다. 그리고 위의 예제에서는 조직장의 레벨을 가져오기 위해 employees 테이블이 가진 칼럼 이외에 "lv"라는 칼럼도 추가했으며, 상위 조직장 순서대로 결과를 정렬하기 위해 lv 칼럼을 역순으로 정렬했다.

다음 쿼리는 재귀적 쿼리를 최상위 조직장들부터 시작하게 해서 상위 조직장들이 순서대로 나열된 칼럼을 만드는 예제다.

```
mysql> WITH RECURSIVE
       managers AS (
         SELECT *,
                CAST(id AS CHAR(100)) AS manager_path,
                1 as lv
           FROM employees WHERE manager_id IS NULL
         UNION ALL
         SELECT e.*,
                CONCAT(e.id, ' -> ', m.manager_path) AS manager_path,
                lv+1
           FROM managers m
           INNER JOIN employees e ON e.manager_id=m.id
       )
       SELECT * FROM managers
       ORDER BY lv ASC;
```

id	name	manager_id	manager_path	lv
333	Yasmina	NULL	333	1
198	John	333	198 -> 333	2
692	Tarek	333	692 -> 333	2
29	Pedro	198	29 -> 198 -> 333	3
123	Adil	692	123 -> 692 -> 333	3
72	Pierre	29	72 -> 29 -> 198 -> 333	4
4610	Sarah	29	4610 -> 29 -> 198 -> 333	4

위의 예제는 최상위 조직장부터 시작하기 위해 비 재귀적 쿼리 파트의 WHERE 조건절에 "manager_id IS NULL" 조건을 사용했다. 그리고 재귀적 쿼리 파트는 자신의 조직 멤버들을 한 명씩 찾아가면서 "하위조직장 -> 상위 조직장" 형태의 칼럼이 추가되게 했다.

위 예제의 비 재귀적 쿼리 파트에서는 CAST() 함수를 이용해 id 칼럼에 대한 타입 변환을 했다. employees 테이블의 id 칼럼이 INT 타입이기 때문에 문자열로 변경한 것이다. 그렇다면 employees 테이블의 id 칼럼이 문자열을 저장하는 VARCHAR(5) 타입이었다면 결과는 어떻게 됐을까? id 칼럼의 데이터 타입이 VARCHAR라 하더라도 가질 수 있는 문자열의 길이 때문에 다음과 같은 에러가 발생하므로 타입 변환은 여전히 필요하다. 위 예제 쿼리의 결과에서 manager_path 칼럼의 최대 길이는 24글자이기 때문에 VARCHAR(5)로는 길이가 부족하기 때문이다.

```
ERROR 1406 (22001): Data too long for column 'manager_path' at row 1
```

재귀적 쿼리를 활용할 수 있는 업무 요건은 상당히 많다. 대표적으로 단순히 1부터 단조 증가하는 값을 가지는 임시 테이블이나 일 단위로 증가하는 날짜를 가진 임시 테이블을 생성하는 것부터, 조직도 조회 그리고 BOM(Bill Of Material) 쿼리 등에 활용할 수 있다. 재귀적 쿼리 파트는 조금은 혼란스러울 수 있는데, 작동 원리만 이해하면 어렵지 않게 자유자재로 쿼리를 작성할 수 있을 것이다. 재귀적으로 사용되든 아니든 CTE를 사용하는 방법은 자세히 공부해 두면 개발에 많은 도움이 될 것이다.

11.4.12 윈도우 함수(Window Function)

윈도우 함수는 조회하는 현재 레코드를 기준으로 연관된 레코드 집합의 연산을 수행한다. 집계 함수는 주어진 그룹(GROUP BY 절에 나열된 칼럼의 값에 따른 그룹 또는 GROUP BY 절 없이 전체 그룹)별로 하나의 레코드로 묶어서 출력하지만 윈도우 함수는 조건에 일치하는 레코드 건수는 변하지 않고 그대로 유지한다. 이것이 윈도우 함수와 집계 함수의 가장 큰 차이점이라고 할 수 있다.

이는 윈도우 함수의 특징을 이해하기 위한 중요한 내용이므로 조금 더 자세히 살펴보자. 일반적인 SQL 문장에서 하나의 레코드를 연산할 때 다른 레코드의 값을 참조할 수 없는데, 예외적으로 GROUP BY 또는 집계 함수를 이용하면 다른 레코드의 칼럼값을 참조할 수 있다. 하지만 GROUP BY 또는 집계 함수를 사용하면 결과 집합의 모양이 바뀐다. 그에 반해, 윈도우 함수는 결과 집합을 그대로 유지하면서 하나의 레코드 연산에 다른 레코드의 칼럼값을 참조할 수 있다.

11.4.12.1 쿼리 각 절의 실행 순서

윈도우 함수를 사용하는 쿼리의 결과에 보여지는 레코드는 FROM 절과 WHERE 절, GROUP BY와 HAVING 절에 의해 결정되고, 그 이후 윈도우 함수가 실행된다. 그리고 마지막으로 SELECT 절과 ORDER BY 절, LIMIT 절이 실행되어 최종 결과가 반환된다. 그림 11.10은 윈도우 함수가 사용된 쿼리의 각 절이 처리되는 순서를 보여준다.

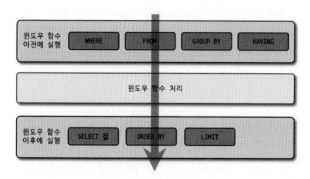

그림 11.10 쿼리 각 절의 실행 순서

쿼리에서 각 절의 실행 순서를 숙지하고 있어야 정확한 쿼리를 작성할 수 있다. 예를 들어, 윈도우 함수를 GROUP BY 칼럼으로 사용하거나 WHERE 절에 사용할 수 없다는 것을 그림 11.10을 보면 알 수 있다. 그리고 LIMIT을 먼저 실행한 다음 윈도우 함수를 적용할 수 없다는 것을 알 수 있다. 이 순서를 벗어나는 쿼리를 작성하고자 한다면 FROM 절의 서브쿼리(Derived Table)를 사용해야 한다. 다음 예제는 FROM 절의 서브쿼리에서 "LIMIT 5"를 사용한 경우와 FROM 절의 서브쿼리 없이 "LIMIT 5"를 사용한 경우의 쿼리 결과를 보여준다.

```
mysql> SELECT emp_no, from_date, salary,
              AVG(salary) OVER() AS avg_salary
       FROM salaries
       WHERE emp_no=10001
       LIMIT 5;
+--------+------------+--------+------------+
| emp_no | from_date  | salary | avg_salary |
+--------+------------+--------+------------+
|  10001 | 1986-06-26 |  60117 | 75388.9412 |
|  10001 | 1987-06-26 |  62102 | 75388.9412 |
```

```
| 10001 | 1988-06-25 |  66074 | 75388.9412 |
| 10001 | 1989-06-25 |  66596 | 75388.9412 |
| 10001 | 1990-06-25 |  66961 | 75388.9412 |
+--------+------------+--------+------------+

mysql> SELECT emp_no, from_date, salary,
            AVG(salary) OVER() AS avg_salary
       FROM (SELECT * FROM salaries WHERE emp_no=10001 LIMIT 5) s2;
+--------+------------+--------+------------+
| emp_no | from_date  | salary | avg_salary |
+--------+------------+--------+------------+
| 10001 | 1986-06-26 |  60117 | 64370.0000 |
| 10001 | 1987-06-26 |  62102 | 64370.0000 |
| 10001 | 1988-06-25 |  66074 | 64370.0000 |
| 10001 | 1989-06-25 |  66596 | 64370.0000 |
| 10001 | 1990-06-25 |  66961 | 64370.0000 |
+--------+------------+--------+------------+
```

위의 두 예제에서 첫 번째 쿼리는 FROM 절의 서브쿼리 없이 "LIMIT 5"를 사용했다. 이는 우선 emp_no=10001 조건에 일치하는 17건의 레코드를 모두 가져온 다음 윈도우 함수(AVG(salary) OVER())를 실행하고, 그 결과에서 5건만 반환한 것이다. 즉 avg_salary 칼럼의 값 75388.9412는 최종 5건의 평균이 아니라 emp_no=10001 조건에 일치하는 17건의 평균인 것이다. 그리고 두 번째 예제의 64370.0000은 최종 5건의 평균이다.

11.4.12.2 윈도우 함수 기본 사용법

윈도우 함수의 기본 사용법은 다음과 같다.

```
AGGREGATE_FUNC() OVER(<partition> <order>) AS window_func_column
```

윈도우 함수는 용도별로 다양한 함수들을 사용할 수 있는데, 집계 함수와는 달리 함수 뒤에 OVER 절을 이용해 연산 대상을 파티션하기 위한 옵션을 명시할 수 있다. 이렇게 OVER 절에 의해 만들어진 그룹을 파티션(Partition) 또는 윈도우(Window)라고 한다.

우선 간단히 직원들의 입사 순서를 조회하는 쿼리를 윈도우 함수를 사용해 한번 작성해보자.

```
mysql> SELECT e.*,
              RANK() OVER(ORDER BY e.hire_date) AS hire_date_rank
       FROM employees e;
```

emp_no	birth_date	first_name	last_name	gender	hire_date	hire_date_rank
110022	1956-09-12	Margareta	Markovitch	M	1985-01-01	1
110085	1959-10-28	Ebru	Alpin	M	1985-01-01	1
...						
111692	1954-10-05	Tonny	Butterworth	F	1985-01-01	1
110114	1957-03-28	Isamu	Legleitner	F	1985-01-14	10
200241	1956-06-04	Jaques	Kalefeld	M	1985-02-01	11
...						

예제 쿼리에서 "RANK() OVER(ORDER BY e.hire_date)"는 소그룹을 별도로 구분하지 않고 전체 결과 집합에서 e.hire_date 칼럼으로 정렬한 후 순위(RANK() 함수)를 매기게 했다. 부서별로 입사 순위를 매기고자 한다면 다음과 같이 부서 코드로 파티션을 하면 된다.

```
mysql> SELECT de.dept_no, e.emp_no, e.first_name, e.hire_date,
              RANK() OVER(PARTITION BY de.dept_no ORDER BY e.hire_date) AS hire_date_rank
       FROM employees e
         INNER JOIN dept_emp de ON de.emp_no=e.emp_no
       ORDER BY de.dept_no, e.hire_date;
```

dept_no	emp_no	first_name	hire_date	hire_date_rank
d001	110022	Margareta	1985-01-01	1
d001	51773	Eric	1985-02-02	2
...				
d001	481016	Toney	1985-02-02	2
d001	70562	Morris	1985-02-03	12
d001	226633	Xuejun	2000-01-04	20211
d002	110085	Ebru	1985-01-01	1
d002	110114	Isamu	1985-01-14	2
...				

소그룹 파티션이나 정렬이 필요치 않은 경우 PARTITION이나 ORDER BY 없이 비어 있는 OVER() 절을 사용하면 된다. 다음 예제는 salaries 테이블에서 emp_no가 10001인 사원의 급여 이력과 평균 급여를 조회하는 쿼리다.

```
mysql> SELECT emp_no, from_date, salary,
              AVG(salary) OVER() AS avg_salary
       FROM salaries
       WHERE emp_no=10001;
+--------+------------+--------+------------+
| emp_no | from_date  | salary | avg_salary |
+--------+------------+--------+------------+
|  10001 | 1986-06-26 |  60117 | 75388.9412 |
|  10001 | 1987-06-26 |  62102 | 75388.9412 |
|  10001 | 1988-06-25 |  66074 | 75388.9412 |
|  10001 | 1989-06-25 |  66596 | 75388.9412 |
...
```

예제에서는 사원 번호가 10001인 사원의 모든 급여 변경 이력의 평균을 조회하기 위해 OVER() 절의 내용에 PARTITION 키워드를 생략한 것이다. 그리고 평균을 계산하는 것이므로 별도의 정렬도 필요치 않으므로 ORDER BY 키워드도 생략했다. 그래서 결과의 avg_salary 칼럼의 값은 모든 레코드가 동일한 값을 표시한다.

윈도우 함수의 각 파티션 안에서도 연산 대상 레코드별로 연산을 수행할 소그룹이 사용되는데, 이를 프레임이라고 한다. 윈도우 함수에서 프레임을 명시적으로 지정하지 않아도 MySQL 서버는 상황에 맞게 프레임을 묵시적으로 선택한다. MySQL 서버가 묵시적으로 선택하는 프레임에 대해서는 마지막에 다시 살펴보겠다. 프레임은 레코드의 순서대로 현재 레코드 기준 앞뒤 몇 건을 연산 범위로 제한하는 역할을 한다. 프레임은 다음과 같이 정의할 수 있다.

```
AGGREGATE_FUNC() OVER(<partition> <order> <frame>) AS window_func_column

frame:
  {ROWS | RANGE} {frame_start | frame_between}

frame_between:
  BETWEEN frame_start AND frame_end
```

```
frame_start, frame_end: {
    CURRENT ROW
  | UNBOUNDED PRECEDING
  | UNBOUNDED FOLLOWING
  | expr PRECEDING
  | expr FOLLOWING
}
```

프레임을 만드는 기준으로 ROWS와 RANGE 중 하나를 선택할 수 있다.

- ROWS: 레코드의 위치를 기준으로 프레임을 생성

- RANGE: ORDER BY 절에 명시된 칼럼을 기준으로 값의 범위로 프레임 생성

프레임의 시작과 끝을 의미하는 키워드들의 의미는 다음과 같다.

- CURRENT ROW: 현재 레코드

- UNBOUNDED PRECEDING: 파티션의 첫 번째 레코드

- UNBOUNDED FOLLOWING: 파티션의 마지막 레코드

- expr PRECEDING: 현재 레코드로부터 n번째 이전 레코드

- expr FOLLOWING: 현재 레코드로부터 n번째 이후 레코드

프레임이 ROWS로 구분되면 expr에는 레코드의 위치를 명시하고, RANGE로 구분되면 expr에는 칼럼과 비교할 값이 설정돼야 한다. 그래서 프레임의 시작과 끝이 expr을 가지는 경우는 다음 예시와 같이 사용될 수 있다.

- 10 PRECEDING: 현재 레코드로부터 10건 이전부터

- INTERVAL 5 DAY PRECEDING: 현재 레코드의 ORDER BY 칼럼값보다 5일 이전 레코드부터

- 5 FOLLOWING: 현재 레코드로부터 5건 이후까지

- INTERVAL '2:30' MINUTE_SECOND FOLLOWING: 현재 레코드의 ORDER BY 칼럼값보다 2분 30초 이후까지

프레임의 사용법이 조금 복잡할 수 있는데, 이해를 돕기 위해 "<frame>" 절만 간단히 예제 몇 가지를 통해서 한번 살펴보자.

- ROWS UNBOUNDED PRECEDING: 파티션의 첫 번째 레코드로부터 현재 레코드까지

- ROWS BETWEEN UNBOUND PRECEDING AND CURRENT ROW: 파티션의 첫 번째 레코드로부터 현재 레코드까지("ROWS UNBOUNDED PRECEDING"와 동일함)

- ROWS BETWEEN 1 PRECEDING AND 1 FOLLOWING: 파티션에서 현재 레코드를 기준으로 앞 레코드부터 뒤 레코드까지

- RANGE INTERVAL 5 DAY PRECEDING: ORDER BY에 명시된 칼럼의 값이 5일 전인 레코드부터 현재 레코드까지

- RANGE BETWEEN 1 DAY PRECEDING AND 1 DAY FOLLOWING: ORDER BY에 명시된 칼럼의 값이 1일 전인 레코드부터 1일 이후인 레코드까지

지금까지 프레임 절을 사용하는 방법을 살펴봤는데, 이를 응용해서 다음의 예제 쿼리에서 사용한 프레임 절의 의미와 실제 조회된 값을 한번 비교하면서 살펴보면 조금 더 명확히 이해될 것이다. 아직 프레임 절의 내용이 잘 이해되지 않더라도 윈도우 함수별로 조회되는 값에 대한 코멘트를 추가해 뒀으니 어렵지 않게 이해할 수 있을 것이다.

```sql
SELECT emp_no, from_date, salary,

    -- // 현재 레코드의 from_date를 기준으로 1년 전부터 지금까지 급여 중 최소 급여
    MIN(salary) OVER(ORDER BY from_date RANGE INTERVAL 1 YEAR PRECEDING) AS min_1,

    -- // 현재 레코드의 from_date를 기준으로 1년 전부터 2년 후까지의 급여 중 최대 급여
    MAX(salary) OVER(ORDER BY from_date
                    RANGE BETWEEN INTERVAL 1 YEAR PRECEDING AND INTERVAL 2 YEAR FOLLOWING) AS max_1,

    -- // from_date 칼럼으로 정렬 후, 첫 번째 레코드부터 현재 레코드까지의 평균
    AVG(salary) OVER(ORDER BY from_date ROWS UNBOUNDED PRECEDING) AS avg_1,

    -- // from_date 칼럼으로 정렬 후, 현재 레코드를 기준으로 이전 건부터 이후 레코드까지의 급여 평균
    AVG(salary) OVER(ORDER BY from_date ROWS BETWEEN 1 PRECEDING AND 1 FOLLOWING) AS avg_2

FROM salaries
WHERE emp_no=10001;
```

```
+--------+------------+--------+-------+-------+------------+------------+
| emp_no | from_date  | salary | min_1 | max_1 | avg_1      | avg_2      |
+--------+------------+--------+-------+-------+------------+------------+
|  10001 | 1986-06-26 |  60117 | 60117 | 66074 | 60117.0000 | 61109.5000 |
```

```
| 10001 | 1987-06-26 | 62102 | 60117 | 66596 | 61109.5000 | 62764.3333 |
| 10001 | 1988-06-25 | 66074 | 62102 | 66961 | 62764.3333 | 64924.0000 |
| 10001 | 1989-06-25 | 66596 | 66074 | 71046 | 63722.2500 | 66543.6667 |
| 10001 | 1990-06-25 | 66961 | 66596 | 74333 | 64370.0000 | 68201.0000 |
| 10001 | 1991-06-25 | 71046 | 66961 | 75286 | 65482.6667 | 70780.0000 |
| 10001 | 1992-06-24 | 74333 | 71046 | 75994 | 66747.0000 | 73555.0000 |
| 10001 | 1993-06-24 | 75286 | 74333 | 76884 | 67814.3750 | 75204.3333 |
| 10001 | 1994-06-24 | 75994 | 75286 | 80013 | 68723.2222 | 76054.6667 |
| 10001 | 1995-06-24 | 76884 | 75994 | 81025 | 69539.3000 | 77630.3333 |
| 10001 | 1996-06-23 | 80013 | 76884 | 81097 | 70491.4545 | 79307.3333 |
| 10001 | 1997-06-23 | 81025 | 80013 | 84917 | 71369.2500 | 80711.6667 |
| 10001 | 1998-06-23 | 81097 | 81025 | 85112 | 72117.5385 | 82346.3333 |
| 10001 | 1999-06-23 | 84917 | 81097 | 85112 | 73031.7857 | 83708.6667 |
| 10001 | 2000-06-22 | 85112 | 84917 | 88958 | 73837.1333 | 85042.0000 |
| 10001 | 2001-06-22 | 85097 | 85097 | 88958 | 74540.8750 | 86389.0000 |
| 10001 | 2002-06-22 | 88958 | 85097 | 88958 | 75388.9412 | 87027.5000 |
+--------+------------+-------+-------+-------+------------+------------+
```

> **주의**
>
> 윈도우 함수에서 프레임이 별도로 명시되지 않으면 무조건 파티션의 모든 레코드가 연산의 대상이 되는 것은 아니니다. OVER() 절이 ORDER BY를 가지는지 여부에 따라 묵시적인 프레임의 범위가 달라진다. OVER()가 ORDER BY를 가지는 경우 파티션의 첫 번째 레코드부터 현재 레코드까지가 프레임이 된다. 그리고 OVER() 절이 ORDER BY를 가지지 않으면 파티션의 모든 레코드가 묵시적인 프레임으로 선택된다. 즉 ORDER BY 여부에 따라서 프레임이 다음과 같이 묵시적으로 선택된다.
>
> - ORDER BY 사용 시: RANGE BETWEEN UNBOUNDED PRECEDING AND CURRENT ROW
> - ORDER BY 미 사용 시: RANGE BETWEEN UNBOUNDED PRECEDING AND UNBOUNDED FOLLOWING

일부 윈도우 함수들은 프레임이 미리 고정돼 있다. SQL 문장에서 프레임을 별도로 명시하더라도 이러한 윈도우 함수에서는 사용자가 정의한 프레임은 모두 무시된다. 이 경우 에러는 발생하지 않기 때문에 결과가 혼란스러울 수 있으므로 주의하자. 다음 윈도우 함수들은 자동으로 프레임이 파티션의 전체 레코드로 설정된다.

- CUME_DIST()
- DENSE_RANK()
- LAG()

- LEAD()

- NTILE()

- PERCENT_RANK()

- RANK()

- ROW_NUMBER()

11.4.12.3 윈도우 함수

MySQL 서버의 윈도우 함수에는 집계 함수와 비 집계 함수를 모두 사용할 수 있다. 집계 함수는 GROUP BY 절과 함께 사용할 수 있는 함수들을 의미하는데, 집계 함수는 OVER() 절 없이 단독으로도 사용될 수 있고 OVER() 절을 가진 윈도우 함수로도 사용될 수 있다. 반면 비 집계 함수는 반드시 OVER() 절을 가지고 있어야 하며 윈도우 함수로만 사용될 수 있다.

집계 함수(Aggregate Function)

AVG()	평균 값 반환
BIT_AND()	AND 비트 연산 결과 반환
BIT_OR()	OR 비트 연산 결과 반환
BIT_XOR()	XOR 비트 연산 결과 반환
COUNT()	건수 반환
JSON_ARRAYAGG()	결과를 JSON 배열로 반환
JSON_OBJECTAGG()	결과를 JSON OBJECT 배열로 반환
MAX()	최댓값 반환
MIN()	최솟값 반환
STDDEV_POP(), STDDEV(), STD()	표준 편차 값 반환
STDDEV_SAMP()	표본 표준 편차 값 반환
SUM()	합계 값 반환
VAR_POP(), VARIANCE()	표준 분산 값 반환
VAR_SAMP()	표본 분산 값 반환

비 집계 함수(Non-Aggregate Function)

CUME_DIST()	누적 분포 값 반환 (파티션별 현재 레코드보다 작거나 같은 레코드의 누적 백분율)
DENSE_RANK()	랭킹 값 반환(Gap 없음) (동일한 값에 대해서는 동일 순위를 부여하며, 동일한 순위가 여러 건이어도 한 건으로 취급)
FIRST_VALUE()	파티션의 첫 번째 레코드 값 반환
LAG()	파티션 내에서 파라미터(N)를 이용해 N번째 이전 레코드 값 반환
LAST_VALUE()	파티션의 마지막 레코드 값 반환
LEAD()	파티션 내에서 파라미터(N)를 이용해 N번째 이후 레코드 값 반환
NTH_VALUE()	파티션의 n번째 값 반환
NTILE()	파티션별 전체 건수를 파라미터(N)로 N-등분한 값 반환
PERCENT_RANK()	퍼센트 랭킹 값 반환
RANK()	랭킹 값 반환(Gap 있음)
ROW_NUMBER()	파티션의 레코드 순번 반환

집계 함수는 이미 GROUP BY와 함께 많이 사용되므로 이 책에서는 예제나 설명을 생략하겠다. 그리고 비집계 함수는 윈도우 함수에서 자주 사용되는 일부 함수들만 살펴보고 나머지는 생략하겠다. 각 윈도우 함수의 자세한 사용법에 대해서는 MySQL 매뉴얼을 참조하자.

11.4.12.3.1 DENSE_RANK()와 RANK(), ROW_NUMBER()

DENSE_RANK() 함수와 RANK() 함수는 모두 ORDER BY 기준으로 매겨진 순위를 반환한다. RANK() 함수는 동점인 레코드가 두 건 이상인 경우 그다음 레코드를 동점인 레코드 수만큼 증가시킨 순위를 반환하지만, DENSE_RANK() 함수는 동점인 레코드를 1건으로 가정하고 순위를 매기기 때문에 연속된 순위를 가진다. ROW_NUMBER() 함수는 똑같이 순위를 매기지만 ROW_NUMBER() 함수는 이름 그대로 각 레코드의 고유한 순번을 반환한다. 그래서 ROW_NUMBER() 함수는 동점에 대한 고려 없이 정렬된 순서대로 레코드 번호를 부여한다.

▪ RANK()

```
mysql> SELECT de.dept_no, e.emp_no, e.first_name, e.hire_date,
            RANK() OVER(PARTITION BY de.dept_no ORDER BY e.hire_date) AS hire_date_rank
       FROM employees e
```

```
        INNER JOIN dept_emp de ON de.emp_no=e.emp_no
    WHERE de.dept_no='d001'
    ORDER BY de.dept_no, e.hire_date
    LIMIT 20;
```

```
+---------+--------+------------+------------+----------------+
| dept_no | emp_no | first_name | hire_date  | hire_date_rank |
+---------+--------+------------+------------+----------------+
| d001    | 110022 | Margareta  | 1985-01-01 |              1 |
| d001    |  98351 | Florina    | 1985-02-02 |              2 |
| d001    | 456487 | Jouko      | 1985-02-02 |              2 |
...
| d001    | 430759 | Fumiko     | 1985-02-02 |              2 |
| d001    | 447306 | Pranav     | 1985-02-03 |             12 |
...
```

- DENSE_RANK()

```
mysql> SELECT de.dept_no, e.emp_no, e.first_name, e.hire_date,
            DENSE_RANK() OVER(PARTITION BY de.dept_no ORDER BY e.hire_date) AS hire_date_rank
    FROM employees e
      INNER JOIN dept_emp de ON de.emp_no=e.emp_no
    WHERE de.dept_no='d001'
    ORDER BY de.dept_no, e.hire_date
    LIMIT 20;
```

```
+---------+--------+------------+------------+----------------+
| dept_no | emp_no | first_name | hire_date  | hire_date_rank |
+---------+--------+------------+------------+----------------+
| d001    | 110022 | Margareta  | 1985-01-01 |              1 |
| d001    |  98351 | Florina    | 1985-02-02 |              2 |
| d001    | 456487 | Jouko      | 1985-02-02 |              2 |
...
| d001    | 430759 | Fumiko     | 1985-02-02 |              2 |
| d001    | 447306 | Pranav     | 1985-02-03 |              3 |
...
```

- ROW_NUMBER()

```
mysql> SELECT de.dept_no, e.emp_no, e.first_name, e.hire_date,
              ROW_NUMBER() OVER(PARTITION BY de.dept_no ORDER BY e.hire_date) AS hire_date_rank
    FROM employees e
      INNER JOIN dept_emp de ON de.emp_no=e.emp_no
    WHERE de.dept_no='d001'
    ORDER BY de.dept_no, e.hire_date
    LIMIT 20;
```

dept_no	emp_no	first_name	hire_date	hire_date_rank
d001	110022	Margareta	1985-01-01	1
d001	98351	Florina	1985-02-02	2
d001	456487	Jouko	1985-02-02	3
d001	481016	Toney	1985-02-02	4
d001	491200	Ortrun	1985-02-02	5
d001	51773	Eric	1985-02-02	6
d001	65515	Phillip	1985-02-02	7
d001	95867	Shakhar	1985-02-02	8
d001	288310	Mohammed	1985-02-02	9
d001	288790	Cristinel	1985-02-02	10
d001	430759	Fumiko	1985-02-02	11
d001	447306	Pranav	1985-02-03	12

...

11.4.12.3.2 LAG()와 LEAD()

LAG() 함수는 파티션 내에서 현재 레코드를 기준으로 n번째 이전 레코드를 반환하며, LEAD() 함수는 반대로 n번째 이후 레코드를 반환한다. LEAD() 함수와 LAG() 함수는 3개의 파라미터를 필요로 하는데, 첫 번째와 두 번째 파라미터는 필수이며, 세 번째 파라미터는 선택 사항이다.

```
mysql> SELECT from_date, salary,
              LAG(salary, 5) OVER(ORDER BY from_date) AS prior_5th_value,
              LEAD(salary, 5) OVER(ORDER BY from_date) AS next_5th_value,
              LAG(salary, 5, -1) OVER(ORDER BY from_date) AS prior_5th_with_default,
              LEAD(salary, 5, -1) OVER(ORDER BY from_date) AS next_5th_with_default
```

```
    FROM salaries
    WHERE emp_no=10001;
```

```
+------------+--------+-----------------+----------------+-----------------------+----------------------+
| from_date  | salary | prior_5th_value | next_5th_value | prior_5th_with_default | next_5th_with_default |
+------------+--------+-----------------+----------------+-----------------------+----------------------+
| 1986-06-26 | 60117  |            NULL |          71046 |                    -1 |                71046 |
| 1987-06-26 | 62102  |            NULL |          74333 |                    -1 |                74333 |
| 1988-06-25 | 66074  |            NULL |          75286 |                    -1 |                75286 |
| 1989-06-25 | 66596  |            NULL |          75994 |                    -1 |                75994 |
| 1990-06-25 | 66961  |            NULL |          76884 |                    -1 |                76884 |
| 1991-06-25 | 71046  |           60117 |          80013 |                 60117 |                80013 |
| 1992-06-24 | 74333  |           62102 |          81025 |                 62102 |                81025 |
| 1993-06-24 | 75286  |           66074 |          81097 |                 66074 |                81097 |
| 1994-06-24 | 75994  |           66596 |          84917 |                 66596 |                84917 |
| 1995-06-24 | 76884  |           66961 |          85112 |                 66961 |                85112 |
| 1996-06-23 | 80013  |           71046 |          85097 |                 71046 |                85097 |
| 1997-06-23 | 81025  |           74333 |          88958 |                 74333 |                88958 |
| 1998-06-23 | 81097  |           75286 |           NULL |                 75286 |                   -1 |
| 1999-06-23 | 84917  |           75994 |           NULL |                 75994 |                   -1 |
| 2000-06-22 | 85112  |           76884 |           NULL |                 76884 |                   -1 |
| 2001-06-22 | 85097  |           80013 |           NULL |                 80013 |                   -1 |
| 2002-06-22 | 88958  |           81025 |           NULL |                 81025 |                   -1 |
+------------+--------+-----------------+----------------+-----------------------+----------------------+
```

11.4.12.4 윈도우 함수와 성능

MySQL 서버의 윈도우 함수는 8.0 버전에 처음 도입됐으며, 아직 인덱스를 이용한 최적화가 부족한 부분도 있다. 예를 들어, 다음 쿼리를 한번 살펴보자. 다음 두 쿼리는 결과는 차이가 있지만 사용자별로 MAX(from_date) 값을 구하는 쿼리다.

```
mysql> SELECT MAX(from_date) OVER(PARTITION BY emp_no) AS max_from_date
       FROM salaries;

mysql> SELECT MAX(from_date) FROM salaries GROUP BY emp_no;
```

윈도우 함수와 GROUP BY 쿼리는 근본적으로 차이가 있어서 동등한 비교는 어렵지만 그래도 위의 두 쿼리에 대해 실행 계획과 실제 연산에 사용했던 레코드 건수를 한번 비교해보자.

```
-- // 윈도우 함수를 사용하는 쿼리의 실행 계획
+----+-------------+----------+-------+----------+---------+------------------------------+
| id | select_type | table    | type  | key      | rows    | Extra                        |
+----+-------------+----------+-------+----------+---------+------------------------------+
|  1 | SIMPLE      | salaries | index | ix_salary | 2838663 | Using index; Using filesort |
+----+-------------+----------+-------+----------+---------+------------------------------+

-- // GROUP BY 절을 사용하는 쿼리의 실행 계획
+----+-------------+----------+-------+----------+---------+---------------------------+
| id | select_type | table    | type  | key      | rows    | Extra                     |
+----+-------------+----------+-------+----------+---------+---------------------------+
|  1 | SIMPLE      | salaries | range | PRIMARY  | 273035  | Using index for group-by  |
+----+-------------+----------+-------+----------+---------+---------------------------+
```

윈도우 함수를 사용하는 쿼리는 인덱스를 풀 스캔했으며, "Using filesort"를 보면 레코드 정렬 작업까지 실행했다는 것을 알 수 있다. 반면 GROUP BY 절을 사용하는 쿼리는 별도의 정렬 작업 없이 루스 인덱스 스캔으로 사원별 MAX(from_date) 값을 찾아냈다는 것을 알 수 있다. 이로 인해 실제 두 쿼리가 연산에 사용한 레코드 건수도 상당히 차이가 크게 난다는 것을 다음 결과로 알 수 있다.

	GROUP BY 사용 쿼리	윈도우 함수 사용 쿼리
Handler_read_first	1	1
Handler_read_key	600,050	1
Handler_read_last	1	0
Handler_read_next	0	2,844,047
Handler_read_rnd	0	5,679,685
Handler_read_rnd_next	0	5,096,455
Handler_write	0	2,844,047

윈도우 함수는 salaries 테이블의 모든 레코드 건수만큼의 결과를 만들어야 하지만 GROUP BY 절을 사용하는 쿼리는 유니크한 emp_no별로 레코드 1건씩만 결과를 만들면 된다. 그래서 기본적으로 레코드 건수

에서 차이가 날 수 있다. 하지만 앞의 결과를 보면 윈도우 함수를 사용한 쿼리는 예상보다 훨씬 많은 레코드를 가공했고, 그로 인해 MySQL 서버 내부적으로 레코드의 읽고 쓰기가 상당히 많이 발생했다는 것을 알 수 있다. 실제 쿼리의 실행 시간도 GROUP BY 쿼리가 1.2초 걸린 반면 윈도우 함수를 사용한 쿼리는 3.2초 정도 소요됐다.

특히 윈도우 함수를 사용한 쿼리는 프라이머리 키(emp_no, from_date)를 충분히 활용할 법한 쿼리였지만 윈도우 함수 부분은 이 인덱스를 전혀 활용하지 못했다. 물론 인덱스 풀 스캔을 하긴 했지만, 이는 윈도우 함수 처리를 위한 것이 아니라 ix_salary 인덱스에 쿼리 처리에 필요한 칼럼(from_date와 emp_no 칼럼)이 모두 포함[12]돼 있으면서 프라이머리 키보다 크기가 작기 때문에 활용했을 뿐이다.

쿼리 요건에 따라 GROUP BY나 다른 기존 기능으로는 윈도우 함수를 대체할 수 없겠지만, 가능하다면 윈도우 함수에 너무 의존하지 않는 것이 좋다. 또한 배치 프로그램이라면 윈도우 함수를 사용해도 무방하겠지만 온라인 트랜잭션 처리에서는 많은 레코드에 대해 윈도우 함수를 적용하는 것은 가능하면 피하자. 소량의 레코드에 대해서라면 윈도우 함수를 사용해도 메모리에서 빠르게 처리될 것이므로 특별히 성능에 대해 고민하지 않아도 된다.

11.4.13 잠금을 사용하는 SELECT

InnoDB 테이블에 대해서는 레코드를 SELECT할 때 레코드에 아무런 잠금도 걸지 않는데, 이를 잠금 없는 읽기(Non Locking Consistent Read)라고 한다. 하지만 SELECT 쿼리를 이용해 읽은 레코드의 칼럼 값을 애플리케이션에서 가공해서 다시 업데이트하고자 할 때는 SELECT가 실행된 후 다른 트랜잭션이 그 칼럼의 값을 변경하지 못하게 해야 한다. 이럴 때는 레코드를 읽으면서 강제로 잠금을 걸어 둘 필요가 있는데, 이때 사용하는 옵션이 FOR SHARE와 FOR UPDATE 절이다. FOR SHARE는 SELECT 쿼리로 읽은 레코드에 대해서 읽기 잠금을 걸고, FOR UPDATE는 SELECT 쿼리가 읽은 레코드에 대해서 쓰기 잠금을 건다. 다음 쿼리는 잠금을 사용하는 SELECT 쿼리의 간단한 예제다.

```
mysql> SELECT * FROM employees WHERE emp_no=10001 FOR SHARE;
mysql> SELECT * FROM employees WHERE emp_no=10001 FOR UPDATE;
```

---

12 ix_salary 인덱스는 salary 칼럼으로만 구성된 인덱스지만, 실제 프라이머리 키인 (emp_no, from_date) 칼럼이 ix_salary 인덱스의 리프 노드에 저장돼 있다.

MySQL 8.0 이전 버전에서는 SELECT로 읽은 레코드에 대해서 읽기 잠금을 위해 LOCK IN SHARE MODE 절을 사용했지만, MySQL 8.0 버전부터는 FOR SHARE로 변경됐다. 물론 MySQL 8.0 버전에서 여전히 LOCK IN SHARE MODE 문법을 지원하지만, 이는 이전 버전과의 호환성 차원에서 지원되는 것이므로 가능하다면 LOCK IN SHARE MODE보다는 FOR SHARE 절을 사용하는 것을 권장한다. 또한 MySQL 8.0 버전부터는 SELECT 쿼리의 잠금을 위해 여러 가지 새로운 기능을 제공하는데, 이 기능을 제대로 활용하려면 FOR SHARE와 FOR UPDATE 절을 사용해야 한다.

이 두 가지 잠금 옵션은 모두 자동 커밋(AUTO-COMMIT)이 비활성화(OFF)된 상태 또는 BEGIN 명령이나 START TRANSACTION 명령으로 트랜잭션이 시작된 상태에서만 잠금이 유지된다.

- FOR SHARE 절은 SELECT된 레코드에 대해 읽기 잠금(공유 잠금, Shared lock)을 설정하고 다른 세션에서 해당 레코드를 변경하지 못하게 한다. 물론 다른 세션에서 잠금이 걸린 레코드를 읽는 것은 가능하다.

- FOR UPDATE 절은 쓰기 잠금(배타 잠금, Exclusive lock)을 설정하고, 다른 트랜잭션에서는 그 레코드를 변경하는 것뿐만 아니라 읽기(FOR SHARE 절을 사용하는 SELECT 쿼리)도 수행할 수 없다.

한 가지 주의할 사항은 FOR UPDATE나 FOR SHARE 절을 가지지 않는 SELECT 쿼리의 작동 방식이다. InnoDB 스토리지 엔진을 사용하는 테이블에서는 잠금 없는 읽기가 지원되기 때문에 특정 레코드가 "SELECT ... FOR UPDATE" 쿼리에 의해서 잠겨진 상태라 하더라도 FOR SHARE나 FOR UPDATE 절을 가지지 않은 단순 SELECT 쿼리는 아무런 대기 없이 실행된다. 다음 표는 간단히 예제로 잠금 대기 여부를 시간 순서대로 나열해본 것이다.

잠금 대기하지 않는 경우

세션-1	세션-2
BEGIN;	
SELECT * FROM employees WHERE emp_no=10001 FOR UPDATE;	
	SELECT * FROM employees WHERE emp_no=10001; ⟹ 잠금 대기 없이 즉시 결과 반환

잠금 대기하는 경우

세션-1	세션-2
BEGIN;	
SELECT * FROM employees WHERE emp_no=10001 FOR UPDATE;	
	SELECT * FROM employees WHERE emp_no=10001 FOR SHARE; ⟹ 세션-1의 잠금을 기다림
COMMIT;	
	⟹ SELECT 쿼리 결과 반환

11.4.13.1 잠금 테이블 선택

다음 쿼리는 사원의 정보를 조회하는 SELECT 쿼리에 FOR UPDATE를 함께 사용하는 예제다.

```
mysql> SELECT *
       FROM employees e
         INNER JOIN dept_emp de ON de.emp_no=e.emp_no
         INNER JOIN departments d ON d.dept_no=de.dept_no
       FOR UPDATE;
```

이 쿼리는 employees 테이블과 dept_emp 테이블, departments 테이블을 조인해서 읽으면서 FOR UPDATE 절을 사용했다. 그래서 InnoDB 스토리지 엔진은 3개 테이블에서 읽은 레코드에 대해 모두 쓰기 잠금 (Exclusive Lock)을 걸게 된다. 그런데 dept_emp 테이블과 departments 테이블은 그냥 참고용으로만 읽고, 실제 쓰기 잠금은 employees 테이블에만 걸고 싶다면 어떻게 해야 할까? MySQL 8.0 이전 버전에서는 선택적으로 잠금을 걸 수 있는 옵션이 없었지만 MySQL 8.0 버전부터는 다음과 같이 잠금을 걸 테이블을 선택할 수 있도록 기능이 개선됐다. 다음 예제와 같이 FOR UPDATE 뒤에 "OF 테이블" 절을 추가하면 해당 테이블에 대해서만 잠금을 걸게 된다. 테이블에 대해 별명(Alias)이 사용된 경우에는 별명을 명시해야 한다. SELECT 쿼리에 사용된 테이블 중에서 특정 테이블만 잠금을 획득하는 옵션은 FOR UPDATE와 FOR SHARE 절 모두 적용할 수 있다.

```
mysql> SELECT *
       FROM employees e
```

```
    INNER JOIN dept_emp de ON de.emp_no=e.emp_no
    INNER JOIN departments d ON d.dept_no=de.dept_no
  WHERE e.emp_no=10001
  FOR UPDATE OF e;
```

11.4.13.2 NOWAIT & SKIP LOCKED

MySQL 8.0 버전부터는 NOWAIT과 SKIP LOCKED 옵션을 사용할 수 있게 기능이 추가됐다. 지금까지의 MySQL 잠금은 누군가가 레코드를 잠그고 있다면 다른 트랜잭션은 그 잠금이 해제될 때까지 기다려야 했다. 때로는 일정 시간이 지나면 잠금 획득 실패 에러 메시지를 받을 수도 있었다. 하지만 이런 작동 방식은 휴대폰의 화면을 보면서 응답을 기다리고 있을 사용자를 생각하면 때로는 적절한 작동 방식이 아닐 수도 있다. 우선 간단히 다음 예제를 이용해 두 옵션의 필요성을 살펴보자.

```
mysql> BEGIN;
mysql> SELECT * FROM employees WHERE emp_no=10001 FOR UPDATE;

... 응용 프로그램에서 필요한 연산을 수행 ...

mysql> UPDATE employees SET ... WHERE emp_no=10001;
mysql> COMMIT;
```

애플리케이션에서는 트랜잭션을 시작하고 emp_no가 10001인 사원을 먼저 읽어서 그 값을 이용해 연산을 수행한 후 다시 employees 테이블에 업데이트한다. 그런데 응용 프로그램에서 연산을 수행하는 동안 다른 트랜잭션이 employees 테이블의 emp_no가 10001인 사원의 정보를 변경하지 못하게 막기 위해 FOR UPDATE 절을 사용했다. 먼저 실행된 트랜잭션이 employees 테이블의 emp_no가 10001인 레코드에 대해서 변경 작업을 장시간 수행하고 있다면 SELECT ... FOR UPDATE 구문은 선행 트랜잭션이 완료될 때까지 기다려야 할 것이다. 또는 innodb_lock_wait_timeout 시스템 변수에 설정된 시간(기본적으로 50초) 동안 기다렸다가 에러 메시지를 받게 될 것이다.

그런데 애플리케이션의 어떤 기능에서는 empno=10001 레코드가 이미 잠겨진 상태라면 그냥 무시하고 즉시 에러를 반환하면 응용 프로그램에서 다른 처리를 수행하거나 다시 트랜잭션을 시작하도록 구현해야 할 때도 있다. 이럴 때 SELECT 쿼리의 마지막에 NOWAIT 옵션을 사용하면 된다. FOR UPDATE나 FOR SHARE 절이 없는 SELECT 쿼리는 잠금 대기 자체가 없기 때문에 NOWAIT 옵션을 사용하는 것은 의미가 없다.

```
mysql> SELECT * FROM employees
       WHERE emp_no=10001
       FOR UPDATE NOWAIT;
```

NOWAIT 옵션을 사용하면 SELECT 쿼리가 해당 레코드에 대해 즉시 잠금을 획득했다면 NOWAIT 옵션이 없을 때와 동일하게 실행된다. 하지만 해당 레코드가 다른 트랜잭션에 의해서 잠겨진 상태라면 다음과 같이 에러를 반환하면서 쿼리는 즉시 종료된다.

```
mysql> SELECT * FROM employees WHERE emp_no=10001 FOR UPDATE NOWAIT;
ERROR 3572 (HY000): Statement aborted
  because lock(s) could not be acquired immediately and NOWAIT is set.
```

SKIP LOCKED 옵션은 SELECT하려는 레코드가 다른 트랜잭션에 의해 이미 잠겨진 상태라면 에러를 반환하지 않고 잠긴 레코드는 무시하고 잠금이 걸리지 않은 레코드만 가져온다.

```
mysql> BEGIN;
mysql> SELECT * FROM salaries WHERE emp_no=10001 FOR UPDATE SKIP LOCKED;

... 응용 프로그램에서 필요한 연산을 수행 ...

mysql> UPDATE salaries SET ... WHERE emp_no=10001 AND from_date=' 1986-06-26';
mysql> COMMIT;
```

다음은 FOR UPDATE SKIP LOCKED 절을 사용했을 때와 그렇지 않을 때의 결과를 비교해보기 위한 예제다.

세션-1	세션-2
BEGIN;	

`mysql> SELECT * FROM salaries`
`       WHERE emp_no=10001`
`           AND from_date=' 1986-06-26 '`
`           FOR UPDATE;`
`+--------+--------+------------+------------+`
`¦ emp_no ¦ salary ¦ from_date  ¦ to_date    ¦`
`+--------+--------+------------+------------+`
`¦ 10001  ¦  60117 ¦ 1986-06-26 ¦ 1987-06-26 ¦`
`+--------+--------+------------+------------+`	

세션-1	세션-2

세션-2:
```
mysql> SELECT * FROM salaries WHERE emp_
no=10001 LIMIT 1;
+--------+--------+------------+------------+
| emp_no | salary | from_date  | to_date    |
+--------+--------+------------+------------+
|  10001 |  60117 | 1986-06-26 | 1987-06-26 |
+--------+--------+------------+------------+

mysql> SELECT * FROM salaries
          WHERE emp_no=10001
            AND from_date='1986-06-26'
          LIMIT 1
          FOR UPDATE SKIP LOCKED;
+--------+--------+------------+------------+
| emp_no | salary | from_date  | to_date    |
+--------+--------+------------+------------+
|  10001 |  62102 | 1987-06-26 | 1988-06-25 |
+--------+--------+------------+------------+
```

세션 1번에서 salaries 테이블의 특정 레코드를 SELECT ... FOR UPDATE 구문을 사용해 잠근 상태에서 세션 2번에서 동일 조건으로 FOR UPDATE 절 없이 그냥 실행했을 때는 세션 1번에서 조회한 레코드와 동일한 레코드를 반환한 것을 확인할 수 있다. 하지만 동일한 SELECT 쿼리에 FOR UPDATE SKIP LOCKED 절을 추가하면 MySQL 서버는 세션 1번에서 잠그고 있는 레코드는 무시(SKIP LOCKED)하고 그다음 레코드를 반환했다. 이런 이유로 SKIP LOCKED 절을 가진 SELECT 구문은 확정적이지 않은(NOT-DETERMINISTIC) 쿼리가 된다.

> **참고** "확정적(DETERMINISTIC)"이란 말의 의미는 입력이 동일하면 시점에 관계없이 동일한 결과를 반환하는 것을 의미한다. 하지만 SKIP LOCKED 절을 가진 SELECT 쿼리는 실행하는 시점에 따라(아무런 데이터 변경이 없는 상태에서도) 각 트랜잭션의 간섭에 의해 다른 결과를 반환할 수도 있는데, 이를 비확정적(NOT-DETERMINISTIC)이라고 한다. 이렇게 비확정적인 쿼리는 문장(STATEMENT) 기반의 복제에서 소스 서버와 레플리카 서버의 데이터를 다르게 만들 수도 있다. 그래서 가능하면 복제의 바이너리 로그 포맷으로 STATEMENT보다는 ROW 또는 MIXED를 사용하자.

NOWAIT이나 SKIP LOCKED 기능은 큐(Queue)와 같은 기능을 MySQL 서버에서 구현하고자 할 때 매우 유용하다. 예를 들어, 다음과 같은 간단한 요건을 가지는 쿠폰 발급 기능을 한번 생각해보자.

- 하나의 쿠폰은 한 사용자만 사용 가능하다.

- 쿠폰의 개수는 1000개 제한이며, 선착순으로 요청한 사용자에게 발급한다.

일반적으로 이 같은 요건을 처리하기 위해 다음과 같은 테이블을 생성했다.

```
CREATE TABLE coupon (
  coupon_id      BIGINT NOT NULL,
  owned_user_id BIGINT NULL DEFAULT 0, /* 쿠폰이 발급되면 소유한 사용자의 id를 저장 */
  coupon_code    VARCHAR(15) NOT NULL,
  ...
  PRIMARY KEY (coupon_id),
  INDEX ix_owneduserid (owned_user_id)
);
```

그리고 응용 프로그램에서는 다음과 같은 절차를 거쳐 쿠폰을 발급하게 될 것이다. 물론 실제 프로그램 코드는 훨씬 더 복잡하겠지만 사용할 쿼리만 간략하게 정리해 보면 대략 다음과 같은 절차를 거칠 것이다. 응용 프로그램 코드에서는 우선 아직 주인이 없는(owned_user_id=0) 쿠폰을 검색해서 하나를 가져온다. 이때 다른 트랜잭션에서 해당 쿠폰을 가져가지 못하게 FOR UPDATE 절을 사용했다.

```
mysql> BEGIN;
mysql> SELECT * FROM coupon
       WHERE owned_user_id=0 ORDER BY coupon_id ASC LIMIT 1 FOR UPDATE;

... 응용 프로그램 연산 수행 ...

mysql> UPDATE coupon SET owned_user_id=? WHERE coupon_id=?;
mysql> COMMIT;
```

많은 사용자가 이미 경험했겠지만 많은 사용자에게 인기 있는 쿠폰이라면 애플리케이션 서버는 단번에 응답 불능 상태가 될 것이다. 동시에 1000명의 사용자가 쿠폰을 요청하면 애플리케이션 서버는 그 요청만큼 프로세스를 생성해서 위의 트랜잭션을 동시에 실행할 것이다. 하지만 각 트랜잭션에서 실행하는 SELECT ... FOR UPDATE 쿼리는 coupon 테이블에서 하나의 레코드로 집중해서 잠금 획득을 하려고 할 것이다. 물론 그중에서 처음으로 잠금을 획득하는 트랜잭션은 있겠지만 나머지 999개의 트랜잭션은 첫 번째 트랜잭션이 작업을 끝내고 COMMIT할 때까지 대기해야 한다. 그리고 두 번째와 세 번째, 네 번째 순으로 트랜잭션이 하나씩 실행돼야 한다. 트랜잭션의 처리 속도에 따라 일정 시점 이후 트랜잭션은 대기 시간(innodb_lock_wait_timeout 시스템 변수에 설정된 시간) 동안 잠금을 획득하지 못해서 결국 에러를 반환한다.

MySQL 8.0 이전 버전에서는 이런 문제를 해결하기 위해 레디스(Redis)나 멤캐시(Memcached) 같은 캐시 솔루션을 별도로 구축해서 쿠폰 발급 기능을 구현했다. 하지만 MySQL 8.0 버전부터는 FOR UPDATE SKIP LOCKED 절을 사용하면 트랜잭션이 수행되는 데 걸리는 시간과 관계없이 다른 트랜잭션에 의해서 이미 사용 중인(잠겨진) 레코드를 스킵하는 시간만 지나면 각자의 트랜잭션을 실행할 수 있다. 이 예제에서는 1000개의 쿠폰을 가정했는데, MySQL 서버에서 1000건의(가장 마지막 트랜잭션이 잠금을 획득하기 위해 스킵해야 할 레코드 건수) 레코드를 스캔하는 데 걸리는 시간은 매우 짧다. 그래서 FOR UPDATE SKIP LOCKED 절을 사용한다면 실제 MySQL 서버에서는 1000개의 트랜잭션을 동시에 처리하게 되는 효과를 얻을 수도 있다. 그림 11.11과 그림 11.12는 SKIP LOCKED를 사용한 경우와 그러지 않은 경우의 동시 처리 및 스루풋 비교를 보여준다.

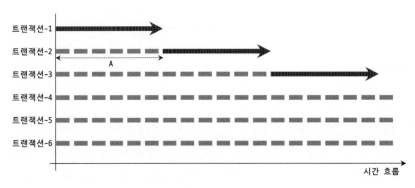

그림 11.11 SKIP LOCKED 미 사용 시 동시 처리 성능

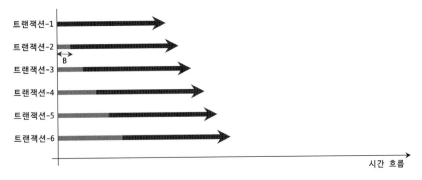

그림 11.12 SKIP LOCKED 사용 시 동시 처리

그림 11.11에서 "A"로 표시된 선의 길이는 하나의 트랜잭션이 처리되는 데 걸리는 시간을 의미하고, 그림 11.12에서 "B"로 표시된 선의 길이는 잠겨진 레코드 1건을 스킵(SKIP LOCKED)하는 데 걸린 시간을 의미한다. 그림 11.12에서는 이해를 돕기 위해 B의 길이(잠겨진 레코드 1건을 스킵하는 데 걸린 시간)를 길게 표시했지만 실제 MySQL 서버에서 레코드 1건을 읽는 데 걸리는 시간은 매우 짧은 시간일 것이다.

그림 11.12에서 보다시피 FOR UPDATE SKIP LOCKED는 MySQL 서버로 동시에 유입된 트랜잭션들이 대기 시간 없이 잠긴 레코드를 스킵하고 사용 가능한 레코드를 찾기만 하면 즉시 트랜잭션 처리를 시작할 수 있다. 하지만 그림 11.11에서는 SKIP LOCKED 절 없이 FOR UPDATE만 사용한 경우에는 동시에 유입된 트랜잭션이 모두 잠금 대기를 하고 있다가 첫 번째 레코드를 잠근 트랜잭션이 완료돼야 비로소 두 번째 트랜잭션이 시작될 수 있고, 세 번째 트랜잭션은 두 번째 트랜잭션이 완료돼야 시작될 수 있다. 그래서 그림 11.11에서는 겨우 3개 트랜잭션만 완료되고 나머지 트랜잭션들은 아직도 대기 중인 상태로 남아 있는 것이다. 아무리 MySQL 서버가 많은 CPU와 메모리를 가지고 있다고 하더라도 이렇게 처리가 순차적(Serialization)으로 처리되면 서버의 남는 자원을 제대로 활용하지 못한다.

> **주의** 많은 프로젝트에서 자신의 애플리케이션이 겪는 문제의 원인을 제대로 분석하지 못하고, 애플리케이션 코드는 그대로 놔두고 MySQL 서버가 느려서 트랜잭션이 느려진다고들 한다. 그러고는 MySQL 서버의 메모리와 CPU, 디스크의 성능만 계속 높이는 경우도 있다. 서비스 처리 지연이 발생하면 항상 병목 지점을 정확히 찾고 원인을 분석해서 그에 맞는 해결책을 사용해야 한다.

NOWAIT과 SKIP LOCKED 절은 SELECT ... FOR UPDATE 구문에서만 사용할 수 있으며, 당연히 UPDATE나 DELETE 쿼리에서는 사용할 수 없다. 그런데 왜 UPDATE나 DELETE에는 NOWAIT과 SKIP LOCKED를 사용하지 못하게 막아뒀을까? NOWAIT과 SKIP LOCKED 절은 쿼리 자체를 비확정적으로 만들기 때문에 NOWAIT이나 SKIP LOCKED가 UPDATE나 DELETE 문장에서 사용된다면 실행될 때마다 데이터베이스의 상태를 다른 결과로 만들게 된다. 즉 UPDATE나 DELETE 문장이 정상적으로 실행됐지만 어떤 레코드가 업데이트되거나 삭제됐는지 알 수 없게 되는 것이다. 이는 사용자들을 혼란에 빠뜨리게 될 것이다. 또한 MySQL 서버의 복제에서는 더 큰 문제를 일으킬 수도 있다.

11.5 INSERT

일반적으로 온라인 트랜잭션 서비스에서 INSERT 문장은 대부분 1건 또는 소량의 레코드를 INSERT하는 형태이므로 그다지 성능에 대해서 고려할 부분이 많지 않다. 오히려 많은 INSERT 문장이 동시에 실행되는 경우 INSERT 문장 자체보다는 테이블의 구조가 성능에 더 큰 영향을 미친다. 하지만 많은 경우 INSERT의 성능과 SELECT의 성능을 동시에 빠르게 만들 수 있는 테이블 구조는 없다. 그래서 INSERT와 SELECT 성능을 어느 정도 타협하면서 테이블 구조를 설계해야 한다. 여기서는 INSERT 문장의 주의사항 몇 가지와 테이블의 용도에 따라 테이블 구조를 선택하는 방법을 간단히 살펴보겠다.

11.5.1 고급 옵션

SELECT 문장만큼 다양하진 않지만 INSERT 문장에도 사용할 수 있는 유용한 기능이 있다. 여기서는 대표적으로 INSERT IGNORE 옵션과 INSERT ... ON DUPLICATE KEY UPDATE 옵션을 살펴보겠다. 두 옵션 모두 유니크 인덱스나 프라이머리 키에 대해 중복 레코드를 어떻게 처리할지를 결정한다. 그리고 INSERT INOGRE 옵션은 추가로 INSERT 문장의 에러 핸들링에 대한 기능도 포함하고 있다.

11.5.1.1 INSERT IGNORE

INSERT 문장의 IGNORE 옵션은 저장하는 레코드의 프라이머리 키나 유니크 인덱스 칼럼의 값이 이미 테이블에 존재하는 레코드와 중복되는 경우, 그리고 저장하는 레코드의 칼럼이 테이블의 칼럼과 호환되지 않는 경우 모두 무시하고 다음 레코드를 처리할 수 있게 해준다. 주로 IGNORE 옵션은 다음과 같이 여러 레코드를 하나의 INSERT 문장으로 처리하는 경우 유용하다.

```
INSERT IGNORE INTO salaries (emp_no, salary, from_date, to_date) VALUES
  (10001, 60117, '1986-06-26', '1987-06-26'),
  (10001, 62102, '1987-06-26', '1988-06-25'),
  (10001, 66074, '1988-06-25', '1989-06-25'),
  (10001, 66596, '1989-06-25', '1990-06-25'),
  (10001, 66961, '1990-06-25', '1991-06-25');

INSERT IGNORE INTO salaries
  SELECT emp_no, (salary+100), '2020-01-01', '2022-01-01'
  FROM salaries WHERE to_date>='2020-01-01';
```

salaries 테이블의 프라이머리 키는 (emp_no, from_date)이므로 INSERT되는 레코드의 값이 이미 테이블에 존재하는 레코드의 (emp_no, from_date) 칼럼 조합과 중복되는 레코드가 있다면 해당 레코드는 에러가 발생한다. 하지만 MySQL 서버는 IGNORE 옵션이 있는 경우, 에러를 경고 수준의 메시지로 바꾸고 나머지 레코드의 INSERT를 계속 진행한다.[13] INSERT하고자 하는 데이터가 정교하지 않아도 되는 경우 INSERT를 실행하기 전에 레코드 건건이 중복 체크를 실행하지 않고 INSERT IGNORE 명령으로 처리하는 방식으로 자주 사용된다. INSERT하는 테이블이 프라이머리 키와 유니크 인덱스를 동시에 가지고 있는 경우 INSERT IGNORE는 두 인덱스 중 하나라도 중복이 발생하는 레코드에 대해서는 INSERT를 무시(IGNORE)한다.

INSERT IGNORE 옵션은 단순히 유니크 인덱스의 중복뿐만 아니라 데이터 타입이 일치하지 않아서 INSERT를 할 수 없는 경우에도, 다음 예제와 같이 칼럼의 기본 값으로 INSERT를 하도록 만들기도 한다. 이 경우에는 NOT NULL 칼럼에 NULL이 입력되어 NULL 대신 숫자 칼럼의 기본 값인 0을 INSERT를 한 것이다.

```
-- // IGNORE 키워드가 없으면 INSERT는 실패
mysql> INSERT INTO salaries VALUES (NULL, NULL, NULL, NULL);
ERROR 1048 (23000): Column 'emp_no' cannot be null

-- // IGNORE 키워드가 있으면, NOT NULL 칼럼인 emp_no와 from_date에 각 타입별 기본 값을 저장
mysql> INSERT IGNORE INTO salaries VALUES (NULL, NULL, NULL, NULL);
Query OK, 1 row affected, 4 warnings (0.01 sec)

Warning (Code 1048): Column 'emp_no' cannot be null
```

---

13 INSERT 도중 에러가 발생하면 처리하던 내용을 포기하고 트랜잭션을 롤백하기 때문에 INSERT IGNORE 문장의 경우 에러 대신 경고 메시지로 수준을 낮추는 것이다.

```
Warning (Code 1048): Column 'salary' cannot be null
Warning (Code 1048): Column 'from_date' cannot be null
Warning (Code 1048): Column 'to_date' cannot be null

mysql> SELECT * FROM salaries WHERE emp_no=0;
+--------+--------+------------+------------+
| emp_no | salary | from_date  | to_date    |
+--------+--------+------------+------------+
|      0 |      0 | 0000-00-00 | 0000-00-00 |
+--------+--------+------------+------------+
```

실제 INSERT 문장은 성공했지만 4개의 경고 메시지가 있다. 경고 메시지의 내용을 살펴보면 데이터의 중복이 아니라 데이터 타입의 변환이 실패한 것을 알 수 있다. 프로그램 코드에서 중복을 무시하기 위해 INSERT IGNORE 옵션을 사용한다면 데이터 중복 이외의 에러가 발생할 여지가 없는지 면밀히 확인한 후 적용하는 것이 좋다. 제대로 검증되지 않은 INSERT IGNORE 문장은 의도하지 않은 에러까지 모두 무시해버릴 수도 있다.

11.5.1.2 INSERT ... ON DUPLICATE KEY UPDATE

INSERT IGNORE 문장은 중복이나 에러 발생 건에 대해서는 모두 무시하겠지만 INSERT ... ON DUPLICATE KEY UPDATE 문장은 프라이머리 키나 유니크 인덱스의 중복이 발생하면 UPDATE 문장의 역할을 수행하게 해준다. MySQL 서버의 REPLACE 문장도 INSERT ... ON DUPLICATE KEY UPDATE 문장과 비슷한 역할을 하지만 내부적으로 REPLACE 문장은 DELETE와 INSERT의 조합으로 작동한다[14]. 하지만 INSERT ... ON DUPLICATE KEY UPDATE 문장은 중복된 레코드가 있다면 기존 레코드를 삭제하지 않고 기존 레코드의 칼럼을 UPDATE하는 방식으로 작동한다.

INSERT ... ON DUPLICATE KEY UPDATE는 다음 예제와 같이 일별로 집계되는 값을 관리할 때 편리하게 사용할 수 있다.

```
mysql> CREATE TABLE daily_statistic (
          target_date DATE NOT NULL,
          stat_name VARCHAR(10) NOT NULL,
```

---

[14] InnoDB에서는 DELETE와 INSERT 조합은 그다지 성능상 장점이 그다지 없기 때문에, 이 책에서는 REPLACE 문장에 대해서 언급하지 않았다. 항상 REPLACE 문장보다는 INSERT ... ON DUPLICATE KEY UPDATE 문장을 사용할 것을 권장한다.

```
    stat_value BIGINT NOT NULL DEFAULT 0,
    PRIMARY KEY(target_date, stat_name)
);
```

```
mysql> INSERT INTO daily_statistic (target_date, stat_name, stat_value)
       VALUES (DATE(NOW()), 'VISIT', 1)
       ON DUPLICATE KEY UPDATE stat_value=stat_value+1;
```

위 예제의 daily_statistic 테이블의 프라이머리 키는 (target_date, stat_name) 조합으로 생성돼 있기 때문에 일별로 stat_name은 하나씩만 존재할 수 있다. 그래서 특정 날짜의 stat_name이 최초로 저장되는 경우에는 INSERT 문장만 실행되고, ON DUPLICATE KEY UPDATE 절 이하의 내용은 무시된다. 이미 레코드가 존재한다면 INSERT 대신 ON DUPLICATE KEY UPDATE 절 이하의 내용이 실행된다. 예제 쿼리에서는 이미 해당 날짜의 집계 레코드가 존재한다면 기존 레코드의 stat_value 칼럼의 값에 1을 더한 값을 UPDATE한다.

다음 예제는 배치 형태로 GROUP BY된 결과를 daily_statistic 테이블에 한 번에 INSERT하는 예제다.

```
mysql> INSERT INTO daily_statistic
       SELECT DATE(visited_at), 'VISIT', COUNT(*)
       FROM access_log
       GROUP BY DATE(visited_at)
       ON DUPLICATE KEY UPDATE stat_value=stat_value + COUNT(*);

ERROR 1111 (HY000): Invalid use of group function
```

위의 예제에서 stat_value 칼럼에는 GROUP BY 결과 건수를 저장하고 있다. 그런데 이 쿼리에서 이미 해당 일자와 stat_name이 동일한 레코드가 있었다면 ON DUPLICATE KEY UPDATE 절이 실행될 것이다. 그런데 ON DUPLICATE KEY UPDATE 절에서는 GROUP BY 결과인 "COUNT(*)"를 참조할 수 없다. 그래서 예제 쿼리에서는 "Invalid use of group function" 에러가 발생한 것이다. 이러한 경우 VALUES() 함수를 사용하면 된다. 우선 VALUES 함수로 사용한 쿼리 예제를 먼저 살펴보자.

```
mysql> INSERT INTO daily_statistic
       SELECT DATE(visited_at), 'VISIT', COUNT(*)
       FROM access_log
       GROUP BY DATE(visited_at)
       ON DUPLICATE KEY UPDATE stat_value=stat_value + VALUES(stat_value);
```

VALUES() 함수는 칼럼명을 인자로 사용하는데, 위의 예제와 같이 VALUES(stat_value)라고 사용하면 MySQL 서버는 인자로 주어진 stat_value 칼럼에 INSERT하려고 했던 값을 반환한다. 그래서 INSERT ... SELECT ... GROUP BY 문장에서 실제 저장하려고 했던 값이 무엇인지 몰라도, VALUES(stat_value) 함수를 사용하면 stat_value 칼럼에 INSERT하고자 했던 값을 다시 가져올 수 있다. 앞의 예제 쿼리에서는 stat_value 칼럼에 INSERT하려고 했던 값과 기존 레코드의 stat_value 칼럼이 가지고 있던 값의 합을 stat_value 칼럼에 업데이트한다.

MySQL 8.0.20 버전부터는 VALUES() 함수를 사용하면 다음과 같은 경고 메시지가 출력된다.

```
Warning (Code 1287): 'VALUES function' is deprecated and will be removed in a future release.
Please use an alias (INSERT INTO ... VALUES (...) AS alias) and replace VALUES(col) in the ON
DUPLICATE KEY UPDATE clause with alias.col instead
```

MySQL 8.0.20 이후 버전에서는 VALUES() 함수가 지원되지 않을 예정이므로(Deprecated) 다음과 같은 문법으로 대체해서 사용할 것을 권장한다.

```
mysql> INSERT INTO daily_statistic
         SELECT target_date, stat_name, stat_value
         FROM (
             SELECT DATE(visited_at) target_date, 'VISIT' stat_name, COUNT(*) stat_value
             FROM access_log
             GROUP BY DATE(visited_at)
           ) stat
         ON DUPLICATE KEY UPDATE
           daily_statistic.stat_value=daily_statistic.stat_value + stat.stat_value;
```

INSERT ... SELECT ... 형태의 문법이 아닌 경우에는 다음 예제와 같이 INSERT되는 레코드에 대해 별칭을 부여해서 참조하는 문법을 사용하면 VALUES() 함수의 사용을 피할 수 있다.

```
mysql> INSERT INTO daily_statistic (target_date, stat_name, stat_value)
         VALUES ('2020-09-01', 'VISIT', 1),
               ('2020-09-02', 'VISIT', 1)
           AS new /* "new"라는 이름으로 별칭을 부여 */
         ON DUPLICATE KEY
           UPDATE daily_statistic.stat_value=daily_statistic.stat_value+new.stat_value;
```

```
mysql> INSERT INTO daily_statistic
          /* "new"라는 이름으로 별칭을 부여 */
          SET target_date='2020-09-01', stat_name='VISIT', stat_value=1 AS new
      ON DUPLICATE KEY
          UPDATE daily_statistic.stat_value=daily_statistic.stat_value+new.stat_value;

mysql> INSERT INTO daily_statistic
          /* "new"라는 이름으로 별칭을 부여하면서 칼럼의 별칭까지 부여 */
          SET target_date='2020-09-01', stat_name='VISIT', stat_value=1 AS new(fd1, fd2, fd3)
      ON DUPLICATE KEY
          UPDATE daily_statistic.stat_value=daily_statistic.stat_value+new.fd3;
```

11.5.2 LOAD DATA 명령 주의 사항

일반적으로 RDBMS에서 데이터를 빠르게 적재할 수 있는 방법으로 LOAD DATA 명령이 자주 소개된다. MySQL 서버의 LOAD DATA 명령도 내부적으로 MySQL 엔진과 스토리지 엔진의 호출 횟수를 최소화하고 스토리지 엔진이 직접 데이터를 적재하기 때문에 일반적인 INSERT 명령과 비교했을 때 매우 빠르다고 할 수 있다. 하지만 MySQL 서버의 LOAD DATA 명령은 다음과 같은 단점이 있다.

- 단일 스레드로 실행

- 단일 트랜잭션으로 실행

LOAD DATA 명령으로 적재하는 데이터가 아주 많지 않다면 앞의 2가지 사항은 그다지 큰 문제가 되지 않는다. 하지만 데이터가 매우 커서 실행 시간이 아주 길어진다면 다른 온라인 트랜잭션 쿼리들의 성능이 영향을 받을 수 있다. 우선 LOAD DATA 명령은 단일 스레드로 실행되기 때문에 적재해야 할 데이터 파일이 매우 크다면 시간이 매우 길어질 수 있다. 테이블에 여러 인덱스가 있다면 LOAD DATA 문장이 레코드를 INSERT하고 인덱스에도 키 값을 INSERT해야 한다. 그런데 테이블에 레코드가 INSERT되면 될수록 테이블과 인덱스의 크기도 커지게 된다. 하지만 LOAD DATA 문장은 단일 스레드로 실행되기 때문에 시간이 지나면 지날수록 INSERT 속도는 현저히 떨어진다.

또한 LOAD DATA 문장은 하나의 트랜잭션으로 처리되기 때문에 LOAD DATA 문장이 시작한 시점부터 언두 로그(Undo Log)가 삭제되지 못하고 유지돼야 한다. 이는 언두 로그를 디스크로 기록해야 하는 부하를 만들기도 하지만, 언두 로그가 많이 쌓이면 레코드를 읽는 쿼리들이 필요한 레코드를 찾는 데 더 많은 오버헤드를 만들어 내기도 한다.

가능하다면 LOAD DATA 문장으로 적재할 데이터 파일을 하나보다는 여러 개의 파일로 준비해서 LOAD DATA 문장을 동시에 여러 트랜잭션으로 나뉘어 실행되게 하는 것이 좋다. 테이블 간 데이터 복사 작업이라면 LOAD DATA 문장보다는 INSERT ... SELECT ... 문장으로 WHERE 조건 절에서 데이터를 부분적으로 잘라서 효율적으로 INSERT할 수 있게 해주는 것이 좋다. 실제 테이블 간의 복사라면 LOAD DATA 문장으로 데이터를 잘라서 실행하기는 번거롭지만 INSERT ... SELECT ... 문장으로는 프라이머리 키 값을 기준으로 데이터를 잘라서 여러 개의 스레드로 실행하기가 훨씬 용이하다.

11.5.3 성능을 위한 테이블 구조

INSERT 문장의 성능은 쿼리 문장 자체보다는 테이블의 구조에 의해 많이 결정된다. 대부분 INSERT 문장은 단일 레코드를 저장하는 형태로 많이 사용되기 때문에 INSERT 문장 자체는 튜닝할 수 있는 부분이 별로 없는 편이다. 실제 쿼리 튜닝을 할 때도 소량의 레코드를 INSERT하는 문장 자체는 무시하는 경우가 많다.

우선 INSERT 성능에 영향을 미치는 요소들을 살펴보기 위해 간단히 대량 INSERT하는 예제로 성능을 비교해보고, 빠른 INSERT 성능을 위한 테이블 구조의 요건을 살펴보겠다.

11.5.3.1 대량 INSERT 성능

하나의 INSERT 문장으로 수백 건, 수천 건의 레코드를 INSERT한다면 INSERT될 레코드들을 프라이머리 키 값 기준으로 미리 정렬해서 INSERT 문장을 구성하는 것이 성능에 도움이 될 수 있다. 간단히 salaries 테이블의 데이터를 CSV로 덤프받아서 salaries_temp 테이블(salaries 테이블과 동일한 구조)로 적재하는 테스트를 한번 해보자. 우선 salaries 테이블의 데이터를 다음 2개 파일로 각각 덤프받았다.

- sorted_by_primary.csv: 프라이머리 키 값으로 정렬해서 덤프된 CSV

- sorted_by_random.csv: 아무런 정렬 없이 랜덤하게 덤프된 CSV

위의 2개 파일을 직접 LOAD DATA 문장으로 적재해보면 정렬되지 않은 경우는 프라이머리 키로 정렬된 경우보다 2배 이상의 시간이 소요되는 것을 알 수 있다.

```
mysql> LOAD DATA INFILE '/tmp/sorted_by_primary.csv'
         INTO TABLE salaries_temp
         FIELDS TERMINATED BY ',' OPTIONALLY ENCLOSED BY '"'
```

```
        LINES TERMINATED BY '\n';
Query OK, 2844047 rows affected (1 min 53.11 sec)


mysql> LOAD DATA INFILE '/tmp/sorted_by_random.csv'
        INTO TABLE salaries_temp
        FIELDS TERMINATED BY ',' OPTIONALLY ENCLOSED BY '"'
        LINES TERMINATED BY '\n';
Query OK, 2844047 rows affected (4 min 5.94 sec)
```

이렇게 시간 차이가 발생하는 가장 큰 이유는 INSERT하는 데이터가 프라이머리 키로 정렬돼 있지 않기 때문이다. LOAD DATA 문장이 레코드를 INSERT할 때마다 InnoDB 스토리지 엔진은 프라이머리 키를 검색해서 레코드가 저장될 위치를 찾아야 한다. 그런데 정렬없이 랜덤하게 덤프된 데이터 파일의 경우에는 각 레코드의 프라이머리 키가 너무 다른 값을 가지고 있다. 이로 인해 InnoDB 스토리지 엔진이 레코드를 저장할 때마다 프라이머리 키의 B-Tree에서 이곳저곳 랜덤한 위치의 페이지를 메모리로 읽어와야 하기 때문에 처리가 더 느린 것이다. 물론 InnoDB 스토리지 엔진의 버퍼 풀이 충분히 커서 salaries_temp 테이블의 인덱스가 모두 메모리에 적재돼 있다면 이보다는 차이가 조금 줄어들 수도 있다.

반면 프라이머리 키로 정렬된 데이터 파일을 적재할 때는 다음에 INSERT할 레코드의 프라이머리 키 값이 직전에 INSERT된 값보다 항상 크기 때문에 메모리에는 프라이머리 키의 마지막 페이지만 적재돼 있으면 새로운 페이지를 메모리로 가져오지 않아도 레코드를 저장할 위치를 찾을 수 있다.

물론 INSERT 성능은 프라이머리 키 정렬 여부로 많이 결정되지만 프라이머리 키가 전부는 아니다. 테이블의 세컨더리 인덱스는 SELECT 문장의 성능을 높이지만, 반대로 INSERT 성능은 떨어진다. 그래서 테이블에 세컨더리 인덱스가 많을수록, 그리고 테이블이 클수록 INSERT 성능은 떨어진다. 세컨더리 인덱스도 정렬된 순서대로 INSERT될 수 있다면 더 빠른 성능을 얻을 수 있다. 하지만 하나의 테이블에서 모든 세컨더리 인덱스가 저장되는 순서대로 정렬되게 보장하기는 어렵다. 이러한 이유로 테이블의 세컨더리 인덱스를 너무 남용하는 것은 성능상 좋지 않다. 물론 InnoDB 스토리지 엔진에서 세컨더리 인덱스의 변경은 일시적으로 체인지 버퍼에 버퍼링됐다가 백그라운드 스레드에 의해 일괄 처리될 수 있다. 하지만 너무 많은 세컨더리 인덱스는 백그라운드 작업의 부하를 유발하므로 전체적인 성능은 떨어진다.

11.5.3.2 프라이머리 키 선정

이미 살펴본 바와 같이 테이블의 프라이머리 키는 INSERT 성능을 결정하는 가장 중요한 부분이다. 테이블에 INSERT되는 레코드가 프라이머리 키의 전체 범위에 대해 프라이머리 키 순서와 무관하게 아주 랜덤하게 저장된다면 MySQL 서버는 레코드를 INSERT할 때마다 저장될 위치를 찾아야 한다. 즉 프라이머리 키의 B-Tree 전체가 메모리에 적재돼 있어야 빠른 INSERT를 보장할 수 있는데, 테이블의 크기가 크면 클수록 더 많은 메모리가 필요해진다. 일반적으로는 메모리의 크기는 유한하며 디스크 크기보다 훨씬 용량이 작기 때문에 결국 어느 순간에는 저장될 위치를 찾기 위해서 디스크 읽기가 필요해진다.

InnoDB 스토리지 엔진을 사용하는 테이블의 프라이머리 키는 클러스터링 키인데, 이는 세컨더리 인덱스를 이용하는 쿼리보다 프라이머리 키를 이용하는 쿼리의 성능이 훨씬 빨라지는 효과를 낸다. 그래서 프라이머리 키는 단순히 INSERT 성능만을 위해 설계해서는 안 된다. 프라이머리 키의 선정은 "INSERT 성능"과 "SELECT 성능"의 대립되는 두 가지 요소 중에서 하나를 선택해야 함을 의미한다. 이 두 가지 요소를 모두 만족하는 프라이머리 키를 찾을 수 있다면 더할 나위 없이 좋다. 하지만 그런 경우는 매우 드물다.

대부분 온라인 트랜잭션 처리를 위한 테이블들은 쓰기(INSERT, UPDATE, DELETE)보다는 읽기(SELECT) 쿼리의 비율이 압도적으로 높다. SELECT는 거의 실행되지 않고 INSERT가 매우 많이 실행되는 테이블이라면 테이블의 프라이머리 키를 단조 증가 또는 단조 감소하는 패턴의 값을 선택하는 것이 좋다. 주로 로그를 저장하는 테이블이 이런 류에 속한다. 하지만 상품이나 주문, 사용자 정보와 같이 중요 정보를 가진 테이블들은 쓰기에 비해 읽기 비율이 압도적으로 높은 경우가 많다. 이러한 류의 테이블에 대해서는 INSERT보다는 SELECT 쿼리를 빠르게 만드는 방향으로 프라이머리 키를 선정해야 한다. 일반적으로 SELECT에 최적화된 프라이머리 키는 단조 증가나 단조 감소 패턴과는 거리가 먼 경우가 많지만, 여전히 빈번하게 실행되는 SELECT 쿼리의 조건을 기준으로 프라이머리 키를 선택하는 것이 좋다.

또한 SELECT는 많지 않고 INSERT가 많은 테이블에 대해서는 인덱스의 개수를 최소화하는 것이 좋다. 반면 INSERT는 많지 않고 SELECT가 많은 테이블에 대해서는 쿼리에 맞게 필요한 인덱스들을 추가해도 시스템 전반적으로 영향도가 크지 않다. 물론 SELECT가 많은 테이블에 대해서는 자연적으로 세컨더리 인덱스가 많아진다.

응용 프로그램을 개발하고 유지 보수를 하면서 기능을 계속 추가하다 보면 수많은 테이블을 생성하게 된다. 이 많은 테이블에 대해서 모든 성능 요소를 고려해서 설계한다는 것은 매우 어려운 작업이 될 수 있다. 다행히도 응용 프로그램에서 사용하는 모든 테이블에 대해서 이런 고민을 할 필요는 없다. 예를 들어, 만들어야 할 테이블이 100개라면 그중에서 대량의 레코드를 가질 것으로 예상되는 테이블의 수는 10%도 안 되는 경우가 많다. 테이블을 설계할 때 1~2백만 건 또는 그 이하의 레코드를 가지는 테이블에 대해 너무 많은 시간을 소모하지 않아도 된다. 테이블이 이미 작기 때문에 아무리 튜닝을 잘해도 얻을 수 있는 성능 효과가 크지 않기 때문이다. 물론 레코드 건수가 많지 않더라도 쿼리가 매우 빈번하게 실행된다면 튜닝에 신중을 기해야 한다.

소량의 테이블에 투자할 시간을 대량의 테이블에 투자해서 대용량의 테이블에 대한 쿼리들이 최적으로 작동할 수 있게 하자.

11.5.3.3 Auto-Increment 칼럼

SELECT보다는 INSERT에 최적화된 테이블을 생성하기 위해서는 다음 두 가지 요소를 갖춰 테이블을 준비하면 된다.

- 단조 증가 또는 단조 감소되는 값으로 프라이머리 키 선정

- 세컨더리 인덱스 최소화

InnoDB 스토리지 엔진을 사용하는 테이블은 자동으로 프라이머리 키로 클러스터링된다. 즉, 프라이머리 키로 클러스터링되지 않게 InnoDB 테이블을 생성할 수 없다. 하지만 자동 증가(Auto Increment) 칼럼을 이용하면 클러스터링되지 않는 테이블의 효과를 얻을 수 있다.

```
CREATE TABLE access_log (
  id BIGINT NOT NULL AUTO_INCREMENT,
  ip_address INT UNSIGNED,
  uri VARCHAR(200),
  ...,
  visited_at DATETIME,
  PRIMARY KEY(id)
)
```

위와 같이 자동 증가 값을 프라이머리 키로 해서 테이블을 생성하는 것은 MySQL 서버에서 가장 빠른 INSERT를 보장하는 방법이다. 물론 세컨더리 인덱스가 하나도 없는 테이블이라면 금상첨화일 것이다. MySQL 서버에서는 자동 증가 값의 채번을 위해서는 잠금이 필요한데, 이를 AUTO-INC 잠금이라고

한다. 그리고 이 잠금을 사용하는 방식을 변경할 수 있게 innodb_autoinc_lock_mode라는 시스템 변수를 제공한다. 이 설정은 InnoDB 이외의 스토리지 엔진을 사용하는 테이블에는 영향을 미치지 않는다.

- innodb_autoinc_lock_mode = 0: 항상 AUTO-INC 잠금을 걸고 한 번에 1씩만 증가된 값을 가져온다. 이는 MySQL 5.1 버전의 자동 증가 값 채번 방식인데, 단순히 이전 버전과의 호환성 및 성능 비교 테스트 용도로만 사용하기 위해서 남겨 둔 것이다. 서비스용 MySQL 서버에서는 이 방식을 사용할 필요가 없다.

- innodb_autoinc_lock_mode = 1 (Consecutive mode): 단순히 레코드 한 건씩 INSERT하는 쿼리에서는 AUTO-INC 잠금을 사용하지 않고 뮤텍스를 이용해 더 가볍고 빠르게 처리한다. 하지만 하나의 INSERT 문장으로 여러 레코드를 INSERT하거나 LOAD DATA 명령으로 INSERT하는 쿼리에서는 AUTO-INC 잠금을 걸고 필요한 만큼의 자동 증가 값을 한꺼번에 가져와서 사용한다. INSERT 순서대로 채번된 자동 증가 값은 일관되고, 자동 증가 값은 연속된 번호를 갖게 된다(그래서 이 모드의 이름이 "Consecutive mode"인 것이다).

- innodb_autoinc_lock_mode = 2 (Interleaved mode): LOAD DATA나 벌크 INSERT를 포함한 INSERT 계열의 문장을 실행할 때 더 이상 AUTO-INC 잠금을 사용하지 않는다. 이때 자동 증가 값을 적당히 미리 할당받아서 처리할 수 있으므로 가장 빠른 방식이다. 이 모드에서 채번된 번호는 단조 증가하는 유니크한 번호까지만 보장하며, INSERT 순서와 채번된 번호의 연속성은 보장하지 않는다(그래서 이 모드의 이름이 "Interleaved mode"인 것이다). 하나의 INSERT 문장으로 저장된 레코드라고 하더라도 중간에 번호가 띄엄띄엄 발급될 수도 있다. 그래서 쿼리 기반의 복제(SBR, Statement Based Replication)를 사용하는 MySQL에서는 소스 서버와 레플리카 서버의 자동 증가 값이 동기화되지 못할 수도 있으므로 주의해야 한다.

MySQL 5.7 버전까지는 innodb_autoinc_lock_mode 시스템 변수의 기본값은 1이었지만 MySQL 8.0 버전부터는 기본값이 2로 변경됐다. 이는 MySQL 8.0 버전부터 복제의 바이너리 로그 포맷 기본값이 STATEMENT에서 ROW로 변경됐기 때문이다. MySQL 서버의 버전과 관계없이, 복제를 STATEMENT 바이너리 로그 포맷으로 사용 중이라면 innodb_autoinc_lock_mode 또한 1로 설정해야 한다는 사실을 잊지 말자.

자동 증가 값이 반드시 연속이어야 한다면 innodb_autoinc_lock_mode를 2보다는 1로 설정하는 것이 좋다. 하지만 innodb_autoinc_lock_mode를 0이나 1로 설정하더라도 시간이 조금씩 지나면서 연속된 값에 빈 공간이 생길 가능성이 높다. 그러므로 자동 증가 값이 반드시 연속이어야 한다는 요건에 너무 집착하지는 말자.

AUTO_INCREMENT는 지금까지 살펴본 일련번호를 칼럼에 저장하는 기능뿐만 아니라 가장 최근에 저장된 AUTO_INCREMENT 값을 안전하게 조회할 수 있는 기능도 있다. 하지만 많은 사용자가 매번 "SELECT MAX(member_id) FROM ..."과 같은 쿼리를 실행해 최댓값을 조회한다. 이렇게 MAX( ) 함수를 이용하는 방법은 상당히 잘못된 결과를 반환할 수도 있으므로 다음에서 살펴볼 방법을 사용하는 것이 좋다.

```
mysql> INSERT INTO tb_autoincrement VALUES (NULL, 'Georgi Fellona');

mysql> SELECT LAST_INSERT_ID();
+-----------------+
| LAST_INSERT_ID() |
+-----------------+
|               6 |
+-----------------+
```

MySQL에서는 현재 커넥션에서 가장 마지막에 증가된 AUTO_INCREMENT 값을 조회할 수 있게 LAST_INSERT_ID( )라는 함수를 제공한다. 위의 예제는 AUTO_INCREMENT 값을 증가시키는 INSERT 쿼리 문장을 실행하고, 그 이후에 LAST_INSERT_ID( )라는 함수를 실행하면 가장 마지막에 사용된 AUTO_INCREMENT 값을 반환하는 것을 보여준다. "SELECT MAX(...) ..." 같은 쿼리를 사용하면 현재 커넥션뿐만 아니라 다른 커넥션에서 증가된 AUTO_INCREMENT 값까지 가져올 수 있으므로 사용하지 않는 것이 좋다. 하지만 LAST_INSERT_ID( ) 함수는 다른 커넥션에서 더 큰 AUTO_INCREMENT 값을 INSERT했다고 하더라도 현재 커넥션에서 가장 마지막으로 INSERT된 AUTO_INCREMENT 값만 반환하기 때문에 안전하다.

그리고 JDBC를 이용하는 경우에는 다음과 같이 별도의 SELECT 쿼리를 사용하지 않고도 자동 증가된 값을 가져올 수 있다.

```
int affectedRowCount = stmt.executeUpdate("INSERT INTO ...", Statement.RETURN_GENERATED_KEYS);
ResultSet rs = stmt.getGeneratedKeys();
String autoInsertedKey = (rs.next()) ? rs.getString(1) : null;
```

11.6 UPDATE와 DELETE

일반적인 온라인 트랜잭션 프로그램에서 UPDATE와 DELETE 문장은 주로 하나의 테이블에 대해 한 건 또는 여러 건의 레코드를 변경 또는 삭제하기 위해 사용된다. 하지만 MySQL 서버에서는 여러 테이블을 조인해서 한 개 이상 테이블의 레코드를 변경한다거나 삭제하는 기능도 제공한다. 특히 잘못된 데이터를 보정하거나 일괄로 많은 레코드를 변경 및 삭제하는 경우에 JOIN UPDATE와 JOIN DELETE 구문은 매우 유용하다.

UPDATE 문장과 DELETE 문장은 작성 방법이나 WHERE 절의 인덱스 사용법 모두 동일하므로 함께 살펴보겠다.

11.6.1 UPDATE ... ORDER BY ... LIMIT n

UPDATE와 DELETE는 WHERE 조건절에 일치하는 모든 레코드를 업데이트하는 것이 일반적인 처리 방식이다. 하지만 MySQL에서는 UPDATE나 DELETE 문장에 ORDER BY 절과 LIMIT 절을 동시에 사용해 특정 칼럼으로 정렬해서 상위 몇 건만 변경 및 삭제하는 것도 가능하다. 한 번에 너무 많은 레코드를 변경 및 삭제하는 작업은 MySQL 서버에 과부하를 유발하거나 다른 커넥션의 쿼리 처리를 방해할 수도 있다. 이때 LIMIT을 이용해 조금씩 잘라서 변경하거나 삭제하는 방식을 손쉽게 구현할 수 있다.

하지만 복제 소스 서버에서 ORDER BY ... LIMIT이 포함된 UPDATE나 DELETE 문장을 실행하면 다음과 같은 경고 메시지가 발생할 수도 있다. 물론 바이너리 로그의 포맷이 로우(ROW)일 때는 문제가 되지 않지만 문장(STATEMENT) 기반의 복제에서는 주의가 필요하다.

```
mysql> SET binlog_format=STATEMENT;

mysql> DELETE FROM employees ORDER BY last_name LIMIT 10;
Query OK, 10 rows affected, 1 warning (0.36 sec)

mysql> SHOW WARNINGS \G
*************************** 1. row ***************************
  Level: Note
   Code: 1592
Message: Unsafe statement written to the binary log using statement format since BINLOG_FORMAT
= STATEMENT. The statement is unsafe because it uses a LIMIT clause. This is unsafe because the
set of rows included cannot be predicted.
```

이 경고 메시지가 발생하는 것은 ORDER BY에 의해 정렬되더라도 중복된 값의 순서가 복제 소스 서버와 레플리카 서버에서 달라질 수도 있기 때문인데, 프라이머리 키로 정렬하면 문제는 없지만 여전히 경고 메시지는 기록된다. 복제가 구축된 MySQL 서버에서 ORDER BY가 포함된 UPDATE나 DELETE 문장을 사용할 때는 주의하자.

11.6.2 JOIN UPDATE

두 개 이상의 테이블을 조인해 조인된 결과 레코드를 변경 및 삭제하는 쿼리를 JOIN UPDATE라고 한다. 조인된 테이블 중에서 특정 테이블의 칼럼값을 다른 테이블의 칼럼에 업데이트해야 할 때 주로 조인 업데이트를 사용한다. 또는 꼭 다른 테이블의 칼럼값을 참조하지 않더라도 조인되는 양쪽 테이블에 공통으로 존재하는 레코드만 찾아서 업데이트하는 용도로도 사용할 수 있다.

일반적으로 JOIN UPDATE는 조인되는 모든 테이블에 대해 읽기 참조만 되는 테이블은 읽기 잠금이 걸리고, 칼럼이 변경되는 테이블은 쓰기 잠금이 걸린다. 그래서 JOIN UPDATE 문장이 웹 서비스 같은 OLTP 환경에서는 데드락을 유발할 가능성이 높으므로 너무 빈번하게 사용하는 것은 피하는 것이 좋다. 하지만 배치 프로그램이나 통계용 UPDATE 문장에서는 유용하게 사용할 수 있다.

우선 간단한 JOIN UPDATE 예제를 위해 다음과 같이 테이블을 생성하고, JOIN UPDATE 예제를 한 번 실행해 보자.

```
mysql> CREATE TABLE tb_test1 (
          emp_no INT,
          first_name VARCHAR(14),
          PRIMARY KEY(emp_no)
       );

mysql> INSERT INTO tb_test1 VALUES (10001, NULL), (10002, NULL), (10003, NULL), (10004, NULL);

mysql> UPDATE tb_test1 t1, employees e
          SET t1.first_name=e.first_name
       WHERE e.emp_no=t1.emp_no;
```

위의 예제 쿼리는 임시로 생성한 tb_test1 테이블과 employees 테이블을 사원 번호(emp_no)로 조인한 다음, employees 테이블의 first_name 칼럼의 값을 tb_test1 테이블의 first_name 칼럼으로 복사하는 JOIN UPDATE 문장이다. 그런데 JOIN UPDATE 쿼리도 2개 이상의 테이블을 먼저 조인해야 하므로 테이블의 조인 순서에 따라 UPDATE 문장의 성능이 달라질 수 있다. 그래서 JOIN UPDATE 문장도 사용하기 전에 실행 계획을 확인하는 것이 좋다.

이제 GROUP BY가 포함된 JOIN UPDATE에 대해 조금 살펴보자. 다음 예제의 첫 번째 쿼리는 테스트를 목적으로 departments 테이블에 emp_count 칼럼을 추가한 것이다. departments 테이블에 추가된 emp_count는 해당 부서에 소속된 사원의 수를 저장하기 위한 칼럼이다.

```
mysql> ALTER TABLE departments ADD emp_count INT;

mysql> UPDATE departments d, dept_emp de
         SET d.emp_count=COUNT(*)
       WHERE de.dept_no=d.dept_no
       GROUP BY de.dept_no;
```

위의 GROUP BY를 포함한 JOIN UPDATE는 dept_emp 테이블에서 부서별로 사원의 수를 departments 테이블의 emp_count 칼럼에 업데이트하기 위해 만든 쿼리다. dept_emp 테이블에서 부서별로 사원의 수를 가져오기 위해 GROUP BY가 사용된 것을 알 수 있다. 하지만 이 쿼리는 작동하지 않고 에러를 발생시킬 것이다. JOIN UPDATE 문장에서는 GROUP BY나 ORDER BY 절을 사용할 수 없기 때문이다. 그러면 이 작업을 처리하려면 어떻게 해야 할까? 바로 이렇게 문법적으로 지원하지 않는 SQL에 대해 서브쿼리를 이용한 파생 테이블을 사용하는 것이다. 이 JOIN UPDATE 문장을 서브쿼리를 이용해 다시 작성해 보자.

```
mysql> UPDATE departments d,
         (SELECT de.dept_no, COUNT(*) AS emp_count
          FROM dept_emp de
          GROUP BY de.dept_no) dc
       SET d.emp_count=dc.emp_count
     WHERE dc.dept_no=d.dept_no;
```

위의 예제 쿼리에서는 우선 서브쿼리로 dept_emp 테이블을 dept_no로 그루핑하고, 그 결과를 파생 테이블로 저장했다. 그리고 이 결과와 departments 테이블을 조인해 departments 테이블의 emp_count 칼럼에 업데이트한 것이다. 이미 조인에서 배웠지만 이 예제 쿼리와 같이 일반 테이블이 조인될 때는 임시 테이블이 드라이빙 테이블이 되는 것이 일반적으로 빠른 성능을 보여준다. MySQL의 옵티마이저가 최적의 조인 방향을 잘 알아서 선택하겠지만, 혹시라도 원하는 조인의 방향을 옵티마이저에게 알려주고 싶다면 다음과 같이 JOIN UPDATE 문장에 STRAIGHT_JOIN이라는 키워드를 사용하면 된다. 또는 MySQL 8.0에 새롭게 추가된 JOIN_ORDER 옵티마이저 힌트를 사용해도 된다.

```
mysql> UPDATE (SELECT de.dept_no, COUNT(*) AS emp_count
             FROM dept_emp de
             GROUP BY de.dept_no) dc
       STRAIGHT_JOIN departments d ON dc.dept_no=d.dept_no
         SET d.emp_count=dc.emp_count;

mysql> UPDATE /*+ JOIN_ORDER (dc, d) */
         (SELECT de.dept_no, COUNT(*) AS emp_count
             FROM dept_emp de
             GROUP BY de.dept_no) dc
       INNER JOIN departments d ON dc.dept_no=d.dept_no
         SET d.emp_count=dc.emp_count;
```

여기에 사용된 STRAIGHT_JOIN 키워드는 조인의 순서를 지정하는 MySQL 힌트이기도 하지만 INNER JOIN
또는 LEFT JOIN과 같이 조인 키워드로 사용되기도 한다. INNER JOIN이나 LEFT JOIN 키워드는 사실 테이
블의 조인 순서를 결정하는 키워드는 아니다. 하지만 STRAIGHT_JOIN 키워드는 조인의 순서까지 결정하
는 키워드다. STRAIGHT_JOIN 키워드 왼쪽에 명시된 테이블이 드라이빙 테이블이 되며, 오른쪽의 테이블
은 드리븐 테이블이 된다. INNER JOIN 또는 LEFT JOIN을 사용하는 경우 옵티마이저가 원하는 순서대로
조인을 실행하지 않는다면 JOIN_ORDER 힌트를 사용하면 된다.

> **참고** 예제에서는 GROUP BY 절을 가진 쿼리의 결과를 임시 테이블에 저장했지만 필요에 따라 다음과 같이 래터럴 조
> 인(LATERAL JOIN)을 이용해 JOIN UPDATE를 구현할 수도 있다.
>
> ```
> mysql> UPDATE departments d
>          INNER JOIN LATERAL (
>            SELECT de.dept_no, COUNT(*) AS emp_count
>            FROM dept_emp de
>            WHERE de.dept_no=d.dept_no
>          ) dc ON dc.dept_no=d.dept_no
>            SET d.emp_count=dc.emp_count;
> ```

11.6.3 여러 레코드 UPDATE

하나의 UPDATE 문장으로 여러 레코드를 업데이트하는 것이 가능하다는 것은 당연히 모두가 알고 있을 것이다. 하지만 하나의 UPDATE 문장으로 여러 개의 레코드를 업데이트하는 경우 다음 예제와 같이 모든 레코드를 동일한 값으로만 업데이트할 수 있었다.

```
mysql> UPDATE departments SET emp_count=10;
mysql> UPDATE departments SET emp_count=emp_count + 10;
```

하지만 MySQL 8.0 버전부터는 다음과 같이 레코드 생성(Row Constructor) 문법을 이용해 레코드별로 서로 다른 값을 업데이트할 수 있게 됐다.

```
mysql> CREATE TABLE user_level (
         user_id BIGINT NOT NULL,
         user_lv INT NOT NULL,
         created_at DATETIME NOT NULL,
         PRIMARY KEY (user_id)
       );

mysql> UPDATE user_level ul
         INNER JOIN (VALUES ROW(1, 1),
                            ROW(2, 4)) new_user_level (user_id, user_lv)
                               ON new_user_level.user_id=ul.user_id
         SET ul.user_lv=ul.user_lv + new_user_level.user_lv;
```

"VALUES ROW(...), ROW(...), ..." 문법을 사용하면 SQL 문장 내에서 임시 테이블을 생성하는 효과를 낼 수 있다. 위의 예제에서는 2건의 레코드((1,1)과 (2,4))를 가지는 임시 테이블 "new_user_level"을 생성하고, new_user_level 임시 테이블과 user_level 테이블을 조인해서 업데이트를 수행하는 "JOIN UPDATE" 문장의 효과를 낼 수 있게 됐다.

11.6.4 JOIN DELETE

JOIN DELETE 문장을 사용하려면 단일 테이블의 DELETE 문장과는 조금 다른 문법으로 쿼리를 작성해야 한다. 우선 3개의 테이블을 조인해서 그중 하나의 테이블에서만 레코드를 삭제하는 예제를 살펴보자.

```
mysql> DELETE e
       FROM employees e, dept_emp de, departments d
       WHERE e.emp_no=de.emp_no AND de.dept_no=d.dept_no AND d.dept_no='d001';
```

위 예제는 employees와 dept_emp, departments라는 3개의 테이블을 조인한 다음, 조인이 성공한 레코드에 대해 employees 테이블의 레코드만 삭제하는 쿼리다. 일반적으로 하나의 테이블에서 레코드를 삭제할 때는 "DELETE FROM table ..."과 같은 문법으로 사용하지만 JOIN DELETE 문장에서는 DELETE와 FROM 절 사이에 삭제할 테이블을 명시해야 한다. 이 예제에서는 조인을 위해 FROM 절에는 employees와 dept_emp, departments 테이블을 명시했고, DELETE와 FROM 절 사이에는 실제로 삭제할 employees 테이블의 별명(e)만 명시했다.

JOIN DELETE 문장으로 하나의 테이블에서만 레코드를 삭제할 수 있는 것은 아니다. 다음 예제를 살펴보자.

```
mysql> DELETE e, de
       FROM employees e, dept_emp de, departments d
       WHERE e.emp_no=de.emp_no AND de.dept_no=d.dept_no AND d.dept_no='d001';

mysql> DELETE e, de, d
       FROM employees e, dept_emp de, departments d
       WHERE e.emp_no=de.emp_no AND de.dept_no=d.dept_no AND d.dept_no='d001';
```

위 예제에서 첫 번째 쿼리는 employees와 dept_emp, departments 테이블을 조인해서 employees와 dept_emp 테이블에서 동시에 레코드를 삭제하는 쿼리이며, 두 번째 쿼리는 3개의 테이블 모두에서 dept_no='d001'인 레코드를 삭제하는 예제다. 물론 JOIN DELETE 또한 JOIN UPDATE와 마찬가지로 SELECT 쿼리로 변환해서 실행 계획을 확인해 볼 수 있다. 옵티마이저가 적절한 조인 순서를 결정하지 못한다면 다음 예제와 같이 STRAIGHT_JOIN 키워드나 JOIN_ORDER 옵티마이저 힌트를 이용해 조인의 순서를 옵티마이저에게 지시할 수 있다.

```
mysql> DELETE e, de, d
       FROM departments d
         STRAIGHT_JOIN dept_emp de ON de.dept_no=d.dept_no
         STRAIGHT_JOIN employees e ON e.emp_no=de.emp_no
       WHERE d.dept_no='d001';
```

```
mysql> DELETE /*+ JOIN_ORDER (d, de, e) */ e, de, d
       FROM departments d
         INNER JOIN dept_emp de ON de.dept_no=d.dept_no
         INNER JOIN employees e ON e.emp_no=de.emp_no
       WHERE d.dept_no='d001';
```

11.7 스키마 조작(DDL)

DBMS 서버의 모든 오브젝트를 생성하거나 변경하는 쿼리를 DDL(Data Definition Language)이라
고 한다. 스토어드 프로시저나 함수, DB나 테이블 등을 생성하거나 변경하는 대부분의 명령이 DDL에
해당한다. MySQL 서버가 업그레이드되면서 많은 DDL이 온라인 모드로 처리될 수 있게 개선됐지만
여전히 스키마를 변경하는 작업 중에는 상당히 오랜 시간이 걸리고 MySQL 서버에 많은 부하를 발생
시키는 작업들이 있으므로 주의해야 한다. 여기서는 중요 DDL 문의 문법과 함께 어떤 DDL 문이 특히
느리고 큰 부하를 유발하는지도 함께 살펴보겠다.

각 예제에서 대괄호("[ ]") 표기를 사용한 곳이 있는데, 이는 MySQL 매뉴얼의 대괄호와 동일하게 선택
적인 키워드임을 의미한다.

11.7.1 온라인 DDL

MySQL 5.5 이전 버전까지는 MySQL 서버에서 테이블의 구조를 변경하는 동안에는 다른 커넥션에
서 DML을 실행할 수가 없었다. 이 같은 문제점을 해결하기 위해 Percona에서 개발한 pt-online-
schema-change라는 도구를 사용했다. 물론 MySQL 5.5 버전에서도 온라인 DDL의 성능이나 안정
성 등의 이유로 pt-online-schema-change 도구를 많이 사용했다. 하지만 MySQL 8.0 버전으로
업그레이드되면서 대부분의 스키마 변경 작업은 MySQL 서버에 내장된 온라인 DDL 기능으로 처리가
가능해졌다. 그래서 MySQL 8.0에서는 pt-online-schema-change와 같은 도구는 이제 거의 사용
되지 않는다.

11.7.1.1 온라인 DDL 알고리즘

온라인 DDL은 스키마를 변경하는 작업 도중에도 다른 커넥션에서 해당 테이블의 데이터를 변경하거
나 조회하는 작업을 가능하게 해준다. 온라인 DDL은 밑에서 살펴볼 예제에서와 같이 ALGORITHM과 LOCK

옵션을 이용해 어떤 모드로 스키마 변경을 실행할지를 결정할 수 있다. 온라인 DDL 기능은 테이블의 구조를 변경하거나 인덱스 추가와 같은 대부분의 작업에 대해 작동한다.

MySQL 서버에서는 old_alter_table 시스템 변수를 이용해 ALTER TABLE 명령이 온라인 DDL로 작동할지, 아니면 예전 방식(테이블의 읽고 쓰기를 막고 스키마 변경하는 방식)으로 처리할지를 결정할 수 있다. MySQL 8.0 버전에서는 old_alter_table 시스템 변수의 기본값은 OFF로 설정돼 있기 때문에 자동으로 온라인 DDL이 활성화된다. ALTER TABLE 명령을 실행하면 MySQL 서버는 다음과 같은 순서로 스키마 변경에 적합한 알고리즘을 찾는다.

1. ALGORITHM=INSTANT로 스키마 변경이 가능한지 확인 후, 가능하다면 선택

2. ALGORITHM=INPLACE로 스키마 변경이 가능한지 확인 후, 가능하다면 선택

3. ALGORITHM=COPY 알고리즘 선택

스키마 변경 알고리즘의 우선순위가 낮을수록 MySQL 서버는 스키마 변경을 위해서 더 큰 잠금과 많은 작업을 필요로 하고 서버의 부하도 많이 발생시킨다.

- INSTANT: 테이블의 데이터는 전혀 변경하지 않고, 메타데이터만 변경하고 작업을 완료한다. 테이블이 가진 레코드 건수와 무관하게 작업 시간은 매우 짧다. 스키마 변경 도중 테이블의 읽고 쓰기는 대기하게 되지만 스키마 변경 시간이 매우 짧기 때문에 다른 커넥션의 쿼리 처리에는 크게 영향을 미치지 않는다.

- INPLACE: 임시 테이블로 데이터를 복사하지 않고 스키마 변경을 실행한다. 하지만 내부적으로는 테이블의 리빌드를 실행할 수도 있다. 레코드의 복사 작업은 없지만 테이블의 모든 레코드를 리빌드해야 하기 때문에 테이블의 크기에 따라 많은 시간이 소요될 수도 있다. 하지만 스키마 변경 중에도 테이블의 읽기와 쓰기 모두 가능하다. INPLACE 알고리즘으로 스키마가 변경되는 경우에도 최초 시작 시점과 마지막 종료 시점에는 테이블의 읽고 쓰기가 불가능하다. 하지만 이 시간은 매우 짧기 때문에 다른 커넥션의 쿼리 처리에 대한 영향도는 높지 않다.

- COPY: 변경된 스키마를 적용한 임시 테이블을 생성하고, 테이블의 레코드를 모두 임시 테이블로 복사한 후 최종적으로 임시 테이블을 RENAME해서 스키마 변경을 완료한다. 이 방법은 테이블 읽기만 가능하고 DML(INSERT, UPDATE, DELETE)은 실행할 수 없다.

온라인 DDL 명령은 다음 예제와 같이 알고리즘과 함께 잠금 수준도 함께 명시할 수 있다. ALGORITHM과 LOCK 옵션이 명시되지 않으면 MySQL 서버가 적절한 수준의 알고리즘과 잠금 수준을 선택하게 된다.

```
mysql> ALTER TABLE salaries CHANGE to_date end_date DATE NOT NULL,
        ALGORITHM=INPLACE, LOCK=NONE;
```

온라인 DDL에서 INSTATNT 알고리즘은 테이블의 메타데이터만 변경하기 때문에 매우 짧은 시간 동안의 메타데이터 잠금만 필요로 한다. 그래서 INSTANT 알고리즘을 사용하는 경우에는 LOCK 옵션은 명시할 수 없다. INPLACE나 COPY 알고리즘을 사용하는 경우 LOCK은 다음 3가지 중 하나를 명시할 수 있다.

- NONE: 아무런 잠금을 걸지 않음

- SHARED: 읽기 잠금을 걸고 스키마 변경을 실행하기 때문에 스키마 변경 중 읽기는 가능하지만 쓰기(INSERT, UPDATE, DELETE)는 불가함

- EXCLUSIVE: 쓰기 잠금을 걸고 스키마 변경을 실행하기 때문에 테이블의 읽고 쓰기가 불가함

알고리즘으로 INPLACE가 사용되는 경우 대부분 잠금은 NONE으로 설정 가능하지만, 가끔 SHARED 수준까지 설정해야 할 수도 있다. 그리고 EXCLUSIVE는 예전 MySQL 서버의 전통적인 ALTER TABLE과 동일하므로 굳이 LOCK을 명시할 필요는 없다.

온라인 스키마 변경 작업이 INPLACE 알고리즘을 사용하더라도 내부적으로는 테이블의 리빌드가 필요할 수도 있다. 대표적으로 테이블의 프라이머리 키를 추가하는 작업은 데이터 파일에서 레코드의 저장 위치가 바뀌어야 하기 때문에 테이블의 리빌드가 필요한 반면, 단순히 칼럼의 이름만 변경하는 경우 INPLACE 알고리즘을 사용해야 하지만 실제 테이블 레코드의 리빌드 작업은 필요치 않다. 프라이머리 키를 추가하는 경우와 같이 테이블 레코드의 리빌드가 필요한 경우를 MySQL 서버 매뉴얼에서는 "Data Reorganizing(데이터 재구성)" 또는 "Table Rebuild(테이블 리빌드)"라고 명명한다.

결론적으로 INPLACE 알고리즘을 사용하는 경우는 다음과 같이 구분할 수 있다.

- 데이터 재구성(테이블 리빌드)이 필요한 경우: 잠금을 필요로 하지 않기 때문에 읽고 쓰기는 가능하지만 여전히 테이블의 레코드 건수에 따라 상당히 많은 시간이 소요될 수도 있다.

- 데이터 재구성(테이블 리빌드)이 필요치 않은 경우: INPLACE 알고리즘을 사용하지만 INSTANT 알고리즘과 비슷하게 매우 빨리 작업이 완료될 수 있다.

MySQL 서버의 온라인 DDL 기능은 버전별로 많은 차이가 있다. 그래서 사용 중인 MySQL 서버의 버전이 8.0이 아니라면 이 책의 내용보다는 사용 중인 버전의 MySQL 매뉴얼을 살펴보고 테이블 리빌드(Table Rebuild)가 필요한지 확인한 후 진행하자. 스키마 변경을 실행하기 전에 이런 내용을 확인하지 않고 시작했는데 스키마 변경 작업에 시간이 오래 걸리면 그때서야 불안해하는 상황을 자주 경험했다. 스키마 변경 작업을 실행하기 전에 먼저 매뉴얼과 테스트를 진행해볼 것을 권장한다.

11.7.1.2 온라인 처리 가능한 스키마 변경

MySQL 서버의 모든 스키마 변경 작업이 온라인으로 가능한 것이 아니기 때문에 필요한 스키마 변경 작업의 형태가 온라인으로 처리될 수 있는지, 아니면 테이블의 읽고 쓰기가 대기(Waiting)하게 되는지 확인한 후 실행하는 것이 좋다. 스키마 변경 작업 종류별로 어떤 알고리즘이 가능한지를 간략히 정리 해봤다. 이는 MySQL 8.0.21 버전의 지원 사항이므로 이후 버전에서는 개선됐을 수도 있다. 사용 중인 MySQL 서버의 버전이 8.0.21보다 많이 높다면 매뉴얼[15]을 참조하자.

인덱스 변경

변경 작업	INSTANT	INPLACE	REBUILD 테이블	DML 허용	메타데이터만 변경
프라이머리 키 추가	X	O	O	O	X
프라이머리 키 삭제	X	X	O	X	X
프라이머리 키 삭제 + 추가	X	O	O	O	X
세컨더리 인덱스 생성	X	O	X	O	X
세컨더리 인덱스 삭제	X	O	X	O	O
세컨더리 인덱스 이름 변경	X	O	X	O	O
전문 검색 인덱스 생성	X	O	X	X	X
공간 검색 인덱스 생성	X	O	X	X	X
인덱스 타입 변경	O	O	X	O	O

칼럼 변경

변경 작업	INSTANT	INPLACE	REBUILD 테이블	DML 허용	메타데이터만 변경
칼럼 추가	O	O	X	O	X
칼럼 삭제	X	O	O	O	X
칼럼 이름 변경	X	O	X	O	O
칼럼 순서 변경	X	O	O	O	X
칼럼의 기본값 설정	O	O	X	O	O
칼럼 데이터 타입 변경	X	X	O	X	X
VARCHAR 타입의 길이 확장	X	O	X	O	O

---

15 https://dev.mysql.com/doc/refman/8.0/en/innodb-online-ddl-operations.html

변경 작업	INSTANT	INPLACE	REBUILD 테이블	DML 허용	메타데이터만 변경
칼럼의 기본값 제거	O	O	X	O	O
자동 증가(AutoIncrement) 값 변경	X	O	X	O	X
칼럼을 NULLABLE로 변경	X	O	O	O	X
칼럼을 NOT NULL로 변경	X	O	O	O	X
ENUM이나 SET의 정의 변경	O	O	X	O	O

가상 칼럼 변경

변경 작업	INSTANT	INPLACE	REBUILD 테이블	DML 허용	메타데이터만 변경
가상칼럼(STORED) 추가	X	X	O	X	X
가상칼럼(STORED) 순서 변경	X	X	O	X	X
가상칼럼(STORED) 삭제	X	O	O	O	X
가상칼럼(VIRTUAL) 추가	O	O	X	O	O
가상칼럼(VIRTUAL) 순서 변경	X	X	O	X	X
가상칼럼(VIRTUAL) 삭제	O	O	X	O	O

외래키 변경

변경 작업	INSTANT	INPLACE	REBUILD 테이블	DML 허용	메타데이터만 변경
외래키 생성	X	O	X	O	O
외래키 삭제	X	O	X	O	O

테이블 변경

변경 작업	INSTANT	INPLACE	REBUILD 테이블	DML 허용	메타데이터만 변경
ROW_FORMAT 변경	X	O	O	O	X
KEY_BLOCK_SIZE 변경	X	O	O	O	X
STATS_PERSISTENT 설정	X	O	X	O	O
CHARACTER SET 설정	X	O	O	X	X
CHARACTER SET 변경	X	X	O	X	X
테이블 최적화(OPTIMIZE)	X	O	O	O	X
테이블 리빌드(FORCE 옵션)	X	O	O	O	X
테이블명 변경	O	O	X	O	O

테이블 스페이스 변경

변경 작업	INSTANT	INPLACE	REBUILD 테이블	DML 허용	메타데이터만 변경
제너럴 테이블스페이스 이름 변경	X	O	X	O	O
제너럴 테이블스페이스 암호화 옵션 변경	X	O	X	O	X
테이블별 테이블스페이스 암호화 옵션 변경	X	X	O	X	X

파티션 변경

변경 작업	INSTANT	INPLACE	REBUILD 테이블	DML 허용	메타데이터만 변경
파티션 적용(PARTITION BY)	X	X	O	X	X
파티션 추가(ADD PARTITION)	X	O	O	O (LIST, RANGE) X (KEY, HASH)	X
파티션 삭제(DROP PARTITION)	X	O	O	O (LIST, RANGE) X (KEY, HASH)	X
파티션의 테이블스페이스 삭제	X	X	X	X	X
파티션의 테이블스페이스 IMPORT	X	X	X	X	X
파티션 TRUNCATE	X	O	O	O	X

MySQL 서버에서 사용할 수 있는 스키마 변경 작업은 매우 다양하기 때문에 모든 명령이 온라인 DDL을 지원하는지 아닌지를 기억하기는 쉽지 않다. 이러한 경우에는 다음 예제와 같이 ALTER TABLE 문장에 LOCK과 ALGORITHM 절을 명시해서 온라인 스키마 변경의 처리 알고리즘을 강제할 수 있다. 물론 이렇게 온라인 DDL 알고리즘을 강제한다고 해서 무조건 그 알고리즘으로 처리되는 것은 아니다. 하지만 명시된 알고리즘으로 온라인 DDL이 처리되지 못한다면 단순히 에러만 발생시키고 실제 스키마 변경 작업은 시작되지 않기 때문에 의도하지 않은 잠금과 대기는 발생하지 않는다.

```
mysql> ALTER TABLE employees DROP PRIMARY KEY, ALGORITHM=INSTANT;
ERROR 1846 (0A000): ALGORITHM=INSTANT is not supported. Reason: Dropping a primary key is not
allowed without also adding a new primary key. Try ALGORITHM=COPY/INPLACE.

mysql> ALTER TABLE employees DROP PRIMARY KEY, ALGORITHM=INPLACE, LOCK=NONE;
ERROR 1846 (0A000): ALGORITHM=INPLACE is not supported. Reason: Dropping a primary key is not
allowed without also adding a new primary key. Try ALGORITHM=COPY.
```

```
mysql> ALTER TABLE employees DROP PRIMARY KEY, ALGORITHM=COPY, LOCK=SHARED;
Query OK, 300024 rows affected (6.24 sec)
Records: 300024  Duplicates: 0  Warnings: 0

mysql> ALTER TABLE employees ADD PRIMARY KEY (emp_no), ALGORITHM=INPLACE, LOCK=NONE;
Query OK, 0 rows affected (1.48 sec)
Records: 0  Duplicates: 0  Warnings: 0
```

위의 예제에서는 다음 순서로 ALGORITHM과 LOCK 옵션을 시도해보면서 해당 알고리즘이 지원되는지 여부를 판단한다.

1. ALGORITHM=INSTANT 옵션으로 스키마 변경을 시도

2. 실패하면 ALGORITHM=INPLACE, LOCK=NONE 옵션으로 스키마 변경을 시도

3. 실패하면 ALGORITHM=INPLACE, LOCK=SHARED 옵션으로 스키마 변경을 시도

4. 실패하면 ALGORITHM=COPY, LOCK=SHARED 옵션으로 스키마 변경을 시도

5. 실패하면 ALGORITHM=COPY, LOCK=EXCLUSIVE 옵션으로 스키마 변경을 시도

실행하고자 하는 스키마 변경 작업으로 인해 DML(INSERT, UPDATE, DELETE)이 멈춰서는 안 된다면 1번과 2번까지만 해보면 된다. 1번과 2번 옵션으로 스키마 변경이 되지 않는다면 점검(서비스를 멈추고)을 걸고 DML을 멈춘 다음 스키마 변경을 해야 한다는 것을 확인할 수 있다. 실행하고자 하는 스키마 변경이 1번이나 2번으로 옵션으로 가능한 작업이라면 MySQL 서버는 즉시 스키마 변경을 실행하게 된다. 하지만 온라인 DDL이라 하더라도 그만큼 MySQL 서버에 부하를 유발할 수 있으며, 그로 인해 다른 커넥션의 쿼리들이 느려질 수도 있다. 그러므로 설령 스키마 변경 작업이 직접 다른 커넥션의 DML을 대기하게 만들지는 않더라도 주의해서 사용해야 한다.

11.7.1.3 INPLACE 알고리즘

INPLACE 알고리즘은 임시 테이블로 레코드를 복사하지는 않더라도 내부적으로 테이블의 모든 레코드를 리빌드해야 하는 경우가 많다. 이러한 경우 MySQL 서버는 다음과 같은 과정을 거치게 된다.

1. INPLACE 스키마 변경이 지원되는 스토리지 엔진의 테이블인지 확인
2. INPLACE 스키마 변경 준비(스키마 변경에 대한 정보를 준비해서 온라인 DDL 작업 동안 변경되는 데이터를 추적할 준비)

3. 테이블 스키마 변경 및 새로운 DML 로깅(이 작업은 실제 스키마 변경을 수행하는 과정으로, 이 작업이 수행되는 동안은 다른 커넥션의 DML 작업이 대기하지 않는다. 이렇게 스키마를 온라인으로 변경함과 동시에 다른 스레드에서는 사용자에 의해서 발생한 DML들에 대해서 별도의 로그로 기록)
4. 로그 적용(온라인 DDL 작업 동안 수집된 DML 로그를 테이블에 적용)
5. INPLACE 스키마 변경 완료(COMMIT)

INPLACE 알고리즘으로 스키마가 변경된다고 하더라도 2번과 4번 단계에서는 잠깐의 배타적 잠금(Exclusive lock)이 필요하며, 이 시점에는 다른 커넥션의 DML들이 잠깐 대기한다. 하지만 실제 변경 작업이 실행되면서 많은 시간이 필요한 3번 단계는 다른 커넥션의 DML 작업이 대기 없이 즉시 처리된다. 그리고 INPLACE 알고리즘으로 온라인 스키마 변경이 진행되는 동안 새로 유입된 DML 쿼리들에 의해 변경되는 데이터를 "온라인 변경 로그(Online alter log)"라는 메모리 공간에 쌓아 두었다가 온라인 스키마 변경이 완료되면 로그의 내용을 실제 테이블로 일괄 적용하게 된다. 이때 온라인 변경 로그는 디스크가 아니라 메모리에만 생성되며, 이 메모리 공간의 크기는 innodb_online_alter_log_max_size 시스템 설정 변수에 의해 결정된다. 기본적으로 온라인 변경 로그의 크기는 128MB인데, 온라인 스키마 변경이 오랜 시간이 걸린다거나 온라인 스키마 변경 중에 유입되는 DML 쿼리가 많다면 이 메모리 공간을 더 크게 설정하는 것이 좋다. innodb_online_alter_log_max_size 시스템 변수는 세션 단위의 동적 변수이므로 필요한 경우에는 언제든지 변경할 수 있다.

11.7.1.4 온라인 DDL의 실패 케이스

온라인 DDL 명령은 다음과 같은 이유로 실패할 수도 있다. 온라인 DDL이 INSTANT 알고리즘을 사용하는 경우 거의 시작과 동시에 작업이 완료되기 때문에 작업 도중 실패할 가능성은 거의 없다. 하지만 INPLACE 알고리즘으로 실행되는 경우 내부적으로 테이블 리빌드 과정이 필요하고 최종 로그 적용 과정이 필요해서 중간 과정에서 실패할 가능성이 상대적으로 높은 편이다. INPLACE 알고리즘으로 몇 시간 동안 실행되던 온라인 DDL이 실패하면 이는 상당한 자원과 시간 낭비가 될 것이다.

다음 실패 케이스를 살펴보고, 최대한 온라인 DDL이 실패할 가능성을 낮추는 것이 좋다.

- ALTER TABLE 명령이 장시간 실행되고 동시에 다른 커넥션에서 DML이 많이 실행되는 경우이거나 온라인 변경 로그의 공간이 부족한 경우 온라인 스키마 변경 작업은 실패

    ```
    ERROR 1799 (HY000): Creating index 'idx_col1' required more than 'innodb_online_alter_
    log_max_size' bytes of modification log. Please try again.
    ```

- ALTER TABLE 명령이 실행되는 동안 ALTER TABLE 이전 버전의 테이블 구조에서는 아무런 문제가 안 되지만 ALTER TABLE 이후의 테이블 구조에는 적합하지 않은 레코드가 INSERT되거나 UPDATE됐다면 온라인 스키마 변경 작업은 마지막 과정에서 실패

```
ERROR 1062 (23000): Duplicate entry 'd005-10001' for key 'PRIMARY'
```

- 스키마 변경을 위해서 필요한 잠금 수준보다 낮은 잠금 옵션이 사용된 경우

```
ERROR 1846 (0A000): LOCK=NONE is not supported. Reason: Adding an auto-increment column
requires a lock. Try LOCK=SHARED.
```

- 온라인 스키마 변경은 LOCK=NONE으로 실행된다고 하더라도 변경 작업의 처음과 마지막 과정에서 잠금이 필요한데, 이 잠금을 획득하지 못하고 타임 아웃이 발생하면 실패

```
ERROR 1205 (HY000): Lock wait timeout exceeded; try restarting transaction
```

- 온라인으로 인덱스를 생성하는 작업의 경우 정렬을 위해 tmpdir 시스템 변수에 설정된 디스크의 임시 디렉터리를 사용하는데, 이 공간이 부족한 경우 또한 온라인 스키마 변경은 실패함

> **주의**
>
> LOCK=NONE으로 온라인 스키마 변경이 실행되더라도 변경 작업의 처음과 마지막에는 테이블의 메타데이터에 대한 잠금이 필요하다는 것은 이미 살펴봤다. 메타데이터에 대한 잠금을 획득하지 못하고 타임 아웃이 발생하면 온라인 스키마 변경이 실패하게 된다. MySQL 서버에는 이미 타임 아웃과 관련된 시스템 변수가 꽤 많이 있는데, 이때 타임 아웃의 기준으로 사용되는 시스템 변수는 무엇일까?
>
> InnoDB 스토리지 엔진을 사용하는 테이블이라고 하더라도 온라인 스키마 변경에서 필요한 잠금은 테이블 수준의 메타데이터 잠금이다. MySQL에서 메타데이터 잠금에 대한 타임 아웃은 lock_wait_timeout 시스템 변수에 의해서 결정된다. InnoDB의 레코드 잠금에 대한 대기 타임 아웃인 innodb_lock_wait_timeout은 온라인 스키마 변경과는 무관하다는 것도 기억해 두자. SHOW GLOBAL VARIABLES 명령을 이용해 lock_wait_timeout의 설정값이 얼마인지 확인해보자.
>
> ```
> mysql> SHOW GLOBAL VARIABLES LIKE 'lock_wait_timeout';
> +-------------------+----------+
> | Variable_name     | Value    |
> +-------------------+----------+
> | lock_wait_timeout | 31536000 |
> +-------------------+----------+
> ```

31536000초 정도가 lock_wait_timeout으로 설정돼 있는데, 이 값은 실제 MySQL 서버의 기본 설정값이다. 온라인 스키마 변경을 실행하고 있는데, 다른 커넥션에서 아주 장시간 DML이 실행되고 있다거나 트랜잭션이 정상적으로 종료되지 않아서 INSERT나 UPDATE 쿼리가 활성 트랜잭션 상태로 남아 있는 커넥션이 있다면 온라인 스키마 변경은 31536000초 동안 기다릴 것이다.

물론 온라인 스키마 변경이 진행되는 동안에는 주의해서 이와 같이 스키마 변경을 방해하는 트랜잭션이 발생하지 않게 해야겠지만, 이런 현상을 피할 수 없는 상황이라면 lock_wait_timeout을 적절한 시간으로 조정해서 일정 시간 이상 대기할 때는 온라인 스키마 변경을 취소하도록 조치하는 것도 도움이 될 수 있다. lock_wait_timeout은 글로벌 레벨의 시스템 변수임과 동시에 세션 레벨의 시스템 변수이기도 하다. 그러므로 lock_wait_timeout은 온라인 스키마 변경을 실행하는 세션에서 적정 값으로 조정하는 것이 좋다.

```
mysql> SET SESSION lock_wait_timeout=1800;
mysql> ALTER TABLE tab_test ADD fd2 VARCHAR(20), ALGORITHM=INPLACE, LOCK=NONE;
```

11.7.1.5 온라인 DDL 진행 상황 모니터링

온라인 DDL을 포함한 모든 ALTER TABLE 명령은 MySQL 서버의 performance_schema를 통해 진행 상황을 모니터링할 수 있다. ALTER TABLE의 진행 상황을 모니터링할 수 없었을 때는 MySQL 서버의 상태 변수를 뒤져가면서 몇 건이나 레코드를 읽고 쓰기를 했는지를 이용해 ALTER TABLE이 어느 정도 진행됐는지 대략 예측하곤 했다. 하지만 레코드를 얼마나 읽고 쓰기를 했는지로는 예측하는 데 한계가 있어 제대로 시간을 예측한 적이 없다.

우선 performance_schema를 이용해 ALTER TABLE의 진행 상황을 모니터링하려면 다음과 같이 performance_schema 옵션(Instrument와 Consumer 옵션)이 활성화돼야 한다. 물론 MySQL 서버의 performance_schema 시스템 변수가 가장 먼저 ON으로 활성화돼야 한다.

```
-- // performance_schema 시스템 변수 활성화(MySQL 서버 재시작 필요)
mysql> SET GLOBAL performance_schema=ON;

-- // "stage/innodb/alter%" instrument 활성화
mysql> UPDATE performance_schema.setup_instruments
          SET ENABLED = 'YES', TIMED = 'YES'
        WHERE NAME LIKE 'stage/innodb/alter%';
```

```
-- // "%stages%" consumer 활성화
mysql> UPDATE performance_schema.setup_consumers
         SET ENABLED = 'YES'
       WHERE NAME LIKE '%stages%';
```

스키마 변경 작업의 진행 상황은 performance_schema.events_stages_current 테이블을 통해 확인할 수
있는데, 실행 중인 스키마 변경 종류에 따라 기록되는 내용이 조금씩 달라진다. 우선 온라인 DDL이 아
닌 전통적인 COPY 알고리즘으로 스키마 변경이 진행되는 경우 다음과 같이 조회된다.

```
-- // COPY 알고리즘의 스키마 변경
mysql_session1> ALTER TABLE salaries DROP PRIMARY KEY, ALGORITHM=COPY, LOCK=SHARED;


-- // performance_schema의 진행 상황
mysql_session2> SELECT EVENT_NAME, WORK_COMPLETED, WORK_ESTIMATED
               FROM performance_schema.events_stages_current;
+---------------------------+----------------+----------------+
| EVENT_NAME                | WORK_COMPLETED | WORK_ESTIMATED |
+---------------------------+----------------+----------------+
| stage/sql/copy to tmp table |       1562071 |        2838662 |
```

스키마 변경 작업이 온라인 DDL로 실행되는 경우 다음과 같이 다양한 상태를 보여주는데, 이는 온라
인 DDL이 단계(Stage)별로 EVENT_NAME 칼럼의 값을 달리해서 보여주기 때문이다.

```
-- // INPLACE 알고리즘으로 스키마 변경을 실행
mysql_session1> ALTER TABLE salaries
               ADD INDEX ix_todate (to_date),
               ALGORITHM=INPLACE, LOCK=NONE;


-- // performance_schema를 통한 진행 상황 확인
mysql_session2> SELECT EVENT_NAME, WORK_COMPLETED, WORK_ESTIMATED
               FROM performance_schema.events_stages_current;
+------------------------------------------------------+----------------+----------------+
| EVENT_NAME                                           | WORK_COMPLETED | WORK_ESTIMATED |
+------------------------------------------------------+----------------+----------------+
| stage/innodb/alter table (read PK and internal sort) |           9776 |          25281 |
+------------------------------------------------------+----------------+----------------+
```

```
mysql_session2> SELECT EVENT_NAME, WORK_COMPLETED, WORK_ESTIMATED
                FROM performance_schema.events_stages_current;
+--------------------------------------+----------------+----------------+
| EVENT_NAME                           | WORK_COMPLETED | WORK_ESTIMATED |
+--------------------------------------+----------------+----------------+
| stage/innodb/alter table (merge sort)|          17641 |          27121 |
+--------------------------------------+----------------+----------------+

mysql_session2> SELECT EVENT_NAME, WORK_COMPLETED, WORK_ESTIMATED
                FROM performance_schema.events_stages_current ;
+--------------------------------------+----------------+----------------+
| EVENT_NAME                           | WORK_COMPLETED | WORK_ESTIMATED |
+--------------------------------------+----------------+----------------+
| stage/innodb/alter table (insert)    |          23460 |          27121 |
+--------------------------------------+----------------+----------------+

mysql_session2> SELECT EVENT_NAME, WORK_COMPLETED, WORK_ESTIMATED
                FROM performance_schema.events_stages_history ;
+--------------------------------------+----------------+----------------+
| EVENT_NAME                           | WORK_COMPLETED | WORK_ESTIMATED |
+--------------------------------------+----------------+----------------+
| stage/innodb/alter table (end)       |          25719 |          27351 |
+--------------------------------------+----------------+----------------+
```

WORK_ESTIMATED와 WORK_COMPLETED 칼럼의 값을 비교해보면 ALTER TABLE의 진행 상황을 예측할 수 있다. 하지만 WORK_ESTIMATED 칼럼의 값은 예측치이기 때문에 ALTER TABLE이 진행되면서 조금씩 변경된다. 위의 예제에서는 WORK_ESTIMATED 값이 처음에는 25281이었지만 완료된 시점에는 27351로 변경된 것을 알 수 있다. 하지만 (WORK_COMPLETED * 100 / WORK_ESTIMATED) 값으로 대략적인 진행률을 확인할 수 있다. 위의 예제에서는 EVENT_NAME이 4개만 보이지만 이 4가지 단계가 전부는 아니다. 실제 각 단계가 매우 빨리 완료되어 여기서는 포착되지 않은 것도 있다.[16] performance_schema에 대한 자세한 내용은 18장 'Performance 스키마 & Sys 스키마'에서 살펴보겠다.

---

16 performance_schema.events_stages_current 테이블은 SQL이 현재 진행 중인 경우 표시되며, SQL이 완료되면 events_stages_current 테이블에서는 사라지고 events_stages_history 테이블을 통해 확인할 수 있다. 위 예제의 마지막은 쿼리는 performance_schema.events_stages_history 테이블을 조회했는데, 이는 마지막 시점을 정확하게 포착하지 못해서 events_stages_history 테이블을 참조한 것이다.

11.7.2 데이터베이스 변경

MySQL에서 하나의 인스턴스는 1개 이상의 데이터베이스를 가질 수 있다. 다른 RDBMS에서는 스키마(Schema)와 데이터베이스를 구분해서 관리하지만 MySQL 서버에서는 스키마와 데이터베이스는 동격의 개념이다. 그래서 MySQL 서버에서는 굳이 스키마를 명시적으로 사용하지는 않는다. MySQL의 데이터베이스는 디스크의 물리적인 저장소를 구분하기도 하지만 여러 데이터베이스의 테이블을 묶어서 조인 쿼리를 사용할 수도 있기 때문에 단순히 논리적인 개념이기도 하다. 물론 데이터베이스는 객체에 대한 권한을 구분하는 용도로 사용되기도 하지만 그 이상의 큰 의미를 가지지는 않는다. 그래서 데이터베이스 단위로 변경하거나 설정하는 DDL 명령은 그다지 많지 않다. 데이터베이스에 설정할 수 있는 옵션은 기본 문자 집합이나 콜레이션을 설정하는 정도이므로 간단하다.

11.7.2.1 데이터베이스 생성

```
mysql> CREATE DATABASE [IF NOT EXISTS] employees;
mysql> CREATE DATABASE [IF NOT EXISTS] employees CHARACTER SET utf8mb4;
mysql> CREATE DATABASE [IF NOT EXISTS] employees
              CHARACTER SET utf8mb4 COLLATE utf8mb4_general_ci;
```

첫 번째 명령은 기본 문자 집합과 콜레이션으로 employees라는 데이터베이스를 생성한다. 여기서 기본이라 함은 MySQL 서버의 character_set_server 시스템 변수에 정의된 문자 집합을 사용한다는 의미다. 두 번째와 세 번째 명령은 별도의 문자 집합과 콜레이션이 지정된 데이터베이스를 생성한다. 이미 동일 이름의 데이터베이스가 있다면 이 DDL 문장은 에러를 유발할 것이다. 하지만 "IF NOT EXISTS"라는 키워드를 사용하면 데이터베이스가 없는 경우에만 생성하고, 이미 있다면 이 DDL은 그냥 무시된다.

11.7.2.2 데이터베이스 목록

```
mysql> SHOW DATABASES;
mysql> SHOW DATABASES LIKE '%emp%';
```

접속된 MySQL 서버가 가지고 있는 데이터베이스의 목록을 나열한다. 단, 권한을 가지고 있는 데이터베이스의 목록만 표시하며, 이 명령을 실행하려면 "SHOW DATABASES" 권한이 있어야 한다. 두 번째 명령은 "emp"라는 문자열을 포함한 데이터베이스 목록만 표시한다.

11.7.2.3 데이터베이스 선택

```
mysql> USE employees;
```

기본 데이터베이스를 선택하는 명령이다. SQL 문장에서 별도로 데이터베이스를 명시하지 않고 테이블 이름이나 프로시저의 이름만 명시하면 MySQL 서버는 현재 커넥션의 기본 데이터베이스에서 주어진 테이블이나 프로시저를 검색한다. 기본 데이터베이스에 존재하지 않는 테이블이나 프로시저를 사용하려면 다음과 같이 테이블이나 프로시저의 이름 앞에 데이터베이스 이름을 반드시 명시해야 한다.

```
mysql> SELECT * FROM employees.departments;
```

11.7.2.4 데이터베이스 속성 변경

```
mysql> ALTER DATABASE employees CHARACTER SET=euckr;
mysql> ALTER DATABASE employees CHARACTER SET=euckr COLLATE= euckr_korean_ci;
```

데이터베이스를 생성할 때 지정한 문자 집합이나 콜레이션을 변경한다.

11.7.2.5 데이터베이스 삭제

```
mysql> DROP DATABASE [IF EXISTS] employees;
```

데이터베이스를 삭제한다. 지정한 이름의 데이터베이스가 존재하지 않는다면 에러가 발생한다. 하지만 "IF EXISTS" 키워드를 사용하면 해당 데이터베이스가 존재할 때만 삭제하고, 그렇지 않으면 이 명령을 실행하지 않는다.

11.7.3 테이블 스페이스 변경

MySQL 서버에는 전통적으로 테이블별로 전용의 테이블스페이스를 사용했었다. InnoDB 스토리지 엔진의 시스템 테이블 스페이스(ibdata1 파일)만 제너럴 테이블스페이스(General Tablespace)를 사용했는데, 제너럴 테이블스페이스는 여러 테이블의 데이터를 한꺼번에 저장하는 테이블스페이스를 의미한다.

MySQL 8.0 버전이 되면서 MySQL 서버에서도 사용자 테이블을 제너럴 테이블스페이스로 저장하는 기능이 추가되고 테이블스페이스를 관리하는 DDL 명령들이 추가됐다. 그러나 MySQL 8.0에서도 제너럴 테이블스페이스는 여러 가지 제약 사항을 가진다. 그중 몇 가지 중요한 제약 사항은 다음과 같다.

- 파티션 테이블은 제너럴 테이블스페이스를 사용하지 못함

- 복제 소스와 레플리카 서버가 동일 호스트에서 실행되는 경우 ADD DATAFILE 문장은 사용 불가

- 테이블 암호화(TDE)는 테이블스페이스 단위로 설정됨

- 테이블 압축 가능 여부는 테이블스페이스의 블록 사이즈와 InnoDB 페이지 사이즈에 의해 결정됨

- 특정 테이블을 삭제(DROP TABLE)해도 디스크 공간이 운영체제로 반납되지 않음

그럼에도 불구하고, MySQL 8.0에서 사용자 테이블이 제너럴 테이블스페이스를 이용할 수 있게 개선된 것은 다음과 같은 장점이 있기 때문이다.

- 제너럴 테이블스페이스를 사용하면 파일 핸들러(Open file descriptor)를 최소화

- 테이블스페이스 관리에 필요한 메모리 공간을 최소화

제너럴 테이블스페이스가 가진 2가지 장점은 사실 테이블의 개수가 매우 많은 경우에 유용하다. 아직 일반적인 환경에서 제너럴 테이블스페이스의 장점은 취하기가 어렵다. MySQL 서버에서 테이블이 개별 테이블스페이스를 사용할지 아니면 제너럴 테이블스페이스를 사용할지는 innodb_file_per_table 시스템 변수로 제어할 수 있다. MySQL 8.0에서는 innodb_file_per_table 시스템 변수의 기본값이 ON이므로 테이블은 자동으로 개별 테이블스페이스를 사용한다. 여기서는 테이블스페이스 관리에 대한 부분은 생략하겠다.

데이터베이스에 작은 테이블이 매우 많이 필요한 응용 프로그램을 개발 중이라면 제너럴 테이블스페이스에 대한 매뉴얼을 자세히 살펴보자. 또한 제너럴 테이블스페이스를 생성하고, 각 테이블이 개별 테이블스페이스가 아니라 제너럴 테이블스페이스를 사용하게 하는 방법도 매뉴얼을 참조하자.

11.7.4 테이블 변경

테이블은 사용자의 데이터를 가지는 주체로서, MySQL 서버의 많은 옵션과 인덱스 등의 기능이 테이블에 종속되어 사용된다.

11.7.4.1 테이블 생성

다음 예제는 테이블을 생성하는 CREATE TABLE 문장이다. 설명을 위해 가능한 한 많은 옵션이 포함된 칼럼으로 테이블 생성 예제를 준비했다.

```
CREATE [TEMPORARY] TABLE [IF NOT EXISTS] tb_test (
  member_id BIGINT [UNSIGNED] [AUTO_INCREMENT],
  nickname CHAR(20) [CHARACTER SET 'utf8'] [COLLATE 'utf8_general_ci'] [NOT NULL],
  home_url VARCHAR(200) [COLLATE 'latin1_general_cs'],
  birth_year SMALLINT [(4)] [UNSIGNED] [ZEROFILL],
  member_point INT [NOT NULL] [DEFAULT 0],
  registered_dttm DATETIME [NOT NULL],
  modified_ts TIMESTAMP [NOT NULL] [DEFAULT CURRENT_TIMESTAMP],
  gender ENUM('Female','Male') [NOT NULL],
  hobby SET('Reading','Game','Sports'),
  profile TEXT [NOT NULL],
  session_data BLOB,
  PRIMARY KEY (member_id),
  UNIQUE INDEX ux_nickname (nickname),
  INDEX ix_registereddttm (registered_dttm)
) ENGINE=INNODB;
```

TEMPORARY 키워드를 사용하면 해당 데이터베이스 커넥션(세션)에서만 사용 가능한 임시 테이블을 생성한다. 테이블의 생성 또한 데이터베이스와 마찬가지로 이미 같은 이름의 테이블이 있으면 에러가 발생하는데, "IF NOT EXISTS" 옵션을 사용하면 에러를 무시한다. MySQL은 테이블을 정의한 스크립트 마지막에 테이블이 사용할 스토리지 엔진을 결정하기 위해 ENGINE이라는 키워드를 사용할 수 있다. 위 쿼리에서는 ENGINE=InnoDB라고 정의했기 때문에 이 테이블은 InnoDB 스토리지 엔진을 사용하는 테이블로 생성된다. 별도로 ENGINE이 정의되지 않으면 MySQL 8.0에서는 InnoDB 스토리지 엔진이 기본으로 사용된다.

각 칼럼은 "칼럼명 + 칼럼타입 + [타입별 옵션] + [NULL여부] + [기본값]"의 순서로 명시하고, 타입별로 다음과 같은 옵션을 추가로 사용할 수 있다.

- 모든 칼럼은 공통적으로 칼럼의 초깃값을 설정하는 DEFAULT 절과 칼럼이 NULL을 가질 수 있는지 여부를 설정하기 위해 NULL 또는 NOT NULL 제약을 명시할 수 있다.

- 문자열 타입은 타입 뒤에 반드시 칼럼에 최대한 저장할 수 있는 문자 수를 명시해야 한다. 그리고 CHARACTER SET 절은 칼럼에 저장되는 문자열 값이 어떤 문자 집합을 사용할지를 결정하고, COLLATE로 문자열 비교나 정렬 규칙을 나타내기 위한 콜레이션을 설정할 수 있다. CHARACTER SET만 설정되면 해당 문자 집합의 기본 콜레이션[17]이 자동으로 사용된다.

- 숫자 타입은 선택적으로 길이를 가질 수 있지만, 이는 실제 칼럼에 저장될 값의 길이를 의미하는 것이 아니라 단순히 값을 표시할 때 보여줄 길이를 지정하는 것이다[18]. 그리고 양수만 가질지 음수와 양수를 모두 저장할지에 따라 선택적으로 UNSIGNED 키워드를 명시할 수 있다. UNSIGNED 키워드를 명시하지 않으면 기본적으로 SIGNED가 되고, 음수와 양수 모두 저장할 수 있다. 숫자 타입은 ZEROFILL이라는 키워드도 선택적으로 가질 수 있는데, 이는 숫자 값의 왼쪽에 '0'을 패딩할지를 결정하는 옵션이다.

- MySQL 5.5 버전까지는 DATE나 DATETIME 타입은 기본 값(DEFAULT)을 명시할 수 없었지만, MySQL 5.6 버전부터는 DATE와 DATETIME 타입 그리고 TIMESTAMP 타입 모두 값이 자동으로 현재 시간으로 업데이트되도록 기본 값을 명시할 수 있다

- ENUM 또는 SET 타입은 타입의 이름 뒤에 해당 칼럼이 가질 수 있는 값을 괄호로 정의해야 한다.

각 칼럼의 타입별로 사용할 수 있는 속성이나 특성에 대해서는 15장 '데이터 타입'에서 자세히 살펴보겠다.

11.7.4.2 테이블 구조 조회

MySQL에서 테이블의 구조를 확인하는 방법은 SHOW CREATE TABLE 명령과 DESC 명령으로 두 가지가 있다.

SHOW CREATE TABLE 명령을 사용하면 테이블의 CREATE TABLE 문장을 표시해준다. 하지만 SHOW CREATE TABLE 명령의 결과가 최초 테이블을 생성할 때 사용자가 실행한 내용을 그대로 보여주는 것은 아니다. MySQL 서버가 테이블의 메타 정보를 읽어서 이를 CREATE TABLE 명령으로 재작성해서 보여주는 것이다. 하지만 이 명령은 특별한 수정 없이 바로 사용할 수 있는 CREATE TABLE 명령을 만들어 주기 때문에 상당히 유용하다.

---

17 여기에서 "기본 콜레이션"은 문자 셋의 기본 콜레이션을 의미한다. 테이블이 생성되는 데이터베이스의 콜레이션과는 다르다는 것에 주의하자. 예를 들어서 콜레이션이 utf8mb4_general_ci인 데이터베이스에서 테이블을 생성할 때 CHARACTER SET 절에 utf8mb4만 명시하는 경우, 테이블의 콜레이션은 utf8mb4_general_ci가 아니라 utf8mb4_0900_ai_ci 콜레이션이 사용된다.

18 TINYINT와 SMALLINT, 그리고 INT와 BIGINT 타입에 사용되는 길이는 MySQL 8.0 버전부터는 더이상 효력이 없으며(Deprecated), 이후 버전부터는 문법적으로도 지원하지 않을 것으로 보인다.

```
mysql> SHOW CREATE TABLE employees \G
*************************** 1. row ***************************
       Table: employees
Create Table: CREATE TABLE `employees` (
  `emp_no` int NOT NULL,
  `birth_date` date NOT NULL,
  `first_name` varchar(14) COLLATE utf8mb4_general_ci NOT NULL,
  `last_name` varchar(16) COLLATE utf8mb4_general_ci NOT NULL,
  `gender` enum('M','F') COLLATE utf8mb4_general_ci NOT NULL,
  `hire_date` date NOT NULL,
  PRIMARY KEY (`emp_no`),
  KEY `ix_firstname` (`first_name`),
  KEY `ix_hiredate` (`hire_date`),
  KEY `ix_gender_birthdate` (`gender`,`birth_date`)
) ENGINE=InnoDB DEFAULT CHARSET=utf8mb4 COLLATE=utf8mb4_general_ci STATS_PERSISTENT=0
```

SHOW CREATE TABLE 명령은 칼럼의 목록과 인덱스, 외래키 정보를 동시에 보여주기 때문에 SQL을 튜닝하거나 테이블의 구조를 확인할 때 주로 이 명령을 사용한다.

DESC 명령은 DESCRIBE의 약어 형태의 명령으로 둘 모두 같은 결과를 보여준다. DESC 명령은 테이블의 칼럼 정보를 보기 편한 표 형태로 표시해준다. 하지만 인덱스 칼럼의 순서나 외래키, 테이블 자체의 속성을 보여주지는 않으므로 테이블의 전체적인 구조를 한 번에 확인하기는 어렵다.

```
mysql> DESC employees;
+------------+---------------+------+-----+---------+-------+
| Field      | Type          | Null | Key | Default | Extra |
+------------+---------------+------+-----+---------+-------+
| emp_no     | int           | NO   | PRI | NULL    |       |
| birth_date | date          | NO   |     | NULL    |       |
| first_name | varchar(14)   | NO   | MUL | NULL    |       |
| last_name  | varchar(16)   | NO   |     | NULL    |       |
| gender     | enum('M','F') | NO   | MUL | NULL    |       |
| hire_date  | date          | NO   | MUL | NULL    |       |
+------------+---------------+------+-----+---------+-------+
```

11.7.4.3 테이블 구조 변경

테이블의 구조를 변경하려면 ALTER TABLE 명령을 사용한다. ALTER TABLE 명령은 테이블 자체의 속성을 변경할 수 있을뿐만 아니라 인덱스의 추가 삭제나 칼럼을 추가/삭제하는 용도로도 사용된다. ALTER TABLE 명령을 이용해 인덱스나 칼럼을 추가하거나 삭제하는 방법은 나중에 다시 살펴보겠다. ALTER TABLE 명령은 테이블 자체 옵션과 칼럼, 인덱스 등 거의 대부분의 스키마를 변경하는 작업에 사용된다. 이 책에서는 ALTER TABLE 명령의 모든 부분을 언급하기에는 지면이 부족하니 중요한 내용 위주로 설명하겠다.

> **주의** 원하는 옵션의 ALTER TABLE 명령이 이 책에 소개돼 있지 않더라도, MySQL 서버에서 그러한 기능이 제공되지 않는다고 판단하기보다 MySQL 서버의 매뉴얼[19]을 참조하자.

테이블 자체에 대한 속성 변경은 주로 테이블의 문자 집합이나 스토리지 엔진, 파티션 구조 등의 변경인데, 파티션과 관련된 부분은 13장 '파티션'에서 자세히 알아보기로 하고, 여기서는 스토리지 엔진과 문자 집합을 변경하는 예제를 한번 살펴보겠다.

```
mysql> ALTER TABLE employees
         CONVERT TO CHARACTER SET UTF8MB4 COLLATE UTF8MB4_GENERAL_CI,
         ALGORITHM=INPLACE, LOCK=NONE;

mysql> ALTER TABLE employees ENGINE=InnoDB,
         ALGORITHM=INPLACE, LOCK=NONE;
```

위 예제의 첫 번째 ALTER TABLE은 테이블의 기본 문자 집합과 콜레이션을 변경하는 명령이다. 그뿐만 아니라 테이블의 모든 칼럼과 기존 데이터까지 모두 UTF8MB4 문자 셋의 콜레이션까지 UTF8MB4_GENERAL_CI로 변경한다.

두 번째 쿼리는 테이블의 스토리지 엔진을 변경하는 명령이다. 이 명령은 내부적인 테이블의 저장소를 변경하는 것이라서 항상 테이블의 모든 레코드를 복사하는 작업이 필요하다. ALTER TABLE 문장에 명시된 ENGINE이 기존과 동일하더라도 테이블의 데이터를 복사하는 작업은 실행되기 때문에 주의해야 한다. 이 명령은 실제 테이블의 스토리지 엔진을 변경하는 목적으로도 사용하지만 테이블 데이터를 리빌드하

---

19 https://dev.mysql.com/doc/refman/8.0/en/alter-table.html

는 목적으로도 사용한다. 테이블 리빌드 작업은 주로 레코드의 삭제가 자주 발생하는 테이블에서 데이터가 저장되지 않은 빈 공간(프래그멘테이션, Fragmentation)을 제거해 디스크 사용 공간을 줄이는 역할을 한다.

> **참고** 테이블이 사용하는 디스크 공간의 프래그멘테이션을 최소화하고, 테이블의 구조를 최적화하기 위한 OPTIMIZE TABLE이라는 명령이 있다. InnoDB 스토리지 엔진을 사용하는 테이블에 대해 OPTIMIZE TABLE이라는 명령을 사용하면 InnoDB 스토리지 엔진은 내부적으로 "ALTER TABLE ... ENGINE=InnoDB" 명령과 동일한 작업을 수행한다. 결국 InnoDB 테이블에서 "테이블 최적화"란 테이블의 레코드를 한 건씩 새로운 테이블에 복사함으로써 테이블의 레코드 배치를 컴팩트하게 만들어주는 것이다.

11.7.4.4 테이블 명 변경

MySQL 서버에서 테이블명을 변경하려면 다음과 같이 RENAME TABLE 명령을 이용하면 된다. RENAME TABLE 명령은 단순히 테이블의 이름 변경뿐만 아니라 다른 데이터베이스로 테이블을 이동할 때도 사용할 수 있다.

```
mysql> RENAME TABLE table1 TO table2;
mysql> RENAME TABLE db1.table1 TO db2.table2;
```

첫 번째 명령과 같이 동일 데이터베이스 내에서 테이블의 이름만 변경하는 작업은 단순히 메타 정보만 변경하기 때문에 매우 빠르게 처리된다. 하지만 두 번째 명령과 같이 데이터베이스를 변경하는 경우에는 메타 정보뿐만 아니라 테이블이 저장된 파일까지 다른 디렉터리(데이터베이스별로 별도 디렉터리가 할당되기 때문)로 이동해야 한다. 그런데 db1과 db2 데이터베이스가 서로 다른 파티션에 만들어졌다고 가정해보자. 일반적으로 유닉스나 윈도우에서 서로 다른 파티션으로 파일을 이동할 때는 데이터 파일을 먼저 복사하고 복사를 완료하면 원본 파티션의 파일을 삭제하는 형태로 처리한다. MySQL 서버의 RENAME TABLE에서도 똑같이 작동한다.

RENAME TABLE을 이용해 테이블을 db1에서 db2로 이동할 때 db1과 db2가 서로 다른 운영체제의 파일 시스템을 사용하고 있었다면 이 RENAME TABLE 명령은 데이터 파일의 복사 작업이 필요하기 때문에 데이터 파일의 크기에 비례해서 시간이 소요될 것이다.

때로는 일정 주기로 테이블을 교체(Swap)해야 하는 경우도 있다. 현재 batch라는 테이블이 응용 프로그램에서 사용 중이며, batch_new라는 테이블을 생성하고 새로운 데이터를 저장하고자 한다. 그리고 최종적으로 응용 프로그램에서 사용할 수 있게 batch_new 테이블을 batch라는 이름으로 변경하는 방식으로 다음과 같이 배치 프로그램을 작성했다고 가정해보자.

```
-- // 새로운 테이블 및 데이터 생성
mysql> CREATE TABLE batch_new (...);
mysql> INSERT INTO batch_new SELECT ...;

-- // 기존 테이블과 교체
mysql> RENAME TABLE batch TO batch_old;
mysql> RENAME TABLE batch_new TO batch;
```

위와 같이 배치 프로그램이 작성되면 마지막의 기존 테이블과 신규 테이블을 교체하는 동안 일시적으로 batch 테이블이 없어지는 시점이 발생한다. 2개의 RENAME TABLE 명령이 얼마나 간격을 두고 실행되느냐에 따라 시간은 더 길어질 수도 있다. 이 시점 동안 응용 프로그램은 batch 테이블을 찾지 못해서 에러를 발생시키게 된다.

이 같은 문제점을 막기 위해 MySQL 서버의 RENAME TABLE 명령은 다음과 같이 여러 테이블의 RENAME 명령을 하나의 문장으로 묶어서 실행할 수 있다.

```
mysql> RENAME TABLE batch TO batch_old,
                     batch_new TO batch;
```

이렇게 여러 테이블의 RENAME 명령을 하나의 문장으로 묶으면 MySQL 서버는 RENAME TABLE 명령에 명시된 모든 테이블에 대해 잠금을 걸고 테이블의 이름 변경 작업을 실행하게 된다. 응용 프로그램의 입장에서 보면 batch 테이블을 조회하려고 할 때 이미 잠금이 걸려있기 때문에 대기한다. 그리고 RENAME TABLE 명령이 완료되면 batch 테이블의 잠금이 해제되어 batch 테이블(batch_new 테이블이 batch 테이블로 변경된 후)의 읽기를 실행한다. 즉 쿼리가 시작될 때와 실제 쿼리를 실행할 때의 대상 테이블이 변경됐지만 응용 프로그램은 이를 알아차리지 못하고 투명하게 실행되는 것이다. 잠깐의 잠금 대기가 발생하는 것이지 에러가 발생하지는 않는다.

11.7.4.5 테이블 상태 조회

MySQL의 모든 테이블은 만들어진 시간, 대략의 레코드 건수, 데이터 파일의 크기 등의 정보를 가지고 있다. 또한 데이터 파일의 버전이나 레코드 포맷 등과 같이 자주 사용되지는 않지만 중요한 정보도 가지고 있는데, 이러한 정보를 조회할 수 있는 명령이 "SHOW TABLE STATUS ..."다. SHOW TABLE STATUS 명령은 "LIKE '패턴'"과 같은 조건을 사용해 특정 테이블의 상태만 조회하는 것도 가능하다.

```
mysql> SHOW TABLE STATUS LIKE 'employees' \G
*************************** 1. row ***************************
           Name: employees
         Engine: InnoDB
        Version: 10
     Row_format: Dynamic
           Rows: 300252
 Avg_row_length: 57
    Data_length: 17317888
Max_data_length: 0
   Index_length: 15253504
      Data_free: 5242880
 Auto_increment: NULL
    Create_time: 2020-08-31 18:04:33
    Update_time: NULL
     Check_time: NULL
      Collation: utf8mb4_general_ci
       Checksum: NULL
 Create_options: stats_persistent=0
        Comment:
1 row in set (0.08 sec)
```

위의 SHOW TABLE STATUS 명령 결과를 보면 테이블이 어떤 스토리지 엔진을 사용하는지, 그리고 데이터 파일의 포맷으로 무엇을 사용하고 있는지 등을 조회할 수 있다. 때로는 테이블의 크기가 너무 커서 테이블의 전체 레코드 건수가 궁금한 경우에도 SHOW TABLE STATUS 명령을 유용하게 사용할 수 있다. 위의 결과에서는 대략 30만 건의 레코드를 가지고 있다는 것을 알 수 있다. 그리고 레코드 하나의 평균 크기가 대략 50바이트라는 점도 확인할 수 있다. 여기에 출력되는 레코드 건수나 레코드 평균 크기는 MySQL 서버가 예측하고 있는 값이기 때문에 테이블이 너무 작거나 너무 크면 오차가 더 커질 수도 있다.

> **참고** 위의 예제 쿼리에서 마지막에 사용된 "\G"는 레코드의 칼럼을 라인당 하나씩만 표현하게 하는 옵션이다. 또한 "\G"는 SQL 문장의 끝을 의미하기도 하기 때문에 "\G"가 있으면 별도로 ";"를 붙이지 않아도 쿼리 입력이 종료된 것으로 간주한다. 레코드의 칼럼 개수가 많거나 각 칼럼의 값이 너무 긴 경우에는 쿼리의 마지막에 "\G"를 사용해 결과를 좀 더 가독성 있게 출력할 수 있다.

테이블의 상태 정보는 SHOW TABLE STATUS 명령뿐만 아니라 다음과 같이 SELECT 쿼리를 이용해서 조회할 수도 있다.

```
mysql> SELECT * FROM information_schema.TABLES
       WHERE TABLE_SCHEMA='employees' AND TABLE_NAME='employees' \G
*************************** 1. row ***************************
  TABLE_CATALOG: def
   TABLE_SCHEMA: employees
     TABLE_NAME: employees
     TABLE_TYPE: BASE TABLE
         ENGINE: InnoDB
        VERSION: 10
     ROW_FORMAT: Dynamic
     TABLE_ROWS: 300252
 AVG_ROW_LENGTH: 57
    DATA_LENGTH: 17317888
MAX_DATA_LENGTH: 0
   INDEX_LENGTH: 15253504
      DATA_FREE: 5242880
 AUTO_INCREMENT: NULL
    CREATE_TIME: 2020-08-31 18:04:33
    UPDATE_TIME: NULL
     CHECK_TIME: NULL
TABLE_COLLATION: utf8mb4_general_ci
       CHECKSUM: NULL
 CREATE_OPTIONS: stats_persistent=0
  TABLE_COMMENT:
1 row in set (0.00 sec)
```

information_schema 데이터베이스에는 MySQL 서버가 가진 스키마들에 대한 메타 정보를 가진 딕셔너리 테이블이 관리된다. information_schema 데이터베이스에 존재하는 테이블들은 실제로 존재하는 테이블이 아니라 MySQL 서버가 시작되면서 데이터베이스와 테이블 등에 대한 다양한 메타 정보를 모아서 메모리에 모아두고 사용자가 참조할 수 있는 테이블이다. information_schema 데이터베이스의 TABLES 또는 COLUMNS 뷰를 이용하면 데이터베이스 서버에 대한 많은 정보를 얻을 수 있다. 대표적으로 다음과 같은 쿼리로 MySQL 서버에 존재하는 테이블들이 사용하는 디스크 공간 정보를 조회할 수도 있다.

```
mysql> SELECT TABLE_SCHEMA,
              SUM(DATA_LENGTH)/1024/1024 as data_size_mb,
              SUM(INDEX_LENGTH)/1024/1024 as index_size_mb
       FROM information_schema.TABLES
       GROUP BY TABLE_SCHEMA;


+--------------------+--------------+---------------+
| TABLE_SCHEMA       | data_size_mb | index_size_mb |
+--------------------+--------------+---------------+
| mysql              |   2.17187500 |    0.31250000 |
| sys                |   0.01562500 |    0.00000000 |
| information_schema |   0.00000000 |    0.00000000 |
| performance_schema |   0.00000000 |    0.00000000 |
| employees          | 190.33203125 |   93.01660156 |
+--------------------+--------------+---------------+
```

> **참고**
>
> information_schema 데이터베이스의 테이블들은 MySQL 서버가 가진 테이블들에 대한 다양한 정보를 제공한다. 대표적으로 다음과 같은 정보를 가지고 있으며, 여기서 모두 언급하기 어려울 정도로 많은 정보를 가지고 있다.
>
> - 데이터베이스 객체에 대한 메타 정보
>
> - 테이블과 칼럼에 대한 간략한 통계 정보
>
> - 전문 검색 디버깅을 위한 뷰(view)
>
> - 압축 실행과 실패 횟수에 대한 집계
>
> information_schema 데이터베이스에 어떤 정보가 관리되는지, 각 테이블의 칼럼이 가지는 값의 의미가 무엇인지는 매뉴얼[20]을 참조하자.
>
> 그리고 테이블에 대한 상세한 통계 정보는 mysql 데이터베이스의 innodb_table_stats 테이블과 innodb_index_stats 테이블에도 저장돼 있으므로 함께 참조하자.

11.7.4.6 테이블 구조 복사

테이블의 구조는 같지만 이름만 다른 테이블을 생성할 때는 SHOW CREATE TABLE 명령을 이용해 테이블의 생성 DDL을 조회한 후에 조금 변경해서 만들 수도 있다. 또한 CREATE TABLE ... AS SELECT ... LIMIT 0

---

[20] https://dev.mysql.com/doc/refman/8.0/en/information-schema.html

명령으로 테이블의 생성할 수도 있다. 하지만 SHOW CREATE TABLE 명령을 이용하면 내용을 조금 변경해야 할 수도 있으며, CREATE TABLE ... AS SELECT ... LIMIT 0은 인덱스가 생성되지 않는다는 단점이 있다. 데이터는 복사하지 않고 테이블의 구조만 동일하게 복사하는 명령으로 "CREATE TABLE ... LIKE"를 사용하면 구조가 같은 테이블을 손쉽게 생성할 수 있다.

```
mysql> CREATE TABLE temp_employees LIKE employees;
```

위의 명령은 employees 테이블에 존재하는 모든 칼럼과 인덱스가 같은 temp_employees라는 테이블을 생성하는 예제다. CREATE TABLE ... AS SELECT ...와 마찬가지로 데이터까지 복사하려면 CREATE TABLE ... LIKE 명령을 실행하고 다음과 같은 INSERT ... SELECT 명령을 실행하면 된다.

```
mysql> INSERT INTO temp_employees SELECT * FROM employees;
```

> **주의** MySQL 서버는 특정 테이블에 대해 트랜잭션 로그를 활성화하거나 비활성화하는 기능은 제공되지 않는다. 그래서 CTAS 구문(CREATE TABLE ... AS SELECT ...)은 리두 로그를 기록하지 않기 때문에 성능이 빠르다는 이야기는 아직 MySQL 서버에는 해당하지 않는다. 결국 MySQL 서버에서 CREATE TABLE ... AS SELECT ... 구문은 CREATE TABLE과 INSERT ... SELECT ... 문장으로 나눠서 실행하는 것과 성능적인 면에서 차이는 없다.
>
> CREATE TABLE ... AS SELECT ... 구문을 실행할 때 리두 로그에 기록되는지 여부는 다음과 같이 간단히 확인해 볼 수 있다.
>
> ```
> mysql> SHOW ENGINE INNODB STATUS \G
> ...
> ---
> LOG
> ---
> Log sequence number          4850618449
> ...
>
> mysql> CREATE TABLE salaries_temp AS SELECT * FROM salaries;
> Query OK, 2844047 rows affected (18.73 sec)
> mysql> SHOW ENGINE INNODB STATUS \G
> ...
> ---
> LOG
> ```

```
---
Log sequence number          5070032564
...
```

이 결과를 보면 salaries 테이블 하나를 복사함으로써 대략 209MB 정도((5070032564 – 4850618449)/1024/1024)의 리두 로그가 증가했다는 것을 알 수 있다.

11.7.4.7 테이블 삭제

일반적으로 MySQL에서 레코드가 많지 않은 테이블을 삭제하는 작업은 서비스 도중이라고 하더라도 문제가 되지 않는다. MySQL 8.0 버전에서는 특정 테이블을 삭제하는 작업이 다른 테이블의 DML이나 쿼리를 직접 방해하지는 않는다. MySQL 서버에서 테이블 삭제는 DROP TABLE 명령으로 실행한다.

```
mysql> DROP TABLE [ IF EXISTS ] table1;
```

하지만 용량이 매우 큰 테이블을 삭제하는 작업은 상당히 부하가 큰 작업에 속한다. 테이블이 삭제되면 MySQL 서버는 해당 테이블이 사용하던 데이터 파일을 삭제해야 하는데, 이 파일의 크기가 매우 크고 디스크에서 파일의 조각들이 너무 분산되어 저장돼 있다면 많은 디스크 읽고 쓰기 작업이 필요하다. MySQL 서버의 디스크 읽고 쓰기 부하가 높아지면 다른 커넥션의 쿼리 처리 성능이 떨어질 수도 있다. 테이블 삭제가 직접 다른 커넥션의 쿼리를 방해하지는 않지만 간접적으로는 영향을 미칠 수도 있다. 그래서 테이블이 크다면 서비스 도중에 삭제 작업(DROP TABLE)은 수행하지 않는 것이 좋다.

> **참고** MySQL 서버의 데이터 파일이 리눅스의 ext3 파일 시스템을 사용하는 경우 파일의 조각이 디스크의 이곳저곳에 분산되어 저장된다. 이로 인해 ext3 파일 시스템의 경우 대용량 테이블 삭제 작업은 디스크 읽고 쓰기 작업을 상당히 많이 발생시킬 수도 있다. 하지만 최근에 많이 사용되는 리눅스 운영체제에서는 대부분 ext4 파일 시스템 또는 xfs를 사용하는데, 이 경우 파일 삭제 시 디스크 읽고 쓰기 작업이 많이 줄어들었다. 아직 ext3 파일 시스템을 사용한다면 테이블을 삭제할 때 주의하자.

테이블 삭제에서 한 가지 더 주의해야 하는 것은 InnoDB 스토리지 엔진의 어댑티브 해시 인덱스 (Adaptive hash index)다. 어댑티브 해시 인덱스는 InnoDB 버퍼 풀의 각 페이지가 가진 레코드에 대한 해시 인덱스 기능을 제공하는데, 어댑티브 해시 인덱스가 활성화돼 있는 경우 테이블이 삭제되면 어댑티브 해시 인덱스 정보도 모두 삭제해야 한다. 어댑티브 해시 인덱스가 삭제될 테이블에 대한 정보를 많이 가지고 있다면 어댑티브 해시 인덱스 삭제 작업으로 인해 MySQL 서버의 부하가 높아지고 간접적으로 다른 쿼리 처리에 영향을 미칠 수도 있다. 어댑티브 해시 인덱스는 자주 사용되는 테이블에 대해서만 해시 인덱스를 빌드하기 때문에 거의 사용되지 않는 테이블이었다면 크게 문제되지 않을 수도 있다. 어댑티브 해시 인덱스는 테이블 삭제뿐만 아니라 테이블의 스키마 변경에도 영향을 미칠 수 있다. 어댑티브 해시 인덱스에 대한 자세한 내용은 4.2.12절 '어댑티브 해시 인덱스'를 참조하자.

11.7.5 칼럼 변경

테이블 구조 변경 작업은 대부분 칼럼을 추가하거나 칼럼 타입을 변경하는 작업이다. ALTER TABLE 명령을 이용한 칼럼 추가 및 삭제, 칼럼 이름 변경, 칼럼 타입 변경에 대해 간단히 살펴보자.

11.7.5.1 칼럼 추가

MySQL 8.0 버전으로 업그레이드되면서 테이블의 칼럼 추가 작업은 대부분 INPLACE 알고리즘을 사용하는 온라인 DDL로 처리가 가능하다. 그뿐만 아니라 칼럼을 테이블의 제일 마지막 칼럼으로 추가하는 경우에는 INSTANT 알고리즘으로 즉시 추가된다.

```
-- // 테이블의 제일 마지막에 새로운 칼럼을 추가
mysql> ALTER TABLE employees ADD COLUMN emp_telno VARCHAR(20),
        ALGORITHM=INSTANT;

-- // 테이블의 중간에 새로운 칼럼을 추가
mysql> ALTER TABLE employees ADD COLUMN emp_telno VARCHAR(20) AFTER emp_no,
        ALGORITHM=INPLACE, LOCK=NONE;
```

위 예제의 첫 번째 DDL 문장은 테이블의 마지막에 새로운 칼럼을 추가하므로 INSTANT 알고리즘으로 즉시 추가가 가능하다. 하지만 두 번째 예제는 테이블의 기존 칼럼 중간에 새로 추가하기 때문에 테이블의 리빌드가 필요하다. 그래서 INSTANT 알고리즘으로 처리가 불가능하며, INPLACE 알고리즘으로 처리돼야 한다. 그래서 테이블이 큰 경우라면 가능하다면 칼럼을 테이블의 마지막 칼럼으로 추가하는 것이 좋다.

이미 11.7.1절 '온라인 DDL'에서 살펴본 바와 같이 스키마 변경 작업의 종류별로 어떤 알고리즘이 가능한지를 기억하기는 쉽지 않다. 그래서 항상 ALTER TABLE 명령에는 ALGORITHM과 LOCK 절을 추가해서 원하는 성능과 잠금 레벨로 스키마 변경이 가능한지 차례대로 다음과 같이 확인해가면서 스키마 변경을 해보는 것을 권장한다.

```
mysql> ALTER TABLE employees ADD COLUMN emp_telno VARCHAR(20) AFTER emp_no, ALGORITHM=INSTANT;
mysql> ALTER TABLE employees ADD COLUMN emp_telno VARCHAR(20) AFTER emp_no, ALGORITHM=INPLACE,
LOCK=NONE;

...
```

참고로 스키마 변경이 INSTANT 알고리즘을 사용하는 경우 아주 일시적인 메타데이터 잠금만 사용되기 때문에 사용자가 잠금을 제어할 수 없다. 그래서 ALGORITHM=INSTANT인 경우에는 LOCK 절을 사용할 수 없다. 물론 ALGORITHM=INSTANT 알고리즘을 사용하는 경우에는 잠금 시간이 매우 짧아서 별도로 잠금을 제어할 필요도 없다.

11.7.5.2 칼럼 삭제

칼럼을 삭제하는 작업은 항상 테이블의 리빌드를 필요로 하기 때문에 INSTANT 알고리즘을 사용할 수 없다. 그래서 항상 INPLACE 알고리즘으로만 칼럼 삭제가 가능하다. 다음 예제의 ALTER TABLE 명령에서 COLUMN 키워드는 입력하지 않아도 무방하다.

```
mysql> ALTER TABLE employees DROP COLUMN emp_telno,
       ALGORITHM=INPLACE, LOCK=NONE;
```

11.7.5.3 칼럼 이름 및 칼럼 타입 변경

칼럼의 이름이나 타입을 변경하는 방법은 다음과 같다. 칼럼의 타입 변경은 현재 칼럼의 타입과 변경하고자 하는 데이터 타입에 따라 매우 다양한 형태가 될 수 있는데, 여기서는 간략하게 자주 사용되는 타입 변환만 살펴보자.

```
-- // 칼럼의 이름 변경
mysql> ALTER TABLE salaries CHANGE to_date end_date DATE NOT NULL,
       ALGORITHM=INPLACE, LOCK=NONE;

-- // INT 칼럼을 VARCHAR 타입으로 변경
mysql> ALTER TABLE salaries MODIFY salary VARCHAR(20),
       ALGORITHM=COPY, LOCK=SHARED;
```

```
-- // VARCHAR 타입의 길이 확장
mysql> ALTER TABLE employees MODIFY last_name VARCHAR(30) NOT NULL,
            ALGORITHM=INPLACE, LOCK=NONE;

-- // VARCHAR 타입의 길이 축소
mysql> ALTER TABLE employees MODIFY last_name varchar(10) NOT NULL
            ALGORITHM=COPY, LOCK=SHARED;
```

- 첫 번째 DDL은 salaries 테이블의 to_date 칼럼의 이름만 end_date로 변경하는 예제다. 이렇게 칼럼의 이름만 변경하는 작업은 INPLACE 알고리즘을 사용하지만 실제 데이터 리빌드 작업은 필요치 않다. 그래서 INSTANT 알고리즘과 같이 빠르게 작업이 완료된다.

- 두 번째 DDL은 INT 타입의 칼럼을 VARCHAR 타입으로 변경하는 예제다. 이렇게 칼럼의 데이터 타입이 변경되는 경우 COPY 알고리즘이 필요하며 온라인 DDL로 실행돼도 스키마 변경 도중에는 테이블의 쓰기 작업은 불가하다.

- 세 번째 DDL은 VARCHAR 타입의 길이를 16에서 30으로 변경하는 예제다. VARCHAR 타입의 길이를 확장하는 경우는 현재 길이와 확장하는 길이의 관계에 따라 테이블의 리빌드가 필요할 수도 있고 아닐 수도 있다. 이에 대해서는 다시 자세히 살펴보겠다.

- 네 번째 DDL은 VARCHAR 타입의 길이를 16에서 10으로 변경하는 예제다. VARCHAR 타입의 길이를 축소하는 경우는 완전히 다른 타입으로 변경되는 경우와 같이 COPY 알고리즘을 사용해야 한다. 그리고 스키마를 변경하는 중 해당 테이블의 데이터 변경은 허용되지 않으므로 LOCK은 SHARED로 사용돼야 한다.

아마도 칼럼의 타입을 변경하는 경우 중 가장 빈번한 경우가 VARCHAR나 VARBINARY 타입의 길이를 확장하는 것일 것이다. VARCHAR나 VARBINARY 타입의 경우 칼럼의 최대 허용 사이즈는 메타데이터에 저장되지만 실제 칼럼이 가지는 값의 길이는 데이터 레코드의 칼럼 헤더에 저장된다. 그런데 값의 길이를 위해서 사용하는 공간의 크기는 VARCHAR 칼럼이 최대 가질 수 있는 바이트 수만큼 필요하다. 즉 칼럼값의 길이 저장용 공간은 칼럼의 값이 최대 가질 수 있는 바이트 수가 255 이하인 경우 1바이트만 사용하며, 256 바이트 이상인 경우 2바이트를 사용한다. 그래서 동일한 값이라고 하더라도 VARCHAR(10) 칼럼에 저장될 때보다 VARCHAR(1000) 칼럼에 저장될 때는 1바이트를 더 사용한다.

INPLACE 알고리즘으로 VARCHAR(10)에서 VARCHAR(20)으로 변경하는 경우라면 둘 다 255바이트 이하이므로 테이블 리빌드가 필요 없다. 하지만 UTF8MB4 문자 셋을 사용하는 경우 VARCHAR(10)에서 VARCHAR(64)로 변경하는 경우에는 테이블 리빌드가 필요하다. UTF8MB4 문자 셋은 한 글자가 최대 4바이트를 사용할 수 있기 때문에 VARCHAR(64)는 최대 256바이트를 사용한다. 그래서 이 경우에는 칼럼값의 길이를 1바이트에서 2바이트로 변경해야 하므로 테이블의 레코드 전체를 다시 리빌드해야 한다.

11.7.6 인덱스 변경

MySQL 8.0 버전에서는 대부분의 인덱스 변경 작업이 온라인 DDL로 처리 가능하도록 개선됐다. 여기서는 인덱스의 종류별로 추가 및 변경, 삭제하는 방법을 살펴보겠다.

> **주의** MySQL 서버에서 전문 검색 인덱스와 공간 검색 인덱스를 제외하면 나머지 인덱스는 모두 B-Tree 자료 구조를 사용한다. MySQL 서버의 매뉴얼에서는 "USING BTREE" 또는 "USING HASH" 절을 이용해 해시 인덱스를 지원하는 것으로 보이지만 "USING HASH" 절은 MySQL Cluster (NDB)를 위한 옵션이지 MySQL 서버의 InnoDB나 MyISAM 스토리지 엔진을 위한 옵션이 아니다. 그래서 이 책에서는 해시 인덱스에 대한 설명은 생략하겠다.

11.7.6.1 인덱스 추가

MySQL 서버에서 사용 가능한 인덱스의 종류나 인덱싱 알고리즘별로 대략 사용 가능한 ALTER TABLE ADD INDEX 문장의 형태를 나열해봤다. 다음 예제에서는 각 인덱스의 종류나 알고리즘별로 온라인 DDL이 가능한지, 어떤 알고리즘과 잠금으로 생성 가능한지도 함께 추가했다.

```
mysql> ALTER TABLE employees ADD PRIMARY KEY (emp_no),
          ALGORITHM=INPLACE, LOCK=NONE;

mysql> ALTER TABLE employees ADD UNIQUE INDEX ux_empno (emp_no),
          ALGORITHM=INPLACE, LOCK=NONE;

mysql> ALTER TABLE employees ADD INDEX ix_lastname (last_name),
          ALGORITHM=INPLACE, LOCK=NONE;

mysql> ALTER TABLE employees ADD FULLTEXT INDEX fx_firstname_lastname (first_name, last_name),
          ALGORITHM=INPLACE, LOCK=SHARED;

mysql> ALTER TABLE employees ADD SPATIAL INDEX fx_loc (last_location),
          ALGORITHM=INPLACE, LOCK=SHARED;
```

전문 검색을 위한 인덱스와 공간 검색을 위한 인덱스는 INPLACE 알고리즘으로 인덱스 생성이 가능하지만 SHARED 잠금이 필요하다는 것을 알 수 있다. 그러나 나머지 B-Tree 자료 구조를 사용하는 인덱스의 추가는 프라이머리 키라고 하더라도 INPLACE 알고리즘에 잠금 없이 온라인으로 인덱스 생성이 가능한 것을 알 수 있다.

11.7.6.2 인덱스 조회

MySQL 서버에서 인덱스의 목록을 조회할 때는 SHOW INDEXES 명령을 사용하거나 SHOW CREATE TABLE 명령으로 표시되는 테이블 생성 명령을 참조하면 된다.

```
mysql> SHOW INDEX FROM employees;
+-----------+------------+---------------------+--------------+-------------+-----------+-------------+
| Table     | Non_unique | Key_name            | Seq_in_index | Column_name | Collation | Cardinality |
+-----------+------------+---------------------+--------------+-------------+-----------+-------------+
| employees |          0 | PRIMARY             |            1 | emp_no      | A         |      286659 |
| employees |          1 | ix_firstname        |            1 | first_name  | A         |        1021 |
| employees |          1 | ix_hiredate         |            1 | hire_date   | A         |        3628 |
| employees |          1 | ix_gender_birthdate |            1 | gender      | A         |           4 |
| employees |          1 | ix_gender_birthdate |            2 | birth_date  | A         |       10876 |
| employees |          1 | fx_firstname_lastname |          1 | first_name  | NULL      |      300030 |
| employees |          1 | fx_firstname_lastname |          2 | last_name   | NULL      |      300030 |
+-----------+------------+---------------------+--------------+-------------+-----------+-------------+
```

SHOW INDEXES 명령은 테이블의 인덱스만 표시하는데, 인덱스 칼럼별로 한 줄씩 표시해준다. 표시된 결과에서 Key_name 칼럼은 인덱스의 이름을 나타내고, Seq_in_index 칼럼의 값은 인덱스에서 해당 칼럼의 위치를 보여준다. 단일 칼럼으로 생성된 인덱스는 Seq_in_index 칼럼이 1만 표시되며, 복합 칼럼 인덱스인 경우 Seq_in_index 칼럼의 값이 1부터 2, 3, 4, ... 형태로 증가한다. Cardinality 칼럼에는 인덱스에서 해당 칼럼까지의 유니크한 값의 개수를 보여준다. 단일 칼럼으로 구성된 인덱스의 경우 해당 칼럼이 가지는 유니크한 값의 개수를 표시하지만 복합 칼럼 인덱스인 경우 인덱스의 첫 번째 칼럼부터 해당 칼럼까지의 조합으로 유니크한 값의 개수를 표시한다. 예를 들어, ix_gender_birthdate 인덱스의 경우 gender 칼럼과 birth_date 칼럼의 조합으로 인덱스가 생성돼 있는데, gender 칼럼까지만 고려하면 유니크한 값의 개수가 4개이며, gender와 birth_date 칼럼의 조합으로 따지면 유니크한 값의 개수가 10876개라는 것을 의미한다.

SHOW CREATE TABLE 명령은 다음과 같이 테이블의 생성 구문을 그대로 보여준다. 인덱스와 함께 테이블의 모든 칼럼까지 표시하기 때문에 장황해 보일 수 있다. 하지만 인덱스별로 한 줄로 표시하기 때문에 어떤 인덱스가 있는지, 그 인덱스에 어떤 칼럼이 어떤 순서로 구성돼 있는지 파악하기 쉽다.

```
mysql> SHOW CREATE TABLE employees;

CREATE TABLE `employees` (
  `emp_no` int NOT NULL,
  `birth_date` date NOT NULL,
  `first_name` varchar(14) COLLATE utf8mb4_general_ci NOT NULL,
  `last_name` varchar(16) COLLATE utf8mb4_general_ci NOT NULL,
  `gender` enum('M','F') COLLATE utf8mb4_general_ci NOT NULL,
  `hire_date` date NOT NULL,
  `emp_telno` varchar(20) COLLATE utf8mb4_general_ci DEFAULT 'abc',
  PRIMARY KEY (`emp_no`),
  KEY `ix_firstname` (`first_name`),
  KEY `ix_hiredate` (`hire_date`),
  KEY `ix_gender_birthdate` (`gender`,`birth_date`),
  FULLTEXT KEY `fx_firstname_lastname` (`first_name`,`last_name`)
)
```

11.7.6.3 인덱스 이름 변경

쿼리 문장에서 인덱스의 이름을 힌트로 사용하면 MySQL 서버에서 해당 인덱스를 삭제하거나 다른 인덱스로 대체하는 경우 응용 프로그램의 코드를 변경해야 했다. 물론 인덱스를 삭제하고 동일 이름으로 새로운 인덱스를 생성하면 되지만 이 순서로 작업을 실행하면 새로운 인덱스를 생성하는 동안 필요한 인덱스가 없어지므로 손쉽게 작업하기가 어려웠다. 사실 이는 간단히 인덱스의 이름만 변경할 수 있다면 새로운 인덱스로 기존 인덱스를 대체할 수 있지만 MySQL 5.6 버전까지도 인덱스의 이름을 변경할 수 있는 방법이 없었다.

MySQL 5.7 버전부터는 다음과 같이 인덱스의 이름을 변경할 수 있게 됐다.

```
mysql> ALTER TABLE salaries RENAME INDEX ix_salary TO ix_salary2,
          ALGORITHM=INPLACE, LOCK=NONE;
```

인덱스의 이름을 변경하는 작업은 INPLACE 알고리즘을 사용하지만 실제 테이블 리빌드를 필요로 하지는 않는다. 그래서 응용 프로그램에서 힌트로 해당 인덱스의 이름을 사용 중이라고 하더라도 짧은 시간에 인덱스를 교체할 수 있게 됐다. 다음 예제는 employees 테이블이 이미 가지고 있던 "ix_firstname (first_name)"를 대신해서 "ix_firstname (first_name, last_name)" 인덱스를 교체하는 작업 방식을 보여준다.

```
-- // 1. index_new라는 이름으로 새로운 인덱스를 생성
mysql> ALTER TABLE employees
         ADD INDEX index_new (first_name, last_name),
         ALGORITHM=INPLACE, LOCK=NONE;

-- // 2. 기존 인덱스(ix_firstname)를 삭제하고,
-- //    동시에 새로운 인덱스(index_new)의 이름을 ix_firstname으로 변경
mysql> ALTER TABLE employees
         DROP INDEX ix_firstname,
         RENAME INDEX index_new TO ix_firstname,
         ALGORITHM=INPLACE, LOCK=NONE;
```

11.7.6.4 인덱스 가시성 변경

MySQL 서버에서 인덱스를 삭제하는 작업은 ALTER TABLE DROP INDEX 명령으로 즉시 완료된다. 하지만 한 번 삭제된 인덱스를 새로 생성하는 것은 매우 많은 시간이 걸릴 수도 있다. 특정 인덱스를 사용하지 않는다고 판단하고 삭제했는데, 실제 그 인덱스를 사용하는 쿼리가 있었다면 어떻게 될지는 이미 예측할 수 있을 것이다. 최악의 경우에는 응용 프로그램의 서비스를 멈추고, 인덱스를 다시 생성하고 응용 프로그램을 다시 시작해야 한다. 그래서 인덱스나 테이블을 삭제하는 작업은 데이터베이스 관리자에게는 매우 긴장되는 작업이었으며, 이러한 이유로 데이터베이스 서버의 인덱스는 한 번 생성되면 거의 삭제하지 못하는 경우가 많다.

하지만 MySQL 8.0 버전부터는 인덱스의 가시성을 제어할 수 있는 기능이 도입됐다. 인덱스의 가시성이란 MySQL 서버가 쿼리 실행할 때 해당 인덱스를 사용할 수 있게 할지 말지를 결정하는 것이다. 다음 예제는 응용 프로그램의 쿼리에서 특정 인덱스가 사용되지 못하게 하는 DDL 문장이다.

```
mysql> ALTER TABLE employees ALTER INDEX ix_firstname INVISIBLE;
```

인덱스가 INVISIBLE 상태로 변경되면 MySQL 옵티마이저는 INVISIBLE 상태의 인덱스는 없는 것으로 간주하고 실행 계획을 수립한다. 다음 예제는 first_name 칼럼의 인덱스가 INVISIBLE 상태로 바뀌기 전과 후의 실행 계획 변화를 보여준다.

```
mysql> EXPLAIN SELECT * FROM employees WHERE first_name='Matt';
+----+-------------+----------+------+-------------+------+-------+
| id | select_type | table    | type | key         | rows | Extra |
```

```
+----+-------------+-----------+------+--------------+-----+------+
|  1 | SIMPLE      | employees | ref  | ix_firstname | 233 | NULL |
+----+-------------+-----------+------+--------------+-----+------+
1 row in set, 1 warning (0.00 sec)

mysql> ALTER TABLE employees ALTER INDEX ix_firstname INVISIBLE;
Query OK, 0 rows affected (0.01 sec)

mysql> EXPLAIN SELECT * FROM employees WHERE first_name='Matt';
+----+-------------+-----------+------+------+--------+-------------+
| id | select_type | table     | type | key  | rows   | Extra       |
+----+-------------+-----------+------+------+--------+-------------+
|  1 | SIMPLE      | employees | ALL  | NULL | 300030 | Using where |
+----+-------------+-----------+------+------+--------+-------------+
```

INVISIBLE 상태의 인덱스를 다시 사용할 수 있게 하려면 VISIBLE 옵션을 명시하면 된다.

```
mysql> ALTER TABLE employees ALTER INDEX ix_firstname VISIBLE;
```

ALTER TABLE ... ALTER INDEX .. [VISIBLE | INVISIBLE] 명령은 메타데이터만 변경하기 때문에 온라인 DDL로 실행되는지 여부를 고려하지 않아도 된다. MySQL 8.0 버전부터는 인덱스를 삭제하기 전에 먼저 해당 인덱스를 보이지 않게 변경해서 하루 이틀 정도 상황을 모니터링한 후 안전하게 인덱스를 삭제할 수 있게 됐다.

그뿐만 아니라 최초 인덱스를 생성할 때도 가시성을 설정할 수 있다. SHOW CREATE TABLE 명령으로 테이블의 구조를 살펴보면 추가된 ix_firstname_lastname 인덱스의 끝부분에 "INVISIBLE" 키워드가 설정된 것을 확인할 수 있다.

```
mysql> ALTER TABLE employees ADD INDEX ix_firstname_lastname (first_name, last_name) INVISIBLE;
Query OK, 0 rows affected (0.55 sec)

mysql> SHOW CREATE TABLE employees \G
CREATE TABLE `employees` (
  `emp_no` int NOT NULL,
  ...
  PRIMARY KEY (`emp_no`),
```

```
    KEY `ix_hiredate` (`hire_date`),
    KEY `ix_gender_birthdate` (`gender`,`birth_date`),
    KEY `ix_firstname` (`first_name`),
    KEY `ix_firstname_lastname` (`first_name`,`last_name`) /*!80000 INVISIBLE */
) ENGINE=InnoDB
```

새로운 인덱스를 생성하는 것은 크게 문제되지 않을 거라고 생각할 수도 있다. 하지만 비슷한 칼럼으로 구성된 인덱스가 많아지면 MySQL 옵티마이저는 기존에 사용하던 인덱스와는 다른 인덱스를 사용할 수도 있다. 물론 더 성능이 빨라질 수도 있지만 성능이 더 악화될 수도 있다. 이러한 부분이 우려된다면 인덱스를 처음 생성할 때는 INVISIBLE 인덱스로 생성하고, 적절히 부하가 낮은 시점을 골라서 인덱스를 VISIBLE로 변경하면 된다. 서버의 성능이 떨어진다면 다시 INVISIBLE로 바꾸고 원인을 좀 더 분석해볼 수도 있다. 즉 인덱스를 생성하고 삭제하는 작업을 하지 않고도 쿼리가 인덱스를 사용할지 말지를 변경할 수 있게 됐다.

MySQL 서버의 optimizer_switch 시스템 변수에 use_invisible_indexes 옵션이 ON으로 설정된 경우 MySQL 옵티마이저는 쿼리가 INVISIBLE 상태의 인덱스도 사용할 수 있게 한다. optimizer_switch의 use_invisible_indexes 옵션의 기본값은 OFF로 설정돼 있다.

11.7.6.4 인덱스 삭제

ALTER TABLE ... DROP INDEX ... 명령으로 삭제할 수 있다. MySQL 서버의 인덱스 삭제는 일반적으로 매우 빨리 처리된다. 세컨더리 인덱스 삭제 작업은 INPLACE 알고리즘을 사용하지만 실제 테이블 리빌드를 필요로 하지는 않는다. 하지만 프라이머리 키의 삭제 작업은 모든 세컨더리 인덱스의 리프 노드에 저장된 프라이머리 키 값을 삭제해야 하기 때문에 임시 테이블로 레코드를 복사해서 테이블을 재구축해야 한다.

다음 예제는 종류별로 인덱스를 삭제하는 명령이다. 프라이머리 키 삭제는 COPY 알고리즘을 사용해야 하며, 프라이머리 키 삭제 도중 레코드 쓰기는 불가능한 SHARED 모드의 잠금이 필요하다는 것을 확인할 수 있다.

```
mysql> ALTER TABLE employees DROP PRIMARY KEY, ALGORITHM=COPY, LOCK=SHARED;
mysql> ALTER TABLE employees DROP INDEX ux_empno, ALGORITHM=INPLACE, LOCK=NONE;
mysql> ALTER TABLE employees DROP INDEX fx_loc, ALGORITHM=INPLACE, LOCK=NONE;
```

11.7.7 테이블 변경 묶음 실행

하나의 테이블에 대해 여러 가지 스키마 변경을 해야 하는 경우 개별 ALTER TABLE 명령을 차례대로 실행하는 경우를 본 적이 있다. 온라인 DDL로 빠르게 스키마 변경을 처리할 수 있다면 개별로 실행하는 것이 좋지만 그렇지 않다면 모아서 실행하는 것이 효율적이다. 다음과 같은 인덱스를 생성해야 한다고 가정해보자.

```
mysql> ALTER TABLE employees ADD INDEX ix_lastname (last_name, first_name),
          ALGROITHM=INPLACE, LOCK=NONE;

mysql> ALTER TABLE employees ADD INDEX ix_birthdate (birth_date)
          ALGROITHM=INPLACE, LOCK=NONE;
```

2개의 ALTER TABLE 명령으로 인덱스를 각각 생성하면 인덱스를 생성할 때마다 테이블의 레코드를 풀스캔해서 인덱스를 생성하게 된다. 하지만 다음과 같이 하나의 ALTER TABLE 명령으로 모아서 실행하면 MySQL 서버는 테이블의 레코드를 한 번만 풀 스캔해서 2개의 인덱스를 한꺼번에 생성할 수 있게 된다.

```
mysql> ALTER TABLE employees
          ADD INDEX ix_lastname (last_name, first_name),
          ADD INDEX ix_birthdate (birth_date),
          ALGROITHM=INPLACE, LOCK=NONE;
```

물론 2개의 인덱스를 한 번에 생성하면 인덱스 하나를 생성할 때보다는 더 많은 시간이 걸리겠지만 2개의 인덱스를 각각 ALTER TABLE 명령으로 생성하는 데 걸리는 시간보다는 훨씬 시간을 단축할 수 있다.

2개의 스키마 변경 작업이 하나는 INSTANT 알고리즘을 사용하고 다른 하나는 INPLACE 알고리즘을 사용한다면 군이 이렇게 모아서 실행할 필요는 없다. 가능하면 같은 알고리즘을 사용하는 스키마 변경 작업이라면 모아서 실행하는 것이 효율적일 것이다. INPLACE 알고리즘을 사용한다고 하더라도 테이블 리빌드가 필요한 작업과 그렇지 않은 작업끼리도 구분하고 모아서 실행할 수 있다면 더 효율적으로 스키마 관리를 할 수 있다.

11.7.8 프로세스 조회 및 강제 종료

MySQL 서버에 접속된 사용자의 목록이나 각 클라이언트 사용자가 현재 어떤 쿼리를 실행하고 있는지는 SHOW PROCESSLIST 명령으로 확인할 수 있다.

```
mysql> SHOW PROCESSLIST;
+------+---------+----------------+------+---------+-------+--------------+-----------------+
| Id   | User    | Host           | db   | Command | Time  | State        | Info            |
+------+---------+----------------+------+---------+-------+--------------+-----------------+
| 2740 | db_user | 192.168.0.1:14 | db1  | Sleep   |   527 |              | NULL            |
| 4228 | db_user | 192.168.0.1:15 | db1  | Query   | 53216 | Sending data | SELECT ...      |
| 6243 | root    | localhost      | NULL | Query   |     0 | NULL         | SHOW PROCESSLIST |
+------+---------+----------------+------+---------+-------+--------------+-----------------+
```

SHOW PROCESSLIST 명령의 결과에는 현재 MySQL 서버에 접속된 클라이언트의 요청을 처리하는 스레드 수만큼의 레코드가 표시된다. 각 칼럼에 포함된 값의 의미는 다음과 같다.

- Id: MySQL 서버의 스레드 아이디이며, 쿼리나 커넥션을 강제 종료할 때는 이 칼럼(Id) 값을 식별자로 사용한다.

- User: 클라이언트가 MySQL 서버에 접속할 때 인증에 사용한 사용자 계정을 의미한다.

- Host: 클라이언트의 호스트명이나 IP 주소가 표시된다.

- db: 클라이언트가 기본으로 사용하는 데이터베이스의 이름이 표시된다.

- Command: 해당 스레드가 현재 어떤 작업을 처리하고 있는지 표시한다.

- Time: Command 칼럼에 표시되는 작업이 얼마나 실행되고 있는지 표시한다. 위의 예제에서 두 번째 라인은 53216초 동안 SELECT 쿼리를 실행하고 있음을 보여주고, 첫 번째 라인은 이 스레드가 대기(Sleep) 상태로 527초 동안 아무것도 하지 않고 있음을 보여준다.

- State: Command 칼럼에 표시되는 내용이 해당 스레드가 처리하고 있는 작업의 큰 분류를 보여준다면 State 칼럼에는 소분류 작업 내용을 보여준다. 이 칼럼에 표시될 수 있는 내용은 상당히 많다. 자세한 내용은 MySQL 매뉴얼의 "스레드의 상태 모니터링"[21]을 참조하자.

- Info: 해당 스레드가 실행 중인 쿼리 문장을 보여준다. 쿼리는 화면의 크기에 맞춰서 표시 가능한 부분까지만 표시된다. 쿼리의 모든 내용을 확인하려면 SHOW FULL PROCESSLIST 명령을 사용하면 된다.

---

21 https://dev.mysql.com/doc/refman/8.0/en/thread-information.html

SHOW PROCESSLIST 명령은 MySQL 서버가 어떤 상태인지를 판단하는 데도 많은 도움이 된다. 일반적으로 쾌적한 상태로 서비스되는 MySQL에서는 대부분 프로세스의 Command 칼럼이 Sleep 상태로 표시된다. 그런데 Command 칼럼의 값이 "Query"이면서 Time이 상당히 큰 값을 가지고 있다면 쿼리가 상당히 장시간 실행되고 있음을 의미한다.

SHOW PROCESSLIST의 결과에서 특별히 관심을 둬야 할 부분은 State 칼럼의 내용이다. State 칼럼에 표시될 수 있는 값은 종류가 다양한데, 대표적으로 "Copying ..." 그리고 "Sorting ..."으로 시작하는 값들이 표시될 때는 주의 깊게 살펴봐야 한다. 각 Command나 State 칼럼에 표시될 수 있는 내용은 "스레드의 상태 모니터링"[22]을 참고한다.

SHOW PROCESSLIST 명령의 결과에서 Id 칼럼값은 접속된 커넥션의 요청을 처리하는 전용 스레드의 번호를 의미한다. 특정 스레드에서 실행 중인 쿼리나 커넥션 자체를 강제 종료하려면 KILL 명령을 사용하면 된다.

```
mysql> KILL QUERY 4228;
mysql> KILL 4228;
```

위 예제의 첫 번째 명령은 아이디가 4228인 스레드가 실행 중인 쿼리는 강제 종료시키지만 커넥션 자체는 그대로 유지한다. 반면 두 번째 명령은 해당 4228번 스레드가 실행하고 있는 쿼리뿐만 아니라 해당 커넥션까지 강제 종료시키는 명령이다. 커넥션이 강제 종료되면 그 커넥션에서 처리하고 있던 트랜잭션은 자동으로 롤백 처리된다.

11.7.9 활성 트랜잭션 조회

쿼리가 오랜 시간 실행되고 있는 경우도 문제지만 트랜잭션이 오랜 시간 완료되지 않고 활성 상태로 남아있는 것도 MySQL 서버의 성능에 영향을 미칠 수 있다. MySQL 서버의 트랜잭션 목록은 다음과 같이 information_schema.innodb_trx 테이블을 통해 확인할 수 있다.

```
mysql> SELECT trx_id,
          (SELECT CONCAT(user,'@',host)
           FROM information_schema.processlist
           WHERE id=trx_mysql_thread_id) AS source_info,
```

---

22 https://dev.mysql.com/doc/refman/8.0/en/thread-information.html

```
        trx_state,
        trx_started,
        now(),
        (unix_timestamp(now()) - unix_timestamp(trx_started)) AS lasting_sec,
        trx_requested_lock_id,
        trx_wait_started,
        trx_mysql_thread_id,
        trx_tables_in_use,
        trx_tables_locked
    FROM information_schema.innodb_trx
    WHERE (unix_timestamp(now()) - unix_timestamp(trx_started))>5 \G
*************************** 1. row ***************************
             trx_id: 23000
        source_info: root@localhost
          trx_state: RUNNING
        trx_started: 2020-09-01 22:50:49
              now(): 2020-09-01 22:53:39
        lasting_sec: 170
trx_requested_lock_id: NULL
    trx_wait_started: NULL
 trx_mysql_thread_id: 14
   trx_tables_in_use: 0
   trx_tables_locked: 1
1 row in set (0.00 sec)
```

위의 쿼리는 트랜잭션이 5초 이상 활성 상태로 남아있는 프로세스만 조사하는 쿼리다. 조회 결과를 보면 14번 프로세스(trx_mysql_thread_id 칼럼의 값)는 "root@localhost" 계정으로 접속했으며, 현재 170초(lasting_sec 칼럼의 값) 동안 활성 트랜잭션(Active Transaction) 상태를 유지하고 있다는 것을 알 수 있다. 평상시보다 오랜 시간 트랜잭션이 활성 상태를 유지하고 있다면 information_schema. innodb_trx 테이블에서 모든 정보를 조회해서 살펴보면 이 트랜잭션이 얼마나 많은 레코드를 변경했고 얼마나 많은 레코드를 잠그고 있는지 확인할 수 있다.

```
mysql> SELECT * FROM information_schema.innodb_trx WHERE trx_id=2300 \G
*************************** 1. row ***************************
             trx_id: 23000
          trx_state: RUNNING
```

```
            trx_started: 2020-09-01 22:50:49
    trx_requested_lock_id: NULL
        trx_wait_started: NULL
             trx_weight: 3
     trx_mysql_thread_id: 14
             trx_query: NULL
    trx_operation_state: NULL
      trx_tables_in_use: 0
      trx_tables_locked: 1
       trx_lock_structs: 2
  trx_lock_memory_bytes: 1136
        trx_rows_locked: 1
      trx_rows_modified: 1
 trx_concurrency_tickets: 0
     trx_isolation_level: REPEATABLE READ
      trx_unique_checks: 1
  trx_foreign_key_checks: 1
trx_last_foreign_key_error: NULL
 trx_adaptive_hash_latched: 0
 trx_adaptive_hash_timeout: 0
        trx_is_read_only: 0
trx_autocommit_non_locking: 0
     trx_schedule_weight: NULL
```

위 결과의 trx_rows_modified 칼럼과 trx_rows_locked 칼럼의 값을 참조해보면 23000번 트랜잭션은 1개의 레코드를 변경했고 1개의 레코드에 대해서 잠금을 가지고 있는 것을 확인할 수 있다. 이때 어떤 레코드를 잠그고 있는지는 performance_schema.data_locks 테이블을 참조하면 된다.

```
mysql> SELECT * FROM data_locks \G
*************************** 1. row ***************************
              ENGINE: INNODB
       ENGINE_LOCK_ID: 5022884824:1361:140521184204800
ENGINE_TRANSACTION_ID: 23000
            THREAD_ID: 63
             EVENT_ID: 177
        OBJECT_SCHEMA: employees
          OBJECT_NAME: employees
```

```
         PARTITION_NAME: NULL
      SUBPARTITION_NAME: NULL
            INDEX_NAME: NULL
  OBJECT_INSTANCE_BEGIN: 140521184204800
             LOCK_TYPE: TABLE
             LOCK_MODE: IX
           LOCK_STATUS: GRANTED
             LOCK_DATA: NULL
*************************** 2. row ***************************
                ENGINE: INNODB
         ENGINE_LOCK_ID: 5022884824:212:9:2:140521188400672
  ENGINE_TRANSACTION_ID: 23000
             THREAD_ID: 63
              EVENT_ID: 188
         OBJECT_SCHEMA: employees
           OBJECT_NAME: employees
         PARTITION_NAME: NULL
      SUBPARTITION_NAME: NULL
            INDEX_NAME: PRIMARY
  OBJECT_INSTANCE_BEGIN: 140521188400672
             LOCK_TYPE: RECORD
             LOCK_MODE: X,REC_NOT_GAP
           LOCK_STATUS: GRANTED
             LOCK_DATA: 10001
2 rows in set (0.00 sec)
```

위의 결과를 보면 23000번 트랜잭션은 다음과 같이 2개의 잠금을 가지고 있다는 것을 알 수 있다.

- employees 테이블에 대한 IX 잠금(Intention Exclusive Lock)을 가지고 있음

- employees 테이블의 프라이머리 키의 RECORD에 대해서 배타적 잠금을 가지고 있음(LOCK_MODE 칼럼은 잠금이 갭락은 아닌 단순 레코드 락임을 의미함)

performance_schema.data_locks 테이블과 performance_schema.data_lock_waits 테이블, information_schema.innodb_trx 테이블을 이용해 트랜잭션 간 잠금 대기를 확인하는 방법은 5.3.3절 '레코드 수준의 잠금 확인 및 해제'에서도 살펴봤으니 함께 참고한다.

이처럼 장시간에 걸쳐 트랜잭션이 쿼리를 실행 중인 상태에서 그 쿼리만 강제 종료시키면 커넥션이나 트랜잭션은 여전히 활성 상태로 남아있게 된다. 응용 프로그램에서 쿼리의 에러를 감지해서 트랜잭션을 롤백하게 돼 있다면 다음과 같이 쿼리만 종료하면 된다.

```
mysql> KILL QUERY 14;
```

그런데 응용 프로그램에서 쿼리 에러에 대한 핸들링이 확실하지 않다면 쿼리를 종료시키는 것보다 커넥션 자체를 강제 종료시키는 방법이 더 안정적일 수 있다.

```
mysql> KILL 14;
```

11.8 쿼리 성능 테스트

작성된 쿼리가 얼마나 효율적이고 더 개선할 부분이 있는지 확인하려면 먼저 실행 계획을 살펴보고 문제될 만한 부분이 있는지 검토한다. 그리고 실행 계획에 특별히 문제될 부분이 없다면 쿼리를 직접 실행해 본다. 실행 계획상으로는 보이지 않는 부분이 더 있을 수도 있기 때문이다. 쿼리를 직접 실행해 보면서 눈으로 성능을 체크할 때는 여러 가지 방해 요소가 있는데, 이러한 방해 요소를 간과하고 쿼리의 성능을 판단한다는 것은 매우 위험한 일이다. 여기서는 복잡한 벤치마킹 기술을 언급하려는 것이 아니라 간단하게 쿼리의 성능을 판단해보기 위해서는 어떠한 부분을 고려해야 하고, 어떤 영향 요소가 있는지 살펴보려는 것이다. 여기에 언급된 내용은 단순히 쿼리 테스트에만 필요한 지식이 아니라 실제 쿼리가 실행될 때 거치는 과정을 이해하는 데도 도움이 될 것이다.

11.8.1 쿼리의 성능에 영향을 미치는 요소

직접 작성한 쿼리를 실행해 보고 성능을 판단할 때 가장 큰 변수는 MySQL 서버가 가지고 있는 여러 종류의 버퍼나 캐시일 것이다. 어떤 종류의 버퍼나 캐시가 영향을 미치는지 살펴보고, 이런 영향을 최소화하는 방법도 알아보겠다.

11.8.1.1 운영체제의 캐시

MySQL 서버는 운영체제의 파일 시스템 관련 기능(시스템 콜)을 이용해 데이터 파일을 읽어온다. 그런데 일반적으로 대부분의 운영체제는 한 번 읽은 데이터는 운영체제가 관리하는 별도의 캐시 영역에 보관해 뒀다가 다시 해당 데이터가 요청되면 디스크를 읽지 않고 캐시의 내용을 바로 MySQL 서버로 반환한다. InnoDB 스토리지 엔진은 일반적으로 파일 시스템의 캐시나 버퍼를 거치지 않는 Direct I/O를 사용하므로 운영체제의 캐시가 그다지 큰 영향을 미치지 않는다. 하지만 MyISAM 스토리지 엔진은 운영체제의 캐시에 대한 의존도가 높기 때문에 운영체제의 캐시에 따라 성능의 차이가 큰 편이다.

운영체제가 관리하는 캐시나 버퍼는 공용 공간이기 때문에 MySQL 서버와 같은 응용 프로그램이 종료된다고 해도 여전히 남아있을 수 있다. 그래서 운영체제가 가지고 있는 캐시나 버퍼가 전혀 없는 상태에서 쿼리의 성능을 테스트하려면 다음과 같이 운영체제의 캐시 삭제 명령을 실행하고 테스트하는 것이 좋다. 다음 예제는 리눅스 서버의 캐시를 제거하는 명령이며, 운영체제별로 캐시를 제거하는 명령이나 방법은 다를 수 있다.

```
## 캐시나 버퍼의 내용을 디스크와 동기화한다.
linux> sync

## 운영체제에 포함된 캐시의 내용을 초기화한다.
linux> echo 3 > /proc/sys/vm/drop_caches
```

11.8.1.2 MySQL 서버의 버퍼 풀(InnoDB 버퍼 풀과 MyISAM의 키 캐시)

운영체제의 버퍼나 캐시와 마찬가지로 MySQL 서버에서도 데이터 파일의 내용을 페이지(또는 블록) 단위로 캐시하는 기능을 제공한다. InnoDB 스토리지 엔진이 관리하는 캐시를 버퍼 풀이라고 하며, MyISAM 스토리지 엔진이 관리하는 캐시는 키 캐시라고 한다. InnoDB의 버퍼 풀은 인덱스 페이지는 물론이고 데이터 페이지까지 캐시하며, 쓰기 작업을 위한 버퍼링 작업까지 겸해서 처리한다. 그와 달리 MyISAM의 키 캐시는 인덱스 데이터에 대해서만 캐시 기능을 제공한다. 또한 MyISAM의 키 캐시는 주로 읽기를 위한 캐시 역할을 수행하며, 제한적으로 인덱스 변경만을 위한 버퍼 역할을 수행한다. 결국 MyISAM 스토리지 엔진에서는 인덱스를 제외한 테이블 데이터는 모두 운영체제의 캐시에 의존할수밖에 없다. MySQL 서버가 한번 시작되면 InnoDB의 버퍼 풀과 MyISAM의 키 캐시의 내용을 강제로 퍼지(Purge, 삭제)할 수 있는 방법이 없다. MySQL 서버에 포함된 키 캐시나 버퍼 풀을 초기화하려면 MySQL 서버를 재시작해야 한다.

특히 InnoDB의 버퍼 풀은 MySQL 서버가 종료될 때 자동으로 덤프됐다가 다시 시작될 때 자동으로 적재된다. 그래서 InnoDB의 버퍼 풀이 자동으로 덤프되고 적재되지 않게 innodb_buffer_pool_load_ at_startup 시스템 변수를 OFF로 설정한 후 재시작해야 한다. MySQL 서버가 종료될 때 버퍼 풀의 내용을 덤프하지 않고자 한다면 innodb_buffer_pool_dump_at_shutdown 시스템 변수도 OFF로 변경하면 된다. MySQL 8.0 버전에서는 이 두 개 시스템 변수가 모두 기본값인 ON으로 설정돼 있다.

```
mysql> SET GLOBAL innodb_buffer_pool_dump_at_shutdown=OFF;
mysql> SET GLOBAL innodb_buffer_pool_load_at_startup=OFF;
```

11.8.1.3 독립된 MySQL 서버

버퍼나 캐시에 관련된 부분은 아니지만 MySQL 서버가 기동 중인 장비에 웹 서버나 다른 배치용 프로그램이 실행되고 있다면 테스트하려는 쿼리의 성능이 영향을 받게 될 것이다. 이와 마찬가지로 MySQL 서버뿐 아니라 테스트 쿼리를 실행하는 클라이언트 프로그램이나 네트워크의 영향 요소도 고려해야 한다. MySQL 서버가 설치된 서버에 직접 로그인해서 테스트해볼 수 있다면 이러한 요소를 쉽게 배제할 수 있을 것이다.

11.8.1.4 쿼리 테스트 횟수

실제 쿼리의 성능 테스트를 MySQL 서버의 상태가 워밍업된 상태(앞에서 언급한 캐시나 버퍼가 필요한 데이터로 준비된 상태)에서 진행할지 아니면 콜드 상태(캐시나 버퍼가 모두 초기화된 상태)에서 진행할지도 고려해야 한다. 일반적으로 쿼리의 성능 테스트는 콜드 상태가 아닌 워밍업된 상태를 가정하고 테스트하는 편이다. 어느 정도 사용량이 있는 서비스라면 콜드 상태에서 워밍업 상태로 전환하는 데 그다지 오래 걸리지 않기 때문에 실제 서비스 환경의 쿼리는 대부분 콜드 상태보다는 워밍업 상태에서 실행된다고 볼 수 있다. 간단한 쿼리의 성능 비교 테스트에서는 특별히 영향을 미칠 만한 프로세스나 다른 쿼리가 실행되고 있는지 확인한 후, 테스트를 진행하면 충분할 것이다.

운영체제의 캐시나 MySQL의 버퍼 풀, 키 캐시는 그 크기가 제한적이라서 쿼리에서 필요로 하는 데이터나 인덱스 페이지보다 크기가 작으면 플러시 작업과 캐시 작업이 반복해서 발생하므로 쿼리를 한 번 실행해서 나온 결과를 그대로 신뢰해서는 안 된다. 테스트하려는 쿼리를 번갈아 가면서 6~7번 정도 실행한 후, 처음 한두 번의 결과는 버리고 나머지 결과의 평균값을 기준으로 비교하는 것이 좋다. 처음에는 운영체제 캐시나 MySQL의 버퍼 풀과 키 캐시가 준비되지 않을 때가 많아서 대체로 많은 시간이 소요되는 편이어서 편차가 클 수 있기 때문이다.

이 같은 사항을 고려해 쿼리의 성능을 비교하는 것은 결국 상대적인 비교이지 절대적인 성능이 아니다. 그래서 그 쿼리가 어떤 서버에서도 그 시간 내에 처리된다고 보장할 수는 없다. 실제 서비스용 MySQL 서버에서는 현재 테스트 중인 쿼리만 실행되는 것이 아니라 동시에 4~50개의 쿼리가 실행 중인 상태일 것이다. 각 쿼리가 자원을 점유하기 위한 경합 등이 발생하므로 항상 테스트보다는 느린 처리 성능을 보이는 것이 일반적이다.

12

확장 검색

단순한 데이터 저장 및 검색이 RDBMS의 주요 요건이던 시절이 있었다. 하지만 그때 이후로 휴대폰과 같은 IT 기기의 엄청난 발전이 있었고, 데이터의 형태는 훨씬 다양해졌다. 또한 개발되고 서비스되는 응용 프로그램의 종류는 한계가 없어 보일 정도로 늘어나고 있다. 이러한 응용 프로그램들은 예전과 같이 고객의 이름과 연락처 정보와 같은 단순한 수준을 넘어서 사용자의 위치와 이동 경로, 그리고 사용자들이 작성한 문서들에 대한 다양한 형태의 검색 기능을 장착하고 있다. 물론 이 같은 기능들이 모두 MySQL 서버 같은 RDBMS로 구현되는 것은 아니다. 하지만 MySQL 서버도 이 같은 데이터 요건 변화에 맞춰 다양한 검색 기능을 추가하고 개선해 나가고 있다. 여기서는 MySQL 서버의 대표적인 확장 검색 기능인 전문 검색과 공간 검색 기능을 살펴보고자 한다.

12.1 전문 검색

MySQL 서버 같은 RDBMS에서 인덱스라고 하면 일반적으로 B-Tree 자료 구조를 사용해 짧은 단어를 검색하는 것으로 생각한다. 하지만 MySQL 서버는 예전부터 용량이 큰 문서를 단어 수준으로 잘게 쪼개어 문서 검색을 하게 해주는 기능이 있었다. 이러한 검색을 전문 검색(Full-text Search)이라고 한다. 예전 버전의 MySQL 서버에서는 일부 스토리지 엔진을 사용하는 테이블만 전문 검색 기능을 활용할 수 있었지만 MySQL 8.0에서는 가장 사용률이 높은 InnoDB 스토리지 엔진에서도 사용할 수 있게 개선됐다.

문서의 단어들을 분리해서 형태소를 찾고 그 형태소를 인덱싱하는 방법은 서구권 언어에는 적합하지만 한국어를 포함한 중국어와 일본어에는 적합하지 않다. 이러한 단점을 보완하기 위해 MySQL 8.0에서는 단어의 형태소나 어원과 관계없이 특정 길이의 조각(Token)으로 인덱싱하는 n-gram 파서도 도입됐다. 형태소나 어원에 관계없다는 것은 형태소를 분석하지 않아도 된다는 의미인데, 한글의 경우 형태소 분석 자체만 해도 엄청난 노력과 시간이 소요되기 때문에 n-gram 검색 기능은 한글 문서 검색에는 이용 가치가 매우 높은 기능이다.

이 책에 사용된 전문 검색 예제는 MySQL 서버의 내장 불용어(Stopword)를 사용하지 않게 설정된 상태에서 테스트된 것이다. 그리고 ngram_token_size는 2로 설정한 상태에서 테스트된 결과인데, 일부 테스트의 경우 ngram_token_size를 3으로 설정한 경우도 있다. 이처럼 ngram_token_size를 2가 아닌 값으로 테스트하는 경우에는 별도로 ngram_token_size=3이라고 명시하고 있으니 주의하자. ft_stopword_file과 ngram_token_size 시스템 변수는 모두 MySQL 서버가 실행 중인 상태에서는 변경할 수 없으니 my.cnf 설정 파일을 다음과 같이 변경하고 MySQL 서버를 재시작해야 한다.

```
ft_stopword_file=''
ngram_token_size=2
```

또한 InnoDB 스토리지 엔진을 사용하는 테이블에 대해서만 전문 검색 인덱스를 살펴보고 있는데, MyISAM 스토리지 엔진을 사용하지 않는다면 다음과 같이 InnoDB 스토리지 엔진의 전문 검색 엔진에서만 불용어 처리를 하지 않게 설정할 수도 있다. innodb_ft_enable_stopword 시스템 변수는 기본값이 ON이기 때문에 다음과 같이 OFF로 명시적으로 변경하지 않으면 MySQL 서버에 내장된 불용어를 사용하게 된다. innodb_ft_enable_stopword 시스템 변수는 MySQL 서버를 재시작하지 않고도 동적으로 변경 가능하지만 가능하면 my.cnf 파일에 함께 설정해두는 것이 좋다.

```
mysql> SET GLOBAL innodb_ft_enable_stopword=OFF;
```

12.1.1 전문 검색 인덱스의 생성과 검색

MySQL 서버에서는 다음 2가지 알고리즘을 이용해 인덱싱할 토큰을 분리해낸다.

- 형태소 분석(서구권 언어의 경우 어근 분석)

- n-gram 파서

형태소 분석은 먼저 문장의 공백과 같은 띄어쓰기 단위로 단어를 분리하고, 각 단어의 조사를 제거해서 명사 또는 어근을 찾아서 인덱싱하는 알고리즘이다. 하지만 MySQL 서버에서는 단순히 공백과 같은 띄어쓰기 기준으로 토큰을 분리해서 인덱싱한다. 즉, MySQL 서버에서는 형태소 분석이나 어근 분석 기능은 구현돼 있지 않다.[1] 그리고 n-gram은 문장 자체에 대한 이해 없이 공백과 같은 띄어쓰기 단위로 단어를 분리하고, 그 단어를 단순히 주어진 길이(n-gram의 n은 1~10 사이의 숫자 값)로 쪼개서 인덱싱하는 알고리즘이다. 전문 검색 파서가 인덱싱할 키워드를 분리해내는 방법과 전문 검색 인덱스의 구현 방법은 8.5절 '전문 검색 인덱스'를 참조하자.

---

1 MySQL 서버는 MeCab 라이브러리를 플러그인 형태로 사용할 수 있는 기능을 제공하지만 형태소 분석 자체로도 너무 넓은 범위의 내용이어서 이 책에서는 MeCab 라이브러리를 이용해 형태소 분석기를 만드는 방법은 언급하지 않는다.

형태소 분석은 내용도 방대하고 사용하기도 쉽지 않으므로 생략하고, 범용으로 가볍게 사용할 수 있는 n-gram 알고리즘을 사용하는 방법을 살펴보자.

n-gram에서 n은 숫자 값을 의미하며, ngram_token_size 시스템 변수로 변경할 수 있다. ngram_token_size의 기본 값은 2이며, 1부터 10 사이의 숫자 값을 설정할 수 있다. n의 값이 1이면 uni-Gram, 2이면 bi-gram, 3이면 tri-gram이라고 한다. ngram_token_size 시스템 변수를 3보다 큰 값으로 설정할 수도 있지만 ngram_token_size 설정 값에 따라 검색어의 길이 제약이 생기기 때문에 bi-gram 또는 tri-gram이 가장 일반적으로 사용된다.

간단하게 bi-gram과 tri-gram을 사용하는 전문 검색 인덱스의 쿼리 결과를 비교해보자. 우선 ngram_token_size 시스템 변수는 읽기 전용이며, MySQL 서버의 설정 파일을 이용해 서버가 시작될 때만 변경할 수 있다. 그래서 bi-gram과 tri-gram 테스트는 각각 ngram_token_size를 2와 3으로 변경해서 MySQL 서버를 재시작한 후 테스트해야 한다. 한 가지 더 주의할 것은 테이블의 전문 검색 인덱스를 생성할 때 "WITH PARSER ngram" 옵션을 반드시 추가해야만 n-gram 파서를 사용해서 토큰을 생성할 수 있다는 점이다. 그렇지 않으면 MySQL 서버는 기본 파서(공백과 같은 구분자 기준으로 단어를 분리해서 인덱싱)를 사용해서 전문 인덱스를 생성하게 된다.

2-Gram 예제

```
-- // my.cnf 설정 파일에 다음 항목을 추가한 후 재시작
-- // ngram_token_size=2;

-- // 테스트 테이블과 데이터를 준비
mysql> CREATE TABLE tb_bi_gram (
         id BIGINT NOT NULL AUTO_INCREMENT,
         title VARCHAR(100),
         body TEXT,
         PRIMARY KEY(id),
         FULLTEXT INDEX fx_msg(title, body) WITH PARSER ngram
       );

mysql> INSERT INTO tb_bi_gram VALUES (NULL, 'Real MySQL', '이 책은 지금까지의 매뉴얼 번역이나
단편적인 지식 수준을 벗어나 저자와 다른 많은 MySQL 전문가의...');
```

```
-- // 단어의 선행 2글자 검색(ngram_token_size와 같은 길이)
mysql> SELECT COUNT(*) FROM tb_bi_gram
       WHERE MATCH(title, body) AGAINST ('단편' IN BOOLEAN MODE);
+----------+
| COUNT(*) |
+----------+
|        1 |
+----------+

-- // 단어의 후행 2글자 검색(ngram_token_size와 같은 길이)
mysql> SELECT COUNT(*) FROM tb_bi_gram
       WHERE MATCH(title, body) AGAINST ('적인' IN BOOLEAN MODE);
+----------+
| COUNT(*) |
+----------+
|        1 |
+----------+

-- // 단어 전체 검색(ngram_token_size보다 큰 길이)
mysql> SELECT COUNT(*) FROM tb_bi_gram
       WHERE MATCH(title, body) AGAINST ('단편적인' IN BOOLEAN MODE);
+----------+
| COUNT(*) |
+----------+
|        1 |
+----------+

-- // 단어 전체 검색(ngram_token_size보다 작은 길이)
mysql> SELECT COUNT(*) FROM tb_bi_gram
       WHERE MATCH(title, body) AGAINST ('이' IN BOOLEAN MODE);
+----------+
| COUNT(*) |
+----------+
|        0 |
+----------+

-- // 단어의 선행 1글자 검색(ngram_token_size보다 작은 길이)
mysql> SELECT COUNT(*) FROM tb_bi_gram
```

```
      WHERE MATCH(title, body) AGAINST ('책' IN BOOLEAN MODE);
+----------+
| COUNT(*) |
+----------+
|        0 |
+----------+
```

3-Gram 예제

```
-- // my.cnf 설정 파일에 다음 항목 추가 후 재시작
-- // ngram_token_size=3;

-- // 테스트 테이블과 데이터 준비
mysql> CREATE TABLE tb_tri_gram (
          id BIGINT AUTO_INCREMENT,
          title VARCHAR(100),
          body TEXT,
          PRIMARY KEY(id),
          FULLTEXT INDEX fx_msg(title, body) WITH PARSER ngram
       );

mysql> INSERT INTO tb_tri_gram VALUES (NULL, 'Real MySQL', '이 책은 지금까지의 매뉴얼 번역이나
단편적인 지식 수준을 벗어나 저자와 다른 많은 MySQL 전문가의 ...');

-- // 단어의 선행 3글자 검색(ngram_token_size와 같은 길이)
mysql> SELECT COUNT(*) FROM tb_tri_gram
          WHERE MATCH(title, body) AGAINST ('단편적' IN BOOLEAN MODE);
+----------+
| COUNT(*) |
+----------+
|        1 |
+----------+

-- // 단어의 후행 3글자 검색(ngram_token_size와 같은 길이)
mysql> SELECT COUNT(*) FROM tb_tri_gram
          WHERE MATCH(title, body) AGAINST ('편적인' IN BOOLEAN MODE);
+----------+
| COUNT(*) |
+----------+
```

```
¦        1 ¦
+---------+

-- // 단어 전체 검색(ngram_token_size보다 큰 길이)
mysql> SELECT COUNT(*) FROM tb_tri_gram
       WHERE MATCH(title, body) AGAINST ('단편적인' IN BOOLEAN MODE);
+---------+
¦ COUNT(*) ¦
+---------+
¦        1 ¦
+---------+

-- // 단어 전체 검색(ngram_token_size보다 작은 길이)
mysql> SELECT COUNT(*) FROM tb_tri_gram
       WHERE MATCH(title, body) AGAINST ('이' IN BOOLEAN MODE);
+---------+
¦ COUNT(*) ¦
+---------+
¦        0 ¦
+---------+

-- // 단어의 선행 1글자 검색(ngram_token_size보다 작은 길이)
mysql> SELECT COUNT(*) FROM tb_tri_gram
       WHERE MATCH(title, body) AGAINST ('책' IN BOOLEAN MODE);
+---------+
¦ COUNT(*) ¦
+---------+
¦        0 ¦
+---------+

-- // 단어의 선행 2글자 검색(ngram_token_size보다 작은 길이)
mysql> SELECT COUNT(*) FROM tb_tri_gram
       WHERE MATCH(title, body) AGAINST ('단편' IN BOOLEAN MODE);
+---------+
¦ COUNT(*) ¦
+---------+
¦        0 ¦
+---------+
```

```
-- // 단어의 후행 2글자 검색(ngram_token_size보다 작은 길이)
mysql> SELECT COUNT(*) FROM tb_tri_gram
       WHERE MATCH(title, body) AGAINST ('적인' IN BOOLEAN MODE);
+----------+
| COUNT(*) |
+----------+
|        0 |
+----------+
```

위의 bi-gram과 tri-gram 전문 검색 인덱스 예제를 종합해보면 다음과 같은 규칙을 확인할 수 있다.

- 검색어의 길이가 ngram_token_size보다 작은 경우: 검색 불가능
- 검색어의 길이가 ngram_token_size보다 크거나 같은 경우: 검색 가능

예를 들어, ngram_token_size=2인 경우 2글자 이상의 검색어는 사용 가능하지만 1글자 검색어는 결과를 가져오지 못한다. 그리고 ngram_token_size=3인 경우 3글자 이상의 검색어는 사용 가능하지만 1글자 또는 2글자 검색어는 결과를 가져오지 못한다. 이러한 특성 때문에 한글에서는 ngram_token_size의 값으로 2가 범용적으로 적절한 선택이 될 것이다. 하지만 여전히 ngram_token_size 시스템 변수는 응용 프로그램에서 주로 검색하고자 하는 검색어의 길이에 맞게 설정해야 한다.

그리고 하나 더 중요한 n-gram 전문 검색 인덱스의 특징은 검색어가 단어의 시작 부분이 아니고, 단어의 중간이나 마지막 부분이어도 n-gram이 검색할 수 있다는 것이다. n-gram 전문 검색 인덱스는 다음 예시(ngram_token_size=2)와 같이 토큰을 만들어 내기 때문에 단어의 중간에 위치한 문자열도 검색 가능하다.

문장의 단어	토큰(1)	토큰(2)	토큰(3)	토큰(4)
이				
책은	책은			
지금까지의	지금	금까	까지	지의
매뉴얼	매뉴	뉴얼		
번역이나	번역	역이	이나	
단편적인	단편	편적	적인	

문장의 단어	토큰(1)	토큰(2)	토큰(3)	토큰(4)
지식	지식			
수준을	수준	준을		
벗어나	벗어	어나		
저자와	저자	자와		
다른	다른			
많은	많은			
MySQL	My	yS	SQ	QL
전문가의	전문	문가	가의	

n-gram 전문 인덱스의 파서는 ngram_token_size=2보다 길이가 작은 단어는 모두 버리는데, 위의 결과에서 제일 첫 번째 단어 "이"는 버려진 것이다.

n-gram 파서는 전문 검색 인덱스를 생성할 때만 사용되는 것이 아니라, 쿼리의 전문 검색에서도 사용된다. 예를 들어 다음과 같은 쿼리를 다시 생각해보자.

```
mysql> SELECT COUNT(*) FROM tb_bi_gram
       WHERE MATCH(title, body) AGAINST ('단편적인' IN BOOLEAN MODE);
```

전문 검색 인덱스는 이미 2글자씩 잘라낸 토큰(ngram_token_size=2인 경우)을 인덱스에 저장하고 있다. 그런데 어떻게 4글자의 검색어를 이용해서 결과를 찾을 수 있을까? MySQL 서버는 전문 검색 쿼리가 오면 인덱싱할 때와 동일하게 검색어를 ngram_token_size 시스템 변숫값에 맞게 토큰을 잘라낸다. 그리고 잘려진 토큰("단편", "편적", "적인")들을 전문 검색 인덱스를 이용해 동등 비교 조건으로 검색한다. 그리고 검색된 결과들의 도큐먼트 ID[2]로 그루핑하고, 그루핑된 결과에서 각 단어의 위치를 이용해 최종 검색어를 포함하는지를 식별한다. 이 같은 이유로 ngram_token_size 시스템 변수는 테이블을 생성할 때와 데이터가 저장될 때, 그리고 쿼리가 실행될 때 모두 동일한 값으로 유지돼야 한다.

---

2 전문 검색 인덱스의 경우 프라이머리 키와 별개로 레코드별로 id를 가지는데, 이를 도큐먼트 ID(Document Id)라고 한다. MySQL 서버의 전문 검색 인덱스에서 도큐먼트는 레코드 또는 로우(Row)와 동의어로 사용된다.

12.1.2 전문 검색 쿼리 모드

MySQL 서버의 전문 검색 쿼리는 자연어(NATURAL LANGUAGE) 검색 모드와 불리언(BOOLEAN) 검색 모드를 지원한다. 전문 검색 쿼리에서 특별히 검색 모드를 지정하지 않으면 자연어 검색 모드가 사용된다. MySQL 서버에서는 자연어 검색 모드와 함께 사용할 수 있는 검색어 확장(Query Expansion) 기능도 지원한다.

12.1.2.1 자연어 검색(NATURAL LANGUAGE MODE)

우선 자연어 검색 테스트를 위해 tb_bi_gram 테이블의 데이터를 다음과 같이 저장했다.

```
mysql> TRUNCATE TABLE tb_bi_gram;

mysql> INSERT INTO tb_bi_gram VALUES
        (NULL, 'Oracle', 'Oracle is database'),
        (NULL, 'MySQL', 'MySQL is database'),
        (NULL, 'MySQL article', 'MySQL is best open source dbms'),
        (NULL, 'Oracle article', 'Oracle is best commercial dbms'),
        (NULL, 'MySQL Manual', 'MySQL manual is true guide for MySQL');
```

MySQL 서버의 자연어 검색은 검색어에 제시된 단어들을 많이 가지고 있는 순서대로 정렬해서 결과를 반환한다.

```
mysql> SELECT id, title, body,
       MATCH(title, body) AGAINST ('MySQL' IN NATURAL LANGUAGE MODE) AS score
    FROM tb_bi_gram
    WHERE MATCH(title, body) AGAINST ('MySQL' IN NATURAL LANGUAGE MODE);
+----+--------------+-----------------------------------+--------------------+
| id | title        | body                              | score              |
+----+--------------+-----------------------------------+--------------------+
|  5 | MySQL Manual | MySQL manual is true guide for MySQL | 0.5906023979187012 |
|  2 | MySQL        | MySQL is database                 | 0.3937349319458008 |
|  3 | MySQL article| MySQL is best open source dbms    | 0.3937349319458008 |
+----+--------------+-----------------------------------+--------------------+
```

전문 검색 쿼리의 검색어에는 반드시 단일 단어만 사용되는 것은 아니다. 다음과 같이 자연어의 문장을 그대로 사용할 수도 있다. 문장을 그대로 검색어로 사용하는 형태를 매뉴얼에서는 "Phrase Search"라고 명명한다.

```
mysql> SELECT id, title, body,
       MATCH(title, body) AGAINST ('MySQL manual is true guide' IN NATURAL LANGUAGE MODE) AS
score
    FROM tb_bi_gram
    WHERE MATCH(title, body) AGAINST ('MySQL manual is true guide' IN NATURAL LANGUAGE
MODE);
+----+--------------+-----------------------------------+--------------------+
| id | title        | body                              | score              |
+----+--------------+-----------------------------------+--------------------+
|  5 | MySQL Manual | MySQL manual is true guide for MySQL | 3.5219566822052    |
|  2 | MySQL        | MySQL is database                 | 0.3937349319458008 |
|  3 | MySQL article| MySQL is best open source dbms    | 0.3937349319458008 |
+----+--------------+-----------------------------------+--------------------+
```

이렇게 문장이 검색어로 사용되면 MySQL 서버는 검색어를 구분자(공백이나 뉴 라인과 같은 띄어쓰기 문자)로 단어를 분리하고 다시 n-gram 파서로 토큰을 생성한 후 각 토큰에 대해 일치하는 단어의 개수를 확인해서 일치율을 계산한다. 즉, 이 경우 검색어에 사용된 모든 단어가 포함된 레코드뿐만 아니라 일부만 포함하는 결과도 가져온다. 검색어가 단일 단어 또는 문장인 경우 "." 또는 "," 등과 같은 문장 기호는 모두 무시된다.

12.1.2.2 불리언 검색(BOOLEAN MODE)

자연어 검색은 단순히 검색어에 포함된 단어들이 존재하는 결과만 가져오는 반면, 불리언 검색은 쿼리에 사용되는 검색어의 존재 여부에 대해 논리적 연산이 가능하다. 다음 예제는 두 단어의 존재 여부를 이용해 논리적 연산을 하는 불리언 검색 쿼리다.

```
mysql> SELECT id, title, body,
          MATCH(title, body) AGAINST ('+MySQL -manual' IN BOOLEAN MODE) AS score
       FROM tb_bi_gram
       WHERE MATCH(title, body) AGAINST ('+MySQL -manual' IN BOOLEAN MODE);

+----+---------------+----------------------------+--------------------+
| id | title         | body                       | score              |
+----+---------------+----------------------------+--------------------+
|  2 | MySQL         | MySQL is database          | 0.3937349319458008 |
|  3 | MySQL article | MySQL is best open source dbms | 0.3937349319458008 |
+----+---------------+----------------------------+--------------------+
```

위의 쿼리는 "MySQL"은 포함하지만 "manual"은 포함하지 않는 레코드를 검색하는 쿼리다. 예제 쿼리에서와 같이 불리언 검색에서는 "+" 표시를 가진 검색 단어는 전문 검색 인덱스 칼럼에 존재해야 하며 "-" 표시를 가진 검색 단어는 전문 검색 인덱스 칼럼에 포함돼 있지 않아야 한다.

다음 예제는 "MySQL"과 "manual"이라는 단어를 모두 포함하는 레코드만 검색하는 쿼리이며, 쿼리의 결과도 1건만 반환된 것을 확인할 수 있다.

```
mysql> SELECT id, title, body,
          MATCH(title, body) AGAINST ('+MySQL +manual' IN BOOLEAN MODE) AS score
       FROM tb_bi_gram
       WHERE MATCH(title, body) AGAINST ('+MySQL +manual' IN BOOLEAN MODE);
+----+--------------+------------------------------------+--------------------+
| id | title        | body                               | score              |
+----+--------------+------------------------------------+--------------------+
|  5 | MySQL Manual | MySQL manual is true guide for MySQL | 1.5677205324172974 |
+----+--------------+------------------------------------+--------------------+
```

불리언 검색에서는 쌍따옴표(")로 묶인 구는 마치 하나의 단어인 것처럼 취급된다. 다음 예제 쿼리를 한번 살펴보자.

```
mysql> SELECT id, title, body,
        MATCH(title, body) AGAINST ('+"MySQL man"' IN BOOLEAN MODE) AS score
    FROM tb_bi_gram
    WHERE MATCH(title, body) AGAINST ('+"MySQL man"' IN BOOLEAN MODE);
+----+--------------+-----------------------------------+--------------------+
| id | title        | body                              | score              |
+----+--------------+-----------------------------------+--------------------+
|  5 | MySQL Manual | MySQL manual is true guide for MySQL | 0.5906023979187012 |
+----+--------------+-----------------------------------+--------------------+

mysql> SELECT id, title, body,
        MATCH(title, body) AGAINST ('+"MySQL doc"' IN BOOLEAN MODE) AS score
    FROM tb_bi_gram
    WHERE MATCH(title, body) AGAINST ('+"MySQL doc"' IN BOOLEAN MODE);
Empty set (0.02 sec)
```

첫 번째 쿼리는 "MySQL man"에 "+" 표시를 사용했기 때문에 "MySQL man"이라는 구문을 가진 레코드를 검색한다. 여기서 "MySQL man"은 띄어쓰기까지 정확히 일치하는 것을 찾는 것이 아니라 "MySQL" 단어 뒤에 "man"이라는 단어가 나오면 일치하는 것으로 판단한다. 그래서 결과가 1건 출력된 것이다. 그리고 두 번째 쿼리는 "MySQL doc"에 "+" 표시를 사용했기 때문에 "MySQL doc"이라는 구문이 있어야 일치하는 것으로 판단한다. 즉, "MySQL"과 "doc"라는 2개의 단어가 순서대로 있는 레코드만 결과로 반환된다. 그래서 두 번째 쿼리는 결과가 없는 것이다.

불리언 검색에서 불리언 연산자 "+"나 "-"를 전혀 사용하지 않으면 검색어에 포함된 단어 중 아무거나 하나라도 있으면 일치하는 것으로 판단한다. 예를 들어, 다음 쿼리의 경우 "MySQL"과 "doc" 단어 중 아무거나 하나라도 일치하는 레코드가 있으면 결과로 반환한다.

```
mysql> SELECT id, title, body,
        MATCH(title, body) AGAINST ('MySQL doc' IN BOOLEAN MODE) AS score
    FROM tb_bi_gram
    WHERE MATCH(title, body) AGAINST ('MySQL doc' IN BOOLEAN MODE);
```

결국 불리언 검색에서 불리언 연산자인 "+"나 "-"가 사용되지 않으면 자연어 검색과 거의 흡사하게 작동한다. 하지만 불리언 검색과 자연어 검색은 서로 다른 방식으로 일치율을 계산하기 때문에 동일한 검색어를 사용한다고 하더라도 불리언 검색과 자연어 검색의 일치율은 다른 값을 보여준다.

불리언 검색에서는 "+"와 "-" 이외의 연산자 몇 가지를 더 지원하고 있으니 더 자세한 내용은 매뉴얼을 참조하자.

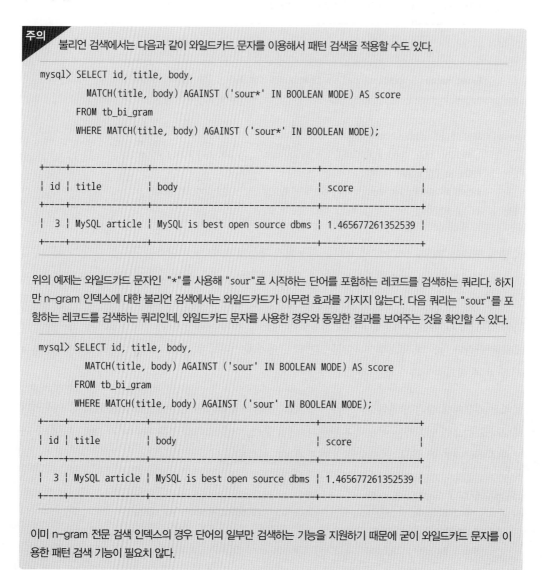

주의 불리언 검색에서는 다음과 같이 와일드카드 문자를 이용해서 패턴 검색을 적용할 수도 있다.

```
mysql> SELECT id, title, body,
         MATCH(title, body) AGAINST ('sour*' IN BOOLEAN MODE) AS score
       FROM tb_bi_gram
       WHERE MATCH(title, body) AGAINST ('sour*' IN BOOLEAN MODE);


+----+---------------+----------------------------+-------------------+
| id | title         | body                       | score             |
+----+---------------+----------------------------+-------------------+
|  3 | MySQL article | MySQL is best open source dbms | 1.465677261352539 |
+----+---------------+----------------------------+-------------------+
```

위의 예제는 와일드카드 문자인 "*"를 사용해 "sour"로 시작하는 단어를 포함하는 레코드를 검색하는 쿼리다. 하지만 n-gram 인덱스에 대한 불리언 검색에서는 와일드카드가 아무런 효과를 가지지 않는다. 다음 쿼리는 "sour"를 포함하는 레코드를 검색하는 쿼리인데, 와일드카드 문자를 사용한 경우와 동일한 결과를 보여주는 것을 확인할 수 있다.

```
mysql> SELECT id, title, body,
         MATCH(title, body) AGAINST ('sour' IN BOOLEAN MODE) AS score
       FROM tb_bi_gram
       WHERE MATCH(title, body) AGAINST ('sour' IN BOOLEAN MODE);
+----+---------------+----------------------------+-------------------+
| id | title         | body                       | score             |
+----+---------------+----------------------------+-------------------+
|  3 | MySQL article | MySQL is best open source dbms | 1.465677261352539 |
+----+---------------+----------------------------+-------------------+
```

이미 n-gram 전문 검색 인덱스의 경우 단어의 일부만 검색하는 기능을 지원하기 때문에 굳이 와일드카드 문자를 이용한 패턴 검색 기능이 필요치 않다.

12.1.2.3 검색어 확장(QUERY EXPANSION)

검색어 확장은 사용자가 쿼리에 사용한 검색어로 검색된 결과에서 공통으로 발견되는 단어들을 모아서 다시 한번 더 검색을 수행하는 방식이다. 검색어 확장 기능은 다음과 같은 검색 요건을 만족하기 위해 도입된 기능이다.

데이터베이스 관련 게시물을 검색하기 위해 다음과 같은 쿼리를 사용한다고 가정해보자.

```
mysql> SELECT * FROM tb_bi_gram
    WHERE MATCH(title, body) AGAINST('database' WITH QUERY EXPANSION);
```

하지만 이 쿼리는 "database"라는 키워드가 들어간 게시물만 검색한다. 그런데 이 검색을 실행한 사용자는 "database"뿐만 아니라 "MySQL"이나 "Oracle"과 같은 DBMS 이름도 검색하고 싶다면 어떻게 해야 할까? 검색어 확장(QUERY EXPANSION) 기능이 없다면 응용 프로그램에서 연관된 단어를 찾아서 여러 번 전문 검색 쿼리를 실행해야 한다. 물론 쿼리를 여러 번 실행하는 것은 어렵지 않겠지만 연관된 단어를 알아낸다는 것은 쉬운 일이 아니다.

그래서 MySQL 서버의 검색어 확장 기능은 다음과 같이 먼저 사용자의 검색어를 이용해 전문 검색을 실행한다.

```
mysql> SELECT * FROM tb_bi_gram
    WHERE MATCH(title, body) AGAINST('database');
+----+--------+------------------+
| id | title  | body             |
+----+--------+------------------+
|  2 | Oracle | Oracle is database |
|  3 | MySQL  | MySQL is database  |
+----+--------+------------------+
```

그리고 MySQL 서버에서는 이 결과에서 "database"라는 검색어와 연관 있어 보이는 단어들을 뽑아서 다시 전문 검색 쿼리를 실행한다. 이렇게 수집된 결과를 모두 합쳐서 다음과 같이 최종 결과로 반환한다.

```
mysql> SELECT * FROM tb_bi_gram
    WHERE MATCH(title, body) AGAINST('database' WITH QUERY EXPANSION);
+----+----------------+------------------------------------------+
| id | title          | body                                     |
+----+----------------+------------------------------------------+
|  3 | MySQL          | MySQL is database                        |
|  4 | MySQL article  | MySQL is best open source dbms           |
|  2 | Oracle         | Oracle is database                       |
|  5 | Oracle article | Oracle is best commercial dbms           |
+----+----------------+------------------------------------------+
```

이 결과는 매우 깔끔한 결과를 보여주지만, 사실 이 테이블에는 검색에 딱 들어맞는 데이터들만 저장돼 있었고 MySQL 전문 검색 쿼리는 테이블의 모든 레코드를 반환한 것이다. MySQL 검색어 확장 기능은 "Blind query expansion" 알고리즘을 사용하는데, 이는 검색어 결과에서 자주 사용된 단어들을 모아서 다시 전문 검색 쿼리를 실행할 뿐이다. 처음 실행하는 사용자 검색어("database") 쿼리의 결과에서 "java"나 "python"이라는 단어가 있었다면 게시물 중에서 "database"라는 단어는 포함돼 있지 않지만 "java"나 "python"이란 단어만 포함된 모든 결과도 가져왔을 것이다.

검색어 확장 기능은 매우 훌륭한 솔루션처럼 보이지만 원하지 않는 결과가 많고 이를 위해 전문 검색 쿼리를 불필요하게 많이 실행할 수도 있다.

12.1.3 전문 검색 인덱스 디버깅

MySQL 서버의 예전 버전에서는 MyISAM 스토리지 엔진에서만 전문 검색 인덱스를 사용할 수 있었지만 최근 버전에서는 InnoDB 스토리지 엔진에서도 사용할 수 있게 개선됐다. 이로 인해 불용어나 토큰 파서 등의 기능을 제어하는 시스템 변수가 조금 더 다양해졌다. 예를 들어, ft_stopword_file 시스템 변수는 모든 스토리지 엔진에 대해 적용되고, innodb_ft_server_stopword_table 시스템 변수는 InnoDB 스토리지 엔진에 대해서만 적용된다. 그뿐만 아니라 인덱스 생성 시 "WITH PARSER ngram" 등과 같은 옵션도 잊어버릴 때가 많다.

이를 비롯한 다양한 이유로 MySQL 서버의 전문 검색 쿼리가 원하는 결과를 만들어내지 못하는 경우도 발생할 수 있다. 일반적인 세컨더리 인덱스의 경우 칼럼의 값을 그대로 인덱싱하기 때문에 직관적이지만 전문 검색 인덱스의 경우 원래의 값을 그대로 인덱싱하지 않고 가공하기 때문에 오류의 원인을 찾아내기가 쉽지 않다.

MySQL 서버에서는 전문 검색 쿼리 오류의 원인을 쉽게 찾을 수 있게 다음과 같이 전문 검색 인덱스 디버깅 기능을 제공한다.

```
mysql> SET GLOBAL innodb_ft_aux_table = 'test/tb_bi_gram';
```

innodb_ft_aux_table 시스템 변수에 전문 검색 인덱스를 가진 테이블이 설정되면 MySQL 서버는 information_schema DB의 다음 테이블을 통해 전문 검색 인덱스가 어떻게 저장 및 관리되는지를 볼 수 있게 해준다.

- information_schema.innodb_ft_config
  전문 검색 인덱스의 설정 내용을 보여준다.

```
mysql> SELECT * FROM information_schema.innodb_ft_config;
+-------------------------+-------+
| KEY                     | VALUE |
+-------------------------+-------+
| optimize_checkpoint_limit | 180 |
| synced_doc_id           | 7     |
| stopword_table_name     |       |
| use_stopword            | 1     |
+-------------------------+-------+
```

- information_schema.innodb_ft_index_table
  전문 검색 인덱스가 가지고 있는 인덱스 엔트리의 목록을 보여준다. 전문 검색 인덱스의 각 엔트리는 토큰들이 어떤 레코드에 몇 번이나 사용됐는지, 그리고 레코드별로 문자 위치가 어디인지 등의 정보를 관리한다.

```
mysql> SELECT * FROM information_schema.innodb_ft_index_table;
+------+--------------+-------------+-----------+--------+----------+
| WORD | FIRST_DOC_ID | LAST_DOC_ID | DOC_COUNT | DOC_ID | POSITION |
+------+--------------+-------------+-----------+--------+----------+
| bm   |            4 |           5 |         2 |      4 |       41 |
| bm   |            4 |           5 |         2 |      5 |       42 |
| ce   |            4 |           5 |         2 |      4 |       37 |
| ce   |            4 |           5 |         2 |      5 |       19 |
| cl   |            2 |           5 |         3 |      2 |        3 |
| cl   |            2 |           5 |         3 |      2 |        7 |
```

```
| cl   |          2 |          5 |          3 |      4 |     10 |
| cl   |          2 |          5 |          3 |      5 |      3 |
...
```

- information_schema.innodb_ft_index_cache

테이블에 레코드가 새롭게 INSERT되면 MySQL 서버는 전문 검색 인덱스를 위한 토큰을 분리해서 즉시 디스크로 저장하지 않고 메모리에 임시로 저장한다. 이때 임시로 저장되는 공간이 innodb_ft_index_cache 테이블이다. 그리고 innodb_ft_index_cache 테이블이 사용하는 메모리 공간이 innodb_ft_cache_size 크기를 넘어서면 한꺼번에 모아서 디스크의 파일로 저장한다. 길이가 긴 텍스트 칼럼에 대해 전문 인덱스를 생성했다면 innodb_ft_cache_size 시스템 변수의 크기를 더 크게 설정하는 것도 성능상 도움이 될 것이다. 다음 예제를 보면 새로운 레코드를 INSERT했을 때 그 레코드의 전문 인덱스 칼럼이 어떻게 토크나이징되는지 확인할 수 있다.

```
mysql> INSERT INTO tb_bi_gram VALUES (NULL, 'Oracle', 'Oracle is database');

mysql> SELECT * FROM information_schema.innodb_ft_index_cache;
+------+-------------+------------+-----------+--------+----------+
| WORD | FIRST_DOC_ID | LAST_DOC_ID | DOC_COUNT | DOC_ID | POSITION |
+------+-------------+------------+-----------+--------+----------+
| cl   |           8 |          8 |         1 |      8 |        3 |
| cl   |           8 |          8 |         1 |      8 |        7 |
| le   |           8 |          8 |         1 |      8 |        4 |
| le   |           8 |          8 |         1 |      8 |        7 |
| se   |           8 |          8 |         1 |      8 |       23 |
+------+-------------+------------+-----------+--------+----------+
```

- information_schema.innodb_ft_deleted와 innodb_ft_being_deleted

테이블의 레코드가 삭제되면 어떤 레코드가 삭제됐는지, 그리고 어떤 레코드가 현재 전문 검색 인덱스에서 삭제되고 있는지를 보여준다.

```
mysql> DELETE FROM tb_bi_gram where id=1;

mysql> SEELCT * FROM information_schema.innodb_ft_deleted;
+--------+
| DOC_ID |
+--------+
|      2 |
+--------+
```

12.2 공간 검색

MySQL 서버의 공간 데이터 관리 기능은 다른 RDBMS보다 조금 늦은 편이지만 최근 MySQL 8.0 버전으로 업그레이드되면서 빠르게 많은 기능을 보완하고 있다. 이는 요즘 서비스되는 응용 프로그램들의 요건을 빠르게 반영한다는 것을 의미하기도 한다. 공간 데이터(Spatial Data) 관리에 관련된 부분은 사용자들의 인지도가 높은 분야는 아니므로 사용되는 단어들이 다소 생소하거나 어려울 수 있다. 여기서는 공간 데이터 관리에 필요한 기본 지식이나 용어에 대한 부분을 먼저 살펴보고, MySQL 서버의 공간 데이터 관리 기능, 그리고 공간 검색을 위한 인덱스 활용에 대해서도 살펴보겠다.

12.2.1 용어 설명

우선 공간 데이터 관리를 위해 먼저 알고 있어야 할 몇 가지 용어를 간단히 살펴보자.

- OGC(Open Geospatial Consortium)

  OGC는 위치 기반 데이터에 대한 표준을 수립하는 단체로서, 정부와 기업체, 그리고 학교 등 모든 기관이 자유롭게 가입할 수 있다. 현재 전 세계 500여 학교나 기업, 정부 기관이 참여하고 있으며, OGC는 정기적으로 위치 기반 데이터 및 처리에 대한 표준을 제정하고 개선하고 있다.

- OpenGIS

  OGC에서 제정한 지리 정보 시스템(GIS, Geographic Information System) 표준으로, WKT나 WKB 같은 지리 정보 데이터를 표기하는 방법과 저장하는 방법, 그리고 SRID와 같은 표준을 포함한다. OpenGIS 표준을 준수한 응용 프로그램의 위치 기반 데이터는 상호 변환 없이 교환 가능하도록 설계돼 있다.

- SRS와 GCS, PCS

  SRS(Spatial Reference System)는 한글로는 공간 참조 시스템 정도로 번역할 수 있는데, 사실 이보다는 우리가 흔히 이야기하는 좌표계(Coordinate System)라고 생각하면 된다. SRS는 크게 GCS(Geographic Coordinate System)와 PCS(Projected Coordinate system)로 구분된다. GCS는 그 이름에서도 알 수 있듯이 지구 구체상의 특정 위치나 공간을 표현하는 좌표계를 의미하는데, 흔히 위도(Latitude)와 경도(Longitude)와 같이 각도(Angular unit) 단위의 숫자로 표시된다. PCS는 구체 형태의 지구를 종이 지도와 같은 평면으로 투영(프로젝션, Projection)시킨 좌표계를 의미하는데, 주로 미터(meter)와 같은 선형적인 단위로 표시된다. 사실 GCS와 PCS 데이터는 목적 자체가 조금 다르다. GCS는 지구와 같은 구체 표면에서 특정 위치를 정의하는 반면, PCS는 GCS 위치 데이터를 2차원 평면인 종이에 어떻게 표현할지를 정의한다. 즉 GCS는 위치(WHERE)가 관심사이며, PCS는 어떻게(HOW) 표현할지가 주 관심사다. 그리고 실제 PCS 좌표는 GCS 좌표도 같이 포함한다.

  흔히 지리 정보에 익숙하지 않은 사람들은 지리 좌표라고 하면 모두 GPS로부터 수신받는 위도와 경도만 생각한다. 하지만 나라별로, 각 나라의 지역별로, 그리고 목적이나 용도별로 사용하는 좌표는 매우 다양하다. 그래서 지구상의 동일 지점이라고 하더라도 어느 공간 좌표계(SRS)를 사용하느냐에 따라 표시 방법이 달라진다. 예를 들어, 같은 위·경도 좌표라고 하더라도 참조하는 공간 좌표계가 달라지면 실제 위치는 달라진다.

이 책에서는 SRS는 간단히 "좌표계", GCS는 "지리 좌표계", PCS는 "투영 좌표계"라고 줄여서 명명하겠다. 그리고 지리 좌표계는 지구 구면체상의 위치를 표현하므로 "구면 좌표계"라고도 한다. 각 좌표계에 대한 더 자세한 설명은 다음 절에서 다시 살펴보자.

- SRID와 SRS-ID

  SRID는 "Spatial Reference ID"의 줄임말로서, 특정 SRS를 지칭하는 고유 번호를 의미한다. SRS-ID와 SRID는 동의어이며, MySQL 서버에서는 SRS 고유 번호를 저장하는 칼럼의 이름으로는 SRS_ID로 사용하고, 함수의 인자나 식별자로 사용될 경우 SRID를 사용한다.

- WKT와 WKB

  WKT(Well-Known Text format)와 WKB(Well-Known Binary format)는 OGC에서 제정한 OpenGIS에서 명시한 위치 좌표의 표현 방법이다. WKT는 사람의 눈으로 쉽게 확인할 수 있는 텍스트 포맷이며, WKB는 컴퓨터에 저장할 수 있는 형태의 이진 포맷의 저장 표준이다. WKT는 "POINT(15 20)" 또는 "LINESTRING(0 0, 10 10, 20 25, 50 60)" 등과 점이나 도형의 위치 정보를 정의하는 표준이다. WKT와 WKB 모두 OpenGIS 표준에 명시된 공간 데이터 표기 방법이며, MySQL 서버가 내부적으로 공간 데이터를 처리하거나 저장할 때는 WKT나 WKB 포맷으로 저장하지는 않는다. MySQL 서버가 내부적으로 사용하는 이진 데이터 포맷은 WKB 포맷과 흡사하지만 완전히 동일하지는 않다.

- MBR과 R-Tree

  MySQL 매뉴얼을 보면 MBR(Minimum Bounding Rectangle)이라는 표현을 자주 접하게 된다. MBR은 이름에서도 의미하듯이, 어떤 도형을 감싸는 최소의 사각 상자를 의미한다. MBR이 중요한 이유는 MySQL 서버의 공간 인덱스(Spatial Index)가 도형의 포함 관계를 이용하기 때문이다. 이렇게 도형들의 포함 관계를 이용해서 만들어진 인덱스를 R-Tree라고 한다. MBR과 R-Tree에 대한 자세한 내용은 8.4절 'R-Tree 인덱스'를 참조하자.

12.2.2 SRS(Spatial Reference System)

용어 설명에서 간단히 SRS(좌표계)는 GCS(지리 좌표계)와 PCS(투영 좌표계)로 구분된다는 것을 살펴봤는데, MySQL 서버에서 지원하는 SRS는 5000여 개가 넘는다. MySQL 서버에서 지원하는 SRS에 대한 정보는 information_schema 데이터베이스의 ST_SPATIAL_REFERENCE_SYSTEMS 테이블을 통해 확인할 수 있다.

```
mysql> DESC information_schema.ST_SPATIAL_REFERENCE_SYSTEMS;
+--------------------------+---------------+------+-----+---------+-------+
| Field                    | Type          | Null | Key | Default | Extra |
+--------------------------+---------------+------+-----+---------+-------+
| SRS_NAME                 | varchar(80)   | NO   |     | NULL    |       |
| SRS_ID                   | int unsigned  | NO   |     | NULL    |       |
| ORGANIZATION             | varchar(256)  | YES  |     | NULL    |       |
| ORGANIZATION_COORDSYS_ID | int unsigned  | YES  |     | NULL    |       |
| DEFINITION               | varchar(4096) | NO   |     | NULL    |       |
| DESCRIPTION              | varchar(2048) | YES  |     | NULL    |       |
+--------------------------+---------------+------+-----+---------+-------+
```

ST_SPATIAL_REFERENCE_SYSTEMS 테이블의 칼럼 중에서 중요한 것은 SRS_ID 칼럼과 DEFINITION 칼럼이다. SRS_ID 칼럼은 해당 좌표계를 지칭하는 고유 번호가 저장되며, DEFINITION 칼럼에서 해당 좌표계가 어떤 좌표계인지에 대한 정의가 저장돼 있다. SRS_ID 칼럼의 고유 번호는 칼럼에 데이터를 저장하거나 검색할 때 필요하기 때문에 사용자는 저장하는 공간 데이터가 어느 좌표계를 사용하는지 알고 있어야 한다. 다음 예시는 일반적으로 GPS가 사용하는 좌표계 정보가 ST_SPATIAL_REFERENCE_SYSTEMS 테이블에 어떻게 저장돼 있는지를 보여준다.

```
mysql> SELECT * FROM information_schema.ST_SPATIAL_REFERENCE_SYSTEMS WHERE SRS_ID=4326 \G
*************************** 1. row ***************************
                  SRS_NAME: WGS 84
                    SRS_ID: 4326
              ORGANIZATION: EPSG
 ORGANIZATION_COORDSYS_ID: 4326
                DEFINITION: GEOGCS["WGS 84",DATUM["World Geodetic System 1984",
                            SPHEROID["WGS 84",6378137,298.257223563,
                            AUTHORITY["EPSG","7030"]],AUTHORITY["EPSG","6326"]],
                            PRIMEM["Greenwich",0,AUTHORITY["EPSG","8901"]],
                            UNIT["degree",0.017453292519943278,AUTHORITY["EPSG","9122"]],
                            AXIS["Lat",NORTH],AXIS["Long",EAST],AUTHORITY["EPSG","4326"]]
               DESCRIPTION:
```

좌표계의 이름은 "WGS 84"이며, 좌표계 고유 번호는 4326이라는 것과 입력되는 값의 단위(UNIT)는 단위는 각도(Degree)라는 것을 알 수 있다.[3] 그리고 DEFINITION 칼럼의 값은 항상 "GEOGCS" 또는 "PROJCS"로 시작하는데, "GEOGCS"는 지리 좌표계(GCS)를 의미하며 "PROJCS"는 투영 좌표계(PCS)를 의미한다. MySQL 서버가 지원하는 좌표계 중에서 지리 좌표계는 대략 483개이며 투영 좌표계는 4668개다. 투영 좌표계가 너무 많아서 이상하게 생각할 수도 있는데, 실제 특정 나라 또는 특정 지역을 위한 좌표계는 평면으로 투영해서 좌표를 관리해도 오차가 크게 발생하지 않는다. 그래서 특정 지역을 위해서 만들어진 좌표계는 대부분 투영 좌표계로 정의돼 있다. 하지만 앞의 예제에서 살펴본 WGS 84 좌표계는 지구 전체를 구체 형태로 표현하기 때문에 지리 좌표계로 정의된 것이다.

WGS 84 좌표계의 DEFINITION 칼럼에서 하나 더 중요한 내용은 AXIS 필드다. 예제의 DEFINITION 칼럼에는 AXIS가 두 번 표시되는데, 두 AXIS가 위도와 경도 순서로 나열돼 있다. 그래서 WGS 84 좌표계를 사용하는 위치 정보에서 특정 위치를 표시할 때는 "POINT(위도 경도)"와 같이 표현해야 한다. 그리고 나열된 순서대로 첫 번째 AXIS가 X 축이며, 두 번째 AXIS는 Y 축에 해당된다. 그래서 WGS 84 좌표를 사용하는 좌표에 대해 ST_X() 함수는 위도 값을 반환하며 ST_Y() 함수는 경도 값을 반환한다.

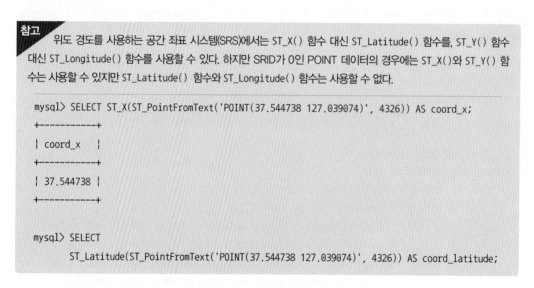

참고 위도 경도를 사용하는 공간 좌표 시스템(SRS)에서는 ST_X() 함수 대신 ST_Latitude() 함수를, ST_Y() 함수 대신 ST_Longitude() 함수를 사용할 수 있다. 하지만 SRID가 0인 POINT 데이터의 경우에는 ST_X()와 ST_Y() 함수는 사용할 수 있지만 ST_Latitude() 함수와 ST_Longitude() 함수는 사용할 수 없다.

```
mysql> SELECT ST_X(ST_PointFromText('POINT(37.544738 127.039074)', 4326)) AS coord_x;
+-----------+
| coord_x   |
+-----------+
| 37.544738 |
+-----------+

mysql> SELECT
       ST_Latitude(ST_PointFromText('POINT(37.544738 127.039074)', 4326)) AS coord_latitude;
```

---

3 SRS_ID가 4326인 WGS 84 좌표계는 꼭 기억하자. 요즘 모바일 휴대폰의 GPS 장치가 수신하는 대부분의 위경도 좌표는 SRID 4326 좌표계 데이터이므로 다른 좌표계보다 자주 사용하게 될 것이다.

```
+----------------+
| coord_latitude |
+----------------+
|      37.544738 |
+----------------+

mysql> SELECT ST_Latitude(ST_PointFromText('POINT(10 20)', 0)) AS coord_latitude;
ERROR 3726 (22S00): Function st_latitude is only defined for geographic spatial reference
systems, but one of its arguments is in SRID 0, which is not geographic.
```

다음은 SRS_ID가 3857인 투영 좌표계의 상세 정의를 보여준다. 이 좌표계의 이름도 WGS 84로 돼 있다. 하지만 이 좌표계는 입력되는 값의 단위(UNIT)가 미터(meter)라는 것을 알 수 있다. 참고로 이 공간 좌표계는 웹 페이지에서 지도를 보여주기 위해서 사용되는 투영 좌표계로, 구글과 오픈 스트리트 맵(Open Street Map), 그리고 다수의 웹 기반 지도 프로젝트에서 사용된다. 다음 결과에서 SRID=3857의 DEFINITION 칼럼에서 AXIS 내용(AXIS["X",EAST],AXIS["Y",NORTH])을 보면 SRID=4326과는 반대로 'POINT(경도 위도)' 순서로 명시해야 한다는 것을 알 수 있다.

```
mysql> SELECT * FROM information_schema.ST_SPATIAL_REFERENCE_SYSTEMS WHERE SRS_ID=3857 \G
*************************** 1. row ***************************
                 SRS_NAME: WGS 84 / Pseudo-Mercator
                   SRS_ID: 3857
             ORGANIZATION: EPSG
ORGANIZATION_COORDSYS_ID: 3857
               DEFINITION: PROJCS["WGS 84 / Pseudo-Mercator",
                    GEOGCS["WGS 84",
                    DATUM["World Geodetic System 1984",
                    SPHEROID["WGS 84",6378137,298.257223563,AUTHORITY["EPSG","7030"]],
                    AUTHORITY["EPSG","6326"]],
                  PRIMEM["Greenwich",0,AUTHORITY["EPSG","8901"]],
                  UNIT["degree",0.017453292519943278,AUTHORITY["EPSG","9122"]],
                  AXIS["Lat",NORTH],AXIS["Lon",EAST],AUTHORITY["EPSG","4326"]],
                  PROJECTION["Popular Visualisation Pseudo Mercator",AUTHORITY["EP
SG","1024"]],

                  PARAMETER["Latitude of natural origin",0,AUTHORITY["EPSG","8801"]],
                  PARAMETER["Longitude of natural origin",0,AUTHORITY["EPSG","8802"]],
```

```
        PARAMETER["False easting",0,AUTHORITY["EPSG","8806"]],
        PARAMETER["False northing",0,AUTHORITY["EPSG","8807"]],
        UNIT["metre",1,AUTHORITY["EPSG","9001"]],
        AXIS["X",EAST],AXIS["Y",NORTH],AUTHORITY["EPSG","3857"]]
DESCRIPTION: NULL
```

지금까지는 MySQL 서버의 공간 데이터를 저장할 때 별도로 SRID(SRS_ID)를 지정하거나 사용하지 않았는데, MyQL 8.0부터 SRID의 지원이 추가됐다. 지금까지 별도로 SRID를 지정하지 않았던 데이터는 모두 MySQL 8.0에서는 SRID가 0인 평면 좌표계로 인식될 것이다. 물론 MySQL 8.0에서도 지금까지 사용하던 방식으로 SRID=0으로 사용할 수도 있다. MySQL 8.0에서는 공간 데이터 정의 시에 별도로 SRID를 지정하지 않으면 SRID는 0으로 자동 인식된다.

그렇다면 MySQL 8.0 버전에서 공간 데이터를 저장할 때 SRID를 별도로 지정해서 저장하는 것이 좋을지, 아니면 그냥 예전처럼 SRID를 별도로 지정하지 않는 것이 좋을지 혼란스러울 수 있다. MySQL 서버의 공간 데이터에서 SRID는 문자열 타입의 문자 셋이나 콜레이션과 비슷한 수준으로 비유할 수 있다. MySQL 서버의 문자열 타입은 별도로 콜레이션을 지정할 수 있지만, 기본으로 지정되는 콜레이션을 사용할 수도 있다. 그러나 기본으로 지정되는 콜레이션이 원하는 문자열 비교 요건을 만족하지 못할 수 있다. 예를 들어 문자열에 대해 대소문자 구분이 필요한 경우에는 바이너리 콜레이션(utf8mb4_bin)을 사용해야 하며, 추가적인 문자열 비교 요건이 있는 경우 다른 콜레이션을 선택해서 사용해야 한다. 공간 데이터의 SRID 또한 별도로 SRID를 지정할 수 있지만, 만약 지정하지 않고 사용하는 경우 실제 지구상의 좌표를 관리하는 데 있어 MySQL 서버가 지원하는 기능을 제대로 활용하지 못할 수 있다. 대표적으로 SRID가 0으로 설정된 데이터에 대한 거리 계산은 실제 지구 구면체 상의 거리 계산을 하는 것이 아니다. SRID가 0인 공간 데이터는 단위를 가지지 않기 때문이다.

다음 예제는 두 점(POINT(0 0)과 POINT(1 1)) 사이의 거리를 계산하는 예제다. 다음 예제에서 ST_PointFromText() 함수는 MySQL 서버의 공간 데이터(POINT 객체)를 생성하는 함수이며, 이 함수의 첫 번째 파라미터는 점의 위치이고 두 번째 파라미터는 첫 번째 파라미터에 명시된 점이 사용하는 공간 좌표계(SRS)의 아이디(SRID) 값이다.

```
-- // 평면 좌표계(SRID=0)를 사용하는 공간 데이터
mysql> SELECT ST_Distance(ST_PointFromText('POINT(0 0)', 0),
                          ST_PointFromText('POINT(1 1)', 0)) AS distance;
+--------------------+
| distance           |
```

```
+--------------------+
| 1.4142135623730951 |
+--------------------+
```

```
-- // 웹 기반 지도 좌표계(SRID=3857)를 사용하는 공간 데이터
mysql> SELECT ST_Distance(ST_PointFromText('POINT(0 0)', 3857),
                          ST_PointFromText('POINT(1 1)', 3857)) AS distance;
+--------------------+
| distance           |
+--------------------+
| 1.4142135623730951 |
+--------------------+
```

```
-- // WGS 84 지리 좌표계(SRID=4326)를 사용하는 공간 데이터
mysql> SELECT ST_Distance(ST_PointFromText('POINT(0 0)', 4326),
                          ST_PointFromText('POINT(1 1)', 4326)) AS distance;
+--------------------+
| distance           |
+--------------------+
| 156897.79947260793 |
+--------------------+
```

위 예제의 첫 번째 예제는 SRID가 0이기 때문에 ST_Distance() 함수의 결과 1.4142...은 아무런 단위가 없고, 단순히 피타고라스의 정리에 의한 수식으로 계산된 거리 값이다. 즉, 첫 번째 쿼리에서 계산된 거리는 인간의 실생활과 연관시킬 수 있는 수치(km나 meter 단위로 환산 불가)가 전혀 아니라는 것이다. 하지만 두 번째 예제와 세 번째 예제는 SRID가 0이 아닌 값으로 명시됐기 때문에 ST_Distance() 함수의 결괏값은 단위를 가지는 거리 값이다. 두 번째 예제와 세 번째 예제에서 단위는 미터(meter)다. 여기서 첫 번째와 두 번째는 SRID는 다르긴 하지만 둘다 지구 구체에 대한 고려 없이 평면에서의 거리를 계산하기 때문에 거리 계산 값이 동일하게 나왔다. 하지만 세 번째는 지구 구체 기반인 지리 좌표계를 사용하고 있기 때문에 거리 값이 완전히 다르게 계산된 것이다.

이렇게 공간 데이터 자체가 SRS에 대한 정보를 가지게 되면 MySQL 서버에서 제공되는 공간 함수들을 이용해 필요한 값을 즉시 계산할 수 있다. 하지만 MySQL 8.0 이전과 같이 SRID가 없거나 SRID가 0인 경우에는 MySQL 서버의 공간 함수들이 실제 데이터의 SRID를 알 수 없기 때문에 사용자가 기대하는 값을 계산하지 못할 수도 있다.

MySQL 8.0에서 SRID를 별도로 명시하지 않거나 SRID를 0으로 지정한 공간 데이터라고 해서 실제 km나 meter 단위의 거리 계산을 절대 못 하는 것은 아니다. 여기서 이야기하고자 하는 바는 MySQL 서버가 자동으로 필요한 값을 계산하지 못한다는 것이다. SRID가 0인 경우 수동으로 데이터를 WGS84 좌표계로 변환해서 거리 계산을 하거나 별도의 환산 작업을 통해 실제 거리를 계산할 수 있다.

또한 MySQL 8.0에서 지원되는 공간 함수들이 모두 SRID를 지원하는 것은 아니다. 아직 많은 공간 함수들이 SRID가 0인 경우에만 작동하며, 일부 함수만 WGS84 좌표계 데이터를 처리할 수 있는 상태다. 조만간 WGS84 좌표계에 대한 지원이 추가될 것으로 예상되지만, 그래도 응용 프로그램에서 사용하는 공간 함수들이 어떤 SRID를 지원하는지를 먼저 검토하고 그에 맞는 공간 좌표계를 선택할 것을 권장한다.

12.2.3 투영 좌표계와 평면 좌표계

MySQL 서버에서는 투영 좌표계나 지리 좌표계에 속하지 않는 평면 좌표계가 있는데, 평면 좌표계는 투영 좌표계와 비슷한 특성을 가지므로 여기서 투영 좌표계와 함께 살펴보자.

지구 구체 전체 또는 일부를 평면으로 투영(Projection)해서 표현한 좌표계를 투영 좌표계라고 한다. SRID=0인 좌표계도 평면에 표시되는 좌표계지만 SRID=0인 좌표계는 투영 좌표계라고 하지 않고 평면 좌표계라고 한다. SRID=0인 좌표계는 단위(Km 또는 Meter 등)를 가지지 않으며 X축과 Y축의 값이 제한을 가지지 않기 때문에 "무한" 평면 좌표계[4]라고도 불린다. 하지만 SRID=0인 좌표계와 대표적인 투영 좌표계인 SRID=3857은 값의 단위 그리고 최대 최솟값을 제외하면 거의 차이가 없다. 그림 12.1은 SRID=0인 평면 좌표계를 표현하고 있는데, 그림 12.1에서 X축과 Y축의 단위를 미터(meter)로 표현하면 SRID=3857인 투영 좌표계가 된다.

---

4 MySQL 서버에서 평면 좌표계는 SRID=0 좌표계가 유일하며, SRID가 0이 아닌 좌표계는 모두 지리 좌표계 또는 투영 좌표계에 해당된다.

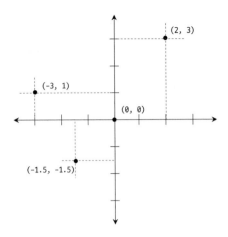

그림 12.1 평면 좌표계와 투영 좌표계

MySQL 서버에서 특별히 SRID를 지정하지 않으면 기본 값 0을 가지게 된다. 평면 좌표계와 투영 좌표계에서 거리 계산은 (지구 구체에 대한 고려 없이) 피타고라스 정리 수식에 의해서 좌표 간의 거리가 계산된다. 평면 좌표계에서 두 점 간의 거리는 아무런 단위를 가지지 않지만, 투영 좌표계에서의 두 점 간의 거리는 투영 좌표계의 단위에 따라 결정된다. 대표적인 투영 좌표계인 SRID=3857에서 계산된 거리는 미터(meter) 값[5]이다.

> **주의**
> MySQL 서버에서 공간 데이터를 처리하는 작업은 대부분 함수를 통해 처리된다. WKT 포맷의 데이터를 MySQL 서버에서 저장할 때와 데이터를 조회할 때, 그리고 공간 데이터 간의 포함 관계 비교 등 거의 모든 작업이 함수를 통해 실행된다. 그런데 MySQL 서버 매뉴얼의 공간 데이터 관련 함수들이 매우 다양하고 이름도 비슷한 듯 조금씩 다르다는 것을 알 수 있다. 함수의 이름 때문에 혼란스러울 수 있는데, 사실 함수들의 이력을 알면 그다지 복잡하지 않다는 것을 알 수 있다. MySQL 8.0에서 지원되는 함수들 기준으로, "ST_"[6]로 시작하는 함수와 그렇지 않은 함수로 구분된다. 여기서 "ST_" 접두사를 가지지 않는 함수들은 모두 MySQL의 초창기 버전부터 제공되던 함수들이다. 그리고 "ST_" 접두사를 가지는 함수들은 MySQL 최근 버전부터 지원되기 시작한 함수다. 때로는 "ST_" 접두사를 가지는 함수와 그렇지 않은 함수가 쌍으로 존재하기도 한다.
>
> "ST_" 접두사를 가지는 함수들은 OpenGIS 표준을 준수해서 만들어진 함수들이며, MySQL 8.0 버전부터는 기존의 모든 함수를 사용하지 않고 "ST_" 접두사를 가진 함수만으로 필요한 작업을 모두 수행할 수 있다. MySQL 8.0 버전부터는 "ST_" 접두사를 가지는 함수만 사용하자.

---

5 투영 좌표계에서 계산된 거리는 지구 구체상의 실제 거리와는 다른 값일 수도 있다는 것에 주의하자.

평면 좌표계와 투영 좌표계를 이용하기 위해서는 다음과 같이 테이블을 생성하면 된다. 평면 좌표계(SRID=0)에서는 ST_PointFromText() 함수를 이용해서 'POINT(X Y)' 문자열(WKT)을 Geometry 타입 값으로 변환할 때 특별히 SRID를 설정하지 않아도 자동으로 SRID=0으로 설정된다. 하지만 SRID=3857인 투영 좌표계에서 ST_PointFromText() 함수를 이용해서 'POINT(경도 위도)' 문자열(WKT)을 Geometry 타입 값으로 변환할 때는 반드시 SRID인 3857을 명시적으로 설정해야 한다.

```
-- // 평면 좌표계 사용 예제
mysql> CREATE TABLE plain_coord (
          id INT NOT NULL AUTO_INCREMENT,
          location POINT SRID 0,
          PRIMARY KEY(id)
       );

mysql> INSERT INTO plain_coord VALUES (1, ST_PointFromText('POINT(0 0)'));
mysql> INSERT INTO plain_coord VALUES (2, ST_PointFromText('POINT(5 5)', 0));

-- // 투영 좌표계 사용 예제
mysql> CREATE TABLE projection_coord (
          id INT NOT NULL AUTO_INCREMENT,
          location POINT SRID 3857,
          PRIMARY KEY(id)
       );

mysql> INSERT INTO projection_coord
          VALUES (1, ST_PointFromText('POINT(14133791.066622 4509381.876958)', 3857));
mysql> INSERT INTO projection_coord
          VALUES (2, ST_PointFromText('POINT(14133793.435554 4494917.464846)', 3857));
```

예제에서 테이블을 생성하면서 평면 좌표계 테이블(plain_coord)에서는 location 칼럼의 SRID를 0으로 지정했고, 투영 좌표계 테이블(projection_coord)에서는 location 칼럼의 SRID를 3857로 지정했다. 이는 location 칼럼에 저장되는 값은 모두 평면 좌표계 또는 투영 좌표계를 사용하는 공간 데이터라는 것을 명시적으로 선언한 것이다. 다음 예제는 SRID 0으로 정의된 칼럼에 SRID 4326(WGS 84 좌표계)을 참조하는 공간 데이터를 저장하려고 한다. 이렇게 SRID가 0이 아닌 다른 좌표계를 참조하는 공간 데이터를 저장하려고 하면 "SRID가 일치하지 않는다"는 에러가 발생한다.

---

6 프리픽스로 사용된 "ST_"는 "Spatial Type"의 약어다.

```
mysql> INSERT INTO plain_coord VALUES (2, ST_PointFromText('POINT(5 5)', 4326));
ERROR 3643 (HY000): The SRID of the geometry does not match the SRID of the column 'location'.
The SRID of the geometry is 4326, but the SRID of the column is 0. Consider changing the SRID
of the geometry or the SRID property of the column.
```

테이블을 생성할 때 SRID를 명시적으로 정의하지 않으면 해당 칼럼은 모든 SRID를 저장할 수 있다.
하지만 하나의 칼럼에 저장된 데이터의 SRID가 제각각이라면 MySQL 서버는 인덱스를 이용해 빠른
검색을 수행할 수 없게 된다. 이는 마치 VARCHAR 타입의 칼럼에 여러 콜레이션을 섞어서 저장해둔 것과
같은 결과를 만들어낼 것이다.

테이블에 저장된 평면 좌표 데이터와 투영 좌표 데이터는 다음과 같이 조회할 수 있다.

```
-- // 평면 좌표계
mysql> SELECT id, location, ST_AsWKB(location) FROM plain_coord \G
*************************** 1. row ***************************
             id: 1
       location: 0x000000000101000000000000000000000000000000000000
ST_AsWKB(location): 0x010100000000000000000000000000000000000000
*************************** 2. row ***************************
             id: 2
       location: 0x0000000001010000000000000000000014400000000000001440
ST_AsWKB(location): 0x01010000000000000000000014400000000000001440

mysql> SELECT id,
              ST_AsText(location) AS location_wkt,
              ST_X(location) AS location_x,
              ST_Y(location) AS location_y
       FROM plain_coord;
+----+--------------+------------+------------+
| id | location_wkt | location_x | location_y |
+----+--------------+------------+------------+
|  1 | POINT(0 0)   |          0 |          0 |
|  2 | POINT(5 5)   |          5 |          5 |
+----+--------------+------------+------------+

-- // 투영 좌표계
mysql> SELECT id, location, ST_AsWKB(location) FROM projection_coord \G
```

```
*************************** 1. row ***************************
             id: 1
       location: 0x110F0000010100000076C421E243F56A4172142078B1335141
ST_AsWKB(location): 0x010100000076C421E243F56A4172142078B1335141
*************************** 2. row ***************************
             id: 2
       location: 0x110F00000101000000F10EF02D44F56A417009C05D91255141
ST_AsWKB(location): 0x0101000000F10EF02D44F56A417009C05D91255141

mysql> SELECT id,
              ST_AsText(location) AS location_wkt,
              ST_X(location) AS location_x,
              ST_Y(location) AS location_y
       FROM projection_coord;
+----+---------------------------------------+-----------------+-----------------+
| id | location_wkt                          | location_x      | location_y      |
+----+---------------------------------------+-----------------+-----------------+
|  1 | POINT(14133791.066622 4509381.876958) | 14133791.066622 | 4509381.876958  |
|  2 | POINT(14133793.435554 4494917.464846) | 14133793.435554 | 4494917.464846  |
+----+---------------------------------------+-----------------+-----------------+
```

평면 좌표계와 투영 좌표계의 각 첫 번째 예제 쿼리는 location 칼럼에 저장된 값을 그대로 조회했는데, 결과는 이진 데이터가 표시된 것이다. 여기서 표시된 location 칼럼의 값은 MySQL 서버가 내부적으로 사용하는 이진 포맷의 데이터이며, ST_AsWKB() 함수의 결괏값이 WKB(Well Known Binary) 포맷의 공간 데이터다. MySQL 서버의 내부 이진 데이터 포맷은 WKB 앞쪽에 SRID를 위한 4바이트 공간이 추가돼 있기 때문에 WKB 포맷과 미세한 차이를 보인다.

MySQL 서버의 내부 이진 포맷이나 WKB 포맷으로 출력된 데이터는 눈으로 식별하기가 쉽지 않다. 그래서 평면 좌표계와 투영 좌표계의 각 두 번째 쿼리에서는 ST_AsText() 함수를 이용해 이진 데이터를 WKT 포맷으로 변환해서 보여주게 한 것이다. 그리고 두 번째 쿼리의 ST_X() 함수와 ST_Y() 함수를 이용하면 공간 좌표 데이터의 X축 값과 Y축 값을 각각 가져올 수 있다.

특정 공간 데이터가 어떤 SRID를 사용하는지는 ST_SRID() 함수를 이용하면 확인할 수 있다.

```
mysql> SELECT ST_SRID(ST_PointFromText('POINT(5 5)', 0));
+--------------------------------------------+
| ST_SRID(ST_PointFromText('POINT(5 5)', 0)) |
+--------------------------------------------+
|                                          0 |
+--------------------------------------------+

mysql> SELECT ST_SRID(ST_PointFromText('POINT(14133793.435554 4494917.464846)', 3857));
+--------------------------------------------------------------------------+
| ST_SRID(ST_PointFromText('POINT(14133793.435554 4494917.464846)', 3857)) |
+--------------------------------------------------------------------------+
|                                                                     3857 |
+--------------------------------------------------------------------------+
```

평면 좌표계와 투영 좌표계에서 두 점 간의 거리를 계산하면 단순히 피타고라스의 정리에 의한 거리 계산 결과가 보이는 것을 알 수 있다. SRID=3857인 투영 좌표계라 하더라도 계산된 거리 값은 지구 구체상의 실제 거리와는 오차가 있을 수 있다.

```
-- // 평면 좌표계
mysql> SELECT ST_Distance(
             ST_PointFromText('POINT(0 0)'),
             ST_PointFromText('POINT(5 5)')) AS distance;
+--------------------+
| distance           |
+--------------------+
| 7.0710678118654755 |
+--------------------+

-- // 투영 좌표계
mysql> SELECT ST_Distance(
             ST_GeomFromText('POINT(14133790.0 4509380.0)', 3857),
             ST_GeomFromText('POINT(14133795.0 4509385.0)', 3857)) AS distance;
+--------------------+
| distance           |
+--------------------+
| 7.0710678118654755 |
+--------------------+
```

지구(구면체)상의 두 점 간의 거리를 계산하기 위해서는 ST_Distance_Sphere() 함수를 사용하면 된다. 하지만 ST_Distance_Sphere() 함수는 SRID=4326과 같은 지리 좌표에 대해서만 사용할 수 있기 때문에 평면 좌표계와 투영 좌표계를 사용하는 좌표 간의 거리 계산에는 사용할 수 없다.

평면 좌표계와 투영 좌표계에 대해 간단히 살펴봤는데, 실제 응용 프로그램에서 평면 좌표계는 그다지 사용되지 않지만 투영 좌표계는 지도나 화면에 지도를 표현하는 경우 자주 사용된다. 실제 MySQL 서버에서 평면 좌표계와 투영 좌표계 그리고 지리 좌표계는 사용 방법이 크게 다르지 않아서 지리 좌표 데이터를 저장하고 조회할 때도 평면이나 투영 좌표계에서 살펴본 함수들을 동일하게 사용한다. 단지 사용하는 SRID가 다르다는 것과 그로 인해 함수에 사용되는 파라미터가 단순 X축-Y축 좌푯값인지, 아니면 위경도 좌푯값인지의 차이만 있는 것이다.

12.2.4 지리 좌표계

여기서는 지리 좌표계나 투영 좌표계를 사용하는 공간 데이터를 어떻게 저장하고 사용하는지, 그리고 MySQL의 지리 좌표계에서 주의해야 할 사항 몇 가지를 살펴보겠다. 이전 절에서 살펴본 평면 좌표계와 투영 좌표계는 여기서 살펴볼 지리 좌표계를 이해하기 위한 기본 지식을 포함하고 있다. 지리 좌표계를 공부하기 전에 "투영 좌표계와 평면 좌표계" 절을 먼저 살펴보자.

12.2.4.1 지리 좌표계 데이터 관리

우선 다음과 같이 주요 지역의 위치 정보를 저장하기 위한 테이블을 생성하고 몇 개 예제 데이터를 준비했다. 다음 예제에서는 공간 인덱스(Spatial Index)도 같이 생성했는데, 공간 인덱스를 생성하는 칼럼은 반드시 NOT NULL이어야 한다. 그리고 이번 예제에서는 GPS로부터 받는 위치 정보를 저장하기 위해 WGS 84 좌표계(SRID가 4326인 좌표계)로 칼럼을 정의했다. 공간 데이터를 저장하는 칼럼이 WGS 84 좌표계로 정의됐기 때문에 INSERT 문장에서도 동일하게 공간 데이터는 WGS 84 좌표계 데이터만 저장할 수 있다.

```
mysql> CREATE TABLE sphere_coord (
        id INT NOT NULL AUTO_INCREMENT,
        name VARCHAR(20),
        location POINT NOT NULL SRID 4326, -- // WGS84 좌표계
        PRIMARY KEY (id),
        SPATIAL INDEX sx_location(location)
      );
```

```
mysql> INSERT INTO sphere_coord VALUES
          (NULL, '서울숲',     ST_PointFromText('POINT(37.544738 127.039074)', 4326)),
          (NULL, '한양대학교', ST_PointFromText('POINT(37.555363 127.044521)', 4326)),
          (NULL, '덕수궁',     ST_PointFromText('POINT(37.565922 126.975164)', 4326)),
          (NULL, '남산',       ST_PointFromText('POINT(37.548930 126.993945)', 4326));
```

공간 데이터를 검색하는 가장 일반적인 형태는 특정 위치를 기준으로 반경 몇 km 이내의 데이터를 검색하는 작업일 것이다. 지리 좌표계에서 두 점(POINT)의 거리는 ST_Distance_Sphere() 함수를 이용하는 것이다. 다음 예제는 특정 위치에서 반경 1km 이내에 있는 레코드를 검색하는 쿼리다. ST_Distance_Sphere() 함수는 두 위치 간의 거리를 미터(meter) 단위의 값으로 반환하기 때문에 WHERE 조건에 1000보다 작은 레코드만 검색했다. 참고로 다음 쿼리에서 사용된 "POINT(37.547027 127.047337)"은 2호선 뚝섬역의 위치다.

```
mysql> SELECT id, name,
          ST_AsText(location) AS location,
          ROUND(ST_Distance_Sphere(location,
            ST_PointFromText('POINT(37.547027 127.047337)', 4326))) AS distance_meters
       FROM sphere_coord
       WHERE ST_Distance_Sphere(location,
              ST_PointFromText('POINT(37.547027 127.047337)', 4326))<1000;
```

id	name	location	distance_meters
1	서울숲	POINT(37.544738 127.039074)	772
2	한양대학교	POINT(37.555363 127.044521)	960

2건의 결과를 찾았다. 이제 위의 쿼리가 어떻게 2건을 검색했는지 실행 계획을 한번 살펴보자.

id	select_type	table	type	key	rows	Extra
1	SIMPLE	sphere_coord	ALL	NULL	4	Using where

실행 계획에서 알 수 있듯이 MySQL 서버는 풀 테이블 스캔을 이용해 2건을 검색했다. 다른 RDBMS에서는 인덱스를 이용한 반경 검색이 가능하지만, 안타깝게도 MySQL 서버에서는 아직 인덱스를 이용한 반경 검색 기능(함수)이 없다. 그리고 예제와 같이 ST_Distance_Sphere() 함수의 결과를 상수와 비교하는 형태는 인덱스를 사용할 수 없는 형태라는 것을 이미 살펴봤다.

그래서 차선책으로 MBR(Minimum Bounding Rectangle)을 이용한 ST_Within() 함수를 이용하는 것이다. ST_Within() 함수는 2개의 공간 데이터를 파라미터로 입력하는데, 첫 번째 파라미터로 주어진 공간 데이터가 두 번째 파라미터의 공간 데이터에 포함되는지를 체크하는 함수다.

> **주의** MySQL 서버는 다음과 같은 여러 형태의 점과 선, 그리고 다각형들을 위한 데이터 타입을 지원한다.
>
> - POINT & MULTIPOINT
> - LINESTRING & MULTILINESTRING
> - POLYGON & MULTIPOLYGON
> - GEOMETRY & GEOMETRYCOLLECTION
>
> 여기서는 이해를 돕기 위해 POINT 타입만 사용하지만 위의 모든 타입을 예제에 그대로 사용할 수 있다.

이제 1km 반경 내의 위치 검색 쿼리를 MBR을 이용해 작성해보자. 우선 주어진 위치를 기준으로 반경 1km의 원을 감싸는 사각형(MBR)을 만들어야 한다. 여기서 먼저 한 가지 주의해야 할 것이 있다. WGS 84(SRID 4326인) 공간 좌표계의 위치의 단위는 각도(Degree)이기 때문에 검색 기준 위치(POINT(37.547027 127.047337))로부터 상하좌우 1km 떨어진 지점의 위치를 계산하기 위해서는 1km의 거리가 각도(Degree)로는 얼마인지를 계산해야 한다. 그런데 문제는 지구가 구면체이기 때문에 위도에 따라서 경도 1°에 해당하는 거리가 달라진다는 것이다. 다음 표는 위도가 5°씩 증가할 때마다 경도 1°의 실제 거리가 어떻게 달라지는지를 보여준다. 적도 근처에서는 최대 거리인 111.32km이며 북극이나 남극으로 가면서 거리가 짧아지다가 결국 0km가 되는 것을 확인할 수 있다. 반면 경도는 바뀌어도 위도 1°에 해당하는 거리는 바뀌지 않는다.

위도	경도 1°에 해당하는 거리(km)
0°	111.32
5°	110.90

위도	경도 1°에 해당하는 거리(km)
10°	109.64
15°	107.55
20°	104.65
25°	100.95
30°	96.49
35°	91.29
40°	85.39
45°	78.85
50°	71.70
55°	63.99
60°	55.80
65°	47.18
70°	38.19
75°	28.90
80°	19.39
85°	9.73
90°	0.00

이렇게 위도에 따라 경도 1°에 해당하는 거리의 변화까지 고려해서 상하좌우 1km에 해당하는 위도와 경도 좌표를 계산하는 방법은 다음과 같다.

```
-- // TopRight: 기준점의 북동쪽(우측 상단) 끝 좌표
Longitude_TopRight = Longitude_Origin + (${DistanceKm}/abs(cos(radians(${Latitude_Origin}))*111.32))
Latitude_TopRight = Longitude_Origin + (${DistanceKm}/111.32)

-- // BottomLeft: 기준점의 남서쪽(좌측 하단) 끝 좌표
Longitude_BottomLeft = Longitude_Origin - (${DistanceKm}/abs(cos(radians(${Latitude_Origin}))*111.32))
Latitude_BottomLeft = Longitude_Origin - (${DistanceKm}/111.32)
```

이 계산식을 이용해 1km 반경의 원을 감싸는 직사각형(MBR) 폴리곤(Polygon) 객체를 반환하는 함수를 만들면 다음과 같다.

```
mysql> DELIMITER ;;

mysql> CREATE DEFINER='root'@'localhost'
           FUNCTION getDistanceMBR(p_origin POINT, p_distanceKm DOUBLE) RETURNS POLYGON
DETERMINISTIC
           SQL SECURITY INVOKER
       BEGIN
           DECLARE v_originLat DOUBLE DEFAULT 0.0;
           DECLARE v_originLon DOUBLE DEFAULT 0.0;

           DECLARE v_deltaLon DOUBLE DEFAULT 0.0;
           DECLARE v_Lat1 DOUBLE DEFAULT 0.0;
           DECLARE v_Lon1 DOUBLE DEFAULT 0.0;
           DECLARE v_Lat2 DOUBLE DEFAULT 0.0;
           DECLARE v_Lon2 DOUBLE DEFAULT 0.0;

           SET v_originLat = ST_X(p_origin); /* = ST_Latitude(p_origin) for SRID=4326*/
           SET v_originLon = ST_Y(p_origin); /* = ST_Longitude(p_origin) for SRID=4326 */

           SET v_deltaLon = p_distanceKm / ABS(COS(RADIANS(v_originLat))*111.32);
           SET v_Lon1 = v_originLon - v_deltaLon;
           SET v_Lon2 = v_originLon + v_deltaLon;
           SET v_Lat1 = v_originLat - (p_distanceKm / 111.32);
           SET v_Lat2 = v_originLat + (p_distanceKm / 111.32);

           SET @mbr = ST_AsText(ST_Envelope(ST_GeomFromText(CONCAT("LINESTRING(", v_Lat1, " ",
 v_Lon1,", ", v_Lat2, " ", v_Lon2,")"))));
           RETURN ST_PolygonFromText(@mbr, ST_SRID(p_origin));
       END ;;
```

위의 getDistanceMBR() 함수는 첫 번째 파라미터로 주어진 중심 위치(POINT 객체)로부터 두 번째 파라미터에 주어진 km 반경의 원을 감싸는 직사각형 POLYGON 객체를 반환한다. 반환되는 POLYGON 객체의 SRID는 첫 번째 파라미터로 주어진 POINT 객체의 SRID를 그대로 계승한다. 간단히 뚝섬역을 중심으로 반경 1km 원을 둘러싸는 MBR을 한번 조회해보자.

```
mysql> SET @distanceMBR = getDistanceMBR(
                        ST_GeomFromText('POINT(37.547027 127.047337)', 4326), 1
                    );
mysql> SELECT ST_SRID(@distanceMBR), ST_AsText(@distanceMBR) \G
*************************** 1. row ***************************
  ST_SRID(@distanceMBR): 4326
ST_AsText(@distanceMBR): POLYGON((37.53804388825009 127.03600689589169,
                        37.55601011174991 127.03600689589169,
                        37.55601011174991 127.05866710410828,
                        37.53804388825009 127.05866710410828,
                        37.53804388825009 127.03600689589169))
```

위의 점들을 연결해보면, 그림 12.2와 같은 사각형이 만들어진 것을 확인할 수 있다. 이로써 중심 지점
으로부터 특정 km 반경의 원을 둘러싸는 사각형까지 생성할 수 있게 됐으니 실제 반경 검색을 실행하
는 쿼리를 작성해보자.

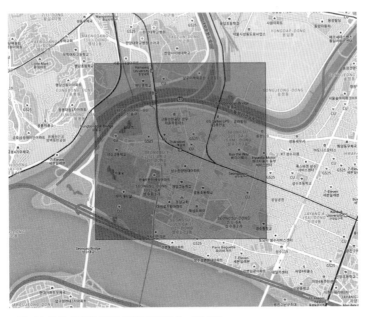

그림 12.2 중심 지점(뚝섬역)을 기준으로 반경 1km의 MBR

MySQL 서버가 가지고 있는 공간 데이터 처리 함수 중에서 ST_Buffer()라는 함수가 있는데, 이 함수는 주어진 위치에서 일정 거리만큼 떨어진 모든 점을 찾아서 반환한다. ST_Buffer() 함수를 이용하면 다음 예제와 같이 손쉽게 특정 위치에서 반경 1km의 점들을 모아서 다각형을 생성할 수 있다.

```
mysql> SET @origin = ST_GeomFromText('POINT(0 0)');
mysql> SET @pt_strategy = ST_Buffer_Strategy('point_circle', 8);

-- // @origin으로부터 거리가 2인 점 8개로 구성된 다각형 조회
mysql> SELECT ST_AsText(ST_Buffer(@origin, 2, @pt_strategy)) AS bounding_circle \G
*************************** 1. row ***************************
bounding_circle: POLYGON((2 0,1.414213562373095 1.4142135623730954,-3.6739403974420594e-16 2,
                 -1.4142135623730954 1.414213562373095,-2 -2.4492935982947064e-16,
                 -1.414213562373095 -1.4142135623730951,
                 1.2246467991473532e-16 -2,1.4142135623730951 -1.414213562373095,
                 2 0))
```

하지만 안타깝게도 MySQL 8.0.24 이하의 버전에서 ST_Buffer() 함수는 평면 좌표계(SRID가 0인 좌표계)만 지원하기 때문에 WGS 84 좌표계에서는 이 함수를 사용할 수 없다. ST_Buffer() 함수를 사용하는 경우 MySQL 서버의 버전이 지리 좌표계를 지원하는지 확인하자.

실제 반경 검색을 실행하는 쿼리는 의외로 간단하다. MySQL 서버의 공간 함수인 ST_Contains() 또는 ST_Within() 함수를 이용하면 된다. 두 함수는 동일하지만 함수의 파라미터를 반대로 입력해야 한다.

```
mysql> SELECT id, name
       FROM sphere_coord
       WHERE ST_Contains(
               getDistanceMBR(ST_PointFromText('POINT(37.547027 127.047337)', 4326), 1),
               location);
+----+-----------------+
| id | name            |
+----+-----------------+
|  2 | 한양대학교       |
|  1 | 서울숲          |
+----+-----------------+

mysql> SELECT id, name
       FROM sphere_coord
       WHERE ST_Within(location,
```

```
getDistanceMBR(ST_PointFromText('POINT(37.547027 127.047337)', 4326), 1));
```

```
+----+----------------+
| id | name           |
+----+----------------+
|  2 | 한양대학교     |
|  1 | 서울숲         |
+----+----------------+
```

2개의 예제 쿼리 모두 원하는 결과를 반환한 것을 확인할 수 있다. 다행히 두 쿼리의 실행 계획은 모두 다음과 같이 공간 인덱스에서 range 접근 방법으로 데이터를 읽는 것을 확인할 수 있다.

id	select_type	table	type	key	key_len	rows	Extra
1	SIMPLE	sphere_coord	range	sx_location	34	4	Using where

이 쿼리는 1km 반경의 MBR 사각형 내의 점들을 검색하기 때문에 그림 12.3의 사각형의 모서리 부분은 1km를 넘어서는 부분도 결과에 포함될 수 있다. 그림 12.3에서 사각형은 쿼리가 검색한 영역이며 원은 실제 사용자가 원하는 검색 영역이므로 두 도형의 교집합을 제외한 부분은 쿼리 결과에서 제거돼야 한다.

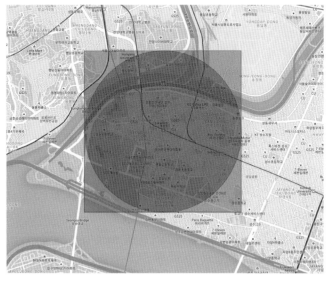

그림 12.3 반경 1km를 벗어나는 공간

이 부분들을 걸러 내기 위해 1km 반경을 둘러싸는 MBR을 사각형이 아닌 8각형이나 16각형으로 생성하면 더 효율적으로 작동할 것이다. 하지만 지금으로서 가장 쉽게 선택할 수 있는 방법은 다음과 같이 인덱스를 통해 검색된 결과에 대해 다시 한번 거리 계산 조건을 적용하는 것이다.

```
SELECT id, name
FROM sphere_coord
WHERE ST_Within(location, getDistanceMBR(ST_PointFromText('POINT(37.547027 127.047337)', 4326), 1))
  AND ST_Distance_Sphere(location, ST_PointFromText('POINT(37.547027 127.047337)', 4326))<=1000;
```

위와 같이 쿼리를 실행하면 MySQL 서버는 공간 인덱스를 이용해 ST_Within() 함수 조건을 실행하고, 그 결과에 대해 ST_Distance_Sphere() 함수의 조건을 비교해서 최종 결과를 반환한다. 이미 공간 인덱스를 통해서 많이 걸러진 소량의 결과에 대해 ST_Distance_Sphere() 함수를 실행하기 때문에 ST_Distance_Sphere() 함수로 인해 쿼리의 성능이 크게 떨어지진 않는다.

12.2.4.2 지리 좌표계 주의 사항

MySQL 서버의 GIS 기능은 도입된지는 오래됐지만 지리 좌표계나 SRS 관리 기능이 도입된 것은 MySQL 8.0이 처음이다. MySQL 8.0 버전에서도 지리 좌표계의 데이터 검색 및 변환 기능, 그리고 성능은 미숙한 부분이 보인다. 그래서 MySQL 서버를 이용해 지리 좌표계를 활용하고자 한다면 기능의 정확성이나 성능에 대해 조금은 주의가 필요할 수도 있다.

12.2.4.2.1 정확성 주의 사항

지리 좌표계(SRID=4326)에서 ST_Contains() 함수가 정확하지 않은 결과를 반환하기도 하는데, 간단히 예시를 한번 살펴보자.

```
-- // 지리 좌표계인 SRID=4326으로 ST_Contains() 함수 기능 테스트
mysql> SET @SRID := 4326 /* WGS84 */;

-- // 경도는 서울 부근과 비슷한 값이지만 위도는 북극에 가까운 지점의 POINT 객체를 생성
mysql> SET @point:= ST_GeomFromText('POINT(84.50249779176816 126.96600537699246)', @SRID);

-- // 경기도 부근의 작은 영역으로 POLYGON 객체를 생성
mysql> SET @polygon := ST_GeomFromText('POLYGON((
                    37.399190586836184 126.965669993654370,
```

```
37.398563808320795 126.966005172597650,
37.398563484045880 126.966005467513980,
37.398563277873926 126.966005991634870,
37.398563316804754 126.966006603730260,
37.398687101343120 126.966426067601090,
37.398687548434204 126.966426689671760,
37.398687946717580 126.966426805810510,
37.398688339525570 126.966426692691090,
37.399344708725290 126.966027255005050,
37.399344924786035 126.966026657464910,
37.399344862437594 126.966026073608450,
37.399285401380960 126.965848242476900,
37.399284911074280 126.965847737879930,
37.399284239833094 126.965847784502270,
37.399260339325880 126.965861778579070,
37.399191408765940 126.965670657332960,
37.399191087858530 126.965670183150050,
37.399190586836184 126.965669993654370))', @SRID);
```

참고로 위의 예제에 사용된 POLYGON 객체를 지도상에 표시해보면 그림 12.4의 작은 다각형과 같다. 그리고 POINT 객체는 간단히 위도 값만 봐도 북극에 위치한 점이라는 것을 알 수 있다.

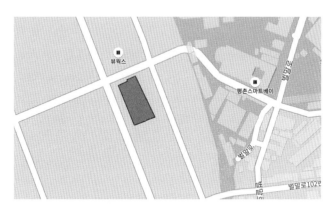

그림 12.4 지도에 표시된 POLYGON 객체

이제 북극의 특정 지점이 경기도 지역 POLYGON에 포함되는지 확인하는 쿼리를 한번 실행해보자.

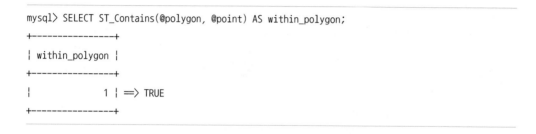

```
mysql> SELECT ST_Contains(@polygon, @point) AS within_polygon;
+----------------+
| within_polygon |
+----------------+
|              1 |  ==> TRUE
+----------------+
```

예제에서 보다시피 ST_Contains() 함수는 북극에 가까운 지점이 경기도의 특정 지역에 포함되는 것(결과값 1은 TRUE를 의미)으로 결과를 반환했다. 이 책이 편집되고 있는 시점(MySQL 8.0.25 버전)에도 이 문제는 해결되지 않은 상태인데, 만약 이 문제가 해결되지 않은 버전을 사용 중이라면 다음과 같이 간단히 거리 비교 조건을 추가하면 쉽게 문제를 회피할 수 있다. 이 이슈는 MySQL 버그 사이트에 이미 버그로 등록돼 있으므로 버그의 수정 여부는 MySQL 버그 사이트[7]를 참조하자.

```
-- // POLYGON의 중심 지점에 대한 POINT 객체 생성
mysql> SET @center:= ST_GeomFromText('POINT(37.398899 126.966064)', @SRID);

-- // POLYGON의 중심 지점으로부터 100 미터 이내 거리의 위치인지 같이 확인
-- // 100미터는 단순 예시이며, 서비스의 요건에 맞게 적절한 거리를 사용할 것
mysql> SELECT (ST_Contains(@polygon, @point)
              AND ST_Distnace_Sphere(@point, @center)<=100) AS within_polygon;
```

앞서 살펴본 바와 같이 ST_Distance_Sphere() 함수는 MySQL 서버의 공간 인덱스(Spatial Index)를 활용하지 못하기 때문에 ST_Contains() 함수 없이 ST_Distnace_Sphere() 함수만 WHERE 절의 조건으로 사용하는 것은 권장하지 않는다. 그래서 앞의 예제에서는 ST_Contains() 함수와 ST_Distance_Sphere() 함수를 함께 사용한 것이다. 즉 ST_Contains() 함수를 이용해 공간 인덱스를 활용한 검색을 실행한 후, 검색된 소수의 결과를 다시 ST_Distance_Sphere() 함수로 걸러내어 결과 데이터의 정확도를 높인 것이다.

---

7 https://bugs.mysql.com/bug.php?id=103678

위의 예제는 공간 인덱스(Spatial Index)를 사용하지 않고 단순히 SELECT 절에서 ST_Contains() 함수로 상수 값 2개의 포함 관계를 테스트해 본 것이다. 다음은 공간 인덱스를 가진 테이블에 대해서 공간 인덱스를 레인지 스캔하는 쿼리와 공간 인덱스를 사용하지 않고 풀 테이블 스캔을 수행하는 쿼리로서 ST_Contains() 함수의 결과를 비교해본 것이다.

```
mysql> CREATE TABLE spatial_index (
          id INT NOT NULL AUTO_INCREMENT,
          geom GEOMETRY NOT NULL /*!80003 SRID 4326 */,
          PRIMARY KEY (id),
          SPATIAL KEY sx_geom (geom)
      );

-- // 테스트 데이터 적재(총 4건의 데이터)
mysql> SOURCE testcase-spatial_index.sql

-- // (1) 풀 테이블 스캔을 수행하는 쿼리
mysql> SELECT id,
          ST_Contains(geom,
          ST_GeomFromText('POINT(37.50249779176816 126.96600537699246)', 4326)) AS
isContains
       FROM spatial_index FORCE INDEX (PRIMARY)
       WHERE ST_Contains(geom,
              ST_GeomFromText('POINT(37.50249779176816 126.96600537699246)', 4326));
+----+------------+
| id | isContains |
+----+------------+
|  1 |          1 | -- // ST_Contains() 함수의 결괏값이 원래 0이어야 하는 데이터
|  2 |          1 |
|  3 |          1 |
|  4 |          1 |
+----+------------+

-- // (2) 공간 인덱스를 레인지 스캔하는 쿼리
mysql> SELECT id,
          ST_Contains(geom,
          ST_GeomFromText('POINT(37.50249779176816 126.96600537699246)', 4326)) AS isContains
       FROM spatial_index FORCE INDEX (sx_geom)
       WHERE ST_Contains(geom,
```

```
                ST_GeomFromText('POINT(37.50249779176816 126.96600537699246)', 4326));
+----+-----------+
| id | isContains |
+----+-----------+
|  3 |         1 |
|  2 |         1 |
|  4 |         1 |
+----+-----------+
```

spartial_index 테이블에 적재한 테스트 데이터에는 앞서 살펴본 ST_Contains() 함수의 결과가 잘못된 값으로 반환되는 데이터(id가 1인 데이터)가 포함돼 있다. 위 예제에서 (1)번 쿼리는 spartial_index 테이블에 대해 풀 테이블 스캔으로 데이터를 조회하며 공간 인덱스(sx_geom)를 사용하지 않는다. (1)번 쿼리를 실행한 결과로, ST_Contains() 함수의 실행 결괏값이 잘못된 1건을 포함해서 총 4건의 결과가 반환된 것을 알 수 있다. (2)번 쿼리의 경우 쿼리 실행 시 ST_Contains() 함수가 공간 인덱스(sx_geom)를 사용하는데, 이 경우에는 잘못된 결과 데이터(id가 1인 데이터)는 포함되지 않고 올바르게 3건만 결과로 반환됐다.

이처럼 MySQL 서버의 버전에 따라(이 책을 집필 중인 시점의 최신 버전인 MySQL 8.0.25 버전에서도 잘못된 결과를 반환) ST_Contains() 함수의 비교 작업이 공간 인덱스를 사용하느냐 아니냐에 따라 다른 결과를 반환할 수도 있으므로 꼭 테스트한 후 사용하자. 현재 사용하는 MySQL 서버에서도 동일한 버그가 나타나는지 확인해보고자 한다면 샘플 데이터를 이용해서 직접 테스트해보고 쿼리 결과를 비교해보자. 또한 샘플 데이터뿐만 아니라 다른 데이터로도 테스트를 진행해 볼 것을 권장한다.

> **참고** ST_Within() 함수는 ST_Contains() 함수와 동일한 연산을 수행한다. 따라서 ST_Within() 함수 사용 시 마찬가지로 위에서 언급된 문제들을 겪을 수 있음을 참고하자.

12.2.4.2.2 성능 주의 사항

지리 좌표계 데이터의 경우 일반적으로 SRID가 4326인 좌표계를 많이 사용하는데, ST_Contains() 함수 등으로 포함 관계를 비교하는 경우 투영 좌표계보다는 느린 성능을 보인다. SRID에 따른 ST_Contains() 함수의 성능 비교를 위해 대략 140개 정도의 점으로 구성된 POLYGON 객체와 POINT 객체를 준비했다. 지면 관계상 예제 데이터의 일부를 생략했다.

```
mysql> SET @SRID := 4326;
mysql> SET @polygon := ST_GeomFromText('POLYGON((
        37.399190586836184 126.96566999365437,
```

```
        37.39919052827099 126.96566999594106,
        37.399190469707186 126.96567000274516,
        37.39919041114509 126.96567001519612,
        37.39919035348541 126.96567003216413,
        37.39919029762917 126.96567005364875,
        37.39919024267536 126.96567007965048,
        37.399190233666616 126.96567008417225,
        37.398563808320795 126.96600517259765,
        37.398563763278034 126.96600519859423,
        ...
        37.399190704871806 126.96567000263316,
        37.39919064630379 126.96566999588484,
        37.399190586836184 126.96566999365437))', @SRID);

mysql> SET @point := ST_GeomFromText('POINT(37.50249779176816 126.96600537699246)', @SRID);
```

BENCHMARK 함수를 사용해 SRID가 4326로 설정된 POINT 객체와 POLYGON 객체의 포함 관계를 비교하는 ST_Contains() 함수를 100만 번 실행했을 때의 총 소요 시간을 측정해봤다. 다음 결과에서와 같이 41.44초가 걸렸다.

```
mysql> SELECT
        BENCHMARK(1000000,ST_Contains(@polygon, @point)) AS polygon_performance_with_srid4326;
+-----------------------------------+
| polygon_performance_with_srid4326 |
+-----------------------------------+
|                                 0 |
+-----------------------------------+
1 row in set (41.44 sec)
```

SRID가 3857인 투영 좌표계로 동일한 테스트를 진행해봤다.

```
-- // SRID=3857 로 똑같은 비교 테스트 수행
mysql> SET @SRID := 3857;
mysql> SET @polygon := ST_GeomFromText('POLYGON((
        14133753.7319204200 4494895.8380367200,
        14133753.7321749700 4494895.8298302030,
        14133753.7329324000 4494895.8216238810,
```

```
          14133753.7343184350 4494895.8134177970,
          14133753.7362073050 4494895.8053381685,
          14133753.7385989610 4494895.7975112480,
          14133753.7414934600 4494895.7898107800,
          14133753.7419968230 4494895.7885484180,
          14133791.0438697100 4494808.0103230635,
          ...
          14133753.7329199330 4494895.8545766010,
          14133753.7321687120 4494895.8463696890,
          14133753.7319204200 4494895.8380367200))', @SRID);

mysql> SET @point := ST_GeomFromText('POINT(14133791.0666228350 4509381.8769587210)', @SRID);

mysql> SELECT
       BENCHMARK(1000000,ST_Contains(@polygon, @point)) AS polygon_performance_with_srid3857;
+-----------------------------------+
| polygon_performance_with_srid3857 |
+-----------------------------------+
|                                 0 |
+-----------------------------------+
1 row in set (13.09 sec)
```

SRID가 3857인 경우에는 총 소요 시간이 13.09초로, SRID가 4326일 때의 테스트 케이스보다 3배 정도 빠른 성능을 보였다. 각 테스트에서 ST_Contains() 함수는 100만 번 실행됐으므로 ST_Contains() 함수의 1회 실행 시간은 SRID가 4326일 때 41밀리초이고 SRID가 3857일 때는 13밀리초 정도라 할 수 있다. 이러한 성능 차이는 ST_Contains() 함수가 소량의 레코드에 대해서 실행될 때는 심각한 차이가 아닐 수도 있다. 하지만 매우 많은 레코드에 대해 ST_Contains() 함수가 실행되는 경우 SRID 3857과 4326의 성능 차이는 훨씬 크게 나타날 것이다.

12.2.4.2.3 좌표계 변환

일반적으로 휴대폰과 같은 모바일 장치로부터 수신받는 GPS 좌표는 WGS 84이며, SRID 4326인 지리 좌표계로 표현된다. SRID 3857은 WGS 84 좌표를 평면으로 투영한 좌표 시스템이기 때문에 SRID 4326을 SRID 3857로 또는 그 반대로 상호 변환이 가능하다. MySQL 서버에서도 ST_Transform() 함수를 이용해 SRID 간에 좌푯값을 변환할 수 있지만 아직(MySQL 8.0.25 버전까지) SRID 3857에 대한 변환은 지원하지 않는 상태다. 또한 SRID 3857은 평면으로 투영된 좌표계이기 때문에 거리 계산 시 실제 구면체에서의 거리와는 상당한 오차를 보인다.

```
-- // 지리 좌표계(SRID=4326)에서의 거리 계산
mysql> SET @p_seoul := ST_GeomFromText('POINT(37.566253 126.977999)', 4326);
mysql> SET @p_busan := ST_GeomFromText('POINT(35.179766 129.075139)', 4326);
mysql> SELECT ST_Distance_Sphere(@p_seoul, @p_busan) AS distance_as_meters;
+--------------------+
| distance_as_meters |
+--------------------+
| 325050.50026583584 |
+--------------------+

-- // 투영 좌표계(SRID=3857)에서의 거리 계산
mysql> SET @p_seoul := ST_GeomFromText('POINT(14135126.188661173 4518331.820651973)', 3857);
mysql> SET @p_busan := ST_GeomFromText('POINT(14368578.745550888 4188337.539032124)', 3857);
mysql> SELECT ST_Distance(@p_seoul, @p_busan) AS distance_as_meters;
+--------------------+
| distance_as_meters |
+--------------------+
| 404223.10945831076 |
+--------------------+
```

SRID 4326과 3857의 거리 계산 결과 중 실제 거리는 SRID 4326의 결과에 가깝다.

> **주의** SRID 4326 좌표계에서는 좌푯값을 "위도와 경도" 순서의 각도(Degree) 값으로 표기하지만 SRID 3857에서는 "경도와 위도" 순서의 거리(meter) 값으로 표기한다. 좌표계별로 값의 순서와 단위에 주의하자.

이처럼 SRID 3857은 ST_Contains() 함수의 처리가 빠르고 정확한 결과(SRID 4326의 잘못된 결과는 일시적인 버그이긴 하지만)를 보여주긴 하지만 투영 좌표계이기 때문에 ST_Distance() 함수의 결과가 실제 우리가 원하는 값이 아닐 수도 있다. 이로 인해 SRID 3857을 사용하는 경우 SRID 3857 좌표를 SRID 4326으로 변환하거나 구면체 기반의 거리 계산이 필요할 수 있는데, 이때는 다음의 함수들을 사용해보자.

SRID 4326 좌표를 SRID 3857로 변환

```
CREATE DEFINER='dba'@'%'
  FUNCTION convert4326To3857(p_4326 POINT) RETURNS POINT
  DETERMINISTIC
  SQL SECURITY INVOKER
  BEGIN
    DECLARE lon DOUBLE;
    DECLARE lat DOUBLE;
    DECLARE x DOUBLE;
    DECLARE y DOUBLE;

    /* Check SRID for the safety */
    IF ST_SRID(p_4326)=3857 THEN
      RETURN p_4326;
    ELSEIF ST_SRID(p_4326)<>4326 THEN
      SIGNAL SQLSTATE 'HY000' SET MYSQL_ERRNO=1108, MESSAGE_TEXT='Incorrect parameters (SRID
must be 4326)';
    END IF;

    SET lon = ST_Longitude(p_4326);
    SET lat = ST_Latitude(p_4326);

    -- // 20037508.34 미터 = 적도의 지구 둘레의 절반
    -- //    = ( π * EarthRadius) = ( π * 6378137 meters)
    SET x = lon * 20037508.34 / 180;
    SET y = LOG(TAN((90 + lat) * PI() / 360)) / (PI() / 180);
    SET y = y * 20037508.34 / 180;

    RETURN ST_PointFromText(CONCAT('POINT(', x,' ', y,')'), 3857);
  END ;;
```

SRID 3857 좌표를 SRID 4326으로 변환

```
CREATE DEFINER='dba'@'%'
  FUNCTION convert3857To4326(p_3857 POINT) RETURNS POINT
  DETERMINISTIC
  SQL SECURITY INVOKER
  BEGIN
    DECLARE lon DOUBLE;
```

```
    DECLARE lat DOUBLE;
    DECLARE x DOUBLE;
    DECLARE y DOUBLE;

    /* Check SRID for the safety */
    IF ST_SRID(p_3857)=4326 THEN
      RETURN p_3857;
    ELSEIF ST_SRID(p_3857)<>3857 THEN
      SIGNAL SQLSTATE 'HY000' SET MYSQL_ERRNO=1108, MESSAGE_TEXT='Incorrect parameters (SRID
must be 3857)';
    END IF;

    SET x = ST_X(p_3857);
    SET y = ST_Y(p_3857);

    /* 적도의 지구 둘레의 절반 = (2 * π * R)/2 = (π * EarthRadius) = (π * 6378137 meters) =
20037508.34 meters */
    SET lon = x *  180 / 20037508.34 ;
    SET lat = ATAN(EXP(y * PI() / 20037508.34)) * 360 / PI() - 90;

    RETURN ST_PointFromText(CONCAT('POINT(', lat,' ', lon,')'), 4326);
  END ;;
```

SRID 3857 좌표의 두 위치 간 (지구 구면체 상의) 거리 계산

```
CREATE DEFINER='dba'@'%'
  FUNCTION distanceInSphere(p1_3857 POINT, p2_3857 POINT) RETURNS DOUBLE
  DETERMINISTIC
  SQL SECURITY INVOKER
  BEGIN
    DECLARE p1_4326 POINT;
    DECLARE p2_4326 POINT;

    SET p1_4326 = convert3857To4326(p1_3857);
    SET p2_4326 = convert3857To4326(p2_3857);

    -- // 6370986 = Default Radius meters in MySQL server
    RETURN ST_Distance_Sphere(p1_4326, p2_4326, 6370986);
  END ;;
```

다음은 각 함수를 사용하는 쿼리 예제다.

```
-- // SRID=4326을 SRID=3857로 변환
mysql> SET @p4326 = ST_PointFromText('POINT(38.898717 -77.035974)', 4326);

mysql> SELECT ST_AsText(convert4326To3857(@p4326));
+------------------------------------------+
| ST_AsText(convert4326To3857(@p4326))     |
+------------------------------------------+
| POINT(-8575605.397250127 4707174.017625165) |
+------------------------------------------+


-- // SRID=3857을 SRID=4326으로 변환
mysql> SET @p3857 = ST_PointFromText('POINT(-8575605.397250127 4707174.017625165)', 3857);
mysql> SELECT ST_AsText(convert3857To4326(@p3857));
+------------------------------------------+
| ST_AsText(convert3857To4326(@p3857))     |
+------------------------------------------+
| POINT(38.898717000000005 -77.03597399999998) |
+------------------------------------------+


-- // SRID 3857 좌표계를 사용하는 POINT 객체 간의 거리 계산
mysql> SET @p1_3857 = ST_PointFromText('POINT(-8575605.397250127 4707174.017625165)',3857);
mysql> SET @p2_3857 = ST_PointFromText('POINT(-8575600.397250127 4707170.017625165)',3857);
mysql> SET @p1_4326 = convert3857To4326(@p1_3857);
mysql> SET @p2_4326 = convert3857To4326(@p2_3857);

mysql> SELECT distanceInSphere(@p1_3857, @p2_3857);
+--------------------------------------+
| distanceInSphere(@p1_3857, @p2_3857) |
+--------------------------------------+
|                    4.977691464957249 |
+--------------------------------------+
```

```
-- // 변환 테스트 에러(4326 또는 3857 이외의 SRID 사용 시)
mysql> SET @p3857 = ST_PointFromText('POINT(-8575605.397250127 4707174.017625165)', 0);
mysql> SELECT ST_AsText(convert3857To4326(@p3857));
ERROR 1108 (HY000): Incorrect parameters (SRID must be 3857)


-- // 거리 계산 에러(4326 또는 3857 이외의 SRID 사용 시)
mysql> SET @p1 = ST_PointFromText('POINT(-8575605.397250127 4707174.017625165)',0);
mysql> SET @p2 = ST_PointFromText('POINT(-8575600.397250127 4707170.017625165)',0);
mysql> SELECT distanceInSphere(@p1, @p2);
ERROR 1108 (HY000): Incorrect parameters (SRID must be 3857)
```

13

파티션

파티션 기능은 테이블을 논리적으로는 하나의 테이블이지만 물리적으로는 여러 개의 테이블로 분리해서 관리할 수 있게 해준다. 파티션 기능은 주로 대용량의 테이블을 물리적으로 여러 개의 소규모 테이블로 분산하는 목적으로 사용한다. 하지만 파티션 기능은 대용량 테이블에 사용하면 무조건 성능이 빨라지는 만병 통치약이 아니다. 어떤 쿼리를 사용하느냐에 따라 오히려 성능이 더 나빠지는 경우도 자주 발생할 수 있다. MySQL 서버는 다양한 파티션 방법을 제공하지만 여기서는 자주 사용하는 파티션 방법과 사용 시 주의해야 할 사항 위주로 살펴보겠다.

13.1 개요

MySQL 파티션이 적용된 테이블에서 INSERT나 SELECT 등과 같은 쿼리가 어떻게 실행되는지 이해한다면 파티션을 어떻게 사용하는 것이 가장 최적일지 쉽게 이해할 수 있을 것이다. 이번 절에서는 파티션이 SQL 문장을 수행하는 데 어떻게 영향을 미치는지, 그리고 파티션으로 기대할 수 있는 장점으로 무엇이 있는지 살펴보겠다.

13.1.1 파티션을 사용하는 이유

테이블의 데이터가 많아진다고 해서 무조건 파티션을 적용하는 것이 효율적인 것은 아니다. 하나의 테이블이 너무 커서 인덱스의 크기가 물리적인 메모리보다 훨씬 크거나 데이터 특성상 주기적인 삭제 작업이 필요한 경우 등이 파티션이 필요한 대표적인 예라고 할 수 있다. 각 경우에 대해 지금부터 하나씩 자세히 살펴보겠다.

13.1.1.1 단일 INSERT와 단일 또는 범위 SELECT의 빠른 처리

데이터베이스에서 인덱스는 일반적으로 SELECT를 위한 것으로 보이지만 UPDATE나 DELETE 쿼리를 위해 필요한 때도 많다. 물론 레코드를 변경하는 쿼리를 실행하면 인덱스의 변경을 위한 부가적인 작업이 발생하긴 하지만 UPDATE나 DELETE 처리를 위해 대상 레코드를 검색하려면 인덱스가 필수적이다. 하지만 인덱스가 커지면 커질수록 SELECT는 말할 것도 없고, INSERT나 UPDATE, DELETE 작업도 함께 느려지는 단점이 있다.

특히 한 테이블의 인덱스 크기가 물리적으로 MySQL이 사용 가능한 메모리 공간보다 크다면 그 영향은 더 심각할 것이다. 테이블의 데이터는 실질적인 물리 메모리보다 큰 것이 일반적이겠지만 인덱스의 워킹 셋(Working Set)이 실질적인 물리 메모리보다 크다면 쿼리 처리가 상당히 느려질 것이다. 그림

13.1과 13.2는 큰 테이블을 파티션하지 않고 그냥 사용할 때와 작은 파티션으로 나눠서 워킹 셋의 크기를 줄였을 때 인덱스의 워킹 셋이 물리적인 메모리를 어떻게 사용하는지를 보여준다. 파티션하지 않고 하나의 큰 테이블로 사용하면 인덱스도 커지고 그만큼 물리적인 메모리 공간도 많이 필요해진다는 사실을 알 수 있다. 결과적으로 파티션은 데이터와 인덱스를 조각화해서 물리적 메모리를 효율적으로 사용할 수 있게 만들어준다.

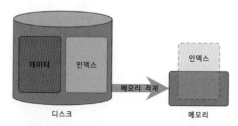

그림 13.1 파티션되지 않은 테이블의 메모리 적재

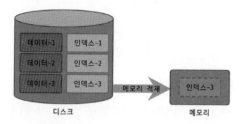

그림 13.2 파티션된 테이블의 메모리 적재

> **참고** 테이블의 데이터가 10GB이고 인덱스가 3GB라고 가정해보자. 하지만 대부분의 테이블은 13GB 전체를 항상 사용하는 것이 아니라 그중에서 일정 부분만 활발하게 사용한다. 즉, 게시물이 100만 건이 저장된 테이블이라고 하더라도 그중에서 최신 20~30%의 게시물만 활발하게 조회될 것이다. 대부분의 테이블 데이터가 이런 형태로 사용된다고 볼 수 있는데, 활발하게 사용되는 데이터를 워킹 셋(Working Set)이라고 표현한다. 테이블의 데이터를 활발하게 사용되는 워킹 셋과 그렇지 않은 부분으로 나눠서 파티션할 수 있다면 상당히 효과적으로 성능을 개선할 수 있을 것이다.

13.1.1.2 데이터의 물리적인 저장소를 분리

데이터 파일이나 인덱스 파일이 파일 시스템에서 차지하는 공간이 크다면 그만큼 백업이나 관리 작업이 어려워진다. 더욱이 테이블의 데이터나 인덱스를 파일 단위로 관리하는 MySQL에서 더 치명적인 문제가 될 수도 있다. 이러한 문제는 파티션을 통해 파일의 크기를 조절하거나 파티션별 파일들이 저장될 위치나 디스크를 구분해서 지정해 해결하는 것도 가능하다. 하지만 MySQL에서는 테이블의 파티션 단위로 인덱스를 생성하거나 파티션별로 다른 인덱스를 가지는 형태는 지원하지 않는다.

13.1.1.3 이력 데이터의 효율적인 관리

요즘은 거의 모든 애플리케이션이 로그라는 이력 데이터를 가지고 있는데, 이는 단기간에 대량으로 누적됨과 동시에 일정 기간이 지나면 쓸모가 없어진다. 로그 데이터는 결국 시간이 지나면 별도로 아카이빙하거나 백업한 후 삭제해버리는 것이 일반적이며, 특히 다른 데이터에 비해 라이프 사이클이 상당히 짧은 것이 특징이다. 로그 테이블에서 불필요해진 데이터를 백업하거나 삭제하는 작업은 일반 테이블에서는 상당히 고부하의 작업에 속한다. 하지만 로그 테이블을 파티션 테이블로 관리한다면 그림 13.3과 같이 불필요한 데이터 삭제 작업은 단순히 파티션을 추가하거나 삭제하는 방식으로 간단하고 빠르게 해결할 수 있다.

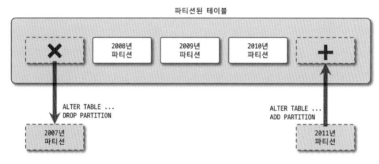

그림 13.3 파티션을 이용한 특정 기간의 로그 로테이션

대량의 데이터가 저장된 로그 테이블을 기간 단위로 삭제한다면 MySQL 서버에 전체적으로 미치는 부하뿐만 아니라 로그 테이블 자체의 동시성에도 영향을 미칠 수 있다. 하지만 파티션을 이용하면 이러한 문제를 대폭 줄일 수 있다.

13.1.2 MySQL 파티션의 내부 처리

파티션이 적용된 테이블에서 레코드의 INSERT, UPDATE, SELECT가 어떻게 처리되는지 확인해보기 위해 다음과 같은 간단한 테이블을 가정해 보자.

```
mysql> CREATE TABLE tb_article (
        article_id INT NOT NULL,
        reg_date DATETIME NOT NULL,
```

```
    ...
    PRIMARY KEY(article_id, reg_date)
) PARTITION BY RANGE ( YEAR(reg_date) ) (
    PARTITION p2009 VALUES LESS THAN (2010),
    PARTITION p2010 VALUES LESS THAN (2011),
    PARTITION p2011 VALUES LESS THAN (2012),
    PARTITION p9999 VALUES LESS THAN MAXVALUE
);
```

여기서 게시물의 등록 일자(reg_date)에서 연도 부분은 파티션 키로서 해당 레코드가 어느 파티션에 저장될지를 결정하는 중요한 역할을 담당한다. 이제 tb_article 테이블에 대해 INSERT, UPDATE, SELECT 같은 쿼리가 어떻게 처리되는지 하나씩 살펴보자.

13.1.2.1 파티션 테이블의 레코드 INSERT

INSERT 쿼리가 실행되면 MySQL 서버는 INSERT되는 칼럼의 값 중에서 파티션 키인 reg_date 칼럼의 값을 이용해 파티션 표현식을 평가하고, 그 결과를 이용해 레코드가 저장될 적절한 파티션을 결정한다. 새로 INSERT되는 레코드를 위한 파티션이 결정되면 나머지 과정은 파티션되지 않은 일반 테이블과 동일하게 처리된다. 그림 13.4는 파티션 키를 이용해 레코드를 저장할 파티션을 결정하는 과정을 보여준다.

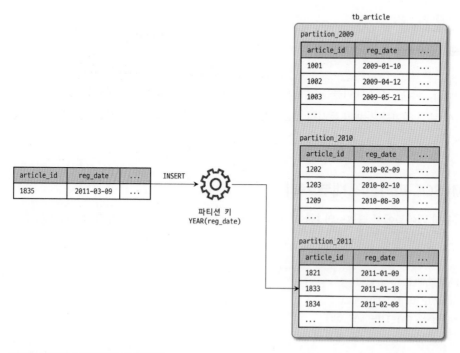

그림 13.4 파티션 테이블의 레코드 INSERT

13.1.2.2 파티션 테이블의 UPDATE

UPDATE 쿼리를 실행하려면 변경 대상 레코드가 어느 파티션에 저장돼 있는지 찾아야 한다. 이때 UPDATE 쿼리의 WHERE 조건에 파티션 키 칼럼이 조건으로 존재한다면 그 값을 이용해 레코드가 저장된 파티션에서 빠르게 대상 레코드를 검색할 수 있다. 하지만 WHERE 조건에 파티션 키 칼럼의 조건이 명시되지 않았다면 MySQL 서버는 변경 대상 레코드를 찾기 위해 테이블의 모든 파티션을 검색해야 한다. 그리고 실제 레코드를 변경하는 작업의 절차는 UPDATE 쿼리가 어떤 칼럼의 값을 변경하느냐에 따라 큰 차이가 생긴다.

- 파티션 키 이외의 칼럼만 변경될 때는 파티션이 적용되지 않은 일반 테이블과 마찬가지로 칼럼 값만 변경한다.

- 파티션 키 칼럼이 변경될 때는 그림 13.5와 같이 기존의 레코드가 저장된 파티션에서 해당 레코드를 삭제한다. 그리고 변경되는 파티션 키 칼럼의 표현식을 평가하고, 그 결과를 이용해 레코드를 이동시킬 새로운 파티션을 결정해서 레코드를 새로 저장한다.

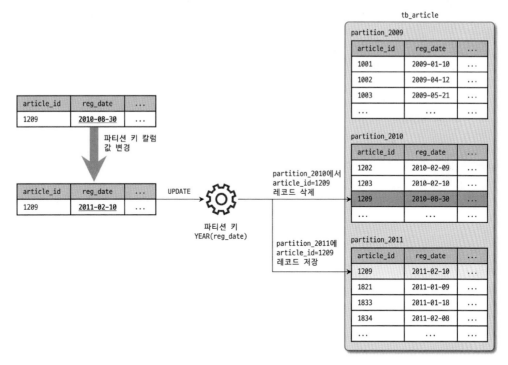

그림 13.5 파티션 키 칼럼이 변경되는 UPDATE 문장의 처리

13.1.2.3 파티션 테이블의 검색

SQL이 수행되기 위해 파티션 테이블을 검색할 때 성능에 크게 영향을 미치는 조건은 다음과 같다.

- WHERE 절의 조건으로 검색해야 할 파티션을 선택할 수 있는가?
- WHERE 절의 조건이 인덱스를 효율적으로 사용(인덱스 레인지 스캔)할 수 있는가?

두 번째 내용은 파티션 테이블뿐만 아니라 파티션되지 않은 일반 테이블의 검색 성능에도 똑같이 영향을 미친다. 하지만 파티션 테이블에서는 첫 번째 선택사항의 결과에 의해 두 번째 선택사항의 작업 내용이 달라질 수 있다. 위 두 가지 주요 선택사항의 각 조합이 어떻게 실행되는지 한번 살펴보자.

- 파티션 선택 가능 + 인덱스 효율적 사용 가능: 두 선택사항이 모두 사용 가능할 때 쿼리가 가장 효율적으로 처리될 수 있다. 이때는 파티션의 개수와 관계없이 검색을 위해 꼭 필요한 파티션의 인덱스만 레인지 스캔한다.
- 파티션 선택 불가 + 인덱스 효율적 사용 가능: WHERE 조건에 일치하는 레코드가 저장된 파티션을 걸러낼 수 없기 때문에 우선 테이블의 모든 파티션을 대상으로 검색해야 한다. 하지만 각 파티션에 대해서는 인덱스 레인지 스캔을 사용할 수 있기 때문에 최종적으로 테이블에 존재하는 모든 파티션의 개수만큼 인덱스 레인지 스캔을 수행해서 검색하게 된다. 이 작업은 파티션 개수만큼의 테이블에 대해 인덱스 레인지 스캔을 한 다음, 결과를 병합해서 가져오는 것과 같다.
- 파티션 선택 가능 + 인덱스 효율적 사용 불가: 검색하려는 레코드가 저장된 파티션을 선별할 수 있기 때문에 파티션 개수와 관계없이 검색을 위해 필요한 파티션만 읽으면 된다. 하지만 인덱스는 이용할 수 없기 때문에 대상 파티션에 대해 풀 테이블 스캔을 한다. 이는 각 파티션의 레코드 건수가 많다면 상당히 느리게 처리될 것이다.
- 파티션 선택 불가 + 인덱스 효율적 사용 불가: WHERE 조건에 일치하는 파티션을 선택할 수가 없기 때문에 테이블의 모든 파티션을 검색해야 한다. 하지만 각 파티션을 검색하는 작업 자체도 인덱스 레인지 스캔을 사용할 수 없기 때문에 풀 테이블 스캔을 수행해야 한다.

앞에서 살펴본 선택사항의 4가지 조합 가운데 마지막 세 번째와 네 번째 방식은 가능하다면 피하는 것이 좋다. 그리고 두 번째 조합 또한 하나의 테이블에 파티션의 개수가 많을 때는 MySQL 서버의 부하도 높아지고 처리 시간도 많이 느려지므로 주의하자.

13.1.2.4 파티션 테이블의 인덱스 스캔과 정렬

MySQL의 파티션 테이블에서 인덱스는 전부 로컬 인덱스에 해당한다. 즉, 그림 13.6과 같이 모든 인덱스는 파티션 단위로 생성[1]되며, 파티션과 관계없이 테이블 전체 단위로 글로벌하게 하나의 통합된 인덱스[2]는 지원하지 않는다는 것을 의미한다.

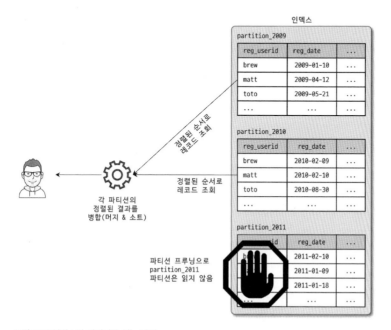

그림 13.6 인덱스와 데이터를 읽는 방법

그림 13.6은 tb_article 테이블의 reg_userid 칼럼으로 만들어진 인덱스가 어떻게 구성되고 인덱스도 tb_article 테이블과 같이 연도별로 파티션되어 저장된다는 것을 보여준다.

그림 13.6에서 reg_userid 칼럼의 값은 파티션의 순서대로 정렬돼 있지 않다는 사실을 알 수 있다. 즉, 파티션되지 않은 테이블에서는 인덱스를 순서대로 읽으면 그 칼럼으로 정렬된 결과를 바로 얻을 수 있지만 파티션된 테이블에서는 그렇지 않다. 그렇다면 인덱스 레인지 스캔을 수행하는 쿼리가 여러 개의 파티션을 읽어야 할 때 그 결과는 인덱스 칼럼으로 정렬이 될지 다음 예제 쿼리로 한번 살펴보자.

---

1 개별 파티션에 속한 인덱스가 모든 파티션에 대해서 공통적으로 생성된다는 의미이며, 개별 파티션 단위로 인덱스를 서로 다른 인덱스를 생성할 수 있다는 의미는 아니다.
2 파티션에서 이러한 인덱스를 글로벌 인덱스라고 하며, 개별 파티션에 속한 인덱스를 로컬 인덱스라고 한다.

```
mysql> SELECT *
       FROM tb_article
       WHERE reg_userid BETWEEN 'brew' AND 'toto'
         AND reg_date BETWEEN '2009-01-01' AND '2010-12-31'
       ORDER BY reg_userid;
```

위 쿼리의 실행 계획을 확인해보면 Extra 칼럼에 별도의 정렬 작업을 의미하는 "Using filesort" 코멘트가 표시되지 않는다는 것을 알 수 있다. 간단히 생각해 보면 PARTITION_2009와 PARTITION_2010으로부터 WHERE 조건에 일치하는 레코드를 가져온 후, 각 파티션의 결과를 병합하고 reg_userid 칼럼의 값으로 다시 한번 정렬해야 될 것처럼 보인다. 하지만 쿼리의 실행 계획에는 별도의 정렬을 수행했다는 메시지는 표시되지 않는다.

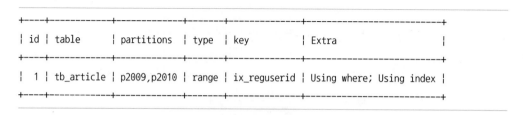

실제 MySQL 서버는 여러 파티션에 대해 인덱스 스캔을 수행할 때 각 파티션으로부터 조건에 일치하는 레코드를 정렬된 순서대로 읽으면서 우선순위 큐(Priority Queue)에 임시로 저장한다. 그리고 우선순위 큐에서 다시 필요한 순서(인덱스의 정렬 순서)대로 데이터를 가져가는 것이다. 이는 각 파티션에서 읽은 데이터가 이미 정렬돼 있는 상태라서 가능한 방법이다. 결론적으로 파티션 테이블에서 인덱스 스캔을 통해 레코드를 읽을 때 MySQL 서버가 별도의 정렬 작업을 수행하지는 않는다. 하지만 일반 테이블의 인덱스 스캔처럼 결과를 바로 반환하는 것이 아니라 내부적으로 큐 처리가 한 번 필요한 것이다. 그림 13.6에서 "머지 & 소트(Merge & Sort)"라고 표시한 부분이 바로 우선순위 큐 처리 작업을 의미한다.

13.1.2.5 파티션 프루닝

그림 13.6의 예제처럼 옵티마이저에 의해 3개의 파티션 가운데 2개만 읽어도 된다고 판단되면 불필요한 파티션에는 전혀 접근하지 않는다. 이렇게 최적화 단계에서 필요한 파티션만 골라내고 불필요한 것들은 실행 계획에서 배제하는 것을 파티션 프루닝(Partition pruning)이라고 한다. 이러한 파티션 프루닝 정보는 실행 계획을 확인해보면 옵티마이저가 어떤 파티션만 접근하는지 알 수 있다. EXPLAIN 명령의 결과에 보이는 partitions 칼럼을 살펴보면 쿼리가 어떤 파티션만 조회하는지 확인할 수 있다.

```
mysql> EXPLAIN SELECT * FROM tb_article WHERE reg_date>'2010-01-01' and reg_date<'2010-02-01';
+----+------------+------------+-------+---------+---------+------+--------------------------+
| id | table      | partitions | type  | key     | key_len | rows | Extra                    |
+----+------------+------------+-------+---------+---------+------+--------------------------+
|  1 | tb_article | p2010      | index | PRIMARY | 9       |    1 | Using where; Using index |
+----+------------+------------+-------+---------+---------+------+--------------------------+
```

위 쿼리의 실행 계획에서 partitions 칼럼을 보면 "p2010" 파티션만 표시됐다. 이는 MySQL 서버가 쿼리를 처리하기 위해 "p2010" 파티션만 조회했다는 것을 의미하는데, 결국 나머지 파티션들(p2009와 p2011 등의 파티션들)은 쿼리 처리에 필요치 않아서 모두 프루닝(Pruning)된 것이다.

13.2 주의사항

MySQL의 파티션은 5.1 버전부터 도입되어 MySQL 8.0까지 많은 발전이 있었지만, 아직도 많은 제약을 지니고 있다. 물론 여기서 살펴볼 제약 사항들은 대부분 파티션의 태생적인 한계이기 때문에 MySQL 서버가 아무리 업그레이드된다고 하더라도 여전히 가질 제약사항일 수도 있다.

13.2.1 파티션의 제약 사항

우선 MySQL 서버의 파티션 기능의 제약 사항을 이해하려면 먼저 용어 몇 가지를 이해해야 한다. 다음과 같은 파티션 테이블을 가정해보자.

```
mysql> CREATE TABLE tb_article (
        article_id INT NOT NULL AUTO_INCREMENT,
        reg_date DATETIME NOT NULL,
        ...
        PRIMARY KEY(article_id, reg_date)
      ) PARTITION BY RANGE ( YEAR(reg_date) ) (
          PARTITION p2009 VALUES LESS THAN (2010),
          PARTITION p2010 VALUES LESS THAN (2011),
          PARTITION p2011 VALUES LESS THAN (2012),
          PARTITION p9999 VALUES LESS THAN MAXVALUE
      );
```

이 테이블 정의에서 "PARITITION BY RANGE" 절은 이 테이블이 레인지 파티션을 사용한다는 것을 의미한다. 그리고 파티션 칼럼은 reg_date이며, 파티션 표현식으로는 "YEAR(reg_date)"가 사용됐다. 즉 tb_article 테이블은 reg_date 칼럼에서 YEAR()라는 MySQL 내장 함수를 이용해 연도만 추출하고, 그 연도를 이용해 테이블을 연도 범위별로 파티션하고 있다.

이제 MySQL 서버의 파티션이 가지는 제약 사항들을 살펴보자.

- 스토어드 루틴이나 UDF, 사용자 변수 등을 파티션 표현식에 사용할 수 없다.
- 파티션 표현식은 일반적으로 칼럼 그 자체 또는 MySQL 내장 함수를 사용할 수 있는데, 여기서 일부 함수들은 파티션 생성은 가능하지만 파티션 프루닝을 지원하지 않을 수도 있다.
- 프라이머리 키를 포함해서 테이블의 모든 유니크 인덱스는 파티션 키 칼럼을 포함해야 한다.
- 파티션된 테이블의 인덱스는 모두 로컬 인덱스이며, 동일 테이블에 소속된 모든 파티션은 같은 구조의 인덱스만 가질 수 있다. 또한 파티션 개별로 인덱스를 변경하거나 추가할 수 없다.
- 동일 테이블에 속한 모든 파티션은 동일 스토리지 엔진만 가질 수 있다.
- 최대(서브 파티션까지 포함해서) 8192개의 파티션을 가질 수 있다.
- 파티션 생성 이후 MySQL 서버의 sql_mode 시스템 변수 변경은 데이터 파티션의 일관성을 깨뜨릴 수 있다.
- 파티션 테이블에서는 외래키를 사용할 수 없다.
- 파티션 테이블은 전문 검색 인덱스 생성이나 전문 검색 쿼리를 사용할 수 없다.
- 공간 데이터를 저장하는 칼럼 타입(POINT, GEOMETRY, …)은 파티션 테이블에서 사용할 수 없다.
- 임시 테이블(Temporary table)은 파티션 기능 사용할 수 없다.

일반적으로 파티션 테이블을 생성할 때 가장 크게 영향을 미치는 제약 사항은 모든 유니크 인덱스에 파티션 키 칼럼이 포함돼야 한다는 것이다. tb_article 테이블의 article_id 칼럼은 AUTO_INCREMENT를 사용하기 때문에 article_id 칼럼만으로 프라이머리 키를 사용해도 충분하다. 그런데 tb_article 테이블에서는 (article_id, reg_date) 칼럼의 조합으로 프라이머리 키를 선정했다. 이는 파티션 키로 사용되는 칼럼은 반드시 프라이머리 키 일부로 참여해야 한다는 제약 사항 때문이다. 실제 article_id만으로 유니크한 값을 가지기 때문에 reg_date 칼럼을 프라이머리 키 마지막에 추가하는 것은 아무런 의미가 없지만 reg_date 칼럼으로 파티션을 적용하기 위해서는 이 방법밖에 없다. 유니크 인덱스 제약과 관련해서는 다시 자세히 예제로 살펴보겠다.

한 가지 더 주의해야 할 사항은 MySQL 서버에서 파티션 표현식에는 기본적인 산술 연산자인 "+", "-", "*" 같은 연산자를 사용할 수 있으며, 추가로 다음과 같은 MySQL 내장 함수를 사용할 수 있다.

```
ABS(), CEILING(), EXTRACT(), FLOOR(), MOD(),
DATEDIFF(), DAY(), DAYOFMONTH(), DAYOFWEEK(), DAYOFYEAR(), HOUR(), MICROSECOND(), MINUTE(),
MONTH(), QUARTER(), SECOND(), TIME_TO_SEC(), TO_DAYS(), TO_SECONDS(), UNIX_TIMESTAMP(),
WEEKDAY(), YEAR(), YEARWEEK()
```

내장 함수들을 파티션 표현식에 사용할 수 있다고 해서 이 내장 함수들이 모두 파티션 프루닝 기능을 지원하는 것은 아니다. 파티션 테이블을 처음 설계할 때는 파티션 프루닝 기능이 정상적으로 작동하는 지 확인한 후 응용 프로그램에 적용하는 것을 권장한다. 또한 위 함수 목록은 MySQL 8.0.21 버전에서 참조한 것이므로 MySQL 서버의 버전이 다르다면 더 정확한 내장 함수 목록을 MySQL 서버의 매뉴얼[3] 에서 참조하자.

13.2.2 파티션 사용 시 주의사항

파티션 테이블의 경우 프라이머리 키를 포함한 유니크 키에 대해서는 상당히 머리 아픈 제약 사항이 있다. 파티션의 목적이 작업의 범위를 좁히는 것인데, 유니크 인덱스는 중복 레코드에 대한 체크 작업 때문에 범위가 좁혀지지 않는다는 점이다. 또한 MySQL의 파티션은 일반 테이블과 같이 별도의 파일로 관리되는데, 이와 관련하여 MySQL 서버가 조작할 수 있는 파일의 개수와 연관된 제약도 있다.

13.2.2.1 파티션과 유니크 키(프라이머리 키 포함)

종류와 관계없이 테이블에 유니크 인덱스(프라이머리 키 포함)가 있으면 파티션 키는 모든 유니크 인덱스의 일부 또는 모든 칼럼을 포함해야 한다. 다음의 파티션 테이블 생성 스크립트로 이를 자세히 살펴보자.

```
mysql> CREATE TABLE tb_partition (
        fd1 INT NOT NULL,
        fd2 INT NOT NULL,
        fd3 INT NOT NULL,
        UNIQUE KEY (fd1, fd2)
      ) PARTITION BY HASH (fd3)
```

---

3 https://dev.mysql.com/doc/refman/8.0/en/partitioning-limitations-functions.html

```
        PARTITIONS 4;

mysql> CREATE TABLE tb_partition (
        fd1 INT NOT NULL,
        fd2 INT NOT NULL,
        fd3 INT NOT NULL,
        UNIQUE KEY (fd1),
        UNIQUE KEY (fd2)
      ) PARTITION BY HASH (fd1 + fd2)
        PARTITIONS 4;

mysql> CREATE TABLE tb_partition (
        fd1 INT NOT NULL,
        fd2 INT NOT NULL,
        fd3 INT NOT NULL,
        PRIMARY KEY (fd1),
        UNIQUE KEY (fd2, fd3)
      ) PARTITION BY HASH (fd1 + fd2)
        PARTITIONS 4;
```

위의 예제는 모두 잘못된 테이블 파티션을 생성하는 방법이다. 유니크 키에 대해 파티션 키가 제대로 설정됐는지 간단히 체크하려면 각 유니크 키에 대해 값이 주어졌을 때 해당 레코드가 어느 파티션에 저장돼 있는지 계산할 수 있어야 한다는 점을 기억하면 된다. 위의 3가지 생성 스크립트 모두 이 방법으로 체크해 보면 예제의 3개 테이블 모두 조금씩 부족하다는 점을 알 수 있다.

- 첫 번째 쿼리는 유니크 키와 파티션 키가 전혀 연관이 없기 때문에 불가능하다.

- 두 번째 쿼리는 첫 번째 유니크 키 칼럼인 fd1만으로 파티션 결정이 되지 않는다(fd2 칼럼값도 같이 있어야 파티션의 위치를 판단할 수 있다). 두 번째 유니크 키 또한 첫 번째와 같은 이유로 불가능하다.

- 세 번째 쿼리 또한 두 번째 쿼리와 같이 프라이머리 키 칼럼인 fd1 값만으로 파티션 판단이 되지 않으며, 유니크 키인 fd2와 fd3로도 파티션 위치를 결정할 수 없다.

이제 파티션 키로 사용할 수 있는 예제를 몇 개 살펴보자.

```
mysql> CREATE TABLE tb_partition (
        fd1 INT NOT NULL,
```

```
        fd2 INT NOT NULL,
        fd3 INT NOT NULL,
        UNIQUE KEY (fd1, fd2, fd3)
    ) PARTITION BY HASH (fd1)
        PARTITIONS 4;

mysql> CREATE TABLE tb_partition (
        fd1 INT NOT NULL,
        fd2 INT NOT NULL,
        fd3 INT NOT NULL,
        UNIQUE KEY (fd1, fd2)
    ) PARTITION BY HASH (fd1 + fd2)
        PARTITIONS 4;

mysql> CREATE TABLE tb_partition (
        fd1 INT NOT NULL,
        fd2 INT NOT NULL,
        fd3 INT NOT NULL,
        UNIQUE KEY (fd1, fd2, fd3),
        UNIQUE KEY (fd3)
    ) PARTITION BY HASH (fd3)
        PARTITIONS 4;
```

13.2.2.2 파티션과 open_files_limit 시스템 변수 설정

MySQL에서는 일반적으로 테이블을 파일 단위로 관리하기 때문에 MySQL 서버에서 동시에 오픈된
파일의 개수가 상당히 많아질 수 있다. 이를 제한하기 위해 open_files_limit 시스템 변수에 동시에 오
픈할 수 있는 적절한 파일의 개수를 설정할 수 있다. 파티션되지 않은 일반 테이블은 테이블 1개당 오
픈된 파일의 개수가 2~3개 수준이지만 파티션 테이블에서는 (파티션의 개수 * 2~3)개가 된다. 예를
들어, 파티션이 1,024개 포함된 테이블을 생각해보자. 쿼리가 적절히 파티션 프루닝으로 최적화되어
1,024개의 파티션 가운데 2개의 파티션만 접근해도 된다고 하더라도 일단 동시에 모든 파티션의 데이
터 파일을 오픈해야 한다. 그래서 파티션을 많이 사용하는 경우에는 open_files_limit 시스템 변수를 적
절히 높은 값으로 다시 설정해 줄 필요가 있다.

13.3 MySQL 파티션의 종류

다른 DBMS와 마찬가지로 MySQL에서도 다음과 같은 4가지 기본 파티션 기법을 제공하고 있으며, 해시와 키 파티션에 대해서는 리니어(Linear) 파티션과 같은 추가적인 기법도 제공한다.

- 레인지 파티션
- 리스트 파티션
- 해시 파티션
- 키 파티션

파티션 종류별로 기본적인 용도와 방법을 예제를 통해 살펴보자.

13.3.1 레인지 파티션

파티션 키의 연속된 범위로 파티션을 정의하는 방법으로, 가장 일반적으로 사용되는 파티션 방법 중 하나다. 다른 파티션 방법과는 달리 MAXVALUE라는 키워드를 이용해 명시되지 않은 범위의 키 값이 담긴 레코드를 저장하는 파티션을 정의할 수 있다.

13.3.1.1 레인지 파티션의 용도

다음과 같은 성격을 지닌 테이블에서는 레인지 파티션을 사용하는 것이 좋다. 물론 마지막 항목은 모든 파티션에 일반적으로 적용되는 내용이지만 레인지나 리스트 파티션에 더 필요한 요건이다.

- 날짜를 기반으로 데이터가 누적되고 연도나 월, 또는 일 단위로 분석하고 삭제해야 할 때
- 범위 기반으로 데이터를 여러 파티션에 균등하게 나눌 수 있을 때
- 파티션 키 위주로 검색이 자주 실행될 때

데이터베이스에서 파티션의 장점은 다음 2가지로 구분할 수 있다.

- 큰 테이블을 작은 크기의 파티션으로 분리
- 필요한 파티션만 접근(쓰기와 읽기 모두)

위의 2가지 장점 중 첫 번째보다는 두 번째 장점의 효과가 매우 큰 편이다. 그런데 문제는 파티션을 적용하면서 두 번째 장점은 취하지 못하고 첫 번째 장점에만 집중하다 보니 소탐대실의 결과로 귀결되는 경우가 많다는 것이다. 결과적으로 파티션 때문에 오히려 MySQL 서버의 성능을 더 떨어뜨리게 되는 것이다. 실제 데이터베이스 서버의 파티션에서 이 두 가지 장점을 모두 취하기는 매우 어렵지만, 다행히 이력을 저장하는 테이블에서 레인지 파티션은 두 가지 장점을 모두 어렵지 않게 취할 수 있다. 저자가 경험했던 많은 응용 프로그램에서 사용했던 파티션은 대부분 이력을 저장하는 로그 테이블에 레인지 파티션을 적용한 경우였다. 다른 파티션 방법은 무시하더라도 최소한 레인지 파티션에 대해서는 정확한 사용 방법을 익혀두자.

13.3.1.2 레인지 파티션 테이블 생성

레인지 파티션을 이용해 사원의 입사 연도별로 파티션 테이블을 만드는 방법을 살펴보자.

```
mysql> CREATE TABLE employees (
        id INT NOT NULL,
        first_name VARCHAR(30),
        last_name VARCHAR(30),
        hired DATE NOT NULL DEFAULT '1970-01-01',
        ...
      ) PARTITION BY RANGE( YEAR(hired) ) (
        PARTITION p0 VALUES LESS THAN (1991),
        PARTITION p1 VALUES LESS THAN (1996),
        PARTITION p2 VALUES LESS THAN (2001),
        PARTITION p3 VALUES LESS THAN MAXVALUE
);
```

위 예제의 파티션 테이블에 사용된 각 절에 대해 하나씩 살펴보자.

- PARTITION BY RANGE 키워드로 레인지 파티션을 정의한다.

- PARTITION BY RANGE 뒤에 칼럼 또는 내장 함수를 이용해 파티션 키를 명시한다. 여기서는 사원의 입사 일자에서 연도만을 파티션 키로 사용했다.

- VALUES LESS THAN으로 명시된 값보다 작은 값만 해당 파티션에 저장하게 설정한다. 단, LESS THAN 절에 명시된 값은 그 파티션에 포함되지 않는다.

- VALUES LESS THAN MAXVALUE로 명시되지 않은 레코드를 저장할 파티션을 지정한다. 이 예제에서 2001년부터 9999년 사이에 입사한 사원의 정보는 p3 파티션에 저장될 것이다. VALUES LESS THAN MAXVALUE 파티션은 선택 사항이므로 지정하지 않아도 된다.

- VALUES LESS THAN MAXVALUE가 정의되지 않으면 hired 칼럼의 값이 '2011-02-30'인 레코드가 INSERT될 때 에러가 발생하면서 "Table has no partition for value 2011"이라는 메시지가 표시될 것이다.

- 테이블과 각 파티션은 같은 스토리지 엔진으로 정의할 수 있다. 하지만 MySQL 8.0에서는 InnoDB 스토리지 엔진이 기본 스토리지 엔진이므로 별도로 명시하지 않아도 InnoDB 테이블로 생성된다.

파티션된 테이블에 레코드가 INSERT될 때는 다음과 같이 입사 일자에 따라 각각 다른 파티션에 저장된다.

- p0 파티션: 입사 일자가 1990년 이하인 레코드

- p1 파티션: 입사 일자가 1991년부터 1995년 이하인 레코드

- p2 파티션: 입사 일자가 1996년부터 2000년 이하인 레코드

- p3 파티션: 입사 일자가 2001년 이후인 레코드

13.3.1.3 레인지 파티션의 분리와 병합

13.3.1.3.1 단순 파티션의 추가

다음은 employees 테이블에 입사 일자가 2001년부터 2010년 이하인 레코드를 저장하기 위한 새로운 파티션 p4를 추가하는 ALTER TABLE 명령이다.

```
mysql> ALTER TABLE employees
          ADD PARTITION (PARTITION p4 VALUES LESS THAN (2011));
```

여기서 한 가지 주의해야 할 사항이 있는데, 현재 employees 테이블에는 "LESS THAN MAXVALUE" 파티션을 이미 가지고 있다. 이 상태에서 ALTER TABLE ... ADD PARTITION 명령으로 새로운 파티션을 추가하려고 하면 다음과 같은 에러가 발생한다.

```
ERROR 1481 (HY000): MAXVALUE can only be used in last partition definition
```

이미 MAXVALUE 파티션이 2001년 이후의 모든 레코드를 가지고 있는 상태에서 2011년 파티션이 추가되면 2011년 레코드는 2개의 파티션에 나뉘어 저장되는 결과를 만들어낸다. 이는 하나의 레코드는 반드시 하나의 파티션에만 저장돼야 한다는 기본 조건을 벗어나는 것이다. 그래서 이 경우에는 다음과 같이 ALTER TABLE ... REORGANIZE PARTITION 명령을 사용해야 한다.

```
mysql> ALTER TABLE employees ALGORITHM=INPLACE, LOCK=SHARED,
       REORGANIZE PARTITION p3 INTO (
         PARTITION p3 VALUES LESS THAN (2011),
         PARTITION p4 VALUES LESS THAN MAXVALUE
       );
```

ALTER TABLE ... REORGANIZE PARTITION 명령은 p3(LESS THAN MAXVALUE 절을 가진 파티션) 파티션의 레코드를 모두 새로운 두 개의 파티션으로 복사하는 작업을 필요로 한다. p3 파티션의 레코드가 매우 많다면 이 작업은 매우 오랜 시간이 걸릴 것이다.

레인지 파티션에서는 일반적으로 "LESS THAN MAXVALUE" 절을 사용하는 파티션은 추가하지 않고, 미래에 사용될 파티션을 미리 2~3개 정도 더 만들어 두는 형태로 테이블을 생성하기도 한다. 그리고 배치 스크립트를 이용해 주기적으로 파티션 테이블의 여유 기간을 판단해서 파티션을 자동으로 추가하는 방법을 사용한다. 하지만 이렇게 필요한 파티션을 배치 스크립트에 의존하는 경우 배치 스크립트의 오류로 파티션이 자동으로 추가되지 못할 수도 있다. 이때 응용 프로그램에서는 INSERT를 실행하지 못하게 되는 치명적인 문제가 발생할 수도 있다.

그리고 "LESS THAN MAXVALUE" 파티션이 존재한다고 하더라도 이 파티션이 데이터를 가지고 있지 않다면 ALTER TABLE ... REORGANIZE PARTITION 명령은 매우 빨리 완료될 것이므로 성능 관련해서 걱정은 하지 않아도 된다. MAXVALUE 파티션을 추가할지 말지는 INSERT되는 데이터의 특성이나 배치 스크립트의 안정성에 따라 적절히 판단하면 된다.

13.3.1.3.2 파티션 삭제

레인지 파티션을 사용하는 테이블에서 파티션을 삭제하려면 다음과 같이 DROP PARTITION 키워드에 삭제하려는 파티션의 이름을 지정하면 된다. 레인지 파티션을 삭제하는 작업이나 밑에서 소개할 리스트 파티션 테이블에서 특정 파티션을 삭제하는 작업은 아주 빠르게 처리되므로 날짜 단위로 파티션된 테이블에서 오래된 데이터를 삭제하는 용도로 자주 사용된다.

```
mysql> ALTER TABLE employees DROP PARTITION p0;
```

13.3.1.3.3 기존 파티션의 분리

하나의 파티션을 두 개 이상의 파티션으로 분리하고자 할 때는 REORGANIZE PARTITION 명령을 사용하면
된다. 다음 예제는 MAXVALUE 파티션인 p3을 두 개의 파티션으로 나누는 명령이다. 2001년부터 2011년
까지 입사한 사원들을 위한 p3 파티션과 2012년 이후에 입사한 사원을 위한 MAXVALUE (p4) 파티션을 추
가한 것이다. 이렇게 파티션을 분리하면 기존의 MAXVALUE 파티션에 저장돼 있던 데이터는 파티션 키에
의해 데이터까지 p3과 p4 파티션으로 적절히 재배치되어 저장된다.

```
mysql> ALTER TABLE employees ALGORITHM=INPLACE, LOCK=SHARED,
         REORGANIZE PARTITION p3 INTO (
           PARTITION p3 VALUES LESS THAN (2011),
           PARTITION p4 VALUES LESS THAN MAXVALUE
         );
```

MAXVALUE 파티션뿐만 아니라 다른 파티션들도 REORGANIZE PARTITION 명령을 이용해 분리할 수 있다.
REORGANIZE PARTITION 명령은 기존 파티션의 레코드를 새로운 파티션으로 복사해야 하기 때문에 기
존 파티션의 레코드 건수에 따라 시간이 오래 걸릴 수도 있다. 기존 파티션의 레코드가 많다면 온라인
DDL로 실행할 수 있게 ALGORITHM과 LOCK 절을 사용하자. 하지만 파티션 재구성(REORGANIZE PARTITION)
명령은 INPLACE 알고리즘은 사용할 수 있지만 최소한 읽기 잠금(Shared Lock)이 필요하다. 즉 파티션
이 재구성되는 동안은 테이블의 쓰기가 불가능해지므로 파티션 재구성 작업은 서비스 점검 시간대나
쿼리 처리가 많지 않은 시간대에 진행하는 것이 좋다.

13.3.1.3.4 기존 파티션의 병합

여러 파티션을 하나의 파티션으로 병합하는 작업도 REORGANIZE PARTITION 명령으로 처리할 수 있다. 다
음은 employees 테이블의 p2 파티션과 p3 파티션을 p23 파티션으로 병합하는 예제다.

```
mysql> ALTER TABLE employees ALGORITHM=INPLACE, LOCK=SHARED,
         REORGANIZE PARTITION p2, P3 INTO (
           PARTITION p23 VALUES LESS THAN (2011)
         );
```

파티션을 병합하는 경우에도 파티션 재구성(REORGANIZE PARTITION)이 필요하며, 이 작업은 테이블에 대해서 읽기 잠금을 필요로 한다는 것에 주의하자.

13.3.2 리스트 파티션

리스트 파티션은 레인지 파티션과 많은 부분에서 흡사하게 동작한다. 둘의 가장 큰 차이는 레인지 파티션은 파티션 키 값의 범위로 파티션을 구성할 수 있지만 리스트 파티션은 파티션 키 값 하나하나를 리스트로 나열해야 한다는 점이다. 또한 리스트 파티션에서는 레인지 파티션과 같이 MAXVALUE 파티션을 정의할 수 없다.

13.3.2.1 리스트 파티션의 용도

테이블이 다음과 같은 특성을 지닐 때는 리스트 파티션을 사용하는 것이 좋다. 마지막 항목은 모든 파티션에 공통적인 사항이지만 레인지나 리스트 파티션에 더 필요한 사항이다.

- 파티션 키 값이 코드 값이나 카테고리와 같이 고정적일 때
- 키 값이 연속되지 않고 정렬 순서와 관계없이 파티션을 해야 할 때
- 파티션 키 값을 기준으로 레코드의 건수가 균일하고 검색 조건에 파티션 키가 자주 사용될 때

13.3.2.2 리스트 파티션 테이블 생성

다음 예제는 리스트 파티션을 사용하는 테이블을 생성하는 구문이다.

```
mysql> CREATE TABLE product(
         id INT NOT NULL,
         name VARCHAR(30),
         category_id INT NOT NULL,
         ...
       ) PARTITION BY LIST( category_id ) (
         PARTITION p_appliance VALUES IN (3),
         PARTITION p_computer VALUES IN (1,9),
         PARTITION p_sports VALUES IN (2,6,7),
         PARTITION p_etc VALUES IN (4,5,8,NULL)
       );
```

위의 예제를 이용해 리스트 파티션을 사용하는 테이블의 중요 부분을 한 번 살펴보자.

- PARTITION BY LIST 키워드로 생성할 파티션이 리스트 파티션이라는 것을 명시한다.

- PARTITION BY LIST 키워드 뒤에 파티션 키를 정의한다. 이 예제에서는 INT 타입의 category_id 칼럼값을 그대로 파티션 키로 사용한다.

- VALUES IN (...)을 사용해 파티션별로 저장할 파티션 키 값의 목록을 나열한다.

- 위 예제의 마지막 파티션과 같이 파티션별로 저장할 키 값 중에 NULL을 명시할 수도 있다.

- 레인지 파티션과는 달리, 나머지 모든 값을 저장하는 MAXVALUE 파티션은 정의할 수 없다.

위의 예제와 같이 정수 타입의 파티션 키뿐만 아니라 다음과 같이 파티션 타입이 문자열 타입일 때도 리스트 파티션을 사용할 수 있다.

```
mysql> CREATE TABLE product(
         id INT NOT NULL,
         name VARCHAR(30),
         category_id VARCHAR(20) NOT NULL,
         ...
       ) PARTITION BY LIST ( category_id ) (
         PARTITION p_appliance VALUES IN ('TV'),
         PARTITION p_computer VALUES IN ('Notebook', 'Desktop'),
         PARTITION p_sports VALUES IN ('Tennis', 'Soccer'),
         PARTITION p_etc VALUES IN ('Magazine', 'Socks', NULL)
       );
```

13.3.2.3 리스트 파티션의 분리와 병합

파티션을 정의하는 부분에서 VALUES LESS THAN이 아닌 VALUES IN을 사용한다는 것 외에는 레인지 파티션의 추가 및 삭제, 병합 작업이 모두 같다. 그리고 특정 파티션의 레코드 건수가 많아져서 두 개 이상의 파티션으로 분리하거나 그 반대로 병합하려면 REORGANIZE PARTITION 명령을 사용하면 된다.

13.3.2.4 리스트 파티션 주의사항

다른 파티션 방법에 비해 리스트 파티션은 다음과 같은 제약 사항이 있다.

- 명시되지 않은 나머지 값을 저장하는 MAXVALUE 파티션을 정의할 수 없다.
- 레인지 파티션과는 달리 NULL을 저장하는 파티션을 별도로 생성할 수 있다.

13.3.3 해시 파티션

해시 파티션은 MySQL에서 정의한 해시 함수에 의해 레코드가 저장될 파티션을 결정하는 방법이다. MySQL에서 정의한 해시 함수는 복잡한 알고리즘이 아니라 파티션 표현식의 결괏값을 파티션의 개수로 나눈 나머지로 저장될 파티션을 결정하는 방식이다. 해시 파티션의 파티션 키는 항상 정수 타입의 칼럼이거나 정수를 반환하는 표현식만 사용될 수 있다. 해시 파티션에서 파티션의 개수는 레코드를 각 파티션에 할당하는 알고리즘과 연관되기 때문에 파티션을 추가하거나 삭제하는 작업에는 테이블 전체적으로 레코드를 재분배하는 작업이 따른다.

13.3.3.1 해시 파티션의 용도

해시 파티션은 다음과 같은 특성을 지닌 테이블에 적합하다.

- 레인지 파티션이나 리스트 파티션으로 데이터를 균등하게 나누는 것이 어려울 때
- 테이블의 모든 레코드가 비슷한 사용 빈도를 보이지만 테이블이 너무 커서 파티션을 적용해야 할 때

해시 파티션이나 다음에 살펴볼 키 파티션의 대표적인 용도로는 회원 테이블을 들 수 있다. 회원 정보는 가입 일자가 오래돼서 사용되지 않거나 최신이어서 더 빈번하게 사용되거나 하지 않는다. 또한 회원의 지역이나 취미 같은 정보 또한 사용 빈도에 미치는 영향이 거의 없다. 이처럼 테이블의 데이터가 특정 칼럼의 값에 영향을 받지 않고, 전체적으로 비슷한 사용 빈도를 보일 때 적합한 파티션 방법이다.

13.3.3.2 해시 파티션 테이블 생성

```
-- // 파티션의 개수만 지정할 때
mysql> CREATE TABLE employees (
        id INT NOT NULL,
        first_name VARCHAR(30),
        last_name VARCHAR(30),
        hired DATE NOT NULL DEFAULT '1970-01-01',
        ...
    ) PARTITION BY HASH(id) PARTITIONS 4;
```

```
-- // 파티션의 이름을 별도로 지정하고자 할 때
mysql> CREATE TABLE employees (
          id INT NOT NULL,
          first_name VARCHAR(30),
          last_name VARCHAR(30),
          hired DATE NOT NULL DEFAULT '1970-01-01',
          ...

       ) PARTITION BY HASH(id)
         PARTITIONS 4 (
           PARTITION p0 ENGINE=INNODB,
           PARTITION p1 ENGINE=INNODB,
           PARTITION p2 ENGINE=INNODB,
           PARTITION p3 ENGINE=INNODB
         );
```

해시 파티션으로 테이블을 생성하는 위의 예제를 간단히 살펴보자.

- PARTITION BY HASH 키워드로 파티션 종류를 해시 파티션으로 지정한다.

- PARTITION BY HASH 키워드 뒤에 파티션 키를 명시한다.

- 해시 파티션의 파티션 키 또는 파티션 표현식은 반드시 정수 타입의 값을 반환해야 한다.

- PARTITIONS n으로 몇 개의 파티션을 생성할 것인지 명시한다.

- 파티션의 개수뿐만 아니라 각 파티션의 이름을 명시하려면 위 예제의 두 번째 CREATE TABLE 명령과 같이 각 파티션을 나열하면 된다. 하지만 해시나 키 파티션에서는 특정 파티션을 삭제하거나 병합하는 작업이 거의 불필요하므로 파티션의 이름을 부여하는 것이 크게 의미는 없다. 파티션의 개수만 지정하면 각 파티션의 이름은 기본적으로 "p0, p1, p2, p3, ..."과 같은 규칙으로 생성된다.

13.3.3.3 해시 파티션의 분리와 병합

해시 파티션의 분리와 병합은 리스트 파티션이나 레인지 파티션과는 달리 대상 테이블의 모든 파티션에 저장된 레코드를 재분배하는 작업이 필요하다. 파티션의 분리나 병합으로 인해 파티션의 개수가 변경된다는 것은 해시 함수의 알고리즘을 변경하는 것이므로 전체 파티션이 영향을 받는 것은 피할 수 없다.

13.3.3.3.1 해시 파티션 추가

해시 파티션은 특정 파티션 키 값을 테이블의 파티션 개수로 MOD 연산한 결괏값에 의해 각 레코드가 저장될 파티션을 결정한다. 즉, 해시 파티션은 테이블에 존재하는 파티션의 개수에 의해 파티션 알고리즘이 변하는 것이다. 따라서 새로운 파티션이 추가된다면 기존의 각 파티션에 저장된 모든 레코드가 재배치돼야 한다. 다음 예제와 같이 해시 파티션을 새로 추가할 때는 별도의 영역이나 범위는 명시하지 않고 몇 개의 파티션을 더 추가할 것인지만 지정하면 된다.

```
-- // 파티션 1개만 추가하면서 파티션 이름을 부여하는 경우
mysql> ALTER TABLE employees ALGORITHM=INPLACE, LOCK=SHARED,
         ADD PARTITION(PARTITION p5 ENGINE=INNODB);

-- // 동시에 6개의 파티션을 별도의 이름 없이 추가하는 경우
mysql> ALTER TABLE employees ALGORITHM=INPLACE, LOCK=SHARED,
         ADD PARTITION PARTITIONS 6;
```

실제로 해시 파티션이 사용되는 테이블에 새로운 파티션을 추가하면 그림 13.7과 같이 기존의 모든 파티션에 저장돼 있던 레코드를 새로운 파티션으로 재분배하는 작업이 발생한다. 위의 예제와 같이 해시 파티션에서 파티션을 추가하는 작업은 INPLACE 알고리즘으로 실행된다고 하더라도 레코드 리빌드 작업이 필요하며 테이블에 대한 읽기 잠금이 필요하다. 그래서 해시 파티션에서 파티션을 추가하거나 생성하는 작업은 많은 부하를 발생시키며, 다른 트랜잭션에서 동일 테이블에 데이터를 변경(INSERT, UPDATE, DELETE)하는 작업은 허용되지 않는다.

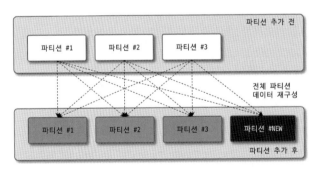

그림 13.7 해시 파티션 또는 키 파티션 추가

13.3.3.3.2 해시 파티션 삭제

해시나 키 파티션은 파티션 단위로 레코드를 삭제하는 방법이 없다. 해시나 키 파티션을 사용하는 테이블에서 특정 파티션을 삭제하려고 하면 다음과 같은 에러 메시지가 발생하면서 종료할 것이다.

```
mysql> ALTER TABLE employees DROP PARTITION p0;
    Error Code : 1512
    DROP PARTITION can only be used on RANGE/LIST partitions
```

MySQL 서버가 지정한 파티션 키 값을 가공해서 데이터를 각 파티션으로 분산한 것이므로 각 파티션에 저장된 레코드가 어떤 부류의 데이터인지 사용자가 예측할 수가 없다. 결국 해시 파티션이나 키 파티션을 사용한 테이블에서 파티션 단위로 데이터를 삭제하는 작업은 의미도 없으며 해서도 안 될 작업이다.

13.3.3.3.3 해시 파티션 분할

해시 파티션이나 키 파티션에서 특정 파티션을 두 개 이상의 파티션으로 분할하는 기능은 없으며, 테이블 전체적으로 파티션의 개수를 늘리는 것만 가능하다.

13.3.3.3.4 해시 파티션 병합

해시나 키 파티션은 2개 이상의 파티션을 하나의 파티션으로 통합하는 기능을 제공하지 않는다. 단지 파티션의 개수를 줄이는 것만 가능하다. 파티션의 개수를 줄일 때는 COALESCE PARTITION 명령을 사용하면 된다. 명령어 자체로만 보면 파티션을 통합하는 것처럼 보이지만 원래 파티션 4개로 구성된 테이블에 다음 명령이 실행되면 3개의 파티션을 가진 테이블로 다시 재구성하는 작업이 수행된다.

```
mysql> ALTER TABLE employees ALGORITHM=INPLACE, LOCK=SHARED
         COALESCE PARTITION 1;
```

COALESCE PARTITION 뒤에 명시한 숫자 값은 줄이고자 하는 파티션의 개수를 의미한다. 즉, 원래 employees 테이블이 4개의 파티션으로 구성돼 있었다면 COALESCE PARTITION 명령은 그림 13.8과 같이 테이블이 파티션을 3개만 사용하게 변경할 것이다. 하지만 삭제되는 파티션에 저장돼 있던 레코드가 남은 3개의 파티션으로 복사되는 것이 아니라 테이블의 모든 레코드가 재배치되는 작업이 수행돼야 한다. 그래서 COALESCE PARTITION 명령 또한 INPLACE 알고리즘으로 실행되긴 하지만 테이블의 전체 레코드에 대해 리빌드 작업이 필요하고 다른 트랜잭션의 데이터 변경이 허용되지 않는다.

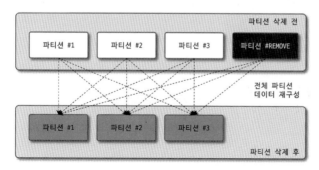

그림 13.8 해시 파티션 또는 키 파티션의 파티션 삭제 및 레코드 통합(COALESCE)

13.3.3.3.5 해시 파티션 주의사항

- 특정 파티션만 삭제(DROP PARTITION)하는 것은 불가능하다.

- 새로운 파티션을 추가하는 작업은 단순히 파티션만 추가하는 것이 아니라 기존 모든 데이터의 재배치 작업이 필요하다.

- 해시 파티션은 레인지 파티션이나 리스트 파티션과는 상당히 다른 방식으로 관리하기 때문에 해시 파티션이 용도에 적합한 해결책인지 확인이 필요하다.

- 일반적으로 사용자들에게 익숙한 파티션의 조작이나 특성은 대부분 리스트 파티션이나 레인지 파티션에만 해당하는 것들이 많다. 해시 파티션이나 키 파티션을 사용하거나 조작할 때는 주의가 필요하다.

13.3.4 키 파티션

키 파티션은 해시 파티션과 사용법과 특성이 거의 같다. 해시 파티션은 해시 값을 계산하는 방법을 파티션 키나 표현식에 사용자가 명시한다. 물론 MySQL 서버가 그 값을 다시 MOD 연산을 수행해서 최종 파티션을 결정하기는 하지만 말이다. 하지만 키 파티션에서는 해시 값의 계산도 MySQL 서버가 수행한다. 키 파티션에서는 정수 타입이나 정숫값을 반환하는 표현식뿐만 아니라 대부분의 데이터 타입에 대해 파티션 키를 적용할 수 있다. MySQL 서버는 선정된 파티션 키의 값을 MD5() 함수를 이용해 해시 값을 계산하고, 그 값을 MOD 연산해서 데이터를 각 파티션에 분배한다. 이것이 키 파티션과 해시 파티션의 유일한 차이점이다.

13.3.4.1 키 파티션의 생성

```
-- // 프라이머리 키가 있는 경우 자동으로 프라이머리 키가 파티션 키로 사용됨
mysql> CREATE TABLE k1 (
        id INT NOT NULL,
        name VARCHAR(20),
        PRIMARY KEY (id)
      )
      -- // 괄호의 내용을 비워 두면 자동으로 프라이머리 키의 모든 칼럼이 파티션 키가 됨
      -- // 그렇지 않고 프라이머리 키의 일부만 명시할 수도 있음
      PARTITION BY KEY()
        PARTITIONS 2;


-- // 프라이머리 키가 없는 경우 유니크 키(존재한다면)가 파티션 키로 사용됨
mysql> CREATE TABLE k1 (
        id INT NOT NULL,
        name VARCHAR(20),
        UNIQUE KEY (id)
      )
      -- // 괄호의 내용을 비워 두면 자동으로 프라이머리 키의 모든 칼럼이 파티션 키가 됨
      -- // 그렇지 않고 프라이머리 키의 일부만 명시할 수도 있음
      PARTITION BY KEY()
        PARTITIONS 2;


-- // 프라이머리 키나 유니크 키의 칼럼 일부를 파티션 키로 명시적으로 설정
mysql> CREATE TABLE dept_emp (
        emp_no INT NOT NULL,
        dept_no CHAR(4) NOT NULL,
        ...
        PRIMARY KEY (dept_no, emp_no)
      )
      -- // 괄호의 내용에 프라이머리 키나 유니크 키를 구성하는 칼럼 중에서
      -- // 일부만 선택해 파티션 키로 설정하는 것도 가능하다.
      PARTITION BY KEY(dept_no)
        PARTITIONS 2;
```

키 파티션을 생성하는 위의 예제를 간단히 살펴보자.

- PARTITION BY KEY 키워드로 키 파티션을 정의한다.

- PARTITION BY KEY 키워드 뒤에 파티션 키 칼럼을 명시한다. 첫 번째나 두 번째 예제와 같이 PARTITION BY KEY() 에 아무 칼럼도 명시하지 않으면 MySQL 서버가 자동으로 프라이머리 키나 유니크 키의 모든 칼럼을 파티션 키로 선택한다. 테이블에 프라이머리 키가 있다면 프라이머리 키의 모든 칼럼으로, 프라이머리 키가 없는 경우에는 유니크 인덱스의 모든 칼럼으로 파티션 키를 구성한다.

- 세 번째 예제 쿼리와 같이 프라이머리 키나 유니크 키를 구성하는 칼럼 중에서 일부만 파티션 키로 명시하는 것도 가능하다.

- PARTITIONS 키워드로 생성할 파티션 개수를 지정한다.

13.3.4.2 키 파티션의 주의사항 및 특이사항

- 키 파티션은 MySQL 서버가 내부적으로 MD5() 함수를 이용해 파티션하기 때문에 파티션 키가 반드시 정수 타입이 아니어도 된다. 해시 파티션으로 파티션이 어렵다면 키 파티션 적용을 고려해보자.

- 프라이머리 키나 유니크 키를 구성하는 칼럼 중 일부만으로도 파티션할 수 있다.

- 유니크 키를 파티션 키로 사용할 때 해당 유니크 키는 반드시 NOT NULL이어야 한다.

- 해시 파티션에 비해 파티션 간의 레코드를 더 균등하게 분할할 수 있기 때문에 키 파티션이 더 효율적이다.

13.3.5 리니어 해시 파티션/리니어 키 파티션

해시 파티션이나 키 파티션은 새로운 파티션을 추가하거나 파티션을 통합해서 개수를 줄일 때 대상 파티션만이 아니라 테이블의 전체 파티션에 저장된 레코드의 재분배 작업이 발생한다. 이러한 단점을 최소화하기 위해 리니어(Linear) 해시 파티션/리니어 키 파티션 알고리즘이 고안된 것이다. 리니어 해시 파티션/리니어 키 파티션은 각 레코드 분배를 위해 "Power-of-two(2의 승수)" 알고리즘을 이용하며, 이 알고리즘은 파티션의 추가나 통합 시 다른 파티션에 미치는 영향을 최소화해준다.

13.3.5.1 리니어 해시 파티션/리니어 키 파티션의 추가 및 통합

리니어 해시 파티션이나 리니어 키 파티션의 경우 단순히 나머지 연산으로 레코드가 저장될 파티션을 결정하는 것이 아니라 "Power-of-two" 분배 방식을 사용하기 때문에 파티션의 추가나 통합 시 특정 파티션의 데이터에 대해서만 이동 작업을 하면 된다. 그래서 파티션을 추가하거나 통합하는 작업에서 나머지 파티션의 데이터는 재분배 대상이 되지 않는 것이다.

13.3.5.1.1 리니어 해시 파티션/리니어 키 파티션의 추가

리니어 해시 파티션이나 리니어 키 파티션에 새로운 파티션을 추가하는 명령은 일반 해시 파티션이나 키 파티션과 동일하다. 하지만 리니어 해시 파티션이나 리니어 키 파티션은 "Power-of-two" 알고리즘으로 레코드가 분배돼 있기 때문에 새로운 파티션을 추가할 때도 그림 13.9와 같이 특정 파티션의 레코드만 재분배되면 된다. 다른 파티션 데이터는 레코드 재분배 작업과 관련이 없기 때문에 일반 해시 파티션이나 키 파티션의 파티션 추가보다 매우 빠르게 처리할 수 있다.

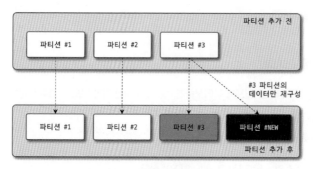

그림 13.9 리니어 해시 파티션/리니어 키 파티션 추가

13.3.5.1.2 리니어 해시 파티션/리니어 키 파티션의 통합

리니어 해시 파티션이나 리니어 키 파티션에서 여러 파티션을 하나의 파티션으로 통합하는 작업 또한 새로운 파티션을 추가할 때와 같이 일부 파티션에 대해서만 레코드 통합 작업이 필요하다. 그림 13.10과 같이 통합되는 파티션만 레코드 이동이 필요하며, 나머지 파티션의 레코드는 레코드 재분배 작업에서 제외된다.

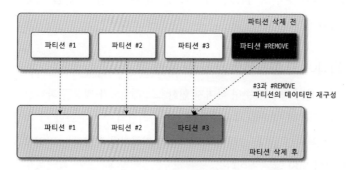

그림 13.10 리니어 해시 파티션/리니어 키 파티션 삭제 및 통합(COALESCE)

13.3.5.1.3 리니어 해시 파티션/리니어 키 파티션과 관련된 주의사항

일반 해시 파티션 또는 키 파티션은 데이터 레코드의 배치를 위해 단순히 해시 값의 결과를 파티션 수로 나눈 나머지 값으로 배치하는 데 비해 리니어(Linear) 파티션은 "Power-of-two" 알고리즘을 사용한다. 그래서 파티션을 추가하거나 통합할 때 작업의 범위를 최소화하는 대신 각 파티션이 가지는 레코드의 건수는 일반 해시 파티션이나 키 파티션보다는 덜 균등해질 수 있다. 해시 파티션이나 키 파티션을 사용하는 테이블에 대해 새로운 파티션을 추가하거나 삭제해야 할 요건이 많다면 리니어 해시 파티션 또는 리니어 키 파티션을 적용하는 것이 좋다. 파티션을 조정할 필요가 거의 없다면 일반 해시 파티션이나 키 파티션을 사용하는 것이 좋다.

13.3.6 파티션 테이블의 쿼리 성능

파티션 테이블에 쿼리가 실행될 때 테이블의 모든 파티션을 읽을지 아니면 일부 파티션만 읽을지는 성능에 아주 큰 영향을 미친다. 쿼리의 실행 계획이 수립될 때 불필요한 파티션은 모두 배제하고 꼭 필요한 파티션만을 걸러내는 과정을 "파티션 프루닝(Partition pruning)"이라고 하는데, 쿼리의 성능은 테이블에서 얼마나 많은 파티션을 프루닝할 수 있는지가 관건이다. 옵티마이저가 수립하는 실행 계획에서 어떤 파티션이 제외되고 어떤 파티션만을 접근하는지는 쿼리의 실행 계획으로 확인할 수 있다.

일반적으로 레인지 파티션이나 리스트 파티션을 사용하는 테이블에서 CREATE TABLE 또는 ALTER TABLE 명령으로 개별 파티션을 명시해야 한다. 그래서 레인지 파티션이나 리스트 파티션이 사용되는 테이블의 파티션 개수는 10~20개 내외로 적은 편이다. 하지만 해시나 키 파티션의 경우 단순히 CREATE TABLE 명령에 파티션의 개수만 지정하면 되기 때문에 많은 파티션을 가진 테이블도 쉽게 생성할 수 있다. 다음 예제는 1024개의 파티션을 가지는 키 파티션 테이블 예제다.

```
mysql> CREATE TABLE user (
         user_id BIGINT NOT NULL,
         name VARCHAR(20),
         ...,
         PRIMARY KEY (id),
         INDEX ix_name (name)
       ) PARTITION BY KEY() PARTITIONS 1024;
```

이 테이블에 대해 다음과 같이 사용자의 이름을 검색하는 쿼리를 실행한다고 가정해보자.

```
mysql> SELECT * FROM user WHERE name='toto';
```

user 테이블이 별도로 파티션되지 않았다면 B-Tree를 한 번만 룩업해서 name='toto'인 레코드만 스캔해서 읽으면 되므로 이 쿼리는 매우 효율적인 쿼리일 것이다. 하지만 지금 예제에서는 user 테이블이 내부적으로 1024개의 파티션으로 쪼개져 있다. 그래서 검색해야 할 B-Tree인덱스가 내부적으로 1024개로 쪼개져 있기 때문에 name 칼럼의 값이 'toto'인 레코드를 찾는 작업을 1024번 해야 한다. 물론 파티션된 개별 인덱스의 크기가 작다면 크게 부담되지 않을 수도 있다. 그런데 테이블이 작아서 부담되지 않는다면 파티션 없이 하나의 테이블로 구성해도 부담되지 않을 수 있다.

테이블을 10개로 파티션해서 10개의 파티션 중에서 주로 1~3개 정도의 파티션만 읽고 쓴다면 파티션 기능이 성능 향상에 도움이 될 것이다. 그런데 10개로 파티션하고 파티션된 10개를 아주 균등하게 사용한다면 이는 성능 향상보다는 오히려 오버헤드만 심해지는 결과를 가져올 수 있다. 대용량 테이블을 10개로 쪼개서 서로 다른 MySQL 서버에 저장(샤딩)한다면 매우 효율적일 것이다. 하지만 MySQL 서버의 파티션은 샤딩이 아니라는 것에 주의하자. 파티션을 사용할 때는 반드시 파티션 프루닝이 얼마나 도움이 될지를 먼저 예측해보고 응용 프로그램에 적용하자. 레인지 파티션 이외의 파티션을 적용할 때는 파티션 프루닝을 더 많이 고민해 보고 적용할 것을 권장한다.

14

스토어드 프로그램

MySQL에서는 절차적인 처리를 위해 스토어드 프로그램을 이용할 수 있다. 스토어드 프로그램은 스토어드 루틴이라고도 하는데, 스토어드 프로시저와 스토어드 함수, 트리거와 이벤트 등을 모두 아우르는 명칭이다. 스토어드 프로그램은 모두 똑같은 문법으로 작성할 수 있고, 서로 큰 차이가 없기 때문에 이번 장에서 모두 함께 살펴보겠다.

스토어드 프로그램의 문법이나 제어문은 매뉴얼이나 인터넷상의 예제로 쉽게 익힐 수 있으므로 여기서는 자주 사용하는 제어문과 스토어드 프로그램의 권한이나 보안 및 예외 핸들링 등과 같이 주의해야 할 사항에 더 집중해서 살펴보겠다.

마지막으로 스토어드 쿼리라는 뷰를 살펴보겠다. 뷰는 절차적 로직을 사용할 수는 없지만 스토어드 프로그램의 일종으로 뷰를 정의할 때는 다른 스토어드 프로그램과 비슷한 옵션을 명시해야 한다.

14.1 스토어드 프로그램의 장단점

스토어드 프로그램은 절차적인 처리를 제공하긴 하지만 애플리케이션을 대체할 수 있을지 충분히 고려해 봐야 한다. 스토어드 프로그램을 사용하기로 했다면 어떤 기능에 주로 사용할 것인지도 고려해야 한다. 스토어드 프로그램의 용도를 정확하게 판단하려면 스토어드 프로그램의 장단점을 알아 둘 필요가 있다. 이번 장에서는 스토어드 프로그램의 장단점을 살펴보고, 언제 스토어드 프로그램을 사용하는 것이 효율적이고 언제 사용하면 안 되는지를 판단하는 기준을 알아보겠다.

14.1.1 스토어드 프로그램의 장점

- 데이터베이스의 보안 향상: MySQL의 스토어드 프로그램은 자체적인 보안 설정 기능을 가지고 있으며, 스토어드 프로그램 단위로 실행 권한을 부여할 수 있다. 이러한 보안 기능을 조합해서 특정 테이블의 읽기와 쓰기, 또는 특정 칼럼에 대해서만 권한을 설정하는 등 세밀한 권한 제어가 가능하다. 애플리케이션의 모든 기능을 스토어드 프로그램으로 작성하기는 어렵겠지만 주요 기능을 스토어드 프로그램으로 작성한다면 SQL 인젝션 같은 기본적인 보안 사고는 피할 수 있을 것이다. MySQL 서버의 스토어드 프로그램은 입력 값의 유효성을 체크한 후에야 동적인 SQL 문장을 생성하므로 SQL의 문법적인 취약점을 이용한 해킹은 어렵다.

- 기능의 추상화: 자바나 C/C++ 같은 객체지향 언어로 개발해본 경험이 있다면 이미 추상화라는 개념은 다 이해할 것이다. 간단히 타임스탬프와 정수를 결합해서 BIGINT 타입의 일련번호를 발급하는 기능을 생각해보자. 이 일련번호를 응용 프로그램의 여러 소스코드에서 활용할 예정이라면 매번 소스코드에 일련번호 생성 규칙을 작성하는 것이 귀찮은 작업일 수 있다. 물론 프로그래밍 언어의 라이브러리 기능을 활용할 수 있지만 프로그래밍 언어로 구현된 일련번호 생성기는 MySQL 클라이언트를 이용하는 사용자는 활용할 수가 없다. 또한 라이브러리를 사용한다고 하더

라도 응용 프로그램이 여러 가지 언어를 사용하는 경우에는 관리가 더 어려워질 수도 있다. 이러한 기능을 MySQL 서버의 스토어드 프로그램으로 작성해서 등록하면 개발 언어나 도구와 관계없이 일련번호 생성 규칙을 모르더라도 쉽게 활용할 수 있게 된다.

- 네트워크 소요 시간 절감: 일반적으로 애플리케이션과 데이터베이스 서버는 같은 네트워크 구간에 존재하므로 SQL 의 실행 성능에서 네트워크를 경유하는 데 걸리는 시간은 그다지 중요하게 생각하지 않는다. 하지만 하나하나의 쿼리가 아주 가볍고 빠르게 처리될 수 있다면 네트워크를 경유하는 데 걸리는 시간이 문제가 될 것이다. 즉, 실행하는데 1초가 걸리는 쿼리에서 0.1~0.3밀리초 정도의 네트워크 경유 시간은 아무 문제가 되지 않는다. 하지만 0.01초 또는 0.001초 정도 걸리는 쿼리에서 0.1~0.3밀리초는 무시할 수 없는 부분이다. 게다가 하나의 프로그램에서 이렇게 가벼운 쿼리를 100번, 200번씩 실행해야 한다면 네트워크를 경유하는 시간은 횟수에 비례해 증가할 수밖에 없다. 각 쿼리가 큰 데이터를 클라이언트로 가져와서 가공한 후, 다시 서버로 전송해야 한다면 더 큰 네트워크 경유 시간이 소요될 것이다. 하지만 하나의 프로그램에서 100번, 200번씩 실행해야 하는 쿼리를 스토어드 프로그램으로 구현한다면 스토어드 프로그램을 호출할 때 한 번만 네트워크를 경유하면 되기 때문에 네트워크 소요 시간을 줄이고 성능을 개선할 수 있다.

- 절차적 기능 구현: DBMS 서버에서 사용하는 SQL 쿼리는 절차적인 기능을 제공하지 않는다. 즉, SQL 쿼리에서는 복잡한 형태의 IF나 WHILE과 같은 제어 문장을 사용할 수 없다. 그에 반해 스토어드 프로그램은 DBMS 서버에서 절차적인 기능을 실행할 수 있는 제어 기능을 제공한다. 가끔 SQL 문장으로는 절대 처리할 수 없는 문제를 해결해야 할 때도 있다. 일반적으로 이런 상황에서는 데이터를 애플리케이션에서 가공한 후 다시 데이터베이스에 저장하는 형태로 개발을 진행한다. 하지만 이런 해결책은 결국 애플리케이션과 MySQL 서버 간의 네트워크 통신 횟수를 늘리고, 필요한 데이터를 클라이언트와 서버 간에 주고받아야 하기 때문에 네트워크를 경유하는 데 시간이 소요된다. 스토어드 프로그램을 이용해 절차적인 기능을 구현한다면 최소한 네트워크 경유에 걸리는 시간만큼은 줄일 수 있으며, 더 노력한다면 불필요한 애플리케이션 코드도 많이 줄일 수 있다.

- 개발 업무의 구분: 순수하게 애플리케이션 개발 조직과 SQL 개발 조직이 구분돼 있는 회사도 있다. 순수하게 애플리케이션을 개발하는 조직과 DBMS 관련 코드(SQL이나 스토어드 프로그램)를 개발하는 조직이 별도로 구분돼 있다면 DBMS 코드를 개발하는 조직에서는 트랜잭션 단위로 데이터베이스 관련 처리를 하는 스토어드 프로그램을 만들어 API처럼 제공하고, 애플리케이션 개발자는 스토어드 프로그램을 호출해서 사용하는 형태로 역할을 구분해서 개발을 진행할 수도 있다.

14.1.2 스토어드 프로그램의 단점

- 낮은 처리 성능: 스토어드 프로그램은 MySQL 엔진에서 해석되고 실행된다. 하지만 MySQL 서버는 스토어드 프로그램과 같은 절차적 코드 처리를 주목적으로 하는 것이 아니어서 스토어드 프로그램의 처리 성능이 다른 프로그램 언어에 비해 상대적으로 떨어진다. 또한 다른 DBMS의 스토어드 프로그램과 달리 MySQL 서버의 스토어드 프로그램은 실행 시마다 스토어드 프로그램의 코드가 파싱돼야 한다.

- 애플리케이션 코드의 조각화: IT 서비스가 발전하면서 애플리케이션들은 복잡해지고 필요한 장비의 대수도 급격하게 늘고 있다. 즉, 애플리케이션의 설치나 배포 작업이 갈수록 복잡해지고 있다. 각 기능을 담당하는 프로그램 코드가 자바와 MySQL 스토어드 프로그램으로 분산된다면 애플리케이션의 설치나 배포가 더 복잡해지고 유지보수 또한 어려워질 수 있다.

14.2 스토어드 프로그램의 문법

프로그래밍 언어에서 사용하는 함수와 같이 스토어드 프로그램도 헤더 부분과 본문 부분으로 나눌 수 있다. 스토어드 프로그램의 헤더 부분은 정의부라고 하며, 주로 스토어드 프로그램의 이름과 입출력 값을 명시하는 부분이다. 추가로 스토어드 프로그램의 헤더 부분에는 보안이나 스토어드 프로그램의 작동 방식과 관련된 옵션도 명시할 수 있다. 본문 부분은 스토어드 프로그램의 바디(Body)라고도 하며, 스토어드 프로그램이 호출됐을 때 실행하는 내용을 작성하는 부분이다. 각 스토어드 프로그램은 종류별로 헤더 부분이 조금씩 차이가 있지만 보안이나 작동 방식과 관련된 옵션은 공통으로 명시해야 한다. 하지만 스토어드 프로그램의 본문은 똑같은 문법으로 기능을 작성하는 것이므로 차이가 없다.

이번 절에서는 스토어드 프로그램의 종류별로 헤더의 정의부를 살펴보겠다. 또한 스토어드 프로그램의 종류를 막론하고 본문에서 사용할 수 있는 제어문이나 반복문, 그리고 커서와 같은 기능도 함께 살펴보겠다. 마지막으로 프로그램의 작성에서 아주 중요하지만 많은 사용자가 크게 관심을 두지 않는 예외 처리에 대해서도 자세히 알아보겠다.

14.2.1 예제 테스트 시 주의사항

이 책의 스토어드 프로그램 예제를 테스트할 때 스택 공간이 부족하거나 MySQL의 독특한 문법 오류로 인해 에러가 발생할 수 있다. 그래서 스토어드 프로그램을 공부하기 전에 먼저 MySQL 서버의 설정을 조금 조정할 필요가 있다(스택의 크기 탓에 발생하는 문제는 윈도우를 포함해서 32비트 운영체제에서 자주 발생할 수 있다).

MySQL 서버를 처음 설치한 후 별도로 시스템 설정을 변경하지 않았다면 스토어드 프로그램을 실행할 때 스토어드 프로시저나 함수의 이름과 파라미터를 입력하는 괄호 사이에 공백이 있는 경우 MySQL 서버가 프로시저나 함수를 인식하지 못할 때가 있다. 이때는 프로시저나 함수의 이름과 "(" 사이의 모든 공백을 제거하고 실행하자. MySQL 서버의 버그가 아니고 매뉴얼에 명시돼 있는 내용이기도 하다.

스토어드 프로그램이나 함수와 괄호 사이의 공백을 무시하려면 11.1.1절 'SQL 모드'의 'IGNORE_SPACE'를 참고하자.

윈도우를 포함해서 32비트 운영체제에서 MySQL 서버를 사용하고 있다면 이 책에 있는 스토어드 프로그램 예제를 테스트하는 도중에 다음과 같은 에러 메시지가 발생할 수 있다.

```
ERROR 1436 (HY000): Thread stack overrun: 9120 bytes used of a 131072 byte stack, and 128000
bytes needed. Use 'mysqld -O thread_stack=#' to specify a bigger stack.
```

에러가 나지 않게 하려면 이 책의 예제를 테스트하기 전에 MySQL 설정 파일에 다음과 같이 thread_stack 설정을 추가해서 MySQL의 각 스레드가 사용하는 스택의 크기를 늘리는 것이 좋다. 512KB 정도 크기의 스레드 스택이면 이 책의 예제 코드를 테스트하는 데 특별히 문제는 없을 것이다.

```
[mysqld]
thread_stack = 512K
```

14.2.2 스토어드 프로시저

스토어드 프로시저는 서로 데이터를 주고받아야 하는 여러 쿼리를 하나의 그룹으로 묶어서 독립적으로 실행하기 위해 사용하는 것이다. 배치 프로그램에서 첫 번째 쿼리의 결과를 이용해 두 번째 쿼리를 실행해야 할 때가 대표적인 예다. 이처럼 각 쿼리가 서로 연관되어 데이터를 주고받으면서 반복적으로 실행돼야 할 때 스토어드 프로시저를 사용하면 MySQL 서버와 클라이언트 간의 네트워크 전송 작업을 최소화하고 수행 시간을 줄일 수 있다. 스토어드 프로시저는 반드시 독립적으로 호출돼야 하며, SELECT나 UPDATE 같은 SQL 문장에서 스토어드 프로시저를 참조할 수 없다.

14.2.2.1 스토어드 프로시저 생성 및 삭제

스토어드 프로시저는 CREATE PROCEDURE 명령으로 생성할 수 있는데, 기본적인 형태로 구성된 다음 프로시저 예제를 한번 살펴보자.

```
mysql> CREATE PROCEDURE sp_sum (IN param1 INTEGER, IN param2 INTEGER, OUT param3 INTEGER )
       BEGIN
         SET param3 = param1 + param2;
       END ;;
```

이 프로시저의 이름은 sp_sum이며, param1, param2, param3라는 파라미터를 필요로 한다. 그리고 예제에서 두 번째 줄의 BEGIN부터 END까지는 스토어드 프로시저의 본문에 속한다. 위 예제의 처리 내용은 상당히 간단한데, 파라미터로 받은 param1과 param2를 더해 param3에 저장한다.

스토어드 프로시저를 생성할 때는 다음 두 가지 사항에 주의해야 한다.

- 스토어드 프로시저는 기본 반환값이 없다. 즉, 스토어드 프로시저 내부에서는 값을 반환하는 RETURN 명령을 사용할 수 없다.

- 스토어드 프로시저의 각 파라미터는 다음의 3가지 특성 중 하나를 지닌다.
  - IN 타입으로 정의된 파라미터는 입력 전용 파라미터를 의미한다. IN 파라미터는 외부에서 스토어드 프로그램을 호출할 때 프로시저에 값을 전달하는 용도로 사용하고, 값을 반환하는 용도로 사용하지 않는다. 즉 IN 타입으로 정의된 파라미터는 스토어드 프로시저 내부에서는 읽기 전용으로 이해하면 된다.
  - OUT 타입으로 정의된 파라미터는 출력 전용 파라미터다. OUT 파라미터는 스토어드 프로시저 외부에서 스토어드 프로시저를 호출할 때 어떤 값을 전달하는 용도로는 사용할 수 없다. 스토어드 프로시저의 실행이 완료되면 외부 호출자로 결과 값을 전달하는 용도로만 사용한다.
  - INOUT 타입으로 정의된 파라미터는 입력 및 출력 용도로 모두 사용할 수 있다.

스토어드 프로시저를 포함한 스토어드 프로그램을 사용할 때는 특별히 SQL 문장의 구분자를 변경해야 한다. 일반적으로 MySQL 클라이언트 프로그램에서는 ";" 문자가 쿼리의 끝을 의미한다. 하지만 스토어드 프로그램은 본문 내부에 무수히 많은 ";" 문자를 포함하므로 MySQL 클라이언트가 CREATE PROCEDURE 명령의 끝을 정확히 찾을 수가 없다. 그래서 CREATE 명령으로 스토어드 프로그램을 생성할 때는 MySQL 서버가 CREATE 명령의 끝을 정확히 판별할 수 있게 별도의 문자열을 구분자로 설정해야 한다.

명령의 끝을 알려주는 종료 문자를 변경하는 명령어는 DELIMITER다. 일반적으로 CREATE로 스토어드 프로그램을 생성할 때는 ";;" 또는 "//"과 같이 연속된 2개의 문자열을 종료 문자로 설정한다. 종료 문자는 어떤 것이든 쓸 수 있지만 스토어드 프로그램에서는 사용되지 않은 문자열을 선택해야 한다. 다음 예제는 종료 문자를 ";;"로 변경하고, 스토어드 프로그램을 생성하는 예제다.

```
-- // 종료 문자를 ";;"로 변경
mysql> DELIMITER ;;

mysql> CREATE PROCEDURE sp_sum ( IN param1 INTEGER, IN param2 INTEGER, OUT param3 INTEGER )
```

```
      BEGIN
        SET param3 = param1 + param2;
      END;;
```

-- // 스토어드 프로그램의 생성이 완료되면 다시 종료 문자를 기본 종료 문자인 ";"로 복구
```
mysql> DELIMITER ;
```

예제와 같이 종료 문자가 ";;"로 변경되면 스토어드 프로그램의 생성 명령뿐만 아니라 일반적인 SELECT 나 INSERT와 같은 명령에서도 ";;"를 사용해야 한다. 이 상태에서는 귀찮은 실수가 자주 발생할 수 있으므로 다시 종료 문자를 기본 종료 문자인 ";"로 되돌리는 것이 좋다. 이때도 똑같이 DELIMITER 명령으로 종료 문자를 ";"로 설정하면 된다.

스토어드 프로시저를 변경할 때는 ALTER PROCEDURE 명령을 사용하고, 삭제할 때는 DROP PROCEDURE 명령을 사용하면 된다. 스토어드 프로시저에서 제공하는 보안 및 작동 방식과 관련된 특성을 변경할 때만 ALTER PROCEDURE 명령을 사용할 수 있다. 다음 예제는 sp_sum 프로시저의 보안 옵션을 DEFINER로 변경하는 예제다. 스토어드 프로시저의 보안 옵션은 14.3.1절 'DEFINER와 SQL SECURITY 옵션'에서 자세히 살펴볼 것이므로 여기서는 ALTER PROCEDURE 명령을 어떻게 사용하는지만 살펴보겠다.

```
mysql> ALTER PROCEDURE sp_sum SQL SECURITY DEFINER;
```

하지만 스토어드 프로시저의 파라미터나 프로시저의 처리 내용을 변경할 때는 ALTER PROCEDURE 명령을 사용하지 못한다. 이때는 DROP PROCEDURE로 먼저 스토어드 프로시저를 삭제한 후 다시 CREATE PROCEDURE 로 생성하는 것이 유일한 방법이다.

```
mysql> DROP PROCEDURE sp_sum;;
mysql> CREATE PROCEDURE sp_sum (IN param1 INTEGER, IN param2 INTEGER, OUT param3 INTEGER )
        BEGIN
          SET param3 = param1 + param2;
        END;;
```

14.2.2.2 스토어드 프로시저 실행

앞의 예제에서 생성한 스토어드 프로시저를 한번 실행해 보자. 스토어드 프로시저와 스토어드 함수의 큰 차이점 가운데 하나가 바로 프로그램을 "실행하는 방법"이다. 스토어드 프로시저는 SELECT 쿼리에

사용될 수 없으며, 반드시 CALL 명령어로 실행해야 한다. 앞의 예제에서 생성한 sp_sum 프로시저를 호출하려면 3개의 파라미터를 제공해야 한다. MySQL 클라이언트에서 스토어드 프로시저를 실행할 때 IN 타입의 파라미터는 상숫값을 그대로 전달해도 무방하지만 OUT이나 INOUT 타입의 파라미터는 세션 변수를 이용해 값을 주고받아야 한다.

```
mysql> SET @result:=0;
mysql> SELECT @result;
+---------+
| @result |
+---------+
|       0 |
+---------+

mysql> CALL sp_sum(1,2,@result);
mysql> SELECT @result;
+---------+
| @result |
+---------+
|       3 |
+---------+
```

위의 예제와 같이 sp_sum 스토어드 프로시저의 첫 번째와 두 번째 파라미터는 IN 타입의 파라미터라서 값을 다시 전달받을 필요가 없다. 그래서 리터럴 형태로 바로 사용해도 무방하다. 하지만 세 번째 파라미터는 OUT 타입이므로 값을 넘겨받을 수 있어야 한다. 그래서 INOUT이나 OUT 타입의 파라미터는 MySQL의 세션 변수를 사용해야 한다.

sp_sum 프로시저를 실행할 때 OUT 타입의 파라미터인 param3에는 0으로 초기화된 @result 세션 변수를 전달했다. 프로시저 실행이 완료되면 어떤 값도 자동으로 표시되지 않는다. 스토어드 프로시저의 실행 결과를 확인하려면 위 예제와 같이 @result 세션 변숫값을 SLELECT 문으로 조회해야 한다.

물론 sp_sum 스토어드 프로그램의 첫 번째와 두 번째 인자와 같이 IN 타입의 파라미터에 MySQL 세션 변수를 사용해도 문제가 되지는 않는다.

```
mysql> SET @param1:=1;
mysql> SET @param2:=2;
```

```
mysql> SET @result:=0;

mysql> CALL sp_sum(@param1, @param2, @result);
mysql> SELECT @result;
+---------+
| @result |
+---------+
|       3 |
+---------+
```

자바나 C/C++ 같은 프로그래밍 언어에서는 위와 같이 세션 변수를 사용하지 않고 바로 OUT이나 INOUT 타입의 변숫값을 읽어올 수 있다.

14.2.2.3 스토어드 프로시저의 커서 반환

스토어드 프로그램은 명시적으로 커서를 파라미터로 전달받거나 반환할 수는 없다. 하지만 스토어드 프로시저 내에서 커서를 오픈하지 않거나 SELECT 쿼리의 결과 셋을 페치(Fetch)하지 않으면 해당 쿼리의 결과 셋은 클라이언트로 바로 전송된다.

다음 예제 프로시저에서는 파라미터로 전달받은 사원 번호를 이용해 SELECT 쿼리를 실행했지만 그 결과를 전혀 사용하지 않는다.

```
mysql> CREATE PROCEDURE sp_selectEmployees (IN in_empno INTEGER)
       BEGIN
         SELECT * FROM employees WHERE emp_no=in_empno;
       END;;
```

이 스토어드 프로시저를 CALL을 이용해 한번 실행해 보자.

```
mysql> CALL sp_selectEmployees(10001);;
+--------+------------+------------+-----------+--------+------------+
| emp_no | birth_date | first_name | last_name | gender | hire_date  |
+--------+------------+------------+-----------+--------+------------+
|  10001 | 1953-09-02 |     Georgi |   Facello |      M | 1986-06-26 |
+--------+------------+------------+-----------+--------+------------+
```

실행 결과를 보면 스토어드 프로시저에서 SELECT 쿼리의 결과 셋을 별도로 반환하는 OUT 변수에 담거나 화면에 출력하는 처리를 하지도 않았는데 쿼리의 결과가 클라이언트로 전송된 것을 확인할 수 있다. 물론 이 기능은 JDBC를 이용하는 자바 프로그램에서도 그대로 이용할 수 있으며, 하나의 스토어드 프로시저에서 2개 이상의 결과 셋을 반환할 수도 있다.

스토어드 프로시저에서 쿼리의 결과 셋을 클라이언트로 전송하는 기능은 스토어드 프로시저의 디버깅 용도로도 자주 사용한다. MySQL 스토어드 프로시저는 아직 메시지를 화면에 출력하는 기능을 제공하지 않으며, 별도의 로그 파일에 기록하는 기능도 없다. 그래서 가끔 스토어드 프로시저가 잘못돼서 디버깅하려고 해도 어느 부분이 잘못됐고 원인이 무엇인지 찾아내기가 쉽지 않다. 이럴 때 스토어드 프로시저 내에서 단순히 SELECT 쿼리만 사용하면 결과를 화면상에서 확인할 수 있기 때문에 변숫값을 트래킹하거나 상태의 변화 여부를 쉽게 확인할 수 있다.

다음 예제는 프로시저의 본문 처리가 시작되기 전에 입력된 값을 화면에 표시하게 스토어드 프로시저의 내용을 조금 변경한 것이다.

```
mysql> CREATE PROCEDURE sp_sum (IN param1 INTEGER, IN param2 INTEGER, OUT param3 INTEGER )
        BEGIN
          SELECT '> Stored procedure started.' AS debug_message;
          SELECT CONCAT(' > param1 : ', param1) AS debug_message;
          SELECT CONCAT(' > param2 : ', param2) AS debug_message;

          SET param3 = param1 + param2;
          SELECT '> Stored procedure completed.' AS debug_message;
        END;;
```

스토어드 프로시저를 실행하면 다음과 같이 입력 값을 SELECT한 쿼리 결과가 화면에 출력되는 것을 확인할 수 있다. 조금 복잡하지만 SIGNAL과 RESIGNAL 명령을 이용하거나 DIAGNOSTICS도 좋은 디버깅 방법이다. 하지만 간단하게 디버깅해보는 용도로는 이 방법도 쉽고 빠르게 테스트해볼 수 있는 기능이다.

```
mysql> CALL sp_sum(1,2,@result);;
+----------------------------+
|              debug_message |
+----------------------------+
| > Stored procedure started. |
+----------------------------+
```

```
+----------------+
| debug_message  |
+----------------+
|  > param1 : 1  |
+----------------+
+----------------+
| debug_message  |
+----------------+
|  > param2 : 2  |
+----------------+

+-----------------------------+
|                debug_message |
+-----------------------------+
| > Stored procedure completed. |
+-----------------------------+
```

14.2.2.4 스토어드 프로시저 딕셔너리

MySQL 8.0 이전 버전까지는 스토어드 프로시저는 mysql 데이터베이스의 proc 테이블에 저장됐지만 MySQL 8.0 버전부터는 사용자에게 보이지 않는 시스템 테이블로 저장된다. 사용자는 단지 information_schema 데이터베이스의 ROUTINES 뷰를 통해 스토어드 프로시저의 정보를 조회할 수만 있다.

```
mysql> SELECT routine_schema, routine_name, routine_type
       FROM information_schema.ROUTINES
       WHERE routine_schema='test';
+----------------+----------------+--------------+
| ROUTINE_SCHEMA | ROUTINE_NAME   | ROUTINE_TYPE |
+----------------+----------------+--------------+
| test           | func_clean     | FUNCTION     |
| test           | func_dirty     | FUNCTION     |
| test           | getDistanceMBR | FUNCTION     |
| test           | sp_sum         | PROCEDURE    |
+----------------+----------------+--------------+
```

스토어드 프로그램의 상세한 정보도 information_schema 데이터베이스의 ROUTINES 뷰를 통해 확인할 수 있다.

```
mysql> SELECT routine_schema, routine_name, routine_definition, routine_body
       FROM information_schema.ROUTINES
       WHERE routine_schema='test'
         AND routine_type='PROCEDURE' \G
*************************** 1. row ***************************
   ROUTINE_SCHEMA: test
     ROUTINE_NAME: sp_sum
ROUTINE_DEFINITION: BEGIN
        SELECT '> Stored procedure started.' AS debug_message;
        SELECT CONCAT(' > param1 : ', param1) AS debug_message;
        SELECT CONCAT(' > param2 : ', param2) AS debug_message;

        SET param3 = param1 + param2;
        SELECT '> Stored procedure completed.' AS debug_message;
      END
     ROUTINE_BODY: SQL
```

information_schema 데이터베이스의 ROUTINES 뷰는 스토어드 프로시저와 스토어드 함수의 메타 정보를 저장하고 있기 때문에 다음에 설명할 스토어드 함수의 내용도 ROUTINES 뷰를 통해 동일하게 확인할 수 있다.

14.2.3 스토어드 함수

스토어드 함수는 하나의 SQL 문장으로 작성이 불가능한 기능을 하나의 SQL 문장으로 구현해야 할 때 사용한다. 부서별로 가장 최근에 배속된 사원을 2명씩 가져오는 기능을 생각해 보자. dept_emp 테이블의 데이터를 부서별로 그루핑하는 것까지는 가능하지만, 해당 부서 그룹별로 최근 2명씩만 잘라서 가져오는 방법은 없다. 이럴 때 부서 코드를 인자로 입력받아 최근 2명의 사원 번호만 SELECT하고 문자열로 결합해서 반환하는 함수를 만들어서 사용하면 된다. 이러한 스토어드 함수가 준비되면 다음과 같이 사용하면 된다.

```
mysql> SELECT dept_no, sf_getRecentEmp(dept_no)
       FROM dept_emp
       GROUP BY dept_no;
```

MySQL 서버 5.7 버전까지는 위 예제와 같이 특정 그룹별로 몇 건씩만 레코드를 조회하는 기능을 스토어드 함수의 도움 없이 단일 SQL 문장으로 작성할 수 있는 방법은 없었다. 하지만 MySQL 8.0 버전부터는 래터럴 조인이나 윈도우 함수를 이용해 구현할 수 있게 됐다. 자세한 내용은 11.4.7.6절 '래터럴 조인(Lateral Join)'과 11.4.12절 '윈도우 함수(Window Function)'를 참조하자. 그렇다고 해서 MySQL 8.0 이상의 버전에서 스토어드 함수의 용도가 없어진 것은 아니다.

SQL 문장과 관계없이 별도로 실행되는 기능이라면 굳이 스토어드 함수를 개발할 필요가 없다. 독립적으로 실행돼도 된다면 스토어드 프로시저를 사용하는 것이 좋다. 스토어드 함수는 상대적으로 스토어드 프로시저보다 제약 사항이 많기 때문이다. 스토어드 프로시저와 비교했을 때 스토어드 함수의 유일한 장점은 SQL 문장의 일부로 사용할 수 있다는 것이다.

14.2.3.1 스토어드 함수 생성 및 삭제

스토어드 함수는 CREATE FUNCTION 명령으로 생성할 수 있으며, 모든 입력 파라미터는 읽기 전용이라서 IN이나 OUT, 또는 INOUT 같은 형식을 지정할 수 없다. 그리고 스토어드 함수는 반드시 정의부에 RETURNS 키워드를 이용해 반환되는 값의 타입을 명시해야 한다. 다음 예제는 두 파라미터를 입력받고 그 합을 구한 뒤 반환하는 스토어드 함수다.

```
mysql> CREATE FUNCTION sf_sum(param1 INTEGER, param2 INTEGER)
       RETURNS INTEGER
    BEGIN
      DECLARE param3 INTEGER DEFAULT 0;
      SET param3 = param1 + param2;
      RETURN param3;
    END;;
```

스토어드 함수가 스토어드 프로시저와 크게 다른 부분은 다음 두 가지다.

- 함수 정의부에 RETURNS로 반환되는 값의 타입을 명시해야 한다.
- 함수 본문 마지막에 정의부에 지정된 타입과 동일한 타입의 값을 RETURN 명령으로 반환해야 한다.

스토어드 프로시저와는 달리 스토어드 함수의 본문(BEGIN ... END의 코드 블록)에서는 다음과 같은 사항을 사용하지 못한다.

- PREPARE와 EXECUTE 명령을 이용한 프리페어 스테이트먼트를 사용할 수 없다.

- 명시적 또는 묵시적인 ROLLBACK/COMMIT을 유발하는 SQL 문장을 사용할 수 없다.

- 재귀 호출(Recursive call)을 사용할 수 없다.

- 스토어드 함수 내에서 프로시저를 호출할 수 없다.

- 결과 셋을 반환하는 SQL 문장을 사용할 수 없다.

결과 셋을 페치(Fetch)하지 않아서 결과 셋이 클라이언트로 전송되는 스토어드 함수를 생성하면 어떤 에러가 발생하는지 테스트로 한번 살펴보자. 스토어드 함수의 본문에서 커서나 SELECT 쿼리를 사용해도 특별히 문제되지 않지만 스토어드 프로시저에서와같이 디버깅 용도로 화면에 메시지를 출력하기 위해서는 사용할 수 없다. 즉 스토어드 함수에서 커서를 정의하면 반드시 오픈해야 하며, "SELECT ... INTO ..."가 아닌 단순히 SELECT 쿼리만 실행해서는 안 된다. 스토어드 함수 내에서 오픈되지 않는 커서나 단순 SELECT 쿼리가 실행되는 것은 결과적으로 클라이언트로 쿼리의 결과 셋을 반환하는 것과 똑같기 때문이다. 동일한 효과를 만들어 내는 SHOW 또는 EXPLAIN 등의 명령도 사용할 수 없다.

```
mysql> CREATE FUNCTION sf_resultset_test()
         RETURNS INTEGER
       BEGIN
         DECLARE param3 INTEGER DEFAULT 0;
         SELECT 'Start stored function' AS debug_message;
         RETURN param3;
       END;;
ERROR 1415 (0A000): Not allowed to return a result set from a function
```

스토어드 프로시저와 마찬가지로 스토어드 함수도 ALTER FUNCTION 명령을 사용할 수 있다. 하지만 이 명령은 스토어드 함수의 입력 파라미터나 처리 내용을 변경할 수 없으며, 단지 스토어드 함수의 특성만 변경할 수 있다.

```
mysql> ALTER FUNCTION sf_sum SQL SECURITY DEFINER;
```

스토어드 함수에서 입력 파라미터를 변경하거나 함수의 처리 내용을 변경하려면 DROP FUNCTION 명령으로 먼저 함수를 삭제하고 다시 CREATE FUNCTION 명령으로 스토어드 함수를 생성해야 한다.

```
mysql> DROP FUNCTION sf_sum;;

mysql> CREATE FUNCTION sf_sum(param1 INTEGER, param2 INTEGER)
       RETURNS INTEGER
     BEGIN
       DECLARE param3 INTEGER DEFAULT 0;
       SET param3 = param1 + param2;
       RETURN param3;
     END;;
```

14.2.3.2 스토어드 함수 실행

스토어드 함수는 스토어드 프로시저와 달리 CALL 명령으로 실행할 수 없다. 스토어드 함수는 SELECT 문장을 이용해 실행한다.

```
mysql> SELECT sf_sum(1,2) AS sum;
+------+
| sum  |
+------+
|    3 |
+------+
```

CALL 명령으로 스토어드 함수를 실행하면 MySQL 서버는 프로시저를 실행하는 것으로 해석하고 "스토어드 프로시저가 없다"라는 에러 메시지를 보여줄 것이다.

```
mysql> CALL sf_sum(1,2);
ERROR 1305 (42000): PROCEDURE sf_sum does not exist
```

14.2.4 트리거

트리거는 테이블의 레코드가 저장되거나 변경될 때 미리 정의해둔 작업을 자동으로 실행해주는 스토어드 프로그램이다. 이름 그대로 데이터의 변화가 생길 때 다른 작업을 기동해주는 방아쇠인 것이다. MySQL의 트리거는 테이블 레코드가 INSERT, UPDATE, DELETE될 때 시작되도록 설정할 수 있다. 대표적으로 칼럼의 유효성 체크나 다른 테이블로의 복사나 백업, 계산된 결과를 다른 테이블에 함께 업데이트하는 등의 작업을 위해 트리거를 자주 사용한다.

트리거는 스토어드 함수나 프로시저보다는 필요성이 떨어지는 편이다. 사실 트리거가 없어도 애플리케이션을 개발하는 것이 크게 어려워지거나 성능 저하가 발생하지는 않는다. 오히려 트리거가 생성돼 있는 테이블에 칼럼을 추가하거나 삭제할 때 실행 시간이 훨씬 더 오래 걸린다. 테이블에 칼럼을 추가하거나 삭제하는 작업은 임시 테이블에 데이터를 복사하는 작업이 필요한데, 이때 레코드마다 트리거를 한 번씩 실행해야 하기 때문이다.

MySQL의 트리거는 테이블에 대해서만 생성할 수 있다. 특정 테이블에 트리거를 생성하면 해당 테이블에 발생하는 조작에 대해 지정된 시점(실제 그 이벤트의 실행 전후)에 트리거의 루틴을 실행한다. MySQL 5.7 이전 버전에서는 테이블당 하나의 이벤트에 대해 2개 이상의 트리거를 등록할 수는 없었지만 MySQL 5.7 버전부터는 하나의 테이블에 대해서 동일 이벤트에 2개 이상의 트리거를 생성할 수 있게 됐다.

MySQL 서버가 ROW 포맷의 바이너리 로그를 이용해서 복제를 하는 경우 트리거는 복제 소스 서버에서만 실행되고 레플리카 서버에서는 별도로 트리거를 기동하지 않는다. 하지만 이미 복제 소스 서버에서 트리거에 의해 INSERT되거나 UPDATE, DELETE된 데이터는 모두 바이너리 로그에 기록되기 때문에 실제 레플리카 서버에서도 트리거를 실행한 것과 동일한 효과를 낸다. 바이너리 로그 포맷이 STATEMENT인 경우 복제 소스는 트리거에 의한 데이터 변경은 기록하지 않는다. 하지만 레플리카 서버는 트리거를 실행한다. 결국 바이너리 로그 포맷과 관계없이 동일한 결과를 만들어내지만 트리거의 실행 위치가 다르다는 차이가 있다.

14.2.4.1 트리거 생성

트리거는 CREATE TRIGGER 명령으로 생성한다. 스토어드 프로시저나 함수와는 달리 BEFORE나 AFTER 키워드와 INSERT, UPDATE, DELETE로 트리거가 실행될 이벤트(사건)와 시점(변경 전 또는 변경 후)을 명시할 수 있다. 그리고 트리거 정의부 끝에 FOR EACH ROW 키워드를 붙여서 개별 레코드 단위로 트리거가 실행되게 한다. 예전 MySQL 버전에서는 FOR EACH STATEMENT 키워드를 이용해 문장 기반으로 트리거 작동을 구현할 예정이었지만 해당 기능은 구현되지 않고 제거됐다. 그래서 MySQL 서버의 트리거는 레코드(Row) 단위로만 작동하지만 트리거의 정의부에 FOR EACH ROW 키워드는 그대로 사용하도록 문법이 구현돼 있다.

employees 테이블의 레코드가 삭제되기 전에 실행하는 on_delete 트리거를 생성하는 명령을 예제로 살펴보자.

```
mysql> CREATE TRIGGER on_delete BEFORE DELETE ON employees
        FOR EACH ROW
      BEGIN
        DELETE FROM salaries WHERE emp_no=OLD.emp_no;
      END ;;
```

- 트리거 이름 뒤에는 "BEFORE DELETE"로 트리거가 언제 실행될지를 명시한다. BEFORE DELETE와 같은 형식으로 "[BEFORE | AFTER] [INSERT | UPDATE | DELETE]"의 6가지 조합이 가능하다. BEFORE 트리거는 대상 레코드가 변경되기 전에 실행되며, AFTER 트리거는 대상 레코드의 내용이 변경된 후 실행된다. BEFORE나 AFTER 뒤에는 트리거를 실행할 이벤트를 명시하는데, MySQL에서는 SELECT에 대한 트리거를 지원하지 않기 때문에 INSERT, UPDATE, DELETE만 이벤트로 명시할 수 있다.

- 테이블명 뒤에는 트리거가 실행될 단위를 명시하는데, FOR EACH ROW만 가능하므로 모든 트리거는 항상 레코드 단위로 실행된다.

- 예제 트리거에서 사용된 OLD 키워드는 employees 테이블의 변경되기 전 레코드를 지칭한다. employees 테이블의 변경될 레코드를 지칭하고자 할 때는 NEW 키워드를 사용하면 된다.

위 예제 트리거는 employees 테이블의 레코드를 삭제하는 쿼리가 실행되면 해당 레코드가 삭제되기 전에 on_delete라는 트리거가 실행되고 트리거가 완료된 이후 테이블의 레코드가 삭제된다.

트리거를 사용하려면 각 SQL 문장이 어떤 이벤트를 발생시키는지 명확히 알고 있어야 한다. 다음 표는 대표적인 쿼리에 대해 어떤 트리거 이벤트가 발생하는지 정리한 것이다. REPLACE와 INSERT INTO ... ON DUPLICATE KEY UPDATE는 발생하는 이벤트가 선택적이지만 특별히 문제되지는 않는다. 참고로 테이블에 대해 DROP이나 TRUNCATE가 실행되는 경우에는 트리거 이벤트는 발생하지 않는다.

SQL 종류	발생 트리거 이벤트("==>"는 발생하는 이벤트의 순서를 의미)
INSERT	BEFORE INSERT ==> AFTER INSERT
LOAD DATA	BEFORE INSERT ==> AFTER INSERT
REPLACE	중복 레코드가 없을 때: 　　BEFORE INSERT ==> AFTER INSERT 중복 레코드가 있을 때: 　　BEFORE DELETE ==> AFTER DELETE ==> BEFORE INSERT ==> AFTER INSERT

SQL 종류	발생 트리거 이벤트("==>"는 발생하는 이벤트의 순서를 의미)

INSERT INTO ...
ON DUPLICATE SET
	중복이 없을 때:
	    BEFORE INSERT ==> AFTER INSERT
	중복이 있을 때:
	    BEFORE UPDATE ==> AFTER UPDATE

UPDATE	BEFORE UPDATE ==> AFTER UPDATE
DELETE	BEFORE DELETE ==> AFTER DELETE
TRUNCATE	이벤트 발생하지 않음
DROP TABLE	이벤트 발생하지 않음

트리거의 BEGIN ... END 블록에서는 NEW 또는 OLD라는 특별한 객체를 사용할 수 있다. OLD는 해당 테이블에서 변경이 가해지기 전 레코드를 지칭하는 키워드이며, NEW는 변경될 레코드를 지칭할 때 사용한다. 트리거에서 OLD.emp_no라고 사용하면 변경되기 전의 emp_no 칼럼의 값을 의미하고, NEW.emp_no라고하면 변경될 emp_no 칼럼의 값을 의미한다. 물론 트리거에서 각 칼럼에 입력되는 값을 체크해서 강제로다른 값으로 변환해서 저장하는 것도 가능하다. 하지만 이처럼 칼럼의 값을 강제로 변환해서 테이블에저장하는 것은 BEFORE 트리거에서만 가능하다. AFTER 트리거는 이미 해당 레코드의 칼럼이 변경 저장된이후에 실행되는 트리거이므로 AFTER 트리거에서는 칼럼의 값을 변경하는 작업을 수행할 수 없다.

트리거의 BEGIN ... END의 코드 블록에서 사용하지 못하는 몇 가지 유형의 작업이 있다.

- 트리거는 외래키 관계에 의해 자동으로 변경되는 경우 호출되지 않는다.

- 복제에 의해 레플리카 서버에 업데이트되는 데이터는 레코드 기반의 복제(Row based replication)에서는 레플리카 서버의 트리거를 기동시키지 않지만 문장 기반의 복제(Statement based replication)에서는 레플리카 서버에서도 트리거를 기동시킨다.

- 명시적 또는 묵시적인 ROLLBACK/COMMIT을 유발하는 SQL 문장을 사용할 수 없다.

- RETURN 문장을 사용할 수 없으며, 트리거를 종료할 때는 LEAVE 명령을 사용한다.

- mysql과 information_schema, performance_schema 데이터베이스에 존재하는 테이블에 대해서는 트리거를 생성할 수 없다.

14.2.4.2 트리거 실행

트리거는 스토어드 프로시저나 함수와 같이 작동을 확인하기 위해 명시적으로 실행해 볼 수 있는 방법이 없다. 트리거가 등록된 테이블에 직접 레코드를 INSERT하거나 UPDATE, DELETE를 수행해서 작동을 확인해볼 수밖에 없다.

14.2.4.3 트리거 딕셔너리

MySQL 8.0 이전 버전까지 트리거는 해당 데이터베이스 디렉터리의 *.TRG라는 파일로 기록됐다. 하지만 MySQL 8.0 버전부터는 딕셔너리 정보가 InnoDB 스토리지 엔진을 사용하는 시스템 테이블로 통합 저장되면서 더이상 *.TRG 파일로 저장되지 않는다. MySQL 8.0 버전부터는 mysql 데이터베이스의 보이지 않는 시스템 테이블로 저장되고, 사용자는 information_schema 데이터베이스의 TRIGGERS 뷰를 통해 조회만 할 수 있다.

```
mysql> SELECT trigger_schema, trigger_name, event_manipulation, action_timing
       FROM information_schema.TRIGGERS
       WHERE trigger_schema='employees';
+----------------+--------------+--------------------+---------------+
| TRIGGER_SCHEMA | TRIGGER_NAME | EVENT_MANIPULATION | ACTION_TIMING |
+----------------+--------------+--------------------+---------------+
| employees      | on_delete    | DELETE             | BEFORE        |
+----------------+--------------+--------------------+---------------+

mysql> SELECT trigger_schema, trigger_name, event_manipulation,
              action_timing, action_statement
       FROM information_schema.TRIGGERS
       WHERE trigger_schema='employees' \G
*************************** 1. row ***************************
      TRIGGER_SCHEMA: employees
        TRIGGER_NAME: on_delete
  EVENT_MANIPULATION: DELETE
       ACTION_TIMING: BEFORE
    ACTION_STATEMENT: BEGIN
          DELETE FROM salaries WHERE emp_no=OLD.emp_no;
        END
```

14.2.5 이벤트

주어진 특정한 시간에 스토어드 프로그램을 실행할 수 있는 스케줄러 기능을 이벤트라고 한다. MySQL 서버의 이벤트는 스케줄링을 전담하는 스레드가 있는데, 이 스레드가 활성화된 경우에만 이벤트가 실행된다. 이벤트 스케줄러 스레드를 기동하려면 MySQL 서버의 설정 파일에서 event_scheduler라는 시스템 변수를 ON이나 1로 설정해서 활성화해야 한다. 이벤트 스케줄러가 활성화되면 다음과 같이 MySQL 서버 클라이언트에서 "SHOW PROCESSLIST" 결과에 "event_scheduler" 프로세스가 표시된다.

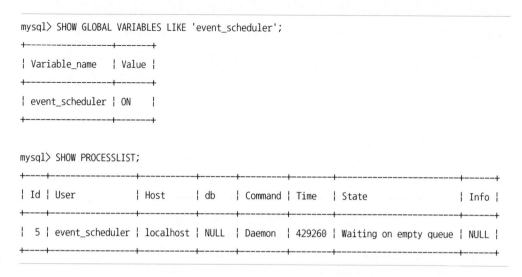

```
mysql> SHOW GLOBAL VARIABLES LIKE 'event_scheduler';
+-----------------+-------+
| Variable_name   | Value |
+-----------------+-------+
| event_scheduler | ON    |
+-----------------+-------+


mysql> SHOW PROCESSLIST;
+----+-----------------+-----------+------+---------+--------+------------------------+------+
| Id | User            | Host      | db   | Command | Time   | State                  | Info |
+----+-----------------+-----------+------+---------+--------+------------------------+------+
|  5 | event_scheduler | localhost | NULL | Daemon  | 429260 | Waiting on empty queue | NULL |
+----+-----------------+-----------+------+---------+--------+------------------------+------+
```

MySQL의 이벤트는 전체 실행 이력을 보관하지 않으며, 사용자는 가장 최근에 실행된 정보만 information_schema 데이터베이스의 EVENTS 뷰에서 확인할 수 있다. 실행 이력이 필요한 경우에는 별도로 사용자 테이블을 생성하고 이벤트의 처리 로직에서 직접 기록하는 것이 좋다. 경험상 필요하지 않더라도 기록해 두는 것이 좋다.

14.2.5.1 이벤트 생성

MySQL 매뉴얼에서 이벤트를 설명한 자료는 조금 복잡하고 애매한 부분도 있는데, 가장 일반적으로 사용할 수 있는 패턴의 예제를 보면 쉽게 이해할 수 있다. 이벤트는 반복 실행 여부에 따라 크게 일회성 이벤트와 반복성 이벤트로 나눌 수 있다.

```
mysql> CREATE EVENT onetime_job
        ON SCHEDULE AT CURRENT_TIMESTAMP + INTERVAL 1 HOUR
    DO
        INSERT INTO daily_rank_log VALUES (NOW(), 'Done');
```

단 한 번 실행되는 일회성 이벤트를 등록하려면 "ON SCHEDULE AT" 절을 명시하면 된다. AT 절에는 '2020-07-07 01:00:00'과 같이 정확한 시각을 명시할 수도 있고, 현재 시점부터 1시간 뒤와 같이 상대적인 시간을 명시할 수도 있다. 위의 예제는 현재 시점으로부터 1시간 뒤에 실행될 이벤트를 등록하는 명령이다. 예제의 이벤트는 일회성 이벤트이므로 지금부터 한 시간 뒤에 딱 한 번 실행되고 그 이후로는 다시 실행되지 않는다.

반복성 이벤트

```
mysql> CREATE EVENT daily_ranking
        ON SCHEDULE EVERY 1 DAY STARTS '2020-09-07 01:00:00' ENDS '2021-01-01 00:00:00'
    DO
        INSERT INTO daily_rank_log VALUES (NOW(), 'Done');
```

위의 반복성 이벤트 예제는 2020년 9월 7일 새벽 1시부터 하루 단위로 2020년 말까지 반복해서 실행하는 daily_ranking 이벤트를 생성하는 예제다. 예제의 이벤트가 2020년 9월 6일 생성됐다면 '2020-09-07 01:00:00'에 처음으로 이벤트가 실행될 것이다. 그리고 매일 똑같은 시간(새벽 1시)에 반복해서 실행된다. 이벤트 생성 명령의 EVERY 절에는 DAY뿐만 아니라 YEAR, QUARTER, MONTH, HOUR, MINUTE, WEEK, SECOND, ... 등의 반복 주기를 사용할 수 있기 때문에 원하는 형태의 반복 스케줄링을 쉽게 만들어 낼 수 있다.

반복성이냐 일회성이냐와 관계없이 이벤트의 처리 내용을 작성하는 DO 절은 여러 가지 방식으로 사용할 수 있다. DO 절에는 단순히 하나의 쿼리나 스토어드 프로시저를 호출하는 명령을 사용하거나 BEGIN ... END로 구성되는 복합 절을 사용할 수 있다. 이 이벤트가 실행되면 DO 절에 정의된 INSERT 명령만 실행하고 종료한다. 단일 SQL만 실행하려면 별도로 BEGIN ... END 블록을 사용하지 않아도 무방하다.

```
mysql> CREATE EVENT daily_ranking
        ON SCHEDULE EVERY 1 DAY STARTS '2020-09-16 01:00:00' ENDS '2021-01-01 00:00:00'
    DO
        CALL SP_INSERT_BATCH_LOG(NOW(), 'Done');
```

여러 개의 SQL 문장과 연산 작업이 필요하다면 다음과 같이 BEGIN ... END 블록을 사용하면 된다.

```
mysql> CREATE EVENT daily_ranking
       ON SCHEDULE EVERY 1 DAY STARTS '2020-09-16 01:00:00' ENDS '2021-01-01 00:00:00'
    DO BEGIN
       INSERT INTO daily_rank_log VALUES (NOW(), 'Start');
       -- // 랭킹 정보 수집 & 처리
       INSERT INTO daily_rank_log VALUES (NOW(), 'Done');
    END ;;
```

또한 이벤트의 반복성 여부와 관계없이 ON COMPLETION 절을 이용해 완전히 종료된 이벤트를 삭제할지, 그대로 유지할지 선택할 수 있다. 기본적으로는 완전히 종료된 이벤트(지정된 스케줄에 의해 더 이상 실행될 필요가 없는 이벤트)는 자동으로 삭제된다. 하지만 ON COMPLETION PRESERVE 옵션과 함께 이벤트를 등록하면 이벤트 실행이 완료돼도 MySQL 서버는 그 이벤트를 삭제하지 않는다.

이벤트는 생성할 때 ENABLE, DISABLE, DISABLE ON SLAVE의 3가지 상태로 생성할 수 있다. 이벤트는 기본적으로 생성되면서 복제 소스 서버에서는 ENABLE되며, 복제된 레플리카 서버에서는 SLAVESIDE_DISABLED 상태("DISABLE ON SLAVE" 옵션을 설정한 것처럼)로 생성된다. 복제 소스 서버에서는 실행된 이벤트가 만들어낸 데이터 변경 사항은 자동으로 레플리카 서버로 복제되기 때문에 레플리카 서버에서 이벤트는 중복해서 실행할 필요는 없다. 다만 레플리카 서버가 소스 서버로 승격(Promotion, 레플리카 서버가 소스 서버로 용도 전환되는 과정)되면 수동으로 이벤트의 상태를 ENABLE 상태로 변경해야 한다. 레플리카 서버에서만 DISABLE된 이벤트의 목록은 다음과 같이 확인할 수 있다.

```
mysql> SELECT event_schema, event_name
       FROM information_schema.EVENTS
       WHERE STATUS = 'SLAVESIDE_DISABLED';
+--------------+------------+
| EVENT_SCHEMA | EVENT_NAME |
+--------------+------------+
| testdb       | myevent    |
+--------------+------------+

-- // 수동으로 이벤트의 상태를 ENABLED로 변경
mysql> ALTER EVENT myevent ENABLE;
```

14.2.5.2 이벤트 실행 및 결과 확인

이벤트 또한 트리거와 같이 특정한 사건이 발생해야 실행되는 스토어드 프로그램이라서 테스트를 위해 강제로 실행시켜볼 수는 없다. 우선 이벤트를 등록하고, 스케줄링 시점을 임의로 설정해서 실행되는 내용을 확인해 봐야 한다. 이벤트 실행 이력을 확인하는 것은 조금 복잡하기 때문에 자세히 살펴보자. 우선 테스트를 위해 다음의 테이블과 이벤트를 생성해 보자.

```
mysql> DELIMITER ;;

mysql> CREATE TABLE daily_rank_log (exec_dttm DATETIME, exec_msg VARCHAR(50));;

mysql> CREATE EVENT daily_ranking
         ON SCHEDULE AT CURRENT_TIMESTAMP + INTERVAL 1 MINUTE
         ON COMPLETION PRESERVE
       DO BEGIN
         INSERT INTO daily_rank_log VALUES (NOW(), 'Done');
       END ;;
```

앞에서 등록한 이벤트의 스케줄링 정보나 최종 실행 시간 정보는 information_schema 데이터베이스의 EVENTS 뷰를 통해 조회할 수 있다. EVENTS 뷰는 이벤트의 딕셔너리 정보와 마지막 실행 이력에 대한 정보를 가지고 있다. 예제의 이벤트는 생성되고 1분 후에 딱 한 번 실행되고 완료된다. 여기서는 실행이 완료돼도 EVENTS 뷰에서 삭제되지 않게 "ON COMPLETION PRESERVE" 옵션을 추가했다.

```
mysql> SELECT * FROM information_schema.EVENTS \G
*************************** 1. row ***************************
       EVENT_CATALOG: def
        EVENT_SCHEMA: test
          EVENT_NAME: daily_ranking
             DEFINER: root@localhost
           TIME_ZONE: SYSTEM
          EVENT_BODY: SQL
    EVENT_DEFINITION: BEGIN
         INSERT INTO daily_rank_log VALUES (NOW(), 'Done');
       END
          EVENT_TYPE: ONE TIME
          EXECUTE_AT: 2020-09-08 09:09:46
      INTERVAL_VALUE: NULL
```

```
    INTERVAL_FIELD: NULL
          SQL_MODE: STRICT_TRANS_TABLES,NO_ZERO_IN_DATE,NO_ZERO_DATE,...
            STARTS: NULL
              ENDS: NULL
            STATUS: DISABLED
     ON_COMPLETION: PRESERVE
           CREATED: 2020-09-08 09:08:46
      LAST_ALTERED: 2020-09-08 09:08:46
     LAST_EXECUTED: 2020-09-08 09:09:46
     EVENT_COMMENT:
        ORIGINATOR: 1
```

EVENTS 뷰를 살펴보면 CREATED 시점과 LAST_EXECUTED 시점이 정확히 1분 차이로 저장된 것을 확인할 수 있다. 다음과 같이 이벤트가 실행되면서 daily_rank_log 테이블에도 정상적으로 로그 레코드를 INSERT 한 것을 확인할 수 있다. information_schema 데이터베이스의 EVENTS 뷰는 항상 마지막 실행 로그만 가지고 있기 때문에 전체 실행 로그가 필요한 경우에는 별도의 로그 테이블이 필요하다.

```
mysql> SELECT * FROM test.daily_rank_log;
+---------------------+----------+
| exec_dttm           | exec_msg |
+---------------------+----------+
| 2020-09-08 09:09:46 | Done     |
+---------------------+----------+
```

14.2.5.3 이벤트 딕셔너리

MySQL 8.0 이전 버전까지는 생성된 이벤트의 딕셔너리 정보는 mysql 데이터베이스의 events 테이블에 관리됐지만 MySQL 8.0 버전부터는 다른 스토어드 프로그램과 마찬가지로 사용자에게 보이지 않는 시스템 테이블로 관리된다. 사용자는 단지 information_schema 데이터베이스의 EVENTS 뷰를 통해 이벤트의 목록과 상세 내용을 확인할 수 있다. 그리고 EVENTS 뷰는 이벤트의 메타 정보뿐만 아니라 마지막 실행 이력을 함께 보여준다.

```
mysql> SELECT * FROM information_schema.EVENTS \G
*************************** 1. row ***************************
     EVENT_CATALOG: def
      EVENT_SCHEMA: test
```

```
        EVENT_NAME: daily_ranking
           DEFINER: root@localhost
         TIME_ZONE: SYSTEM
        EVENT_BODY: SQL
  EVENT_DEFINITION: BEGIN
      INSERT INTO daily_rank_log VALUES (NOW(), 'Done');
    END
        EVENT_TYPE: ONE TIME
        EXECUTE_AT: 2020-09-08 09:09:46
    INTERVAL_VALUE: NULL
    INTERVAL_FIELD: NULL
          SQL_MODE: STRICT_TRANS_TABLES,NO_ZERO_IN_DATE,NO_ZERO_DATE,...
            STARTS: NULL
              ENDS: NULL
            STATUS: DISABLED
     ON_COMPLETION: PRESERVE
           CREATED: 2020-09-08 09:08:46
      LAST_ALTERED: 2020-09-08 09:08:46
     LAST_EXECUTED: 2020-09-08 09:09:46
     EVENT_COMMENT:
        ORIGINATOR: 1
```

EVENTS 뷰를 통해 해당 이벤트가 반복인지 일회성인지, 그리고 언제 실행될지를 확인할 수 있으며, 이벤트의 코드도 확인할 수 있다. 그리고 마지막 이벤트가 언제 등록됐고, 언제 마지막으로 실행됐는지도 확인할 수 있다.

EVENTS 뷰의 마지막 칼럼인 ORIGINATOR 칼럼은 이 이벤트가 생성된 MySQL 서버의 server_id 시스템 변숫값이다. 이 값은 레플리카 서버에서 이벤트의 상태를 "SLAVESIDE_DISABLED"로 자동 설정(MySQL 서버에 의해)하기 위해서 관리된다.

14.2.6 스토어드 프로그램 본문(Body) 작성

지금까지 각 스토어드 프로그램을 생성하는 방법과 실행하는 방법에 대해 살펴봤다. 앞에서 언급한 네 가지 스토어드 프로그램은 생성하고 실행하는 방법에 조금씩 차이가 있지만 각 스토어드 프로그램으로 처리하려는 내용을 작성하는 본문부(BEGIN ... END 블록)는 모두 똑같은 문법을 사용한다. 이제부터는 모든 스토어드 프로그램이 본문에서 공통으로 사용할 수 있는 제어문을 살펴보자.

14.2.6.1 BEGIN ... END 블록과 트랜잭션

스토어드 프로그램의 본문(Body)은 BEGIN으로 시작해서 END로 끝나며, 하나의 BEGIN ... END 블록은 또 다른 여러 개의 BEGIN ... END 블록을 중첩해서 포함할 수 있다.

BEGIN ... END 블록 내에서 주의해야 할 것은 트랜잭션 처리다. MySQL에서 트랜잭션을 시작하는 명령으로는 다음 두 가지가 있다.

- BEGIN
- START TRANSACTION

하지만 BEGIN ... END 블록 내에서 사용된 "BEGIN" 명령은 모두 트랜잭션의 시작이 아니라 BEGIN ... END 블록의 시작 키워드인 BEGIN으로 해석한다. 결국 스토어드 프로그램의 본문에서 트랜잭션을 시작할 때는 START TRANSACTION 명령을 사용해야 한다. 물론 트랜잭션을 종료할 때는 COMMIT 또는 ROLLBACK 명령을 똑같이 사용하면 된다. 그리고 스토어드 프로시저나 이벤트의 본문에서만 트랜잭션을 사용할 수 있으며, 스토어드 함수나 트리거에서는 트랜잭션을 사용할 수 없다는 점에 주의하자.

다음 예제는 스토어드 프로시저와 이벤트의 BEGIN ... END 블록 내에서 트랜잭션을 시작하고 종료하는 방법을 보여준다.

```
mysql> CREATE PROCEDURE sp_hello ( IN name VARCHAR(50) )
       BEGIN
         START TRANSACTION;
         INSERT INTO tb_hello VALUES (name, CONCAT('Hello ',name));
         COMMIT;
       END ;;
```

위 예제의 프로시저는 실행되면서 tb_hello 테이블에 레코드를 INSERT하고 즉시 COMMIT을 실행해 트랜잭션을 완료한다. 이처럼 스토어드 프로시저 내부에서 트랜잭션을 완료하면 이 스토어드 프로시저를 호출한 애플리케이션이나 SQL 클라이언트 도구에서는 트랜잭션을 조절할 수 없게 된다. 그래서 스토어드 프로시저 내부에서 트랜잭션을 완료할지, 아니면 프로시저를 호출하는 애플리케이션이나 SQL 클라이언트 도구에서 트랜잭션을 완료할지를 명확히 해야 한다.

위의 예제에서와 같이 프로시저 내부에서 COMMIT이나 ROLLBACK 명령으로 트랜잭션을 완료하면 스토어드 프로시저 외부에서 COMMIT이나 ROLLBACK을 실행해도 아무런 의미가 없다. 프로시저 외부에서 트랜잭션을 완료하는 부분은 다음 예제로 좀 더 자세히 살펴보자.

```
mysql> CREATE TABLE tb_hello (name VARCHAR(100), message VARCHAR(100)) ENGINE=InnoDB;

mysql> CREATE PROCEDURE sp_hello ( IN name VARCHAR(50) )
       BEGIN
         INSERT INTO tb_hello VALUES (name, CONCAT('Hello ',name));
       END ;;
```

위와 같이 프로시저를 생성하고, 이 프로시저를 호출하는 애플리케이션이나 SQL 클라이언트 도구에서 트랜잭션을 다음과 같이 실행한 뒤 tb_hello 테이블의 레코드를 확인해 보자. 다음의 프로시저 호출은 프로시저의 본문 내에서 실행되는 것이 아니므로 START TRANSACTION 대신 BEGIN으로 트랜잭션을 시작해도 무방하다.

```
mysql> START TRANSACTION;
mysql> CALL sp_hello ('First');
mysql> COMMIT;
mysql> SELECT * FROM tb_hello;
+-------+-------------+
| name  |   message   |
+-------+-------------+
| First | Hello First |
+-------+-------------+

mysql> START TRANSACTION;
mysql> CALL sp_hello ('Second');
mysql> ROLLBACK;
mysql> SELECT * FROM tb_hello;
+-------+-------------+
| name  |   message   |
+-------+-------------+
| First | Hello First |
+-------+-------------+
```

첫 번째 트랜잭션의 결과로 프로시저에서 INSERT한 레코드는 저장되지만, 두 번째 트랜잭션에서 INSERT한 결과는 저장되지 않았다. 별도로 트랜잭션을 시작하지 않고 AutoCommit 모드에서 프로시저를 호출한다면 프로시저 내부의 각 SQL 문장이 실행되면서 커밋될 것이다. 당연한 예제지만 많은 사용자가 스토어드 프로시저의 트랜잭션 처리는 거의 고려하지 않고 사용한다. 하지만 스토어드 프로시저 내부에서 트랜잭션을 완료할지 또는 프로시저를 호출하는 클라이언트에서 확인 과정을 거친 후에 커밋하거나 롤백할지는 중요한 문제이므로 주의해야 한다.

스토어드 함수와 트리거는 본문 내에서 트랜잭션을 커밋하거나 롤백할 수 없으므로 위의 두 가지 방식 중에서 "프로시저 외부에서 트랜잭션 완료"와 똑같은 형태로만 처리된다.

14.2.6.2 변수

스토어드 프로그램의 BEGIN ... END 블록 사이에서 사용하는 변수는 사용자 변수와는 다르므로 혼동하지 않도록 주의하자. 여기서 언급하는 변수는 스토어드 프로그램의 BEGIN ... END 블록 내에서만 사용할 수 있다. 혼동을 피하기 위해 스토어드 프로그램의 BEGIN ... END에서 사용하는 변수를 스토어드 프로그램 로컬 변수 또는 줄여서 로컬 변수라고 표현하겠다.

> **주의** 스토어드 프로그램에서 사용자 변수와 로컬 변수는 거의 혼용해서 제한 없이 사용할 수 있다. 하지만 프로시저 내부에서 프리페어 스테이트먼트를 사용하려면 반드시 사용자 변수를 사용해야 한다.
>
> 로컬 변수와 사용자 변수는 영향을 미치는 범위가 다르다. 사용자 변수는 현재 커넥션에서는 스토어드 프로그램 내부나 외부 어디서든 사용할 수 있다. 하지만 로컬 변수는 스토어드 프로그램 내부에서만 정의되고 사용한다. 사용자 변수는 적절히 용도에 맞게 사용하면 스토어드 프로그램의 내부와 외부 간의 데이터 전달 용도로도 사용할 수 있다. 하지만 스토어드 프로그램에서 사용자 변수를 너무 남용하면 다른 스토어드 프로그램이나 쿼리에 악영향을 미칠 수도 있다. 또한 사용자 변수보다 로컬 변수가 빠르게 처리되므로 스토어드 프로그램의 내부에서는 가능한 한 사용자 변수 대신 로컬 변수를 사용하는 편이 좋다.

로컬 변수는 DECLARE 명령으로 정의되고 반드시 타입이 함께 명시돼야 한다. 로컬 변수에 값을 할당하는 방법은 SET 명령 또는 SELECT ... INTO ... 문장으로 가능하다. 로컬 변수는 현재 스토어드 프로그램의 BEGIN ... END 블록 내에서만 유효하며, 사용자 변수보다는 빠르며 다른 쿼리나 스토어드 프로그램과의 간섭을 발생시키지 않는다. 또한 로컬 변수는 반드시 타입과 함께 정의되기 때문에 컴파일러 수준에서 타입 오류를 체크할 수 있다.

다음 예제를 통해 로컬 변수를 정의하고 값을 할당하는 방법을 살펴보자.

```
-- // 로컬 변수 정의
DECLARE v_name VARCHAR(50) DEFAULT 'Matt';
DECLARE v_email VARCHAR(50) DEFAULT 'matt@email.com';

-- // 로컬 변수에 값을 할당
SET v_name = 'Kim', v_email = 'kim@email.com';

-- // SELECT .. INTO 구문을 이용한 값의 할당
SELECT emp_no, first_name, last_name INTO v_empno, v_firstname, v_lastname
FROM employees
WHERE emp_no=10001
LIMIT 1;
```

첫 번째 예제 문장과 같이 스토어드 프로그램의 로컬 변수를 정의하려면 DECLARE 명령을 사용해야 하며, 동시에 초기 디폴트 값을 설정할 수도 있다. 디폴트 값을 명시하지 않으면 NULL로 초기화된다. 스토어드 프로그램의 변수 정의에서는 반드시 타입도 함께 명시한다.

SET 명령은 DECLARE로 정의한 변수에 값을 저장하는 할당 명령이다. 하나의 SET 명령으로 여러 개의 로컬 변수에 값을 할당할 수도 있다.

SELECT ... INTO 명령은 SELECT한 레코드의 칼럼값을 로컬 변수에 할당하는 명령으로, 이때 SELECT 명령은 반드시 1개의 레코드를 반환하는 SQL이어야 한다. SELECT한 레코드가 한 건도 없거나 2건 이상인 경우에는 "No Data"(에러 코드 1392) 또는 "Result consisted of more than one row"(에러 코드 1172)와 같은 에러가 발생한다. 정확히 1건의 레코드가 보장되지 않는 쿼리에서는 밑에서 설명할 커서를 사용하거나 SELECT 쿼리에 LIMIT 1과 같은 조건을 추가해서 사용하는 것이 좋다.

스토어드 프로그램의 BEGIN ... END 블록에서는 스토어드 프로그램의 입력 파라미터와 DECLARE에 의해 생성된 로컬 변수, 그리고 테이블의 칼럼명 모두 같은 이름을 가질 수 있다. 세 가지 변수가 모두 똑같은 이름을 가질 때는 다음과 같은 우선순위를 지닌다.

1. DECLARE로 정의한 로컬 변수

2. 스토어드 프로그램의 입력 파라미터

3. 테이블의 칼럼

다음 예제를 한 번 살펴보자. 이 예제에서 first_name은 프로시저의 입력 파라미터의 이름으로도 사용됐고, 내부에서 정의(DECLARE)된 로컬 변수명으로도 사용됐으며, 또한 이미 employees 테이블의 칼럼명으로도 사용되고 있다.

```
mysql> CREATE PROCEDURE sp_hello ( IN first_name VARCHAR(50) )
        BEGIN
          DECLARE first_name VARCHAR(50) DEFAULT 'Kim';
          SELECT CONCAT('Hello ', first_name) FROM employees LIMIT 1;
        END ;;
```

이 스토어드 프로시저를 "Lee"라는 입력 파라미터로 실행해보자.

```
mysql> CALL sp_hello('Lee');;
+-----------+
| Hello Kim |
+-----------+
```

이 프로시저가 실행될 때 각 변수는 똑같이 first_name이라는 이름으로 정의되지만 다음과 같은 값을 각각 가진다.

- 테이블의 first_name 칼럼 ⟹ "Georgi"
- 스토어드 프로그램의 first_name 입력 파라미터 ⟹ "Lee"
- first_name 로컬 변수 ⟹ "Kim"

각 변수의 우선순위에 의해 이 스토어드 프로시저의 호출 결과는 "Kim"이다. 스토어드 프로그램이 복잡해지면 각 변수가 어떤 변수인지 혼란스러울 때가 많다. 다음 예제와 같이 스토어드 프로그램에서 프로시저 입력 파라미터(p_)와 DECLARE로 정의되는 로컬 변수(v_)를 명확하게 구분하기 위해 변수명에 접두사(Prefix)를 사용하는 것도 좋은 방법이다.

```
mysql> CREATE PROCEDURE sp_hello ( IN p_first_name VARCHAR(50) )
        BEGIN
          DECLARE v_first_name VARCHAR(50) DEFAULT 'Kim';
          SELECT CONCAT('Hello ', first_name) FROM employees LIMIT 1;
        END ;;
```

중첩된 BEGIN ... END 블록은 각각 똑같은 이름의 로컬 변수를 정의할 수 있다. 이때 외부 블록에서는 내부 블록에 정의된 로컬 변수를 참조할 수 없다. 반대로 내부 블록에서 외부 블록의 로컬 변수를 참조할 때는 가장 가까운 외부 블록에 정의된 로컬 변수를 참조한다. 이는 일반적인 프로그래밍 언어의 변수 적용 범위(Scope)와 동일한 방식이라서 쉽게 익숙해질 것이다.

14.2.6.3 제어문

스토어드 프로그램에서는 SQL 문과 달리 조건 비교 및 반복과 같은 절차적인 처리를 위해 여러 가지 제어 문장을 이용할 수 있다. 대부분 프로그래밍 언어와 거의 흡사한 기능이므로 자주 사용되는 문장 위주로 간단히 살펴보자. 여기서 소개하는 제어문은 스토어드 프로그램의 BEGIN ... END 블록 내부에서만 사용할 수 있다.

14.2.6.3.1 IF ... ELSEIF ... ELSE ... END IF

IF 제어문은 일반적인 프로그램 언어의 포맷과 동일하기 때문에 별도의 설명 없이 간단한 예제만 살펴보겠다. 다음 예제는 2개의 정숫값을 입력받아 둘 중에서 큰 값을 반환하는 sf_greatest라는 함수다.

```
mysql> CREATE FUNCTION sf_greatest(p_value1 INT, p_value2 INT)
       RETURNS INT
       BEGIN
         IF p_value1 IS NULL THEN
           RETURN p_value2;
         ELSEIF p_value2 IS NULL THEN
           RETURN p_value1;
         ELSEIF p_value1 >= p_value2 THEN
           RETURN p_value1;
         ELSE
           RETURN p_value2;
         END IF;
       END;;
```

IF 문장은 "END IF" 키워드로 IF 블록을 종료해야 하며, 반드시 END IF 뒤에는 문장의 종료 표시(;)가 필요하다. 위의 예제는 스토어드 함수이므로 "SELECT sf_greatest(1, NULL);"과 같이 SQL 문장 내에서 스토어드 함수를 사용하는 형태로 테스트해 볼 수 있다.

14.2.6.3.2 CASE WHEN ... THEN ... ELSE ... END CASE

CASE WHEN 또한 프로그램 언어의 SWITCH와 비슷한 형태의 제어문이지만, 두 가지 형태로 사용할 수 있다. 첫 번째 형식은 동등 비교에서만 사용할 수 있기 때문에 두 번째 형태만 기억해도 된다.

```
CASE 변수
  WHEN 비교대상값1 THEN 처리내용1
  WHEN 비교대상값2 THEN 처리내용2
  ELSE 처리내용3
END CASE;


CASE
  WHEN 비교조건식1 THEN 처리내용1
  WHEN 비교조건식2 THEN 처리내용2
  ELSE 처리내용3
END CASE;
```

CASE WHEN 문법을 이용해 위의 IF ... END IF 예제 프로그램을 다시 작성해보자.

```
mysql> CREATE FUNCTION sf_greatest1 (p_value1 INT, p_value2 INT)
         RETURNS INT
       BEGIN
         CASE
           WHEN p_value1 IS NULL THEN
             RETURN p_value2;
           WHEN p_value2 IS NULL THEN
             RETURN p_value1;
           WHEN p_value1 >= p_value2 THEN
             RETURN p_value1;
           ELSE
             RETURN p_value2;
         END CASE;
       END;;
```

IF 구문과 같이 CASE WHEN 구문도 END CASE로 종료하며, 마지막에 문장 종료 표시(;)가 필요하다. 프로그래밍 언어의 SWITCH와는 달리 각 WHEN ... THEN 절에서 BREAK 같은 별도의 멈춤 명령은 필요하지 않다.

14.2.6.3.3 반복 루프

반복 루프 처리를 위해서는 LOOP, REPEAT, WHILE 구문을 사용할 수 있다. LOOP 문은 별도의 반복 조건을 명시하지 못하는 반면 REPEAT와 WHILE은 반복 조건을 명시할 수 있다. LOOP 구문에서 반복 루프를 벗어나려면 LEAVE 명령을 사용하면 된다. 그리고 REPEAT 문은 먼저 본문을 처리하고 그다음 반복 조건을 체크하지만 WHILE은 그 반대로 실행된다는 점이 다르다.

다음 예제는 팩토리얼 값을 구하기 위해 LOOP 문을 사용하는 스토어드 함수다. LOOP 문장 자체는 반복 비교 조건이 없고 무한 루프를 실행한다는 점에 주의해야 한다. 그래서 LOOP 문 내부의 IF ... END IF 같은 비교를 이용해 LOOP를 언제 벗어날지 판단해야 한다. LOOP를 벗어나고자 할 때는 LEAVE 명령을 사용하는데, LEAVE 명령어 다음에는 벗어나고자 하는 LOOP의 이름(레이블)을 입력한다. 예제에서는 LOOP의 시작 부분에서 LOOP의 이름을 factorial_loop로 지정했으므로 LEAVE factorial_loop 명령으로 반복 루프를 벗어날 수 있다.

```
mysql> CREATE FUNCTION sf_factorial1 (p_max INT)
         RETURNS INT
       BEGIN
         DECLARE v_factorial INT DEFAULT 1;

         factorial_loop : LOOP
           SET v_factorial = v_factorial * p_max;
           SET p_max = p_max - 1;
           IF p_max<=1 THEN
             LEAVE factorial_loop;
           END IF;
         END LOOP;

         RETURN v_factorial;
       END;;
```

이제 똑같이 팩토리얼 값을 구하는 기능을 REPEAT 구문으로 한번 작성해 보자. REPEAT 반복문은 일단 반복 처리 내용을 실행한 다음, 반복 처리를 더 실행할지 멈출지를 판단하므로 반복문(SET v_factorial = v_factorial * p_max; SET p_max = p_max - 1;)이 최소한 한 번은 실행된다. 이렇게 반복문의 내용이 먼저 실행된 후 UNTIL의 조건식을 비교해 값이 FALSE인 동안은 루프를 반복 실행한다. 그리고 UNTIL의 표현식이 TRUE가 되는 순간 반복 루프를 벗어난다.

```
mysql> CREATE FUNCTION sf_factorial2 (p_max INT)
         RETURNS INT
       BEGIN
         DECLARE v_factorial INT DEFAULT 1;
         REPEAT
           SET v_factorial = v_factorial * p_max;
           SET p_max = p_max - 1;
         UNTIL p_max<=1 END REPEAT;

         RETURN v_factorial;
       END;;
```

WHILE 구문으로 이 함수를 다시 작성해 보자. REPEAT 조건식과는 반대로 WHILE은 반복 루프의 조건식이
TRUE인 동안 반복해서 실행한다. 또한 WHILE의 경우 반복 루프의 내용보다 조건 비교를 먼저 실행하므
로 처음부터 조건이 FALSE일 때는 반복 루프의 내용이 한 번도 실행되지 않는다.

```
mysql> CREATE FUNCTION sf_factorial3 (p_max INT)
         RETURNS INT
       BEGIN
         DECLARE v_factorial INT DEFAULT 1;

         WHILE p_max>1 DO
           SET v_factorial = v_factorial * p_max;
           SET p_max = p_max - 1;
         END WHILE;

         RETURN v_factorial;
       END;;
```

14.2.6.4 핸들러와 컨디션을 이용한 에러 핸들링

어느 정도 스토어드 프로그램을 작성해 봤지만 핸들러(HANDLER)나 컨디션(CONDITION)에 대해서는 잘 모
르거나 관심이 없는 사용자가 많다. 하지만 안정적이고 견고한 스토어드 프로그램을 작성하려면 반드
시 핸들러를 이용해 예외를 처리해야 한다. 핸들러를 정의하지 않고 작성한 스토어드 프로그램은 try/
catch 없이 작성한 자바 프로그램과 같다고 볼 수 있다.

MySQL 매뉴얼에서도 "예외 핸들러"라고 표현하지 않는 이유는 핸들러는 예외 상황뿐만 아니라 거의 모든 SQL 문장의 처리 상태에 대해 핸들러를 등록할 수 있기 때문이다. 핸들러는 이미 정의한 컨디션 또는 사용자가 정의한 컨디션을 어떻게 처리(핸들링)할지 정의하는 기능이다. 컨디션은 SQL 문장의 처리 상태에 대해 별명을 붙이는 것과 같은 역할을 수행한다. 컨디션은 꼭 필요한 것은 아니고 스토어드 프로그램의 가독성을 좀 더 높이는 요소로 생각할 수 있다. 우선 핸들러에 대해 살펴보고 그 이후에 컨디션을 살펴보겠다.

핸들러를 이해하려면 MySQL에서 사용하는 SQLSTATE와 에러 번호(Error No)의 의미와 관계를 알고 있어야 한다. 우선 간단하게 SQLSTATE와 에러 번호를 살펴보고 핸들러와 컨디션을 자세히 살펴보자.

14.2.6.4.1 SQLSTATE와 에러 번호(Error No)

PHP나 JDBC로 MySQL 데이터베이스를 이용하는 프로그램을 개발하다 보면 ErrorNo와 SqlState 라는 용어를 자주 접하게 된다. 그런데 "에러 번호 하나만 있으면 될 텐데, 왜 혼란스럽게 에러 번호 (ErrorNo)와 SQL 상태(SqlState)라는 두 개의 값이 필요할까?"라는 의문이 들 것이다. 간단하게 ErrorNo와 SqlState의 차이점과 대표적인 ErrorNo와 SqlState 값을 한번 살펴보자.

```
mysql> SELECT * FROM not_found_table;
ERROR 1146 (42S02): Table 'test.not_found_table' doesn't exist
```

위 예제에서 볼 수 있듯이 MySQL 클라이언트 프로그램을 이용해 쿼리를 실행하면 에러나 경고가 발생했을 때 "ERROR ERROR-NO (SQL-STATE): ERROR-MESSAGE" 같은 형태의 메시지를 확인할 수 있다. 각 부분의 출력값의 의미는 다음과 같다.

- ERROR-NO

  4자리 (현재까지는) 숫자 값으로 구성된 에러 코드로, MySQL에서만 유효한 에러 식별 번호다. 즉, 1146이라는 에러 코드 값은 MySQL에서는 "테이블이 존재하지 않는다"라는 것을 의미하는데, 다른 DBMS와 호환되는 에러 코드는 아니다.

- SQL-STATE

  다섯 글자의 알파벳과 숫자(Alpha-Numeric)로 구성되며, 에러뿐만 아니라 여러 가지 상태를 의미하는 코드다. 이 값은 DBMS 종류가 다르더라도 ANSI SQL 표준을 준수하는 DBMS(ODBC, JDBC 포함)에서는 모두 똑같은 값과 의미를 가진다. 즉, 이 값은 표준값이라서 DBMS 벤더에 의존적이지 않다. 대부분의 MySQL 에러 번호(ErrorNo)는 특정 SqlState 값과 매핑돼 있으며, 매핑되지 않는 ErrorNo는 SqlState 값이 "HY000"(General error)으로 설정된다. SqlState 값의 앞 2글자는 다음과 같은 의미를 가지고 있다.

- "00" 정상 처리됨(에러 아님)
- "01" 경고 메시지(Warning)
- "02" Not found(SELECT나 CURSOR에서 결과가 없는 경우에만 사용됨)
- 그 이외의 값은 DBMS별로 할당된 각자의 에러 케이스를 의미한다.

- ERROR-MESSAGE

  포매팅된 텍스트 문장으로, 사람이 읽을 수 있는 형태의 에러 메시지다. 이 정보 또한 DBMS 벤더별로 내용이나 구조가 다르다.

MySQL의 에러 번호와 SQLSTATE, 에러 메시지의 전체 목록은 MySQL 매뉴얼[1]에서 확인할 수 있다. 우선 MySQL 서버의 대표적인 SQLSTATE와 에러 번호 몇 가지를 살펴보자.

ERROR NO	SQL STATE	ERROR NAME	설명
1242	21000	ER_SUBQUERY_NO_1_ROW	레코드를 1건만 반환해야 하는 서브쿼리에서 1건 이상의 레코드를 반환할 때
1406	22001	ER_DATA_TOO_LONG	칼럼에 지정된 크기보다 큰 값이 저장되면 발생하는 에러(sql_mode 시스템 변수가 "STRICT_ALL_TABLES"로 설정된 경우에만 발생)
1022	23000	ER_DUP_KEY ❶	프라이머리 키 또는 유니크 키 중복 에러(NDB 클러스터)
1062	23000	ER_DUP_ENTRY ❶	프라이머리 키 또는 유니크 키 중복 에러(InnoDB, MyISAM)
1169	23000	ER_DUP_UNIQUE ❶	유니크 키 중복 에러(NDB클러스터)
1061	42000	ER_DUP_KEYNAME	테이블 생성이나 변경에서 중복된 이름의 인덱스가 발생할 때
1149	42000	ER_SYNTAX_ERROR	SQL 명령의 문법 에러
1166	42000	ER_WRONG_COLUMN_NAME	SQL 명령의 문법 에러(특히 칼럼명에 대해)
1172	42000	ER_TOO_MANY_ROWS	스토어드 프로그램의 SELECT ... INTO ... 문장에서 2개 이상의 레코드를 반환할 때
1203	42000	ER_TOO_MANY_USER_CONNECTIONS	접속된 커넥션이 max_connections 시스템 변수의 값보다 클 때
1235	42000	ER_NOT_SUPPORTED_YET	현재 MySQL 버전에서 지원되지 않는 기능을 사용할 때(문법적 오류는 없지만)

1 https://dev.mysql.com/doc/mysql-errors/8.0/en/server-error-reference.html

ERROR NO	SQL STATE	ERROR NAME	설명
1064	42000	ER_PARSE_ERROR	SQL 명령의 문법 오류
1265	01000	WARN_DATA_TRUNCATED	sql_mode 시스템 변수에 "STRICT_ALL_TABLES"가 설정되지 않은 경우 칼럼의 지정된 크기보다 큰 값을 저장하는 경우에 발생하는 경고. 이때는 특별히 에러가 발생하지 않고 경고 메시지만 반환하면서 정상 처리됨
1152	08S01	ER_ABORTING_CONNECTION	MySQL이나 네트워크의 문제로 커넥션이 비정상적으로 끊어졌을 때
1058	21S01	ER_WRONG_VALUE_COUNT	칼럼의 개수와 값의 개수가 일치하지 않을 때
1050	42S01	ER_TABLE_EXISTS_ERROR	이미 동일한 이름의 테이블이 존재할 때
1051	42S02	ER_BAD_TABLE_ERROR	테이블이 없을 때(DROP 명령문)
1146	42S02	ER_NO_SUCH_TABLE	테이블이 없을 때(INSERT, UPDATE, DELETE 등의 명령문)
1109	42S02	ER_UNKNOWN_TABLE	테이블이 없을 때(잘못된 mysqldump 명령문에서 주로 발생)
1060	42S21	ER_DUP_FIELDNAME	테이블 생성이나 변경에서 중복된 칼럼이 발생할 때
1028	HY000	ER_FILSORT_ABORT	정렬 작업이 실패함(메모리 부족이나 사용자 취소에 의해)
1205	HY000	ER_LOCK_WAIT_TIMEOUT	InnoDB에서 레코드 잠금 대기가 제한 시간(lock_wait_timeout 시스템 변수)을 초과했을 때

위 표에서 에러 메시지는 똑같은데 에러 번호(Error No)가 다른 사항을 눈여겨봐야 한다. 이는 똑같은 원인의 에러라고 하더라도 MySQL 서버의 스토리지 엔진별로 혹은 SQL 문장의 종류별로 다른 에러 번호를 가질 수 있기 때문이다. 위 표에서 ❶로 표시한 세 번째와 네 번째, 다섯 번째와 같이 에러의 원인은 똑같지만 에러 번호가 서로 다른 케이스를 눈여겨봐야 한다.

스토어드 프로그램에서 핸들러를 정의할 때 에러 번호로 핸들러를 정의할 수도 있다. 이때 똑같은 원인에 대해 여러 개의 에러 번호를 가지는 경우 에러 번호 중 하나라도 빠뜨리면 제대로 에러 핸들링을 못 할 수도 있다. 이러한 문제를 해결할 수 있는 방법은 핸들러를 에러 번호로 정의하는 것이 아니라 SQLSTATE로 정의하는 것이다. 위의 중복 키 에러의 에러 번호는 1022, 1062, 1069로 3개가 존재하지만 이 세 개의 에러 모두 똑같이 SQLSTATE 값이 23000으로 매핑됐다. 이뿐만 아니라 다른 에러도 이렇게 중복된 에러 번호를 지닌 것이 많기 때문에 에러 번호보다는 SQLSTATE를 핸들러에 사용하는 것이 좋다.

14.2.6.4.2 핸들러

스토어드 프로그램 또한 다른 프로그래밍 언어와 같이 여러 가지 에러나 예외 상황에 대한 핸들링이 필수적이다. 여기서는 MySQL 스토어드 프로그램에서의 핸들러 처리 중에서도 예외에 대한 핸들러를 정의하고 그 핸들러가 어떻게 작동하는지를 살펴보고자 한다. MySQL의 스토어드 프로그램에서는 DECLARE ... HANDLER 구문을 이용해 예외를 핸들링한다. HANDLER를 정의하는 구문의 문법을 살펴보자.

```
DECLARE handler_type HANDLER
  FOR condition_value [, condition_value] ... handler_statements
```

핸들러 타입(handler_type)이 CONTINUE로 정의되면 handler_statements를 실행하고 스토어드 프로그램의 마지막 실행 지점으로 다시 돌아가서 나머지 코드를 처리한다. 핸들러 타입이 EXIT로 정의됐다면 정의된 handler_statements를 실행한 뒤에 이 핸들러가 정의된 BEGIN ... END 블록을 벗어난다. 현재 핸들러가 최상위 BEGIN ... END 블록에 정의됐다면 현재 스토어드 프로그램을 벗어나서 종료된다. 스토어드 함수에서 EXIT 핸들러가 정의된다면 이 핸들러의 handler_statements 부분에 함수의 반환 타입에 맞는 적절한 값을 반환하는 코드가 반드시 포함돼 있어야 한다.

핸들러 정의 문장의 컨디션 값(Condition value)에는 다음과 같은 여러 가지 형태의 값이 사용될 수 있다.

- SQLSTATE 키워드는 스토어드 프로그램이 실행되는 도중 어떤 이벤트가 발생했을 때 해당 이벤트의 SQLSTATE 값이 일치할 때 실행되는 핸들러를 정의할 때 사용한다.

- SQLWARNING 키워드는 스토어드 프로그램에서 코드를 실행하던 중 경고(SQL Warning)가 발생했을 때 실행되는 핸들러를 정의할 때 사용한다. SQLWARNING 키워드는 SQLSTATE 값이 "01"로 시작하는 이벤트를 의미한다.

- NOT FOUND 키워드는 SELECT 쿼리 문의 결과 건수가 1건도 없거나 CURSOR의 레코드를 마지막까지 읽은 뒤에 실행하는 핸들러를 정의할 때 사용한다. NOT FOUND 키워드는 SQLSTATE 값이 "02"로 시작하는 이벤트를 의미한다.

- SQLEXCEPTION은 경고(SQL Warning)와 NOT FOUND, "00"(정상 처리)으로 시작하는 SQLSTATE 이외의 모든 케이스를 의미하는 키워드다.

- MySQL의 에러 코드 값을 직접 명시할 때도 있다. 코드 실행 중 어떤 이벤트가 발생했을 때 SQLSTATE 값이 아닌 MySQL의 에러 번호 값을 비교해서 실행되는 핸들러를 정의할 때 사용된다.

사용자 정의 CONDITION을 생성하고 그 CONDITION의 이름을 명시할 수도 있는데, 이때는 스토어드 프로그램에서 발생한 이벤트가 정의된 컨디션과 일치하면 핸들러의 처리 내용이 수행된다. condition_value는 구분자(",")를 이용해 여러 개를 동시에 나열할 수도 있다. 값이 "00000"인 SQLSTATE와 에러 번호 0은 모두 정상적으로 처리됐음을 의미하는 값이라서 condition_value에 사용해서는 안 된다.

handler_statements에는 특정 이벤트가 발생했을 때 그 이벤트에 대한 처리 코드를 정의한다. handler_statements에는 단순히 명령문 하나만 사용할 수도 있으며, BEGIN ... END로 감싸서 여러 명령문이 포함된 블록으로 작성할 수도 있다. 간단한 핸들러 정의 문장을 몇 개 살펴보자.

```
DECLARE CONTINUE HANDLER FOR SQLEXCEPTION SET error_flag=1;
```

위의 핸들러는 SQLEXCEPTION(SQLSTATE가 "00", "01", "02" 이외의 값으로 시작되는 에러)이 발생했을 때 error_flag 로컬 변수의 값을 1로 설정하고, 마지막으로 실행했던 스토어드 프로그램의 코드로 돌아가서 계속 실행(CONTINUE)하게 하는 핸들러다.

```
DECLARE EXIT HANDLER FOR SQLEXCEPTION
  BEGIN
    ROLLBACK;
    SELECT 'Error occurred - terminating';
  END ;;
```

위 핸들러는 SQLEXCEPTION(SQLSTATE가 "00", "01", "02" 이외의 값으로 시작되는 에러)이 발생했을 때 핸들러의 BEGIN ... END 블록으로 감싼 ROLLBACK과 SELECT 문장을 실행한 후 에러가 발생한 코드가 포함된 BEGIN ... END 블록을 벗어난다. 에러가 발생했던 코드가 스토어드 프로그램의 최상위 블록에 있었다면 스토어드 프로그램은 종료된다. 특별히 스토어드 프로시저에서는 위의 예제처럼 결과를 읽거나 사용하지 않는 SELECT 쿼리가 실행되면 MySQL 서버가 이 결과를 즉시 클라이언트로 전송한다. 그래서 스토어드 프로그램을 실행하는 도중에 문제가 있으면 사용자의 화면에 "Error occurred - terminating" 이라는 메시지가 출력되는 것이다. 이런 방식은 스토어드 프로시저의 디버깅 용도로도 사용할 수 있지만, 스토어드 함수나 트리거 또는 이벤트에서는 이런 결과 셋을 반환하는 기능은 사용할 수 없다.

```
DECLARE CONTINUE HANDLER FOR 1022, 1062 SELECT 'Duplicate key in index';
```

위의 핸들러는 에러 번호가 1022나 1062인 예외가 발생했을 때 클라이언트로 "Duplicate key in index"라는 메시지를 출력하고, 스토어드 프로그램의 원래 실행 지점으로 돌아가서 계속 나머지 코드를 실행한다. 이 예제 또한 SELECT 쿼리 문장을 이용해 커서를 호출자에게 반환하는 것이라서 스토어드 프로시저에서만 사용할 수 있다. 스토어드 프로시저 이외의 스토어드 프로그램에서 "DECLARE CONTINUE HANDLER FOR 1022, 1062"와 같은 핸들러를 사용하지 못한다는 것이 아니라 SELECT로 커서를 반환하는 형태의 명령을 사용하지 못한다는 것을 의미한다.

```
DECLARE CONTINUE HANDLER FOR SQLSTATE '23000' SELECT 'Duplicate key in index';
```

위 예제는 SQLSTATE가 "23000"인 이벤트가 발생했을 때 클라이언트로 "Duplicate key in index"라는 결과 셋을 출력하고, 스토어드 프로그램의 원래 실행 지점으로 돌아가서 계속 나머지 코드를 실행한다. MySQL에서 중복 키 오류는 여러 개의 에러 번호를 가지고 있으므로 "HANDLER FOR 1022, 1062"와 같이 여러 개의 에러 번호를 명시하는 핸들러보다는 "HANDLER FOR SQLSTATE '23000'"과 같이 SQLSTATE 값을 명시하는 핸들러를 사용하는 것이 좀 더 견고한 스토어드 프로그램을 만드는 방법이다.

```
DECLARE CONTINUE HANDLER FOR NOT FOUND SET process_done=1;
```

위의 핸들러 예제는 SELECT 문을 실행했지만 결과 레코드가 없거나, CURSOR의 결과 셋에서 더는 읽어올 레코드가 남지 않았을 때 process_done 로컬 변숫값을 1로 설정하고 스토어드 프로그램의 마지막 실행 지점으로 돌아가서 나머지 코드를 계속 실행한다.

```
DECLARE CONTINUE HANDLER FOR SQLSTATE '02000' SET process_done=1;
```

위의 핸들러 예제도 SELECT 문을 실행했지만 결과 레코드가 없거나 CURSOR의 결과 셋에서 더는 읽어올 레코드가 남지 않았을 때 process_done 로컬 변숫값을 1로 설정하고 스토어드 프로그램의 마지막 실행 지점으로 돌아가서 계속 나머지 코드를 실행한다. 단, 이 예제에서는 "NOT FOUND"와 같이 MySQL 내부에서 이미 정의된 컨디션이 아니라 SQLSTATE 값을 명시한 것이 다르다. 즉, "02000"은 NOT FOUND를 의미하는 SQLSTATE 값이므로 HANDLER FOR NOT FOUND와 똑같은 효과를 내는 핸들러다.

```
DECLARE CONTINUE HANDLER FOR 1329 SET process_done=1;
```

위의 핸들러 예제도 마찬가지로 SELECT 문을 실행했지만 결과 레코드가 없거나 CURSOR의 결과 셋에서 더는 읽어올 레코드가 남지 않았을 때 process_done 로컬 변숫값을 1로 설정하고 스토어드 프로그램의 마지막 실행 지점으로 돌아가서 계속 나머지 코드를 실행한다. MySQL의 에러 번호 1329는 NOT FOUND 시에 발생하는 에러 번호이므로 HANDLER FOR NOT FOUND와 똑같은 효과를 내는 핸들러다.

```
DECLARE EXIT HANDLER FOR SQLWARNING, SQLEXCEPTION
  BEGIN
    ROLLBACK;
    SELECT 'Process terminated, Because error';
    SHOW ERRORS;
    SHOW WARNINGS;
  END;
```

위의 예제는 SQLWARNING이나 SQLEXCEPTION이 발생하면 지금까지의 데이터 변경을 모두 ROLLBACK하고 스토어드 프로그램의 호출자 화면에 에러와 경고 메시지를 출력한 후 스토어드 프로그램을 종료한다.

14.2.6.4.3 컨디션

MySQL의 핸들러는 어떤 조건(이벤트)이 발생했을 때 실행할지를 명시하는 여러 가지 방법이 있는데, 그중 하나가 컨디션이다. 단순히 MySQL의 에러 번호나 SQLSTATE 숫자 값만으로 어떤 조건을 의미하는지 이해하기 어려우므로 스토어드 프로그램의 가독성은 떨어질 것이다. 하지만 각 에러 번호나 SQLSTATE가 어떤 의미인지 예측할 수 있는 이름을 만들어 두면 훨씬 더 쉽게 코드를 이해할 수 있을 것이다. 바로 이러한 조건의 이름을 등록하는 것이 컨디션이다. 지금까지 예제에서 본 SQLWARNING이나 SQLEXCEPTION, NOT FOUND 등은 MySQL 서버가 내부적으로 미리 정의해 둔 컨디션이라고 볼 수도 있다. 간단히 컨디션을 정의하는 방법을 살펴보자.

```
DECLARE condition_name CONDITION FOR condition_value
```

위의 컨디션 정의 문법에서 condition_name은 사용자가 부여하려는 이름을 단순 문자열로 입력하면 되고, condition_value는 다음 2가지 방법으로 정의할 수 있다.

- condition_value에 MySQL의 에러 번호를 사용할 때는 condition_value에 바로 MySQL의 에러 번호를 입력하면 된다. CONDITION을 정의할 때는 에러 코드의 값을 여러 개 동시에 명시할 수 없다.

- condition_value에 SQLSTATE를 명시하는 경우에는 SQLSTATE 키워드를 입력하고 그 뒤에 SQLSTATE 값을 입력하면 된다.

다음은 중복 키 에러를 의미하는 CONDITION을 dup_key라는 이름의 컨디션으로 등록하는 예제다.

```
DECLARE dup_key CONDITION FOR 1062;
```

14.2.6.4.4 컨디션을 사용하는 핸들러 정의

사용자가 정의한 CONDITION을 스토어드 함수에서 어떻게 사용하는지 예제로 한번 살펴보자. 스토어드 함수에서는 SELECT 문장을 이용해 메시지를 호출자에게 전달할 수 없으므로 핸들러의 처리 코드를 조금 변경해서 작성해봤다.

```
mysql> CREATE FUNCTION sf_testfunc()
         RETURNS BIGINT
       BEGIN
         DECLARE dup_key CONDITION FOR 1062;
         DECLARE EXIT HANDLER FOR dup_key
           BEGIN
             RETURN -1;
           END;

         INSERT INTO tb_test VALUES (1);
         RETURN 1;
       END ;;
```

위의 예제에서 사용된 tb_test 테이블은 프라이머리 키인 INT 형 칼럼 1개를 가지며, 이미 1이란 값이 저장돼 있을 때는 -1을 반환한다. tb_test 테이블에 칼럼값이 1인 레코드가 없으면 1이 반환될 것이다. 스토어드 함수에서 사용되는 EXIT 핸들러의 처리 내용에는 반드시 해당 스토어드 함수가 반환해야 하는 타입의 값을 반환하는 RETURN 문장이 포함돼 있어야 한다.

14.2.6.5 시그널을 이용한 예외 발생

컨디션이나 핸들러에 대한 부분을 살펴봤는데, 아마도 뭔가 하나 부족하다는 느낌이 남아 있을 것이다. 예외나 에러에 대한 핸들링이 있다면 반대로 예외를 사용자가 직접 발생시킬 수 있는 기능이 있어야 할 것이다. MySQL의 스토어드 프로그램에서 사용자가 직접 예외나 에러를 발생시키려면 시그널(SIGNAL) 명령을 사용해야 한다. 자바 같은 객체지향 언어와 비교해 본다면 핸들러는 catch 구문에 해당하고, 시그널은 throw 구문에 해당하는 기능 정도로 볼 수 있다.

시그널 구문은 MySQL 5.5 버전부터 지원된 기능이다. 시그널 구문을 지원하지 않는 MySQL 5.5 이전 버전에서는 스토어드 프로그램에서 일부러 에러나 예외를 발생시키기 위해 다음 예제 스토어드 프로그램처럼 존재하지 않는 테이블을 SELECT한다거나 존재하지 않는 스토어드 프로그램을 호출하는 형태로 작성해서 사용했다. 모르긴 해도 MySQL 8.0 버전을 사용하면서도 다음과 같이 예전 방식으로 에러를 발생시키는 코드가 그대로 사용되는 경우도 많을 것이다.

```
mysql> CREATE FUNCTION sf_divide_old_style (p_dividend INT, p_divisor INT)
       RETURNS INT
     BEGIN
       IF p_divisor IS NULL THEN
         CALL __undef_procedure_divisor_is_null();
       ELSEIF p_divisor=0 THEN
         CALL __undef_procedure_divisor_is_0();
       ELSEIF p_dividend IS NULL THEN
         RETURN 0;
       END IF;

       RETURN FLOOR(p_dividend / p_divisor);
     END;;
```

위의 예제에서는 나눗셈 연산의 제수가 0이거나 NULL이면 이 스토어드 프로그램의 호출자에게 에러를 전달하기 위해 실제로는 존재하지 않는 프로시저를 호출해 의도적으로 에러를 발생시키는 형태로 구현했다. 이 스토어드 함수에 실제로 NULL이나 0을 두 번째 인자로 주고 실행해 보면 다음 결과와 같이 프로시저가 존재하지 않는다는 에러 메시지가 나오고 스토어드 프로그램은 종료될 것이다. 기대하는 효과는 얻을 수 있지만 이러한 스토어드 프로그램을 처음 본 개발자는 이 프로시저의 의미를 파악하기 위해 한참을 고민해야 할 것이다.

```
mysql> SELECT sf_divide_old_style(1, NULL);
ERROR 1305 (42000): PROCEDURE test.__undef_procedure_divisor_is_null does not exist
```

```
mysql> SELECT sf_divide_old_style(1, 0);
ERROR 1305 (42000): PROCEDURE test.__undef_procedure_divisor_is_0 does not exist
```

스토어드 프로그램의 각 영역에서 SIGNAL 명령을 사용할 수 있는데, 각 위치별로 SIGNAL의 사용법을 살펴보자.

14.2.6.5.1 스토어드 프로그램의 BEGIN ... END 블록에서 SINGAL 사용

DECLARE 구문이 아닌 스토어드 프로그램의 본문 코드에서 SIGNAL 기능을 사용하는 예제를 살펴보자. 나누기 연산에서 제수가 0이거나 NULL인지 비교해서 처리했던 예제를 시그널을 사용한 예제로 변환해서 살펴보겠다.

```
mysql> CREATE FUNCTION sf_divide (p_dividend INT, p_divisor INT)
          RETURNS INT
       BEGIN
         DECLARE null_divisor CONDITION FOR SQLSTATE '45000';

         IF p_divisor IS NULL THEN
           SIGNAL null_divisor
               SET MESSAGE_TEXT='Divisor can not be null', MYSQL_ERRNO=9999;
         ELSEIF p_divisor=0 THEN
           SIGNAL SQLSTATE '45000'
               SET MESSAGE_TEXT='Divisor can not be 0', MYSQL_ERRNO=9998;
         ELSEIF p_dividend IS NULL THEN
           SIGNAL SQLSTATE '01000'
               SET MESSAGE_TEXT='Dividend is null, so regarding dividend as 0', MYSQL_
ERRNO=9997;
           RETURN 0;
         END IF;

         RETURN FLOOR(p_dividend / p_divisor);
       END;;
```

SIGNAL 명령은 직접 SQLSTATE 값을 가질 수도 있으며, 또한 간접적으로 SQLSTATE를 가지는 컨디션 (CONDITION)을 참조해서 에러나 경고를 발생시킬 수도 있다. 중요한 것은 항상 SIGNAL 명령은 SQLSTATE 와 직접 또는 간접적으로 연결돼야 한다는 점이다.

- 예제의 첫 번째 SIGNAL 명령은 "null_divisor"라는 컨디션을 참조해서 에러를 발생시키는 예제다. 물론 "null_divisor" 컨디션은 그 이전에 정의돼 있어야 하는데, 이때 "null_divisor" 컨디션은 반드시 SQLSTATE로 정의된 컨디션이어야 한다. MySQL 에러 번호나 기타 SQLEXCEPTION과 같은 키워드로 정의돼서는 안 된다는 점에 주의하자. SIGNAL 명령은 뒤에 나오는 SET 절에 MySQL의 에러 번호나 에러 메시지를 설정할 수 있다.

- 두 번째 SIGNAL 명령은 별도로 정의된 컨디션을 참조하지 않고 직접 SQLSTATE를 가지는 형태로 정의됐다. 그 뒤의 SET 절은 모두 마찬가지로 설정할 수 있다. 참고로 SQLSTATE "45000"은 "정의되지 않은 사용자 오류" 정도의 의미를 가지는 값이다. SQLSTATE 값은 5자리 문자열 타입이지, 정수 타입이 아니므로 반드시 홑따옴표로 문자열을 표기해 주자.

- SIGNAL 명령은 에러뿐만 아니라 경고도 발생시킬 수 있는데, 마지막 세 번째 SIGNAL 명령이 에러가 아니라 경고를 발생시키는 예제다. SIGNAL 명령으로 경고를 발생시키면 스토어드 프로그램의 실행이 종료되지 않고 경고 메시지만 누적된다. 그리고 세 번째 SIGNAL 문장 바로 밑의 "RETURN 0;"이 실행돼서 실제 호출자에게는 0이 반환된다. 그리고 사용자의 화면에는 처리 중 경고가 발생했다는 메시지가 출력될 것이다.

SIGNAL 명령은 에러(ERROR)와 경고(WARNING)를 모두 발생시킬 수 있는데, 실제 SIGNAL 명령이 에러를 발생시킬지, 경고를 발생시킬지는 문법상 아무런 차이가 없다. 다만 SIGNAL 명령이 발생시킨 SQLSTATE 값에 따라 에러가 될지, 경고가 될지가 구분된다. 이미 앞에서 살펴봤듯이 SQLSTATE 값은 5자리 문자열 타입의 데이터인데, 그 다섯 글자에서 앞의 두 글자는 SQLSTATE의 종류를 나타내며, 의미는 다음과 같다.

SQLSTATE 클래스(종류)	의미
"00"	정상 처리됨(Success)
"01"	처리 중 경고 발생(Warning)
그 밖의 값	처리 중 오류 발생(Error)

"00"으로 시작하는 SQLSTATE 값은 정상 처리를 의미하기 때문에 SIGNAL 명령문을 "00"으로 시작되는 SQLSTATE와 연결해서는 안 된다. "01"로 시작하는 SQLSTATE는 에러가 아니라 경고를 의미하므로 "01"로 연결된 SIGNAL은 스토어드 프로그램을 종료시키지 않는다. 다만 스토어드 프로그램이 종료된 이후 경고 메시지가 출력될 것이다. 그리고 그 밖의 모든 SQLSTATE 값은 에러로 간주해서 즉시 처리를 종료하고 에러 메시지와 에러 코드를 호출자에게 전달한다. 물론 해당 SQLSTATE 값이나 MySQL 에러 코드에 대해 핸들러를 정의했다면 그 핸들러에 명시된 처리가 실행될 것이다. 일반적으로 사용하는 SIGNAL 명령은 대부분 유저 에러나 예외일 것이므로 그에 해당하는 "45"로 시작하는 SQLSTATE를 사용할 것을 권장한다.

이제 SIGNAL로 예외 발생 기능이 대체된 스토어드 함수를 실행해 결과를 한번 확인해 보자.

```
mysql> SELECT sf_divide(1,NULL);
ERROR 9999 (45000): Divisor can not be null

mysql> SELECT sf_divide(1, 0);
ERROR 9998 (45000): Divisor can not be 0

mysql> SELECT sf_divide(NULL, 1);
+----------------+
| divide(NULL,1) |
+----------------+
|              0 |
+----------------+
1 row in set, 1 warning (0.00 sec)

mysql> SHOW WARNINGS;
+---------+------+-------------------------------------------+
| Level   | Code | Message                                   |
+---------+------+-------------------------------------------+
| Warning | 9997 | Dividend is null, so regarding dividend as 0 |
+---------+------+-------------------------------------------+

mysql> SELECT sf_divide(0, 1);
+-------------+
| divide(0,1) |
+-------------+
|           0 |
+-------------+
```

14.2.6.5.2 핸들러 코드에서 SIGNAL 사용

핸들러는 스토어드 프로그램에서 에러나 예외에 대한 처리를 담당한다. 하지만 핸들러 코드에서 SIGNAL 명령을 사용해 발생된 에러나 예외를 다른 사용자 정의 예외로 변환해서 다시 던지는 것도 가능하다. 다음 예제를 보자.

```
mysql> CREATE PROCEDURE sp_remove_user (IN p_userid INT)
        BEGIN
          DECLARE v_affectedrowcount INT DEFAULT 0;
          DECLARE EXIT HANDLER FOR SQLEXCEPTION
            BEGIN
              SIGNAL SQLSTATE '45000'
                SET MESSAGE_TEXT='Can not remove user information', MYSQL_ERRNO=9999;
            END;

          -- // 사용자의 정보를 삭제
          DELETE FROM tb_user WHERE user_id=p_userid;
          -- // 위에서 실행된 DELETE 쿼리로 삭제된 레코드 건수를 확인
          SELECT ROW_COUNT() INTO v_affectedrowcount;
          -- // 삭제된 레코드 건수가 1건이 아닌 경우에는 에러 발생
          IF v_affectedrowcount<>1 THEN
            SIGNAL SQLSTATE '45000';
          END IF;
        END;;
```

sp_remove_user 스토어드 프로시저는 tb_user 테이블에서 레코드를 삭제하는 프로시저다. DELETE 문을 실행했는데, 한 건도 삭제되지 않으면 에러를 발생시키기 위해 핸들러를 사용하고 있다. SQLEXCEPTION 에 대해 "EXIT HANDLER"가 정의돼 있으며, 이 핸들러는 발생한 에러의 내용을 무시하고 SQLSTATE가 "45000"인 에러를 다시 발생시킨다.

핸들러 정의 아래에 실제 업무를 처리하는 부분이 시작되는데, tb_user 테이블이 존재하지 않거나 권한 이 부족한 등의 오류가 발생하면 SQLEXCEPTION이 발생하고 핸들러가 호출될 것이다. 그리고 DELETE 문이 정상으로 실행되면 실제로 삭제된 레코드의 건수를 확인한 후 해당 건수가 한 건이 아니라면 SIGNAL 명령으로 핸들러에서와 똑같이 SQLSTATE가 "45000"인 에러를 발생시킨다. 하나의 작업을 처리하는 데 발생할 수 있는 에러의 종류나 원인은 여러 가지일 수 있다. 이 예제 스토어드 프로그램의 HANDLER와 SIGNAL은 여러 종류의 에러 코드를 하나의 똑같은 에러로 사용자에게 전달하는 데 사용됐다.

예제 스토어드 프로그램을 실행해보면 레코드가 없어서 삭제되지 못했거나 테이블이 없어서 삭제되지 못했을 때 프로시저를 호출한 애플리케이션은 항상 똑같은 SQLSTATE 값을 전달받게 된다.

```
mysql> CALL sp_remove_user(12);
ERROR 9999 (45000): Can not remove user information
```

이미 많은 프로그램 경험 덕분에 예외 핸들링의 중요성을 잘 알고 있을 것이다. 스토어드 프로그램의 SIGNAL이나 HANDLER 기능은 프로그램의 가독성을 높이고 예외에 대한 핸들링을 깔끔하게 처리해 줄 것이다. 또한 발생 가능한 예외에 대한 핸들링 코드를 추가해두지 않는다면 조그마한 변수에도 그 스토어드 프로그램은 알지 못하는 에러나 예외를 발생시키고 유지 보수를 더욱더 어렵게 만들 것이다.

14.2.6.6 커서

스토어드 프로그램의 커서(CURSOR)는 JDBC 프로그램에서 자주 사용하는 결과 셋(ResultSet)으로, PHP 프로그램에서는 mysql_query() 함수로 반환되는 결과와 똑같은 것이다. 하지만 스토어드 프로그램에서 사용하는 커서는 JDBC의 ResultSet에 비해 기능이 상당히 제약적이다.

- 스토어드 프로그램의 커서는 전 방향(전진) 읽기만 가능하다.
- 스토어드 프로그램에서는 커서의 칼럼을 바로 업데이트하는 것(Updatable ResultSet)이 불가능하다.

DBMS의 커서는 센서티브 커서와 인센서티브 커서로 구분할 수 있다.

- 센서티브(Sensitive) 커서는 일치하는 레코드에 대한 정보를 실제 레코드의 포인터만으로 유지하는 형태다. 센서티브 커서는 커서를 이용해 칼럼의 데이터를 변경하거나 삭제하는 것이 가능하다. 또한 칼럼의 값이 변경돼서 커서를 생성한 SELECT 쿼리의 조건에 더는 일치하지 않거나 레코드가 삭제되면 커서에서도 즉시 반영된다. 센서티브 커서는 별도로 임시 테이블로 레코드를 복사하지 않기 때문에 커서의 오픈이 빠르다.
- 인센서티브(Insensitive) 커서는 일치하는 레코드를 별도의 임시 테이블로 복사해서 가지고 있는 형태다. 인센서티브 커서는 SELECT 쿼리에 부합되는 결과를 우선적으로 임시 테이블로 복사해야 하기 때문에 느리다. 그리고 이미 임시 테이블로 복사된 데이터를 조회하는 것이라서 커서를 통해 칼럼의 값을 변경하거나 레코드를 삭제하는 작업이 불가능하다. 하지만 다른 트랜잭션과의 충돌은 발생하지 않는다.

센서티브 커서와 인센서티브 커서를 혼용해서 사용하는 방식을 어센서티브(Asensitive)라고 하는데, MySQL의 스토어드 프로그램에서 정의되는 커서는 어센서티브에 속한다. 그래서 MySQL의 커서는 데이터가 임시 테이블로 복사될 수도 있고, 아닐 수도 있다. 하지만 만들어진 커서가 센서티브인지 인센서티브인지 알 수 없으며, 결론적으로 커서를 통해 칼럼을 삭제하거나 변경하는 것이 불가능하다.

커서는 일반적인 프로그래밍 언어에서 SELECT 쿼리의 결과를 사용하는 방법과 거의 흡사하다. 스토어드 프로그램에서도 SELECT 쿼리 문장으로 커서를 정의하고, 정의된 커서를 오픈(OPEN)하면 실제로 쿼리가 MySQL 서버에서 실행되고 결과를 가져온다. 이렇게 오픈된 커서는 페치(FETCH) 명령으로 레코드 단위로 읽어서 사용할 수 있다. 또한 사용이 완료된 후에 CLOSE 명령으로 커서를 닫으면 관련 자원이 모두 해제된다. 다음의 CREATE FUNCTION 예제는 커서를 오픈하고 레코드를 페치하는 모든 과정을 보여주고 있다.

```
mysql> CREATE FUNCTION sf_emp_count(p_dept_no VARCHAR(10))
       RETURNS BIGINT
    BEGIN
       /* 사원 번호가 20000보다 큰 사원의 수를 누적하기 위한 변수 */
       DECLARE v_total_count INT DEFAULT 0;
       /* 커서에 더 읽어야 할 레코드가 남아 있는지 여부를 위한 플래그 변수 */
       DECLARE v_no_more_data TINYINT DEFAULT 0;
       /* 커서를 통해 SELECT된 사원 번호를 임시로 담아 둘 변수 */
       DECLARE v_emp_no INTEGER;
       /* 커서를 통해 SELECT된 사원의 입사 일자를 임시로 담아 둘 변수 */
       DECLARE v_from_date DATE;
       /* v_emp_list라는 이름으로 커서 정의 */
       DECLARE v_emp_list CURSOR FOR

       SELECT emp_no, from_date FROM dept_emp WHERE dept_no=p_dept_no;
       /* 커서로부터 더 읽을 데이터가 있는지를 나타내는 플래그 변경을 위한 핸들러 */
       DECLARE CONTINUE HANDLER FOR NOT FOUND SET v_no_more_data = 1;

       /* 정의된 v_emp_list 커서를 오픈 */
       OPEN v_emp_list;
       REPEAT
         /* 커서로부터 레코드를 한 개씩 읽어서 변수에 저장 */
         FETCH v_emp_list INTO v_emp_no, v_from_date;
         IF v_emp_no > 20000 THEN
           SET v_total_count = v_total_count + 1;
         END IF;
       UNTIL v_no_more_data END REPEAT;

       /* v_emp_list 커서를 닫고 관련 자원을 반납 */
       CLOSE v_emp_list;

       RETURN v_total_count;
    END ;;
```

sf_emp_count 스토어드 함수는 인자로 전달한 부서의 사원 중에서 사원 번호가 20000보다 큰 사원의 수만 employees 테이블에서 카운트해서 반환한다. 물론 이 기능을 위해 스토어드 함수를 사용할 필요는 없지만 CURSOR를 설명하기 위해 스토어드 함수에 커서까지 사용했다. 대부분의 내용은 이미 주석으로 설명을 추가해 뒀기 때문에 쉽게 이해할 수 있을 것이다. 예제에서 가장 중요한 부분은 DECLARE 명령으로 v_emp_list라는 커서를 정의하고 커서를 사용하기 위해 OPEN과 FETCH 명령을 사용하는 부분이다. 그리고 커서의 사용이 완료되면 CLOSE 명령으로 커서를 닫는 부분이다.

또 하나 관심을 두고 봐야 할 부분은, 커서로부터 더 읽을 데이터가 남아 있는지를 판단하기 위해 HANDLER를 사용했다는 점이다. 커서에 레코드가 더 남아 있는지를 판단하기 위해 NOT FOUND 이벤트에 대해 CONTINUE HANDLER를 정의했다. 커서로부터 더는 읽을 레코드가 없으면 NOT FOUND 이벤트가 발생하고, 핸들러가 실행되면서 v_no_more_data 변수의 값을 1(TRUE)로 변경하고 원래의 위치로 다시 돌아온다. 원래의 위치(REPEAT 반복문 내부)에서 v_no_more_data의 값이 TRUE인지 FALSE인지를 비교해 반복 여부를 결정하기 때문에 REPEAT 반복 루프를 벗어나게 된다.

그리고 DECLARE 명령으로 CONDITION이나 HANDLER, CURSOR를 정의하는 순서에 주의해야 한다. 스토어드 프로그램에서 변수와 CONDITION, CURSOR와 HANDLER는 모두 DECLARE 명령으로 선언되는데, 이것들은 반드시 다음 순서로 정의해야 한다.

1. 로컬 변수와 CONDITION

2. CURSOR

3. HANDLER

14.3 스토어드 프로그램의 보안 옵션

MySQL 8.0 이전 버전까지는 SUPER라는 권한이 스토어드 프로그램의 생성, 변경, 삭제 권한과 많이 연결돼 있었다. 하지만 MySQL 8.0 버전부터는 SUPER 권한을 오브젝트별 권한으로 세분화했다. 그래서 MySQL 8.0 버전부터는 스토어드 프로그램의 생성 및 변경 권한이 "CREATE ROUTINE"과 "ALTER ROUTINE", "EXECUTE"로 분리됐다. 또한 트리거나 이벤트의 경우 "TRIGGER"와 "EVENT" 권한으로 분리됐다. 이 권한들은 이름만으로도 충분히 이해할 수 있을 것이다.

많은 사용자가 쉽게 지나치는데, 스토어드 프로그램에서 상당히 주의할 옵션 몇 가지가 더 있다. 여기서는 이 옵션들에 대해 자세히 알아보겠다.

14.3.1 DEFINER와 SQL SECURITY 옵션

각 스토어드 프로그램을 생성하고 실행하는 권한을 살펴보려면 우선 스토어드 프로그램의 DEFINER와 SQL SECURITY 옵션을 이해해야 한다. 대부분의 경우 스토어드 프로시저나 함수를 생성하면서 DEFINER와 SQL SECURITY 옵션을 사용해 본 적은 거의 없을 것이다. 하지만 이 옵션을 놓치고 그냥 지나간다면 보안 관련 문제에 대한 대응뿐 아니라 스토어드 프로그램의 실행이 제대로 되지 않을 수도 있다.

- DEFINER는 스토어드 프로그램이 기본적으로 가지는 옵션으로, 해당 스토어드 프로그램의 소유권과 같은 의미를 지닌다. 또한 SQL SECURITY 옵션에 설정된 값에 따라 조금씩은 다르지만 스토어드 프로그램이 실행될 때의 권한으로 사용되기도 한다.
- SQL SECURITY 옵션은 스토어드 프로그램을 실행할 때 누구의 권한으로 실행할지 결정하는 옵션이다. INVOKER 또는 DEFINER 둘 중 하나로 선택할 수 있다. DEFINER는 스토어드 프로그램을 생성한 사용자를 의미하며, INVOKER는 그 스토어드 프로그램을 호출(실행)한 사용자를 의미한다.

예를 들어, DEFINER가 `user1`@`%`로 생성된 스토어드 프로그램을 `user2`@`%` 사용자가 실행한다고 가정해 보자. SQL SECURITY가 INVOKER와 DEFINER일 때 이 스토어드 프로그램이 어느 사용자의 권한으로 실행되는지 표로 간단히 살펴보자.

	SQL SECURITY=DEFINER	SQL SECURITY=INVOKER
스토어드 프로그램을 실행하는 사용자 계정	'user1'@'%'	'user2'@'%'
실행에 필요한 권한	user1에 스토어드 프로그램을 실행할 권한이 있어야 하며, 스토어드 프로그램 내의 각 SQL 문장이 사용하는 테이블에 대해서도 권한을 가지고 있어야 한다.	user2가 스토어드 프로그램을 실행할 권한이 있어야 하며, 스토어드 프로그램내의 각 SQL 문장이 사용하는 테이블에 대해서도 권한을 가지고 있어야 한다.

DEFINER는 모든 스토어드 프로그램이 기본적으로 가지는 옵션이지만, SQL SECURITY 옵션은 스토어드 프로시저와 스토어드 함수, 뷰만 가질 수 있다. SQL SECURITY 옵션을 가지지 않는 트리거나 이벤트는 자동으로 SQL SECURITY가 DEFINER로 설정되므로 트리거나 이벤트는 DEFINER에 명시된 사용자의 권한으로 항상 실행되는 것이다.

스토어드 프로그램의 DEFINER와 SQL SECURITY 옵션을 조합해서 복잡한 권한 문제를 해결할 수도 있다. 예를 들어, mysql DB는 MySQL 서버의 유저 정보와 같이 보안에 민감한 정보가 저장돼 있는 데이터 베이스다. 그런데 일반 사용자에게 mysql DB에 있는 테이블 가운데 일부를 제한된 수준으로 조회하거나 변경하는 작업을 허용해야 한다면 꼭 필요한 작업만 스토어드 프로그램으로 개발하고 DEFINER와 SQL SECURITY 옵션을 적절히 조절하면 된다. 관리자 계정을 DEFINER로 설정하고 SQL SECURITY를 DEFINER로 설정하면 그 스토어드 프로그램을 호출하는 사용자는 주요 테이블에 대해 권한을 전혀 갖고 있지 않아도 스토어드 프로그램으로 해당 작업을 수행할 수 있다. 이때 이 스토어드 프로그램은 일반 사용자가 실행하지만 사실은 관리자 계정의 권한으로 실행하는 것이다.

스토어드 프로그램의 SQL SECURITY를 DEFINER로 설정하는 것은 유닉스 운영체제의 setUID 같은 기능이라고 이해하면 된다. 유닉스의 setUID가 그러하듯이 MySQL 스토어드 프로그램도 보안 취약점이 될 수도 있으므로 꼭 필요한 용도가 아니라면 SQL SECURITY를 DEFINER보다는 INVOKER로 설정하는 것이 좋다. SQL SECURITY를 INVOKER로 설정하면 해당 스토어드 프로그램을 누가 생성했느냐와 관계없이 항상 스토어드 프로그램을 호출하는 사용자의 권한으로 실행한다.

스토어드 프로그램을 생성하면서 DEFINER 옵션을 부여하지 않으면 기본적으로 현재 사용자로 DEFINER가 자동 설정된다. 하지만 DEFINER를 다른 사용자로 설정할 때는 스토어드 프로그램을 생성하는 사용자가 SET_USER_ID 권한(또는 SUPER 권한)을 가지고 있어야 한다. SET_USER_ID 권한(또는 SUPER 권한)을 가지지 않은 일반 사용자가 스토어드 프로그램의 DEFINER를 관리자 계정으로 생성하는 것은 불가능하다. 이러한 보안상의 이슈로 인해 SET_USER_ID 권한과 SUPER 권한을 일반 사용자에게 부여하는 것은 상당히 위험하다. 그리고 DEFINER를 SYSTEM_USER 권한을 가진 사용자로 설정하려면 스토어드 프로그램을 생성하는 현재 유저는 SET_USER_ID 권한(또는 SUPER 권한)과 함께 SYSTEM_USER 권한을 가지고 있어야 한다.

14.3.2 DETERMINISTIC과 NOT DETERMINISTIC 옵션

또 하나 중요한 스토어드 프로그램 옵션은 DETERMINISTIC과 NOT DETERMINISTIC이다. 이러한 옵션은 스토어드 프로그램의 보안과 관련된 옵션이 아니라 성능과 관련된 옵션이다. 이 두 옵션은 서로 배타적이라서 둘 중 하나를 반드시 선택해야 한다.

- DETERMINISTIC이란 "스토어드 프로그램의 입력이 같다면 시점이나 상황에 관계없이 결과가 항상 같다(확정적이다)"를 의미하는 키워드다.
- 반대로 NOT DETERMINISTIC이란 입력이 같아도 시점에 따라 결과가 달라질 수도 있음을 의미한다.

일반적으로 일회성으로 실행되는 스토어드 프로시저는 이 옵션의 영향을 거의 받지 않는다. 하지만 SQL 문장에서 반복적으로 호출될 수 있는 스토어드 함수는 영향을 많이 받으며, 쿼리의 성능을 급격하게 떨어뜨리기도 한다. DETERMINISTIC과 NOT DETERMINISTIC으로 정의된 스토어드 함수의 차이를 간단한 예제 쿼리로 비교해 보자.

```
mysql> CREATE FUNCTION sf_getdate1()
         RETURNS DATETIME
         NOT DETERMINISTIC
       BEGIN
         RETURN NOW();
       END ;;

mysql> CREATE FUNCTION sf_getdate2()
         RETURNS DATETIME
         DETERMINISTIC
       BEGIN
         RETURN NOW();
       END ;;
```

위의 두 스토어드 함수의 차이는 DETERMINISTIC이냐 NOT DETERMINISTIC이냐의 차이뿐이다. 그럼 이제 다음 쿼리를 한번 실행해보자. 쿼리에서 사용하는 dept_emp 테이블은 from_date 칼럼에 인덱스가 있으므로 많은 사용자가 당연히 인덱스 레인지 스캔을 사용해 빠르게 처리될 것이라고 기대한다.

```
mysql> EXPLAIN SELECT * FROM dept_emp WHERE from_date>sf_getdate1();
mysql> EXPLAIN SELECT * FROM dept_emp WHERE from_date>sf_getdate2();
```

다음이 NOT DETERMINISTIC 옵션으로 정의된 sf_getdate1() 함수를 사용하는 첫 번째 쿼리의 실행 계획이다.

id	select_type	table	type	key	key_len	rows	Extra
1	SIMPLE	dept_emp	ALL	NULL	NULL	331143	Using where

그리고 다음이 DETERMINISTIC으로 정의된 sf_getdate2() 함수를 사용하는 두 번째 쿼리의 실행 계획이다.

```
+----+-------------+----------+-------+-------------+---------+------+-------------+
| id | select_type | table    | type  | key         | key_len | rows | Extra       |
+----+-------------+----------+-------+-------------+---------+------+-------------+
|  1 | SIMPLE      | dept_emp | range | ix_fromdate | 3       |    1 | Using where |
+----+-------------+----------+-------+-------------+---------+------+-------------+
```

위의 실행 계획에서 두 SELECT 쿼리 모두 명백히 인덱스 레인지 스캔으로 실행 계획을 수립할 것이라고 생각했는데, NOT DETERMINISTIC 옵션으로 정의된 스토어드 함수를 사용하는 쿼리는 풀 테이블 스캔을 사용하고 있다. NOT DETERMINISTIC 옵션의 숨겨진 비밀이 바로 이것이다. NOT DETERMINISTIC 옵션의 의미는 앞에서도 언급했지만 입력값이 같아도 호출되는 시점에 따라 값이 달라진다는 사실을 MySQL에 알려주는 것이다.

DETERMINISTIC으로 정의된 sf_getdate2() 함수는 쿼리를 실행하기 위해 딱 한 번만 스토어드 함수를 호출하고, 함수의 결괏값을 상수화해서 쿼리를 실행한다. 하지만 NOT DETERMINISTIC으로 정의된 sf_getdate1() 스토어드 함수는 WHERE 절이 비교를 수행하는 레코드마다 매번 값이 재평가(호출)돼야 한다. NOT DETERMINISTIC 옵션으로 입력값이 같더라도 시점에 따라 스토어드 함수의 결과가 달라진다고 MySQL 서버에 알려줬기 때문이다. 결국 NOT DETERMINISTIC으로 정의된 스토어드 함수는 절대 상수가 될 수 없다. 그래서 WHERE 조건절에 사용된 sf_getdate1() 함수의 결괏값으로 인덱스 레인지 스캔을 할 수가 없는 것이다.

더 중요한 점은 이렇게 풀 테이블 스캔을 유도하는 NOT DETERMINISTIC 옵션이 스토어드 함수의 디폴트 옵션이라는 것이다. 즉, DETERMINISTIC이라고 정의하지 않으면 자동으로 스토어드 함수를 NOT DETERMINISTIC으로 생성해버린다는 것이다. 이는 자칫 잘못하면 상당한 성능 저하를 유발한다. 따라서 이와 같은 부분을 반드시 인지하여 어떠한 형태로 스토어드 함수를 사용하더라도 DETERMINISTIC 옵션은 꼭 설정하자. 사실 앞의 예제에서 sf_getdate1() 스토어드 함수가 작동하는 방식과 같이 매번 비교하는 레코드마다 스토어드 함수의 결괏값을 새로 계산해야 하는 요건은 일반적인 애플리케이션에서는 거의 없다.

14.4 스토어드 프로그램의 참고 및 주의사항

가끔 스토어드 프로그램에 한글이나 아시아권 언어를 사용할 때 글자가 깨지는 등, 일반적인 SQL 문장에서는 발생하지 않는 현상들이 발생하기도 한다. 여기서는 이러한 한글 깨짐 현상을 막는 방법과 스토어드 프로그램을 특수한 형태로 사용하는 방법, 주의사항 몇 가지를 간단하게 살펴보겠다.

14.4.1 한글 처리

스토어드 프로그램의 소스코드 자체에 한글 문자열 값이 사용되지 않는다면 스토어드 프로시저나 함수의 결괏값의 글자가 깨진다거나 하는 현상은 별로 나타나지 않는다. 하지만 스토어드 프로그램의 소스코드에 한글 문자열 값을 사용해야 한다면 스토어드 프로그램을 생성하는 클라이언트 프로그램이 어떤 문자 집합으로 MySQL 서버에 접속돼 있는지가 중요해진다. 한국어에 특화된 GUI 클라이언트라면 이런 부분을 자동으로 처리해주겠지만 그래도 확인해 두는 편이 좋다.

MySQL 클라이언트에서 현재 연결된 커넥션과 데이터베이스 서버가 어떤 문자 집합을 사용하는지는 다음과 같이 MySQL 클라이언트의 세션 변수를 확인해 보면 된다.

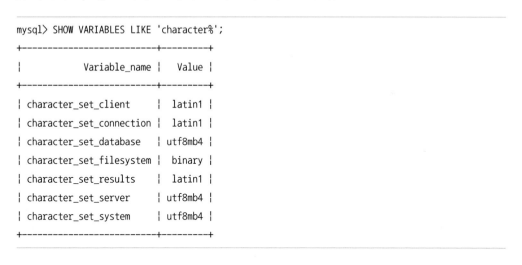

```
mysql> SHOW VARIABLES LIKE 'character%';
+--------------------------+---------+
|       Variable_name      |  Value  |
+--------------------------+---------+
| character_set_client     | latin1  |
| character_set_connection | latin1  |
| character_set_database   | utf8mb4 |
| character_set_filesystem | binary  |
| character_set_results    | latin1  |
| character_set_server     | utf8mb4 |
| character_set_system     | utf8mb4 |
+--------------------------+---------+
```

문자 집합과 관련된 여러 세션 변수가 출력되는데, 각 변수의 자세한 의미와 연관 관계는 15.1.3절 '문자 집합(캐릭터 셋)'을 참조하자. 여기서 스토어드 프로그램을 생성하는 데 관여하는 부분은 character_set_connection과 character_set_client 세션 변수 정도다. 이 세션 변수는 특별히 설정하지 않으면 "latin1"을 기본값으로 갖는다. 하지만 "latin1"은 영어권 알파벳을 위한 문자 집합이지, 한글을 포함한 아시아권의 멀티바이트를 사용하는 언어를 위한 문자 집합은 아니다. 그래서 이 상태로 한글 문자열 값이 사용된 스토어드 프로그램을 생성하면 스토어드 프로그램을 실행할 때 한글이 깨져서 알아볼 수 없는 형태로 반환될 수도 있다. 그런데 이런 문제가 발생하면 많은 사람이 스토어드 프로그램의 코드 자체보다는 테이블의 데이터가 잘못됐다고 생각하고 원인을 엉뚱한 곳에서 찾는다. 스토어드 프로그램의 코드 내에 한글로 된 문자열 상숫값을 사용할 때는 스토어드 프로그램을 생성할 때 커넥션이나 서버가 사용하는 문자 집합을 확인하는 것이 중요하다.

다음과 같이 직접 하나씩 문자 집합 관련 변수를 변경해도 되고, 맨 아래 예제처럼 하나의 설정 명령으로 세 개의 변수를 한꺼번에 똑같은 문자 집합으로 변경할 수도 있다.

```
mysql> SET character_set_client = 'utf8mb4';
mysql> SET character_set_results = 'utf8mb4';
mysql> SET character_set_connection = 'utf8mb4';


mysql> SET NAMES utf8mb4;
```

일반적인 MySQL 클라이언트 도구는 한동안 사용하지 않으면 커넥션이 끊어진 상태로 남아 있다가 사용자가 쿼리를 실행하면 그 순간에 다시 커넥션을 생성한다. 하지만 SET NAMES utf8mb4 명령은 이렇게 재접속하는 경우에는 효과가 없어진다. 새로 접속했을 때도 설정한 문자 집합을 그대로 유지하려면 SET NAMES 명령보다는 "CHARSET utf8mb4"과 같은 명령을 사용하는 것이 좋다. 하지만 이 명령도 영구적인 것은 아니다. MySQL 클라이언트가 완전히 종료했다가 다시 접속하면 설정이 다시 초기화될 것이다.

그리고 스토어드 프로시저나 함수에서 값을 넘겨받을 때도 다음 예제와 같이 넘겨받는 값에 대해 문자 집합을 별도로 지정해 이러한 문제를 피해야 한다는 점도 기억해두자.

```
mysql> CREATE FUNCTION sf_getstring()
       RETURNS VARCHAR(20) CHARACTER SET utf8mb4
     BEGIN
       RETURN '한글 테스트';
     END;;
```

14.4.2 스토어드 프로그램과 세션 변수

스토어드 프로그램에서는 DECLARE 명령을 이용해 스토어드 프로그램의 로컬 변수를 정의할 수 있다. 또한 스토어드 프로그램 내에서는 "@"로 시작하는 사용자 변수를 사용할 수도 있다. DECLARE로 스토어드 프로그램의 로컬 변수를 정의할 때는 정확한 타입과 길이를 명시해야 하지만 사용자 변수는 이런 제약이 없다. 그래서 스토어드 프로그램에서 로컬 변수는 전혀 사용하지 않고 사용자 변수만 사용할 때도 있다.

```
mysql> CREATE FUNCTION sf_getsum(p_arg1 INT, p_arg2 INT)
         RETURNS INT
       BEGIN
         DECLARE v_sum INT DEFAULT 0;
         SET v_sum=p_arg1 + p_arg2;
         SET @v_sum=v_sum;

         RETURN v_sum;
       END;;

mysql> SELECT sf_getsum (1,2);;
+-------------+
|           3 |
+-------------+

mysql> SELECT @v_sum;;
+--------+
|    3   |
+--------+
```

사용자 변수는 타입을 지정하지 않기 때문에 데이터 타입에 대해 안전하지 않고, 영향을 미치는 범위가 로컬 변수보다 넓기 때문에 의도하지 않게 영향도가 커질 수 있다. 또한 사용자 변수는 적어도 그 커넥션에서는 계속 그 값을 유지한 채 남아 있기 때문에 항상 사용하기 전에 적절한 값으로 초기화하고 사용해야 한다는 것도 주의하자. 가능하다면 사용자 변수보다는 스토어드 프로그램의 로컬 변수를 사용하자. 스토어드 프로그램에서 프리페어 스테이트먼트를 실행하려면 세션 변수를 사용할 수밖에 없다. 하지만 이러한 경우가 아니라면 가능한 한 세션 변수보다는 스토어드 프로그램의 로컬 변수를 사용하자.

14.4.3 스토어드 프로시저와 재귀 호출

스토어드 프로그램에서도 재귀 호출(Recursive call)을 사용할 수 있는데, 이는 스토어드 프로시저에서만 사용 가능하며, 스토어드 함수와 트리거, 이벤트에서는 사용할 수 없다. 또한 프로그래밍 언어에서처럼 재귀 호출이 무한 반복되거나 너무 많이 반복해서 호출되면 스택의 메모리 공간이 모자라서 오류가 발생할 수도 있다.

MySQL에서는 이러한 재귀 호출의 문제를 막기 위해 최대 몇 번까지 재귀 호출을 허용할지를 설정하는 시스템 변수가 있다. 이 시스템 변수의 이름은 max_sp_recursion_depth인데, 기본적으로 이 값이 0으로 설정돼 있으므로 이 설정값을 변경하지 않으면 MySQL의 스토어드 프로시저에서 재귀 호출을 사용할 수 없다. 이 설정값이 0인 상태에서 재귀 호출이 실행되면 다음과 같은 에러 메시지가 출력되고 프로시저의 실행은 종료된다. sp_getfactorial 스토어드 프로시저와 같이 필요한 설정값을 스토어드 프로시저의 내부에서 변경하는 것도 오류를 막는 방법이다.

```
ERROR 1456 (HY000): Recursive limit 0 (as set by the max_sp_recursion_depth variable) was
exceeded for routine decreaseAndSum
```

sp_getfactorial 스토어드 프로시저는 재귀 호출을 이용해 팩토리얼을 구하는 스토어드 프로시저다. 이 스토어드 프로시저에서는 인자로 지정한 값을 1씩 줄여 가면서 팩토리얼 값을 구하는 형태의 재귀 호출을 사용한다. 다음 예제에서는 "SET max_sp_recursion_depth=50;"을 이용해 최대 재귀 호출 가능 횟수를 50회로 설정했다(❶). 예제의 스토어드 프로시저는 1씩 감소하면서 재귀 호출을 수행하므로 max_sp_recursion_depth 시스템 변수가 50으로 설정되면 재귀 호출도 50 이상은 할 수 없다는 것을 의미한다. 그리고 재귀 호출에서 반복 횟수만 문제되는 것이 아니다. MySQL 서버에서 할당한 스택의 메모리가 다 소모돼 버린다면 "스택 메모리가 부족하다(Thread stack overrun)"라는 에러 메시지와 함께 종료될 것이다.

```
mysql> CREATE PROCEDURE sp_getfactorial(IN p_max INT, OUT p_sum INT)
    BEGIN
      SET max_sp_recursion_depth=50; /* 최대 재귀 호출 횟수는 50회 */ ❶
      SET p_sum=1;

      IF p_max>1 THEN
        CALL sp_decreaseandmultiply(p_max, p_sum);
      END IF;
```

```
      END;;

mysql> CREATE PROCEDURE sp_decreaseandmultiply(IN p_current INT, INOUT p_sum INT)
      BEGIN
        SET p_sum=p_sum * p_current;
        IF p_current>1 THEN
          CALL sp_decreaseandmultiply(p_current-1, p_sum);
        END IF;
      END;;

mysql> CALL sp_getfactorial(10, @factorial);;
mysql> SELECT @factorial;;
+------------+
| @factorial |
+------------+
|        120 |
+------------+
```

14.4.4 중첩된 커서 사용

일반적으로는 하나의 커서를 열고 사용이 끝나면 닫고 다시 새로운 커서를 열어서 사용하는 형태도 많이 사용하지만 중첩된 루프 안에서 두 개의 커서를 동시에 열어서 사용해야 할 때도 있다. 기본적으로 이렇게 두 개의 커서를 동시에 열어서 사용할 때는 특별히 예외 핸들링에 주의해야 한다. sp_updateemployeehiredate 스토어드 프로시저 예제를 한번 살펴보자.

```
mysql> CREATE PROCEDURE sp_updateemployeehiredate()
      BEGIN
        -- // 첫 번째 커서로부터 읽은 부서 번호를 저장
        DECLARE v_dept_no CHAR(4);
        -- // 두 번째 커서로부터 읽은 사원 번호를 저장
        DECLARE v_emp_no INT;
        -- // 커서를 끝까지 읽었는지 여부를 나타내는 플래그를 저장
        DECLARE v_no_more_rows BOOLEAN DEFAULT FALSE;
        -- // 부서 정보를 읽는 첫 번째 커서
        DECLARE v_dept_list CURSOR FOR SELECT dept_no FROM departments;
```

```
-- // 부서별 사원 1명을 읽는 두 번째 커서
DECLARE v_emp_list CURSOR FOR SELECT emp_no
                              FROM dept_emp
                              WHERE dept_no=v_dept_no LIMIT 1;

-- // 커서의 레코드를 끝까지 다 읽은 경우에 대한 핸들러
DECLARE CONTINUE HANDLER FOR NOT FOUND SET v_no_more_rows := TRUE;

OPEN v_dept_list;
LOOP_OUTER: LOOP
  -- // 외부 루프 시작 ❶
  FETCH v_dept_list INTO v_dept_no;
  IF v_no_more_rows THEN
    CLOSE v_dept_list;
    LEAVE loop_outer;
  END IF;

  OPEN v_emp_list;
  LOOP_INNER: LOOP
    FETCH v_emp_list INTO v_emp_no;
    -- // 레코드를 모두 읽었으면 커서 종료 및 내부 루프를 종료
    IF v_no_more_rows THEN
      -- // 반드시 no_more_rows를 FALSE로 다시 변경해야 한다.
      -- // 그렇지 않으면 내부 루프 때문에 외부 루프까지 종료돼 버린다.
      SET v_no_more_rows := FALSE;
      CLOSE v_emp_list;
      LEAVE loop_inner;
    END IF;
  END LOOP loop_inner;
END LOOP loop_outer;
END;;
```

sp_updateemployeehiredate 스토어드 프로시저에서는 LOOP_OUTER❶와 LOOP_INNER❷가 각각 동시에 커서를 하나씩 사용하고 있다. 하지만 커서를 끝까지 읽었는지를 판단하는 핸들러는 하나만 정의해서 공통으로 사용한다. 이러한 이유로 LOOP_INNER의 반복이 끝나고 나면 v_no_more_rows를 FALSE로 변경해야 LOOP_OUTER가 계속 반복 실행할 수가 있다. 하나의 로컬 변수로 두 개의 반복 루프를 제어하다 보니 이런 이해하기 힘든 조작이 필요해진 것이다.

이처럼 반복 루프가 여러 번 중첩되어 커서가 사용될 때는 LOOP_OUTER와 LOOP_INNER를 서로 다른 BEGIN ... END 블록으로 구분해서 작성하면 쉽고 깔끔하게 해결할 수 있다. 스토어드 프로시저 코드의 처리 중 발생한 에러나 예외는 항상 가장 가까운 블록에 정의된 핸들러가 사용되므로 각 반복 루프를 블록으로 해결할 수 있는 것이다. 이렇게 하면 sp_updateemployeehiredate 스토어드 프로시저의 예제에서 사원을 조회하는 커서와 부서를 조회하는 각 커서에 대해 예외 핸들러를 정의할 수 있다. sp_updateemployeehiredate1 스토어드 프로시저는 이와 같이 각 커서에 대한 핸들러 처리가 보완된 스토어드 프로시저다.

```
mysql> CREATE PROCEDURE sp_updateemployeehiredate1()
     BEGIN
        -- // 첫 번째 커서로부터 읽은 부서 번호를 저장
        DECLARE v_dept_no CHAR(4);
        -- // 커서를 끝까지 읽었는지를 나타내는 플래그를 저장
        DECLARE v_no_more_depts BOOLEAN DEFAULT FALSE;
        -- // 부서 정보를 읽는 첫 번째 커서
        DECLARE v_dept_list CURSOR FOR SELECT dept_no FROM departments;
        -- // 부서 커서의 레코드를 끝까지 다 읽은 경우에 대한 핸들러
        DECLARE CONTINUE HANDLER FOR NOT FOUND SET v_no_more_depts := TRUE;

        OPEN v_dept_list;
        LOOP_OUTER: LOOP                   -- // 외부 루프 시작
          FETCH v_dept_list INTO v_dept_no;
          IF v_no_more_depts THEN
             -- // 레코드를 모두 읽었으면 커서 종료 및 외부 루프 종료
            CLOSE v_dept_list;
            LEAVE loop_outer;
          END IF;

          BLOCK_INNER: BEGIN -- // 내부 프로시저 블록 시작
            -- // ----------------------------------------------------------------
            -- // 두 번째 커서로부터 읽은 사원 번호 저장
            DECLARE v_emp_no INT;
            -- // 사원 커서를 끝까지 읽었는지 여부를 위한 플래그 저장
            DECLARE v_no_more_employees BOOLEAN DEFAULT FALSE;
            -- // 부서별 사원 1명을 읽는 두 번째 커서
            DECLARE v_emp_list CURSOR FOR SELECT emp_no
                                FROM dept_emp
```

```
                              WHERE dept_no=v_dept_no LIMIT 1;
      -- // 사원 커서의 레코드를 끝까지 다 읽은 경우에 대한 핸들러
      DECLARE CONTINUE HANDLER FOR NOT FOUND SET v_no_more_employees := TRUE;


      OPEN v_emp_list;
      LOOP_INNER: LOOP              -- // 내부 루프 시작
        FETCH v_emp_list INTO v_emp_no;
        -- // 레코드를 모두 읽었으면 커서 종료 및 내부 루프를 종료
        IF v_no_more_employees THEN
          CLOSE v_emp_list;
          LEAVE loop_inner;
        END IF;
      END LOOP loop_inner;         -- // 내부 루프 종료
    -- // -------------------------------------------------------------
      END block_inner;             -- // 내부 프로시저 블록 종료
    END LOOP loop_outer;           -- // 외부 루프 종료
  END;;
```

sp_updateemployeehiredate1 스토어드 프로시저에서는 BLOCK_INNER라는 이름의 내부 프로시저 블록을
생성하고, 프로시저 블록 안에서 사원의 정보를 읽어오도록 변경했다. 또한 사원의 정보를 읽는 데 필
요한 변수나 예외나 에러 핸들러도 이 프로시저 블록 안으로 함께 옮겨뒀다. 이렇게 중첩된 커서를 각
프로시저 블록에 작성함으로써 커서별로 이벤트 핸들러를 생성할 수 있게 된 것이다.

이 코드에서는 사원 정보에 대한 커서가 끝까지 읽히면 v_no_more_employees라는 변수가 TRUE로 설정되
며, 부서 정보에 대한 커서가 끝까지 읽히면 v_no_more_depts라는 변수가 TRUE로 설정되기 때문에 sp_
updateemployeehiredate 스토어드 프로시저에서와같이 플래그 변수의 값을 다시 조정하는 조잡한 작업
을 하지 않아도 된다.

15

데이터 타입

칼럼의 데이터 타입을 선정하는 작업은 물리 모델링에서 빼놓을 수 없는 중요한 작업이다. 칼럼의 데이터 타입과 길이를 선정할 때 가장 주의할 사항은 다음과 같다.

- 저장되는 값의 성격에 맞는 최적의 타입을 선정
- 가변 길이 칼럼은 최적의 길이를 지정
- 조인 조건으로 사용되는 칼럼은 똑같은 데이터 타입으로 선정

칼럼의 데이터 타입을 선정할 때 실제 저장되는 값의 특성을 고려하지 않고 가능한 최대 길이 값을 기준으로 칼럼의 길이를 선택하는 것이 일반적이다. 하지만 무분별하게 칼럼의 길이가 크게 선정되면 디스크의 공간은 물론 메모리나 CPU의 자원도 함께 낭비된다. 또한 그로 인해 SQL의 성능이 저하되는 것은 당연한 결과다.

칼럼의 타입이 잘못 선정되거나 길이가 너무 부족하면 서비스 도중에 스키마 변경이 필요할 수도 있다. 그런데 스키마 변경 작업은 서비스 중지나 읽기 전용 모드로의 전환 작업이 필요할 수도 있다. 데이터 타입의 길이는 너무 넉넉하게 선택해도 문제가 되고, 부족하게 선택해도 문제가 된다. 항상 실제로 저장되는 값의 성격을 정확히 분석하고 최적의 타입과 길이를 선정하는 것이 중요하다.

15.1 문자열(CHAR와 VARCHAR)

문자열 칼럼을 사용할 때는 우선 CHAR 타입과 VARCHAR 타입 중 어떤 타입을 사용할지 결정해야 한다. 그래서 CHAR와 VARCHAR 타입의 차이가 무엇이고 어떤 타입을 사용하는 것이 좋은가에 관한 질문도 많은 편이다. 처음 데이터베이스를 사용할 때는 둘 중에서 뭘 선택해야 할지 고민하다가 결국 VARCHAR만 쭉 사용하는 사람들도 있다. 하지만 지금까지 모든 DBMS에서 CHAR나 VARCHAR 타입을 구분해서 제공하는 것을 보면 그만큼의 장단점을 가지고 있음을 짐작할 수 있다. 우선 저장 공간과 비교 방식의 관점에서 CHAR와 VARCHAR를 비교해보고, MySQL 내부적으로 어떤 차이가 있는지도 한 번 살펴보자.

15.1.1 저장 공간

우선 CHAR와 VARCHAR의 공통점은 문자열을 저장할 수 있는 데이터 타입이라는 점이고, 가장 큰 차이는 고정 길이냐 가변 길이냐다.

- 고정 길이는 실제 입력되는 칼럼값의 길이에 따라 사용하는 저장 공간의 크기가 변하지 않는다. CHAR 타입은 이미 저장 공간의 크기가 고정적이다. 실제 저장된 값의 유효 크기가 얼마인지 별도로 저장할 필요가 없으므로 추가로 공간이 필요하지 않다.

- 가변 길이는 최대로 저장할 수 있는 값의 길이는 제한돼 있지만, 그 이하 크기의 값이 저장되면 그만큼 저장 공간이 줄어든다. 하지만 VARCHAR 타입은 저장된 값의 유효 크기가 얼마인지를 별도로 저장해 둬야 하므로 1~2바이트의 저장 공간이 추가로 더 필요하다.

하나의 글자를 저장하기 위해 CHAR(1)과 VARCHAR(1) 타입을 사용할 때 실제 사용되는 저장 공간의 크기를 한번 살펴보자. 우선 두 문자열 타입 모두 한 글자를 저장할 때 사용하는 문자 집합에 따라 실제 저장 공간을 1~4바이트까지 사용한다. 여기서 하나의 글자가 CHAR 타입에 저장될 때는 추가 공간이 더 필요하지 않지만 VARCHAR 타입에 저장할 때는 문자열의 길이를 관리하기 위한 1~2바이트의 공간을 추가로 더 사용한다. VARCHAR 타입의 길이가 255바이트 이하이면 1바이트만 사용하고, 256바이트 이상으로 설정되면 2바이트를 사용한다. VARCHAR 타입의 최대 길이는 2바이트로 표현할 수 있는 이상은 사용할 수 없다. 즉, VARCHAR 타입의 최대 길이는 65,536 바이트 이상으로 설정할 수 없다.

> **주의** MySQL에서는 하나의 레코드에서 TEXT와 BLOB 타입을 제외한 칼럼의 전체 크기가 64KB를 초과할 수 없다. 테이블에 VARCHAR 타입의 칼럼 하나만 있다면 이 VARCHAR 타입은 최대 64KB 크기의 데이터를 저장할 수 있다. 하지만 이미 다른 칼럼에서 40KB의 크기를 사용하고 있다면 VARCHAR 타입은 24KB만 사용할 수 있다. 이때 24KB를 초과하는 크기의 VARCHAR 타입을 생성하려고 하면 에러가 발생하거나 자동으로 VARCHAR 타입이 TEXT 타입으로 대체된다. 그래서 칼럼을 새로 추가할 때는 VARCHAR 타입이 TEXT 타입으로 자동으로 변환되지 않았는지 확인해 보는 것이 좋다.
>
> 문자열 타입의 저장 공간을 언급할 때는 1문자와 1바이트를 구분해서 사용한다. 1문자는 실제 저장되는 값의 문자 집합에 따라 1~4바이트까지 공간을 사용할 수 있기 때문이다. 위의 VARCHAR 타입의 칼럼 하나만 가지는 테이블의 예에서 VARCHAR 타입은 최대 64KB 크기의 데이터를 저장할 수 있다고 했는데, 이 수치는 바이트 수를 의미하므로 실제 65,536개의 글자를 저장할 수 있다는 것은 아니다. 실제 저장되는 문자가 아시아권의 언어라면 저장 가능한 글자 수는 반으로 줄고, UTF-8 문자를 저장한다면 실제 저장 가능한 글자 수는 1/4로 줄어들 것이다.

문자열 값의 길이가 항상 일정하다면 CHAR를 사용하고 가변적이라면 VARCHAR를 사용하는 것이 일반적이다. 왜 길이가 고정적일 때 CHAR를 사용하면 좋을까? VARCHAR 타입을 선택해도 기껏 디스크에서 1바이트만 더 사용할 뿐인데, 이렇게 고민해가면서 시간을 투자할 가치가 있는 것일까? 실제 문자열 값의 길이가 정적이냐 가변적이냐만으로 CHAR와 VARCHAR 타입을 결정하는 것은 적절하지 않다. CHAR 타입과 VARCHAR 타입을 결정할 때 중요한 판단 기준은 다음과 같다.

- 저장되는 문자열의 길이가 대개 비슷한가?

- 칼럼의 값이 자주 변경되는가?

CHAR와 VARCHAR 타입의 선택 기준은 값의 길이도 중요하지만, 해당 칼럼의 값이 얼마나 자주 변경되느냐가 기준이 돼야 한다. 칼럼의 값이 얼마나 자주 변경되느냐가 왜 중요한지 그림으로 한번 살펴보자. 우선 다음과 같이 테스트용 테이블이 있고, 그 테이블에 레코드 1건이 저장된다고 가정해보자.

```
mysql> CREATE TABLE tb_test (
          fd1 INT NOT NULL,
          fd2 CHAR(10) NOT NULL,
          fd3 DATETIME NOT NULL
       );
```

```
mysql> INSERT INTO tb_test (fd1, fd2, fd3) VALUES (1, 'ABCD', '2011-06-27 11:02:11');
```

tb_test 테이블에 레코드 1건을 저장하면 내부적으로 디스크에는 그림 15.1과 같이 저장될 것이다.

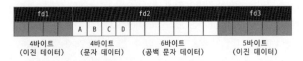

그림 15.1 CHAR 타입이 저장된 상태

fd1 칼럼은 INTEGER 타입이므로 고정 길이로 4바이트를 사용하며, fd3 또한 DATETIME이므로 고정 길이로 8바이트를 사용한다. 지금 여기서 관심사는 fd1과 fd3 칼럼이 아니라 그 사이에 위치한 fd2 칼럼이다. fd2 칼럼이 사용하는 공간을 눈여겨보자. 그림 15.1에서 fd2 칼럼은 정확히 10바이트를 사용하면서 앞쪽의 4바이트만 유효한 값으로 채워졌고 나머지는 공백 문자로 채워져 있다(그림 15.1에서 fd2 칼럼의 빈 공간은 공백 문자(Space character)를 의미한다.).

그러면 이번에는 tb_test 테이블의 fd2 칼럼만 CHAR(10) 대신 VARCHAR(10)으로 변경해서 똑같은 데이터를 저장했을 때 디스크에 어떻게 저장되는지 그림 15.2로 살펴보자.

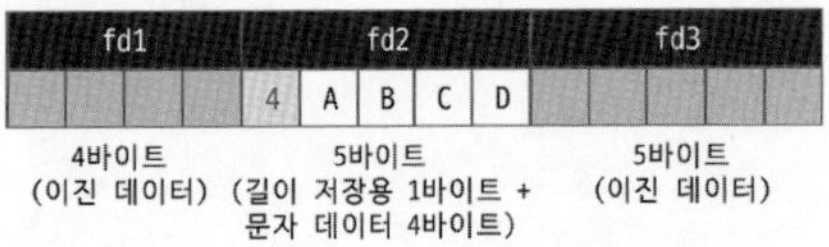

그림 15.2 VARCHAR 타입의 칼럼이 저장된 상태

fd1 칼럼과 fd3 칼럼 사이에서 fd2 칼럼은 5바이트의 공간을 차지하는데, 첫 번째 바이트에는 저장된 칼럼값의 유효한 바이트 수인 숫자 4(문자 '4'가 아님)가 저장되고 두 번째 바이트부터 다섯 번째 바이트까지 실제 칼럼값이 저장된다.

그림 15.1이나 그림 15.2는 이미 대략 예측하고 있는 사실일 것이다. 하지만 중요한 것은 레코드 한 건이 저장된 상태가 아니라 fd2 칼럼의 값이 변경될 때 어떤 현상이 발생하느냐다. fd2 칼럼의 값을 "ABCDE"로 UPDATE했다고 가정해 보자.

- CHAR(10) 타입을 사용하는 그림 15.1에서는 fd2 칼럼을 위해 공간이 10바이트가 준비돼 있으므로 그냥 변경되는 칼럼의 값을 업데이트만 하면 된다.
- VARCHAR(10) 타입을 사용하는 그림 15.2에서는 fd2 칼럼에 4바이트밖에 저장할 수 없는 구조로 만들어져 있다. 그래서 "ABCDE"와 같이 길이가 더 큰 값으로 변경될 때는 레코드 자체를 다른 공간으로 옮겨서(Row migration) 저장해야 한다.

물론 주민등록번호처럼 항상 값의 길이가 고정적일 때는 당연히 CHAR 타입을 사용해야 한다. 또한 값이 2~3바이트씩 차이가 나더라도 자주 변경될 수 있는 부서 번호나 게시물의 상태 값 등은 CHAR 타입을 사용하는 것이 좋다. 자주 변경돼도 레코드가 물리적으로 다른 위치로 이동하거나 분리되지 않아도 되기 때문이다. 레코드의 이동이나 분리는 CHAR 타입으로 인해 발생하는 2~3바이트 공간 낭비보다 더 큰 공간이나 자원을 낭비하게 만든다.

문자열 데이터 타입을 사용할 때 또 하나 주의할 사항이 있다. CHAR나 VARCHAR 키워드 뒤에 인자로 전달하는 숫자 값의 의미를 알아야 한다는 점이다. 다른 DBMS에 익숙한 사용자에게는 상당히 혼란스러울 수 있는데, MySQL에서 CHAR나 VARCHAR 뒤에 지정하는 숫자는 그 칼럼의 바이트 크기가 아니라 문자의 수를 의미한다. 즉, CHAR(10) 또는 VARCHAR(10)으로 칼럼을 정의하면 이 칼럼은 10바이트를 저장할 수 있는 공간이 아니라 10글자(문자)를 저장할 수 있는 공간을 의미한다. 그래서 CHAR(10) 타입을 사용하더라도 이 칼럼이 실제로 디스크나 메모리에서 사용하는 공간은 각각 달라진다.

- 일반적으로 영어를 포함한 서구권 언어는 각 문자가 1바이트를 사용하므로 10바이트를 사용한다.
- 한국어나 일본어와 같은 아시아권 언어는 각 문자가 최대 2바이트를 사용하므로 20바이트를 사용한다.
- UTF-8과 같은 유니코드는 최대 4바이트까지 사용하므로 40바이트까지 사용할 수 있다.

MySQL 서버에서는 utf8과 utf8mb4 문자 집합이 별도로 존재한다. utf8 문자 집합은 MySQL 5.5 이전 버전까지 UTF-8 인코딩을 저장하기 위해서 사용됐으며, utf8mb4는 MySQL 5.5 버전부터 지원되기 시작했다. MySQL 서버의 utf8 문자 셋은 한 글자당 최대 3바이트까지만 지원됐다. UTF-8 인코딩에서는 각 문자가 저장 공간에 따라 대략 다음과 같이 구분된다.

- 1바이트 저장 공간 사용: 아스키(ASCII) 문자
- 2바이트 저장 공간 사용: 추가 알파벳 문자
- 3바이트 저장 공간 사용: BMP(Basic Multilingual Plane) 문자
- 4바이트 저장 공간 사용: SMP(Supplementary Multilingual Plane) & SIP(Supplementary Ideographic Plane) & ...

MySQL 5.5 이전 버전에서 주로 사용되던 utf8 문자 집합은 1~3바이트까지만 저장을 지원했기 때문에 SMP와 SIP, 그리고 그 이후 플레인 문자는 저장할 수가 없었다. 하지만 이모티콘의 발전으로 이는 예상외로 심각한 문제가 되어버렸다. 그래서 MySQL 서버는 이 문제를 해결하기 위해 utf8mb4라는 새로운 문자 집합을 도입했다. utf8mb4 문자 집합은 최대 4바이트까지의 문자를 저장할 수 있기 때문에 유니코드에서 지원하는 대부분의 문자를 지원했다. utf8mb4는 utf8 문자 집합의 수퍼 셋(상위 셋)이기 때문에 utf8 문자 집합을 사용하던 테이블을 utf8mb4 문자 집합으로 전환(CONVERT)하는 것은 아무런 문제를 유발하지 않는다.

utf8mb4 문자 집합이 만들어지면서 utf8mb3라는 문자 집합도 만들어졌으며, MySQL 8.0 버전에서는 utf8 문자 집합은 utf8mb3를 가리키는 별칭으로 정의돼 있다. utf8mb3 문자 집합은 곧 MySQL 서버에서 제거될 예정(Deprecated)이며, MySQL 서버에서 utf8mb3 문자 집합이 제거되면 utf8 별칭은 utf8mb4를 가리킬 예정이다.

15.1.2 저장 공간과 스키마 변경(Online DDL)

MySQL 서버에서는 데이터가 변경되는 도중에도 스키마 변경을 할 수 있도록 "Online DDL"이라는 기능(Online DDL에 대한 자세한 설명은 11.7.1절 '온라인 DDL'을 참조)을 제공한다. 하지만 모든 스키마 변경이 온라인으로 가능한 것은 아니며, 변경 작업의 특성에 따라 SELECT는 가능하지만 INSERT나 UPDATE 같은 데이터 변경은 허용되지 않을 수도 있다. VARCHAR 데이터 타입을 사용하는 칼럼의 길이를 늘리는 작업은 길이에 따라 매우 빠르게 처리될 수도 있지만 어떤 경우에는 테이블에 대해 읽기 잠금을 걸고 레코드를 복사하는 작업이 필요할 수도 있다.

다음과 같이 길이가 60으로 정의된 VARCHAR 타입의 칼럼을 가진 테이블에서 확장하는 길이에 따른 ALTER TABLE 명령의 결과를 살펴보자.

```
mysql> CREATE TABLE test (
        id INT PRIMARY KEY,
        value VARCHAR(60)
      ) DEFAULT CHARSET=utf8mb4;
```

value 칼럼의 길이를 63으로 늘리는 경우와 64로 늘리는 경우 Online DDL 명령의 결과는 다음과 같다.

```
mysql> ALTER TABLE test MODIFY value VARCHAR(63), ALGORITHM=INPLACE, LOCK=NONE;
Query OK, 0 rows affected (0.00 sec)

mysql> ALTER TABLE test MODIFY value VARCHAR(64), ALGORITHM=INPLACE, LOCK=NONE;
ERROR 1846 (0A000): ALGORITHM=INPLACE is not supported. Reason: Cannot change column type
INPLACE. Try ALGORITHM=COPY.
```

칼럼의 타입을 VARCHAR(63)으로 늘리는 경우는 잠금 없이(LOCK=NONE) 매우 빠르게 변경된 것을 확인할 수 있다. 하지만 칼럼의 타입을 VARCHAR(64)로 늘리는 경우는 INPLACE 알고리즘으로 스키마 변경이 허용되지 않는다는 것을 알 수 있다. 그래서 VARCHAR(64)로 변경하는 경우에는 다음과 같이 COPY 알고리즘으로 스키마 변경을 실행했으며, 스키마 변경 시간도 상당히 많이 걸리게 된다. 그뿐만 아니라 INPLACE 알고리즘의 스키마 변경은 잠금 없이 실행되지만 COPY 알고리즘의 스키마 변경은 읽기 잠금(LOCK=SHARED)까지 필요로 한다. 즉 스키마 변경을 하는 동안 test 테이블에는 INSERT나 UPDATE, DELETE를 실행할 수 없게 된다.

```
mysql> ALTER TABLE test MODIFY value VARCHAR(64), ALGORITHM=COPY, LOCK=SHARED;
Query OK, 1000000 rows affected (36.12 sec)
```

이러한 차이가 발생하는 이유는 VARCHAR 타입의 칼럼이 가지는 길이 저장 공간의 크기 때문이다. VARCHAR(60)은 utf8mb4 문자 집합을 사용하는 VARCHAR(60) 칼럼은 최대 길이가 240(60 * 4)바이트이기 때문에 문자열 값의 길이를 저장하는 공간은 1바이트면 된다. 하지만 VARCHAR(64) 타입은 저장할 수 있는 문자열의 크기가 최대 256바이트까지 가능하기 때문에 문자열 길이를 저장하는 공간의 크기가 2바이트로 바뀌어야 한다. 이처럼 문자열 길이를 저장하는 공간의 크기가 바뀌게 되면 MySQL 서버는 스키마 변경을 하는 동안 읽기 잠금(LOCK=SHARED)을 걸어서 아무도 데이터를 변경하지 못하도록 막고 테이블의 레코드를 복사하는 방식으로 처리한다.

이러한 이유로 문자열 타입의 칼럼을 설계할 때는 앞으로 요건이 바뀌어서 VARCHAR 타입의 길이가 크게 변경될 것으로 예상된다면 길이 저장 공간의 크기가 바뀌지 않도록 미리 조금 크게 설계하는 것이 좋다. 레코드 건수가 많은 테이블에서 읽기 잠금을 필요로 하는 스키마 변경을 실행하기 위해서는 스키마를 변경할 때마다 서비스를 점검 모드로 바꿔야 할 수도 있으며, 이는 서비스의 가용성을 훼손하게 된다.

15.1.3 문자 집합(캐릭터 셋)

MySQL 서버에서 각 테이블의 칼럼은 모두 서로 다른 문자 집합을 사용해 문자열 값을 저장할 수 있다. 문자 집합은 문자열을 저장하는 CHAR, VARCHAR, TEXT 타입의 칼럼에만 설정할 수 있다. MySQL에서 최종적으로는 칼럼 단위로 문자 집합을 관리하지만 관리의 편의를 위해 MySQL 서버와 DB, 그리고 테이블 단위로 기본 문자 집합을 설정할 수 있는 기능을 제공한다. 즉 테이블의 문자 집합을 UTF-8로 설정하면 칼럼의 문자 집합을 별도로 지정하지 않아도 해당 테이블에 속한 칼럼은 UTF-8 문자 집합을 사용한다. 물론 테이블의 기본 문자 집합이 UTF-8이라고 하더라도 각 칼럼에 대해 문자 집합을 EUC-KR이나 ASCII 등으로 별도 지정할 수 있다.

한글 기반의 서비스에서는 euckr 또는 utf8mb4 문자 집합을 사용하며, 일본어인 경우에는 cp932 또는 utf8mb4를 적용하는 것이 일반적이다. 한글 윈도우에서 기본적으로 사용되는 MS949(MSWIN949) 문자 집합은 EUC-KR보다는 조금 더 확장된 형태의 문자 집합으로, 유닉스 계열의 운영체제에서 사용하는 CP949와 똑같은 문자 집합이다. MySQL 서버에서는 별도로 CP949라는 이름의 문자 집합은 지원하지 않고, EUC-KR만 지원한다. 실제로 CP949는 EUC-KR보다 더 많은 문자를 표현할 수 있는 문자 집합이다. 하지만 MySQL 5.5 버전부터는 euckr 문자 집합이 보완되어 CP949가 표현하는 모든 문자 집합을 지원하므로 CP949 대신 euckr을 사용해도 아무런 문제없이 사용할 수 있다.

최근의 웹 서비스나 스마트폰 애플리케이션(앱, App)은 여러 나라의 언어를 동시에 지원하기 위해 기본적으로 UTF-8 문자 집합(utf8mb4)을 사용하는 추세다. ANSI 표준에서는 하나의 문자 집합만 기본으로 사용할 수 있는 DB에서 다국어를 지원할 수 있게끔 NCHAR 또는 NATIONAL CHAR와 같은 칼럼 타입을 정의하고 있다. MySQL에서도 NCHAR 타입을 지원하지만 기본적으로 MySQL에서는 칼럼 단위로 문자 집합을 선택할 수 있기 때문에 NCHAR 타입을 사용할 필요는 없다. MySQL에서 NCHAR 타입을 사용하면 UTF-8 문자 집합을 사용하는 CHAR 타입으로 생성된다.

MySQL 서버에서 사용 가능한 문자 집합은 다음과 같이 "SHOW CHARACTER SET" 명령으로 확인해 볼 수 있다.

```
mysql> SHOW CHARACTER SET;
+----------+-----------------------------+----------------------+---------+
| Charset  | Description                 | Default collation    | Maxlen  |
+----------+-----------------------------+----------------------+---------+
| ascii    | US ASCII                    | ascii_general_ci     |    1    |
| binary   | Binary pseudo charset       | binary               |    1    |
| cp932    | SJIS for Windows Japanese    | cp932_japanese_ci    |    2    |
| eucjpms  | UJIS for Windows Japanese    | eucjpms_japanese_ci  |    3    |
| euckr    | EUC-KR Korean               | euckr_korean_ci      |    2    |
| latin1   | cp1252 West European        | latin1_swedish_ci    |    1    |
| utf8     | UTF-8 Unicode               | utf8_general_ci      |    3    |
| utf8mb4  | UTF-8 Unicode               | utf8mb4_0900_ai_ci   |    4    |
...
+----------+-----------------------------+----------------------+---------+
```

출력 내용을 확인해보면 여러 가지 문자 집합이 다양하게 사용되고 있다. 하지만 한국에서 MySQL을
사용한다면 대부분 euckr이나 utf8mb4만으로도 충분할 것이다.

- latin 계열의 문자 집합은 알파벳이나 숫자, 그리고 키보드의 특수 문자로만 구성된 문자열만 저장해도 될 때 저장
  공간을 절약하면서 사용할 수 있는 문자 집합이다(대부분 해시 값이나 16진수로 구성된 "Hex String" 또는 단순한
  코드 값을 저장하는 용도로 사용한다).

- euckr은 한국어 전용으로 사용되는 문자 집합이며, 모든 글자는 1~2바이트를 사용한다.

- utf8mb4은 다국어 문자를 포함할 수 있는 칼럼에 사용하기에 적합하다. 칼럼의 문자 집합이 utf8mb4로 생성되면
  일반적으로 디스크에 저장할 때는 한 글자를 저장하기 위해 1~4바이트까지 사용한다. 하지만 utf8mb4 문자 집합을
  사용하는 문자열 값이 메모리에 기록(MEMORY 테이블이나 정렬 버퍼 등과 같은 용도에서)될 때는 실제 문자열의
  길이와 관계없이 문자당 4바이트로 공간이 할당되는 경우도 있다.

- utf8은 utf8mb4의 부분 집합인데, MySQL 서버에서 utf8mb4가 도입되기 이전에 주로 사용됐다. utf8 문자 집합
  은 한 글자를 저장하기 위해 1~3바이트까지 사용한다. 한 글자를 저장하기 위한 공간이 최대 3바이트이기 때문에
  utf8mb4보다는 저장할 수 있는 문자의 범위가 좁다.

SHOW CHARACTER SET 명령의 결과에서 "Default collation" 칼럼에는 해당 문자 집합의 기본 콜레이션이
무엇인지 표시해준다. 기본 콜레이션이란 칼럼에 콜레이션은 명시하지 않고 문자 집합만 지정했을 때
설정되는 콜레이션을 의미한다. 콜레이션에 대해서는 잠시 후에 다시 자세히 살펴보겠다.

MySQL에서는 문자 집합을 설정하는 시스템 변수가 여러 가지가 있는데, 모두 제각기 목적이 다르므로 주의해야 한다. 간략하게 MySQL에서 설정 가능한 문자 집합 관련 변수를 살펴보고, 서로 어떻게 상호 작용하는지 그림 15.3으로 살펴보자.

- character_set_system

  MySQL 서버가 식별자(Identifier, 테이블 명이나 칼럼 명 등)를 저장할 때 사용하는 문자 집합이다. 이 값은 기본적으로 utf8로 설정되며, 사용자가 설정하거나 변경할 필요가 없다.

- character_set_server

  MySQL 서버의 기본 문자 집합이다. DB나 테이블 또는 칼럼에 아무런 문자 집합이 설정되지 않을 때 이 시스템 변수에 명시된 문자 집합이 기본으로 사용된다. 이 시스템 변수의 기본값은 utf8mb4다.

- character_set_database

  MySQL DB의 기본 문자 집합이다. DB를 생성할 때 아무런 문자 집합이 명시되지 않았다면 이 시스템 변수에 명시된 문자 집합이 기본값으로 사용된다. 이 변수가 정의되지 않으면 character_set_server 시스템 변수에 명시된 문자 집합이 기본으로 사용된다. 이 시스템 변수의 기본값은 utf8mb4이다.

- character_set_filesystem

  LOAD DATA INFILE ... 또는 SELECT ... INTO OUTFILE 문장을 실행할 때 인자로 지정되는 파일의 이름을 해석할 때 사용되는 문자 집합이다. 여기서 주의해야 할 것은 데이터 파일의 내용을 읽을 때 사용하는 문자 집합이 아니라 파일의 이름을 찾을 때 사용하는 문자 집합이라는 점이다. 이 설정값은 각 커넥션에서 임의의 문자 집합으로 변경해서 사용할 수 있다. 기본값은 binary인데, LOAD DATA INFILE 명령이나 SELECT INTO OUTFILE 명령에서 파일명을 제대로 인식하지 못한다면 character_set_filesystem 시스템 변수를 utf8mb4로 변경하는 것이 좋다.

- character_set_client

  MySQL 클라이언트가 보낸 SQL 문장은 character_set_client에 설정된 문자 집합으로 인코딩해서 MySQL 서버로 전송한다. 이 값은 각 커넥션에서 임의의 문자 집합으로 변경해서 사용할 수 있다. 기본값은 utf8mb4이다. SQL 문장에서 문자열 리터럴에 대해 인트로듀서("_utf8mb4 'string_value'" 형태로 문자열 리터럴에 문자 셋을 설정하는 방법)가 사용된 경우에는 character_set_client 시스템 변수와 무관하게 개별적으로 설정된 문자 셋이 적용된다.

- character_set_connection

  MySQL 서버가 클라이언트로부터 전달받은 SQL 문장을 처리하기 위해 character_set_connection의 문자 집합으로 변환한다. 또한 클라이언트로부터 전달받은 숫자 값을 문자열로 변환할 때도 character_set_connection에 설정된 문자 집합이 사용된다. 이 변숫값 또한 각 커넥션에서 임의의 문자 집합으로 변경해서 사용할 수 있다. 기본값은 utf8mb4다.

- character_set_results

    MySQL 서버가 쿼리의 처리 결과를 클라이언트로 보낼 때 사용하는 문자 집합을 설정하는 시스템 변수다. 이 시스템 변수도 각 커넥션에서 임의의 문자 집합으로 변경해서 사용할 수 있다. 기본값은 utf8mb4다.

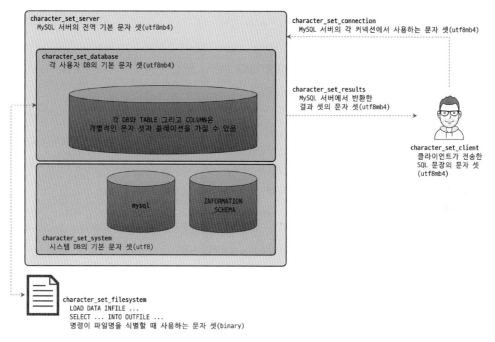

그림 15.3 문자 집합의 적용 범위 및 클라이언트와 서버 간의 문자 집합 변환

15.1.3.1 클라이언트로부터 쿼리를 요청했을 때의 문자 집합 변환

MySQL 서버는 클라이언트로부터 받은 메시지(SQL 문장과 변숫값)가 character_set_client에 지정된 문자 집합으로 인코딩돼 있다고 판단하고, 받은 문자열 데이터를 character_set_connection에 정의된 문자 집합으로 변환한다. 하지만 SQL 문장에 별도의 문자 집합이 지정된 리터럴(문자열)은 변환 대상에 포함하지 않는다.

SQL 문장에서 별도로 문자 집합을 설정하는 지정자를 "인트로듀서"라고 하며, 사용법은 다음과 같다.

```
mysql> SELECT emp_no, first_name FROM employees WHERE first_name='Matt';
mysql> SELECT emp_no, first_name FROM employees WHERE first_name =_latin1'Matt';
```

첫 번째 쿼리에서 first_name 칼럼의 비교 조건으로 사용한 "Matt" 문자열은 character_set_connection 으로 문자 집합이 변환된 이후 처리될 것이다. 하지만 두 번째 쿼리는 인트로듀서(_latin1)가 사용됐으므로 "Matt" 문자열은 character_set_connection이 아니라 latin1 문자 집합으로 first_name 칼럼의 값과의 비교가 실행된다. 일반적으로 인트로듀서는 "_utf8mb4" 또는 "_latin1"과 같이 문자열 리터럴 앞에 언더스코어 기호("_")와 문자 집합의 이름을 붙여서 표현한다.

15.1.3.2 처리 결과를 클라이언트로 전송할 때의 문자 집합 변환

character_set_connection에 정의된 문자 집합으로 변환해 SQL을 실행한 다음, MySQL 서버는 쿼리의 결과(결과 셋이나 에러 메시지)를 character_set_results 변수에 설정된 문자 집합으로 변환해 클라이언트로 전송한다. 이때 결과 셋에 포함된 칼럼의 값이나 칼럼명과 같은 메타데이터도 모두 character_set_results로 인코딩되어 클라이언트로 전송된다.

그림 15.3의 전체 과정에서 변환 전의 문자 집합과 변환해야 할 문자 집합이 똑같다면 별도의 문자 집합 변환 작업은 모두 생략한다. 예를 들어, 쿼리를 MySQL 서버로 전송할 때 character_set_client와 character_set_connection의 문자 집합이 똑같이 utf8mb4라면 MySQL 서버가 클라이언트로부터 쿼리 요청을 받아도 문자 집합은 변환되지 않는다. 결과를 클라이언트로 전송할 때도 character_set_results와 칼럼의 문자 집합이 똑같다면 별도의 변환이 필요하지 않다. 여기서 문자 집합이라고만 표현했지만 문자 집합은 물론이고 콜레이션까지 포함해서 같은지 다른지를 비교한다.

character_set_client와 character_set_results, character_set_connection이라는 3개의 시스템 설정 변수에 대해서는 클라이언트 프로그램이나 클라이언트 GUI 도구에서 마음대로 변경할 수 있다. 즉, 이 시스템 설정 변수는 모두 세션 변수이면서 동적 변수다. 다음과 같이 이들 변수의 값을 한 번에 설정하거나 개별적으로 변경할 수 있다.

```
mysql> SET character_set_client = 'utf8mb4';
mysql> SET character_set_results = 'utf8mb4';
mysql> SET character_set_connection = 'utf8mb4';

mysql> SET NAMES utf8mb4;
mysql> CHARSET utf8mb4;
```

위의 예제에서 처음 3개의 SET 명령은 각 설정값을 개별적으로 변경하는 명령이며, 나머지 2개의 명령은 3개의 설정값을 한 번에 변경할 수 있는 명령이다. 예제 아래 쪽의 명령 2개도 조금 차이가 있다. SET NAMES 명령은 현재 접속된 커넥션에서만 유효하지만 CHARSET 명령은 MySQL 클라이언트 프로그램이 재시작되지 않은 상태에서 재접속할 때도 문자 집합 설정이 유효하게 만들어 준다.

15.1.4 콜레이션(Collation)

콜레이션은 문자열 칼럼의 값에 대한 비교나 정렬 순서를 위한 규칙을 의미한다. 즉, 비교나 정렬 작업에서 영문 대소문자를 같은 것으로 처리할지, 아니면 더 크거나 작은 것으로 판단할지에 대한 규칙을 정의하는 것이다.

MySQL의 모든 문자열 타입의 칼럼은 독립적인 문자 집합과 콜레이션을 가진다. 각 칼럼에 대해 독립적으로 문자 집합이나 콜레이션을 지정하든 그렇지 않든 독립적인 문자 집합과 콜레이션을 가지는 것이다. 각 칼럼에 대해 독립적으로 지정하지 않으면 MySQL 서버나 DB의 기본 문자 집합과 콜레이션이 자동으로 설정된다. 콜레이션이란 문자열 칼럼의 값을 비교하거나 정렬하는 기준이 된다. 그래서 각 문자열 칼럼의 값을 비교하거나 정렬할 때는 항상 문자 집합뿐 아니라 콜레이션의 일치 여부에 따라 결과가 달라지며, 쿼리의 성능 또한 상당한 영향을 받는다.

15.1.4.1 콜레이션 이해

문자 집합은 2개 이상의 콜레이션을 가지고 있는데, 하나의 문자 집합에 속한 콜레이션은 다른 문자 집합과 공유해서 사용할 수 없다. 또한 테이블이나 칼럼에 문자 집합만 지정하면 해당 문자 집합의 디폴트 콜레이션이 해당 칼럼의 콜레이션으로 지정된다. 반대로 칼럼의 문자 집합은 지정하지 않고 콜레이션만 지정하면 해당 콜레이션이 소속된 문자 집합이 묵시적으로 그 칼럼의 문자 집합으로 사용된다. MySQL 서버에서 사용 가능한 콜레이션의 목록은 "SHOW COLLATION" 명령을 이용해 다음과 같이 확인할 수 있다.

```
mysql> SHOW COLLATION;
+-------------------+---------+----+---------+----------+---------+---------------+
| Collation         | Charset | Id | Default | Compiled | Sortlen | Pad_attribute |
+-------------------+---------+----+---------+----------+---------+---------------+
| ascii_bin         | ascii   | 65 |         | Yes      |       1 | PAD SPACE     |
| ascii_general_ci  | ascii   | 11 | Yes     | Yes      |       1 | PAD SPACE     |
| euckr_bin         | euckr   | 85 |         | Yes      |       1 | PAD SPACE     |
```

```
| euckr_korean_ci      | euckr   |  19 | Yes | Yes |   1 | PAD SPACE |
| latin1_bin           | latin1  |  47 |     | Yes |   1 | PAD SPACE |
| latin1_general_ci    | latin1  |  48 |     | Yes |   1 | PAD SPACE |
| latin1_general_cs    | latin1  |  49 |     | Yes |   1 | PAD SPACE |
| utf8mb4_0900_ai_ci   | utf8mb4 | 255 | Yes | Yes |   0 | NO PAD    |
| utf8mb4_0900_as_ci   | utf8mb4 | 305 |     | Yes |   0 | NO PAD    |
| utf8mb4_0900_as_cs   | utf8mb4 | 278 |     | Yes |   0 | NO PAD    |
| utf8mb4_0900_bin     | utf8mb4 | 309 |     | Yes |   1 | NO PAD    |
| utf8mb4_bin          | utf8mb4 |  46 |     | Yes |   1 | PAD SPACE |
| utf8mb4_general_ci   | utf8mb4 |  45 |     | Yes |   1 | PAD SPACE |
| utf8mb4_unicode_ci   | utf8mb4 | 224 |     | Yes |   8 | PAD SPACE |
| utf8_bin             | utf8    |  83 |     | Yes |   1 | PAD SPACE |
| utf8_general_ci      | utf8    |  33 | Yes | Yes |   1 | PAD SPACE |
| utf8_unicode_520_ci  | utf8    | 214 |     | Yes |   8 | PAD SPACE |
| utf8_unicode_ci      | utf8    | 192 |     | Yes |   8 | PAD SPACE |
...
+-------------------------+----------+-----+---------+----------+---------+--------------+
```

일반적으로 콜레이션의 이름은 2개 또는 3개의 파트로 구분돼 있으며, 각 파트는 다음과 같은 의미로 사용된다.

- 3개의 파트로 구성된 콜레이션 이름
  - 첫 번째 파트는 문자 집합의 이름이다.
  - 두 번째 파트는 해당 문자 집합의 하위 분류를 나타낸다.
  - 세 번째 파트는 대문자나 소문자의 구분 여부를 나타낸다. 즉, 세 번째 파트가 "ci"이면 대소문자를 구분하지 않는 콜레이션(Case Insensitive)을 의미하며, "cs"이면 대소문자를 별도의 문자로 구분하는 콜레이션(Case Sensitive)이다.

- 2개의 파트로 구성된 콜레이션 이름
  - 첫 번째 파트는 마찬가지로 문자 집합의 이름이다.
  - 두 번째 파트는 항상 "bin"이라는 키워드가 사용된다. 여기서 "bin"은 이진 데이터(binary)를 의미하며, 이진 데이터로 관리되는 문자열 칼럼은 별도의 콜레이션을 가지지 않는다. 콜레이션이 "xxx_bin"이라면 비교 및 정렬은 실제 문자 데이터의 바이트 값을 기준으로 수행된다.

대부분 문자 집합의 콜레이션 이름은 2~3개의 파트로 구분돼 있었는데, utf8mb4 문자 집합의 콜레이션은 이름이 더 많이 복잡해졌다. utf8mb4 문자 집합의 콜레이션 중에서 "utf8mb4_0900"으로 시작하는 콜레이션에서 "0900"은 UCA(Unicode Collation Algorithm)의 버전을 의미한다. UCA는 문자 비교 규칙 정도로 이해하면 된다. 예를 들어, utf8mb4_unicode_520_ci 콜레이션에서 "520"은 UCA 5.2.0을 의미한다. 참고로 2020년 현재 UCA의 최종 버전은 13.0.0이다. UCA의 버전이 올라갈수록 문자 간의 정렬 순서와 비교 규칙은 더 정교해지고 언어별 특성이 더 잘 반영된 버전이라고 볼 수 있다.

utf8mb4 문자 집합에서는 액센트 문자의 구분 여부가 콜레이션의 이름에 포함됐다. 예를 들어, "utf8mb4_0900_ai_ci"와 같이 "ai" 또는 "as"를 포함하는 경우가 있는데, 이는 액센트를 가진 문자(Accent Sensitive)와 그렇지 않은 문자(Accent Insensitive)들을 정렬 순서상 동일 문자로 판단할지 여부를 나타낸다. "ai"라면 다음의 5개 문자는 정렬 순서상 동일하게 취급된다. 여기서 한 가지 주의할 것은 콜레이션이 정렬 순서에만 영향을 미치는 것이 아니라 동일 문자인지 아닌지의 검색 결과에도 영향을 미친다는 점이다. 정렬의 크다 작다는 개념 자체가 비교의 결과이기 때문이다.

e, è, é, ê, ë

> **주의**
> 콜레이션이 대소문자나 액센트 문자를 구분하지 않는다고 해서 실제 칼럼에 저장되는 값이 모두 소문자나 대문자로 변환되어 저장되는 것은 아니며, 콜레이션과 관계없이 입력된 데이터의 대소문자는 별도의 변환 없이 그대로 저장된다.
>
> MySQL 서버에서 문자열의 정렬이나 검색을 위한 비교 작업이 단순히 저장된 문자열 값의 인코딩된 바이트 값(이를 Code Point라고 한다)으로 비교한다고 생각하는 사용자가 많은데, 이는 사실이 아니다. MySQL 서버는 인코딩된 상태로 저장된 문자열을 가져와 각 인코딩된 바이트 값에 해당하는 콜레이션 값으로 매칭시킨 다음 비교를 수행하게 된다. 즉, 저장된 문자열의 바이트 값은 직접적인 비교 대상이 아니다.

자주 사용하는 latin1이나 euckr, utf8mb4 문자 집합의 디폴트 콜레이션은 각각 latin1_swedish_ci, euckr_korean_ci, utf8mb4_0900_ai_ci다. 이들은 모두 대소문자를 구분하지 않는 콜레이션이라서 대소문자를 구분해서 비교하거나 정렬해야 하는 칼럼에서는 "_cs" 계열의 콜레이션을 명시적으로 지정해야 한다. 하지만 utf8mb4 문자 집합이나 euckr과 같이 별도로 "_cs" 계열의 콜레이션을 가지지 않는 문자 집합도 있는데, 이때는 utf8mb4_bin 또는 euckr_bin과 같이 "_bin" 계열의 콜레이션을 사용하면 된다. 일반적으로 각 국가의 언어는 그 나라 국민에게 익숙한 순서대로 문자 코드 값이 부여돼 있으므로 대소문자를 구분할 때는 "_bin" 계열의 콜레이션을 적용해도 특별히 문제되지는 않는다.

MySQL의 문자열 칼럼은 콜레이션 없이 문자 집합만 가질 수는 없다. 콜레이션을 명시적으로 지정하지 않았다면 지정된 문자 집합의 기본 콜레이션이 묵시적으로 적용된다. 그리고 문자열 칼럼의 정렬이나 비교는 항상 해당 문자열 칼럼의 콜레이션에 의해 판단하므로 문자열 칼럼에서는 CHAR나 VARCHAR 같은 타입의 이름과 길이만 같다고 해서 똑같은 타입이라고 판단해서는 안 된다. 타입의 이름과 문자열의 길이, 문자 집합과 콜레이션까지 일치해야 똑같은 타입이라고 할 수 있다. 문자열 칼럼에서는 문자 집합과 콜레이션이 모두 일치해야만 앞에서 배운 조인이나 WHERE 조건이 인덱스를 효율적으로 사용할 수 있다. 조인을 수행하는 양쪽 테이블의 칼럼이 문자 집합이나 콜레이션이 다르다면 비교 작업에서 콜레이션의 변환이 필요하기 때문에 인덱스를 효율적으로 이용하지 못할 때가 많으므로 주의해야 한다.

테이블을 생성할 때 문자 집합이나 콜레이션을 적용하는 방법을 한 번 살펴보자.

```
mysql> CREATE DATABASE db_test CHARACTER SET=utf8mb4;

mysql> CREATE TABLE tb_member (
        member_id VARCHAR(20) NOT NULL COLLATE latin1_general_cs,
        member_name VARCHAR(20) NOT NULL COLLATE utf8_bin,
        member_email VARCHAR(100) NOT NULL,
        ...
    );
```

문자 집합이나 콜레이션은 DB 수준에서 설정할 수도 있으며, 테이블 수준으로 설정할 수도 있다. 그리고 마지막으로 칼럼 수준에서도 개별적으로 설정할 수 있다.

- 첫 번째 "CREATE DATABASE" 명령으로 기본 문자 집합이 utf8mb4인 DB를 생성한다. 이 명령에서 콜레이션은 명시적으로 정의하지 않았지만 utf8mb4의 기본 콜레이션인 utf8mb4_0900_ai_ci가 기본 콜레이션이 된다. db_test DB 내에서 생성되는 테이블이나 칼럼 중에서 별도로 문자 집합과 콜레이션을 정의하지 않으면 모두 utf8mb4 문자 집합과 utf8mb4_0900_ai_ci 콜레이션을 사용하도록 자동 설정된다.
- 두 번째 "CREATE TABLE" 명령에서는 각 칼럼이 서로 다른 문자 집합이나 콜레이션을 사용하게 정의했다. 각 칼럼의 비교나 정렬 특성을 살펴보자.
  - tb_member 테이블을 생성하면서 member_id 칼럼의 콜레이션을 latin1_general_cs로 설정했다. 그래서 member_id 칼럼은 숫자나 영문 알파벳, 키보드의 특수 문자 위주로만 저장할 수 있고, "_cs" 계열의 콜레이션이므로 대소문자 구분을 하는 정렬이나 비교를 수행한다.
  - member_name 칼럼은 콜레이션이 utf8_bin으로 설정됐으므로 한글이나 다른 나라의 언어를 사용할 수 있지만 "_bin" 계열의 콜레이션이 사용됐으므로 대소문자를 구분하는 정렬과 비교를 수행한다.

- member_email 칼럼은 아무런 문자 집합이나 콜레이션을 정의하지 않았으므로 DB의 기본 문자 집합과 콜레이션을 그대로 사용한다. 그래서 member_email 칼럼은 utf8mb4_0900_ai_ci 콜레이션을 사용하고, 비교나 정렬 시 대소문자를 구분하지 않는다.

대표적으로 latin 계열의 문자 집합에 대해 _ci, _cs, _bin 콜레이션의 정렬 규칙을 테스트해 보기 위해 tb_collate 테이블에 여러 종류의 콜레이션을 섞어서 테이블을 생성해봤다. 칼럼명은 이해를 위해 콜레이션의 이름을 포함해서 생성했다.

```
mysql> CREATE TABLE tb_collate (
        fd_latin1_general_ci VARCHAR(10) COLLATE latin1_general_ci,
        fd_latin1_general_cs VARCHAR(10) COLLATE latin1_general_cs,
        fd_latin1_bin VARCHAR(10) COLLATE latin1_bin,
        fd_latin7_general_ci VARCHAR(10) COLLATE latin7_general_ci
    );

mysql> INSERT INTO tb_collate VALUES
        ('a','a','a','a'), ('A','A','A','A'), ('b','b','b','b'), ('B','B','B','B'),
        ('_','_','_','_') , ('-','-','-','-'), ('.','.','.','.') , ('~','~','~','~');
```

테이블에서 칼럼별로 정렬한 결과를 한 번 확인해 보자.

```
mysql> SELECT fd_latin1_general_ci FROM tb_collate ORDER BY fd_latin1_general_ci;
+----------------------+
| fd_latin1_general_ci |
+----------------------+
| -                    |
| .                    |
| a                    |
| A                    |
| b                    |
| B                    |
| _                    |
| ~                    |
+----------------------+
```

```
mysql> SELECT fd_latin1_general_cs FROM tb_collate ORDER BY fd_latin1_general_cs;
+----------------------+
| fd_latin1_general_cs |
+----------------------+
| -                    |
| .                    |
| A                    |
| a                    |
| B                    |
| b                    |
| _                    |
| ~                    |
+----------------------+

mysql> SELECT fd_latin1_bin FROM tb_collate ORDER BY fd_latin1_bin;
+---------------+
| fd_latin1_bin |
+---------------+
| -             |
| .             |
| A             |
| B             |
| _             |
| a             |
| b             |
| ~             |
+---------------+

mysql> SELECT fd_latin7_general_ci FROM tb_collate ORDER BY fd_latin7_general_ci;
+----------------------+
| fd_latin7_general_ci |
+----------------------+
| -                    |
| .                    |
| _                    |
| ~                    |
| a                    |
```

```
¦ A            ¦
¦ b            ¦
¦ B            ¦
+----------------------+
```

위의 예제 쿼리에서 각 정렬이 어떻게 수행됐고 각 콜레이션에서 주의할 사항으로 어떤 것이 있는지 살펴보자.

- 첫 번째 예제는 latin1_general_ci 콜레이션을 사용하는 칼럼을 기준으로 정렬했다. 출력된 정렬 순서로 보면 'a'와 'A' 중에서 소문자가 먼저인 것처럼 보이지만 사실 대소문자 구분이 없이 정렬된 것이다.

- 두 번째 예제는 latin1_general_cs 콜레이션으로 정렬한 것인데, 대문자 'A'와 소문자 'a'는 모두 대문자 'B'보다 먼저 정렬됐다. 그런데 같은 알파벳에서는 대문자가 소문자보다 먼저 정렬됐다.

- 세 번째 예제는 latin1_bin 콜레이션으로 정렬한 예제로 대문자만 먼저 정렬되고 그다음으로 소문자가 정렬됐다.

- 네 번째 예제는 조금 다른 성격의 정렬인데, 첫 번째부터 세 번째 정렬은 모두 특수 문자의 정렬 위치가 알파벳의 앞뒤로 분산돼 있다. 그런데 특수문자만 먼저 정렬하고 알파벳을 그다음으로 정렬하기를 원할 수도 있다. 이때는 latin1이 아니라 latin7 문자셋을 사용하면 특수문자가 알파벳보다 먼저 정렬된다.

때로는 WHERE 조건의 검색은 대소문자를 구분하지 않고 실행하되 정렬은 대소문자를 구분해서 해야 할 때도 있는데, 이때는 검색과 정렬 작업 중 하나는 인덱스를 이용하는 것을 포기할 수밖에 없다. 주로 이때는 칼럼의 콜레이션을 "_ci"로 만들어 검색은 인덱스를 충분히 이용할 수 있게 하고, 정렬 작업은 인덱스를 사용하지 않는 명시적인 정렬(Using filesort) 형태로 처리하는 것이 일반적이다. 검색과 정렬 모두 인덱스를 이용하려면 정렬을 위한 콜레이션을 사용하는 칼럼을 하나 더 추가하고 검색은 원본 칼럼을, 그리고 정렬은 복사된 추출 칼럼을 이용하는 방법도 생각해볼 수 있다. 데이터의 양이나 업무의 중요도를 적절히 반영해 방법을 선택하면 될 것이다.

테이블의 구조는 "SHOW CREATE TABLE" 명령으로 확인할 수 있다. 어떤 칼럼이 디폴트 문자 집합이나 콜레이션을 사용할 때는 별도로 표시해주지 않으므로 조금 분석하기가 어려울 수 있다. 각 칼럼의 문자 집합이나 콜레이션을 정확히 확인하려면 information_schema DB의 COLUMNS 뷰를 확인해 보면 된다.

```
mysql> SELECT table_name, column_name,
            column_type, character_set_name, collation_name
      FROM information_schema.columns
      WHERE table_schema='test' AND table_name='tb_collate';
```

```
+-------------+---------------------+-------------+-------------------+-------------------+
| TABLE_NAME  | COLUMN_NAME         | COLUMN_TYPE | CHARACTER_SET_NAME | COLLATION_NAME   |
+-------------+---------------------+-------------+-------------------+-------------------+
| tb_collate  | fd_latin1_bin       | varchar(10) | latin1            | latin1_bin        |
| tb_collate  | fd_latin1_general_ci| varchar(10) | latin1            | latin1_general_ci |
| tb_collate  | fd_latin1_general_cs| varchar(10) | latin1            | latin1_general_cs |
| tb_collate  | fd_latin7_general_ci| varchar(10) | latin7            | latin7_general_ci |
+-------------+---------------------+-------------+-------------------+-------------------+
```

15.1.4.2 utf8mb4 문자 집합의 콜레이션

지금까지는 문자 집합의 콜레이션을 이해하기 위해 주로 latin 계열의 콜레이션을 살펴봤는데, 실제 응용 프로그램에서는 latin 계열 문자 집합은 아주 특별한 경우 이외에는 거의 사용되지 않는다. 그리고 최근에는 응용 프로그램의 다국어 지원이 필수적이어서 대부분은 utf8mb4 문자 집합을 사용할 것이다. 이제 utf8mb4 문자 집합에 대해 자세히 살펴보자.

우선 다음 4개의 콜레이션은 utf8mb3(utf8) 또는 utf8mb4 문자 집합의 콜레이션 중 하나다. 여기서 숫자 값이 포함된 콜레이션과 그렇지 않은 콜레이션을 볼 수 있는데, 콜레이션 이름의 숫자 값은 모두 콜레이션의 비교 알고리즘 버전이다. 첫 번째 utf8_unicode_ci와 같이 별도의 숫자 값이 명시돼 있지 않은 콜레이션은 UCA 버전 4.0.0을 의미한다.

콜레이션	UCA 버전
uf8_unicode_ci	4.0.0
utf8_unicode_520_ci	5.2.0
utf8mb4_unicode_520_ci	5.2.0
utf8mb4_0900_ai_ci	9.0.0

그리고 콜레이션의 이름에 로캘(Locale)이 포함돼 있는지 여부로 언어에 종속적인 콜레이션과 언어에 비종속적인 콜레이션으로 구분할 수 있다.

콜레이션	언어	표기
utf8mb4_0900_ai_ci	N/A	없음
utf8mb4_zh_0900_as_cs	중국어	zh
utf8mb4_la_0900_ai_ci	클래식 라틴	la 또는 roman
utf8mb4_de_pb_0900_ai_ci	독일 전화번호 안내 책자 순서	de_pb 또는 german2
utf8mb4_ja_0900_as_cs	일본어	ja
utf8mb4_ro_0900_ai_ci	로마어	ro 또는 romanian
utf8mb4_ru_0900_ai_ci	러시아어	ru
utf8mb4_es_0900_ai_ci	현대 스페인어	es 또는 spanish
utf8mb4_vi_0900_ai_ci	베트남	vi 또는 vietnamese

utf8mb4_0900_ai_ci와 같이 언어 비종속적인 콜레이션은 문자 셋의 기본 정렬 순서에 의해 정렬 및 비교가 수행되며, 언어 종속적인 콜레이션은 해당 언어에서 정의한 정렬 순서에 의해 정렬 및 비교가 수행된다. 특정 언어에 종속적인 정렬 순서가 필요하다면 그 언어에 맞는 콜레이션을 선택해야 한다. 하지만 범용 응용 프로그램이라면 "utf8mb4_0900_ai_ci" 콜레이션으로도 충분할 것이다.

UCA 9.0.0 버전은 그 이전 버전의 콜레이션보다 빠르다고 MySQL 매뉴얼에서 소개하고 있다. 하지만 실제로 간단히 테스트만 해봐도 그렇지 않다는 것을 확인할 수 있다. 또한 UCA 9.0.0 버전을 사용하는 콜레이션은 모두 "NO PAD" 옵션으로 문자열 비교 작업이 처리되기 때문에 특정 케이스에는 UCA 9.0.0 이전 버전의 콜레이션보다 더 빠르게 작동한다고 소개돼 있지만 이 부분도 크게 성능 영향은 없는 것으로 보인다. 다음의 테스트 결과를 보면 오히려 일반적으로 많이 사용되는 2개의 콜레이션 기준으로 볼 때 이전 버전의 콜레이션이 더 빠른 결과를 보였다.

```
mysql> SET NAMES utf8mb4 COLLATE utf8mb4_general_ci;
mysql> SELECT BENCHMARK(10000000, '한글입니까'='한글입니다');
1 row in set (0.58 sec)

mysql> SET NAMES utf8mb4 COLLATE utf8mb4_0900_ai_ci;
mysql> SELECT BENCHMARK(10000000, '한글입니까'='한글입니다');
1 row in set (1.71 sec)
```

위의 테스트 결과를 보고 단순히 성능 때문에 utf8mb4_general_ci 콜레이션을 선택하지는 말자. 위 테스트는 비교 횟수가 많아서 큰 차이를 보이는 것 같지만 실제로는 문자열 비교 한 번에 대략 0.1 마이크로초 차이밖에 되지 않는다. 콜레이션의 필요에 따라 결정해야 할 부분이지, 성능을 기준으로 콜레이션을 선택하지는 않도록 하자.

UCA 9.0.0 콜레이션은 최신 정렬 순서를 반영하고 있으므로 응용 프로그램의 요건에 따라 "utf8mb4_0900" 콜레이션을 선택해야 할 수도 있다. 하지만 "utf8mb4_0900" 콜레이션은 "NO PAD" 옵션으로 인해 문자열 뒤에 존재하는 공백도 유효 문자로 취급되어 비교되고, 이로 인해 기존과는 다른 비교 결과를 보일 수도 있으므로 주의해야 한다. 기존 UCA 9.0.0 이전 콜레이션을 사용 중인 응용 프로그램에 대해서는 문자 집합과 콜레이션을 변경하는 작업이 위험할 수 있으니 필요한 테스트를 진행한 후 콜레이션 변경을 진행하는 것이 좋다. 새로운 서비스를 개발하고 있다면 성능과 관계없이 UCA 9.0.0 기반의 콜레이션을 사용할 것을 권장한다.

MySQL 8.0 이전 버전에서 MySQL 8.0으로 업그레이드하는 경우 utf8mb4 문자 집합의 콜레이션에 주의해야 한다. "utf8mb4_0900" 콜레이션은 MySQL 8.0 버전에서 처음 도입됐다. MySQL 5.7 버전에서는 utf8mb4 문자 집합의 기본 콜레이션이 "utf8mb4_general_ci"였는데, MySQL 8.0 버전부터는 utf8mb4 문자 집합의 기본 콜레이션이 "utf8mb4_0900_ai_ci"로 변경됐다. 그래서 MySQL 8.0 버전의 설정 파일 (my.cnf)에 콜레이션에 대한 설정 없이 문자 집합에 대한 설정만 추가된 경우 다음과 같이 콜레이션이 utf8mb4_0900_ai_ci로 초기화된다. 다음은 MySQL 5.7과 MySQL 8.0에서 어떻게 차이가 나는지를 보여준다.

MySQL 5.7

```
mysql> SHOW GLOBAL VARIABLES LIKE '%character%';
+--------------------------+---------+
| Variable_name            | Value   |
+--------------------------+---------+
| character_set_client     | utf8mb4 |
| character_set_connection | utf8mb4 |
| character_set_database   | utf8mb4 |
| character_set_filesystem | utf8mb4 |
| character_set_results    | utf8mb4 |
| character_set_server     | utf8mb4 |
| character_set_system     | utf8    |
```

```
+-----------------------------+---------+

mysql> SHOW GLOBAL VARIABLES LIKE 'collation%';
+-----------------------------+--------------------+
| Variable_name               | Value              |
+-----------------------------+--------------------+
| collation_connection        | utf8mb4_general_ci |
| collation_database          | utf8mb4_general_ci |
| collation_server            | utf8mb4_general_ci |
+-----------------------------+--------------------+
```

MySQL 8.0

```
mysql> SHOW GLOBAL VARIABLES LIKE '%character%';
==> MySQL 5.7과 동일

mysql> SHOW GLOBAL VARIABLES LIKE 'collation%';
+-----------------------------+--------------------+
| Variable_name               | Value              |
+-----------------------------+--------------------+
| collation_connection        | utf8mb4_0900_ai_ci |
| collation_database          | utf8mb4_0900_ai_ci |
| collation_server            | utf8mb4_0900_ai_ci |
+-----------------------------+--------------------+
```

이렇게 기본 콜레이션이 변경되면 이후부터 새로 생성되는 데이터베이스와 테이블들은 모두 utf8mb4_0900_ai_ci 콜레이션을 사용한다. 하지만 MySQL 5.7 버전부터 존재하던 테이블은 이미 utf8mb4_general_ci 콜레이션을 사용하고 있기 때문에 이 두 테이블은 조인을 할 때 에러가 발생하거나 성능이 심각하게 떨어진다. 이러한 문제를 해결할 수 있게 MySQL 서버는 default_collation_for_utf8mb4 시스템 변수를 제공한다. default_collation_for_utf8mb4 시스템 변수에 "utf8mb4_general_ci"를 설정하면 문자 집합이 utf8mb4로 설정될 경우 콜레이션들도 utf8mb4_general_ci로 초기화된다. 하지만 default_collation_for_utf8mb4 시스템 변수는 일시적으로 제공되는 기능이므로 영구적으로 사용하기에는 불안할 수 있다.

당분간 utf8mb4_0900_ai_ci로 콜레이션을 변경할 예정이 없다면 MySQL 서버의 설정 파일(my.cnf)에 콜레이션 관련 시스템 변수를 utf8mb4_general_ci로 고정해두는 것이 좋다. 그리고 MySQL 서버에 접속하는 응용 프로그램의 연결 문자열(Connection String)에도 connectionCollation 파라미터를 추가하는 것을 권장한다. 다음은 JDBC 드라이버의 연결 문자열에서 connectionCollation 파라미터를 설정한 예제다.

```
jdbc:mysql://dbms_server:3306/DB?connectionCollation=utf8mb4_general_ci
```

MySQL 서버의 콜레이션 관련 시스템 변수들이 모두 utf8mb4_general_ci로 고정됐다면 연결 문자열에서 문자 셋이나 콜레이션 관련 파라미터(useUnicode와 characterEncoding 같은 파라미터)를 모두 제거해주면 자동으로 클라이언트 드라이버가 MySQL 서버에 설정된 문자 집합과 콜레이션을 가져와서 사용한다.

MySQL 8.0으로 새로 시작하는 응용 프로그램이라면 utf8mb4_0900_ai_ci 콜레이션을 기본으로 사용할 것을 권장한다. 여러 설정 중에서 하나라도 잘못된 설정이 있다면 MySQL 서버는 다음과 같이 콜레이션이 달라서 비교할 수 없다는 에러를 발생시킬 것이다.

```
Error Code: 1267. Illegal mix of collations
    (utf8mb4_general_ci,IMPLICIT) and (utf8mb4_0900_ai_ci,IMPLICIT)
```

15.1.5 비교 방식

MySQL에서 문자열 칼럼을 비교하는 방식은 CHAR와 VARCHAR가 거의 같다. CHAR 타입의 칼럼에 SELECT를 실행했을 때 다른 DBMS처럼 사용되지 않는 공간에 공백 문자가 채워져서 나오지 않는다. 그리고 MySQL 서버에서 지원하는 대부분의 문자 집합과 콜레이션에서 CHAR 타입이나 VARCHAR 타입을 비교할 때 공백 문자를 뒤에 붙여서 두 문자열의 길이를 동일하게 만든 후 비교를 수행한다. 다음의 간단한 예제를 보면 더 쉽게 이해할 수 있을 것이다.

```
mysql> SELECT 'ABC'='ABC  ' AS is_equal;
+----------+
| is_equal |
+----------+
|        1 | ⟹ TRUE
+----------+

mysql> SELECT 'ABC'='  ABC' AS is_equal;
```

```
+----------+
| is_equal |
+----------+
|        0 | ==> FALSE
+----------+
```

첫 번째 예제 쿼리의 결과를 보면 "ABC"라는 문자열 뒤에 붙어 있는 3개의 공백은 있어도 없는 것처럼 비교했다는 것을 알 수 있다. 그리고 두 번째 쿼리의 결과를 보면 "ABC"라는 문자열의 앞쪽에 위치하는 공백 문자는 유효한 문자로 비교된다는 사실을 알 수 있다. 이러한 문자열 비교 방식은 문자열의 크다(>) 작다(<) 비교와 문자열 비교 함수인 STRCMP()에서도 똑같이 적용된다.

하지만 utf8mb4 문자 집합이 UCA 버전 9.0.0을 지원하면서 문자열 뒤에 붙어있는 공백 문자들에 대한 비교 방식이 달라졌다. 다음 예제 쿼리를 보면 utf8mb4_bin 콜레이션을 사용하는 경우 문자열 뒤에 붙어 있는 공백은 비교에 영향을 미치지 않는다. 하지만 utf8mb4_0900_bin 콜레이션을 사용하는 경우 문자열 뒤의 공백이 비교 결과에 영향을 미치는 것을 알 수 있다.

```
mysql> SET NAMES utf8mb4 COLLATE utf8mb4_bin;
mysql> SELECT 'a ' = 'a';
+------------+
| 'a ' = 'a' |
+------------+
|          1 |
+------------+

mysql> SET NAMES utf8mb4 COLLATE utf8mb4_0900_bin;
mysql> SELECT 'a ' = 'a';
+------------+
| 'a ' = 'a' |
+------------+
|          0 |
+------------+
```

이는 지금까지 MySQL 서버의 문자열 비교 규칙에 큰 영향을 미치는 변경이므로 utf8mb4 문자 집합을 사용하는 경우 주의해야 한다. 문자열 뒤의 공백이 비교 결과에 영향을 미치는지 아닌지는 다음과 같이 information_schema 데이터베이스의 COLLATIONS 뷰에서 PAD_ATTRIBUTE 칼럼의 값으로 판단할 수 있다.

```
mysql> SELECT collation_name, pad_attribute
       FROM information_schema.COLLATIONS
       WHERE collation_name LIKE 'utf8mb4%';
+--------------------------+---------------+
| collation_name           | pad_attribute |
+--------------------------+---------------+
| utf8mb4_general_ci       | PAD SPACE     |
| utf8mb4_bin              | PAD SPACE     |
| utf8mb4_unicode_ci       | PAD SPACE     |
| utf8mb4_0900_ai_ci       | NO PAD        |
| utf8mb4_0900_as_cs       | NO PAD        |
| utf8mb4_0900_as_ci       | NO PAD        |
| utf8mb4_0900_bin         | NO PAD        |
...
+--------------------------+---------------+
```

pad_attribute 칼럼의 값이 "PAD SPACE"라고 표시된 콜레이션에서는 비교 대상 문자열의 길이가 같아지도록 문자열 뒤에 공백을 추가해서 비교를 수행한다. 그리고 "NO PAD"로 표시된 콜레이션에서는 별도로 문자열의 길이를 일치시키지 않고 그대로 비교한다. MySQL 서버에서 지원하는 대부분의 콜레이션은 "PAD SPACE"이며, "utf8mb4_0900"으로 시작하는 콜레이션만 "NO PAD"다. 이 같은 이유로 "utf8mb4_0900" 으로 시작하는 콜레이션은 비교 대상 문자열의 길이가 많이 차이 나는 경우 더 빠른 비교 성능을 낸다.

문자열 비교의 경우 예외적으로 LIKE를 사용한 문자열 패턴 비교에서는 공백 문자가 유효 문자로 취급된다. LIKE 조건으로 비교하는 예제를 한 번 살펴보자.

```
mysql> SELECT 'ABC   ' LIKE 'ABC' AS is_same_pattern;
+-----------------+
| is_same_pattern |
+-----------------+
|               0 | ==> FALSE
+-----------------+

mysql> SELECT '   ABC' LIKE 'ABC' AS is_same_pattern;
+-----------------+
| is_same_pattern |
+-----------------+
```

```
|               0 |  ==> FALSE
+-----------------+

mysql> SELECT 'ABC   ' LIKE 'ABC%' AS is_same_pattern;
+-----------------+
| is_same_pattern |
+-----------------+
|               1 |  ==> TRUE
+-----------------+
```

위의 비교 예제를 보면 첫 번째와 두 번째 쿼리에서 문자열의 앞뒤에 있는 공백이 모두 유효한 문자 값으로 인식됐음을 알 수 있다. 그리고 실제 이런 값을 비교하려면 세 번째 쿼리와 같이 검색어 앞뒤로 와일드 카드("%") 문자를 사용해야 한다는 것을 알 수 있다. MySQL의 독특한 문자열 비교 방식은 주로 회원의 아이디나 닉네임과 같이 다른 DBMS와 연동해야 하는 서비스에서 문제가 되곤 하므로 주의해야 한다.

15.1.6 문자열 이스케이프 처리

MySQL에서 SQL 문장에 사용하는 문자열은 프로그래밍 언어처럼 "\"를 이용해 이스케이프 처리를 하는 것이 가능하다. 즉, "\t"나 "\n"으로 탭이나 개행문자를 표시할 수 있다. 각 특수문자를 어떻게 이스케이프 처리하는지 살펴보자.

이스케이프 표기	의미
\0	아스키(ASCII) NULL 문자(0x00)
\'	홑따옴표(')
\"	쌍따옴표(")
\b	백스페이스 문자
\n	개행문자(라인 피드)
\r	캐리지 리턴 문자 유닉스 계열 운영체제에서는 "\n"만 개행문자로 사용하며, 윈도우 계열 운영체제에서는 "\r\n"의 조합으로 개행문자를 사용한다.
\t	탭 문자
\\	백 슬래시(\) 문자

이스케이프 표기	의미
\%	퍼센트(%) 문자(LIKE의 패턴에서만 사용함)
_	언더 스코어(_) 문자(LIKE의 패턴에서만 사용함)

마지막의 "\%"와 "_"는 LIKE를 사용하는 패턴 검색 쿼리의 검색어에서만 사용할 수 있다. LIKE 패턴 검
색에서는 "%"와 "_"를 와일드 카드를 표현하기 위한 패턴 문자로 사용하므로 실제 "%" 문자나 "_" 문자
를 검색하려면 "\"를 이용해 이스케이프 처리를 해야 한다.

MySQL에서는 다른 DBMS에서와 같이 홑따옴표와 쌍따옴표의 경우에는 홑따옴표나 쌍따옴표를 두
번 연속으로 표기해서 이스케이프 처리할 수도 있다. MySQL에서는 문자열을 표시하기 위해 홑따옴표
와 쌍따옴표를 모두 사용할 수 있는데, 홑따옴표로 문자열을 표현할 때는 홑따옴표를 두 번 연속으로
표기해서 이스케이프 처리할 수 있다. 그리고 홑따옴표로 문자열을 감쌀 때는 쌍따옴표는 두 번 연속으
로 표기해도 이스케이프 용도로 해석되지 않는다. 그 반대로도 똑같이 적용된다. 간단하게 따옴표를 두
번 연속해서 이스케이프 처리하는 예제를 한번 살펴보자.

```
mysql> CREATE TABLE tb_char_escape (fd1 VARCHAR(100));

mysql> INSERT INTO tb_char_escape VALUES ('ab''ba');
mysql> INSERT INTO tb_char_escape VALUES ("ab""ba");
mysql> INSERT INTO tb_char_escape VALUES ("ab\ba");
mysql> INSERT INTO tb_char_escape VALUES ('ab\"ba');
mysql> INSERT INTO tb_char_escape VALUES ('ab""ba');
mysql> INSERT INTO tb_char_escape VALUES ("ab''ba");

mysql> SELECT * FROM tb_char_escape;
+--------+
|  fd1   |
+--------+
| ab'ba  |
| ab"ba  |
| ab'ba  |
| ab"ba  |
| ab""ba |
| ab''ba |
+--------+
```

위의 예제에서 하단의 마지막 두 INSERT는 홑따옴표와 쌍따옴표를 연속 두 번 표기해도 이스케이프 처리되지 않는 예를 보여준다.

15.2 숫자

숫자를 저장하는 타입은 값의 정확도에 따라 크게 참값(Exact value)과 근삿값 타입으로 나눌 수 있다.

- 참값은 소수점 이하 값의 유무와 관계없이 정확히 그 값을 그대로 유지하는 것을 의미한다. 참값을 관리하는 데이터 타입으로는 INTEGER를 포함해 INT로 끝나는 타입과 DECIMAL이 있다.

- 근삿값은 흔히 부동 소수점이라고 불리는 값을 의미하며, 처음 칼럼에 저장한 값과 조회된 값이 정확하게 일치하지 않고 최대한 비슷한 값으로 관리하는 것을 의미한다. 근삿값을 관리하는 타입으로는 FLOAT와 DOUBLE이 있다.

또한 값이 저장되는 포맷에 따라 십진 표기법(DECIMAL)과 이진 표기법으로 나눌 수 있다.

- 이진 표기법이란 흔히 프로그래밍 언어에서 사용하는 정수나 실수 타입을 의미한다. 이진 표기법은 한 바이트로 한 자리 또는 두 자리 숫자만 저장하는 것이 아니라 256까지의 숫자(양수만 저장한다고 가정할 경우)를 표현할 수 있기 때문에 숫자 값을 적은 메모리나 디스크 공간에 저장할 수 있다. MySQL의 INTEGER나 BIGINT 등 대부분 숫자 타입은 모두 이진 표기법을 사용한다.

- 십진 표기법(DECIMAL)은 숫자 값의 각 자릿값을 표현하기 위해 4비트나 한 바이트를 사용해서 표기하는 방법이다. 이는 우리가 흔히 이야기하는 십진수가 아니라 디스크나 메모리에 십진 표기법으로 저장된다는 것을 의미한다. MySQL의 십진 표기법을 사용하는 타입은 DECIMAL뿐이며, DECIMAL 타입은 금액(돈)처럼 정확하게 소수점까지 관리돼야 하는 값을 저장할 때 사용한다. 또한 DECIMAL 타입은 65자리 숫자까지 표현할 수 있으므로 BIGINT로도 저장할 수 없는 값을 저장할 때 사용된다.

DBMS에서는 근삿값은 저장할 때와 조회할 때의 값이 정확히 일치하지 않고, 유효 자릿수를 넘어서는 소수점 이하의 값은 계속 바뀔 수 있다. 특히 STATEMENT 포맷을 사용하는 복제에서는 소스 서버와 레플리카 서버 간 데이터 차이가 발생할 수도 있다. MySQL에서 FLOAT나 DOUBLE과 같은 부동 소수점 타입은 잘 사용하지 않는다. 또한 십진 표기법을 사용하는 DECIMAL 타입은 이진 표기법을 사용하는 타입보다 저장 공간을 2배 이상 필요로 한다. 매우 큰 숫자 값이나 고정 소수점을 저장해야 하는 것이 아니라면 일반적으로 INTEGER나 BIGINT 타입을 자주 사용한다.

15.2.1 정수

DECIMAL 타입을 제외하고 정수를 저장하는 데 사용할 수 있는 데이터 타입으로는 5가지가 있다. 이것들은 저장 가능한 숫자 값의 범위만 다를 뿐 다른 차이는 거의 없다. 정수 값을 위한 타입은 아주 직관적이다. 입력이 가능한 수의 범위 내에서 최대한 저장 공간을 적게 사용하는 타입을 선택하면 된다.

데이터 타입	저장공간 (Bytes)	최솟값 (Signed)	최솟값 (Unsigned)	최댓값 (Signed)	최댓값 (Unsigned)
TINYINT	1	−128	0	127	255
SMALLINT	2	−32768	0	32767	65535
MEDIUMINT	3	−8388608	0	8388607	16777215
INT	4	−2147483648	0	2147483647	4294967295
BIGINT	8	−263	0	263−1	264−1

정수 타입은 UNSIGNED라는 칼럼 옵션을 사용할 수 있다. 정수 칼럼을 생성할 때 UNSIGNED 옵션을 명시하지 않으면 기본적으로 음수와 양수를 동시에 저장할 수 있는 숫자 타입(SIGNED)이 된다. 하지만 UNSIGNED 옵션이 설정된 정수 칼럼에서는 0보다 큰 양의 정수만 저장할 수 있게 되면서 저장할 수 있는 최댓값은 SIGNED 타입보다 2배가 더 커진다. AUTO_INCREMENT 칼럼과 같이 음수가 될 수 없는 값을 저장하는 칼럼에 UNSIGNED 옵션을 명시하면 작은 데이터 공간으로 더 큰 값을 저장할 수 있다.

물론 정수 타입에서 UNSIGNED 옵션은 조인할 때 인덱스의 사용 여부까지 영향을 미치지는 않는다. 즉 UNSIGNED 정수 칼럼과 SIGNED 정수 칼럼을 조인할 때 인덱스를 이용하지 못한다거나 하는 문제는 발생하지 않는다. 하지만 서로 저장되는 값의 범위가 다르므로 외래 키로 사용하는 칼럼이나 조인의 조건이 되는 칼럼은 SIGNED나 UNSIGNED 옵션을 일치시키는 것이 좋다.

15.2.2 부동 소수점

MySQL에서는 부동 소수점을 저장하기 위해 FLOAT와 DOUBLE 타입을 사용할 수 있다. 부동 소수점이라는 이름에서 부동(浮動, Floating point)은 소수점의 위치가 고정적이지 않다는 의미인데, 숫자 값의 길이에 따라 유효 범위의 소수점 자릿수가 바뀐다. 그래서 부동 소수점을 사용하면 정확한 유효 소수점 값을 식별하기 어렵고 그 값을 따져서 크다 작다 비교를 하기가 쉽지 않은 편이다. 부동 소수점은 근삿값을 저장하는 방식이라서 동등 비교(Equal)는 사용할 수 없다. 이 밖에도 MySQL 매뉴얼을 살펴보면 부동 소수점을 사용할 때 주의할 내용이 많이 있으므로 사용하기 전에 반드시 참조할 것을 권장한다.

FLOAT는 일반적으로 정밀도를 명시하지 않으면 4바이트를 사용해 유효 자릿수를 8개까지 유지하며, 정밀도가 명시된 경우에는 최대 8바이트까지 저장 공간을 사용할 수 있다. DOUBLE의 경우 8바이트의 저장 공간을 필요로 하며 최대 유효 자릿수를 16개까지 유지할 수 있다.

```
mysql> CREATE TABLE tb_float (fd1 FLOAT);
mysql> INSERT INTO tb_float VALUES (0.1);

mysql> SELECT * FROM tb_float WHERE fd1=0.1;
Empty set (0.00 sec)
```

복제에 참여하는 MySQL 서버에서 부동 소수점을 사용할 때는 특별히 주의해야 한다. 부동 소수점 타입의 데이터는 MySQL 서버의 바이너리 로그 포맷이 STATEMENT 타입인 경우 복제에서 소스 서버와 레플리카 서버 간의 데이터가 달라질 수 있다. 물론 유효 정수부나 소수부는 달라지지 않겠지만 앞에서도 언급했듯이 유효 정수부나 소수부를 눈으로 판별하기는 쉽지 않다.

부동 소수점 값을 저장해야 한다면 유효 소수점의 자릿수만큼 10을 곱해서 정수로 만들어 그 값을 정수 타입의 칼럼에 저장하는 방법도 생각해볼 수 있다. 예를 들어, 소수점 4자리까지 유효한 GPS 정보를 저장한다고 했을 때 소수점으로 된 좌푯값에 10000을 곱해서 저장하고 조회할 때는 10000으로 나눈 결과를 사용하면 된다[2].

```
mysql> CREATE TABLE tb_location (
         latitude INT UNSIGNED,
         longitude INT UNSIGNED,
         ...
       );

mysql> INSERT INTO tb_location (latitude, longitude, ..) VALUES
         (37.1422 * 10000, 131.5208 * 10000, ..);

mysql> SELECT latitude/10000 AS latitude, longitude/10000 AS longitude
       FROM tb_location
         WHERE latitude=37.1422 * 10000 AND longitude=131.5208 * 10000;
```

---

2 GPS의 좌표 정보를 이용해 공간 검색 기능을 사용한다면 GEOMETRY나 POINT 타입을 사용하므로 이러한 고민을 할 필요는 없다. 여기서는 단순히 GPS의 정보를 단순히 기록만 해두는 경우를 예로 든 것이다.

15.2.3 DECIMAL

부동 소수점에서 유효 범위 이외의 값은 가변적이므로 정확한 값을 보장할 수 없다. 즉, 금액이나 대출 이자 등과 같이 고정된 소수점까지 정확하게 관리해야 할 때는 FLOAT나 DOUBLE 타입을 사용해서는 안 된 다. 그래서 소수점의 위치가 가변적이지 않은 고정 소수점 타입을 위해 DECIMAL 타입을 제공한다.

MySQL에서 소수점 이하의 값까지 정확하게 관리하려면 DECIMAL 타입을 이용해야 한다. DECIMAL 타입 은 숫자 하나를 저장하는 데 1/2바이트가 필요하므로 한 자리나 두 자릿수를 저장하는 데 1바이트가 필요하고 세 자리나 네 자리 숫자를 저장하는 데는 2바이트가 필요하다. 즉, DECIMAL로 저장하는 (숫자 의 자릿수)/2의 결괏값을 올림 처리한 만큼의 바이트 수가 필요하다. 그리고 DECIMAL 타입과 BIGINT 타 입의 값을 곱하는 연산을 간단히 테스트해 보면 아주 미세한 차이지만 DECIMAL보다는 BIGINT 타입이 더 빠르다는 사실을 알 수 있다. 결론적으로 소수가 아닌 정숫값을 관리하기 위해 DECIMAL 타입을 사용하 는 것은 성능상으로나 공간 사용면에서 좋지 않다. 단순히 정수를 관리하고자 한다면 INTEGER나 BIGINT 를 사용하는 것이 좋다.

15.2.4 정수 타입의 칼럼을 생성할 때의 주의사항

부동 소수점이나 DECIMAL 타입을 이용해 칼럼을 정의할 때는 타입의 이름 뒤에 괄호로 정밀도를 표시하 는 것이 일반적이다. 예를 들어, DECIMAL(20, 5)라고 정의하면 정수부를 15(=20−5)자리까지, 그리고 소수부를 5자리까지 저장할 수 있는 DECIMAL 타입을 생성한다. 그리고 DECIMAL(20)이라고 정의하는 경 우에는 소수부 없이 정수부만 20자리까지 저장할 수 있는 타입의 칼럼을 생성한다. FLOAT나 DOUBLE 타 입은 저장 공간의 크기가 고정이므로 정밀도를 조절한다고 해서 저장 공간의 크기가 바뀌는 것은 아니 다. 하지만 DECIMAL 타입은 저장 공간의 크기가 가변적인 데이터 타입이어서 DECIMAL 타입에 사용하는 정밀도는 저장 가능한 자릿수를 결정함과 동시에 저장 공간의 크기까지 제한한다.

그런데 MySQL 5.7 버전까지는 부동 소수점(FLOAT, DOUBLE)이나 고정 소수점(DECIMAL)이 아닌 정수 타 입을 생성할 때도 똑같이 BIGINT(10)과 같이 괄호로 값의 크기를 명시할 수 있는 문법을 지원했다. 정수 칼럼에서 BIGINT(10)과 같이 타입을 정의하면 저장되는 정숫값의 길이를 10자리로 제한할 수 있을 것 이라고 잘못 생각하는 사람들이 많았다. 하지만 모든 정수 타입(BIGINT, INTEGER, SMALLINT, TINYINT 등) 은 이미 고정형 데이터 타입이며, 정수 타입 뒤에 명시되는 괄호는 화면에 표시할 자릿수를 의미할 뿐 저장 가능한 값을 제한하는 용도가 아니다. MySQL 8.0부터는 이렇게 정수 타입에 화면 표시 자릿수를 사용하는 기능은 제거(Deprecated)됐다. 그래서 테이블을 생성할 때 BIGINT(10)과 같이 타입을 사용하면 경고 메시지를 표시하고 정수 타입 뒤에 사용된 "(10)"은 무시된다.

```
mysql> CREATE TABLE not_support_int (age BIGINT(10));
Query OK, 0 rows affected, 1 warning (0.02 sec)

mysql> SHOW WARNINGS;
+---------+------+-----------------------------------------------------------------+
| Level   | Code | Message                                                         |
+---------+------+-----------------------------------------------------------------+
| Warning | 1681 | Integer display width is deprecated and will be removed in a future release. |
+---------+------+-----------------------------------------------------------------+
```

15.2.5 자동 증가(AUTO_INCREMENT) 옵션 사용

테이블의 프라이머리 키를 구성하는 칼럼의 크기가 너무 크거나 프라이머리 키로 사용할 만한 칼럼이 없을 때는 숫자 타입의 칼럼에 자동 증가 옵션을 사용해 인조 키(Artificial Key)를 생성할 수 있다. MySQL 서버의 auto_increment_increment와 auto_increment_offset 시스템 설정을 이용해 AUTO_INCREMENT 칼럼의 자동 증가값이 얼마가 될지 변경할 수 있다. 일반적으로 이 두 시스템 변숫값은 모두 1로 사용되지만 auto_increment_offset을 5로, auto_increment_increment를 10으로 변경하면 자동 생성되는 값은 5, 15, 25, 35, 45, ...와 같이 증가한다.

AUTO_INCREMENT 옵션을 사용한 칼럼은 반드시 그 테이블에서 프라이머리 키나 유니크 키의 일부로 정의해야 한다. 그런데 프라이머리 키나 유니크 키가 여러 개의 칼럼으로 구성되면 AUTO_INCREMENT 속성의 칼럼값이 증가하는 패턴이 MyISAM 스토리지 엔진과 InnoDB 스토리지 엔진에서 각각 달라진다.

- MyISAM 스토리지 엔진을 사용하는 테이블에서는 자동 증가 옵션이 사용된 칼럼이 프라이머리 키나 유니크 키의 아무 위치에나 사용될 수 있다.

- InnoDB 스토리지 엔진을 사용하는 테이블에서는 AUTO_INCREMENT 칼럼으로 시작되는 인덱스(프라이머리 키 또는 일반 인덱스)를 생성해야 한다. 즉, 다음 예제와 같이 InnoDB 테이블에서 AUTO_INCREMENT 칼럼을 프라이머리 키의 뒤쪽에 배치하면 오류가 발생한다.

```
-- // AUTO_INCREMENT 칼럼을 프라이머리 키의 뒤쪽에 배치해 테이블 생성 시 오류 발생
mysql> CREATE TABLE tb_autoinc_innodb (
         fd_pk1 INT NOT NULL DEFAULT '0',
         fd_pk2 INT NOT NULL AUTO_INCREMENT,
         PRIMARY KEY (fd_pk1, fd_pk2)
       ) ENGINE=INNODB;
ERROR 1075 (42000): Incorrect table definition; there can be only one auto column and it must
be defined as a key

-- // AUTO_INCREMENT 칼럼을 프라이머리 키의 뒤쪽에 배치했으나
-- // 유니크 키에서 제일 선두에 위치하여 정상적으로 테이블이 생성됨
mysql> CREATE TABLE tb_autoinc_innodb (
         fd_pk1 INT NOT NULL DEFAULT '0',
         fd_pk2 INT NOT NULL AUTO_INCREMENT,
         PRIMARY KEY (fd_pk1, fd_pk2),
         UNIQUE KEY ux_fdpk2 (fd_pk2)
       ) ENGINE=INNODB;
Query OK, 0 rows affected (0.01 sec)
```

AUTO_INCREMENT 칼럼은 테이블당 하나만 사용할 수 있다. AUTO_INCREMENT 칼럼이 없는 테이블에 새로운 AUTO_INCREMENT 칼럼을 추가하면 새로 추가된 칼럼은 1부터 자동으로 증가된 값이 할당된다. AUTO_INCREMENT 칼럼의 현재 증가 값은 테이블의 메타 정보에 저장돼 있는데, 다음 증가 값이 얼마인지는 SHOW CREATE TABLE 명령으로 조회할 수 있다. 때로는 개발용 MySQL 서버에서 SHOW CREATE TABLE 명령으로 조회한 DDL 명령을 그대로 서비스용 MySQL 서버에 실행할 때가 있다. SHOW CREATE TABLE 명령의 결과에는 다음과 같이 CREATE TABLE 명령에 지금 사용 중인 최종 AUTO_INCREMENT 값이 함께 포함된다. 이 결과를 그대로 서비스용 MySQL 서버에서 실행하면 서비스용 MySQL 서버에서는 AUTO_INCREMENT가 1부터가 아니라 7부터 시작하게 될 것이다. 이처럼 개발용 MySQL 서버에서 서비스용 MySQL로 스키마를 복사할 때는 AUTO_INCREMENT의 초깃값에 주의하자.

```
mysql> CREATE TABLE tb_autoinc_innodb (
         fd_pk1 INT NOT NULL DEFAULT '0',
         fd_pk2 INT NOT NULL AUTO_INCREMENT,
         PRIMARY KEY (fd_pk1, fd_pk2),
         UNIQUE KEY ux_fdpk2 (fd_pk2)
       ) ENGINE=INNODB AUTO_INCREMENT=7;
```

15.3 날짜와 시간

MySQL에서는 날짜만 저장하거나 시간만 따로 저장할 수도 있으며, 날짜와 시간을 합쳐서 하나의 칼럼에 저장할 수 있게 여러 가지 타입을 지원한다. 다음 표는 MySQL에서 지원하는 날짜나 시간에 관련된 데이터 타입으로, DATE와 DATETIME 타입이 많이 사용된다.

MySQL 5.6 버전부터 TIME 타입과 DATETIME, TIMESTAMP 타입은 밀리초 단위의 데이터를 저장할 수 있게됐다. 그래서 칼럼의 저장 공간 크기는 밀리초 단위를 몇 자리까지 저장하느냐에 따라 달라진다.

데이터 타입	MySQL 5.6.4 이전	MySQL 5.6.4부터
YEAR	1바이트	1바이트
DATE	3바이트	3바이트
TIME	3바이트	3바이트 + (밀리초 단위 저장 공간)
DATETIME	8바이트	5바이트 + (밀리초 단위 저장 공간)
TIMESTAMP	4바이트	4바이트 + (밀리초 단위 저장 공간)

다음과 같이 밀리초 단위는 2자리당 1바이트씩 공간이 더 필요하다. 그래서 MySQL 8.0에서는 마이크로초까지 저장 가능한 DATETIME(6) 타입은 8바이트(5바이트+3바이트)를 사용한다.

밀리초 단위 자릿수	저장 공간
없음	0바이트
1, 2	1바이트
3, 4	2바이트
5, 6	3바이트

밀리초 단위로 데이터를 저장하기 위해서는 다음과 같이 DATETIME이나 TIME, TIMESTAMP 타입 뒤에 괄호와 함께 숫자를 표기하면 된다. NOW() 함수를 이용해 현재 시간을 가져올 때도 NOW(6) 또는 NOW(3)과 같이 가져올 밀리초의 자릿수를 명시해야 한다. 그렇지 않고 NOW()로 현재 시간을 가져오면 자동으로 NOW(0)으로 실행되어 밀리초 단위는 0으로 반환된다.

```
mysql> CREATE TABLE tb_datetime (current DATETIME(6));

mysql> INSERT INTO tb_datetime VALUES (NOW());
mysql> SELECT * FROM tb_datetime;
+----------------------------+
| current                    |
+----------------------------+
| 2020-09-09 21:32:58.000000 |
+----------------------------+

mysql> INSERT INTO tb_datetime VALUES (NOW(6));
mysql> SELECT * FROM tb_datetime;
+----------------------------+
| current                    |
+----------------------------+
| 2020-09-09 21:32:58.000000 |
| 2020-09-09 21:33:07.574356 |
+----------------------------+
```

MySQL의 날짜 타입은 칼럼 자체에 타임존 정보가 저장되지 않으므로 DATETIME이나 DATE 타입은 현재 DBMS 커넥션의 타임존과 관계없이 클라이언트로부터 입력된 값을 그대로 저장하고 조회할 때도 변환 없이 그대로 출력한다. 하지만 TIMESTAMP는 항상 UTC 타임존으로 저장되므로 타임존이 달라져도 값이 자동으로 보정된다. 다음 예제는 한국에 있는 사용자가 DATETIME 타입과 TIMESTAMP 타입에 저장한 날짜 값을 미국의 로스앤젤레스의 사용자가 조회하는 과정을 보여준다. 여기서는 각 사용자의 위치(타임존) 를 설정하기 위해 "SET time_zone=..." 명령을 사용한다.

```
mysql> CREATE TABLE tb_timezone (fd_datetime DATETIME, fd_timestamp TIMESTAMP);

-- // 현재 세션의 타임존을 한국(Asia/Seoul)으로 변경
mysql> SET time_zone='Asia/Seoul'; /* '+09:00' */

-- // now() 함수를 이용해 DATETIME 칼럼과 TIMESTAMP 칼럼에
-- // 현재 일시(2020-09-10 09:25:23 KST)를 저장
mysql> INSERT INTO tb_timezone VALUES (NOW(), NOW());

-- // 저장된 시간 정보를 확인
```

```
mysql> SELECT * FROM tb_timezone;
+---------------------+---------------------+
| fd_datetime         | fd_timestamp        |
+---------------------+---------------------+
| 2020-09-10 09:25:23 | 2020-09-10 09:25:23 |
+---------------------+---------------------+


-- // 타임존을 미국의 로스앤젤레스로 변경(America/Los_Angeles)
mysql> SET time_zone='America/Los_Angeles'; /* -07:00 */


-- // 타임존이 미국 로스앤젤레스로 변경된 상태로
-- // 한국의 타임존으로 입력된 일시 정보를 확인
mysql> SELECT * FROM tb_timezone;
+---------------------+---------------------+
| fd_datetime         | fd_timestamp        |
+---------------------+---------------------+
| 2020-09-10 09:25:23 | 2020-09-09 17:25:23 |
+---------------------+---------------------+
```

참고　 MySQL 서버에서 "SET timezone='...';" 명령을 실행할 때 다음과 같은 에러가 발생한다면 이는 타임존 정보가 MySQL 서버에 준비돼 있지 않기 때문이다. 이때는 매뉴얼[3]을 참고해서 MySQL 서버에 타임존 정보를 적재하고, SET timezone 명령을 실행하면 된다.

```
mysql> SET time_zone='Asia/Seoul'; /* '+09:00' */
ERROR 1298 (HY000): Unknown or incorrect time zone: 'Asia/Seoul'
```

타임존 정보를 적재하기 어려운 환경이라면 대안으로 다음과 같이 타임존의 이름(Named timezone) 대신 시간 차이 타임존(Timezone offset)을 사용하면 된다.

```
mysql> SET time_zone='+09:00'; /* 'Asia/Seoul' */
```

위 예제에서 TIMESTAMP 칼럼의 값은 현재 클라이언트(커넥션)의 타임존에 맞게 변환됐지만 DATETIME에 저장된 날짜와 시간 정보는 커넥션의 타임존이 한국에서 미국의 로스앤젤레스로 변경돼도 전혀 차이가

---

3 https://dev.mysql.com/doc/refman/8.0/en/mysql-tzinfo-to-sql.html

없이 똑같은 값이 조회된다. 이는 DATETIME 칼럼은 타임존에 대해 아무런 타임존 변환 처리가 수행되지 않음을 의미한다.

자바 응용 프로그램의 타임존을 한국 서울로 한 경우와 미국 로스앤젤레스로 변경했을 때 MySQL 서버의 데이터가 어떻게 변환되는지 간단히 확인해보자.

한국 서울로 JVM의 타임존이 설정된 경우

```
// JVM 타임존을 서울로 변경
System.setProperty("user.timezone", "Asia/Seoul");

Connection conn =
  DriverManager.getConnection("jdbc:mysql://127.0.0.1:3306?serverTimezone=Asia/Seoul",
    "id", "pass");
Statement stmt = conn.createStatement();
ResultSet res = stmt.executeQuery("select fd_datetime, fd_timestamp from test.tb_timezone");
if(res.next()){
  System.out.println("fd_datetime : " + res.getTimestamp("fd_datetime"));
  System.out.println("fd_timestamp : " + res.getTimestamp("fd_timestamp"));
}

// 결과 화면 출력
fd_datetime : 2020-09-10 09:25:23.0
fd_timestamp : 2020-09-10 09:25:23.0
```

미국 로스앤젤레스로 JVM의 타임존이 설정된 경우

```
// JVM 타임존을 로스앤젤레스로 변경
System.setProperty("user.timezone", "America/Los_Angeles");

Connection conn =
  DriverManager.getConnection("jdbc:mysql://127.0.0.1:3306?serverTimezone=Asia/Seoul",
    "id", "pass");
Statement stmt = conn.createStatement();
ResultSet res = stmt.executeQuery("select fd_datetime, fd_timestamp from test.tb_timezone");
if(res.next()){
  System.out.println("fd_datetime : " + res.getTimestamp("fd_datetime"));
  System.out.println("fd_timestamp : " + res.getTimestamp("fd_timestamp"));
```

```
}
```

```
// 결과 화면 출력
fd_datetime : 2020-09-09 17:25:23.0
fd_timestamp : 2020-09-09 17:25:23.0
```

MySQL 서버의 칼럼 타입이 `TIMESTAMP`이든 `DATETIME`이든 관계없이, JDBC 드라이버는 날짜 및 시간 정보를 MySQL 타임존에서 JVM의 타임존으로 변환해서 출력하는 것을 확인할 수 있다. 사실 자바의 `ResultSet` 클래스에서 MySQL 서버의 `DATETIME` 칼럼의 값을 온전히 가져올 수 있는 함수가 `getTimestamp()`뿐이기 때문에 `DATETIME`이나 `TIMESTAMP` 타입 칼럼 모두 타임존 변환이 된 것이기도 하다. 그런데 `DATETIME` 타입 칼럼의 값을 다른 방식으로 가져온다면 타임존 변환이 되지 않을 수도 있다. 단순히 조회뿐만 아니라 응용 프로그램에서 데이터베이스로 날짜 및 시간 데이터를 저장할 때도 동일한 규칙이 적용된다.

요즘은 Hibernate나 MyBatis 등과 같은 ORM(Object-Relational Mapping)을 사용하기 때문에 ORM 코드 내부적으로 값을 자동으로 페치해서 응용 프로그램 코드로 반환한다. 이렇게 ORM을 사용하는 경우에는 `DATETIME` 타입의 칼럼값을 어떤 JDBC API를 이용해서 페치하는지, 그리고 타임존 변환이 기대하는 대로 자동 변환하는지를 실제 응용 프로그램으로 테스트해 볼 것을 권장한다. 최대한 응용 프로그램에서 시간 정보를 강제로 타임존 변환을 하거나 MySQL 서버의 SQL 문장으로 `CONVERT_TZ()` 함수를 이용해 타임존 변환을 하지 않도록 하자. 타임존 관련 설정은 한 번 문제가 되기 시작하면 해결하기가 매우 어려운 문제가 될 수도 있다.

> **참고** 위의 두 예제 코드에서 `System.setProperty()`를 이용해 JVM의 타임존만 변경했다. 두 예제 코드 모두 JDBC 연결 문자열에서 serverTimezone은 "Asia/Seoul"을 설정하고 있는데, 이는 자바 응용 프로그램이 아니라 MySQL 서버의 타임존을 지정하는 것이다. 즉, JDBC 드라이버에게 MySQL 서버의 타임존이 "Asia/Seoul"로 설정돼 있다는 것을 알려주는 역할이다.
>
> 위의 두 예제 코드의 JDBC 연결 문자열에서 "serverTimezone" 파라미터는 굳이 설정하지 않아도 JDBC 드라이버가 자동으로 MySQL 서버의 타임존을 인식하게 된다. MySQL 서버의 타임존을 자동으로 인식하지 못하는 경우 사용자는 JDBC 연결 문자열에 "serverTimezone" 파라미터를 설정해서 MySQL 서버의 타임존을 JDBC 드라이버에게 알려줄 수 있다. 여기 예제에서는 명시적으로 보여주기 위해 "serverTimezone" 파라미터를 설정해둔 것이다.

이미 데이터를 가지고 있는 MySQL 서버의 타임존(system_time_zone 변수)을 변경해야 한다면 타임존 설정뿐만 아니라 테이블의 DATETIME 타입의 칼럼이 가지고 있는 값도 CONVERT_TZ() 같은 함수를 이용해 변환해야 한다. 하지만 TIMESTAMP 타입의 값은 MySQL 서버의 타임존에 의존적이지 않고 항상 UTC로 저장되므로 MySQL 서버의 타임존을 변경한다고 해서 별도로 변환 작업이 필요하지는 않다.

MySQL 서버의 기본 타임존을 확인하거나 변경하는 방법은 다음과 같다.

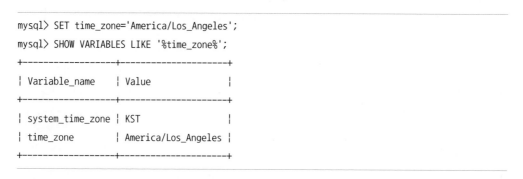

```
mysql> SET time_zone='America/Los_Angeles';
mysql> SHOW VARIABLES LIKE '%time_zone%';
+------------------+---------------------+
| Variable_name    | Value               |
+------------------+---------------------+
| system_time_zone | KST                 |
| time_zone        | America/Los_Angeles |
+------------------+---------------------+
```

system_time_zone 시스템 변수는 MySQL 서버의 타임존을 의미하며, 일반적으로 이 값은 운영체제의 타임존을 그대로 상속받는다. 시스템 타임존은 MySQL을 기동하는 운영체제 계정의 환경 변수(일반적으로 운영체제 계정의 타임존 환경 변수의 이름은 "TZ"다)를 변경하거나 mysqld_safe를 시작할 때 "--timezone" 옵션을 이용해 변경할 수 있다. time_zone 시스템 변수는 MySQL 서버로 연결하는 모든 클라이언트 커넥션의 기본 타임존을 의미한다. 위 예제에서는 time_zone 변수가 'America/Los_Angeles'이기 때문에 이 서버에 접속하는 클라이언트 커넥션은 'America/Los_Angeles' 타임존을 초깃값으로 가지게 된다. 물론 커넥션의 타임존은 응용 프로그램 코드에 의해 다른 값으로 언제든지 변경될 수 있다. time_zone 시스템 변수에 아무것도 설정하지 않으면 time_zone 시스템 변수는 "SYSTEM"으로 자동 설정되는데, 이는 time_zone 시스템 변수가 system_time_zone 시스템 변수의 값을 그대로 사용한다는 의미다.

system_time_zone과 time_zone 시스템 변수는 MySQL 서버를 시작할 때 --timezone과 --default-time_zone 명령행 옵션으로 변경할 수 있다. 두 시스템 변수의 이름을 보면 system_time_zone이 더 중요하고 큰 영향을 미칠 것처럼 보이지만 실제 MySQL 서버에 접속된 커넥션에서 시간 관련 처리(NOW() 함수나 TIMESTAMP 칼럼 초기화 등)를 할 때는 time_zone 시스템 변수의 영향만 받는다. time_zone 시스템 변수의 값이 SYSTEM으로 설정돼 있다면 system_time_zone의 영향을 받게 된다.

15.3.1 자동 업데이트

MySQL 5.6 이전 버전까지는 TIMESTAMP 타입의 칼럼은 레코드의 다른 칼럼 데이터가 변경될 때마다 시간이 자동 업데이트되고, DATETIME은 그렇지 않은 차이를 가지고 있었다. 하지만 MySQL 5.6 버전부터는 TIMESTAMP와 DATETIME 칼럼 모두 INSERT와 UPDATE 문장이 실행될 때마다 해당 시점으로 자동 업데이트되게 하려면 테이블을 생성할 때 칼럼 정의 뒤에 다음 옵션을 정의해야 한다. 다음 예제에서 TIMESTAMP와 DATETIME 타입 각각에 대해 비교해보기 위해 데이터 타입별로 created_at과 updated_at 칼럼을 중복으로 추가했다.

```
mysql> CREATE TABLE tb_autoupdate (
         id BIGINT NOT NULL AUTO_INCREMENT,
         title VARCHAR(20),
         created_at_ts TIMESTAMP DEFAULT CURRENT_TIMESTAMP,
         updated_at_ts TIMESTAMP DEFAULT CURRENT_TIMESTAMP ON UPDATE CURRENT_TIMESTAMP,
         created_at_dt DATETIME DEFAULT CURRENT_TIMESTAMP,
         updated_at_dt DATETIME DEFAULT CURRENT_TIMESTAMP ON UPDATE CURRENT_TIMESTAMP,
         PRIMARY KEY (id)
       );
```

"DEFAULT CURRENT_TIMESTAMP" 옵션은 레코드가 INSERT될 때의 시점을 자동으로 업데이트하며, "ON UPDATE CURRENT_TIMESTAMP" 옵션은 해당 레코드가 UPDATE될 때의 시점을 자동으로 업데이트하게 해준다. 간단히 위 테이블의 INSERT와 UPDATE 결과를 한번 살펴보자.

```
mysql> INSERT INTO tb_autoupdate(id, title) VALUES (NULL, 'Initial data');
mysql> SELECT * FROM tb_autoupdate;
*************************** 1. row ***************************
          id: 1
       title: Initial data
created_at_ts: 2020-09-10 12:30:48
updated_at_ts: 2020-09-10 12:30:48
created_at_dt: 2020-09-10 12:30:48
updated_at_dt: 2020-09-10 12:30:48

mysql> UPDATE tb_autoupdate SET title='Changed data' WHERE id=1;
mysql> SELECT * FROM tb_autoupdate \G
*************************** 1. row ***************************
```

```
             id: 1
          title: Changed data
  created_at_ts: 2020-09-10 12:30:48
  updated_at_ts: 2020-09-10 12:31:02 <== UPDATE 시점으로 변경됨
  created_at_dt: 2020-09-10 12:30:48
  updated_at_dt: 2020-09-10 12:31:02 <== UPDATE 시점으로 변경됨
```

위의 테스트 결과를 보면 TIMESTAMP와 DATETIME 타입의 칼럼 모두 동일하게 INSERT 시점으로 초기화되고, UPDATE 문장으로 테이블의 title 칼럼의 값만 변경했는데 "ON UPDATE CURRENT_TIMESTAMP" 옵션을 가진 칼럼 2개에 대해서는 타입과 관계없이 자동으로 UPDATE 시점으로 변경된 것을 확인할 수 있다.

MySQL 서버를 처음으로 접하는 사용자는 "당연한 거 아닌가?"라고 생각할 수도 있다. 하지만 예전 버전의 MySQL 서버에서는 TIMESTAMP만 이러한 자동 업데이트가 가능했으며, 테이블의 첫 번째 TIMESTAMP 타입만 자동 업데이트가 되는 등의 복잡한 규칙이 있었는데, 이 같은 규칙들이 모두 사라진 것이다. MySQL 5.6 버전부터는 DATETIME 타입과 TIMESTAMP 타입 사이에 커넥션의 time_zone 시스템 변수의 타임존으로 저장할지, UTC로 저장할지의 차이만 남고 모든 것이 같아졌다.

15.4 ENUM과 SET

ENUM과 SET은 모두 문자열 값을 MySQL 내부적으로 숫자 값으로 매핑해서 관리하는 타입이다. 일반적으로 데이터베이스를 사용하다 보면 타입이나 상태 등과 같이 수많은 코드 형태의 칼럼을 사용하게 되는데, 실제 데이터베이스에는 이미 인코딩된 알파벳이나 숫자 값만 저장되므로 그 의미를 바로 파악하기가 쉽지 않다는 단점이 있다.

15.4.1 ENUM

ENUM 타입은 테이블의 구조(메타 데이터)에 나열된 목록 중 하나의 값을 가질 수 있다. ENUM 타입의 가장 큰 용도는 코드화된 값을 관리하는 것이다. 다음 예제로 ENUM 타입의 특성을 한 번 살펴보자.

```
mysql> CREATE TABLE tb_enum ( fd_enum ENUM('PROCESSING', 'FAILURE', 'SUCCESS') );
mysql> INSERT INTO tb_enum VALUES ('PROCESSING'), ('FAILURE');
mysql> SELECT * FROM tb_enum;
+------------+
```

```
| fd_enum   |
+-----------+
| PROCESSING |
| FAILURE   |
+-----------+
```

```
-- // ENUM이나 SET 타입의 칼럼에 대해 숫자 연산을 수행하면
-- // 매핑된 문자열 값이 아닌 내부적으로 저장된 숫자 값으로 연산이 실행된다.
mysql> SELECT fd_enum*1 AS fd_enum_real_value FROM tb_enum;
+--------------------+
| fd_enum_real_value |
+--------------------+
|                  1 |
|                  2 |
+--------------------+
```

```
mysql> SELECT * FROM tb_enum WHERE fd_enum=1;
+-----------+
| fd_enum   |
+-----------+
| PROCESSING |
+-----------+
```

```
mysql> SELECT * FROM tb_enum WHERE fd_enum='PROCESSING';
+-----------+
| fd_enum   |
+-----------+
| PROCESSING |
+-----------+
```

ENUM 타입의 fd_enum 칼럼을 가지는 테이블을 생성하고, 예제로 2건의 레코드를 INSERT했다. 여기서 만들어진 fd_enum 칼럼은 값으로 'PROCESSING'과 'FAILURE', 'SUCCESS'를 가질 수 있게 정의됐다. ENUM 타입은 INSERT나 UPDATE, SELECT 등의 쿼리에서 CHAR나 VARCHAR 타입과 같이 문자열처럼 비교하거나 저장할 수 있다. 하지만 MySQL 서버가 실제로 값을 디스크나 메모리에 저장할 때는 사용자로부터 요청된 문자열이 아니라 그 값에 매핑된 정숫값을 사용한다. ENUM 타입에 사용할 수 있는 최대 아이템의 개수

는 65,535개이며, 아이템의 개수가 255개 미만이면 ENUM 타입은 저장 공간으로 1바이트를 사용하고, 그 이상인 경우에는 2바이트까지 사용한다.

ENUM 타입을 사용할 때 일반적으로 특정 문자열 값이 어떤 정숫값으로 매핑됐는지는 알 필요가 없다. 하지만 필요하다면 위 예제의 두 번째 SELECT 쿼리에서와 같이 1을 곱한다거나 0을 더하는 산술 연산을 적용하는 방법으로 ENUM 타입의 실제 값을 확인할 수 있다. ENUM 타입에서 매핑되는 정숫값은 일반적으로 테이블 정의에 나열된 문자열 순서대로 1부터 할당되며, 빈 문자열("")은 항상 0으로 매핑된다. 프로그램의 성격에 따라 다르겠지만 MySQL을 사용하는 프로그램에서는 별도의 코드 테이블을 사용하지 않을 때가 많다. 이때 실제 테이블에 저장된 코드 값이 어떤 의미인지 이해하기가 쉽지 않은데, ENUM 타입은 이러한 단점을 보완할 수 있는 상당히 유용한 타입이라고 생각한다. ENUM 타입은 저장해야 하는 아이템 값(문자열)이 길면 길수록 저장 공간을 더 많이 절약할 수 있다.

하지만 ENUM 타입의 가장 큰 단점은 칼럼에 저장되는 문자열 값이 테이블의 구조(메타 정보)가 되면서 기존 ENUM 타입에 새로운 값을 추가해야 한다면(예를 들어, 'REFUND'를 추가해야 하는 경우) 테이블의 구조를 변경해야 한다는 점이다. 예전 버전의 MySQL 서버에서는 ENUM 타입의 아이템이 새로 추가되면 항상 테이블을 리빌드해야 했다. 이러한 문제로 인해 MySQL 서버에서 ENUM 타입은 별로 사용되지 않았다. 하지만 MySQL 5.6 버전부터는 새로 추가하는 아이템이 ENUM 타입의 제일 마지막으로 추가되는 형태라면 테이블의 구조(메타데이터) 변경만으로 즉시 완료된다.

```
mysql> ALTER TABLE tb_enum
        MODIFY fd_enum ENUM('PROCESSING','FAILURE','SUCCESS','REFUND'),
          ALGORITHM=INSTANT;

mysql> ALTER TABLE tb_enum
        MODIFY fd_enum ENUM('PROCESSING','FAILURE','REFUND','SUCCESS'),
          ALGORITHM=COPY, LOCK=SHARED;
```

위의 예제와 같이 기존 ENUM('PROCESSING','FAILURE','SUCCESS') 타입의 마지막에 새로운 아이템 'REFUND'를 추가하는 작업은 INSTANT 알고리즘으로 메타데이터 변경만으로 완료된다는 것을 알 수 있다. 하지만 기존 ENUM 타입의 아이템들이 순서가 변경되거나 중간에 새로운 아이템이 추가되는 경우에는 COPY 알고리즘에 읽기 잠금까지 필요하다. 때로는 ENUM 타입에 저장되는 아이템의 순서상 새로운 아이템을 중간에 추가하고 싶을 때도 있다. 하지만 테이블이 매우 크다면 가독성이 좀 떨어지더라도 새로운 아이템을 ENUM 타입의 마지막에 추가하는 것이 MySQL 서버의 가용성을 높이는 방법이다.

ENUM 타입은 우리가 일반적으로 사용하는 상태나 카테고리와 같이 코드화된 칼럼을 MySQL이 자체적으로 제공하는 기능이다. 그래서 ENUM 타입의 칼럼값으로 정렬을 수행하면 매핑되기 전의 문자열 값 기준으로 정렬되는 것이 아니라 매핑된 코드 값으로 정렬이 수행된다. ENUM 타입은 마치 CHAR나 VARCHAR와 같은 문자열 타입처럼 보이지만 사실은 정수 타입의 칼럼이기 때문이다. 가장 좋은 방법은 ENUM 타입의 칼럼에 대해서는 정렬을 수행하지 않는 것이 가장 좋겠지만 꼭 ENUM 타입의 인코딩된 값이 아니라 문자열 기준으로 정렬해야 한다면 테이블을 생성할 때 필요한 정렬 기준으로 ENUM 타입의 문자열 값을 나열하면 된다. 이미 만들어진 테이블의 ENUM 타입의 문자열 값으로 강제 정렬을 해야 한다면 다음 예제와 같이 CAST() 함수를 이용해 문자열 타입으로 변환해 정렬할 수밖에 없다. 이때 인덱스를 이용한 정렬을 사용할 수 없으므로 주의해서 사용해야 한다.

```
mysql> SELECT fd_enum*1 AS real_value, fd_enum FROM tb_enum
       ORDER BY fd_enum;
+------------+------------+
| real_value | fd_enum    |
+------------+------------+
|          1 | PROCESSING |
|          2 | FAILURE    |
+------------+------------+

mysql> SELECT fd_enum*1 AS real_value, fd_enum FROM tb_enum
       ORDER BY CAST(fd_enum AS CHAR);
+------------+------------+
| real_value | fd_enum    |
+------------+------------+
|          2 | FAILURE    |
|          1 | PROCESSING |
+------------+------------+
```

ENUM 타입은 테이블 구조에 정의된 코드 값만 사용할 수 있게 강제한다는 장점도 있지만, 더 큰 장점은 데이터베이스 서버의 디스크 저장 공간의 크기를 줄여준다는 것이다. 테이블의 레코드 건수가 많지 않다면 디스크의 사용량은 큰 장점이 아닐 수도 있다. 하지만 레코드가 억 단위를 넘어간다면 10~20글자를 넘어서는 문자열 칼럼보다 ENUM 타입이 매우 작은 1~2GB의 저장 공간을 줄일 수 있다. 이 칼럼이 여러 개의 인덱스에 사용된다면 용량을 몇 배로 줄이는 효과를 얻을 수 있다.

요즘 시중에 판매되는 디스크 용량이 얼마나 큰데 1~2GB 용량 줄이는 것이 무슨 큰 효과일까라고 생각할 수도 있다. 디스크의 데이터는 InnoDB 버퍼 풀로 적재돼야 쿼리에서 비로소 사용할 수 있다. 디스크의 데이터가 크다는 것은 메모리도 그만큼 많이 필요해진다는 이야기다. 이제는 ENUM 타입의 장점이 얼마나 큰지 이해됐을 것이다. 하지만 메모리 사용량 절감 효과를 빼더라도 디스크의 사용량이 적다면 백업이나 복구 시간을 줄일 수 있다는 장점도 크다. 당장 장애가 발생했는데, 백업 파일을 복사하는데 3~4시간이 걸린다면 이 시간 동안은 서비스가 불가능해지는 것이다. 그뿐만 아니라 디스크의 데이터 파일 크기가 작다면 스키마를 변경하는 시간과 인덱스를 생성하는 시간도 줄어든다.

ENUM 타입을 떠나서라도 가능하면 디스크의 데이터 파일 크기는 줄이는 것이 성능과 운영에 많은 도움이 될 것이다.

15.4.2 SET

SET 타입도 테이블의 구조에 정의된 아이템을 정숫값으로 매핑해서 저장하는 방식은 똑같다. SET과 ENUM의 가장 큰 차이는 SET은 하나의 칼럼에 1개 이상의 값을 저장할 수 있다는 점이다. MySQL 서버는 내부적으로 BIT-OR 연산을 거쳐 1개 이상의 선택된 값을 저장한다. 즉, SET 타입의 칼럼은 여러 개의 값을 저장할 수는 있지만 실제 여러 개의 값을 저장하는 공간을 가지는 것이 아니다. 그래서 각 아이템 값에 매핑되는 정숫값은 1씩 증가하는 정숫값이 아니라 2n의 값을 갖게 된다. SET 타입은 아이템 값의 멤버 수가 8개 이하이면 1바이트의 저장 공간을 사용하며, 9개에서 16개 이하이면 2바이트를 사용하고 똑같은 방식으로 최대 8바이트까지 저장 공간을 사용한다. 간단히 SET 타입을 정의하고 사용하는 방법을 다음 예제로 살펴보자.

```
mysql> CREATE TABLE tb_set (
         fd_set SET('TENNIS','SOCCER','GOLF','TABLE-TENNIS','BASKETBALL','BILLIARD')
       );
mysql> INSERT INTO tb_set (fd_set) VALUES ('SOCCER'), ('GOLF,TENNIS');

mysql> SELECT * FROM tb_set;
+-------------+
| fd_set      |
+-------------+
| SOCCER      |
| TENNIS,GOLF |
+-------------+
```

```
mysql> SELECT * FROM tb_set WHERE FIND_IN_SET('GOLF', fd_set);
+-------------+
| fd_set      |
+-------------+
| TENNIS,GOLF |
+-------------+

mysql> SELECT * FROM tb_set WHERE fd_set LIKE '%GOLF%';
+-------------+
| fd_set      |
+-------------+
| TENNIS,GOLF |
+-------------+
```

위의 예제에서 첫 번째 INSERT 문장은 "SOCCER"라는 하나의 값만 저장하거나 "GOLF"와 "TENNIS"라는 두 개의 값을 하나의 칼럼에 저장하는 방법을 보여준다. 여러 개의 값을 하나의 SET 타입 칼럼에 저장할 때는 ","로 구분해서 문자열 값을 나열해서 입력하면 된다. 그리고 SELECT 쿼리의 결과에서도 똑같이 ","를 구분자로 해서 연결된 문자열을 반환한다. SET 타입의 칼럼에서 "GOLF"라는 문자열 멤버를 가진 레코드를 검색해야 할 때는 두 번째나 세 번째의 SELECT 쿼리에서와 같이 FIND_IN_SET() 함수나 LIKE 검색을 이용할 수 있다.

SET 타입의 칼럼에 대해 동등 비교(Equal)를 수행하려면 칼럼에 저장된 순서대로 문자열을 나열해야만 검색할 수 있다. 또한 SET 타입의 칼럼에 인덱스가 있더라도 동등 비교 조건을 제외하고 FIND_IN_SET() 함수나 LIKE를 사용하는 쿼리는 인덱스를 사용할 수 없다.

```
mysql> SELECT * FROM tb_set WHERE fd_set='TENNIS,GOLF';
+-------------+
| fd_set      |
+-------------+
| TENNIS,GOLF |
+-------------+

mysql> SELECT * FROM tb_set WHERE fd_set='GOLF,TENNIS';
Empty set (0.00 sec)
```

동시에 여러 개의 값을 갖는 SET 타입의 칼럼에 대해 하나의 특정 값을 포함하고 있는지는 다음과 같이 FIND_IN_SET() 함수를 사용하면 된다.

```
mysql> SELECT * FROM tb_set WHERE FIND_IN_SET('TENNIS', fd_set) >= 1;
+-------------+
| fd_set      |
+-------------+
| TENNIS,GOLF |
+-------------+
```

하지만 위 예제와 같이 FIND_IN_SET() 함수의 사용은 fd_set 칼럼에 인덱스가 있어도 효율적으로 해당 인덱스를 이용할 수 없다. 이러한 형태의 검색이 빈번히 사용된다면 SET 타입의 칼럼을 정규화해서 별도로 인덱스를 가진 자식 테이블을 생성하는 것이 좋다.

ENUM과 마찬가지로 SET 타입 또한 기존 SET 타입에 정의된 아이템 중간에 새로운 아이템을 추가하는 경우 테이블의 읽기 잠금과 리빌드 작업이 필요하다.

```
mysql> ALTER TABLE tb_set
        MODIFY fd_set SET('TENNIS','SOCCER','GOLF','TABLE-TENNIS',
                          'BASKETBALL','e-SPORTS','BILLIARD'),
        ALGORITHM=COPY, LOCK=SHARED;
```

하지만 SET 타입의 마지막에 새로운 아이템을 추가하는 작업은 ENUM과 동일하게 INSTANT 알고리즘으로 메타 정보만 변경하고 즉시 완료된다. 하지만 SET 타입의 아이템 개수가 8개를 넘어서서 9개로 바뀔 때는 읽기 잠금과 테이블 리빌드 작업이 필요하다. 이는 SET 타입을 저장하기 위한 공간이 1바이트에서 2바이트로 변경돼야 하기 때문이다.

```
mysql> ALTER TABLE tb_set
        MODIFY fd_set SET('TENNIS','SOCCER','GOLF','TABLE-TENNIS',
                          'BASKETBALL','BILLIARD','e-SPORTS'),
        ALGORITHM=INSTANT;

mysql> ALTER TABLE tb_set
        MODIFY fd_set SET('TENNIS','SOCCER','GOLF','TABLE-TENNIS',
                          'BASKETBALL','BILLIARD','e-SPORTS','SCUBA-DIVING','SWIMMING'),
```

```
            ALGORITHM=INSTANT;
  ERROR 1846 (0A000): ALGORITHM=INSTANT is not supported. Reason: Cannot change column type
  INPLACE. Try ALGORITHM=COPY/INPLACE.
```

15.5 TEXT와 BLOB

MySQL에서 대량의 데이터를 저장하려면 TEXT나 BLOB 타입을 사용해야 하는데, 이 두 타입은 많은 부분에서 거의 똑같은 설정이나 방식으로 작동한다. TEXT 타입과 BLOB 타입의 유일한 차이점은 TEXT 타입은 문자열을 저장하는 대용량 칼럼이라서 문자 집합이나 콜레이션을 가진다는 것이고, BLOB 타입은 이진 데이터 타입이라서 별도의 문자 집합이나 콜레이션을 가지지 않는다는 것이다. 다음 표와 같이 TEXT와 BLOB 타입 모두 다시 내부적으로 저장 가능한 최대 길이에 따라 4가지 타입으로 구분한다.

데이터 타입	필요 저장 공간 (L = 저장하고자 하는 데이터의 바이트 수)	저장 가능한 최대 바이트 수
TINYTEXT, TINYBLOB	L + 1바이트	$2^8-1(255)$
TEXT, BLOB	L + 2바이트	$2^{16}-1(65,535)$
MEDIUMTEXT, MEDIUMBLOB	L + 3바이트	$2^{24}-1(16,777,215)$
LONGTEXT, LONGBLOB	L + 4바이트	$2^{32}-1(4,294,967,295)$

LONG이나 LONG VARCHAR라는 타입도 있는데, MEDIUMTEXT의 동의어이므로 특별히 기억할 필요는 없다. 이진 데이터를 저장하기 위한 데이터 타입과 문자열을 저장하기 위한 데이터 타입은 다음과 같이 고정 길이나 가변 길이 타입이 정확하게 매핑된다.

	고정길이	가변길이	대용량
문자 데이터	CHAR	VARCHAR	TEXT
이진 데이터	BINARY	VARBINARY	BLOB

오라클 DBMS의 영향인지 많은 사람이 BLOB 타입에 대해서는 대용량 칼럼이라는 인식을 가지고 주의하는 데 반해, TEXT 타입은 그다지 부담을 가지지 않고 사용하는 경향도 있다. MySQL의 TEXT 타입은 오라클에서 CLOB라고 하는 대용량 타입과 동일한 역할을 하는 데이터 타입이므로 TEXT와 BLOB 칼럼 모

두 사용할 때 주의하고 너무 남용해서는 안 된다. TEXT나 BLOB 타입은 주로 다음과 같은 상황에서 사용하는 것이 좋다.

- 칼럼 하나에 저장되는 문자열이나 이진 값의 길이가 예측할 수 없이 클 때 TEXT나 BLOB을 사용한다. 하지만 다른 DBMS와는 달리 MySQL에서는 값의 크기가 4000바이트를 넘을 때 반드시 BLOB이나 TEXT를 사용해야 하는 것은 아니다. MySQL에서는 레코드의 전체 크기가 64KB를 넘지 않는 한도 내에서는 VARCHAR나 VARBINARY의 길이는 제한이 없다. 그래서 용도에 따라서는 다음 예제와 같이 4000바이트 이상의 값을 저장하는 칼럼도 VARCHAR나 VARBINARY 타입을 이용할 수 있다.

- MySQL에서는 버전에 따라 조금씩 차이는 있지만 일반적으로 하나의 레코드는 전체 크기가 64KB를 넘어설 수 없다. VARCHAR나 VARBINARY와 같은 가변 길이 칼럼은 최대 저장 가능 크기를 포함해 64KB로 크기가 제한된다. 레코드의 전체 크기가 64KB를 넘어서서 더 큰 칼럼을 추가할 수 없다면 일부 칼럼을 TEXT나 BLOB 타입으로 전환해야 할 수도 있다.

```
mysql> CREATE TABLE tb_varchar (
        id INT NOT NULL,
        body VARCHAR(6000),
        PRIMARY KEY(id)
      );

mysql> SHOW CREATE TABLE tb_varchar \G
*************************** 1. row ***************************
       Table: tb_varchar
Create Table: CREATE TABLE `tb_varchar` (
  `id` int NOT NULL,
  `body` varchar(6000) COLLATE utf8mb4_general_ci DEFAULT NULL,
  PRIMARY KEY (`id`)
) ENGINE=InnoDB DEFAULT CHARSET=utf8mb4 COLLATE=utf8mb4_general_ci
```

MySQL에서 인덱스 레코드의 모든 칼럼은 최대 제한 크기(MyISAM은 1000바이트, REDUNDANT 또는 COMPACT 로우 포맷을 사용하는 InnoDB의 경우에는 767바이트, DYNAMIC 또는 COMPRESSED 로우 포맷을 사용하는 InnoDB의 경우에는 3072바이트)를 가지고 있다. 자주 사용되지는 않지만 BLOB나 TEXT 타입의 칼럼에 인덱스를 생성할 때는 칼럼값의 몇 바이트까지 인덱스를 생성할 것인지를 명시해야 할 때도 있다. 물론 최대 제한 크기를 넘어서는 인덱스는 생성할 수 없다. DYNAMIC 또는 COMPRESSED 로우 포맷을 사용하는 InnoDB 테이블에서 TEXT 타입의 문자 집합이 utf8mb4이라면 최대 768 글자까지만 인덱스로 생성할 수 있고, latin1 문자 셋의 TEXT 타입이라면 3072 글자까지 인덱스로 생성할 수 있다. 또한 BLOB이나 TEXT 칼럼으로 정렬을 수행할 때도 칼럼에 저장된 값이 10MB라고 하더라도 실제로는 MySQL 서버의 max_sort_length 시스템 변수에 설정된 길이까지만 정렬을 수행한다. 일반적으로 이 설정값은 1024바이트로 설정돼 있는데, TEXT 타입의 정렬을 더 빠르게 실행하려면 이 값을 줄여서 설정하는 것이 좋다.

MySQL에서는 쿼리의 특성에 따라 임시 테이블을 생성해야 할 때도 있다. 이때 사용되는 임시 테이블은 메모리에 저장될 수도 있고 디스크에 저장될 수도 있다. 임시 테이블을 메모리에 저장할 때는 internal_tmp_mem_storage_engine 시스템 변수의 설정값에 따라 MEMORY 스토리지 엔진이나 TempTable 스토리지 엔진 중 하나를 사용한다. MySQL 8.0 버전부터 TempTable은 TEXT나 BLOB 타입을 지원하지만 MEMORY 스토리지 엔진은 TEXT나 BLOB 타입을 지원하지 않는다. 가능하면 internal_tmp_mem_storage_engine은 "TempTable"로 설정해서 BLOB 타입이나 TEXT 타입을 포함하는 결과도 메모리를 사용할 수 있게 하는 것이 좋다.

BLOB이나 TEXT 타입의 칼럼이 포함된 테이블에 실행되는 INSERT나 UPDATE 문장 중에서 BLOB이나 TEXT 칼럼을 조작하는 SQL 문장은 매우 길어질 수 있는데, MySQL 서버의 max_allowed_packet 시스템 변수에 설정된 값보다 큰 SQL 문장은 MySQL 서버로 전송되지 못하고 오류가 발생할 수도 있다. 대용량 BLOB이나 TEXT 칼럼을 사용하는 쿼리가 있다면 MySQL 서버의 max_allowed_packet 시스템 변수를 필요한 만큼 충분히 늘려서 설정하는 것이 좋다.

MySQL 서버에서 TEXT와 BLOB 타입 칼럼의 값이 어떻게 저장되는지는 혼란스러운 부분 중 하나다. MySQL 서버에서 BLOB과 TEXT 타입 칼럼의 데이터가 어떻게 저장될지를 결정하는 요소는 테이블의 ROW_FORMAT 옵션이다. 테이블을 생성할 때 ROW_FORMAT 옵션이 별도로 지정되지 않으면 MySQL 서버는 innodb_default_row_format 시스템 변수에 설정된 값을 적용한다. MySQL 서버에서 별도로 innodb_default_row_format 시스템 변수를 설정하지 않으면 기본으로 최신 ROW_FORMAT인 dynamic이 설정된다.

```
mysql> SHOW GLOBAL VARIABLES LIKE 'innodb_default_row_format';
+---------------------------+---------+
| Variable_name             | Value   |
+---------------------------+---------+
| innodb_default_row_format | dynamic |
+---------------------------+---------+
```

우선 MySQL 8.0에서는 지금까지 사용 가능한 모든 ROW_FORMAT(REDUNDANT와 COMPACT, 그리고 DYNAMIC과 COMPRESSED)에서는 가능하다면 TEXT와 BLOB 칼럼의 값을 다른 레코드와 같이 저장하려고 노력한다. 그런데 이를 불가능하게 하는 한 가지 이유가 레코드의 최대 길이 제한이다.

설명의 편의를 위해 다음과 같이 TEXT와 BLOB 타입의 칼럼을 하나씩 가지는 테이블을 가정해보자.

```
mysql> CREATE TABLE tb_large_object (
         id INT NOT NULL PRIMARY KEY,
         fd_blob BLOB,
         fd_text TEXT
       );
```

MySQL 5.6 버전에서 테이블의 기본 ROW_FORMAT은 COMPACT이며, MySQL 5.7 버전부터는 DYNAMIC이 기본 ROW_FORMAT으로 변경됐다. MySQL 서버의 ROW_FORMAT에서 COMPACT는 나머지 모든 ROW_FORMAT의 바탕이 되는 포맷이다. DYNAMIC은 COMPACT 포맷에 몇 가지 규칙이 추가된 버전이고, COMPRESSED는 DYNAMIC에 압축 관련 규칙이 추가된 버전이다. 여기서 COMPACT 포맷을 예시로 언급하는 이유는 COMPACT 포맷이 나머지 모든 포맷의 근간이기 때문이다.

COMPACT 포맷에서 저장할 수 있는 레코드 하나의 최대 길이는 데이터 페이지(데이터 블록) 크기 16KB의 절반인 8126바이트[4]다. 이 경우 MySQL 서버는 BLOB이나 TEXT 타입의 칼럼을 가능한 레코드에 같이 포함해서 저장하려고 할 것이다. 레코드의 전체 길이가 8126바이트를 넘어선다면 용량이 큰 칼럼 순서대로 외부 페이지(Off-page 또는 External-page)로 옮기면서 레코드의 크기를 8126바이트 이하로 맞추려고 할 것이다. 대략 몇 가지 예제를 살펴보면 다음과 같이 레코드의 칼럼을 프라이머리 키 페이지와 외부 페이지로 나눠서 저장할 것이다.

fd_blob의 길이	fd_text의 길이	fd_blob의 저장 위치	fd_text의 저장 위치
3000	3000	프라이머리 키 페이지	프라이머리 키 페이지
3000	10000	프라이머리 키 페이지	외부 페이지
10000	10000	외부 페이지	외부 페이지

---

4 정확히 8K가 아니고 8126인 것은 데이터 페이지에서 관리용으로 사용되는 공간들을 빼고 사용할 수 있는 최대 공간의 절반이기 때문이다.

첫 번째 경우는 TEXT와 BLOB을 합해도 6000바이트이므로 모두 프라이머리 키 페이지에 같이 저장(인라인(inline)으로 저장)할 수 있다. 하지만 두 번째 경우는 TEXT 칼럼의 길이가 너무 길어서 TEXT 칼럼은 외부 페이지로 저장하고 BLOB 칼럼은 프라이머리 키 페이지에 같이 저장한다. 그리고 세 번째 경우는 둘 모두 너무 길이가 길어서 TEXT와 BLOB 칼럼 모두 외부 페이지로 저장한다. BLOB이나 TEXT 칼럼이 외부 페이지로 저장될 때 길이가 16KB를 넘는 경우 MySQL 서버는 칼럼의 값을 나눠서 여러 개의 외부 페이지에 저장하고 각 페이지는 체인으로 연결한다. 그림 15.4는 이렇게 칼럼의 값이 여러 개의 외부 페이지에 저장된 형태를 보여준다. 하나의 테이블에 여러 개의 BLOB이나 TEXT 칼럼이 있다면 하나의 레코드는 여러 개의 외부 페이지 체인을 가질 수도 있다.

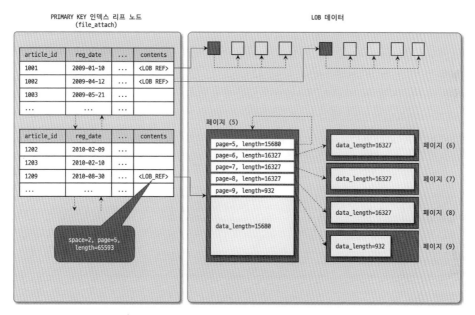

그림 15.4 BLOB이나 TEXT 칼럼의 값이 여러 개의 외부 페이지로 저장된 형태

BLOB이나 TEXT 칼럼을 외부 페이지로 저장하는 경우 MySQL 서버는 COMPACT와 REDUNDANT 레코드 포맷을 사용하는 테이블에서는 외부 페이지로 저장된 TEXT나 BLOB 칼럼의 앞쪽 768바이트(BLOB 프리픽스)만 잘라서 프라이머리 키 페이지에 같이 저장한다. DYNAMIC이나 COMPRESSED 레코드 포맷에서는 BLOB 프리픽스를 프라이머리 키 페이지에 저장하지 않는다. COMPACT나 REDUNDANT 레코드 포맷의 BLOB 프리픽스는 인덱스를 생성할 때 도움이 되기도 하지만 BLOB이나 TEXT 칼럼을 가진 테이블의 저장 효율을 낮추게 될 수도 있다. BLOB 프리픽스는 프라이머리 키 페이지에 저장할 수 있는 레코드의 건수를 줄이는데, BLOB이나 TEXT 칼럼을 거의 참조하지 않는 쿼리는 성능이 더 떨어진다.

15.6 공간 데이터 타입

MySQL 서버는 OpenGIS에서 제시하는 표준을 준수하고 있으며, OpenGIS에서 제공하는 WKT(Well Known Text) 또는 WKB(Well Known Binary)를 이용해 공간 데이터를 관리할 수 있게 지원한다. MySQL에서 제공하는 공간 정보 저장용 데이터 타입은 POINT, LINESTRING, POLYGON, GEOMETRY, 그리고 MULTIPOINT, MULTILINESTRING, MULTIPOLYGON, GEOMETRYCOLLECTION이다.

POINT와 LINESTRING, POLYGON 타입은 하나의 단위 정보만 가질 수 있다. 즉, POINT 객체는 하나의 점 정보만 저장할 수 있으며, LINESTRING 타입은 하나의 라인, POLYGON 타입은 하나의 다각형만 저장할 수 있다. 그리고 GEOMETRY는 그림 15.5와 같이 POINT와 LINESTRING, POLYGON 타입의 수퍼 타입으로, 3개 타입의 객체 모두 저장할 수 있다. 하지만 GEOMETRY 타입 또한 하나의 객체만 저장할 수 있기 때문에 결국 하나의 점이나 선, 다각형만 저장할 수 있다.

반면 MULTIPOINT나 MULTILINESTRING, MULTIPOLYGON 타입은 종류별로 여러 개의 객체를 저장할 수 있다. 예를 들어, MULTIPOINT 타입은 여러 개의 POINT를 저장할 수 있다. 그리고 GEOMETRYCOLLECTION 타입은 그림 15.5와 같이 MULTIPOINT나 MULTILINESTRING, MULTIPOLYGON 타입의 수퍼 타입으로, 셋 중 아무 타입이나 저장할 수 있다.

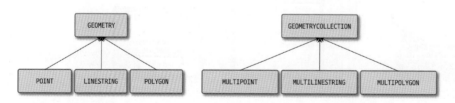

그림 15.5 공간 데이터 계층도

저장하고자 하는 공간 데이터가 점과 선, 다각형 등으로 다양한 타입의 데이터를 저장해야 한다면 칼럼의 데이터 타입을 GEOMETRY 타입으로 생성하면 된다. GEOMETRYCOLLECTION 타입 또한 동일한 용도로 사용할 수 있다. 하지만 단순히 위치 좌표 하나만 저장해도 된다면 공간 데이터 저장용 칼럼의 타입을 POINT로 설정하면 된다. MySQL 서버를 이용하는 공간 데이터는 대부분 POINT와 POLYGON 타입으로 충분한 경우가 많다.

MySQL 서버의 GEOMETRY 타입과 모든 자식 타입은 MySQL 서버의 메모리에서는 BLOB 객체로 관리되고, 클라이언트로 전송될 때도 BLOB으로 전송된다. 즉, GEOMETRY 타입이 BLOB 타입을 감싸고 있는 구조라고 생각하면 된다. 디스크로 저장될 때도 GEOMETRY 타입과 모든 자식 타입은 BLOB으로 저장된다[5]. 안타깝게도 JDBC 표준에서는 아직 공간 데이터를 공식적으로 지원하고 있지 않기 때문에 MySQL Connector/J(JDBC 드라이버)만으로는 POINT나 POLYGON 같은 자바 클래스를 사용할 수는 없다. 그래서 ORM 라이브러리들은 JTS[6] 같은 오픈소스 공간 데이터 라이브러리를 활용한다. GEOMETRY 칼럼에 저장된 데이터가 일관되고 간단하다면 MySQL 서버의 공간 함수(ST_AsText() 또는 ST_X()나 ST_Y() 함수 등)를 이용해 JDBC에서 지원하는 데이터 타입으로 변환한 후 조회하는 방법도 생각해볼 수 있다.

공간 데이터가 BLOB 칼럼 타입으로 저장된다고 해서 지나치게 대용량으로 저장될까 봐 걱정스러울 수도 있다. 하지만 이미 BLOB과 TEXT 타입에서 살펴봤듯이 BLOB 타입이라고 하더라도 실제 저장하고 있는 데이터가 크지 않다면 MySQL 서버는 공간 데이터 칼럼을 별도의 외부 페이지(Off-page)로 저장하지 않을 것이다. 일반적인 POINT나 간단한 POLYGON 데이터라면 일반적으로 몇십에서 몇백 바이트 수준이므로 성능을 크게 걱정하지 않아도 된다. 결국 사용자가 어떤 데이터를 저장하느냐에 따라 성능에 미치는 영향도가 달라진다.

15.6.1 공간 데이터 생성

공간 데이터 타입은 이름으로 어떤 데이터를 저장할 수 있는지 명확하므로 각 타입에 대한 설명은 생략하고, 공간 데이터 타입을 MySQL 서버에 생성할 때 어떤 방법으로 저장하는지 살펴보자. MySQL 서버에서 공간 데이터를 생성할 때는 다음과 같은 함수들을 이용해 WKT(Well Known Text) 포맷을 MySQL 서버가 처리할 수 있는 이진 데이터 포맷의 데이터로 변환할 수 있다. 각 함수의 사용법에 사용된 들여쓰기는 가독성을 위한 것이지, 실제 MySQL 서버에서 객체 생성 함수나 WKT 포맷을 사용할 때는 들여쓰기를 하지 않아도 된다. 또한 객체 생성 함수에서 x와 y 필드에는 사용하는 좌표 시스템(SRS)에 따라 위도나 경도, 또는 단순 정숫값 등 다양한 값이 저장될 수 있다.

POINT **타입**

```
WKT 포맷   : POINT(x y)

객체 생성 : ST_PointFromText('POINT(x y)')
```

---

5 MySQL 서버의 기본 스토리지 엔진인 InnoDB 스토리지 엔진을 기준으로 설명한 것이다. MyISAM 스토리지 엔진이나 다른 스토리지 엔진에서는 다른 방식으로 저장될 수 있다.

6 http://www.tsusiatsoftware.net/jts/main.html

LINESTRING 타입

WKT 포맷   : LINESTRING(x0 y0, x1 y1, x2 y2, x3 y3, ...)

객체 생성 : ST_LineStringFromText('LINESTRING(x0 y0, x1 y1, x2 y2, x3 y3, ...)')

POLYGON 타입

WKT 포맷   : POLYGON((x0 y0, x1 y1, x2 y2, x3 y3, x0 y0))

객체 생성 : ST_PolygonFromText('POLYGON((x0 y0, x1 y1, x2 y2, x3 y3, x0 y0))')

MULTIPOINT 타입

WKT 포맷   : MULTIPOINT(x0 y0, x1 y1, x2 y2)

객체 생성 : ST_MultiPointFromText('MULTIPOINT(x0 y0, x1 y1, x2 y2)')

MULTILINESTRING 타입

WKT 포맷   : MULTILINESTRING((x0 y0, x1 y1), (x2 y2, x3 y3))

객체 생성 : ST_MultiLineStringFromText('MULTILINESTRING((x0 y0, x1 y1), (x2 y2, x3 y3))')

MULTIPOLYGON 타입

WKT 포맷   : MULTIPOLYGON(((x0 y0, x1 y1, x2 y2, x3 y3, x0 y0)),
                        ((x4 y4, x5 y5, x6 y6, x7 y7, x4 y4)))

객체 생성 : ST_MultiPolygonFromText('MULTIPOLYGON(((x0 y0, x1 y1, x2 y2, x3 y3, x0 y0)),
                                   ((x4 y4, x5 y5, x6 y6, x7 y7, x4 y4)))')

GEOMETRYCOLLECTION 타입

WKT 포맷   : GEOMETRYCOLLECTION(POINT(x0 y0), POINT(x1 y1), LINESTRING(x2 y2, x3 y3))

객체 생성 : ST_GeometryCollectionFromText('GEOMETRYCOLLECTION(POINT(x0 y0),
                                          POINT(x1 y1),
                                          LINESTRING(x2 y2, x3 y3))')

각 공간 데이터 생성 함수의 이름에서 "FromText" 대신 "FromWKB"를 사용하면 WKT 대신 WKB를 이용한 공간 데이터 객체를 생성할 수 있다. 다른 데이터베이스 서버로부터 OpenGIS 표준 WKB를 가져왔다면 ST_PointFromWKB()나 ST_PolygonFromWKB() 함수를 이용해 MySQL 서버에서 처리 가능한 공간 데이터 객체를 생성할 수 있다.

> **주의** 예전 버전의 MySQL 서버에서는 "POINT(x y)" 또는 "GeomFromText('POINT(x y)')" 같이 POINT 객체를 생성할 수 있었지만(나머지 공간 데이터 타입도 모두 동일함), 이는 OpenGIS 표준은 아니고 MySQL 서버 자체적인 방법이었다. MySQL 8.0 버전부터는 OpenGIS를 준수하기 때문에 기존 비표준 함수들은 언제든지 MySQL 서버에서 제거될 수 있다. 모든 공간 데이터 생성이나 처리 함수를 사용할 때는 "ST_" 접두사를 가진 함수들을 우선 사용하자.

위의 모든 공간 데이터 생성 함수들은 첫 번째 파라미터로 WKT를 사용하고, 예시에는 표시돼 있지 않지만 두 번째 파라미터로 SRID를 설정할 수 있다. SRID를 별도로 명시하지 않으면 기본값으로 0이 설정된다.

```
ST_PointFromText('POINT(10,20)')
ST_PointFromText('POINT(37.544738 127.039074)')

ST_PointFromText('POINT(10,20)', 0)
ST_PointFromText('POINT(37.544738 127.039074)', 4326)
```

위 4개 예제는 모두 POINT 타입의 공간 데이터 객체를 생성하는데, 처음의 2개는 별도로 SRID를 명시하지 않았기 때문에 SRID가 0인 객체를 생성한다. 즉, 첫 번째 예제와 세 번째 예제는 동일한 공간 데이터를 생성한다. 네 번째 예제는 SRID를 4326으로 지정했으므로, 이 공간 데이터는 WGS 84 구면 좌표 시스템을 사용하는 POINT 객체로 생성된다.

15.6.2 공간 데이터 조회

MySQL 서버가 관리하는 공간 데이터를 조회하는 방법은 다음과 같이 여러 가지 방법이 있다.

- 이진 데이터 조회(WKB 포맷 또는 MySQL 이진 포맷)

- 텍스트 데이터 조회(WKT 포맷)

- 공간 데이터의 속성 함수를 이용한 조회

첫 번째와 두 번째는 공간 데이터 타입과 관계없이 ST_AsText()/ST_AsWKT() 함수나 ST_AsBinary()/ST_AsWKB() 함수를 이용해 조회할 수 있다. 그리고 아무런 함수를 사용하지 않고 공간 데이터 칼럼을 그대로 조회하면 MySQL 서버가 내부적으로 사용하는 이진 포맷의 공간 데이터를 확인할 수 있다.

```
mysql> SELECT id,
            location AS internal_format, /* MySQL 서버의 내부 이진 데이터 그대로 조회 */
            ST_AsText(location) AS wkt_format,
            ST_AsBinary(location) AS wkb_format
        FROM plain_coord \G
*************************** 1. row ***************************
            id: 1
internal_format: 0x000000000101000000000000000000000000000000000000000
    wkt_format: POINT(0 0)
    wkb_format: 0x010100000000000000000000000000000000000000
```

공간 데이터의 각 속성을 구분해서 조회하고자 한다면 공간 데이터의 타입별로 사용할 수 있는 함수가 달라진다.

POINT 타입 속성 함수

```
mysql> SET @poi:=ST_PointFromText('POINT(37.544738 127.039074)', 4326);

mysql> SELECT
        ST_SRID(@poi) AS srid,
        ST_X(@poi) AS coord_x,
        ST_Y(@poi) AS coord_y,
        ST_Latitude(@poi) AS coord_latitude,
        ST_Longitude(@poi) AS coord_longitude;
+------+-----------+-------------------+----------------+-------------------+
| srid | coord_x   | coord_y           | coord_latitude | coord_longitude   |
+------+-----------+-------------------+----------------+-------------------+
| 4326 | 37.544738 | 127.03907400000001|      37.544738 | 127.03907400000001|
+------+-----------+-------------------+----------------+-------------------+
```

ST_X() 함수와 ST_Latitude() 함수는 지리 좌표 시스템에 정의된 첫 번째 축의 값을 반환하며, ST_Y() 함수와 ST_Longitude() 함수는 두 번째 축의 값을 반환한다. ST_X()와 ST_Y() 함수는 SRID와 무관하게 항상 사용할 수 있지만 ST_Latitude()와 ST_Longitude() 함수는 위도와 경도를 사용하는 좌표 시스템의 공간 데이터에서만 사용할 수 있다. ST_SRID() 함수는 정수를 반환하며, 나머지 4개 함수 모두 DOUBLE 타입의 값을 반환한다.

LINESTRING과 MULTILINESTRING 타입 속성 함수

```
mysql> SET @line := ST_LineStringFromText('LINESTRING(37.55601011174991 127.03600689589169,
                                           37.55601011174991 127.05866710410828,
                                           37.53804388825009 127.05866710410828,
                                           37.53804388825009 127.03600689589169)')

mysql> SELECT
        ST_AsText(ST_StartPoint(@line)),
        ST_AsText(ST_EndPoint(@line)),
        ST_AsText(ST_PointN(@line, 2)),
        ST_IsClosed(@line),
        ST_Length(@line),
        ST_NumPoints(@line) \G

*************************** 1. row ***************************
ST_AsText(ST_StartPoint(@line)): POINT(37.55601011174991 127.03600689589169)
  ST_AsText(ST_EndPoint(@line)): POINT(37.53804388825009 127.03600689589169)
 ST_AsText(ST_PointN(@line, 2)): POINT(37.55601011174991 127.05866710410828)
             ST_IsClosed(@line): 0
               ST_Length(@line): 0.0632866399330112
            ST_NumPoints(@line): 4
```

위 쿼리는 LINESTRING 타입의 공간 데이터에 대해 사용할 수 있는 속성 함수들을 모두 사용한 예제다. ST_Length() 함수는 라인의 전체 길이를 반환하는데, 공간 데이터의 SRID 값에 따라 계산 방식이 달라질 수 있다. 위의 예제에서는 SRID가 명시되지 않았으므로 SRID=0으로 계산된 값이다. 즉, 0.0632866... 값은 단순히 카테시안 평면상의 거리 계산인데, 이 결과에는 어떤 단위도 없다. LINESTRING 데이터의 SRID를 WGS 84 좌표계인 4326으로 설정하면 다음과 같이 미터(meter) 단위의 거리 합이 표시된다.

```
mysql> SET @line := ST_LineStringFromText('LINESTRING(37.55601011174991 127.03600689589169,
                                           37.55601011174991 127.05866710410828,
                                           37.53804388825009 127.05866710410828,
```

```
                                        37.53804388825009 127.03600689589169)',
                      4326);


mysql> SELECT ST_Length(@line);
+-------------------+
| ST_Length(@line)  |
+-------------------+
| 5999.013043056912 |
+-------------------+
```

하지만 ST_Length() 함수는 ST_Distance() 함수와 같이 지구가 구면체인 것을 가정하지 않은 결과를 보여주기 때문에 정확한 지구 구면체상의 거리는 다음 예제와 같이 ST_Distance_Sphere() 함수를 사용해야 한다.

```
mysql> SET @p1 := ST_PointFromText('POINT(37.55601011174991 127.03600689589169)', 4236);
mysql> SET @p2 := ST_PointFromText('POINT(37.55601011174991 127.05866710410828)', 4236);
mysql> SET @p3 := ST_PointFromText('POINT(37.53804388825009 127.05866710410828)', 4236);
mysql> SET @p4 := ST_PointFromText('POINT(37.53804388825009 127.03600689589169)', 4236);

mysql> SELECT ST_Distance(@p1, @p2); -- // ==> 2002.3302054281864
mysql> SELECT ST_Distance(@p2, @p3); -- // ==> 1994.1040327614173
mysql> SELECT ST_Distance(@p3, @p4); -- // ==> 2002.810823530385

mysql> SELECT ST_Distance_Sphere(@p1, @p2); -- // ==> 1997.5840235487453
mysql> SELECT ST_Distance_Sphere(@p2, @p3); -- // ==> 1997.8248105089915
mysql> SELECT ST_Distance_Sphere(@p3, @p4); -- // ==> 1998.0655386874553
```

POLYGON과 MULTIPOLYGON 속성 함수

```
mysql> SET @polygon := ST_PolygonFromText('POLYGON((37.55601011174991 127.03600689589169,
                                    37.55601011174991 127.05866710410828,
                                    37.53804388825009 127.05866710410828,
                                    37.53804388825009 127.03600689589169,
                                    37.55601011174991 127.03600689589169))',
                      4326);


mysql> SELECT
        ST_Area(@polygon),
```

```
        ST_AsText(ST_ExteriorRing(@polygon)),
        ST_AsText(ST_InteriorRingN(@polygon, 1)),
        ST_NumInteriorRing(@polygon),
        ST_NumInteriorRings(@polygon);
*************************** 1. row ***************************
                      ST_Area(@polygon): 3993026.2901834054
   ST_AsText(ST_ExteriorRing(@polygon)): LINESTRING(37.55601011174991 127.03600689589169,
                                              37.55601011174991 127.05866710410828,
                                              37.53804388825009 127.05866710410828,
                                              37.53804388825009 127.03600689589169,
                                              37.55601011174991 127.03600689589169)
ST_AsText(ST_InteriorRingN(@polygon, 1)): NULL
           ST_NumInteriorRing(@polygon): 0
          ST_NumInteriorRings(@polygon): 0
```

POLYGON 타입의 공간 데이터에 대해 사용할 수 있는 속성 함수들은 대략 이 정도이며, 대부분 함수의 이름으로 어떤 값들을 반환할지 예측이 가능하다. POLYGON 데이터의 중심점을 찾는 ST_Centroid() 함수도 있지만 이 함수는 아직 WGS 84 구면 좌표계의 위경도 좌표를 지원하지 않는다.

15.7 JSON 타입

MySQL 5.7 버전부터 JSON 데이터를 저장할 수 있는 JSON 타입이 지원되기 시작했으며, MySQL 8.0 버전으로 업그레이드되면서 많은 기능과 성능 개선 사항이 추가됐다. 물론 MySQL 서버에서 TEXT 칼럼이나 BLOB 칼럼에 JSON 데이터를 저장할 수도 있었다. 하지만 MySQL 5.7 버전부터 지원되는 JSON 타입의 칼럼은 JSON 데이터를 문자열로 저장하는 것이 아니라 MongoDB와 같이 바이너리 포맷의 BSON(Binary JSON)으로 변환해서 저장한다.

15.7.1 저장 방식

MySQL 서버는 내부적으로 JSON 타입의 값을 BLOB 타입에 저장한다. 하지만 JSON 칼럼에 저장되는 값은 사용자가 입력한 값 그대로 저장하는 것이 아니라 바이너리 포맷인 BSON 타입으로 변환해서 저장한다. 그래서 JSON 데이터를 BLOB이나 TEXT 타입의 칼럼에 저장하는 것보다 공간 효율이 높은 편이다.

다음은 JSON 칼럼의 값이 이진 포맷으로 변환됐을 때 길이가 몇 바이트인지 확인하는 예제다.

```
mysql> CREATE TABLE tb_json (id INT, fd JSON);
mysql> INSERT INTO tb_json VALUES
       (1, '{"user_id":1234567890}'),
       (2, '{"user_id":"1234567890"}');

mysql> SELECT id, fd,
       JSON_TYPE(fd->"$.user_id") AS field_type,
       JSON_STORAGE_SIZE(fd) AS byte_size
    FROM tb_json;
+------+--------------------------+------------+-----------+
| id   | fd                       | field_type | byte_size |
+------+--------------------------+------------+-----------+
|    1 | {"user_id": 1234567890}  | INTEGER    |        23 |
|    2 | {"user_id": "1234567890"}| STRING     |        30 |
+------+--------------------------+------------+-----------+
```

첫 번째 레코드는 user_id 필드의 값을 정수 타입으로 저장했으며, 두 번째 레코드는 user_id 필드의 값을 문자열 타입으로 저장했다. 그 결과 두 레코드의 JSON 값을 이진 포맷으로 변환하면 7바이트의 공간 차이가 발생했다.

이제 다음 예제를 통해 JSON 도큐먼트가 어떻게 이진 데이터로 변환되어 저장되는지를 한 번 살펴보자.

```
-- // JSON 도큐먼트 { "a": "x", "b": "y", "c": "z" }
mysql> SELECT JSON_STORAGE_SIZE('{ "a": "x", "b": "y", "c": "z" }') AS binary_length;
+---------------+
| binary_length |
+---------------+
|            35 |
+---------------+
```

위의 JSON 도큐먼트가 MySQL 서버의 JSON 칼럼에 저장될 때는 다음과 같이 35바이트의 이진 데이터로 저장된다.

```
00 03 00 22 00 19 00 01 00 1A
```

```
00 01 00 1B 00 01 00 0C 1C 00
0C 1E 00 0C 20 00 61 62 63 01
78 01 79 01 7A
```

이진 데이터는 다음과 같이 24개의 필드로 구성되는데, 각 필드는 저장되는 값의 특성에 맞게 1개 이상의 바이트를 차지한다. 위의 예제는 단순한 JSON 도큐먼트이며, 각 필드의 키나 값의 길이가 짧아서 모든 필드가 1~2바이트만 사용하고 있다는 것을 알 수 있다.

표 15.1 이진 포맷 JSON 데이터 필드

필드 순서	바이트 수	주소(Offset)	이진값		문자열	십진 숫자값	설명
1	1		00			0	type(JSONB_TYPE_SMALL_OBJECT)
2	2	0	03	00		3	JSON 어트리뷰트 개수
3	2	2	22	00		34	JSON 도큐먼트 길이(바이트 수)
4	2	4	19	00		25	첫 번째 키 주소(Offset)
5	2	6	01	00		1	첫 번째 키 길이(바이트 수)
6	2	8	1A	00		26	두 번째 키 주소(Offset)
7	2	10	01	00		1	두 번째 키 길이(바이트 수)
8	2	12	1B	00		27	세 번째 키 주소(Offset)
9	2	14	01	00		1	세 번째 키 길이(바이트 수)
10	1	16	0C			12	첫 번째 값 타입(JSONB_TYPE_STRING)
11	2	17	1C	00		28	첫 번째 값 주소(Offset)
12	1	19	0C			12	두 번째 값 타입(JSONB_TYPE_STRING)
13	2	20	1E	00		30	두 번째 값 주소(Offset)
14	1	22	0C			12	세 번째 값 타입(JSONB_TYPE_STRING)
15	2	23	20	00		32	세 번째 값 주소(Offset)
16	1	25	61		a		첫 번째 키
17	1	26	62		b		두 번째 키
18	1	27	63		c		세 번째 키
19	1	28	01			1	첫 번째 값 길이(바이트 수)
20	1	29	78		x		첫 번째 값

필드 순서	바이트 수	주소(Offset)	이진값	문자열	십진 숫자값	설명
21	1	30	01		1	두 번째 값 길이(바이트 수)
22	1	31	79	y		두 번째 값
23	1	32	01		1	세 번째 값 길이(바이트 수)
24	1	33	7A	z		세 번째 값

표 15.1에서 "이진값"으로 표시된 항목이 실제 바이너리 필드 값이며, 각 필드 값의 순서와 길이, 주소 (Offset)를 표시했다. 그리고 각 필드가 어떤 값을 저장하고 있는지도 함께 설명으로 추가해뒀다. 표 15.1에서 "주소"는 JSON 도큐먼트에서 첫 번째 1바이트를 제외하고 난 다음, 이진 데이터에서 각 필드 의 오프셋(Offset)을 의미한다. 표 15.1에서 중요한 것은 JSON 도큐먼트를 구성하는 모든 키의 위치 와 키의 이름이 각 JSON 필드의 값보다 먼저 나열돼 있다는 것이다. 그래서 JSON 칼럼의 특정 필드만 참조하거나 특정 필드의 값만 업데이트(길이가 변경되지 않는 부분 업데이트)하는 경우 JSON 칼럼의 값 을 모두 읽어보지 않고도 즉시 원하는 필드의 이름을 읽거나 변경할 수 있다.

MySQL 서버에서 매우 큰 용량의 JSON 도큐먼트가 저장되면 MySQL 서버는 16KB 단위로 여러 개의 데이터 페이지로 나뉘어 저장된다. 이때 대용량 BLOB 데이터[7]는 여러 개의 BLOB 페이지로 나뉘어 저장 되는데, MySQL 5.7 버전까지는 BLOB 페이지들이 단순 링크드 리스트(Linked List)처럼 관리됐다. 하 지만 이러한 형태는 JSON 필드의 부분 업데이트를 효율적으로 처리할 수 없기 때문에 MySQL 8.0 버 전부터는 BLOB 페이지들의 인덱스를 관리하고 각 인덱스는 실제 BLOB 데이터를 가진 페이지들의 링크 를 갖도록 개선됐다. JSON 필드의 부분 업데이트가 필요한 경우 MySQL 서버는 BLOB 페이지 인덱스와 JSON 칼럼의 각 필드 주소 정보를 이용해 변경이 필요한 부분만 업데이트할 수 있게 됐다. MySQL 8.0 의 BLOB 데이터 저장 방법에 대해서는 15.5절 'TEXT와 BLOB'을 참조하자.

15.7.2 부분 업데이트 성능

MySQL 8.0 버전부터는 JSON 타입에 대해 부분 업데이트(Partial Update) 기능을 제공한다. JSON 칼럼 의 부분 업데이트 기능은 JSON_SET()과 JSON_REPLACE(), JSON_REMOVE() 함수를 이용해 JSON 도큐먼트의 특정 필드 값을 변경하거나 삭제하는 경우에만 작동한다. 다음은 두 번째 레코드의 JSON 칼럼의 값에서 "1234567890"이었던 "user_id" 필드의 값을 "12345"로 변경하는 예제다.

---

7 MySQL 서버의 JSON 칼럼은 내부적으로 BLOB 타입을 사용하므로 BLOB 타입의 모든 기능을 활용하게 된다.

```
mysql> UPDATE tb_json
       SET fd=JSON_SET(fd, '$.user_id', "12345")
       WHERE id=2;

mysql> SELECT id, fd, JSON_STORAGE_SIZE(fd), JSON_STORAGE_FREE(fd)
       FROM tb_json;
+------+--------------------------+-----------------------+-----------------------+
| id   | fd                       | JSON_STORAGE_SIZE(fd) | JSON_STORAGE_FREE(fd) |
+------+--------------------------+-----------------------+-----------------------+
|    1 | {"user_id": 1234567890}  |                    23 |                     0 |
|    2 | {"user_id": "12345"}     |                    30 |                     5 |
+------+--------------------------+-----------------------+-----------------------+
```

JSON_SET() 함수를 이용한 JSON 칼럼의 "user_id" 필드 값 변경 작업이 "부분 업데이트"로 처리됐는지 확인할 수 있는 명확한 방법은 없다. 하지만 JSON_STORAGE_SIZE() 함수와 JSON_STORAGE_FREE() 함수를 이용하면 대략 예측할 수 있다. 위의 예제에서 첫 번째 레코드의 JSON_STORAGE_FREE() 함수 결괏값은 0인 반면, 두 번째 레코드는 JSON_STORAGE_FREE() 함수의 결괏값이 5로 표시됐다. 이는 "user_id" 필드의 값이 10바이트를 차지하고 있다가 "12345"로 변경되면서 앞 부분 5바이트만 사용하고 나머지 5바이트는 비워 뒀기 때문이다. 그래서 JSON_STORAGE_SIZE() 함수의 결괏값은 변하지 않았지만 JSON_STORAGE_FREE() 값은 5가 표시된 것이다. 예제의 UPDATE 명령 실행 후 실제 JSON 칼럼이 사용하는 디스크의 저장 공간 자체는 줄어들지 않았지만 기존 JSON 칼럼이 사용하던 전체 공간에서 빈 공간이 5바이트가 생긴 것이다.

그러면 이제 "user_id" 필드의 값을 10바이트 이상인 값으로 변경한 후 JSON_STORAGE_SIZE()와 JSON_STORAGE_FREE() 값을 확인해보자.

```
mysql> UPDATE tb_json SET fd=JSON_SET(fd, '$.user_id', "12345678901") WHERE id=2;

mysql> SELECT id, fd, JSON_STORAGE_SIZE(fd), JSON_STORAGE_FREE(fd) FROM tb_json;
+------+---------------------------+-----------------------+-----------------------+
| id   | fd                        | JSON_STORAGE_SIZE(fd) | JSON_STORAGE_FREE(fd) |
+------+---------------------------+-----------------------+-----------------------+
|    1 | {"user_id": 1234567890}   |                    23 |                     0 |
|    2 | {"user_id": "12345678901"}|                    31 |                     0 |
+------+---------------------------+-----------------------+-----------------------+
```

최초 두 번째 레코드가 INSERT되던 시점에 JSON 칼럼에서 "user_id" 필드가 사용했던 공간의 크기가 10 바이트인데, "user_id" 필드의 값을 11바이트 문자열로 업데이트했다. JSON_SET() 함수를 이용해 업데 이트했지만 이번에는 부분 업데이트 방식으로 처리되지 못했다. 이는 최초 할당됐던 10바이트 공간으 로 부족하기 때문에 MySQL 서버가 JSON 칼럼 또는 두 번째 레코드를 통째로 다른 위치로 복사해서 저장한 것이다. 그러면서 JSON_STORAGE_FREE() 함수의 결괏값도 다시 0으로 초기화됐다.

JSON 칼럼의 전체 업데이트와 부분 업데이트 기능의 성능 차이가 크게 느껴지지 않을 수 있는데, 사실 부분 업데이트 기능은 특정 조건에서는 매우 빠른 업데이트 성능을 보여준다. 참고로 JSON 칼럼의 값 은 MySQL 내부적으로 BLOB 타입으로 저장(더 정확히는 LONGBLOB 타입)되는데, 실제 JSON 칼럼은 최대 4GB까지의 값을 가질 수 있다. 물론 일반적으로는 이 정도 공간을 채우지는 않겠지만 1MB JSON 데이 터를 저장해도 MySQL 서버는 16KB 데이터 페이지를 64개나 사용하게 된다. JSON 부분 업데이트의 경우 64개 페이지 중에서 단 하나만 변경하면 되지만, 부분 업데이트를 사용할 수 없다면 MySQL 서버 는 64개 데이터 페이지를 다시 디스크로 기록해야 한다. 이제 이 경우의 JSON 칼럼 업데이트의 성능을 비교해보자. 다음 예제에서는 대략 10MB 정도의 JSON 데이터를 가지는 레코드 16건을 만들고, 부분 업데이트를 사용하는 경우와 그렇지 못한 경우의 성능을 보여준다.

```
-- // 테스트 데이터 준비
mysql> CREATE TABLE tb_json (id INT, fd JSON, PRIMARY KEY(id));
mysql> INSERT INTO tb_json(id, fd) VALUES
        (1, JSON_OBJECT('name', 'Matt', 'visits', 0, 'data', REPEAT('a', 10 * 1000 * 1000))),
        (2, JSON_OBJECT('name', 'Matt', 'visits', 0, 'data', REPEAT('b', 10 * 1000 * 1000))),
        (3, JSON_OBJECT('name', 'Matt', 'visits', 0, 'data', REPEAT('c', 10 * 1000 * 1000))),
        (4, JSON_OBJECT('name', 'Matt', 'visits', 0, 'data', REPEAT('d', 10 * 1000 * 1000)));

mysql> INSERT INTO tb_json(id, fd) SELECT id+5,  fd FROM tb_json;
mysql> INSERT INTO tb_json(id, fd) SELECT id+10, fd FROM tb_json;

-- // 부분 업데이트를 사용하지 못하는 경우
mysql> UPDATE tb_json SET fd = JSON_SET(fd, '$.name', "Matt Lee");
Query OK, 16 rows affected (2.74 sec)

-- // 부분 업데이트를 사용하는 경우
mysql> UPDATE tb_json SET fd = JSON_SET(fd, '$.name', "Kit");
Query OK, 16 rows affected (1.34 sec)
```

16건의 레코드를 업데이트하는데, 부분 업데이트를 사용하는 경우에는 1.34초가 걸렸지만 부분 업데이트를 사용하지 못하는 쿼리는 2.74초가 걸렸다. MySQL 서버에서는 일반적으로 복제를 사용하기 때문에 MySQL 서버는 JSON 변경 내용을 바이너리 로그에 기록해야 한다. 이때 MySQL 서버의 바이너리 로그에는 여전히 JSON의 데이터를 모두 기록한다. 하지만 변경된 내용들만 바이너리 로그에 기록되도록 binlog_row_value_options 시스템 변수와 binlog_row_image 시스템 변수의 설정값을 변경하면 JSON 칼럼의 부분 업데이트의 성능을 훨씬 더 빠르게 만들 수 있다.

```
mysql> SET binlog_format = ROW;
mysql> SET binlog_row_value_options = PARTIAL_JSON;
mysql> SET binlog_row_image = MINIMAL;

mysql> UPDATE tb_json SET fd = JSON_SET(fd, '$.name', "Matt Lee");
Query OK, 16 rows affected (2.30 sec)

mysql> UPDATE tb_json SET fd = JSON_SET(fd, '$.name', "Kit");
Query OK, 16 rows affected (0.18 sec)
```

대략 13배 정도 UPDATE의 성능이 개선됐다. 바이너리 로그의 포맷을 STATEMENT 타입으로 변경해도 거의 동일한 성능 향상 효과를 얻을 수 있다.

```
mysql> SET binlog_format=STATEMENT;

mysql> UPDATE tb_json SET fd = JSON_SET(fd, '$.name', "Kit");
Query OK, 16 rows affected (0.15 sec)
```

> **주의** JSON 칼럼의 부분 업데이트 최적화 효과를 얻기 위해서는 binlog_row_value_options 시스템 변수와 binlog_row_image 시스템 변수의 변경도 필요하지만 JSON 칼럼을 가진 테이블의 프라이머리 키가 필수적이다. 테이블의 프라이머리 키가 없다면 MySQL 복제에서 레플리카 서버는 업데이트할 레코드를 식별하기 위서 레코드의 모든 칼럼을 필요로 한다. 그래서 테이블의 프라이머리 키가 없는 경우, 위의 두 시스템 변수와 관계없이 JSON 칼럼을 포함해서 레코드의 모든 칼럼을 바이너리 로그에 기록해야 하므로 부분 업데이트의 성능은 느려진다.

단순히 정수 필드의 값을 변경하는 UPDATE는 항상 부분 업데이트 기능이 적용될 것이다. 하지만 문자열 타입의 필드라면 저장되는 문자열의 길이에 따라 부분 업데이트가 사용되지 못할 수도 있다. 특정 필드의 값이 작은 용량을 가지면서 자주 길이가 다른 값으로 변경된다면 해당 필드가 가질 수 있는 최대 길이의 값으로 초기화해 두거나 애플리케이션에서 추가로 패딩해서 고정 길이의 문자열로 만들어서 저장하는 방법도 부분 업데이트 기능을 활용할 수 있는 좋은 방법이다.

15.7.3 JSON 타입 콜레이션과 비교

JSON 칼럼에 저장되는 데이터와 JSON 칼럼으로부터 가공되어 나온 결괏값은 모두 utf8mb4 문자 집합과 utf8mb4_bin 콜레이션을 가진다. utf8mb4_bin 콜레이션은 바이너리 콜레이션이기 때문에 JSON 칼럼의 비교와 JSON 칼럼으로부터 가공된 문자열은 대소문자 구분은 물론 액센트 문자 등도 구분해서 비교한다. 다음 예제를 보면 대문자를 포함한 JSON 오브젝트와 소문자로만 된 JSON 오브젝트의 값은 서로 다르다는 것을 알 수 있다.

```
mysql> SET @user1 = JSON_OBJECT('name', 'Matt');
mysql> SELECT CHARSET(@user1), COLLATION(@user1);
+-----------------+-------------------+
| CHARSET(@user1) | COLLATION(@user1) |
+-----------------+-------------------+
| utf8mb4         | utf8mb4_bin       |
+-----------------+-------------------+

mysql> SET @user2 = JSON_OBJECT('name', 'matt');
mysql> SELECT @user1=@user2;
+---------------+
| @user1=@user2 |
+---------------+
|             0 | ==> FALSE
+---------------+
```

15.7.4 JSON 칼럼 선택

BLOB 타입이나 TEXT 타입에 JSON 문자열을 저장하는 경우 아무런 변환 없이 입력된 값을 그대로 디스크에 저장한다. 하지만 JSON 타입은 JSON 데이터를 이진 포맷으로 컴팩션해서 저장할뿐만 아니라 필요한 경우 부분 업데이트를 통한 빠른 변경 기능을 제공하며, JSON 데이터 가공에 필요한 여러 가지 기능을 제공한다. 그래서 JSON 데이터를 저장해야 한다면 당연히 BLOB이나 TEXT 칼럼보다는 JSON 칼럼을 선택하는 것이 좋다.

그렇다면 일반적으로 정규화한 칼럼과 JSON 칼럼 중에서는 어떤 것을 선택해야 할까? 우선 간단히 JSON 칼럼만으로 구성된 테이블과 정규화된 칼럼만 사용하는 테이블의 예시를 살펴보자.

JSON 칼럼만으로 구성된 테이블

```
mysql> CREATE TABLE tb_json (
         doc JSON NOT NULL,
         id BIGINT AS (doc->>'$.id') STORED NOT NULL,
         PRIMARY KEY (id)
       );

mysql> INSERT INTO tb_json (doc) VALUES
         ('{"id":1, "name":"Matt"}'),
         ('{"id":2, "name":"Esther"}');
```

정규화된 칼럼만으로 구성된 테이블

```
mysql> CREATE TABLE tb_column (
         id BIGINT NOT NULL,
         name VARCHAR(50) NOT NULL,
         PRIMARY KEY(id)
       );

mysql> INSERT INTO tb_column VALUES
         (1, 'Matt'),
         (2, 'Esther');
```

위의 예제처럼 JSON 칼럼만 유지하는 경우에도 필요한 인덱스를 모두 생성할 수 있다. 그리고 MySQL 8.0 버전부터는 8.7절 '멀티 밸류 인덱스' 기능이 지원되기 때문에 JSON 도큐먼트에서 배열(Array) 타입의 필드에도 인덱스를 생성할 수 있게 됐다. 이 책에서 굳이 양쪽의 장단점을 모두 언급하지 않더라도 JSON 칼럼과 정규화된 칼럼 모두 장점과 단점을 알고 있을 것이다. 그리고 개발자의 취향에 따라 주관적인 선호도도 있을 것이다.

이 책은 처음부터 끝까지 MySQL 서버의 성능에 가장 큰 무게를 두고 있다. JSON 칼럼과 정규화된 칼럼의 선택 문제에서도 성능을 중심으로 판단한다면 JSON 칼럼보다는 성능적인 이점을 가지고 있는 정규화된 칼럼을 추천한다. 정규화된 칼럼은 칼럼의 이름을 메타 정보로만 저장하기 때문에 칼럼의 이름이 별도로 데이터 파일의 공간을 차지하지 않는다. 하지만 JSON 칼럼은 각 필드의 이름이 데이터 파일에 매번 저장돼야 한다. JSON 필드의 이름을 얼마나 컴팩트하게 저장할 수 있을지 모르지만 레코드 건수가 많아지면 많아질수록 JSON 필드의 이름들이 차지하는 디스크의 공간은 더욱더 커질 것이다.

MySQL 서버의 압축을 사용하면 공간을 줄일 수 있을 것으로 생각할 수 있지만 압축은 디스크의 공간만 줄이는 수준이지 메모리의 사용 효율까지 높여주진 못한다. 또한 MySQL 서버의 데이터 압축은 다른 DBMS와는 달리 메모리에 압축된 페이지와 압축 해제된 페이지가 공존해야 하기 때문에 메모리 효율과 CPU 효율 모두를 떨어뜨릴 수도 있다.

또한 MySQL 서버에서 정규화된 칼럼을 사용하는 경우 BLOB이나 TEXT와 같이 대용량 데이터의 경우 외부 페이지로 관리된다. 이러한 장점을 응용 프로그램의 요건에 맞게 적절히 활용하면 메모리 효율이나 쿼리의 성능을 훨씬 더 끌어올릴 수 있다. 하지만 모든 데이터를 하나의 JSON 칼럼에 저장하면 응용 프로그램의 요건이나 쿼리가 필요한 데이터 등을 선별적으로 접근함으로써 얻을 수 있는 성능 효과는 기대하기 어렵다. 레코드를 통째로 하나의 JSON 칼럼에 저장한다면 정숫값 하나만 참조하더라도 JSON 칼럼에 저장된 도큐먼트를 모두 읽어봐야 하기 때문이다.

그렇다고 해서 JSON 칼럼의 장점이 전혀 없는 것은 아니다. 예를 들어, 각 레코드가 가지는 속성들이 너무 상이하고 다양하지만 레코드별로 선택적으로 값을 가지는 경우[8]라면 가능한 모든 속성에 대한 칼럼을 생성하는 것보다는 JSON 칼럼을 만들어서 저장하는 것이 좋다. 물론 이렇게 JSON 칼럼에 저장되는 속성들은 가능하면 중요도가 낮은 것일수록 좋다. 중요도가 낮다는 것은 그만큼 검색 조건으로 사용될 가능성도 낮고, 쿼리에서 자주 접근될 가능성도 낮다는 것을 의미하기 때문이다.

또한 너무 정규화된 테이블 구조를 유지하면 테이블의 개수가 많아지고 응용 프로그램의 코드도 길어지는 경우가 많다. 이런 경우에도 중요도가 낮은 데이터라면 JSON 칼럼에 비정규화된 형태로 데이터를 저장할 수도 있다.

---

8 이렇게 많은 레코드들이 칼럼의 값을 가지지 않는 경우를 Sparse Column이라고 한다.

MySQL 서버를 포함한 대부분의 RDBMS는 작은 크기의 데이터 처리에 적합하도록 설계됐다. 그래서 JSON 같은 칼럼에 큰 값을 저장하게 되면 예상했던 것보다 훨씬 느린 성능을 보이기도 한다. 테이블의 JSON 칼럼에 2MB 정도의 값을 저장하고, JSON 칼럼을 빼고 SELECT하는 쿼리와 JSON 칼럼을 함께 조회하는 SELECT 쿼리의 성능을 간단히 비교해보자.

```
mysql> CREATE TABLE test (id INT NOT NULL PRIMARY KEY, value JSON);

mysql> SELECT id, value FROM test WHERE id=1;
1 row in set (0.16 sec)

mysql> SELECT id FROM test WHERE id=1;
1 row in set (0.01 sec)
```

아무것도 처리하지 않는 한가한 서버에서 테스트해본 결과로도 상당한 시간 차이가 발생하는 것을 확인할 수 있다. 많은 커넥션의 쿼리 요청으로 바쁜 MySQL 서버였다면 시간 차이는 더 커질 것이다. MySQL 서버와 같은 RDBMS에서 JSON 칼럼을 지원한다고 해서 너무 JSON 칼럼을 남용하거나 너무 큰 데이터를 저장하는 것은 권장하지 않는다.

15.8 가상 칼럼(파생 칼럼)

다른 DBMS에서는 "가상 칼럼(Virtual Column)"이라는 이름으로 사용되지만 MySQL 서버에서는 "Generated Column"이라는 이름으로 소개되고 있다. 사실 "Generated Column"이라는 이름은 한글로 번역하기 쉽지 않은 단어이므로 이 책에서는 "가상 칼럼"으로 명명하겠다. 실제 칼럼의 역할을 보면 "파생 칼럼"이라는 표현이 더 적절한 이름이라고 생각한다. 가상 칼럼은 저장되는 데이터의 종류를 한정하는 데이터 타입은 아니지만 칼럼을 정의하는 한 가지 방법이므로 간단히 살펴보겠다.

MySQL 서버의 가상 칼럼은 크게 가상 칼럼(Virtual Column)과 스토어드 칼럼(Stored Column)으로 구분할 수 있다. 다음은 가상 칼럼과 스토어드 칼럼을 사용하는 테이블의 생성 예제다.

```
-- // 가상 칼럼(Virtual Column) 사용 예제
mysql> CREATE TABLE tb_virtual_column (
         id INT NOT NULL AUTO_INCREMENT,
         price DECIMAL(10,2) NOT NULL DEFAULT '0.00',
         quantity INT NOT NULL DEFAULT 1,
         total_price DECIMAL(10,2) AS (quantity * price) VIRTUAL,
```

```
                PRIMARY KEY (id)
        );


-- // 스토어드 칼럼(Stored Column) 사용 예제
mysql> CREATE TABLE tb_stored_column (
            id INT NOT NULL AUTO_INCREMENT,
            price DECIMAL(10,2) NOT NULL DEFAULT '0.00',
            quantity INT NOT NULL DEFAULT 1,
            total_price DECIMAL(10,2) AS (quantity * price) STORED,
            PRIMARY KEY (id)
        );
```

가상 칼럼과 스토어드 칼럼 모두 칼럼의 정의 뒤에 "AS" 절로 계산식을 정의한다. 이때 마지막에
"STORED" 키워드가 사용되면 스토어드 칼럼으로 생성되며, 그 이외의 경우에는 항상 가상 칼럼으로 정
의된다. 즉, VIRTUAL이나 STORED 키워드가 정의되지 않으면 MySQL 서버는 기본 모드인 VIRTUAL로 칼럼
을 생성한다. 가상 칼럼은 다른 칼럼의 값을 참조해서 계산된 값을 관리하기 때문에 항상 AS 절 뒤에는
계산식이나 데이터 가공을 위한 표현식을 정의한다.

가상 칼럼의 표현식은 입력이 동일하면 시점과 관계없이 결과가 항상 동일한(DETERMINISTIC) 표현식만
사용할 수 있다. 그래서 사용자 변수나 NOT-DETERMINISTIC 옵션의 함수나 표현식을 사용할 수 없다. 그
리고 MySQL 8.0 버전까지는 가상 칼럼의 표현식에 서브쿼리나 스토어드 프로그램(스토어드 프로시저
나 스토어드 함수)을 사용할 수는 없다.

가상 칼럼과 스토어드 칼럼 모두 다른 칼럼의 값을 참조해서 새로운 값을 만들어 관리한다는 공통점이
있다. 즉, 기존 칼럼의 값을 계산해서 관리하는 파생된 칼럼인 것이다. 하지만 가상 칼럼과 스토어드 칼
럼은 다음과 같은 차이점이 있다.

- 가상 칼럼(Virtual Column)
  - 칼럼의 값이 디스크에 저장되지 않음
  - 칼럼의 구조 변경은 테이블 리빌드를 필요로 하지 않음
  - 칼럼의 값은 레코드가 읽히기 전 또는 BEFORE 트리거 실행 직후에 계산되어 만들어짐

- 스토어드 칼럼(Stored Column)
  - 칼럼의 값이 물리적으로 디스크에 저장됨
  - 칼럼의 구조 변경은 다른 일반 테이블과 같이 필요 시 테이블 리빌드 방식으로 처리됨
  - INSERT와 UPDATE 시점에만 칼럼의 값이 계산됨

가상 칼럼과 스토어드 칼럼의 가장 큰 차이는 계산된 칼럼의 값이 디스크에 실제 저장되는지 여부다. 앞에서 소개한 나머지 차이점은 모두 디스크 저장 여부로 인한 결과이기도 하다. 가상 칼럼(Virtual Column)은 디스크에 저장되지 않지만 이것이 항상 사실은 아니다. 가상 칼럼에 인덱스를 생성하게 되면 테이블의 레코드는 가상 칼럼을 포함하지 않지만 해당 인덱스는 계산된 값을 저장한다. 그래서 인덱스가 생성된 가상 칼럼의 경우 변경이 필요하다면 인덱스의 리빌드 작업이 필요하다.

MySQL 8.0 버전부터 도입된 함수 기반의 인덱스(Function Based Index)는 가상 칼럼(Virtual Column)에 인덱스를 생성하는 방식으로 작동한다. 물론 함수 기반의 인덱스인 경우 테이블을 조회해 보면 가상 칼럼이 결과에 표시되지 않는다는 차이점이 있지만 MySQL 서버 내부적으로는 함수 기반의 인덱스와 가상 칼럼은 동일한 방식으로 처리된다. 함수 기반 인덱스에 대한 자세한 내용은 8.6절 '함수 기반 인덱스'를 참조하자.

가상 칼럼과 스토어드 칼럼 중 어떤 것을 선택해야 할지는 앞에서 살펴본 차이점을 이용해 어렵지 않게 판단할 수 있다. 가상 칼럼은 데이터를 조회하는 시점에 매번 계산되기 때문에 가상 칼럼의 값을 계산하는 과정이 복잡하고 시간이 오래 걸린다면 스토어드 칼럼으로 변경하는 것이 성능 향상에 도움이 될 것이다. 하지만 계산 과정이 빠른 반면 상대적으로 결과가 많은 저장 공간을 차지한다면 스토어드 칼럼보다는 가상 칼럼을 선택하는 것이 저장 공간의 절약과 메모리의 효율을 높일 수 있을 것이다. 결국 가상 칼럼과 스토어드 칼럼을 선택하는 기준은 CPU 사용량을 조금 높여서 디스크 부하를 낮출 것이냐, 반대로 디스크 사용량을 조금 높여서 CPU 사용량을 낮출 것이냐다.

16

복제

데이터베이스를 사용하고 운영할 때 가장 중요한 두 가지 요소를 꼽으라면 바로 확장성(Scalability)과 가용성(Availability)이다. 서비스에서 발생하는 대용량 트래픽을 안정적으로 처리하기 위해서는 데이터베이스 서버의 확장이 필수적이며, 사용자가 언제든지 안정적인 서비스를 이용할 수 있게 하려면 DBMS 서버를 포함한 하위 시스템들의 가용성이 반드시 뒷받침돼야 한다. 이 두 요소를 위해 가장 일반적으로 사용되는 기술이 바로 "복제(Replication)"다. 이번 장에서는 MySQL에서 제공하는 복제는 어떤 것이고, 어떻게 구현돼 있으며, 어떻게 작동하는지, 복제를 활용해서 얻을 수 있는 이점은 무엇인지 자세히 살펴보겠다.

16.1 개요

복제는 한 서버에서 다른 서버로 데이터가 동기화되는 것을 말하며, 원본 데이터를 가진 서버를 소스(Source) 서버, 복제된 데이터를 가지는 서버를 레플리카(Replica) 서버라고 부른다. 소스 서버에서 데이터 및 스키마에 대한 변경이 최초로 발생하며, 레플리카 서버에서는 이러한 변경 내역을 소스 서버로부터 전달받아 자신이 가지고 있는 데이터에 반영함으로써 소스 서버에 저장된 데이터와 동기화시킨다.

대부분의 DBMS에서 복제 기능을 제공하며, 일반적으로 서비스에서 사용될 DB 서버를 구축할 때는 메인으로 사용될 소스 서버 한 대와 복제를 통해 소스 서버와 동일한 데이터를 가진 레플리카 서버를 한 대 이상 함께 구축한다. 이는 서비스의 메인 DB 서버인 소스 서버에 문제가 생겼을 때를 대비하려는 목적이 제일 크지만 그 외에도 이처럼 복제를 통해 레플리카 서버를 구축하는 데는 여러 가지 목적이 있다.

1. 스케일 아웃(Scale-out)

서비스를 운영하다 보면 사용자가 늘어나고, 이에 따라 DB 서버로 유입되는 트래픽도 자연히 증가해 DB 서버의 부하가 높아진다. 현재 서비스에서 사용되는 DB 서버가 한 대라고 가정해보자. 트래픽이 증가해 DB 서버의 부하가 높아지면 여러 가지 조치를 취할 수 있겠지만 하나의 해결 방법으로 서버의 사양을 업그레이드하기도 한다. 이를 스케일 업(Scale-up)이라고 한다. 이 방법은 애플리케이션 단의 큰 변화 없이 늘어난 트래픽을 처리할 수 있다는 장점이 있지만 일시적이라는 단점도 있다. 서버의 사양을 업그레이드한다 하더라도 한 대에서 처리할 수 있는 양에는 한계가 있기 때문이다. 만약 동일한 데이터를 가진 DB 서버를 한 대 이상 더 사용할 수 있다면 애플리케이션으로부터 실행되는 쿼리들을 분산시킬 수 있을 것이다. 이 같은 방법을 스케일 아웃(Scale-out)이라고 하며, 스케일 아웃은 스케일 업 방식보다 갑자기 늘어나는 트래픽을 대응하는 데 훨씬 더 유연한 구조다. 복제를 사용해 DB 서버를 스케일 아웃할 수 있으며, 이를 통해 서비스를 좀 더 안정적으로 운영할 수 있다.

2. 데이터 백업

DB 서버에는 다양한 종류의 데이터가 저장되는데, 사용자의 실수로 데이터가 삭제되면 서비스 운영에 치명적인 영향을 줄 수 있다. 이러한 경우에 대비하기 위해서는 DB 서버에 저장된 데이터들을 주기적으로 백업하는 것이 필수적이다. 백업에 사용되는 툴들은 DBMS마다 종류와 방식이 다르지만 보통은 데이터가 저장돼 있는 DB 서버에서 백업 프로그램이 실행되어 백업을 진행한다. 이처럼 동일한 서버 내에서 백업이 실행되는 경우 백업 프로그램과 DBMS가 서버의 자원을 공유해서 사용하기 때문에 백업으로 인해 DBMS에서 실행 중인 쿼리들이 영향을 받을 수 있으며, 심각한 경우에는 쿼리의 처리 속도가 느려져 서비스에 문제가 발생할 수도 있다. 이 같은 문제를 방지하기 위해 주로 복제를 사용해 레플리카 서버를 구축하고, 데이터 백업은 레플리카 서버에서 실행한다. 이렇게 구축된 백업용 레플리카 서버는 소스 서버가 문제 생겼을 때를 대비한 대체 서버의 역할을 하기도 한다.

3. 데이터 분석

DB 서버에서는 기본적으로 서비스에서 사용되는 쿼리들이 실행되지만 차세대 비즈니스 모델을 발굴하기 위해서나 서비스를 좀 더 발전시킬 수 있는 인사이트를 얻기 위해 분석용 쿼리들을 실행하기도 한다. 이러한 분석용 쿼리는 대량의 데이터를 조회하는 경우가 많고, 또 집계 연산을 하는 등 쿼리 자체가 굉장히 복잡하고 무거운 경우가 대부분이라서 쿼리를 실행할 때 서버의 리소스를 많이 사용하게 된다. 이로 인해 서비스에서 직접적으로 사용되는 다른 쿼리들이 영향을 받을 수 있으므로 복제를 사용해 여분의 레플리카 서버를 구축해 분석용 쿼리만 전용으로 실행될 수 있는 환경을 만드는 것이 좋다.

4. 데이터의 지리적 분산

서비스에서 사용되는 애플리케이션 서버와 DB 서버는 지리적으로 근접한 위치에 존재할 수도 있고, 혹은 장거리로 떨어져 있을 수도 있다. DB 서버와 애플리케이션 서버가 서로 떨어져 있는 경우 두 서버 간의 통신 시간은 떨어진 거리만큼 비례해서 늘어난다. 서비스의 응답 속도는 애플리케이션 서버의 처리 속도와 더불어 이러한 서버 간의 통신 속도에도 영향을 받으므로 사용자에게 빠른 응답 속도를 제공하려면 애플리케이션 서버와 DB 서버가 가깝게 위치하는 것이 좋다. 만약 떨어져 있는 DB 서버의 위치를 이동시키지 못한다면 복제를 사용해 애플리케이션 서버가 위치한 곳에 기존 DB 서버에 대한 레플리카 서버를 새로 구축해 사용함으로써 응답 속도를 개선할 수 있다.

앞서 설명한 네 가지는 복제를 사용해서 얻을 수 있는 대표적인 이점이다. 이 밖에도 복제는 여러 가지 필요에 의해 다양한 형태로 사용되고 있다. MySQL의 복제는 2000년도부터 제공되어 지금까지 꾸준하게 발전해온 기능으로, 그만큼 안정적이며 구축하는 방법 또한 쉽고 간단하다. 지금부터는 MySQL의 복제에 대해 자세히 살펴보자.

16.2 복제 아키텍처

MySQL 서버에서 발생하는 모든 변경 사항은 별도의 로그 파일에 순서대로 기록되는데, 이를 바이너리 로그(Binary Log)라고 한다. 바이너리 로그에는 데이터의 변경 내역뿐만 아니라 데이터베이스나 테이블의 구조 변경과 계정이나 권한의 변경 정보까지 모두 저장된다. 바이너리 로그에 기록된 각 변경 정보들을 이벤트(Event)라고도 한다. MySQL의 복제는 이 바이너리 로그를 기반으로 구현됐는데, 소스 서버에서 생성된 바이너리 로그가 레플리카 서버로 전송되고 레플리카 서버에서는 해당 내용을 로컬 디스크에 저장한 뒤 자신이 가진 데이터에 반영함으로써 소스 서버와 레플리카 서버 간에 데이터 동기화가 이뤄진다. 레플리카 서버에서 소스 서버의 바이너리 로그를 읽어 들여 따로 로컬 디스크에 저장해둔 파일을 릴레이 로그(Relay Log)라 한다. 그림 16.1에서는 MySQL에서 복제 동기화가 처리되는 전반적인 과정을 보여준다.

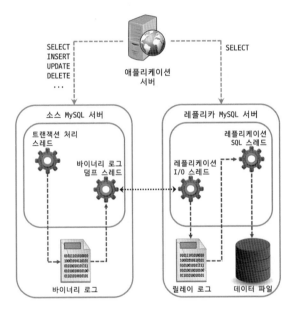

그림 16.1 MySQL 복제 동기화 과정

MySQL의 복제는 세 개의 스레드에 의해 작동하는데, 이 세 스레드 중 하나는 소스 서버에 존재하며, 나머지 두 개의 스레드는 레플리카 서버에 존재한다. 각 스레드의 역할은 다음과 같다.

- 바이너리 로그 덤프 스레드(Binary Log Dump Thread): 레플리카 서버는 데이터 동기화를 위해 소스 서버에 접속 해 바이너리 로그 정보를 요청한다. 소스 서버에서는 레플리카 서버가 연결될 때 내부적으로 바이너리 로그 덤프 스 레드를 생성해서 바이너리 로그의 내용을 레플리카 서버로 전송한다. 바이너리 로그 덤프 스레드는 레플리카 서버 로 보낼 각 이벤트를 읽을 때 일시적으로 바이너리 로그에 잠금을 수행하며, 이벤트를 읽고난 후에는 바로 잠금을 해제한다. 이 스레드는 소스 서버에서 SHOW PROCESSLIST 명령을 통해 확인할 수 있다.

- 레플리케이션 I/O 스레드(Replication I/O Thread): 복제가 시작(START REPLICA 또는 START SLAVE 명령)되면 레 플리카 서버는 I/O 스레드를 생성하고, 복제가 멈추면(STOP REPLICA 또는 STOP SLAVE 명령) I/O 스레드는 종료된 다. I/O 스레드는 소스 서버의 바이너리 로그 덤프 스레드로부터 바이너리 로그 이벤트를 가져와 로컬 서버의 파일 (릴레이 로그)로 저장하는 역할을 담당한다. 소스 서버의 바이너리 로그를 읽어서 파일로 쓰는 역할만 하기 때문에 "I/O" 스레드라고 명명된 것이다. 이 스레드의 상태는 MySQL의 복제 현황을 보여주는 SHOW REPLICA STATUS(또 는 SHOW SLAVE STATUS) 명령의 결과에서 Replica_IO_Running(또는 Slave_IO_running) 칼럼에 표시된 값을 통 해 확인할 수 있다.

- 레플리케이션 SQL 스레드(Replication SQL Thread): 레플리케이션 I/O 스레드가 소스 서버로부터 가져온 바이너 리 로그 이벤트들을 로컬 파일로 기록하는 역할이라면, 레플리케이션 SQL 스레드는 I/O 스레드에 의해 작성된 릴 레이 로그 파일의 이벤트들을 읽고 실행한다. SQL 스레드도 I/O 스레드와 마찬가지로 SHOW REPLICA STATUS(또는 SHOW SLAVE STATUS) 명령을 통해 스레드의 상태를 확인할 수 있으며, Replica_SQL_Running(또는 Slave_SQL_ running) 칼럼에 SQL 스레드의 현재 상태가 표시된다.

레플리카 서버에서 레플리케이션 I/O 스레드와 SQL 스레드는 서로 독립적으로 동작한다. 그러므로 만 약 SQL 스레드에서 이벤트를 적용하는 게 느리더라도 I/O 스레드는 그것과 무관하게 정상적으로 빠르 게 소스 서버로부터 이벤트를 읽어올 수 있다. 또한 레플리카 서버에서 소스 서버의 변경 사항들이 적 용되는 것은 소스 서버가 동작하는 것과는 별개로 진행되므로 레플리카 서버에 문제가 생기더라도 소 스 서버는 전혀 영향을 받지 않는다. 그러나 소스 서버에 문제가 생겨 레플리카 서버의 I/O 스레드가 정상적으로 동작하지 않게 되면 복제는 에러를 발생시키고 바로 중단된다. 하지만 이는 레플리카 서버 의 복제 기능만 중단된 것이므로 여전히 레플리카 서버가 쿼리를 처리하는 데는 아무런 문제가 없다. 다만 레플리카 서버의 데이터는 소스 서버로부터 동기화되지 못하기 때문에 예전 상태의 데이터를 보 게 된다.

복제가 시작되면 레플리카 서버는 앞에서 언급한 릴레이 로그를 비롯해 기본적으로 총 세 가지 유형의 복제 관련 데이터를 생성하고 관리한다.

- 릴레이 로그(Relay Log): 레플리케이션 I/O 스레드에 의해 작성되는 파일로, 소스 서버의 바이너리 로그에서 읽어온 이벤트(트랜잭션) 정보가 저장된다. 릴레이 로그는 바이너리 로그와 마찬가지로 현재 존재하는 릴레이 로그 파일들

의 목록이 담긴 인덱스 파일과 실제 이벤트 정보가 저장돼 있는 로그 파일들로 구성된다. 릴레이 로그에 저장된 트랜잭션 이벤트들은 레플리케이션 SQL 스레드에 의해 레플리카 서버에 적용된다.

- 커넥션 메타데이터(Connection Metadata): 커넥션 메타데이터에는 레플리케이션 I/O 스레드에서 소스 서버에 연결할 때 사용하는 DB 계정 정보 및 현재 읽고 있는 소스 서버의 바이너리 파일명과 파일 내 위치 값 등이 담겨 있으며, 이러한 정보는 기본적으로 mysql.slave_master_info 테이블에 저장된다.

- 어플라이어 메타데이터(Applier Metadata): 레플리케이션 SQL 스레드에서 릴레이 로그에 저장된 소스 서버의 이벤트들을 레플리카 서버에 적용(Replay)하는 컴포넌트를 어플라이어(Applier)라고 한다. 어플라이어 메타데이터는 최근 적용된 이벤트에 대해 해당 이벤트가 저장돼 있는 릴레이 로그 파일명과 파일 내 위치 정보 등을 담고 있으며, 레플리케이션 SQL 스레드는 이 정보들을 바탕으로 레플리카 서버에 나머지 이벤트들을 적용한다. 이 정보는 기본적으로 mysql.slave_relay_log_info 테이블에 저장된다.

커넥션 및 어플라이어 메타데이터는 MySQL의 시스템 변수인 master_info_repository와 relay_log_info_repository를 통해 어떤 형태로 데이터를 관리할지 설정할 수 있는데, 설정 가능한 값으로는 FILE과 TABLE의 두 가지가 있다. 시스템 변수들의 값을 FILE로 설정하면 커넥션 메타데이터와 어플라이어 메타데이터는 각각 MySQL의 데이터 디렉터리에서 master.info와 relay-log.info라는 파일로 관리되며, 이 두 파일의 경로는 --master-info-file 옵션과 relay_log_info_file 시스템 변수를 이용해 사용자가 원하는 경로의 파일로 지정할 수 있다. 시스템 변수들의 값을 TABLE로 설정하면 MySQL의 mysql 데이터베이스 내 slave_master_info와 slave_relay_log_info 테이블에 각각의 데이터가 저장된다.

이 두 시스템 변수들은 MySQL 8.0.2 버전부터 기본값이 TABLE로 변경됐으며, FILE 타입은 향후 버전에서 제거(Deprecated)될 예정이다. 8.0.2 이전 버전에서는 두 변수의 기본값이 FILE이었는데, FILE로 설정하는 경우 레플리케이션 I/O 스레드와 SQL 스레드가 동작할 때 이 두 파일의 내용이 동기화되지 않는 경우가 빈번하게 발생했다. 예를 들어, 레플리카 서버가 비정상 종료되는 경우 실제 적용된 바이너리 로그 위치와 파일에 저장된 위치가 일치하지 않거나 파일 자체가 손상되어 복제가 재시작되지 못하는 경우가 발생하곤 했다. 두 변수 값을 TABLE로 설정할 수 있게 된 것은 MySQL 5.6 버전부터이며, TABLE로 설정하면 두 정보들이 모두 InnoDB 스토리지 엔진 기반의 테이블로 관리되고 특히 레플리케이션 SQL 스레드가 트랜잭션을 적용할 때 slave_relay_log_info 테이블의 데이터도 같은 시점에 아토믹(Atomic)하게 업데이트되므로 예기치 않게 MySQL이 갑자기 종료됐다고 하더라도 다시 구동했을 때 문제없이 복제가 진행될 수 있다. 이를 크래시 세이프 복제(Crash-safe replication)라고 하는데, 이에 대한 내용은 16.7.3절 '크래시 세이프 복제(Crash-safe Replication)'에서 자세히 살펴보겠다.

16.3 복제 타입

MySQL의 복제는 소스 서버의 바이너리 로그에 기록된 변경 내역(바이너리 로그 이벤트)들을 식별하는 방식에 따라 바이너리 로그 파일 위치 기반 복제(Binary Log File Position Based Replication)와 글로벌 트랜잭션 ID 기반 복제(Global Transaction Identifiers Based Replication)로 나뉘는데, 각 방식의 동작 원리와 구축 방법을 살펴보겠다.

16.3.1 바이너리 로그 파일 위치 기반 복제

바이너리 로그 파일 위치 기반 복제는 MySQL에 복제 기능이 처음 도입됐을 때부터 제공된 방식으로, 레플리카 서버에서 소스 서버의 바이너리 로그 파일명과 파일 내에서의 위치(Offset 또는 Position)로 개별 바이너리 로그 이벤트를 식별해서 복제가 진행되는 형태를 말한다.

일반적으로 복제를 처음 구축할 때 레플리카 서버에 소스 서버의 어떤 이벤트부터 동기화를 수행할 것인가에 대한 정보를 설정해야 한다. 또한 복제가 설정된 레플리카 서버는 소스 서버의 어느 이벤트까지 로컬 디스크로 가져왔고 또 적용했는지에 대한 정보를 관리하며, 소스 서버에 해당 정보를 전달해 그 이후의 바이너리 로그 이벤트들을 가져온다. 따라서 소스 서버에서 발생한 각 이벤트에 대한 식별이 반드시 필요하다.

바이너리 로그 파일 위치 기반 복제에서는 이러한 이벤트 하나하나를 소스 서버의 바이너리 로그 파일명과 파일 내에서의 위치 값(File Offset)의 조합으로 식별한다. 레플리카 서버에서는 이처럼 각 이벤트들을 식별하고 자신의 적용 내역을 추적함으로써 복제를 일시적으로 중단할 수 있으며 재개할 때도 자신이 마지막으로 적용했던 이벤트 이후의 이벤트들부터 다시 읽어올 수 있다.

바이너리 로그 파일 위치 기반 복제에서 또 하나 중요한 부분은 바로 복제에 참여한 MySQL 서버들이 모두 고유한 server_id 값을 가지고 있어야 한다는 점이다. 바이너리 로그에는 각 이벤트별로 이 이벤트가 최초로 발생한 MySQL 서버를 식별하기 위해 부가적인 정보도 함께 저장되는데, 바로 MySQL 서버의 server_id 값이다. server_id는 MySQL 서버의 시스템 변수 중 하나로, 사용자가 MySQL 서버마다 원하는 값으로 설정할 수 있으며 기본값은 1이다.

바이너리 로그 파일 위치 기반 복제에서는 바이너리 로그 파일에 기록된 이벤트가 레플리카 서버에 설정된 server_id 값과 동일한 server_id 값을 가지는 경우 레플리카 서버에서는 해당 이벤트를 적용하지 않고 무시하게 된다. 자신의 서버에서 발생한 이벤트로 간주해서 적용하지 않기 때문이다. 이러한 부분을 제대로 인지하고 사용하지 않으면 복제가 의도한 방향과는 다르게 동작할 수 있다. 그래서 사용자는 바이너리 로그 파일 위치 기반으로 복제를 구축할 때 이 점을 반드시 숙지해서 복제의 구성원이 되는 모든 MySQL 서버가 고유한 server_id 값을 갖도록 설정해야 한다.

16.3.1.1 바이너리 로그 파일 위치 기반의 복제 구축

MySQL 서버 간에 복제를 설정할 때는 각 서버에 데이터가 이미 존재하는지 여부와 복제를 어떻게 활용할 것인지 등에 따라 복제 설정 과정 및 구축 방법이 달라진다. 여기서는 한 대로 구성해서 사용하던 MySQL 서버에 새로운 레플리카 서버를 바이너리 로그 파일 위치 기반의 복제로 연결하는 과정을 살펴보겠다.

16.3.1.1.1 설정 준비

기본적으로 MySQL 복제를 사용하려면 소스 서버에서 반드시 바이너리 로그가 활성화돼 있어야 하며, 바이너리 로그 파일 위치 기반의 복제 설정을 위해서는 앞서 언급했던 것처럼 복제 구성원이 되는 각 MySQL 서버가 고유한 server_id 값을 가져야 한다. MySQL 8.0에서는 바이너리 로그가 기본적으로 활성화돼 있어, 서버 시작 시 데이터 디렉터리 밑에 "binlog"라는 이름으로 바이너리 로그 파일이 자동으로 생성된다. server_id 값도 기본적으로 1로 설정되는데, MySQL 서버마다 고유한 값을 가져야 하므로 기본값이 아닌 다른 값으로 설정하는 것이 좋다. 결론적으로 소스 서버에서는 server_id 값만 적절하게 설정해도 복제는 가능하다고 할 수 있다. 만약 바이너리 로그 파일 위치나 파일명을 따로 설정하고 싶다면 log_bin 시스템 변수를 통해 원하는 값으로 설정할 수 있다. 또한 추가적으로 필요에 따라 바이너리 로그 동기화 방식이나 바이너리 로그를 캐시하기 위한 메모리 크기, 바이너리 로그 파일 크기, 보관 주기 등도 지정할 수 있다.

```
## 소스 서버 설정
[mysqld]
server_id=1
log_bin=/binary-log-dir-path/binary-log-name
sync_binlog=1
binlog_cache_size=5M
max_binlog_size=512M
binlog_expire_logs_seconds=1209600
...
```

소스 서버에서 바이너리 로그가 정상적으로 기록되고 있는지는 다음과 같이 소스 서버에 로그인해서 SHOW MASTER STATUS라는 명령을 실행해보면 된다.

```
mysql> SHOW MASTER STATUS;
+------------------+----------+--------------+------------------+-------------------+
| File             | Position | Binlog_Do_DB | Binlog_Ignore_DB | Executed_Gtid_Set |
+------------------+----------+--------------+------------------+-------------------+
| binary_log.045214| 19423770 |              |                  |                   |
+------------------+----------+--------------+------------------+-------------------+
```

명령어 실행 예제에서 현재 사용(기록)되고 있는 바이너리 로그 파일의 이름은 "binary_log.045214"이며, 해당 파일에서 현재까지 기록된 바이너리 로그의 위치는 19423770이라는 것을 알 수 있다. 여기서 바이너리 로그의 위치는 실제 파일의 바이트 수를 의미하는 값으로, 크게 신경 쓰지 말고 그냥 위치 값이라고 생각하면 된다. MySQL 서버가 트랜잭션을 계속 처리하고 있는 중이라면 이 값은 계속 증가할 것이다.

레플리카 서버도 소스 서버와 마찬가지로 중복되지 않는 고유한 server_id만 설정해도 된다. 레플리카 서버에서 복제를 위해 생성하는 릴레이 로그 파일도 복제 설정 시 기본적으로 데이터 디렉터리 밑에 자동으로 생성된다. 릴레이 로그 파일 위치나 파일명을 따로 설정하려면 relay_log 시스템 변수를 사용해 원하는 값으로 지정하면 된다. 릴레이 로그에 기록된 이벤트는 레플리카 서버에 적용되면 더이상 필요하지 않게 되는데, 이렇게 필요 없어진 릴레이 로그 파일은 레플리카 서버가 자동으로 삭제한다. 만약 릴레이 로그 파일을 자동으로 삭제하지 않고 유지하고자 한다면 relay_log_purge 시스템 변수를 OFF로 설정하면 된다. 하지만 relay_log_purge 시스템 변수를 OFF로 설정하는 경우 레플리카 서버의 디스크 여유 공간이 부족하지 않은지 모니터링하는 것이 좋다. 또한 레플리카 서버는 일반적으로 읽기 전용으로 사용되므로 read_only 설정도 함께 사용하는 편이 좋으며, 추후 소스 서버의 장애로 이 레플리카 서버가 소스 서버로 승격될 수 있음을 고려하면 log_slave_updates 시스템 변수도 명시하는 것이 좋다. 기본적으로 레플리카 서버는 복제에 의한 데이터 변경 사항은 자신의 바이너리 로그에 기록하지 않는데, log_slave_updates 시스템 변수를 설정하면 복제에 의한 데이터 변경 내용도 자신의 바이너리 로그에 기록하게 된다.

```
## 레플리카 서버 설정
[mysqld]
server_id=2
```

```
relay_log=/relay-log-dir-path/relay-log-name
relay_log_purge=ON
read_only
log_slave_updates
...
```

16.3.1.1.2 복제 계정 준비

레플리카 서버가 소스 서버로부터 바이너리 로그를 가져오려면 소스 서버에 접속해야 하므로 접속 시 사용할 DB 계정이 필요하다. 이때 레플리카 서버가 사용할 계정을 복제용 계정이라고 한다. 복제를 위해 특별히 새로운 계정을 만들 필요 없이 기존의 사용 중인 계정에 복제 관련 권한을 추가로 부여해도 되지만 복제에서 사용되는 계정의 비밀번호는 레플리카 서버의 커넥션 메타데이터에 평문으로 저장되므로 보안 측면을 고려해서 복제에 사용되는 권한만 주어진 별도의 계정을 생성해 사용하는 것이 좋다. 복제용 계정은 복제를 시작하기 전 소스 서버에 미리 준비돼 있어야 하며, 이 계정은 반드시 "REPLICATION SLAVE" 권한을 가지고 있어야 한다. 계정 생성을 위해 소스 서버에 아래 명령문을 실행한다.

```
CREATE USER 'repl_user'@'%' IDENTIFIED BY 'repl_user_password';
GRANT REPLICATION SLAVE ON *.* TO 'repl_user'@'%';
```

> **주의** 여기서는 설명의 편의를 위해 복제 계정의 호스트 제한을 "%"로 설정했지만 보안을 위해서 꼭 필요한 IP 대역에서만 복제 연결이 가능하도록 호스트 제한에 "%" 대신 적절한 IP 대역을 설정하는 것이 좋다. MySQL 서버에서 계정 생성에 대한 자세한 내용은 3장 '사용자 및 권한'을 참조하자.

16.3.1.1.3 데이터 복사

이제 소스 서버의 데이터를 레플리카 서버로 가져와서 적재해야 하는데, MySQL 엔터프라이즈 백업이나 mysqldump 등과 같은 툴을 이용해 소스 서버에서 데이터를 내려받아 레플리카 서버로 복사하면 된다. 일반적으로 데이터가 크지 않다면 mysqldump를 많이 사용하므로 mysqldump로 데이터를 복사하는 방법을 예제로 살펴보겠다.

mysqldump를 사용해 소스 서버의 데이터를 덤프할 때는 "--single-transaction"과 "--master-data"라는 두 옵션을 반드시 사용해야 한다. "--single-transaction" 옵션은 데이터를 덤프할 때 하나의 트랜잭션을 사용해 덤프가 진행되게 해서 mysqldump가 테이블이나 레코드에 잠금을 걸지 않고 InnoDB 테이블 들에 대해 일관된 데이터를 덤프받을 수 있게 한다. "--master-data" 옵션은 덤프 시작 시점의 소스 서 버의 바이너리 로그 파일명과 위치 정보를 포함하는 복제 설정 구문(CHANGE REPLICATION SOURCE TO 또는 CHANGE MASTER TO)이 덤프 파일 헤더에 기록될 수 있게 하는 옵션으로, 복제 연결을 위해 반드시 필요한 옵션이다. "--master-data" 옵션을 사용할 때 mysqldump는 MySQL 서버에서 "FLUSH TABLES WITH READ LOCK" 명령을 실행해 글로벌 락(모든 테이블에 대한 읽기 잠금)을 거는데, 이는 바이너리 로그의 위치 를 순간적으로 고정시키기 위함이다. "--master-data" 옵션은 1 또는 2로 설정할 수 있으며, 옵션 값이 1로 설정되면 덤프 파일 내의 복제 설정 구문(CHANGE REPLICATION SOURCE TO 또는 CHANGE MASTER TO)이 실제 실행 가능한 형태로 기록되고, 2로 설정되면 해당 구문이 주석으로 처리되어 참조만 할 수 있는 형태로 기록된다. 다음은 소스 서버의 로컬에서 mysqldump를 실행해 데이터를 덤프하는 명령어의 예다.

```
linux> mysqldump -uroot -p --single-transaction --master-data=2 \
       --opt --routines --triggers --hex-blob --all-databases > source_data.sql
```

데이터 덤프가 완료되면 source_data.sql 파일을 레플리카 서버로 옮겨 데이터 적재를 진행한다. 레플 리카 서버에 접속한 후 다음과 같이 명령어를 실행한다. 명령어 예제에서는 source_data.sql 파일이 레 플리카 서버의 /tmp 디렉터리에 준비돼 있다고 가정했다.

```
-- // MySQL 서버에 직접 접속해 데이터 적재 명령을 실행
mysql> SOURCE /tmp/master_data.sql

## MySQL 서버에 로그인하지 않고 데이터 적재 명령을 실행
## 다음 두 명령어 중 하나를 사용
linux> mysql -uroot -p < /tmp/source_data.sql
linux> cat /tmp/source_data.sql | mysql -uroot -p
```

> **주의** 만약 mysqldump에 지정된 --master-data 옵션으로 소스 서버에 "FLUSH TABLES WITH READ LOCK" 명령이 실행되기 전에 MySQL 서버에 이미 장시간 동안 실행 중인 쿼리가 있다면 글로벌 락 명령어가 실행 중인 쿼리에서 참조하고 있는 테이블들에 대한 잠금을 획득할 수 없어 완료되지 못하고 대기하게 된다. 이처럼 글로벌 락 명령어가 대기하는 상황이 발생하면 그 뒤로 유입되는 다른 쿼리들도 연달아 대기해서 쿼리가 실행되지 못하고 적체될 수 있으며, 이 경우 서비스에 문제가 될 수 있으므로 mysqldump를 실행하기 전에 장시간 실행 중인 쿼리가 있는지 미리 확인하는 것이 좋다. 그리고 mysqldump를 실행한 후에도 앞서 설명한 것과 같은 대기 현상이 발생하고 있지는 않은지 한번 더 확인하는 것이 좋다. 글로벌 락에 대한 자세한 내용은 5.2.1절 '글로벌 락'에서 확인할 수 있다.

16.3.1.1.4 복제 시작

이제 모든 사전 준비가 완료됐고, 복제를 시작하기만 하면 된다. 그 전에 지금 소스 서버와 레플리카 서버의 데이터 상태가 어떤지, 복제를 시작하면 어떻게 동기화가 진행되는지 그림으로 간단히 살펴보자.

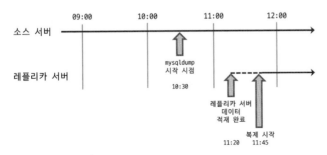

그림 16.2 소스 서버와 레플리카 서버의 데이터 상태

그림 16.2를 보면서 "레플리카 서버 데이터 적재 완료" 시점에 소스 서버와 레플리카 서버의 데이터 상태가 어떻게 다른지, 소스 서버와 레플리카 서버의 데이터를 어떻게 동기화할지 한번 살펴보자. 10:30에 mysqldump를 이용해 소스 서버의 데이터를 백업받아 11:20 쯤에 레플리카 서버에 모두 적재됐다. 레플리카 서버에 데이터 적재가 완료된 11:20 시점에서 보면 레플리카 서버의 데이터는 소스 서버의 데이터보다 50분이 지연된 상태라 할 수 있다.

이제 다음으로 넘어가서 소스 서버와 레플리카 서버 간의 복제를 설정해보자. 복제를 설정하는 명령은 CHANGE REPLICATION SOURCE TO(또는 CHANGE MASTER TO) 명령으로, mysqldump로 백업 받은 파일의 헤더 부분에서 해당 명령어를 참조할 수 있다. 백업받은 파일은 크기가 크기 때문에 vi 같은 텍스트 편집기보다는 less 같은 페이지 단위의 뷰어를 이용해 파일을 여는 것이 좋다. less 명령으로 첫 번째 페이지만 참조하면 되기 때문에 바로 "q" 키를 눌러 less 명령을 종료하고 위에서부터 대략 24번째 줄에 있는 "CHANGE MASTER"로 시작하는 줄만 텍스트 편집기에 복사해둔다.

```
linux> less /tmp/source_data.sql
...
--
-- Position to start replication or point-in-time recovery from
--

-- CHANGE MASTER TO MASTER_LOG_FILE='binary-log.000002', MASTER_LOG_POS=2708;
```

이제 편집기에 복사해 둔 내용에 소스 서버 MySQL 서버의 호스트명, 포트, 복제용 사용자 계정, 비밀번호 등을 다음과 같이 추가해 복제 설정 명령을 준비한다.

```
-- // MySQL 8.0.23 이상 버전
CHANGE REPLICATION SOURCE TO
    SOURCE_HOST='source_server_host',
    SOURCE_PORT=3306,
    SOURCE_USER='repl_user',
    SOURCE_PASSWORD='repl_user_password',
    SOURCE_LOG_FILE='binary-log.000002',
    SOURCE_LOG_POS=2708,
    GET_SOURCE_PUBLIC_KEY=1;

-- // MySQL 8.0.23 미만 버전
CHANGE MASTER TO
    MASTER_HOST='source_server_host',
    MASTER_PORT=3306,
    MASTER_USER='repl_user',
    MASTER_PASSWORD='repl_user_password',
    MASTER_LOG_FILE='binary-log.000002',
    MASTER_LOG_POS=2708,
    GET_MASTER_PUBLIC_KEY=1;
```

각 옵션을 간단히 살펴보면 SOURCE_HOST(또는 MASTER_HOST)는 레플리카 서버에서 복제 연결할 소스 서버를 의미하며, 소스 서버의 IP 혹은 도메인 정보를 넣으면 된다. SOURCE_PORT(또는 MASTER_PORT)에는 소스 서버에서 구동 중인 MySQL 서버의 포트 번호를 넣어야 한다. 복제용 계정 정보는 SOURCE_USER(또는 MASTER_USER) 및 SOURCE_PASSWORD(또는 MASTER_PASSWORD)에 입력하고, 복제를 시작하고자 하는 바이너리 로그 파일명과 위치값은 SOURCE_LOG_FILE(또는 MASTER_LOG_FILE), SOURCE_LOG_POS(또는 MASTER_LOG_POS)에 입력한다. GET_SOURCE_PUBLIC_KEY(또는 GET_MASTER_PUBLIC_KEY)는 RSA 키 기반 비밀번호 교환 방식의 통신을 위해 공개키(Public key)를 소스 서버에 요청할 것인지 여부를 나타낸다. 복제 설정 명령 예제처럼 복제 설정에 보안된 연결(SSL)과 관련된 옵션들을 명시하지 않아 레플리카 서버가 소스 서버와 암호화되지 않는 통신 방식으로 연결되는 경우 "GET_SOURCE_PUBLIC_KEY=1" 구문 없이 복제 설정 후 복제를 시작했을 때 다음과 같은 에러가 발생할 수 있으므로 반드시 설정해야 한다.

```
Last_IO_Errno: 2061
Last_IO_Error: error connecting to master 'repl_user@192.43.2.1:3306' - retry-time: 60 retries:
1 message: Authentication plugin 'caching_sha2_password' reported error: Authentication
requires secure connection.
Last_SQL_Errno: 0
Last_SQL_Error:
```

> **참고**　MySQL 버전 8.0.4부터 기본 인증 플러그인이 mysql_native_password에서 caching_sha2_password로 변경됐다. 이로 인해 사용자가 MySQL 서버에 계정을 생성할 때 별도로 인증 플러그인을 지정하지 않는 이상은 서버의 기본 인증 플러그인인 caching_sha2_password로 설정된다. 계정의 인증 플러그인이 caching_sha2_password로 설정되면 그 계정을 사용해 MySQL에 접속할 때는 반드시 보안된 연결을 사용하거나 RSA 키를 사용해 패스워드를 교환하는 방식의 비암호화된 연결을 사용해야 한다. 계정 인증과 관련된 자세한 내용은 3.2.2절 '계정 생성'을 참고하자.

이 명령을 그대로 레플리카 서버의 MySQL에 로그인해서 실행한 뒤 SHOW REPLICA STATUS(또는 SHOW SLAVE STATUS) 명령을 실행해 보면 복제 관련 정보가 레플리카 서버 MySQL에 등록돼 있는 것을 확인할 수 있다. 하지만 Replica_IO_Running(또는 Slave_IO_Running)과 Replica_SQL_Running(또는 Slave_SQL_Running) 칼럼값이 "No"로 돼 있는데, 이것은 복제 관련 정보가 등록만 된 것이지 동기화가 시작되지는 않았음을 나타낸다. 이 상태에서 START REPLICA(또는 START SLAVE) 명령을 실행(그림 16.2에서 보면 START REPLICA 또는 START SLAVE 명령이 11:45에 실행된 것임)하면 위의 두 칼럼들이 "Yes"로 값이 바뀌면서 레플리카 서버는 가능한 한 빨리 10:30부터 11:45까지의 데이터 변경사항들을 소스 서버로부터 가져와 적용하게 된다.

```
-- // MySQL 8.0.22 미만 버전
mysql> SHOW SLAVE STATUS \G
-- // MySQL 8.0.22 이상 버전
mysql> SHOW REPLICA STATUS \G
*************************** 1. row ***************************
         Replica_IO_State: Waiting for master to send event
              Source_Host: source_server
              Source_User: repl_user
              Source_Port: 3306
            Connect_Retry: 60
          Source_Log_File: binary_log.000002
      Read_Source_Log_Pos: 2708
```

```
. . . . .
    Replica_IO_Running: Yes
   Replica_SQL_Running: Yes
. . . . .
```

소스 서버에서 10:30부터 11:45까지 변경된 데이터가 그리 많지 않다면 동기화는 몇 분 내에 완료되지만 데이터가 많다면 생각보다 시간이 걸릴 수도 있다. SHOW REPLICA STATUS(또는 SHOW SLAVE STATUS) 명령의 결과에 나타나는 Seconds_Behind_Source(또는 Seconds_Behind_Master)의 값이 0이 되면 소스 서버와 레플리카 서버의 데이터가 완전히 동기화됐음을 의미한다.

만약 START REPLICA(또는 START SLAVE) 명령을 실행했는데도 Replica_IO_Running과 Replica_SQL_Running 칼럼의 값이 "Yes"로 변경되지 않는다면 소스 서버의 호스트명이나 MySQL의 포트 또는 레플리카 서버에서 사용하는 복제용 접속 계정과 비밀번호가 잘못 입력됐을 가능성이 상당히 높기 때문에 그 정보가 제대로 입력됐는지 확인하는 것이 좋다. 또한 소스 서버와 레플리카 서버 간에 네트워크상의 문제가 없는지도 확인해 보는 것이 좋다.

16.3.1.2 바이너리 로그 파일 위치 기반의 복제에서 트랜잭션 건너뛰기

복제로 구성돼 있는 MySQL 서버들을 운영하다 보면 종종 레플리카 서버에서 소스 서버로부터 넘어온 트랜잭션이 제대로 실행되지 못하고 에러가 발생해 복제가 멈추는 현상이 발생하기도 한다. 이는 MySQL 서버의 비정상 종료와 같이 실제로 정말 예기치 못한 문제가 있어 발생할 수도 있지만 대부분은 사용자의 실수로 인해 발생하는 경우가 많다. 대표적인 에러가 바로 다음과 같은 중복 키 에러다.

```
Errno: 1062
Error: Error 'Duplicate entry '87' for key 'tb1.PRIMARY'' on query.
    Default database: 'test'. Query: 'insert into tb1 values (87)'
```

만약 복제를 중단시킨 문제가 수동으로 복구가 불가능할 정도로 심각한 문제인 경우 레플리카 서버의 데이터를 모두 버리고 처음부터 다시 레플리카 서버를 구축한 뒤 복제를 다시 구성해야 할 수도 있지만, 경우에 따라 레플리카 서버에서 문제되는 소스 서버의 트랜잭션을 무시하고 넘어가도록 처리해도 괜찮을 때가 있다. 후자에 해당하는 경우 바이너리 로그 위치 기반 복제에서는 sql_slave_skip_counter 시스템 변수를 이용해 문제되는 트랜잭션을 건너뛸 수 있다.

바이너리 로그 위치 기반 복제가 설정된 레플리카 서버에서 다음과 같이 중복된 키로 인해 INSERT 쿼리가 실패한 상태로 복제가 멈춰져 있다고 가정해보자.

```
-- // MySQL 8.0.22 미만 버전
mysql_Replica> SHOW SLAVE STATUS \G
-- // MySQL 8.0.22 이상 버전
mysql_Replica> SHOW REPLICA STATUS \G
*************************** 1. row ***************************
             Replica_IO_State: Waiting for master to send event
                  Source_Host: source_server
                  Source_User: repl_user
                  Source_Port: 3306
                Connect_Retry: 60
              Source_Log_File: mysql-bin.000001
          Read_Source_Log_Pos: 1499
               Relay_Log_File: relay-bin.000004
                Relay_Log_Pos: 324
        Relay_Source_Log_File: mysql-bin.000001
           Replica_IO_Running: Yes
          Replica_SQL_Running: No
                       .....
                   Last_Errno: 1062
                   Last_Error: Error 'Duplicate entry '15' for key 'tb1.PRIMARY'' on query.
Default database: 'test'. Query: 'insert into tb1 values (15)'
                       .....
```

다음과 같이 복제를 중단한 후 sql_slave_skip_counter 변수의 값을 1로 지정해 레플리케이션 SQL 스레드를 재시작하면 레플리카 서버는 에러가 발생한 INSERT 쿼리를 건너뛰고 정상적으로 복제를 재개하게 된다.

```
-- // MySQL 8.0.22 미만 버전
mysql_Replica> STOP SLAVE SQL_THREAD;
mysql_Replica> SET GLOBAL sql_slave_skip_counter=1;
mysql_Replica> START SLAVE SQL_THREAD;
```

```
-- // MySQL 8.0.22 이상 버전
mysql_Replica> STOP REPLICA SQL_THREAD;
mysql_Replica> SET GLOBAL sql_slave_skip_counter=1;
mysql_Replica> START REPLICA SQL_THREAD;
```

sql_slave_skip_counter 시스템 변수에는 적용하지 않고 건너뛸 바이너리 로그 이벤트 그룹 수를 지정한다. 즉, sql_slave_skip_counter 시스템 변수가 1로 설정되면 MySQL 서버에서는 실제로 DML 쿼리문장 하나를 가진 바이너리 로그 이벤트 1개를 무시하는 것이 아니라 현재 이벤트를 포함한 이벤트 그룹을 무시하는 것이다. 이벤트 그룹은 트랜잭션을 지원하는 테이블의 경우에는 트랜잭션이 하나의 이벤트 그룹이 되며, 트랜잭션을 지원하지 않는 테이블에서는 DML 문장 하나하나가 이벤트 그룹이 된다. 만약 앞의 예제에서 에러가 발생한 INSERT 문이 하나의 이벤트 그룹이었다면 INSERT 문 하나만 무시됐을 것이며, 여러 DML 쿼리가 함께 포함된 이벤트 그룹이었다면 같은 이벤트 그룹에 속한 DML 쿼리들이 모두 무시됐을 것이다.

만약 MySQL 서버에서 실행되는 DML 쿼리들이 단순하게 하나의 트랜잭션에 DML 쿼리가 하나만 실행되는 형태라면 sql_slave_skip_counter 시스템 변수에 지정한 개수가 곧 쿼리의 개수이므로 사용자는 레플리카 서버에서 적용이 무시되는 쿼리 개수를 명확하게 알 수 있으며 특정 쿼리만 무시하게 할 수도 있을 것이다. 그러나 하나의 트랜잭션에 여러 개의 DML 쿼리들이 포함되는 경우가 존재한다면 에러가 발생한 쿼리 외에 다른 쿼리들이 예상치 못하게 함께 무시될 수 있으므로 사용자는 sql_slave_skip_counter 시스템 변수를 사용할 때 반드시 이와 같은 부분을 주의해서 사용해야 한다.

16.3.2 글로벌 트랜잭션 아이디(GTID) 기반 복제

MySQL 5.5 버전까지는 복제를 설정할 때 바이너리 로그 파일 위치 기반 복제 방식만 가능했다. 즉, 복제에서 각각의 이벤트들이 바이너리 로그 파일명과 파일 내 위치 값의 조합으로 식별되는 것인데, 문제는 이 같은 식별이 바이너리 로그 파일이 저장돼 있는 소스 서버에서만 유효하다는 것이다. 동일한 이벤트가 레플리카 서버에서도 동일한 파일명의 동일한 위치에 저장된다는 보장이 없다. 한마디로 복제에 투입된 서버들마다 동일한 이벤트에 대해 서로 다른 식별 값을 갖게 되는 것이다.

이렇게 복제를 구성하는 서버들이 서로 호환되지 않는 정보를 이용해 복제를 진행함으로써 복제의 토폴로지를 변경하는 작업은 때로 거의 불가능할 때도 많았다. 복제 토폴로지 변경은 주로 복제에 참여한 서버들 중에서 일부 서버에 장애가 발생했을 때 필요한데, 토폴로지 변경이 어렵다는 것은 그만큼 복제를 이용한 장애 복구(Failover)가 어렵다는 것을 의미한다. 그래서 MHA나 MMM 그리고 Orchestrator와 같은 MySQL HA(High Availability) 솔루션들은 내부적으로 복잡한 바이너리 로그 파일 위치 계산을 수행하거나 때로는 포기해 버리는 형태로 처리되기도 한다.

만약 소스 서버에서 발생한 각 이벤트들이 복제에 참여한 모든 MySQL 서버들에서 동일한 고유 식별 값을 가진다면 어떨까? 그렇다면 장애가 발생해도 좀 더 손쉽게 복제 토폴로지를 변경할 수 있으며, 장애 복구에 소요되는 시간도 줄어들 것이다. 이처럼 소스 서버에서만 유효한 고유 식별 값이 아닌 복제에 참여한 전체 MySQL 서버들에서 고유하도록 각 이벤트에 부여된 식별 값을 글로벌 트랜잭션 아이디(Global Transaction Identifier, GTID)라고 하며, 이를 기반으로 복제가 진행되는 형태를 GTID 기반 복제라 한다.

GTID는 MySQL 5.6 버전에서 처음 도입됐으며, 5.7 버전을 거쳐 8.0까지 계속 개선돼 오면서 그에 따른 신기능도 많이 추가됐다. 이제 MySQL의 GTID가 정확히 무엇이고 어떻게 동작하는지 자세히 살펴보자. 그 전에 글로벌 트랜잭션 아이디의 필요성에 대해 잠깐 살펴보겠다.

16.3.2.1 GTID의 필요성

아마도 복제 구성이나 장애에 대한 복구 대책을 고민해 본 사용자라면 누구나 바이너리 로그 파일 위치 기반 복제 방식의 문제점을 알고 있을 것이다. 간단하게 우리가 자주 사용하는 복제 토폴로지를 예제로 살펴보자. 그림 16.3은 하나의 소스 서버에 두 개의 레플리카 서버가 연결돼 있는 복제 토폴로지다. 이런 형태는 주로 레플리카 서버를 읽기 부하 분산 및 통계나 배치용으로 구성할 때 많이 사용한다. 그림 16.3에서는 현재 소스 서버 A의 바이너리 로그 위치는 "binary-log.000002:320"이며, 레플리카 서버 B는 완전히 동기화되어 똑같이 "binary-log.000002:320" 바이너리 로그 이벤트까지 완전히 실행 완료된 상태다. B 서버는 SELECT 쿼리 분산용으로, C 서버는 배치나 통계용으로 사용되고 있었다. 레플리카 서버 C는 조금 지연이 발생해서 소스 서버의 "binary-log.000002:120" 위치까지만 복제가 동기화된 상태였다.

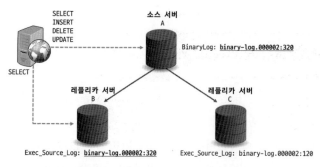

그림 16.3 장애가 발생하기 전 복제 토폴로지

그런데 이때 소스 서버인 A가 장애가 발생하면서 서버가 비정상적으로 종료됐다고 가정해보자. 그러면 레플리카 서버 B와 C 중에서 하나를 소스 서버로 승격(Promotion)하고, A 서버로 연결돼 있던 클라이언트 커넥션을 새로 승격된 소스 서버로 교체하고자 할 것이다. 이때 당연히 완전히 동기화돼 있는 레플리카 서버 B를 소스 서버로 승격할 것이다. 이제 그림 16.4와 같이 복제는 모두 끊어지고, B 서버로 사용자 트래픽이 유입되고 있다. 그러나 C 서버는 여전히 동기화되지 않은 상태여서 서비스에서 SELECT 용도로 사용할 수가 없는 상태다.

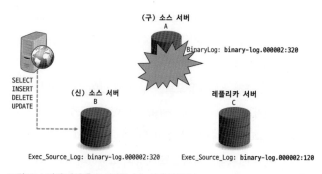

그림 16.4 장애 발생 후 B 서버를 소스 서버로 승격

B 서버가 새로운 소스 서버로 승격되면서 클라이언트의 쿼리 요청이 B 서버로 들어오기 시작하는데, 이미 B 서버는 SELECT 쿼리의 부하 분산용이었기 때문에 분산 SELECT 쿼리 처리와 더불어 기존 소스 서버의 역할까지 겹치면서 과부하 상태가 될 것이다. 그러면 기존 B 서버의 SELECT 쿼리를 C 서버로 옮겨서 실행하면 될 것이다. 하지만 안타깝게도 C 서버는 동기화가 되지 않은 상태에서 A 서버가 종료돼 버렸으므로 복제를 최종 시점까지 동기화할 방법이 없다.

물론 완전히 불가능한 것은 아니다. 레플리카 서버 B의 릴레이 로그가 지워지지 않고 남아있었다면(릴레이 로그에는 소스 서버의 바이너리 로그 위치가 함께 기록돼 있으므로) B 서버의 릴레이 로그를 가져와서 필요한 부분만 실행하면 복구가 가능하다. 하지만 일반적으로 MySQL 서버의 릴레이 로그는 불필요한 시점에 자동으로 삭제되므로 이 방법은 상당히 제한적이라고 볼 수 있다. 또한 수동으로 직접 확인해보는 방법도 있을 수 있다. 그런데 이게 말처럼 그렇게 간단한 문제가 아닐뿐더러 자동화는 더어렵다. 이처럼 단순한 복제 구성에서도 복구가 쉽지 않다.

그럼 글로벌 트랜잭션 아이디로 복제가 되는 상황을 한번 고려해보자. 그림 16.5와 같이 글로벌 트랜잭션 아이디를 이용해 복제가 구성돼 있으며, 소스 서버의 현재 GTID는 "af995d80-939e-11eb-bb37-ba122a9a8ae3:120"이고, 레플리카 서버 B는 "af995d80-939e-11eb-bb37-ba122a9a8ae3:120"까지 완전히 동기화된 상태이며, 레플리카 서버 C는 "af995d80-939e-11eb-bb37-ba122a9a8ae3:98" GTID까지만 동기화된 상태다.

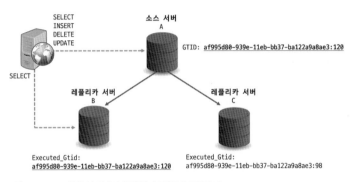

그림 16.5 GTID 사용 시 장애가 발생하기 전 복제 토폴로지

이 상태에서 소스 서버인 A에 장애가 발생하면 그림 16.6과 같이 B 서버를 C 서버의 소스 서버가 되도록 C 서버에서 "CHANGE REPLICATION SOURCE TO SOURCE_HOST='B', SOURCE_PORT=3306;" 명령을 실행한다. 이때 B 서버의 바이너리 로그 파일명이 무엇인지, 그리고 바이너리 로그 파일에서 어느 위치부터 이벤트를 가져와야 하는지 입력할 필요가 없다. A 서버에서 GTID가 "af995d80-939e-11eb-bb37-ba122a9a8ae3:98"이었던 트랜잭션은 B 서버에서도 "af995d80-939e-11eb-bb37-ba122a9a8ae3:98"이며, C 서버에서도 "af995d80-939e-11eb-bb37-ba122a9a8ae3:98"이기 때문이다. 그래서 C 서버는 현재 "af995d80-939e-11eb-bb37-ba122a9a8ae3:98" 트랜잭션까지 실행했으므로 B 서버로 복제를 다시 연결할 때도 B 서버에서 "af995d80-939e-11eb-bb37-ba122a9a8ae3:98" 이후의 바이너리 로그 이벤트를 가져와서 동기화하면 되기 때문이다.

이렇게 레플리카 서버 C가 새로운 소스 서버인 B와 동기화할 수 있도록 준비되면 이제 클라이언트의 쿼리 요청을 B 서버와 C 서버로 나눠서 실행할 수 있게 하면 된다.

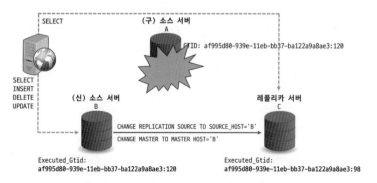

그림 16.6 GTID 사용 시 장애가 발생한 후 B 서버를 소스 서버로 승격

사실 GTID의 개념은 기대했던 것보다 훨씬 단순하고 딱히 특별한 것 없이 보일 수도 있다. 하지만 트랜잭션의 아이디를 글로벌하게 확장함으로써 복제 토폴로지 변경 시 동기화에 대한 문제가 아주 간단히 해결돼 버렸다. 이런 단순함은 꼭 장애에 대응할 때만 활용할 수 있는 것은 아니다. MySQL 서버를 운영하다 보면 데이터베이스에 레플리카 서버 확장이나 축소 또는 통합과 같은 여러 요건들이 있을 수 있다. 이럴 때마다 복제 동기화 때문에 항상 관리자는 머리를 싸매야 하는데, 이러한 문제들도 함께 해결될 수 있을 것이다.

16.3.2.2 글로벌 트랜잭션 아이디

바이너리 로그 파일에 기록된 이벤트들을 바이너리 로그 파일명과 파일 내의 위치로 식별하는 것은 물리적인 방식이라고 할 수 있다. 반면 GTID는 논리적인 의미로서 물리적인 파일의 이름이나 위치와는 전혀 무관하게 생성된다. MySQL의 GTID는 서버에서 커밋된 각 트랜잭션과 연결된 고유 식별자로, 해당 트랜잭션이 발생한 서버에서 고유할뿐만 아니라 그 서버가 속한 복제 토폴로지 내 모든 서버에서 고유하다. GTID는 커밋되어 바이너리 로그에 기록된 트랜잭션에 한해서만 할당되며, 데이터 읽기만 수행하는 SELECT 쿼리나 혹은 sql_log_bin 설정이 비활성화돼 있는 상태에서 발생한 트랜잭션은 바이너리에 기록되지 않으므로 GTID가 할당되지 않는다.

GTID는 소스 아이디와 트랜잭션 아이디 값의 조합으로 생성되는데, 두 값은 다음과 같이 콜론 문자(:)로 구분되어 표시된다.

```
GTID = [source_id]:[transaction_id]
```

소스 아이디는 트랜잭션이 발생된 소스 서버를 식별하기 위한 값으로, MySQL 서버의 server_uuid 시스템 변수 값을 사용한다. 트랜잭션 아이디는 서버에서 커밋된 트랜잭션 순서대로 부여되는 값으로 1부터 1씩 단조 증가하는 형태로 발급된다. server_uuid는 사용자가 별도로 설정하는 것이 아니라 MySQL 서버가 시작되면서 자동으로 부여되며, MySQL 서버를 시작할 때 데이터 디렉터리에 auto. cnf라는 파일이 생성되는데 그 안에 server_uuid 값이 저장돼 있다. auto.cnf 파일을 열어보면 "[auto]"라는 섹션이 있으며, 그 하위에 현재 서버의 UUID 값이 표기돼 있다. auto.cnf 파일은 삭제되더라도 MySQL 서버를 재시작할 때 자동으로 다시 생성되며, 이미 생성돼 있는 auto.cnf 파일을 가져다가 사용할 수도 있다. auto.cnf 파일이 자동으로 생성된다고 하더라도 auto.cnf 파일에 저장돼 있는 UUID 값은 복제가 설정된 소스 서버와 레플리카 서버의 GTID 값에 사용되고 있는 값이므로 삭제되지 않도록 주의하자.

> **참고** MySQL의 엔터프라이즈 백업이나 Percona의 XtraBackup을 이용해서 백업해둔 소스 서버의 데이터 파일을 새로운 레플리카 서버 구축에 그대로 사용한다면 실수로 auto.cnf 파일까지 그대로 사용할 수 있다. 이 경우 레플리카 서버에서 복제 연결 시 에러가 발생할 수 있는데, 이때는 복제를 멈추고 MySQL을 종료한 뒤 auto.cnf 파일을 삭제한 후 다시 MySQL을 시작하면 새로운 UUID 값이 생성되므로 복제 재개 시 문제없이 다시 연결할 수 있다.
>
> ```
> Last_IO_Errno: 13117
> Last_IO_Error: Fatal error: The slave I/O thread stops because master and slave have equal
> MySQL server UUIDs; these UUIDs must be different for replication to work.
> Last_SQL_Errno: 0
> Last_SQL_Error:
> ```

현재 사용되고 있는 GTID 값을 확인하는 방법에는 여러 가지가 있는데, mysql 데이터베이스 내의 gtid_executed 테이블을 조회하거나 gtid_executed 시스템 변수를 통해 확인할 수 있다. 또한 SHOW MASTER STATUS 명령을 통해 GTID와 이에 상응하는 바이너리 로그 파일 및 위치 값을 같이 확인할 수도 있다.

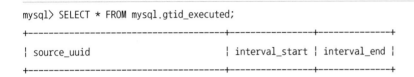

```
mysql> SELECT * FROM mysql.gtid_executed;
+------------------------------------+----------------+--------------+
| source_uuid                        | interval_start | interval_end |
+------------------------------------+----------------+--------------+
```

```
| ed22da00-e052-11ea-ae88-ee4baf89a396 |          1 |         1 |
| ed22da00-e052-11ea-ae88-ee4baf89a396 |          2 |         2 |
| ed22da00-e052-11ea-ae88-ee4baf89a396 |          3 |         3 |
| ed22da00-e052-11ea-ae88-ee4baf89a396 |          4 |         4 |
| ed22da00-e052-11ea-ae88-ee4baf89a396 |          5 |         5 |
+-----------------------------------+-------------+-----------+

mysql> SHOW GLOBAL VARIABLES 'gtid_executed';
+---------------+------------------------------------------+
| Variable_name | Value                                    |
+---------------+------------------------------------------+
| gtid_executed | ed22da00-e052-11ea-ae88-ee4baf89a396:1-5 |
+---------------+------------------------------------------+

mysql> SHOW MASTER STATUS \G
*************************** 1. row ***************************
             File: mysql-bin.000001
         Position: 1591
     Binlog_Do_DB:
 Binlog_Ignore_DB:
Executed_Gtid_Set: ed22da00-e052-11ea-ae88-ee4baf89a396:1-5
```

위의 예제 데이터를 보면 알 수 있듯이 GTID는 각각의 값이 하나씩 개별로 보여지거나 연속된 값들인 경우 범위로 보여질 수 있으며, 이 밖에도 다양한 형태로 값이 보여질 수 있다. 이렇게 하나 이상의 GTID 값으로 구성돼 있는 것을 GTID 셋(GTID Sets)이라 한다. GTID 셋에서는 기본적으로 동일한 서버에서 생성된 연속하는 GTID 값은 축소시켜 범위로 보여지며, 범위 값과 단일 값이 하나의 표현식으로 나타날 수도 있다. 이 경우 범위 값과 단일 값은 콜론(:)으로 구분되어 표기된다.

```
ed22da00-e052-11ea-ae88-ee4baf89a396:1-5:18:99-103
```

또한 GTID 셋에는 서로 다른 UUID를 가지는 GTID 값들도 포함될 수 있는데, 동일한 MySQL 서버에서 서버의 UUID 값이 기존과는 다른 값으로 변경됐거나 혹은 여러 서버에서 데이터를 복제해오는 경우 등이 이에 해당한다. 서로 다른 UUID를 가지는 각각의 GTID는 콤마(,)로 구분되어 표시된다.

```
8b20949a-da22-11ea-b0f8-44d14afe1f9d:1-2,ed22da00-e052-11ea-ae88-ee4baf89a396:1-5
```

앞서 언급했던 mysql.gtid_executed 테이블은 단순히 현재 실행된 GTID 값을 저장하는 것 이외에 MySQL 서버 내부적으로 중요한 역할을 하는데, 레플리카 서버에서 바이너리 로그가 비활성화돼 있는 상태에서 GTID 기반의 복제를 사용할 수 있게 하고, 예기치 못한 문제로 바이너리 로그가 손실됐을 때 GTID 값이 보존될 수 있게 한다.

mysql.gtid_executed 테이블은 MySQL 5.7.5 버전에서 처음 도입됐으며 InnoDB 스토리지 엔진으로 설정돼 있다. MySQL 8.0.17 이상의 버전을 사용하는 경우에는 매 트랜잭션이 커밋될 때마다 mysql.gtid_executed 테이블에도 GTID 값이 바로 저장된다. 만약 MySQL 버전이 8.0.17 미만이거나 InnoDB가 아닌 다른 스토리지 엔진을 사용하는 경우 GTID 값은 바이너리 로그 파일이 로테이션되거나 MySQL 서버가 종료될 때만 mysql.gtid_executed 테이블에 저장된다. 이렇게 mysql.gtid_executed 테이블에 매 트랜잭션이 커밋될 때가 아닌 특정한 시점에만 GTID 값이 저장되는 경우 mysql.gtid_executed 테이블에 최근까지 사용된 GTID 값이 반영되지 않으므로 마지막에 실행된 트랜잭션의 GTID 값을 조회할 때는 gtid_executed 시스템 변수 값을 확인해야 한다.

mysql.gtid_executed 테이블에는 실행된 모든 트랜잭션들에 대해 GTID 값이 저장되므로 시간이 지남에 따라 많은 데이터가 쌓일 수 있다.

```
mysql> SELECT * FROM mysql.gtid_executed;
+--------------------------------------+----------------+--------------+
| source_uuid                          | interval_start | interval_end |
+--------------------------------------+----------------+--------------+
| ed22da00-e052-11ea-ae88-ee4baf89a396 | 87             | 87           |
| ed22da00-e052-11ea-ae88-ee4baf89a396 | 88             | 88           |
| ed22da00-e052-11ea-ae88-ee4baf89a396 | 89             | 89           |
| ed22da00-e052-11ea-ae88-ee4baf89a396 | 90             | 90           |
| ed22da00-e052-11ea-ae88-ee4baf89a396 | 91             | 91           |
| ed22da00-e052-11ea-ae88-ee4baf89a396 | 92             | 92           |
| ed22da00-e052-11ea-ae88-ee4baf89a396 | 93             | 93           |
| ed22da00-e052-11ea-ae88-ee4baf89a396 | 94             | 94           |
| ed22da00-e052-11ea-ae88-ee4baf89a396 | 95             | 95           |
| ed22da00-e052-11ea-ae88-ee4baf89a396 | 96             | 96           |
| ed22da00-e052-11ea-ae88-ee4baf89a396 | 97             | 97           |
| ed22da00-e052-11ea-ae88-ee4baf89a396 | 98             | 98           |
| ed22da00-e052-11ea-ae88-ee4baf89a396 | 99             | 99           |
+--------------------------------------+----------------+--------------+
```

군이 이 같은 방식으로 그동안 실행됐던 GTID들을 보존할 필요가 없기도 하고 불필요하게 디스크 공간만 차지하게 되므로 MySQL 서버는 주기적으로 mysql.gtid_executed 테이블에 대해 쌓여있는 전체 데이터를 하나의 데이터로 압축한다. 여기서 '압축'은 테이블의 데이터 파일을 압축하는 것이 아니라 mysql.gtid_executed 테이블에 여러 레코드로 저장된 interval_start와 interval_end를 연속된 것들끼리 모아서 1건의 레코드로 만드는 것을 의미한다.

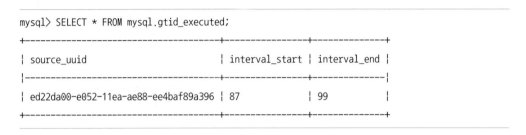

```
mysql> SELECT * FROM mysql.gtid_executed;
+--------------------------------------+----------------+--------------+
| source_uuid                          | interval_start | interval_end |
+--------------------------------------+----------------+--------------+
| ed22da00-e052-11ea-ae88-ee4baf89a396 | 87             | 99           |
+--------------------------------------+----------------+--------------+
```

mysql.gtid_executed 테이블에 대한 압축은 바이너리 로그 활성화 여부에 따라 압축을 수행하는 조건이 달라지는데, 바이너리 로그가 활성화돼 있는 경우 바이너리 로그 파일이 로테이션될 때 자동으로 압축이 수행된다. 바이너리 로그가 활성화돼 있지 않은 경우에는 "thread/sql/compress_gtid_table"이라는 별도의 포그라운드 스레드에 의해 수행되는데, MySQL 서버에서 실행된 트랜잭션 수가 gtid_executed_compression_period 시스템 변수에 지정된 수까지 도달하면 스레드에서 압축을 수행하고, 그 후 다시 다음 주기가 돌아올 때까지 슬립 모드를 유지한다. gtid_executed_compression_period 시스템 변수 값이 0으로 설정되면 스레드는 계속 슬립 모드 상태를 유지되고 압축을 수행하지 않으며, 압축은 필요에 따라 자동으로 실행된다.

16.3.2.3 글로벌 트랜잭션 아이디 기반의 복제 구축

MySQL 서버에서 GTID를 활성화하는 것과 GTID 기반의 복제를 사용하는 것은 별개이며, GTID 활성화는 GTID 복제를 위한 하나의 조건이다. 즉 MySQL 서버의 GTID는 활성화돼 있다 하더라도 복제는 바이너리 로그 파일 위치 기반의 복제를 사용할 수도 있다. 그래서 소스 서버에서 GTID가 활성화돼 있지 않다면 레플리카 서버를 구축하기에 앞서 소스 서버의 GTID를 활성화하는 과정이 필요하다. 물론 MySQL 서버에서 GTID가 비활성화돼 있다 하더라도 MySQL 서버의 재시작(서비스 중단) 없이 GTID를 활성화해서 GTID 기반의 복제를 적용할 수 있다. GTID가 비활성화돼 있으며 GTID 기반이 아닌 복제를 사용 중인 MySQL 서버들을 GTID 기반 복제로 변경하는 과정에 대해서는 16.3.2.5절 'Non-GTID 기반 복제에서 GTID 기반 복제로 온라인 변경'을 참고하자. 여기서는 기존에 이미 GTID를 사용하고 있는 소스 서버에 레플리카 서버를 GTID 기반 복제로 연결하는 과정을 살펴보겠다.

16.3.2.3.1 설정 준비

GTID 기반의 복제를 사용하려면 복제에 참여하는 모든 MySQL 서버들이 GTID가 활성화돼 있어야 하며, 각 서버의 server_id 및 server_uuid가 복제 그룹 내에서 고유해야 한다. 그러므로 소스 서버 및 레플리카 서버의 MySQL 설정 파일은 다음과 같이 설정돼 있어야 한다.

```
## 소스 서버 설정
[mysqld]
gtid_mode=ON
enforce_gtid_consistency=ON
server_id=1111
log_bin=/binary-log-dir-path/binary-log-name

## 레플리카 서버 설정
[mysqld]
gtid_mode=ON
enforce_gtid_consistency=ON
server_id=2222
relay_log=/relay-log-dir-path/relay-log-name
relay_log_purge=ON
read_only
log_slave_updates
```

설정 파일에는 반드시 "gtid_mode=ON"과 "enforce_gtid_consistency=ON"을 함께 명시해야 한다. 만약 gtid_mode만 ON으로 설정되고 enforce_gtid_consistency가 설정되지 않으면 다음과 같은 에러가 발생하면서 MySQL 서버는 기동하지 않는다.

```
2020-08-23T04:15:05.966219Z 0 [ERROR] [MY-010912] [Server] GTID_MODE = ON requires ENFORCE_
GTID_CONSISTENCY = ON.
2020-08-23T04:15:05.966590Z 0 [ERROR] [MY-010119] [Server] Aborting
```

DBA가 사용하는 대부분의 DB 관리자 계정은 모든 권한이 할당된 경우가 많으며, 이 때문에 CONNECTION_
ADMIN 권한(기존 SUPER 권한에 해당)도 계정에 부여돼 있을 가능성이 높다. CONNECTION_ADMIN 권한을 가진 계정은
MySQL 서버가 read_only로 설정돼 있다 하더라도 데이터를 변경하거나 스키마를 변경하는 쿼리를 실행할 수 있다.
GTID를 사용하는 복제 환경에서 만약 실수로 관리자 계정을 통해 스키마 변경 쿼리(DDL)나 데이터 변경 쿼리(DML)를
실행한 경우 레플리카 서버의 GTID에는 소스 서버로부터 넘어오는 GTID 셋과 더불어 레플리카 서버의 server_uuid
로 구성된 새로운 GTID 셋이 추가되는데, 이렇게 되면 소스 서버와 레플리카 서버 간의 GTID 셋이 달라져 나중에 소
스 서버와 레플리카 서버의 역할을 스위치할 때 문제가 될 수 있다.

이를 방지하기 위해서는 레플리카 서버에 read_only뿐만 아니라 super_read_only 옵션도 함께 설정하는 것이 좋다.
super_read_only가 설정된 MySQL 서버에서는 CONNECTION_ADMIN 권한을 지닌 사용자가 DDL이나 DML 쿼리를
실행하더라도 쿼리를 정상적으로 실행시키지 않고 다음과 같은 에러를 발생시킨다.

```
ERROR 1290 (HY000): The MySQL server is running with the --super-read-only option so it
cannot execute this statement
```

super_read_only 옵션은 동적으로 변경 가능하므로 꼭 필요한 경우에만 super_read_only 시스템 변수를 OFF로 변
경했다가 다시 ON으로 되돌려 두는 것이 좋다.

16.3.2.3.2 복제 계정 준비

다음으로 복제에서 사용할 계정을 준비한다. 계정을 생성하기 위해 소스 서버에 다음 명령문을 실행한다.

```
CREATE USER 'repl_user'@'%' IDENTIFIED BY 'repl_user_password';
GRANT REPLICATION SLAVE ON *.* TO 'repl_user'@'%';
```

여기서는 설명의 편의를 위해 복제 계정의 호스트 제한을 '%'로 설정했지만 보안을 위해서 꼭 필요한 IP 대역에
서만 복제 연결이 가능하도록 호스트 제한에 '%' 대신 적절한 IP 대역을 설정하는 것이 좋다. MySQL 서버에서 계정
생성에 대한 자세한 내용은 3.2.2절 '계정 생성'을 참조하자.

16.3.2.3.3 데이터 복사

일반적으로 많이 사용되는 mysqldump를 사용해 소스 서버의 데이터를 덤프해서 레플리카 서버에 적재
해보자. 데이터 덤프를 위해 소스 서버에서 아래 mysqldump 명령을 실행한다.

```
linux> mysqldump -uroot -p --single-transaction --master-data=2 --set-gtid-purged=ON \
        --opt --routines --triggers --hex-blob --all-databases > source_data.sql
```

MySQL 서버는 GTID 복제와 관련해서 대표적으로 다음과 같이 2개의 시스템 변수를 가진다. GTID가 활성화된 소스 서버에서 mysqldump로 데이터를 덤프받아 레플리카 서버를 구축하려는 경우, 덤프가 시작된 시점의 소스 서버 GTID 값을 레플리카 서버에서 다음 2개의 시스템 변수에 설정해야 복제를 시작할 수 있다.

- gtid_executed: MySQL 서버에서 실행되어 바이너리 로그 파일에 기록된 모든 트랜잭션들의 GTID 셋을 나타낸다.
- gtid_purged: 현재 MySQL 서버의 바이너리 로그 파일에 존재하지 않는 모든 트랜잭션들의 GTID 셋을 나타낸다.

GTID 기반 복제에서 레플리카 서버는 gtid_executed 값을 기반으로 다음 복제 이벤트를 소스 서버로부터 가져온다. gtid_executed는 읽기 전용 변수로 사용자가 변경할 수 없으며, 사용자는 gtid_purged 변수 값만 수정할 수 있다. MySQL을 설치하고 처음 구동시키면 위 두 값은 비어있는데, 이때 사용자가 gtid_purged에 값을 설정하면 gtid_executed에도 자동으로 동일한 값이 설정된다. 따라서 복제를 시작하기 위해서는 소스 서버에서 데이터 덤프가 시작된 시점의 소스 서버의 GTID 값을 레플리카 서버의 gtid_purged 시스템 변수에 지정해 gtid_executed 시스템 변수에도 그 값이 설정되게 해야 한다.

> **참고** gtid_purged와 gtid_executed 시스템 변수를 동일한 값으로 변경하려면 반드시 두 시스템 변수의 값이 비어 있어야 한다. 만약 이미 값이 저장된 경우에는 RESET MASTER 명령을 실행해 두 변수의 값을 초기화한 후 gtid_purged에 값을 설정하면 된다. 단 RESET MASTER 명령을 실행하면 그 서버가 가지고 있던 바이너리 로그 파일들이 모두 삭제되므로 바이너리 로그 파일이 필요한지 고려한 후 실행하는 것이 좋다.

이를 위해 mysqldump에서는 --set-gtid-purged라는 옵션을 제공하며, 이 옵션이 활성화되면 덤프가 시작된 시점의 GTID가 덤프 파일에 기록된다. 또한 sql_log_bin 시스템 변수를 비활성화하는 구문도 함께 기록되는데, 이는 덤프 파일을 실행할 때 적용되는 트랜잭션들이 레플리카 서버에서 새로운 GTID를 발급받는 것을 방지한다. 즉 레플리카 서버에서 덤프 파일을 적재하는 작업이 바이너리 로그에 기록되지 않으므로 GTID가 생성되지 않는 것이다. --set-gtid-purged 옵션에는 다음과 같은 값들을 지정할 수 있으며, 사용자가 mysqldump를 실행할 때 명시적으로 이 옵션을 적지 않더라도 --set-gtid-purged 옵션은 AUTO 값으로 설정되어 동작한다.

AUTO	덤프를 받는 서버에서 GTID가 활성화돼 있으면 덤프를 시작하는 시점의 GTID 값 및 sql_log_bin 비활성화 구문을 덤프 파일에 기록하며, 만약 GTID가 비활성상태인 서버의 경우 해당 내용들을 기록하지 않는다.
OFF	덤프 시작 시점의 GTID 값 및 sql_log_bin 비활성화 구문을 덤프 파일에 기록하지 않는다.
ON	덤프 시작 시점의 GTID 값 및 sql_log_bin 비활성화 구문을 덤프 파일에 기록한다. 만약 GTID가 활성화돼 있지 않은 서버에서 이 옵션값을 사용하는 경우 에러가 발생한다.
COMMENTED	MySQL 8.0.17 이상 버전부터 사용할 수 있는 값으로, 이 값이 설정되면 ON 값으로 설정됐을 때와 동일하게 동작하되, 덤프 시작 시점의 GTID 값이 주석으로 처리되어 기록된다. sql_log_bin 비활성화 구문은 주석으로 처리되지 않고 다른 경우와 동일하게 바로 적용 가능한 형태로 기록된다.

> **참고** 만약 레플리카 서버 구축을 위해서가 아니라 단순히 다른 DB 서버로의 데이터 마이그레이션을 위해 mysqldump 를 사용하는 경우에는 mysqldump 실행 시 "--set-gtid-purged=OFF" 옵션을 명시하여 sql_log_bin 시스템 변수를 비활성화하는 구문이 덤프 파일에 기록되지 않도록 해야 한다. 그렇지 않으면 데이터를 마이그레이션할 DB 서버에서 덤프 파일 적용 시 sql_log_bin 시스템 변수를 비활성화하는 구문으로 인해 적재한 데이터가 바이너리 로그에 기록되지 않아, 해당 DB 서버와 연결된 레플리카 서버에 데이터가 복제되지 않을 수 있기 때문이다.

위의 mysqldump 명령에 주어진 "--set-gtid-purged=ON" 옵션으로 인해 덤프된 파일의 최상단에는 다음과 같은 내용이 기록된다. gtid_purged 시스템 변수 값을 지정하는 SET 명령에서 '+' 기호는 현재 gtid_purged 시스템 변수에 설정돼 있는 값에 새로운 값을 덧붙이는 것을 의미한다.

```
linux> less /tmp/source_data.sql
...
SET @@SESSION.SQL_LOG_BIN= 0;


--
-- GTID state at the beginning of the backup
--


SET @@GLOBAL.GTID_PURGED=/*!80000 '+'*/ 'ed22da00-e052-11ea-ae88-ee4baf89a396:1-30';
...
```

mysqldump로 백업받은 데이터 파일을 레플리카 서버로 옮겨 적재하면 레플리카 서버에서 gtid_executed 와 gtid_purged 시스템 변수 값이 다음과 같이 자동으로 설정된 것을 확인할 수 있다.

```
mysql_Replica> SHOW GLOBAL VARIABLES LIKE 'gtid_executed';
+----------------+-------+
| Variable_name  | Value |
+----------------+-------+
| gtid_executed  |       |
+----------------+-------+

mysql_Replica> SHOW GLOBAL VARIABLES LIKE 'gtid_purged';
+----------------+-------+
| Variable_name  | Value |
+----------------+-------+
| gtid_purged    |       |
+----------------+-------+

mysql_Replica> SOURCE /tmp/source_data.sql;

mysql_Replica> SHOW GLOBAL VARIABLES LIKE 'gtid_executed';
+----------------+-----------------------------------------+
| Variable_name  | Value                                   |
+----------------+-----------------------------------------+
| gtid_executed  | ed22da00-e052-11ea-ae88-ee4baf89a396:1-30 |
+----------------+-----------------------------------------+

mysql_Replica> SHOW GLOBAL VARIABLES LIKE 'gtid_purged';
+----------------+-----------------------------------------+
| Variable_name  | Value                                   |
+----------------+-----------------------------------------+
| gtid_purged    | ed22da00-e052-11ea-ae88-ee4baf89a396:1-30 |
+----------------+-----------------------------------------+
```

소스 서버에서 XtraBackup 툴을 사용해 데이터를 백업받아 레플리카 서버에 복구하는 경우 복구한 데이터 디렉터리에 xtrabackup_binlog_info라는 파일이 생성된다. 이 파일에는 다음과 같이 백업이 완료된 시점의 바이너리 로그 파일명과 위치, GTID 값이 함께 기록돼 있다.

```
linux> cat xtrabackup_binlog_info
mysql-bin.000003 8886 ed22da00-e052-11ea-ae88-ee4baf89a396:1-30
```

XtraBackup이나 MySQL 엔터프라이즈 백업 도구를 이용해 백업하거나 복구할 때는 mysql.gtid_executed 테이블과 데이터까지 복구된다. 따라서 백업 복구가 완료되어 MySQL 서버가 시작되면 MySQL 서버는 자동으로 mysql.gtid_executed 테이블의 GTID 값을 바탕으로 gtid_executed와 gtid_purged 시스템 변수를 초기화한다. 또한 mysql.gtid_executed 테이블의 GTID 값은 xtrabackup_binlog_info 파일에 표시되는 값과 동일한 GTID 값을 가진다.

16.3.2.3.4 복제 시작

레플리카 서버의 초기 데이터가 모두 준비됐다. 하지만 레플리카 서버에 복구된 데이터는 소스 서버에서 백업을 실행했던 과거 시점의 데이터이며, 백업 시점 이후에 새롭게 변경된 데이터는 레플리카 서버에 적용돼 있지 않은 상태이고, 아직 실시간으로 변경되는 데이터도 레플리카 서버로 복제되지 않는다. 다음 명령은 소스 서버와 레플리카 서버 간의 복제를 시작하는 명령으로, 이 명령이 실행되면 레플리카 서버는 소스 서버에서 백업 시점부터 지금까지 변경된 데이터와 이후 변경될 데이터를 실시간으로 가져와 적용하게 된다.

```
-- // MySQL 8.0.23 이상 버전
CHANGE REPLICATION SOURCE TO
  SOURCE_HOST='source_server_host',
  SOURCE_PORT=3306,
  SOURCE_USER='repl_user',
  SOURCE_PASSWORD='repl_user_password',
  SOURCE_AUTO_POSITION=1,
  GET_SOURCE_PUBLIC_KEY=1;


-- // MySQL 8.0.23 미만 버전
CHANGE MASTER TO
  MASTER_HOST='source_server_host',
  MASTER_PORT=3306,
  MASTER_USER='repl_user',
  MASTER_PASSWORD='repl_user_password',
  MASTER_AUTO_POSITION=1,
  GET_MASTER_PUBLIC_KEY=1;
```

바이너리 로그 파일 위치 기반 복제와 다른 점은 CHANGE REPLICATION SOURCE 명령에 SOURCE_LOG_FILE과 SOURCE_LOG_POS 옵션이 아닌 SOURCE_AUTO_POSITION 옵션이 들어가 있다는 점인데, 이 옵션으로 인해 레

플리카 서버는 자신의 gtid_executed 값을 참조해 해당 시점부터 소스 서버와 복제를 연결해서 데이터를 동기화하게 된다.

```
mysql_Replica> SHOW REPLICA STATUS \G
*************************** 1. row ***************************
             Replica_IO_State: Waiting for master to send event
                  Source_Host: source_server
                  Source_User: repl_user
                  Source_Port: 3306
                Connect_Retry: 60
              Source_Log_File: mysql-bin.000003
          Read_Source_Log_Pos: 8886
                          .....
           Replica_IO_Running: Yes
          Replica_SQL_Running: Yes
                          .....
        Seconds_Behind_Source: 0
                          .....
           Executed_Gtid_Set: ed22da00-e052-11ea-ae88-ee4baf89a396:1-50
                Auto_Position: 1
                          .....
```

16.3.2.4 글로벌 트랜잭션 아이디 기반 복제에서 트랜잭션 건너뛰기

레플리카 서버에서 소스 서버로부터 넘어온 트랜잭션이 제대로 실행되지 못하고 에러가 발생해 복제가 멈췄을 때 바이너리 로그 위치 기반 복제에서는 sql_slave_skip_counter 시스템 변수를 이용해 문제되는 이벤트 그룹만 건너뛰게 해서 다시 복제가 정상적으로 재개되도록 할 수 있었다. 하지만 GTID를 사용하는 복제 환경의 레플리카 서버에서는 더이상 sql_slave_skip_counter 시스템 변수를 사용할 수가 없다.

GTID 기반 복제에서 레플리카 서버는 기본적으로 자신의 GTID 값과 소스 서버의 GTID 값을 비교해서 소스 서버의 변경 이벤트를 가져온다. 그렇기 때문에 레플리카 서버가 소스 서버의 GTID 값보다 더 적거나 더 많은 GTID 값을 가진 채로 복제를 계속 유지시킬 수는 없다. 따라서 만약 레플리카 서버에서 소스 서버로부터 넘어온 트랜잭션을 무시하고 싶다면 레플리카 서버에서 수동으로 빈 트랜잭션 (Empty Transaction 또는 Dummy Transaction이라고 함)을 생성해 GTID 값을 만들어야 한다.

GTID 기반의 복제가 설정된 레플리카 서버에서 다음과 같이 중복된 키로 인해 INSERT 쿼리가 실패한 상태로 복제가 멈춰져 있다고 가정해보자.

```
mysql_Replica> SHOW REPLICA STATUS \G
*************************** 1. row ***************************
             Replica_IO_State: Waiting for master to send event
                  Source_Host: source_server
                  Source_User: repl_user
                  Source_Port: 3306
                  ...
            Replica_IO_Running: Yes
           Replica_SQL_Running: No
                  ...
                   Last_Errno: 1062
                   Last_Error: Could not execute Write_rows event on table test.tb1; Duplicate
entry '725' for key 'tb1.PRIMARY', Error_code: 1062;
                              handler error HA_ERR_FOUND_DUPP_KEY; the event's master log
mysql-bin.000001, end_log_pos 1809
                  ...
              Source_Server_Id: 1
                  Source_UUID: af995d80-939e-11eb-bb37-ba122a9a8ae3
                  ...
           Retrieved_Gtid_Set: af995d80-939e-11eb-bb37-ba122a9a8ae3:3-7
            Executed_Gtid_Set: af995d80-939e-11eb-bb37-ba122a9a8ae3:1-6
                 Auto_Position: 1
                  ...
```

SHOW REPLICA STATUS 결과에서 마지막의 Auto_Position 칼럼의 값이 1인 것으로 봐서 현재 복제는 GTID 기반으로 연결돼 있다는 것을 알 수 있다. 또한 복제는 중복 키 에러로 인해 현재 SQL 스레드가 멈춰 있으며, 하단의 Retrieved_Gtid_Set 칼럼의 값과 Executed_Gtid_Set 칼럼의 값을 통해 레플리카 서버가 소스 서버로부터 "af995d80-939e-11eb-bb37-ba122a9a8ae3:3-7" GTID 셋(Set)을 가져왔고, 레플리카 서버에서 실행된 GTID 셋은 "1-6"(1번부터 6번까지)이라는 것을 알 수 있다.

여기서 "af995d80-939e-11eb-bb37-ba122a9a8ae3:7" 트랜잭션을 소스 서버에서 가져오긴 했지만 실제 실행을 하지 못하고 에러가 난 상태라는 것을 확인할 수 있다. 이때 에러가 발생한 "af995d80-939e-11eb-bb37-ba122a9a8ae3:7" 트랜잭션을 레플리카 서버에서 무시하려면 다음과 같이 복제를 멈추고 빈 트랜잭션을 강제로 만들어서 바이너리 로그 스트림에 밀어넣으면 된다.

```
-- // 복제 중단
mysql_Replica> STOP REPLICA;
Query OK, 0 rows affected (0.02 sec)

-- // gtid_next 변수 값을 문제가 발생한 트랜잭션의 GTID인
-- // "af995d80-939e-11eb-bb37-ba122a9a8ae3:7"로 설정
mysql_Replica> SET gtid_next='af995d80-939e-11eb-bb37-ba122a9a8ae3:7';
Query OK, 0 rows affected (0.00 sec)

-- // 아무런 DML도 없는 빈 트랜잭션을 생성
mysql_Replica> BEGIN; COMMIT;
Query OK, 0 rows affected (0.00 sec)

-- // gtid_next 변수 값이 자동으로 초기화될 수 있도록 설정
mysql_Replica> SET gtid_next='AUTOMATIC';
Query OK, 0 rows affected (0.00 sec)
```

```
-- // 복제 시작
mysql_Replica> START REPLICA;
Query OK, 0 rows affected (0.02 sec)

mysql_Replica> SHOW REPLICA STATUS \G
*************************** 1. row ***************************
             Replica_IO_State: Waiting for master to send event
                  Source_Host: source_server
                  Source_User: repl_user
                  Source_Port: 3306
                          ...
           Replica_IO_Running: Yes
          Replica_SQL_Running: Yes
                          ...
                   Last_Errno: 0
                   Last_Error:
                          ...
           Retrieved_Gtid_Set: af995d80-939e-11eb-bb37-ba122a9a8ae3:3-7
            Executed_Gtid_Set: af995d80-939e-11eb-bb37-ba122a9a8ae3:1-7
                Auto_Position: 1
                          ...
```

> **참고** 이 예제에서 실제 복제를 통해 소스 서버로부터 가져온 GTID 셋은 3번부터 7번까지인데, 실행한 GTID 셋(Executed_Gtid_Set)은 1번부터 6번까지로 표시되고 있다. 이는 레플리카 서버에서 가져오지도 않은 1번부터 2번까지의 GTID 셋도 이미 실행했다고 간주하기 때문이다. 즉, 소스 서버의 GTID 셋이 1번부터 2번까지이던 시점에 소스 서버에서 백업을 받아서 레플리카 서버에 백업을 복구하면서 1번부터 2번까지의 GTID가 적용됐고, 3번부터 6번까지의 GTID는 복제를 통해 전달받았기 때문이다.

16.3.2.5 Non-GTID 기반 복제에서 GTID 기반 복제로 온라인 변경

MySQL 8.0에서는 서비스가 현재 동작하고 있는 상태에서 MySQL 서버가 GTID를 사용하도록 혹은 사용하지 않도록 GTID 모드를 온라인으로 전환할 수 있는 기능을 제공한다. 이 기능을 통해 기존에 바이너리 로그 위치 기반의 복제를 GTID 기반의 복제로 변경할 수 있으며, 그 반대의 경우도 가능하다. 이렇게 온라인으로 전환되는 것이 가능해진 것은 MySQL 5.7.6 버전부터인데, 그 이전 버전에서는 반드시 소스 서버와 레플리카 서버에서 MySQL을 재시작해야만 GTID 모드를 활성화하거나 비활성화할 수 있었다. GTID 모드를 전환하는 작업은 간단하게 GTID와 관련된 두 시스템 변수의 값만 순차적으로 변경하면 되는데, 먼저 이 두 시스템 변수에 대해 자세히 알아보고 GTID를 사용하지 않는 모드에서 사용하는 모드로 변경하는 예시를 살펴보겠다.

GTID 모드를 전환할 때 사용되는 시스템 변수는 enforce_gtid_consistency와 gtid_mode로, 이 두 변수 모두 MySQL 서버를 재시작하는 과정 없이 동적으로 값 변경이 가능하다. 각 변수가 의미하는 바와 각 변수에 어떤 값들을 지정할 수 있는지 살펴보자.

enforce_gtid_consistency는 GTID 기반의 복제에서 소스 서버와 레플리카 서버 간의 데이터 일관성을 해칠 수 있는 쿼리들이 MySQL 서버에서 실행되는 것을 허용할지를 제어하는 시스템 변수다. GTID를 사용하는 복제 환경에서는 다음과 같은 패턴의 쿼리들은 안전하지 않다.

- 트랜잭션을 지원하는 테이블과 지원하지 않는 테이블을 함께 변경하는 쿼리 혹은 트랜잭션
- CREATE TABLE ... SELECT ... 구문
- 트랜잭션 내에서 CREATE TEMPORARY TABLE, DROP TEMPORARY TABLE 구문 사용

위 쿼리 패턴들의 공통적인 특징은 소스 서버에서 레플리카 서버로 복제되어 적용될 때 단일 트랜잭션으로 처리되지 않을 수도 있다는 점이다. 이러한 점이 GTID 기반의 복제에서 문제가 되는 이유는 바로 GTID가 트랜잭션 단위로 올바르게 할당돼야 복제가 정상적으로 동작하기 때문이다. 만약 소스 서버에서 단일 트랜잭션으로 처리된 쿼리들이 바이너리 로그에 기록되고 레플리카 서버로 복제되는 과정에서 하나의 트랜잭션이 아닌 개별적인 이벤트로 분류되고 각각에 대해 GTID가 할당되면, 레플리카 서버에서 해당 트랜잭션이 원자적으로 처리되지 못할 수 있다. 이 같은 가능성으로 인해 GTID 기반의 복제에서는 위와 같은 패턴의 쿼리들이 문제가 될 수 있으며, 사용자는 enforce_gtid_consistency 설정을 통해 이러한 쿼리들의 실행 가능 여부를 제어할 수 있다.

> **참고**
> MySQL 8.0에서는 GTID를 사용하는 복제 환경에서 안전하지 않았던 일부 쿼리들이 안전하게 처리되도록 개선됐다. MySQL 8.0.13 버전부터는 서버의 바이너리 로그 포맷(binlog_format)이 ROW 또는 MIXED로 설정된 경우 트랜잭션 내에서 CREATE TEMPORARY TABLE 및 DROP TEMPORARY TABLE 구문을 사용할 수 있다. 또한 MySQL 8.0.21 버전부터는 Atomic DDL 기능을 지원하는 InnoDB 스토리지 엔진 테이블에 한해 CREATE TABLE ... SELECT 구문을 사용할 수 있게 됐다.

사용자가 enforce_gtid_consistency 시스템 변수에 지정할 수 있는 값은 다음과 같다. GTID가 활성화된 경우에는 enforce_gtid_consistency는 반드시 ON으로 설정돼야 한다.

OFF	GTID 일관성을 해칠 수 있는 쿼리들을 허용
ON	GTID 일관성을 해칠 수 있는 쿼리들을 허용하지 않음
WARN	GTID 일관성을 해칠 수 있는 쿼리들을 허용하지만 그러한 쿼리들이 실행될 때 경고 메시지가 발생함

다음으로 gtid_mode 시스템 변수에 대해 살펴보자. gtid_mode는 바이너리 로그에 트랜잭션들이 GTID 기반으로 로깅될 수 있는지 여부와 트랜잭션 유형별로 MySQL 서버에서의 처리 가능 여부를 제어한다. 바이너리 로그에 기록되는 트랜잭션 유형에는 익명(Anonymous) 트랜잭션과 GTID 트랜잭션이 있는데, 익명 트랜잭션은 GTID가 부여되지 않은 트랜잭션으로 바이너리 로그 파일명과 위치로 식별되며, GTID 트랜잭션은 고유한 식별값인 GTID가 부여된 트랜잭션을 지칭한다.

사용자가 gtid_mode 시스템 변수에 지정할 수 있는 값은 다음과 같다. gtid_mode에 설정된 값에 따라 MySQL 서버에서 직접 실행된 신규 트랜잭션 및 복제로 넘어온 트랜잭션에 대한 처리 방식이 달라지므로 각 설정 값별로 두 트랜잭션의 처리가 어떻게 달라지는지 구분해서 적어봤다.

	신규 트랜잭션	복제된 트랜잭션
OFF	익명 트랜잭션으로 기록됨	익명 트랜잭션만 처리 가능
OFF_PERMISSIVE	익명 트랜잭션으로 기록됨	익명 트랜잭션 및 GTID 트랜잭션 모두 처리 가능
ON_PERMISSIVE	GTID 트랜잭션으로 기록됨	익명 트랜잭션 및 GTID 트랜잭션 모두 처리 가능
ON	GTID 트랜잭션으로 기록됨	GTID 트랜잭션만 처리 가능

gtid_mode는 위 표에 적혀진 값 순서를 기준으로 한 번에 한 단계씩만 변경할 수 있다. 예를 들어, gtid_mode가 현재 OFF_PERMISSIVE로 설정돼 있는 경우 OFF 또는 ON_PERMISSIVE로 변경할 수는 있지만 ON으로는 변경할 수 없다.

복제 그룹 내에서 소스 서버와 레플리카 서버의 gtid_mode를 변경하는 경우 서버별로 순차적으로 값 변경이 이뤄지므로 최초에는 소스 서버와 레플리카 서버가 동일한 gtid_mode 값을 가지고 있다고 하더라도 변경 작업을 진행할 때 기존의 설정 값으로 동작하는 서버와 새로운 설정 값으로 동작하는 서버가 동시점에 존재할 수 있다. 앞에서 언급한 것처럼 각 설정 값별로 MySQL 서버가 동작하는 방식이 달라지므로 값을 변경하기 전에 서로 다른 값으로 설정된 MySQL 서버 사이의 호환성 여부를 한번 확인해 보는 것이 좋다.

표 16.1 gtid_mode별 소스 서버와 레플리카 서버 간 복제 가능 여부 및 자동 포지션 옵션(SOURCE_AUTO_POSITION) 사용 가능 여부

- O: 복제 가능

- X: 복제 불가능

- A: 복제 설정 시 자동 포지션 옵션 사용 가능

	소스 서버 OFF	소스 서버 OFF_PERMISSIVE	소스 서버 ON_PERMISSIVE	소스 서버 ON
레플리카 서버 OFF	O	O	X	X
레플리카 서버 OFF_PERMISSIVE	O	O	O	O + A
레플리카 서버 ON_PERMISSIVE	O	O	O	O + A
레플리카 서버 ON	X	X	O	O + A

이제 복제 그룹 내 MySQL 서버들의 GTID 모드를 변경하는 과정을 살펴보자. 먼저 Non-GTID 기반으로 복제가 구성돼 있는 소스 서버와 레플리카 서버가 있고, 이 서버들의 GTID를 활성화한 뒤 GTID 기반의 복제로 변경한다고 가정해보자. 이때 소스 서버와 레플리카 서버는 MySQL 5.7.6 이상의 버전을 사용하고 있다. 전환 작업은 다음과 같은 순서로 진행된다.

1. 각 서버에서 enforce_gtid_consistency 시스템 변수 값을 WARN으로 변경

```
mysql> SET GLOBAL enforce_gtid_consistency = WARN;
```

설정을 변경한 후에는 일정 시간 동안 서버의 동작을 모니터링하며, MySQL 서버의 에러 로그에 경고성 로그가 출력되지는 않는지 살펴봐야 한다. enforce_gtid_consistency 설정이 WARN인 경우 GTID 사용 시 일관성을 해치는 트랜잭션들을 감지해 에러 로그에 경고 메시지를 남긴다. 그러므로 사용자는 반드시 일정 시간 동안 에러 로그에 이 같은 경고 메시지가 출력되는지 모니터링해야 하며, 만약 경고 메시지가 발생했다면 이를 확인해 애플리케이션을 수정해야 한다. 애플리케이션을 수정한 후 더이상 경고 메시지가 출력되지 않음을 확인한 뒤에 다음 단계로 넘어가야 한다.

2. 각 서버에서 enforce_gtid_consistency 시스템 변수 값을 ON으로 변경

```
mysql> SET GLOBAL enforce_gtid_consistency = ON;
```

enforce_gtid_consistency 설정이 ON으로 변경되면 GTID를 사용했을 때 안전하게 처리될 수 있는 쿼리들만 실행할 수 있게 되므로 GTID 모드를 변경하기 전에 반드시 설정해야 한다.

3. 각 서버에서 gtid_mode 시스템 변수 값을 OFF_PERMISSIVE로 변경

```
mysql> SET GLOBAL gtid_mode = OFF_PERMISSIVE;
```

gtid_mode가 OFF_PERMISSIVE로 변경되면 소스 서버에서 신규 트랜잭션은 여전히 바이너리 로그에 익명 트랜잭션으로 기록되지만 레플리카 서버에서는 복제 시 익명 트랜잭션과 GTID 트랜잭션 둘 다 처리할 수 있게 된다. 소스 서버와 레플리카 서버 중 어느 서버를 먼저 변경하든 상관은 없으며, 다음 순서를 진행하기 전에 복제 토폴로지에 속하는 모든 서버들의 gtid_mode는 반드시 OFF_PERMISSIVE로 설정돼 있어야 한다.

4. 각 서버에서 gtid_mode 시스템 변수 값을 ON_PERMISSIVE로 변경

```
mysql> SET GLOBAL gtid_mode = ON_PERMISSIVE;
```

gtid_mode가 ON_PERMISSIVE로 변경되면 소스 서버에서 신규 트랜잭션이 바이너리 로그에 GTID 트랜잭션으로 기록되며, 레플리카 서버에서는 여전히 복제 시 익명 트랜잭션과 GTID 트랜잭션 둘 다 처리할 수 있다. 이 단계에서도 마찬가지로 소스 서버와 레플리카 서버 중 어느 서버를 먼저 변경하든 상관없다.

5. 잔여 익명 트랜잭션 확인

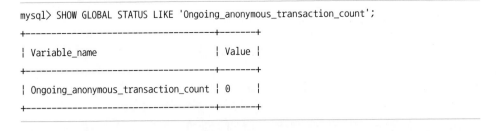

```
mysql> SHOW GLOBAL STATUS LIKE 'Ongoing_anonymous_transaction_count';
+-------------------------------------+-------+
| Variable_name                       | Value |
+-------------------------------------+-------+
| Ongoing_anonymous_transaction_count | 0     |
+-------------------------------------+-------+
```

복제 토폴로지에 속하는 모든 서버에서 위 명령어를 통해 잔여 익명 트랜잭션이 남아 있는지 확인한다. 레플리카 서버에서는 이 상태 값이 0으로 보여졌다가 다시 0이 아닌 값으로 보여질 수 있는데, 이는 문제되는 사항은 아니며 0으로 한번이라도 보여졌다면 다음 단계로 넘어가도 괜찮다.

6. 각 서버에서 gtid_mode 시스템 변수 값을 ON으로 변경

```
mysql> SET GLOBAL gtid_mode = ON;
```

gtid_mode를 ON으로 변경하게 되면 GTID가 부여되지 않은 트랜잭션, 즉 익명 트랜잭션을 포함하는 바이너리 로그는 PIT(Point-In-Time) 백업 및 복구와 같은 작업에서 사용할 수 없다. 따라서 만약 그런 부분을 고려한다면 gtid_mode를 ON으로 변경하기 전에 백업이 수행되는 서버에서 FLUSH LOGS 명령을 실행한 후 명시적으로 다시 백업을 받아두는 것이 좋다.

7. my.cnf 파일 변경

```
[mysqld]
gtid_mode=ON
enforce_gtid_consistency=ON
```

서버의 gtid_mode를 정상적으로 ON으로 변경했다면 재시작할 때도 해당 설정들이 유지될 수 있도록 my.cnf 파일에도 최종적으로 변경된 gtid_mode 및 enforce_gtid_consistency 설정을 넣는다.

8. GTID 기반 복제를 사용하도록 복제 설정을 변경

gtid_mode를 ON으로 변경하고 나면 익명 트랜잭션은 더이상 생성되지 않으므로 기존 바이너리 로그 위치 기반 복제도 GTID 기반의 복제로 변경할 수 있게 된다. 소스 서버를 제외한 레플리카 서버에서 다음 명령어를 실행하면 GTID 기반의 복제로 설정된다.

```
mysql> STOP REPLICA;
mysql> CHANGE REPLICATION SOURCE TO SOURCE_AUTO_POSITION=1;
mysql> START REPLICA;
```

GTID를 비활성화하는 작업은 위에서 순차적으로 진행한 작업들을 다시 역순으로 진행하면 된다.

```
-- // 1. 복제 토폴로지 내 모든 레플리카 서버에 대해 바이너리 로그 위치 기반 복제로 변경
mysql> STOP REPLICA;
mysql> CHANGE REPLICATION SOURCE TO
        SOURCE_LOG_FILE='xxxxx', SOURCE_LOG_POS=xxxxx,
        SOURCE_AUTO_POSITION=0;
mysql> START REPLICA;

-- // 2. 복제 토폴로지 내 모든 서버의 gtid_mode를 ON_PERMISSIVE로 변경(적용 순서는 무관)
mysql> SET GLOBAL gtid_mode = ON_PERMISSIVE;

-- // 3. 복제 토폴로지 내 모든 서버의 gtid_mode를 OFF_PERMISSIVE로 변경(적용 순서는 무관)
```

```
mysql> SET GLOBAL gtid_mode = OFF_PERMISSIVE;

-- // 4. 복제 토폴로지 내 모든 서버에서 잔여 GTID 트랜잭션을 확인(빈 값으로 한번이라도 보여지면
다음 단계를 진행)
mysql> SHOW GLOBAL VARIABLES LIKE 'gtid_owned';

-- // 5. 복제 토폴로지 내 모든 서버의 gtid_mode를 OFF로 변경
mysql> SET GLOBAL gtid_mode = OFF;
-- // 필요 시 enforce_gtid_consistency 설정도 함께 OFF로 변경해도 된다.
mysql> SET GLOBAL enforce_gtid_consistency = OFF;

-- // 6. my.cnf 파일 변경
[mysqld]
gtid_mode=OFF
enforce_gtid_consistency=OFF
```

16.3.2.6 GTID 기반 복제 제약 사항

GTID 기반 복제에 대해 살펴보면서 몇 가지 제약 사항들을 확인할 수 있었다. GTID 기반 복제의 제
약 사항들을 간단하게 정리하면 다음과 같다.

- GTID가 활성화된 MySQL 서버에서는 "enforce_gtid_consistency=ON" 옵션으로 인해 GTID 일관성을 해칠 수
  있는 일부 유형의 쿼리들은 실행할 수 없다. 해당 쿼리 유형들은 16.3.2.5절 'Non-GTID 기반 복제에서 GTID 기반
  복제로 온라인 변경'에서 자세히 확인할 수 있다.

- GTID 기반 복제가 설정된 레플리카 서버에서는 sql_slave_skip_counter 시스템 변수를 사용해 복제된 트랜잭션
  을 건너뛸 수 없다. 해당 변수를 사용하지 않고 트랜잭션을 건너뛰는 방법에 대해서는 16.3.2.4절 '글로벌 트랜잭션
  아이디 기반 복제에서 트랜잭션 건너뛰기'에서 자세히 확인할 수 있다.

- GTID 기반 복제에서 CHANGE REPLICATION SOURCE TO(또는 CHANGE MASTER TO) 구문의 IGNORE_SERVER_IDS 옵
  션은 더 이상 사용되지 않는다. IGNORE_SERVER_IDS 옵션은 순환 복제 구조에서 한 서버가 장애로 인해 복제 토폴
  로지에서 제외됐을 때 장애 서버에서 발생한 이벤트가 중복으로 적용되지 않게 할 때 유용하게 사용할 수 있는데,
  GTID를 사용하는 경우 레플리카 서버는 이미 적용된 트랜잭션을 식별할 수 있으며 자동으로 무시하므로 해당 옵션
  이 필요하지 않다.

16.4 복제 데이터 포맷

지금까지는 바이너리 로그 내의 각 이벤트들이 어떻게 식별되느냐에 따라 달라지는 복제 타입에 대해 자세히 알아봤다. 이번 절에서는 변경 이벤트들이 바이너리 로그에 어떤 형태로 저장되는지를 나타내는 바이너리 로그 로깅 포맷 타입에 대해 살펴보겠다. 바이너리 로그에 이벤트가 어떤 포맷으로 기록되는지는 복제가 처리되는 과정에도 영향을 주는데, 레플리카 서버가 소스 서버의 바이너리 로그 이벤트를 내부적으로 가공하지 않고 가져온 그대로 실행해 자신의 데이터에 적용하므로 복제에서 어떤 바이너리 로그 포맷을 사용하느냐는 중요한 부분이다.

MySQL에서는 실행된 SQL문을 바이너리 로그에 기록하는 Statement 방식과 변경된 데이터 자체를 기록하는 Row 방식으로 두 종류의 바이너리 로그 포맷을 제공하며, 사용자는 binlog_format 시스템 변수를 통해 이 두 가지 종류 중 하나로 설정하거나 혹은 혼합된 형태로 사용하도록 설정할 수 있다. 두 방식이 서로 매우 상이한 특징들을 가지므로 하나씩 나눠서 살펴보겠다. 또한 혼합된 형태로 포맷을 설정했을 때는 어떻게 처리되는지도 자세히 알아보겠다.

16.4.1 Statement 기반 바이너리 로그 포맷

Statement 기반 바이너리 로그 포맷은 MySQL에 바이너리 로그가 처음 도입됐을 때부터 존재해왔던 포맷으로, 앞서 언급한 바와 같이 변경 이벤트에 대해 이벤트를 발생시킨 SQL문을 바이너리 로그에 기록하는 방식이다. 다음은 바이너리 로그를 사람이 읽을 수 있는 형태로 변환하는 툴인 mysqlbinlog로 확인한 Statement 포맷 형식의 바이너리 로그의 내용이다.

```
linux> mysqlbinlog mysql-bin.000001 > mysql-bin.000001.sql
linux> less mysql-bin.000001.sql

.....
#200909 16:21:03 server id 1  end_log_pos 739 CRC32 0xc9daaac8  Query    thread_id=14    exec_
time=0    error_code=0
SET TIMESTAMP=1599636063/*!*/;
insert into tb1 values (725, 9999)

.....
```

Statement 포맷 형식의 바이너리 로그 내용을 살펴보면 실행된 SQL문이 그대로 바이너리 로그에 저장돼 있는 것을 확인할 수 있다. 하나의 SQL문은 여러 개의 데이터를 수정할 수 있는데, 이 경우

Statement 포맷에서는 바이너리 로그에 SQL문 하나만 기록된다. 이렇게 되면 바이너리 로그 파일의 용량이 작아지므로 사용자 입장에서는 저장 공간에 대한 부담을 덜 수 있으며, 원격으로 바이너리 로그를 백업하거나 혹은 원격에 위치한 레플리카 서버와 복제할 때도 좀 더 빠르게 처리될 수 있다. 바이너리 로그는 변경 내역이 전부 저장되는 파일이므로 감사 등의 목적으로도 활용될 수 있는데, Statement 포맷을 사용하면 손쉽게 SQL문들을 확인할 수 있으므로 감사에 더 용이하다고 할 수 있다.

하지만 몇 가지 단점들도 있다. 대표적인 단점은 비확정적(Non-Deterministic)으로 처리될 수 있는 쿼리가 실행된 경우 Statement 포맷에서는 복제 시 소스 서버와 레플리카 서버 간에 데이터가 달라질 수 있다는 점이다. 다음은 Statement 포맷 기반 복제에서 소스 서버와 레플리카 서버 간의 데이터 일관성을 해칠 수 있는 비확정적 쿼리 유형의 몇 가지 예다.

- DELETE/UPDATE 쿼리에서 ORDER BY 절 없이 LIMIT 사용

- SELECT ... FOR UPDATE 및 SELECT ... FOR SHARE 쿼리에서 NOWAIT이나 SKIP LOCKED 옵션 사용

- LOAD_FILE(), UUID(), UUID_SHORT(), USER(), FOUND_ROWS(), RAND(), VERSION() 등과 같은 함수를 사용하는 쿼리

- 동일한 파라미터 값을 입력하더라도 결괏값이 달라질 수 있는 사용자 정의 함수(User-defined Function)나 스토어드 프로시저(Stored Procedure)를 사용하는 쿼리

Statement 포맷의 또 다른 단점은 Row 포맷으로 복제될 때보다 데이터에 락을 더 많이 건다는 점인데, INSERT INTO ... SELECT 구문이 대표적인 경우이고 그 외에 데이터 검색 조건으로 주어진 칼럼에 대한 적절한 인덱스가 테이블에 존재하지 않아 풀 테이블 스캔을 유발하는 UPDATE 쿼리가 실행된 경우 등이 있다. 이 같은 쿼리들은 쿼리를 실행할 때 불필요하게 많은 데이터에 대해 오랜 시간 동안 락을 걸 가능성이 있는데, 소스 서버에서는 당연히 유입된 쿼리 형태 그대로 실행되므로 어쩔 수 없지만 복제로 넘어갈 때는 복제 데이터 포맷에 따라 처리 방식이 달라진다. Statement 포맷이 아닌 Row 포맷이 사용된 경우 레플리카 서버에는 변경된 데이터 자체가 넘어가서 적용되므로 소스 서버에서처럼 쿼리를 실행해 처리하는 형태가 아니기 때문에 동일한 데이터 변경일지라도 락을 더 적게 점유하고 처리 속도도 훨씬 빠르다고 할 수 있다.

Statement 기반 바이너리 로그 포맷은 사용할 때 한 가지 제한사항이 있는데, 바로 트랜잭션 격리 수준이 반드시 "REPEATABLE-READ" 이상이어야 한다는 점이다. 그 이하의 방식에서는 하나의 트랜잭션 내에서도 각 쿼리가 실행되는 시점마다 데이터 스냅숏이 달라질 수 있는데, 이로 인해 복제 시 소스

서버와 레플리카 서버의 데이터가 일치하지 않게 될 수 있으므로 Statement 포맷 사용이 허용되지 않는다.

16.4.2 Row 기반 바이너리 로그 포맷

Row 기반 바이너리 로그 포맷은 MySQL 5.1 버전부터 도입된 포맷으로, MySQL 서버에서 데이터 변경이 발생했을 때 변경된 값 자체가 바이너리 로그에 기록되는 방식이다. Row 기반 바이너리 로그 포맷은 Statement 기반 바이너리 로그 포맷보다 더 나중에 구현된 방식이지만 어떤 형태의 쿼리가 실행됐든 간에 복제 시 소스 서버와 레플리카 서버의 데이터를 일관되게 하는 가장 안전한 방식이다. 또한 MySQL 5.7.7 버전부터는 바이너리 로그의 기본 포맷으로 지정되기도 했다.

Row 포맷에서는 소스 서버에서 실행된 쿼리가 UUID(), USER() 등과 같은 비확정적 함수를 사용했다 하더라도 레플리카 서버에서 똑같이 이 함수가 다시 실행되는 것이 아니라 함수의 결괏값을 전달받아 처리되므로 이 같은 경우에 있어서도 안전하게 복제가 가능하다. 또한 앞에서 언급한 것처럼 Row 포맷에서는 MySQL 서버에서 다음과 같은 쿼리들이 실행되는 경우 Statement 포맷보다 락이 최소화되어 처리된다. 그리고 레플리카 서버에서도 쿼리가 실행되는 것이 아니라 변경된 데이터가 바로 적용되므로 어떤 변경 이벤트건 더 적은 락을 점유하며 처리된다.

- INSERT ... SELECT

- INSERT with AUTO_INCREMENT

- 적절한 인덱스가 없어 풀스캔으로 처리되는 UPDATE/DELETE

변경된 데이터가 그대로 바이너리 로그에 기록된다는 것은 가장 큰 장점이자 단점이 될 수 있다. 만약 MySQL 서버에서 실행된 쿼리가 굉장히 많은 데이터를 변경한 경우에는 변경된 데이터가 전부 기록되므로 바이너리 로그 파일 크기가 단시간에 매우 커질 수 있다. 또한 변경된 데이터 수가 적더라도 BLOB 형태의 큰 값이 새로 저장되거나 변경되는 경우에는 마찬가지로 파일 크기가 많이 커질 수 있음을 유의해야 한다.

레플리카 서버에 소스 서버의 이벤트들이 Row 포맷으로 넘어오면 사용자는 소스 서버로부터 어떤 쿼리들이 넘어왔고 현재 실행 중인 쿼리가 어떤 것인지 레플리카 서버의 MySQL에서 바로 육안으로 확인할 수가 없다. 따라서 실행된 변경 내역을 SQL문 형태로 확인하려면 레플리카 서버의 릴레이 로그나 바이너리 로그(log_slave_updates 옵션이 활성화돼 있는 경우)를 mysqlbinlog 프로그램을 사용해 변환해야 한다. 이때 "-v(--verbose)" 옵션을 반드시 사용해야 하는데, 이 옵션을 지정하면 `mysqlbinlog`는 변경된 데이터를 유사 SQL(pseudo-SQL) 형태로 변환해서 보여준다. 만약 소스 서버에서 실행된 SQL문을 그대로 보고 싶다면 소스 서버에서 `binlog_rows_query_log_events` 시스템 변수를 활성화한 후 `mysqlbinlog`를 사용할 때 "-vv(--verbose --verbose)" 옵션을 명시하면 된다. 이 경우 변환된 결과 파일의 `Rows_query` 섹션에서 실제 실행된 원본 쿼리를 확인할 수 있다. 이 두 옵션 모두 변환된 결과 파일에 Base64 문자열로 인코딩된 변경 데이터를 포함하는데, 만약 이 내용을 결과 파일에서 제외하고 싶다면 "--base64-output=DECODE-ROWS" 옵션을 함께 사용하면 된다.

Row 포맷은 모든 트랜잭션 격리 수준에서 사용 가능하며, MySQL 서버의 바이너리 로그 포맷이 Row 포맷으로 설정돼 있다 하더라도 사용자 계정 생성과 권한 부여 및 회수, 그리고 테이블과 뷰, 트리거 생성 등과 같은 DDL문은 전부 Statement 포맷 형태로 바이너리 로그에 기록된다.

16.4.3 Mixed 포맷

사용자는 MySQL 서버가 두 가지 바이너리 로그 포맷을 혼합해서 사용하도록 설정할 수 있는데, MySQL 서버의 `binlog_foramt` 시스템 변수를 MIXED 값으로 지정하면 된다. MySQL 서버는 MIXED 포맷으로 설정되면 기본적으로는 Statement 포맷을 사용하며, 실행된 쿼리와 스토리지 엔진의 종류에 따라 필요 시 자동으로 Row 포맷으로 전환해서 로그에 기록한다. 쿼리의 경우 대부분 Statement 포맷으로 기록될 가능성이 높은데, 만약 실행된 쿼리가 Statement 포맷으로 기록되어 복제됐을 때 문제가 될 가능성이 있는 안전하지 못한 쿼리 형태라면 Row 포맷으로 변환되어 기록된다. 여기서 복제에 안전하지 못한 쿼리는 앞에서 언급한 비확정적으로 처리될 수 있는 쿼리 유형을 가리킨다.

MySQL 서버의 스토리지 엔진별로 사용 가능한 바이너리 포맷이 다른데, 이에 따라 기록되는 포맷이 달라질 수도 있다. 표 16.2는 스토리지 엔진별로 두 포맷에 대한 지원 여부를 보여준다. MySQL 서버의 기본 스토리지 엔진인 InnoDB 스토리지 엔진에 대해서만 알고 있어도 충분할 것이다.

표 16.2 스토리지 엔진별로 지원하는 바이너리 로그 포맷의 종류

스토리지 엔진	Row 포맷 지원 여부	Statement 포맷 지원 여부
ARCHIVE	O	O
BLACKHOLE	O	O
CSV	O	O

스토리지 엔진	Row 포맷 지원 여부	Statement 포맷 지원 여부
EXAMPLE	O	X
FEDERATED	O	O
HEAP	O	O
InnoDB	O	O (트랜잭션 격리 수준이 REPEATABLE-READ와 SERIALIZABLE일 때만 가능)
MyISAM	O	O
MERGE	O	O
NDB	O	X

MIXED 방식을 사용하면 Statement 포맷과 Row 포맷의 장점만 취해서 사용하는 것으로 생각할 수 있지만 MySQL 서버가 내부적으로 설정된 기준과 기술적인 측면을 고려해 자동으로 두 포맷을 번갈아 사용하는 것이므로 실제 사용자가 예상했던 것과 다르게 처리될 수도 있다. 따라서 MIXED 포맷만이 제일 좋은 방법이라고 할 수는 없으며, 사용자는 자신이 사용하는 쿼리 형태에 제일 적합한 방식이 어떤 방식인지를 고려해서 설정하는 것이 좋다.

16.4.4 Row 포맷의 용량 최적화

사용자들이 Row 기반의 바이너리 포맷을 사용할지 망설이는 대표적인 이유는 바로 바이너리 로그 파일의 용량이 Statement 포맷을 사용할 때보다 많이 커질 수 있다는 점이다. MySQL에서는 이러한 용량 문제가 보완될 수 있도록 Row 포맷을 사용할 때 바이너리 로그 파일의 용량을 줄일 수 있는 두 가지 방법을 제공한다.

16.4.4.1 바이너리 로그 Row 이미지

Row 포맷을 사용하는 경우 바이너리 로그에 쿼리로 인해 변경된 데이터들이 전부 저장되기 때문에 Statement 포맷보다 더 많은 저장 공간과 네트워크 트래픽을 유발할 가능성이 있다. 이는 사용자가 바이너리 로그 포맷을 MIXED로 설정했다 하더라도 여전히 이 같은 가능성은 남아있는데, MySQL에서는 Row 포맷의 바이너리 로그 파일 용량을 최소화하기 위해 저장되는 변경 데이터의 칼럼 구성을 제어하는 binlog_row_image라는 시스템 변수를 제공한다.

Row 포맷을 사용할 경우 바이너리 로그에는 각 변경 데이터마다 변경 전 레코드(Before-Image)와 변경 후 레코드(After-Image)가 함께 저장되는데, binlog_row_image 시스템 변수는 각 변경 전후 레코드들에 대해 테이블의 어떤 칼럼들을 기록할 것인지를 결정한다. 사용자는 binlog_row_image 시스템 변수에 다음과 같이 세 개의 옵션 중에서 하나를 설정할 수 있으며, 따로 값을 지정하지 않은 경우에는 기본적으로 full로 설정된다.

- full

  특정 칼럼에서만의 변경 여부와 관계없이 변경이 발생한 레코드의 모든 칼럼들의 값을 바이너리 로그에 기록하는 방식이다. INSERT, UPDATE, DELETE 문장별로 바이너리 로그 파일에 기록되는 정보는 달라진다. INSERT 문장의 경우 새롭게 INSERT된 레코드의 모든 칼럼들만 바이너리 로그 파일에 기록되며, UPDATE의 경우에는 변경 전의 레코드와 변경 후의 레코드 모두 전체 칼럼들의 셋으로 바이너리 로그에 기록된다. DELETE 문장의 경우에는 변경 전의 레코드의 전체 칼럼들만 바이너리 로그에 기록된다.

- minimal

  변경 데이터에 대해 꼭 필요한 칼럼들의 값만 바이너리 로그에 기록한다. INSERT, UPDATE, DELETE 문장별로 정확히 어떤 칼럼들이 바이너리 로그에 기록되는지는 아래에서 다시 자세히 살펴보겠다.

- noblob

  full 옵션을 설정한 것과 동일하게 작동하지만 레코드의 BLOB이나 TEXT 칼럼에 대해 변경이 발생하지 않은 경우 해당 칼럼들은 바이너리 로그 파일에 기록하지 않는다.

binlog_row_image 시스템 변수가 minimal로 설정됐을 때 INSERT, UPDATE, DELETE 문장에 따라 바이너리 로그의 변경 전후 레코드에 기록되는 내용은 표 16.3과 같다. 여기서 PKE(Primary Key Equivalent)는 테이블의 프라이머리 키 또는 프라이머리 키 역할을 하는 칼럼 조합을 의미하는데, 각 테이블의 특성에 따라 PKE는 다음과 같이 결정된다.

- 프라이머리 키가 있는 테이블: 해당 테이블의 프라이머리 키가 PKE로 취급된다.

- 프라이머리 키가 없을 경우: 해당 테이블에 NOT NULL로 정의된 유니크 인덱스가 있다면 그 유니크 인덱스가 PKE로 취급된다. 만약 NOT NULL로 정의된 유니크 인덱스가 없다면 레코드의 모든 칼럼 조합이 PKE로 취급된다.

표 16.3 binlog_row_image 시스템 변수가 minimal일 때 이벤트 종류별 바이너리 로그에서의 변경 전후 레코드 기록 내용

이벤트 종류	변경 전 레코드(Before Image)	변경 후 레코드(After Image)
INSERT	(없음)	INSERT 시 값이 명시됐던 모든 칼럼과 Auto-Increment 값 (테이블에 Auto-Increment 칼럼이 있는 경우에 한함)
UPDATE	PKE	UPDATE 시 값이 명시됐던 모든 칼럼
DELETE	PKE	(없음)

binlog_row_image 변수는 당연히 Statement 포맷을 사용하는 경우에는 아무런 영향을 끼치지 않으며, MIXED 방식을 사용하는 경우 Row 포맷으로 저장되는 변경 데이터에 한해서만 적용된다.

16.4.4.2 바이너리 로그 트랜잭션 압축

일반적으로 MySQL 서버의 바이너리 로그는 안정적인 복제를 위해 일정 기간 동안 보관되도록 설정하며, 또한 시점 복구(Point-In-Time Recovery)를 고려하는 경우에는 원격 스토리지 서버에 바이너리 로그들을 백업해두기도 한다. 따라서 MySQL 서버에서 생성되는 바이너리 로그 파일의 양이 많은 경우에는 디스크 저장 공간은 물론 네트워크 대역폭을 많이 소비하게 된다.

바이너리 로그 포맷을 Row로 사용 중인 상태에서 Row 이미지를 조정했다고 하더라도 유입되는 DML 쿼리의 양이 많은 MySQL 서버에서는 바이너리 로그 파일의 크기가 커질 수밖에 없다. 이 경우 사용자는 디스크 저장 공간과 네트워크 대역폭 사용량 절약을 위해 바이너리 로그 보관 주기를 더 짧게 설정하고, 원격 스토리지 서버에 저장할 때는 별도의 툴을 사용해 바이너리 로그 파일들을 압축한 뒤 전송할 수 있다. 그러나 원격의 레플리카 서버로 바이너리 로그를 전송함에 따라 소비되는 네트워크 대역폭 사용량은 사용자가 줄일 수 없으며, 또한 안정적인 복제와 신규 레플리카 서버 구축 등을 위해서는 바이너리 로그 보관 주기를 짧게 설정하는 것도 한계가 있다.

MySQL 8.0.20 버전에서 Row 포맷으로 기록되는 트랜잭션에 대해 트랜잭션에서 변경한 데이터를 압축해서 바이너리 로그에 기록할 수 있게 하는 기능이 도입됐다. 따라서 사용자는 기존과 동일한 바이너리 로그 보관 주기를 유지하면서 이전보다 디스크 공간을 절약할 수 있게 됐으며, 복제로 인해 소비되는 네트워크 대역폭 사용량도 줄일 수 있게 됐다. 그림 16.7은 소스 서버의 트랜잭션 데이터가 압축되어 레플리카 서버로 복제되는 과정을 보여준다.

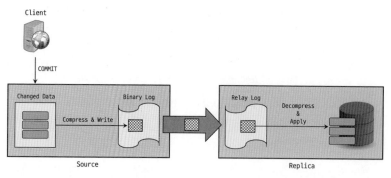

그림 16.7 압축된 바이너리 로그 트랜잭션의 복제

MySQL 서버에서 바이너리 로그 트랜잭션 압축 기능이 활성화돼 있으면 트랜잭션에서 변경한 데이터들을 zstd 알고리즘[1]을 사용해 압축한 뒤 Transaction_payload_event라는 하나의 이벤트로 바이너리 로그에 기록한다. 압축된 트랜잭션 데이터는 레플리카 서버로 복제될 때도 압축된 상태를 유지하며, 레플리카 서버의 레플리케이션 I/O 스레드도 압축된 상태 그대로 릴레이 로그에 기록한다. 따라서 소스 서버와 레플리카 서버 모두에서 디스크 저장 공간이 절약될 수 있으며, 네트워크 대역폭 사용량도 줄어든다. 그러나 한 가지 주의해야 할 점은 소스 서버에서 바이너리 로그 압축이 적용된 경우 레플리카 서버도 반드시 바이너리 로그 압축을 지원하는 MySQL 8.0.20 이상의 버전을 사용해야 한다는 것이다. MySQL 8.0.20 미만의 버전을 사용하는 레플리카 서버는 바이너리 로그 압축이 적용된 소스 서버에 대해 복제가 불가능하기 때문이다.

사용자는 binlog_transaction_compression 시스템 변수를 통해 압축 기능을 활성화할 수 있으며, binlog_transaction_compression_level_zstd 시스템 변수를 통해 압축 시 사용될 zstd 알고리즘 레벨을 설정할 수 있다.

- binlog_transaction_compression

  ON(1) 또는 OFF(0)로 설정 가능하며, 기본값은 OFF다.

- binlog_transaction_compression_level_zstd

  압축 레벨은 1부터 22까지 값을 지정할 수 있으며, 기본값은 3이다. 압축 레벨이 높을수록 압축률이 증가해 디스크 공간이나 네트워크 대역폭을 더 절약할 수 있다는 장점이 있지만 CPU와 메모리 사용량이 늘어나고 처리 시간이 증가할 수 있다. 또한 압축 레벨이 높다고 해서 반드시 압축률이 좋아지는 것은 아니다.

---

1 https://facebook.github.io/zstd/

두 시스템 변수는 세션별로도 설정할 수 있어서 글로벌하게 압축 기능을 적용하지 않고 세션에서 트랜잭션별로 선택적으로 압축 기능을 적용할 수도 있다. 즉, 바이너리 로그에 압축된 트랜잭션 데이터와 압축되지 않은 트랜잭션 데이터가 혼합되어 존재할 수 있는 것인데, 이러한 경우에도 복제 등에서 문제 없이 처리가 가능하다.

바이너리 로그 트랜잭션 압축은 모든 경우에 대해 압축을 적용하지 않으며, 대표적으로 다음과 같은 이벤트 타입들은 압축 기능이 활성화돼 있다 하더라도 항상 바이너리 로그에 압축되지 않은 상태로 기록된다.

- GTID 설정 관련 이벤트
- 그룹 복제에서 발생하는 View Change 이벤트 또는 소스 서버에서 레플리카 서버에 살아있음을 알리는 Heartbeat 이벤트와 같은 제어 이벤트(Heartbeat 이벤트는 바이너리 로그에 실제로 기록되지는 않는다.)
- 복제 실패 및 소스 서버와 레플리카 서버 간 데이터 불일치를 발생시킬 수 있는 Incident 타입의 이벤트
- 트랜잭션을 지원하지 않는 스토리지 엔진에 대한 이벤트 및 그러한 이벤트를 포함하고 있는 트랜잭션 이벤트
- Statement 포맷으로 기록되는 트랜잭션 이벤트(바이너리 로그 포맷이 MIXED로 설정돼 있는 경우에 해당한다고 볼 수 있다. 바이너리 로그 트랜잭션 압축 기능은 Row 포맷으로 기록되는 이벤트들에만 적용된다.)

압축된 트랜잭션 데이터는 트랜잭션의 개별 이벤트들의 내용이 어떤 것인지 실제로 확인이 필요할 때 압축이 해제되는데, 다음과 같은 경우가 여기에 해당한다.

- 레플리카 서버에서 레플리케이션 SQL 스레드에 의해 복제된 트랜잭션이 적용될 때
- mysqlbinlog를 사용해 트랜잭션을 재실행할 때
- SHOW BINLOG EVENTS 혹은 SHOW RELAYLOG EVENTS 구문이 사용될 때

사용자는 mysqlbinlog를 통해 압축된 트랜잭션 데이터에 대해 압축된 크기와 압축되지 않은 크기를 나타내는 설명과 사용된 압축 알고리즘을 확인할 수 있다. 이때 "--verbose(-v)" 옵션을 반드시 명시해야 한다. 다음은 mysqlbinlog에 "--verbose(-v)" 옵션을 사용해서 확인한 바이너리 로그의 압축된 트랜잭션 데이터의 예다.

```
# at 516
#200922 17:52:29 server id 1  end_log_pos 679 CRC32 0x08ce2a7c  Transaction_Payload    payload_
size=130  compression_type=ZSTD uncompressed_size=181
```

Start of compressed events!

at 679

#200922 17:52:29 server id 1 end_log_pos 679 CRC32 0x2b4f3742 Query thread_id=22 exec_time=0
error_code=0

SET TIMESTAMP=1600764749/*!*/;

BEGIN

/*!*/;

at 679

#200922 17:52:29 server id 1 end_log_pos 679 CRC32 0xefa5d9ef Table_map: `db1`.`t1` mapped to
number 97

at 679

#200922 17:52:29 server id 1 end_log_pos 679 CRC32 0x3bff6149 Write_rows: table id 97 flags:
STMT_END_F

BINLOG '

TcaoYBMBAAAAMAAAAAAAAAAAAGEAAAAAAAEAA2RiMQACdDEAAgMDAAMBAQDv2aXv

TcaoYB4BAAAALAAAAAAAAAAAAGEAAAAAAAEAAgAC/wDSBAAA0gQAAElh/zs=

'/*!*/;

INSERT INTO `db1`.`t1`

SET

@1=1234

@2=1234

at 679

#200922 17:52:29 server id 1 end_log_pos 679 CRC32 0x6d8ee805 Xid = 238

COMMIT/*!*/;

End of compressed events!

SET @@SESSION.GTID_NEXT= 'AUTOMATIC' /* added by mysqlbinlog */ /*!*/;

DELIMITER ;

End of log file

/*!50003 SET COMPLETION_TYPE=@OLD_COMPLETION_TYPE*/;

/*!50530 SET @@SESSION.PSEUDO_SLAVE_MODE=0*/;

예제 데이터에서 "Start of compressed events!" 메시지가 압축 시작, "End of compressed events!" 메시지가 압축 종료를 나타낸다. 이 두 메시지에 둘러싸인 부분이 압축돼 있는 것이다. 예제 데이터의 위에서 두 번째 줄에서 압축과 관련된 정보를 확인할 수 있다. payload_size가 압축된 데이터의 크기, compression_type이 사용된 압축 알고리즘, uncompressed_size가 압축되지 않았을 때의 데이터 크기를 의미한다.

사용자는 Performance 스키마를 통해 압축된 트랜잭션들의 통계 정보와 압축 성능을 확인할 수 있다. Performance 스키마의 binary_log_transaction_compression_stats 테이블에 바이너리 로그와 릴레이 로그에 기록된 트랜잭션들에 대한 압축 통계 정보가 저장된다. 따라서 일반적으로 소스 서버에서는 해당 테이블에 바이너리 로그에 대한 통계 정보만 표시되고 레플리카 서버에는 릴레이 로그에 대한 통계 정보가 표시되는데, 만약 레플리카 서버에서 바이너리 로그 및 log_slave_updates 설정이 활성화돼 있으면 릴레이 로그와 더불어 바이너리 로그에 대한 통계 정보도 함께 표시된다. 다음 예제 데이터는 바이너리 로그 및 log_slave_updates 설정이 활성화돼 있고 바이너리 로그 압축을 사용하는 레플리카 서버에서 binary_log_transaction_compression_stats 테이블을 조회한 결과다.

```
mysql_Replica> SELECT *
               FROM performance_schema.binary_log_transaction_compression_stats \G
*************************** 1. row ***************************
                        LOG_TYPE: BINARY
                COMPRESSION_TYPE: ZSTD
             TRANSACTION_COUNTER: 200
         COMPRESSED_BYTES_COUNTER: 49002997
       UNCOMPRESSED_BYTES_COUNTER: 95392500
           COMPRESSION_PERCENTAGE: 49
              FIRST_TRANSACTION_ID: af995d80-939e-11eb-bb37-ba122a9a8ae3:18
   FIRST_TRANSACTION_COMPRESSED_BYTES: 151
 FIRST_TRANSACTION_UNCOMPRESSED_BYTES: 178
         FIRST_TRANSACTION_TIMESTAMP: 2020-09-22 11:08:43.597513
               LAST_TRANSACTION_ID: af995d80-939e-11eb-bb37-ba122a9a8ae3:226
    LAST_TRANSACTION_COMPRESSED_BYTES: 2681
  LAST_TRANSACTION_UNCOMPRESSED_BYTES: 5125
          LAST_TRANSACTION_TIMESTAMP: 2020-09-22 11:10:09.059120
*************************** 2. row ***************************
                        LOG_TYPE: BINARY
                COMPRESSION_TYPE: NONE
             TRANSACTION_COUNTER: 12
         COMPRESSED_BYTES_COUNTER: 2302
       UNCOMPRESSED_BYTES_COUNTER: 2302
           COMPRESSION_PERCENTAGE: 0
              FIRST_TRANSACTION_ID: af995d80-939e-11eb-bb37-ba122a9a8ae3:16
   FIRST_TRANSACTION_COMPRESSED_BYTES: 128
 FIRST_TRANSACTION_UNCOMPRESSED_BYTES: 128
```

```
              FIRST_TRANSACTION_TIMESTAMP: 2020-09-22 11:08:16.368836
                         LAST_TRANSACTION_ID: af995d80-939e-11eb-bb37-ba122a9a8ae3:227
       LAST_TRANSACTION_COMPRESSED_BYTES: 112
     LAST_TRANSACTION_UNCOMPRESSED_BYTES: 112
               LAST_TRANSACTION_TIMESTAMP: 2020-09-22 11:10:09.228821
*************************** 3. row ***************************
                                 LOG_TYPE: RELAY
                         COMPRESSION_TYPE: ZSTD
                      TRANSACTION_COUNTER: 200
                COMPRESSED_BYTES_COUNTER: 48997129
              UNCOMPRESSED_BYTES_COUNTER: 95393500
                   COMPRESSION_PERCENTAGE: 49
                       FIRST_TRANSACTION_ID: af995d80-939e-11eb-bb37-ba122a9a8ae3:18
       FIRST_TRANSACTION_COMPRESSED_BYTES: 128
     FIRST_TRANSACTION_UNCOMPRESSED_BYTES: 183
              FIRST_TRANSACTION_TIMESTAMP: 2075-07-29 11:02:27.963690
                         LAST_TRANSACTION_ID: af995d80-939e-11eb-bb37-ba122a9a8ae3:226
       LAST_TRANSACTION_COMPRESSED_BYTES: 2660
     LAST_TRANSACTION_UNCOMPRESSED_BYTES: 5130
               LAST_TRANSACTION_TIMESTAMP: 2075-07-29 11:16:42.306490
*************************** 4. row ***************************
                                 LOG_TYPE: RELAY
                         COMPRESSION_TYPE: NONE
                      TRANSACTION_COUNTER: 12
                COMPRESSED_BYTES_COUNTER: 2398
              UNCOMPRESSED_BYTES_COUNTER: 2398
                   COMPRESSION_PERCENTAGE: 0
                       FIRST_TRANSACTION_ID: af995d80-939e-11eb-bb37-ba122a9a8ae3:16
       FIRST_TRANSACTION_COMPRESSED_BYTES: 136
     FIRST_TRANSACTION_UNCOMPRESSED_BYTES: 136
              FIRST_TRANSACTION_TIMESTAMP: 2075-07-29 10:57:55.643080
                         LAST_TRANSACTION_ID: af995d80-939e-11eb-bb37-ba122a9a8ae3:227
       LAST_TRANSACTION_COMPRESSED_BYTES: 120
     LAST_TRANSACTION_UNCOMPRESSED_BYTES: 120
               LAST_TRANSACTION_TIMESTAMP: 2075-07-29 11:16:43.253890
```

테이블에는 로그 파일 종류와 압축 여부별로 통계 정보가 나눠져 있으며, 테이블의 LOG_TYPE 칼럼을 통해 로그 파일 종류를 확인할 수 있고 COMPRESSION_TYPE 칼럼을 통해서는 압축 여부 및 압축에 사용된 알고리즘을 확인할 수 있다. 또한 각 통계 정보에는 통계 정보가 수집되기 시작한 시점부터 지금까지 기록된 트랜잭션 수와 총 크기, 전체적인 압축률 및 첫 번째로 기록된 트랜잭션과 마지막으로 기록된 트랜잭션에 대한 부가적인 정보들이 포함돼 있다.

테이블에 저장되는 통계 정보는 일반적으로 MySQL 서버가 시작되면 자동으로 수집되며, 사용자는 다음과 같이 TRUNCATE 구문을 사용해 MySQL 서버가 구동 중인 상태에서 테이블 데이터를 초기화할 수도 있다. 이 경우 초기화된 시점부터 다시 통계 정보가 수집된다.

```
mysql> TRUNCATE TABLE performance_schema.binary_log_transaction_compression_stats;
```

참고   binary_log_transaction_compression_stats 테이블의 예제 데이터에서 릴레이 로그에 대한 통계 정보들의 FIRST_TRANSACTION_TIMESTAMP 칼럼과 LAST_TRANSACTION_TIMESTAMP 칼럼에 값이 먼 미래 값으로 잘못 표기돼 있는 것을 알 수 있는데, 현재 MySQL 버그 페이지[2]에도 해당 내용이 제보된 상태이며 MySQL 8.0.25 버전에서도 아직 수정되지 않은 것으로 보인다.

압축 성능과 관련해서 트랜잭션의 압축 및 압축 해제에 소요된 시간도 Performance 스키마를 통해 확인할 수 있는데, 이를 위해서는 Performance 스키마가 해당 정보들을 수집하도록 다음의 UPDATE 문을 사용해 Performance 스키마의 설정을 변경해야 한다.

```
UPDATE performance_schema.setup_instruments
SET ENABLED='YES', TIMED='YES'
WHERE NAME IN ('stage/sql/Compressing transaction changes.',
               'stage/sql/Decompressing transaction changes.');
```

주의   Performance 스키마에서 수집되는 정보들이 늘어나면 MySQL 서버에 부하를 줄 수 있으므로 실제로 서비스에서 사용 중인 MySQL 서버에서 Performance 스키마 설정을 바로 변경하기보다는 별도로 구축한 테스트 환경에서 Performance 스키마 설정 변경에 따른 영향도를 확인한 후 서비스 MySQL 서버의 설정을 변경하는 것이 좋다.

Performance 스키마 설정을 변경한 후 다음 쿼리를 실행하면 MySQL 서버가 트랜잭션을 압축하고 압축을 해제하는 데 소요한 시간에 대한 통계 정보를 확인할 수 있다.

---

[2] https://bugs.mysql.com/bug.php?id=101262

```
mysql> SELECT EVENT_NAME,
              COUNT_STAR,
              FORMAT_PICO_TIME(SUM_TIMER_WAIT) AS total_latency,
              FORMAT_PICO_TIME(MIN_TIMER_WAIT) AS min_latency,
              FORMAT_PICO_TIME(AVG_TIMER_WAIT) AS avg_latency,
              FORMAT_PICO_TIME(MAX_TIMER_WAIT) AS max_latency
       FROM performance_schema.events_stages_summary_global_by_event_name
       WHERE EVENT_NAME LIKE 'stage/sql/%transaction changes.' \G
*************************** 1. row ***************************
   EVENT_NAME: stage/sql/Compressing transaction changes.
   COUNT_STAR: 944
total_latency: 59.98 ms
  min_latency: 47.09 us
  avg_latency: 63.53 us
  max_latency: 552.48 us
*************************** 2. row ***************************
   EVENT_NAME: stage/sql/Decompressing transaction changes.
   COUNT_STAR: 0
total_latency:    0 ps
  min_latency:    0 ps
  avg_latency:    0 ps
  max_latency:    0 ps
```

한 가지 유의할 점은 위 소요 시간 통계 정보는 앞서 Performance 스키마 설정을 변경한 이후부터 수집된 데이터이므로 압축 기능이 적용된 직후부터 바로 통계 정보가 수집되도록 설정하고 싶다면 압축 기능을 적용하기 전에 Performance 스키마 설정을 미리 변경해둬야 한다는 것이다. 압축 기능 활성화 옵션이 MySQL 설정 파일에 명시돼 있고 통계 정보 또한 MySQL 서버가 시작된 직후부터 수집되도록 설정하고 싶다면 MySQL 설정 파일에 다음과 같이 옵션을 명시해야 한다. Performance 스키마 설정에 대한 자세한 내용은 18.3절 'Performance 스키마 설정'을 살펴보자.

```
[mysqld]
binlog_transaction_compression=ON
binlog_transaction_compression_level_zstd=3
performance-schema-instrument="stage/sql/%compressing transaction changes.=ON"
```

그림 16.8은 바이너리 로그 트랜잭션 압축 기능을 활성화했을 때 바이너리 로그 파일의 크기가 어느 정도 줄어드는지 간단하게 테스트해본 결과다. 테스트에는 sysbench 툴이 사용됐으며, 50만 건의 데이터를 저장하는 경우(그림에서 BULK_INSERT)와 OLPT 성격의 Read-Write 쿼리들이 실행되는 경우(그림에서 OLTP_READ_WRITE)별로 압축 기능 사용 여부에 따른 바이너리 로그 파일의 크기를 확인했다. 압축 레벨은 기본으로 설정되는 값(3)을 그대로 사용했다.

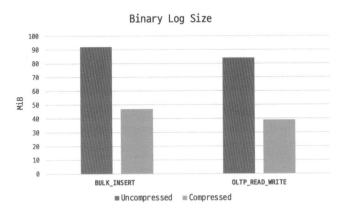

그림 16.8 압축 기능 사용 여부에 따른 바이너리 로그 크기 비교

그림 16.8에서 보다시피 테스트 결과, 두 경우 모두 압축을 적용한 후 약 50% 정도로 바이너리 로그 파일의 크기가 줄어든 것을 확인할 수 있었다. 테스트는 특정 경우에 대해서만 진행된 것이므로 MySQL 서버에서 사용되는 쿼리 패턴에 따라 압축률은 달라질 수 있음을 참고하자.

그림 16.9는 앞서 테스트한 두 경우에 대해 압축 레벨을 다르게 설정해서 테스트한 결과다. 그림을 보면 알 수 있듯이 binlog_transaction_compression_level_zstd 시스템 변수의 값을 변경했는데도 두 경우 모두 압축 레벨별로 바이너리 로그 파일의 크기가 거의 동일했다. 테스트 결과만 봤을 때 MySQL 서버에서 압축 레벨이 정상적으로 잘 적용되어 작동하는지는 의문스러운 부분이 있지만 일단 현재로서는 압축 레벨은 기본으로 설정되는 값(Level=3)을 그대로 사용해도 무방해 보인다.

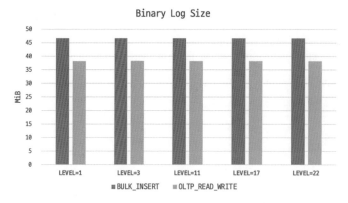

그림 16.9 압축 레벨별 바이너리 로그 크기 비교

바이너리 로그 트랜잭션 압축 기능을 사용하면 압축 처리로 인해 MySQL 내부적으로 오버헤드가 존재하며, CPU와 메모리 등의 서버 자원을 더 소모할 수 있다. 표 16.4는 MySQL 서버에서 250만 건의 데이터를 저장할 때 압축 기능의 사용 여부에 따라 소요된 총 시간과 평균 CPU 사용률을 보여준다. 평균 CPU 사용률은 큰 차이가 없지만 소요 시간이 꽤 차이가 나는 것을 알 수 있다.

표 16.4 압축 기능 사용 여부에 따른 소요 시간 및 평균 CPU 사용률

압축 사용 여부	총 소요 시간(초)	평균 CPU 사용률(%)
미사용	39.63	12.33
사용	47.71	12.44

이처럼 압축 기능을 사용하면 오버헤드로 인해 압축 기능을 사용하지 않을 때보다 쿼리 처리가 지연될 수 있고 서버의 자원도 더 소모하게 되므로 압축 기능을 사용하고자 할 때는 현재 MySQL 서버의 리소스 사용률 현황과 서비스 요건을 충족시키는 쿼리 응답 속도 등을 파악한 후 별도로 구축한 테스트 환경에서 성능을 확인해 압축 기능의 사용 여부를 결정하는 것이 좋다.

16.5 복제 동기화 방식

MySQL에서는 소스 서버와 레플리카 서버 간의 복제 동기화에 대해 두 가지 방식을 제공한다. 하나는 오래전부터 사용돼온 비동기 복제(Asynchronous replication) 방식이며, 다른 하나는 MySQL 5.5

버전부터 도입된 반동기 복제(Semi-synchronous replication) 방식이다. 각 복제 동기화 방식이 어떻게 동작하고 각 방식을 사용했을 때의 장단점은 무엇인지 살펴보겠다.

16.5.1 비동기 복제(Asynchronous replication)

MySQL의 복제는 기본적으로 비동기 방식으로 동작한다. 비동기 방식이란 소스 서버가 자신과 복제 연결된 레플리카 서버에서 변경 이벤트가 정상적으로 전달되어 적용됐는지를 확인하지 않는 방식으로, 그림 16.10과 같이 동작하는 형태를 말한다.

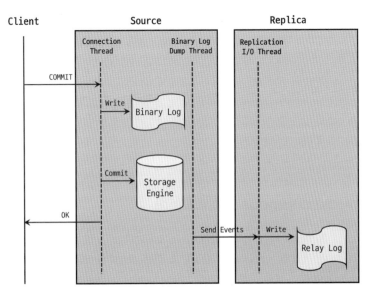

그림 16.10 비동기 복제 동작 방식

소스 서버에서 커밋된 트랜잭션은 바이너리 로그에 기록되며, 레플리카 서버에서는 주기적으로 신규 트랜잭션에 대한 바이너리 로그를 소스 서버에 요청한다. 비동기 복제 방식에서 소스 서버는 레플리카 서버로 변경 이벤트가 잘 전달됐는지, 실제로 적용됐는지 알지 못하며 이에 대한 어떠한 보장도 하지 않는다. 이로 인해 소스 서버에 장애가 발생하면 소스 서버에서 최근까지 적용된 트랜잭션이 레플리카 서버로 전송되지 않을 수 있다. 즉, 누락된 트랜잭션이 존재하게 되는 것이다. 따라서 만약 소스 서버 장애로 인해 레플리카 서버를 새로운 소스 서버로 승격시키는 경우 사용자는 이 레플리카 서버가 소스 서버로부터 전달받지 못한 트랜잭션이 있는지 직접 확인하고 그런 것들이 있다면 필요 시 레플리카 서버에 수동으로 다시 적용해야 한다.

이처럼 비동기 복제는 소스 서버가 레플리카 서버의 동기화 여부를 보장하지 않는다는 것이 가장 큰 단점이지만 소스 서버가 각 트랜잭션에 대해 레플리카 서버로 전송되는 부분을 고려하지 않기 때문에 트랜잭션 처리에 있어서도 좀 더 빠른 성능을 보이고, 아울러 레플리카 서버에 문제가 생기더라도 소스 서버는 아무런 영향도 받지 않는다는 장점이 있다. 비동기 복제 방식은 소스 서버에 레플리카 서버를 여러 대 연결한다 해도 소스 서버에서 큰 성능 저하가 없으므로(물론 10대 이상 연결하는 경우 소스 서버에도 성능 저하가 있을 수 있다) 레플리카 서버를 확장해서 읽기 트래픽을 분산하는 용도로 제격이라 할 수 있다. 또한 레플리카 서버에 무거운 쿼리가 실행되어 성능 저하가 있다고 하더라도 소스 서버와는 무관한 일이므로 분석 용도 등으로 사용하기에도 적합하다.

> **참고**
>
> 비동기 복제에서는 사용자가 소스 서버에서 데이터를 변경한 후 바로 레플리카 서버에서 해당 데이터를 확인했을 때 변경 전 데이터가 보여질 수도 있다. 그러나 일반적으로 특별한 문제가 없다면 소스 서버에서 실행된 쿼리는 2~300밀리초(MySQL 서버의 처리 성능이나 네트워크 속도에 따라서 가변적이긴 하지만) 이내의 짧은 시간 내에 레플리카 서버에도 적용된다. 따라서 서비스에서 직접적으로 사용되는 읽기 쿼리를 레플리카 서버에서 실행한다 하더라도 큰 문제는 없다고 볼 수 있다. 다만 즉각적으로 반영된 데이터를 조회해야 하는 민감한 경우에는 레플리카 서버보다는 소스 서버에서 직접 데이터를 읽어 가도록 구현하는 것이 좋다.

16.5.2 반동기 복제(Semi-synchronous replication)

반동기 복제는 비동기 복제보다 좀 더 향상된 데이터 무결성을 제공하는 복제 동기화 방식으로, 반동기 복제에서 소스 서버는 레플리카 서버가 소스 서버로부터 전달받은 변경 이벤트를 릴레이 로그에 기록 후 응답(ACK)을 보내면 그때 트랜잭션을 완전히 커밋시키고 클라이언트에 결과를 반환한다. 따라서 반동기 복제에서는 소스 서버에서 커밋되어 정상적으로 결과가 반환된 모든 트랜잭션들에 대해 적어도 하나의 레플리카 서버에는 해당 트랜잭션들이 전송됐음을 보장한다. 하지만 여기서 중요한 부분은 바로 레플리카 서버에 "전송"됐음을 보장한다는 것이지, 실제로 복제된 트랜잭션이 레플리카 서버에 "적용"되는 것까지 보장한다는 것은 아니다. 그래서 이 동기화 방식의 이름이 반동기(Semi-synchronous, 半同期 – 일정 부분까지의 동기화만 보장)인 것이다.

반동기 복제에서는 소스 서버가 트랜잭션 처리 중 어느 지점에서 레플리카 서버의 응답(ACK)을 기다리느냐에 따라 소스 서버에서 장애가 발생했을 때 사용자가 겪을 수 있는 문제 상황이 조금 다를 수 있다. 사용자는 `rpl_semi_sync_master_wait_point` 시스템 변수를 통해 소스 서버가 레플리카 서버의 응답을 기다리는 지점을 제어할 수 있으며, 시스템 변수에는 AFTER_SYNC 또는 AFTER_COMMIT 값으로 설정 가능하다. 각 설정 값에 따른 반동기 복제 방식을 그림과 함께 살펴보겠다.

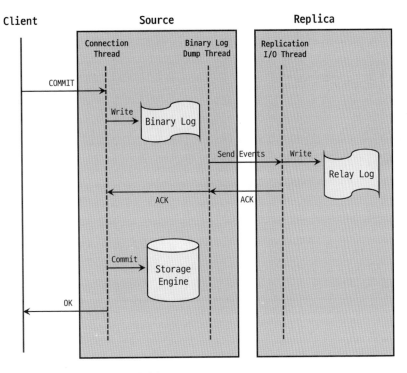

그림 16.11 AFTER_SYNC 반동기 복제 방식

AFTER_SYNC로 설정된 경우 소스 서버에서는 각 트랜잭션을 바이너리 로그에 기록하고 난 후 스토리지 엔진에 커밋하기 전 단계에서 레플리카 서버의 응답을 기다리게 된다. 레플리카 서버로부터 정상적으로 응답이 내려오면 소스 서버는 그때 스토리지 엔진을 커밋해서 트랜잭션에 대한 처리를 완전히 끝내고 트랜잭션을 실행한 클라이언트에 그 처리 결과를 반환한다.

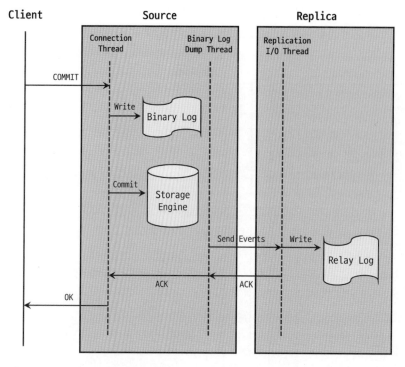

그림 16.12 AFTER_COMMIT 반동기 복제 방식

AFTER_COMMIT으로 설정된 경우에는 소스 서버에서 트랜잭션을 바이너리 로그에 기록하고 스토리지 엔진에서의 커밋도 진행하고 나서 최종적으로 클라이언트에 결과를 반환하기 전에 레플리카 서버의 응답을 기다린다. 레플리카 서버로부터 응답이 내려오면 그때 클라이언트는 처리 결과를 얻고 그다음 쿼리를 실행할 수 있게 된다.

처음 반동기 복제가 도입됐을 때는 스토리지 엔진 커밋까지 완료 후 대기하는 AFTER_COMMIT 방식으로만 동작했었다. 이후 MySQL 5.7 버전에서 AFTER_SYNC 방식이 새로 도입됐으며, 현재 MySQL 8.0 버전에서 기본적으로 설정된 동작 방식은 AFTER_SYNC다. AFTER_SYNC 방식은 AFTER_COMMIT 방식과 비교해서 다음과 같은 장점이 있다.

- 소스 서버에 장애가 발생했을 때 팬텀 리드(Phantom Read)가 발생하지 않음
- 장애가 발생한 소스 서버에 대해 좀 더 수월하게 복구 처리가 가능

AFTER_COMMIT에서는 트랜잭션이 스토리지 엔진 커밋까지 처리된 후 레플리카 서버의 응답을 기다리는데, 이처럼 스토리지 엔진 커밋까지 완료된 데이터는 다른 세션에서도 조회가 가능하다. 이로 인해 소스 서버가 어떤 트랜잭션에 대해 스토리지 엔진 커밋 후 레플리카 서버로부터 아직 응답을 기다리고 있는 상황에서 소스 서버에 장애가 발생한 경우, 사용자는 이후 새로운 소스 서버로 승격된 레플리카 서버에서 데이터를 조회할 때 자신이 이전 소스 서버에서 조회했던 데이터를 보지 못할 수도 있다. 이 같은 현상을 팬텀 리드(Phantom Read)라고 한다. AFTER_SYNC에서는 스토리지 엔진 커밋 전에 레플리카 서버의 응답을 기다리므로 응답을 기다리던 중에 소스 서버에 장애가 발생하더라도 사용자는 팬텀 리드 현상을 겪지 않게 된다. 또한 이처럼 소스 서버에서 커밋됐으나 레플리카 서버로 복제는 되지 않은 상황에서 장애가 발생한 소스 서버를 재사용하는 경우, AFTER_COMMIT 방식에서는 사용자가 수동으로 그러한 트랜잭션들을 롤백시켜야 했다. 그러나 AFTER_SYNC 방식에서는 레플리카 서버에 복제되지 않았지만 소스 서버에는 커밋되어 실제 데이터에 반영된 트랜잭션들이 존재하는 경우가 발생하지 않으므로 사용자는 앞서 언급한 롤백 처리를 할 필요가 없다. 따라서 AFTER_SYNC는 AFTER_COMMIT보다 좀 더 데이터 무결성이 강화된 방식이라고 할 수 있다.

> **주의** 반동기 복제라 하더라도 소스 서버에 장애가 발생했을 때 소스 서버의 데이터와 레플리카 서버의 데이터가 달라지는 경우가 발생할 수 있으므로 웬만해서는 장애가 발생한 소스 서버를 바로 재사용하지 않는 것이 좋다. 안전하게 재사용하기 위해서는 장애가 발생한 시점에 유입된 트랜잭션들에 대해 소스 서버와 레플리카 서버에서 반영 여부를 수동으로 확인해야 하는데, 만약 유입된 트랜잭션의 수가 많다면 이를 제대로 확인하는 것은 거의 불가능에 가깝다. 따라서 소스 서버를 바로 재사용하기보다는 백업된 데이터로 새로 구축해 사용하는 것이 좋다.

반동기 복제는 트랜잭션을 처리하는 중에 레플리카 서버의 응답을 기다리므로 비동기 방식과 비교했을 때 트랜잭션의 처리 속도가 더 느릴 수 있다. 최소 레플리카 서버로 응답을 요청하고 전달받기까지의 네트워크 왕복 시간만큼 더 걸린다고 할 수 있으며, 만약 레플리카 서버에서 응답이 늦어지는 경우 그만큼 트랜잭션 처리가 더 지연될 수 있다. 이처럼 네트워크로 통신하는 부분으로 인해 반동기 복제는 물리적으로 가깝게 위치한 레플리카 서버와의 복제에 더 적합하다고 할 수 있다. 물론 소스 서버에서 레플리카 서버의 응답을 무기한적으로 기다리는 것은 아니다. 사용자는 이와 관련해 타임아웃 시간을 설정할 수 있으며, 소스 서버는 지정된 타임아웃 시간 동안 레플리카 서버의 응답이 없으면 자동으로 비동기 복제 방식으로 전환한다. 또한 소스 서버에 여러 대의 레플리카 서버가 복제 연결돼 있을 때 반드시 연결된 전체 레플리카 서버의 응답을 기다려야 하는 것은 아니며, 이 또한 사용자가 응답을 받아야 하는 레플리카 서버 수를 설정할 수 있다. 이는 16.5.2.1절 "반동기 복제 설정 방법"에서 자세히 알아보겠다.

16.5.2.1 반동기 복제 설정 방법

MySQL 서버에서 반동기 복제 기능은 플러그인 형태로 구현돼 있으므로 이를 사용하려면 먼저 관련 플러그인이 설치돼 있어야 한다. 플러그인은 현재 구동 중인 MySQL 서버에서 동적으로 설치 가능하며, 소스 서버와 레플리카 서버에 다음과 같이 플러그인 설치 명령을 실행한다. 두 명령어를 소스 서버와 레플리카 서버에서 모두 실행해도 무방하다.

```
-- // 소스 서버
mysql_Source> INSTALL PLUGIN rpl_semi_sync_master SONAME 'semisync_master.so';

-- // 레플리카 서버
mysql_Replica> INSTALL PLUGIN rpl_semi_sync_slave SONAME 'semisync_slave.so';
```

플러그인이 정상적으로 설치됐는지는 information_schema.PLUGINS 테이블을 조회하거나 SHOW PLUGINS 명령을 통해 확인할 수 있다.

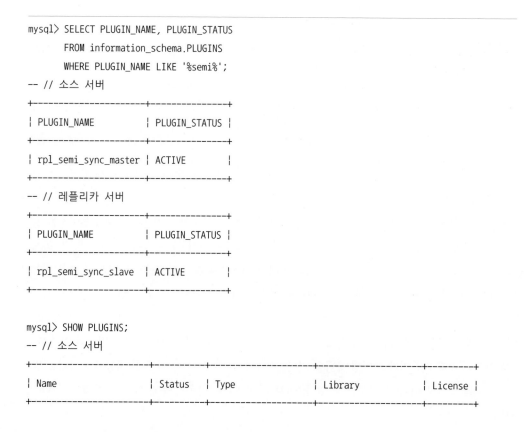

```
mysql> SELECT PLUGIN_NAME, PLUGIN_STATUS
       FROM information_schema.PLUGINS
       WHERE PLUGIN_NAME LIKE '%semi%';
-- // 소스 서버
+----------------------+---------------+
| PLUGIN_NAME          | PLUGIN_STATUS |
+----------------------+---------------+
| rpl_semi_sync_master | ACTIVE        |
+----------------------+---------------+

-- // 레플리카 서버
+----------------------+---------------+
| PLUGIN_NAME          | PLUGIN_STATUS |
+----------------------+---------------+
| rpl_semi_sync_slave  | ACTIVE        |
+----------------------+---------------+


mysql> SHOW PLUGINS;
-- // 소스 서버
+--------------------+----------+--------------------+--------------------+---------+
| Name               | Status   | Type               | Library            | License |
+--------------------+----------+--------------------+--------------------+---------+
```

```
| binlog              | ACTIVE | STORAGE ENGINE | NULL               | GPL |
| InnoDB              | ACTIVE | STORAGE ENGINE | NULL               | GPL |
|                     |        .....                                      |
| rpl_semi_sync_master | ACTIVE | REPLICATION   | semisync_master.so | GPL |
+---------------------+--------+----------------+--------------------+--------+

-- // 레플리카 서버
+---------------------+--------+----------------+--------------------+---------+
| Name                | Status | Type           | Library            | License |
+---------------------+--------+----------------+--------------------+---------+
| binlog              | ACTIVE | STORAGE ENGINE | NULL               | GPL     |
| InnoDB              | ACTIVE | STORAGE ENGINE | NULL               | GPL     |
|                     |        .....                                       |
| rpl_semi_sync_slave | ACTIVE | REPLICATION    | semisync_slave.so  | GPL     |
+---------------------+--------+----------------+--------------------+---------+
```

플러그인이 설치됐다고 해서 자동으로 반동기 복제가 활성화되는 것은 아니다. 사용자는 반동기 복제 사용을 위해 관련 시스템 변수들을 적절히 설정해야 하는데, 이 시스템 변수들은 플러그인이 정상적으로 설치된 이후에 SHOW GLOBAL VARIABLES 명령 등에서 확인할 수 있다. 반동기 복제와 관련된 MySQL의 시스템 변수들은 다음과 같다.

- rpl_semi_sync_master_enabled

  소스 서버에서 반동기 복제의 활성화 여부를 제어한다. ON(1) 또는 OFF(0)로 설정 가능하다.

- rpl_semi_sync_master_timeout

  소스 서버에서 레플리카 서버의 응답이 올 때까지 대기하는 시간으로, 밀리초 단위로 설정할 수 있다. 소스 서버는 이 변수에 지정된 시간만큼 레플리카 서버의 응답을 기다렸다가 만약 지정된 시간이 초과할 때까지 응답이 오지 않으면 비동기 복제로 전환된다. 기본값은 10000(10초)이다.

- rpl_semi_sync_master_trace_level

  소스 서버에서 반동기 복제에 대해 디버깅 시 어느 정도 수준으로 디버그 로그가 출력되게 할 것인지 디버깅 추적 레벨을 지정하는 설정으로, 1, 16, 32, 64 값으로 설정 가능하다.

- rpl_semi_sync_master_wait_for_slave_count

  소스 서버에서 반드시 응답을 받아야 하는 레플리카 수를 결정한다. 기본값은 1이며, 최대 65535까지 설정 가능하다. 응답을 받아야 하는 레플리카 수가 많을수록 소스 서버에서의 처리 성능은 저하될 수 있다.

- rpl_semi_sync_master_wait_no_slave

    rpl_semi_sync_master_timeout에 지정된 시간 동안 소스 서버에서 반동기 복제로 연결된 레플리카 서버 수가 rpl_semi_sync_master_wait_for_slave_count에 지정된 수보다 적어졌을 때 어떻게 처리할 것인지를 결정하는 변수로, ON(1)이면 레플리카 수가 적어지더라도 타임아웃 시간 동안 반동기 복제를 그대로 유지한다. OFF(0)로 설정된 경우에는 레플리카 수가 적어지는 즉시 비동기 복제로 전환된다. 기본값은 ON이다. 소스 서버에 반동기 복제로 연결된 레플리카 서버 수는 SHOW GLOBAL STATUS 명령문의 결과에서 rpl_semi_sync_master_clients 상태 변수를 통해 확인할 수 있다.

- rpl_semi_sync_master_wait_point

    소스 서버가 트랜잭션 처리 단계 중 레플리카 서버의 응답을 대기하는 지점을 설정하는 옵션이다. AFTER_SYNC와 AFTER_COMMIT 값으로 설정 가능하며, 기본값은 AFTER_SYNC다.

- rpl_semi_sync_slave_enabled

    레플리카 서버에서 반동기 복제의 활성화 여부를 제어한다. ON(1) 또는 OFF(0)로 설정 가능하다.

- rpl_semi_sync_slave_trace_level

    레플리카 서버에서 반동기 복제에 대해 디버깅 시 어느 정도 수준으로 디버그 로그가 출력되게 할 것인지를 지정하는 디버깅 추적 레벨에 대한 설정으로, 1, 16, 32, 64 값으로 설정 가능하다.

> **주의** MySQL 5.7.2 버전에서 AFTER_SYNC 방식이 새로 도입되면서 rpl_semi_sync_master_wait_point 시스템 변수도 새로 추가된 것인데, 이로 인해 반동기 복제에 대한 인터페이스 버전이 증가됐다. 따라서 MySQL 5.7.2 버전보다 낮은 버전의 MySQL 서버와 MySQL 5.7.2 버전 이상의 MySQL 서버 간에는 반동기 복제가 제대로 동작하지 않음을 유의하자.

이제 반동기 복제 활성화를 위해 소스 서버와 레플리카 서버에서 다음과 같이 변수들을 설정해보자. rpl_semi_sync_master_timeout에는 사용자가 자신의 필요에 맞는 적절한 값을 설정하면 된다.

```
-- // 소스 서버
SET GLOBAL rpl_semi_sync_master_enabled = 1;
SET GLOBAL rpl_semi_sync_master_timeout = 5000;

-- // 레플리카 서버
SET GLOBAL rpl_semi_sync_slave_enabled = 1;
```

설정 후 각 서버에서 SHOW GLOBAL VARIABLES 명령을 실행해 적용된 값들을 확인할 수 있다.

```
mysql_Source> SHOW GLOBAL VARIABLES LIKE '%semi_sync_master%';
+-------------------------------------+-----------+
| Variable_name                       | Value     |
+-------------------------------------+-----------+
| rpl_semi_sync_master_enabled        | ON        |
| rpl_semi_sync_master_timeout        | 5000      |
| rpl_semi_sync_master_trace_level    | 32        |
| rpl_semi_sync_master_wait_for_slave_count | 1   |
| rpl_semi_sync_master_wait_no_slave  | ON        |
| rpl_semi_sync_master_wait_point     | AFTER_SYNC |
+-------------------------------------+-----------+


mysql_Replica> SHOW GLOBAL VARIABLES LIKE '%semi_sync_slave%';
+-------------------------------+-------+
| Variable_name                 | Value |
+-------------------------------+-------+
| rpl_semi_sync_slave_enabled   | ON    |
| rpl_semi_sync_slave_trace_level | 32  |
+-------------------------------+-------+
```

만약 소스 서버와 레플리카 서버가 기존에 복제가 실행 중인 상태라면 반동기 복제 적용을 위해 다음과 같이 레플리카 서버에서 레플리케이션 I/O 스레드를 재시작해야 한다. 그렇지 않으면 반동기 복제 설정을 활성화했다 하더라도 복제는 계속 비동기 복제를 유지하게 된다.

```
-- // MySQL 8.0.22 미만 버전
mysql_Replica> STOP SLAVE IO_THREAD;
mysql_Replica> START SLAVE IO_THREAD;

-- // MySQL 8.0.22 이상 버전
mysql_Replica> STOP REPLICA IO_THREAD;
mysql_Replica> START REPLICA IO_THREAD;
```

실제로 반동기 복제가 잘 적용됐는지는 SHOW GLOBAL STATUS 명령을 통해 확인할 수 있다.

```
-- // 소스 서버에서 반동기 복제 관련 상태 값을 확인
mysql_Source> SHOW GLOBAL STATUS LIKE '%semi_sync_master%';
+------------------------------------------+-------+
| Variable_name                            | Value |
+------------------------------------------+-------+
| Rpl_semi_sync_master_clients             | 1     |
| ...                                      | ...   |
| Rpl_semi_sync_master_status              | ON    |
+------------------------------------------+-------+

-- // 레플리카 서버에서 반동기 복제 관련 상태 값을 확인
mysql_Replica> SHOW GLOBAL STATUS LIKE '%semi_sync_slave%';
+----------------------------+-------+
| Variable_name              | Value |
+----------------------------+-------+
| Rpl_semi_sync_slave_status | ON    |
+----------------------------+-------+
```

활성화한 반동기 복제 설정이 서버를 재시작하더라도 유지될 수 있도록 소스 서버와 레플리카 서버의
MySQL 설정 파일에 시스템 변수를 추가해둔다.

```
## 소스 서버
[mysqld]
rpl_semi_sync_master_enabled=1
rpl_semi_sync_master_timeout=5000

## 레플리카 서버
[mysqld]
rpl_semi_sync_slave_enabled=1
```

16.6 복제 토폴로지

앞의 내용에 기술돼 있던 MySQL 서버 간의 복제 구축 방법으로 알 수 있듯이 MySQL의 복제는 사용
자가 큰 어려움 없이 쉽고 간단하게 설정 가능하며, 구성 형태 또한 사용자의 필요에 맞게 원하는 형태
로 자유롭게 구성할 수 있다. 이전에는 하나의 레플리카 서버는 둘 이상의 소스 서버를 가질 수 없다는

제약이 있었으나, MySQL 5.7 버전부터 멀티 소스 복제 기능이 도입되면서 그러한 제약은 사라졌고 사용자가 구성할 수 있는 복제 형태는 더욱 다양해졌다. 여기서는 가장 일반적으로 사용되는 복제 구성 형태들을 살펴보면서 각 구성 형태별로 적합한 용도와 주의점을 알아보겠다. 또한 새로 도입된 멀티 소스 복제 기능을 이용한 복제 구성과 이를 구축하는 방법도 함께 살펴보겠다.

16.6.1 싱글 레플리카 복제 구성

싱글 레플리카 복제는 그림 16.13과 같이 하나의 소스 서버에 하나의 레플리카 서버만 연결돼 있는 복제 형태를 말한다.

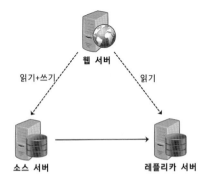

그림 16.13 싱글 레플리카 복제 구성

이 복제 형태는 가장 기본적인 형태로, 제일 많이 사용되는 형태라고 할 수 있다. 이러한 복제 형태에서는 보통 애플리케이션 서버는 소스 서버에만 직접적으로 접근해 사용하고 레플리카 서버에는 접근하지 않으며, 레플리카 서버는 소스 서버에서 장애가 발생했을 때 사용될 수 있는 예비 서버 및 데이터 백업 수행을 위한 용도로 많이 사용된다. 만약 이 같은 형태에서 애플리케이션 서버가 레플리카 서버에서도 서비스용 읽기 쿼리를 실행한다고 하면 레플리카 서버에 문제가 발생한 경우 서비스 장애 상황이 도래할 수 있다. 따라서 이렇게 소스 서버와 레플리카 서버가 일대일로 구성된 형태에서는 레플리카 서버를 정말 예비용 서버로서만 사용하는 게 제일 적합하다고 할 수 있다. 물론 서비스와는 연관이 없는 배치 작업이나 어드민 툴에서 사용되는 쿼리들은 레플리카 서버에서 실행되도록 구현해도 무방하다. 이러한 쿼리들은 레플리카 서버에 문제가 생겨 쿼리 실행이 제대로 이뤄지지 않더라도 서비스 동작에 영향을 주지 않기 때문이다.

16.6.2 멀티 레플리카 복제 구성

멀티 레플리카 복제는 그림 16.14와 같이 하나의 소스 서버에 2개 이상의 레플리카 서버를 연결한 복제 형태로, 보통 싱글 레플리카 복제 구성에서 추가적인 용도를 위해 여분의 레플리카 서버가 더 필요해졌을 때 자주 사용되는 형태다.

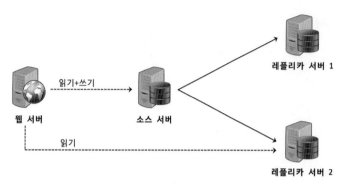

그림 16.14 멀티 레플리카 복제 구성

새로 오픈될 서비스에서 사용할 MySQL 서버를 설정할 때는 보통 싱글 레플리카 복제 구성으로 MySQL 서버를 구축한다. 서비스 오픈 초기에는 DB 서버로 유입되는 쿼리 요청이 매우 적기 때문이다. 이후 서비스의 트래픽이 크게 증가하면 소스 서버 한 대에서만 쿼리 요청을 처리하기에는 벅찰 수 있는데, 이렇게 증가된 쿼리 요청은 대부분의 경우 쓰기보다는 읽기 요청이 더 많으므로 사용자는 멀티 레플리카 형태로 복제 구성을 전환해 읽기 요청 처리를 분산시킬 수 있다.

배치나 통계, 분석 등의 여러 작업이 하나의 MySQL 서버 내에 있는 데이터에 대해 수행돼야 하는 경우에도 멀티 레플리카 형태로 복제를 구축해 용도별로 하나씩 레플리카 서버를 나눠 전용으로 사용하게 할 수도 있다. 이처럼 여러 용도로 나누어 사용하는 경우와 더불어 서비스의 읽기 요청 처리를 분산하는 용도로 사용하는 경우 모두 레플리카 서버 한 대는 예비용으로 남겨두는 것이 좋다. 레플리카 서버로 서비스 읽기 요청이 들어오는 경우 해당 레플리카 서버는 소스 서버만큼 중요해지며, 그 외 다른 용도로 사용되는 레플리카 서버들도 지정된 시간 내에 쿼리 처리가 반드시 수행돼야 하는 등의 요건이 있을 수 있다. 따라서 이러한 레플리카 서버들은 장애가 발생했을 때 최대한 빠르게 복구돼야 하며, 그렇지 못한 경우에는 다른 레플리카 서버가 문제가 발생한 레플리카 서버로 유입되는 쿼리 요청을 전부 넘겨받아야 한다. 쿼리 요청을 넘겨받은 레플리카 서버는 별다른 문제가 없을 수도 있지만, 만약 넘겨진 쿼리 요청으로 인해 부하가 높아져 성능 저하가 발생하는 경우 기존에 유입되던 쿼리 요청 및 넘겨진 쿼리 요청들 모두 원활하게 처리되지 못할 수 있다. 따라서 이 같은 상황을 대비해 대체 서버 및 백업 수행 용도 외에는 최소한의 용도로만 사용되는 예비용 서버 한 대를 남겨놓는 것이 좋으며, 이렇게 예비용으로 남겨진 서버는 소스 서버의 대체 서버 겸 다른 레플리카 서버의 대체 서버로도 사용할 수 있다.

16.6.3 체인 복제 구성

멀티 레플리카 복제 구성에서 레플리카 서버가 너무 많아 소스 서버의 성능에 악영향이 예상된다면 그림 16.15와 같이 1:M:M 구조의 체인 복제 구성을 고려해 볼 수 있다.

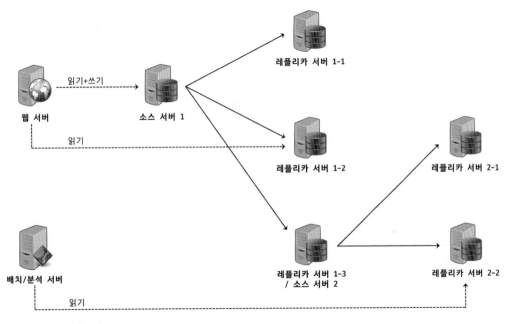

그림 16.15 체인 복제 구성

MySQL 복제에서 소스 서버는 레플리카 서버가 요청할 때마다 계속 바이너리 로그를 읽어서 전달해야 한다. 그래서 만약 하나의 소스 서버에 연결된 레플리카 서버 수가 많다면 바이너리 로그를 읽고 전달하는 작업 자체가 부하가 될 수도 있다. 이럴 때는 그림 16.15의 "레플리카 서버 1-3/소스 서버 2" 장비와 같이 소스 서버가 해야 할 바이너리 로그 배포 역할을 새로운 MySQL 서버로 넘길 수 있다. 그림 16.15에서 소스 서버를 기준으로 1차 복제 그룹에는 "레플리카 서버 1-1", "레플리카 서버 1-2", "레플리카 서버 1-3/소스 서버 2" MySQL 서버가 연결돼 있다. 그리고 2차 복제 그룹에는 "레플리카 서버 2-1", "레플리카 서버 2-2"가 연결돼 있다. 1차 복제 그룹은 "소스 서버 1"과 직접 연결돼 있는 만큼 소스 서버의 변경이 빠르게 적용될 것이므로 OLTP 서비스 용도로 사용하고, 2차 복제 그룹은 통계나 배치, 백업 용도로 구분해서 사용할 수 있다.

또한 이 복제 형태는 MySQL 서버를 업그레이드하거나 장비를 일괄 교체할 때도 많이 사용된다. 기존 장비의 MySQL은 그대로 두고, 새로운 장비에 업그레이드한 MySQL을 설치하고 데이터를 신규 장비로 옮기는 형태의 업그레이드는 이 복제 구조로 서비스의 멈춤 없이 진행할 수 있다. "소스 서버 1"과 "레플리카 서버 1-1", "레플리카 서버 1-2"는 기존 버전의 MySQL 서버이고, "레플리카 서버 1-3/소스 서버 2"와 "레플리카 서버 2-1", "레플리카 서버 2-2" 서버가 새로이 업그레이드하려는 버전의 MySQL이라고 보면 된다.

그림 16.16과 같이 소스 서버 1대와 레플리카 서버 2대로 서비스를 운영하고 있었다고 가정해 보자. 이 상태에서 하드웨어나 MySQL 서버의 버전을 업그레이드하고자 한다.

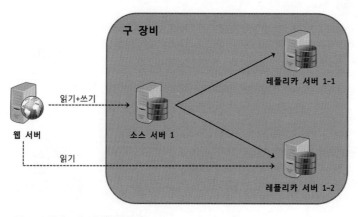

그림 16.16 장비 교체 1단계(초기 상태)

우선 업그레이드된 장비 3대를 그림 16.17과 같은 구조로 기존의 복제에 투입해서 복제가 동기화되게 하자.

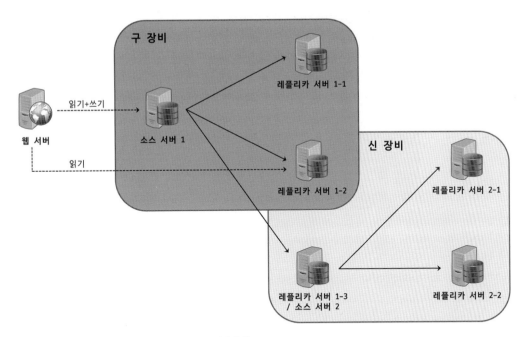

그림 16.17 장비 교체 2단계(새로운 MySQL 서버를 복제에 투입)

그림 16.17과 같은 구조로 복제가 준비되면 웹 서버나 애플리케이션 서버에서 기존 MySQL 서버에 접속할 때 사용하던 도메인 네임이나 IP 주소를 새로운 MySQL 서버들을 바라보게끔 변경하고 웹 서버나 애플리케이션 서버를 한 대씩 돌아가면서 재시작(Rolling Restart)하면 된다. 아직 재시작되기 전의 서버들은 기존의 MySQL 서버로 접속해 쿼리를 실행하지만 변경 내용은 모두 새로운 MySQL 서버로도 자동으로 전달될 것이다. 그리고 재시작된 서버는 새로운 MySQL 서버로 접속해서 쿼리를 실행하게 된다.

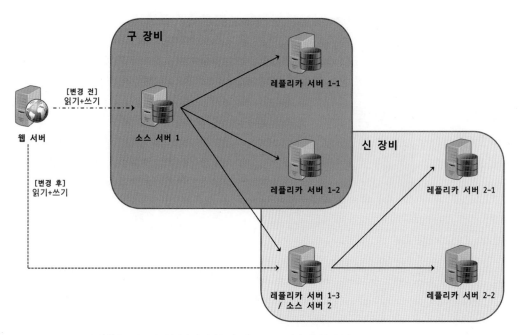

그림 16.18 장비 교체 3단계(웹 서버나 애플리케이션 서버를 새로운 MySQL 서버로 접속 유도)

웹 서버나 애플리케이션 서버가 전부 재시작 완료되면 그림 16.18의 기존 MySQL 서버 3대는 모두 복제 그룹에서 제외시키기만 하면 된다. 최종적으로는 그림 16.19와 같이 업그레이드된 MySQL 서버만으로 서비스를 운영한다.

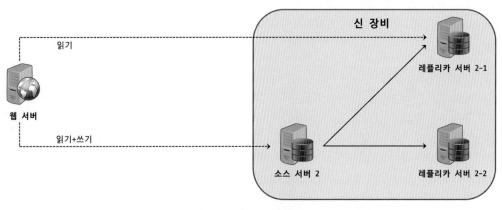

그림 16.19 장비 교체 4단계(구 MySQL 장비들을 복제에서 제거 및 이전 작업 완료)

이처럼 체인 형태의 복제를 구성하려면 중간 계층에서 레플리카 서버이면서 동시에 소스 서버 역할을 하는 서버(그림에서 "레플리카 서버 1-3/소스 서버 2"에 해당)에서 바이너리 로그와 log_slave_updates 시스템 변수가 반드시 활성화돼 있어야 한다. 그래야 "소스 서버 1"에서 실행된 트랜잭션이 "레플리카 서버 2-1"과 "레플리카 서버 2-2"로 전달될 수 있기 때문이다. MySQL 8.0.2 버전부터는 바이너리 로그와 log_slave_updates 시스템 변수가 기본적으로 활성화되도록 기본값이 변경되어 사용자가 별도로 설정하지 않더라도 체인 형태의 복제를 바로 구성할 수 있다. 또한 체인 복제 구성을 사용할 때는 중간 계층의 서버에서 장애가 발생하는 경우 하위 계층의 레플리카 서버들도 복제가 중단된다. 따라서 장애를 처리할 때 복잡도가 좀 더 높을 수 있다는 점에 유의해야 한다.

16.6.4 듀얼 소스 복제 구성

듀얼 소스 복제 구성은 두 개의 MySQL 서버가 서로 소스 서버이자 레플리카 서버로 구성돼 있는 형태를 말한다.

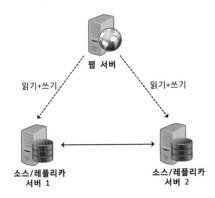

그림 16.20 듀얼 소스 복제 구성

듀얼 소스 구성은 두 MySQL 서버 모두 쓰기가 가능하다는 것이 제일 큰 특징이며, 각 서버에서 변경한 데이터는 복제를 통해 다시 각 서버에 적용되므로 양쪽에서 쓰기가 발생하지만 두 서버는 서로 동일한 데이터를 갖게 된다. 듀얼 소스 구성에서는 목적에 따라 두 MySQL 서버를 ACTIVE-PASSIVE 또는 ACTIVE-ACTIVE 형태로 사용할 수 있다.

ACTIVE-PASSIVE는 하나의 MySQL 서버에서만 쓰기 작업이 수행되는 형태를 말하는데, 이는 싱글 레플리카 복제 구성과 동일하다고 생각할 수 있지만 예비 서버인 다른 MySQL 서버가 바로 쓰기 작업이 가능한 상태이기 때문에 쓰기 작업이 수행되고 있는 서버에서 문제 발생 시 별도의 설정 변경 없이 바로 예비용 서버로 쓰기 작업을 전환할 수 있다는 점이 다르다. 따라서 ACTIVE-PASSIVE 형태는 한 서버에서 다른 서버로 바로 쓰기가 전환될 수 있는 환경이 필요한 경우에 주로 사용된다.

ACTIVE-ACTIVE 형태는 두 서버 모두에 쓰기 작업을 수행하는 형태로, 지리적으로 매우 떨어진 위치에서 유입되는 쓰기 요청도 원활하게 처리하기 위해 주로 사용된다. 서로 다른 지역에 MySQL 서버를 두고 각 지역에서 발생하는 쓰기 요청은 해당 지역에 위치한 MySQL 서버로 수행되게끔 구현하면 클라이언트 단에서는 좀 더 빠르게 쓰기 처리를 완료할 수 있게 된다. 각 지역에 위치한 MySQL 서버로 유입된 쓰기 작업들은 결국 다른 지역의 MySQL 서버로 전달되어 최종적으로는 두 MySQL 서버 모두 동일한 데이터를 갖게 되지만 거리상 떨어져 있기 때문에 복제를 통해 다른 지역의 MySQL 서버로부터 넘어온 트랜잭션이 적용되기까지는 다소 시간이 걸릴 수 있다. 따라서 서로의 트랜잭션이 전달 완료되어 적용되기 전까지 두 MySQL 서버는 서로 일관되지 않은 데이터를 가질 수 있음을 유의해야 한다.

듀얼 소스 복제 구성을 사용할 때는 다음과 같은 부분에서 문제가 발생할 수 있으므로 주의해야 한다.

- 동일한 데이터를 각 서버에서 변경
- 테이블에서 Auto-Increment 키 사용

두 MySQL 서버 모두에서 쓰기가 발생하는 ACTIVE-ACTIVE 형태를 사용할 때 동일한 데이터에 대한 변경 트랜잭션이 각 MySQL 서버에 동시점에 유입되는 경우 시점상 나중에 처리된 트랜잭션의 내용이 최종적으로 반영되는데, 이 경우 사용자가 예상하지 못한 방향으로 데이터가 처리될 수 있다. 예를 들어, 상품의 재고 수를 업데이트하는 쿼리가 있다고 가정해보자. 만약 비슷한 시점에 동일한 상품에 대해 재고 수 변경이 발생하는 경우 각 MySQL 서버에서 처리되는 속도에 따라 실제로 쿼리가 유입된 순서와는 다른 순서로 데이터가 최종적으로 업데이트될 수 있다. 만약 하나의 MySQL 서버로 유입됐다면 잠금 경합으로 인해 순차적으로 처리되므로 이 같은 경우가 발생하지 않을 것이다.

또한 테이블에서 Auto-Increment 키를 사용하고 있는 경우에도 마찬가지로 거의 동일한 시점에 새로운 데이터가 각 MySQL 서버로 유입됐을 때 같은 Auto-Increment 키 값을 갖게 될 수 있으며, 이로 인해 복제에서 중복 키 에러가 발생할 수 있다. 따라서 ACTIVE-ACTIVE 형태에서는 동시점에 동일한 데이터를 변경하는 트랜잭션이 있어서는 안 되며, 테이블의 Auto-Increment 키 사용을 지양하고 애플리케이션 단에서 글로벌하게 값을 생성해서 사용하는 것이 좋다. 만약 Auto-Increment를 반드시 사용하고자 하는 경우에는 Auto-Increment 키 값이 충돌하지 않도록 각 MySQL 서버에서 auto_ increment_offset 시스템 변수와 auto_increment_increment 시스템 변수의 값을 적절히 설정한 후 사용해야 한다.

앞의 두 가지 문제되는 부분은 하나의 MySQL 서버에서만 쓰기를 수행하는 ACTIVE-PASSIVE 형태는 해당되지 않는다고 생각할 수 있는데, 이는 ACTIVE-PASSIVE 형태를 사용할 때 양쪽 서버 모두에 쓰기 요청이 유입되는 상황이 절대 발생하지 않는다는 조건하에서만 해당되지 않는다고 할 수 있다.

> **주의** 많은 사용자들이 듀얼 소스 구성을 포함해서 멀티 소스 복제 구성이 쓰기(INSERT, UPDATE, DELETE) 처리량 향상에 도움이 될 것으로 생각하지만 모든 소스 서버들은 다른 소스 서버의 변경 내용들을 복제를 통해 자신에게도 똑같이 실행해야 하기 때문에 쓰기 확장 효과는 크지 않다. 오히려 여러 소스 서버에서 동시에 변경이 발생하면서 앞에서 살펴본 트랜잭션 충돌로 인해 롤백이나 복제 멈춤 현상 등 역효과가 많은 편이다. 그래서 실제로 멀티 소스 복제 구성은 많이 사용되지는 않는 편이다. 만약 쓰기 성능의 확장이 필요하다면 멀티 소스 복제 구성보다는 데이터베이스 서버를 샤딩(Sharding)하는 방법을 권장한다.

16.6.5 멀티 소스 복제 구성

멀티 소스 복제 구성은 그림 16.21과 같이 하나의 레플리카 서버가 둘 이상의 소스 서버를 갖는 형태를 말한다.

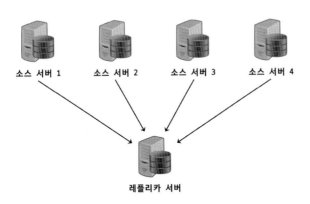

그림 16.21 멀티 소스 복제 구성

MySQL에서 멀티 소스 복제 기능은 MySQL 5.7.6 버전에서 처음 도입됐다. 그전까지는 하나의 레플리카 서버는 단 하나의 소스 서버만 복제 연결을 할 수 있었기 때문에 텅스텐(Tungsten) 같은 별도의 오픈소스 툴을 사용해 멀티 소스를 구현하곤 했다. 그러나 이제는 MySQL에서 공식적으로 해당 기능을 제공함으로써 사용자들은 복잡한 우회 방법이나 외부 툴의 도움 없이 간단하고 편리하게 멀티 소스 복제를 사용할 수 있게 됐다. 멀티 소스 복제 구성은 주로 다음과 같은 목적으로 사용된다.

- 여러 MySQL 서버에 존재하는 각기 다른 데이터를 하나의 MySQL 서버로 통합
- 여러 MySQL 서버에 샤딩돼 있는 테이블 데이터를 하나의 테이블로 통합
- 여러 MySQL 서버의 데이터들을 모아 하나의 MySQL 서버에서 백업을 수행

어떤 종류의 서비스이건 서비스 품질 개선과 새로운 비즈니스 모델 발굴 등을 위해 데이터 분석은 반드시 필요한 부분인데, 분석에 필요한 데이터들이 여러 곳에 나눠져 있어 이를 한곳으로 모아 좀 더 빠르고 편리하게 분석을 수행하고자 할 때 멀티 소스 복제 형태를 사용하면 매우 효율적이다. 또한 늘어날 서비스 트래픽에 대비해 사전에 MySQL 서버들을 동일한 테이블 스키마 구조를 가지는 샤드 형태(분산해서 사용하는 형태)로 구성해뒀으나 예상했던 것만큼 트래픽이 유입되지 않은 경우 멀티 소스 복제를 구성해서 샤딩된 테이블들의 데이터를 통합(Consolidation)해 MySQL 서버 수를 줄일 수도 있다. 다수의 MySQL 서버의 데이터를 하나의 MySQL 서버에서 백업하고자 할 때도 멀티 소스 복제 구성을 통해 손쉽게 구현할 수 있다.

멀티 소스 복제 형태를 사용할 때는 각 소스 서버로부터 유입되는 변경 이벤트들이 레플리카 서버로 복제됐을 때 서로 충돌을 일으킬 만한 부분이 없는지 사전에 충분한 검토가 필요하다. 또한 멀티 소스 복제의 레플리카 서버는 각 소스 서버들의 대체 서버로 사용하기에는 어려움이 있으므로 장애 대비용 레플리카 서버는 멀티 소스가 아닌 각 소스 서버와 일대일 복제로 연결된 별도의 서버로 구축하는 것이 좋다.

16.6.5.1 멀티 소스 복제 동작

MySQL의 멀티 소스 복제에서 레플리카 서버는 자신과 연결된 소스 서버들의 변경 이벤트들을 동시점에, 병렬로 동기화한다. 이는 각 소스 서버들에 대한 복제가 독립적으로 처리되는 것을 의미하며, 각각의 독립된 복제 처리를 채널(Channel)이라고 한다. 각 복제 채널은 개별적인 레플리케이션 I/O 스레드, 릴레이 로그, 레플리케이션 SQL 스레드를 가지며, 채널의 이름은 어느 소스 서버와의 복제 연결인지를 구별할 수 있는 식별자 역할을 한다. 멀티 소스 복제의 레플리카 서버는 최대 256개의 복제 채널을 생성할 수 있다.

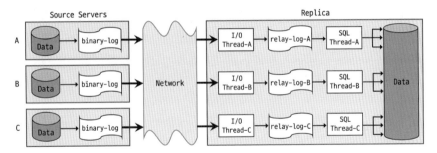

그림 16.22 멀티 소스 복제 동작 방식

사용자는 복제를 설정하는 CHANGE REPLICATION SOURCE TO(또는 CHANGE MASTER TO) 명령에서 "FOR CHANNEL" 구문을 사용해 복제 채널명을 지정할 수 있다. 사용자가 지정한 채널명은 복제 시작과 중지, 초기화 같은 복제 관련 명령에서도 사용될 수 있으며, 마찬가지로 해당 명령들에 "FOR CHANNEL" 구문과 함께 채널 이름을 지정하면 된다.

- CHNAGE [REPLICATION SOURCE | MASTER] TO ...   FOR CHANNEL ["channel_name"]

- START [REPLICA | SLAVE] [IO_THREAD | SQL_THREAD] FOR CHANNEL ["channel_name"]

- STOP [REPLICA | SLAVE] [IO_THREAD | SQL_THREAD] FOR CHANNEL ["channel_name"]

- RESET [REPLICA | SLAVE]   FOR CHANNEL ["channel_name"]

- SHOW [REPLICA | SLAVE] STATUS   FOR CHANNEL ["channel_name"]

- FLUSH RELAY LOGS   FOR CHANNEL ["channel_name"]

- SHOW RELAY LOG EVENTS   FOR CHANNEL ["channel_name"]

다음 명령의 경우 "FOR CHANNEL" 절을 명시하지 않은 채 실행하면 전체 복제 채널에 대해 명령이 수행된다.

- START [REPLICA | SLAVE] [IO_THREAD | SQL_THREAD]

- STOP [REPLICA | SLAVE] [IO_THREAD | SQL_THREAD]

- SHOW [REPLICA | SLAVE] STATUS

- FLUSH RELAY LOGS

멀티 소스 복제에서도 단일 소스 복제와 동일하게 GTID 설정이나 반동기 복제 방식 설정 등이 모두 가능하며, 각 복제 채널별로 멀티 스레드(Multi-Threaded)로 복제를 처리하거나 소스 서버의 변경 이벤트를 필터링하도록 설정하는 것도 가능하다. 멀티 스레드 복제와 필터링 복제에 대해서는 16.7절 "복제 고급 설정"에서 자세히 살펴보겠다.

16.6.5.2 멀티 소스 복제 구축

멀티 소스 복제라고 해서 기존의 단일 소스 복제와 달리 구축하는 과정에 큰 차이가 있는 것은 아니다. 단지 복제를 연결하기 위해 소스 서버들의 백업 데이터를 레플리카 서버로 적재해야 하는데, 기존과 달리 여러 대의 소스 서버의 백업 데이터를 가져와야 하므로 이 부분의 작업이 조금 번거롭고 까다롭게 느껴질 수 있다. 만약 멀티 소스 복제를 소스 서버와 레플리카 서버 모두 아무런 데이터를 가지지 않은 상태에서 구축한다면 초기 데이터가 없으므로 그냥 멀티 소스 복제 연결만 하면 된다. 또는 멀티 소스 복제로 연결해야 하는 소스 서버 중에서 한 서버만 데이터를 가지고 있는 상태라면 데이터를 가진 소스 서버의 백업 데이터를 레플리카 서버에 복구하면 될 것이다. 하지만 멀티 소스 복제로 연결할 소스 서버들 중에서 두 개 이상의 소스 서버에서 데이터를 가져와야 한다면 mysql 데이터베이스와 같이 공통으로 가지고 있는 데이터베이스와 InnoDB의 시스템 테이블 스페이스의 충돌과 병합을 고려해야 한다.

mysqldump와 같은 논리 수준의 백업 도구 이용

소스 서버의 데이터를 mysqldump를 이용해 백업할 때는 InnoDB의 시스템 테이블 스페이스를 물리적으로 백업하는 것이 아니므로 데이터를 적재할 때 병합과 관련된 문제가 발생하지 않는다. 그래서 차례대로 백업된 데이터를 레플리카 서버에 적재해서 복제 연결을 하더라도 크게 문제되지는 않을 것이다. 물론 mysql 데이터베이스에 저장되는 스토어드 프로시저나 함수, 그리고 유저 정보나 권한과 관련된 테이블은 중복될 가능성이 있지만 이러한 테이블은 그다지 레코드가 많지 않기 때문에 수작업으로도 조정이 가능하다. 하지만 백업된 데이터가 매우 크다면 mysqldump로는 데이터 백업과 적재에 상당히 오랜 시간이 소요될 수 있다.

XtraBackup과 같은 물리 수준의 백업 도구 이용

XtraBackup과 같은 물리 수준의 백업 도구를 이용하면 대용량의 데이터베이스를 빠르게 레플리카 서버로 가져올 수 있다. InnoDB 스토리지 엔진과 같은 테이블은 시스템 테이블 스페이스에 테이블의 정보를 따로 보관한다. 그런데 XtraBackup과 같은 물리 수준의 백업은 시스템 테이블 스페이스를 포함해서 MySQL 서버의 모든 데이터 파일들을 그대로 복사해서 복구하게 된다. 이때 만약 두 소스 서버에서 데이터를 가져와야 한다면 시스템 테이블 스페이스를 문제없이 하나로 병합할 수 있는 방법은 없다.

여러 소스 서버의 데이터를 가져와 레플리카 서버의 초기 데이터로 적재할 때는 mysqldump와 XtraBackup을 적절히 혼합해서 사용하는 것이 제일 손쉬운 방법이다. 예를 들어 두 소스 서버 A와 B

의 데이터를 가져와 레플리카 서버인 C 서버에서 멀티 소스 복제를 연결한다고 가정해보자. 이때 A 서버와 B 서버의 데이터 크기에 따라 어떻게 적절히 두 백업 도구를 혼합해서 사용하면 되는지 각 경우별로 살펴보자.

A 서버와 B 서버 모두 데이터가 크지 않은 경우

두 소스 서버 모두 가지고 있는 데이터가 크지 않아 mysqldump로도 충분히 백업할 수 있으며, 레플리카 서버에서도 할당된 시간 내에 복구할 수 있을 것으로 예상된다면 A 서버와 B 서버의 mysqldump 결과를 차례대로 레플리카 서버 C에 적재하고 스토어드 프로시저나 함수, 그리고 유저 정보와 권한만 따로 확인해서 조정하면 된다.

A 서버의 데이터는 크고 B 서버의 데이터가 상대적으로 훨씬 작은 경우

A 서버와 B 서버가 가지고 있는 데이터의 크기 차이가 크다면 데이터가 작은 쪽은 mysqldump를, 데이터가 큰 쪽은 XtraBackup을 이용하면 된다. 이때 A 서버의 데이터가 크므로 A 서버의 데이터를 먼저 XtraBackup으로 백업해서 레플리카 서버 C에 복구한다. 그리고 B 서버의 데이터는 mysqldump로 백업해서 레플리카 서버 C에 적재한다. 물론 이 경우에도 스토어드 프로시저나 함수, 그리고 유저 정보와 권한 정보는 별도로 한번 더 확인하는 것이 좋다.

A 서버와 B 서버 모두 데이터가 큰 경우

A 서버와 B 소스 서버 모두 큰 데이터를 가지고 있다면 둘 다 XtraBackup을 이용해 물리 수준의 백업을 수행한다. 그리고 테이블의 개수가 많은 쪽을 먼저 레플리카 서버 C에 복구한다. 이제 남은 백업은 InnoDB의 시스템 테이블 스페이스 충돌로 인해 XtraBackup의 copy-back 명령으로는 복구할 수가 없다. 그래서 남은 백업에서 InnoDB 테이블들의 ibd 파일을 InnoDB 익스포트(Export) 명령을 사용해 내보내고 레플리카 서버 C에 다시 임포트(Import)하는 형태로 진행한다. 테이블 스페이스를 익스포트하고 임포트하는 작업은 모두 수동으로 하나씩 진행해야 하므로 가능하면 테이블의 개수가 적은 쪽의 백업에 대해 이 방법을 수행하는 것이 좋다.

이제 두 소스 서버 A와 B의 데이터를 모두 레플리카 서버 C로 가져왔다고 가정하고, A 서버와 B 서버의 데이터가 덤프(백업)된 시점을 바탕으로 멀티 소스 복제를 구성해보자. 복제 연결 전 한 가지 주의해야 할 부분은 레플리카 서버에서 복제 동작과 관련된 master_info_repository, relay_log_info_repository 시스템 변수들의 값이 반드시 TABLE로 설정돼 있어야 한다는 것이다. 이 두 시스템 변수들의 값이 FILE이면 멀티 소스 복제를 설정할 수 없다. 따라서 다음과 같이 레플리카 서버에서 해당 시스템 변수들의 값을 확인해서 만약 FILE인 경우에는 TABLE로 변경하자.

```
mysql_Replica> SHOW GLOBAL VARIABLES LIKE '%repository%';
+--------------------------+-------+
| Variable_name            | Value |
+--------------------------+-------+
| master_info_repository   | FILE  |
```

```
| relay_log_info_repository | FILE  |
+---------------------------+-------+

mysql_Replica> SET GLOBAL master_info_repository='TABLE';
mysql_Replica> SET GLOBAL relay_log_info_repository='TABLE';
```

앞서 언급했듯이 멀티 소스 복제는 바이너리 로그 위치 기반 복제는 물론이고 GTID 기반 복제에서도
사용 가능하므로 각 복제 방식별로 연결하는 법을 살펴보겠다. 먼저 소스 서버 A와 B의 백업 데이터
바이너리 로그 시점 값이 각각 다음과 같다고 가정하고 바이너리 로그 위치 기반으로 멀티 소스 복제를
연결해보자.

- A 서버의 바이너리 로그 위치: binary-log.000087, 100

- B 서버의 바이너리 로그 위치: binary-log.000092, 200

레플리카 서버 C에서 CHANGE REPLICATION SOURCE TO(또는 CHANGE MASTER TO) 명령으로 복제를 설정하고
START REPLICA(또는 START SLAVE) 명령을 이용해 복제를 시작하면 된다. 단, 앞에서 살펴본 것처럼 두 명
령에 각 복제 연결 단위, 즉 복제 채널을 할당하는 부분을 반드시 명시해야 한다.

```
-- // ----------------------
-- // 소스 서버 A와 복제 연결
-- // ----------------------
-- // MySQL 8.0.23 미만 버전
mysql_Replica> CHANGE MASTER TO MASTER_HOST='hostname_A', MASTER_PORT=3306,
               MASTER_USER='replication_user', MASTER_PASSWORD='replication_password',
               MASTER_LOG_FILE='binary-log.000087', MASTER_LOG_POS=100
               FOR CHANNEL 'source_A';
-- // MySQL 8.0.23 이상 버전
mysql_Replica> CHANGE REPLICATION SOURCE TO SOURCE_HOST='hostname_A', SOURCE_PORT=3306,
               SOURCE_USER='replication_user', SOURCE_PASSWORD='replication_password',
               SOURCE_LOG_FILE='binary-log.000087', SOURCE_LOG_POS=100
               FOR CHANNEL 'source_A';

-- // ----------------------
-- // 소스 서버 B와 복제 연결
-- // ----------------------
```

```
-- // MySQL 8.0.23 미만 버전
mysql_Replica> CHANGE MASTER TO MASTER_HOST='hostname_B', MASTER_PORT=3306,
               MASTER_USER='replication_user', MASTER_PASSWORD='replication_password',
               MASTER_LOG_FILE='binary-log.000092', MASTER_LOG_POS=200
               FOR CHANNEL 'source_B';
-- // MySQL 8.0.23 이상 버전
mysql_Replica> CHANGE REPLICATION SOURCE TO SOURCE_HOST='hostname_B', SOURCE_PORT=3306,
               SOURCE_USER='replication_user', SOURCE_PASSWORD='replication_password',
               SOURCE_LOG_FILE='binary-log.000092', SOURCE_LOG_POS=200
               FOR CHANNEL 'source_B';


-- // --------------------------------
-- // 소스 서버 A와 B에 대해 복제 시작
-- // --------------------------------
-- // 1. 개별로 시작
-- // --------------------------------
-- //    MySQL 8.0.22 미만 버전
mysql_Replica> START SLAVE FOR CHANNEL 'source_A';
mysql_Replica> START SLAVE FOR CHANNEL 'source_B';
-- //    MySQL 8.0.22 이상 버전
mysql_Replica> START REPLICA FOR CHANNEL 'source_A';
mysql_Replica> START REPLICA FOR CHANNEL 'source_B';


-- // -------------------------
-- // 2. 한번에 모두 시작
-- // -------------------------
-- //    MySQL 8.0.22 미만 버전
mysql_Replica> START SLAVE;
-- //    MySQL 8.0.22 이상 버전
mysql_Replica> START REPLICA;


-- // --------------
-- // 복제 상태 확인
-- // --------------
-- // MySQL 8.0.22 미만 버전
mysql_Replica> SHOW SLAVE STATUS \G
```

```
-- // MySQL 8.0.22 이상 버전
mysql_Replica> SHOW REPLICA STATUS \G
*************************** 1. row ***************************
             Replica_IO_State: Waiting for master to send event
                  Source_Host: hostname_A
                  Source_User: replication_user
                  Source_Port: 3306
                      ...
              Source_Log_File: binary-log.000087
          Read_Source_Log_Pos: 100
               Relay_Log_File: relay-log-source_a.000002
                Relay_Log_Pos: 324
        Relay_Source_Log_File: binary-log.000087
            Replica_IO_Running: Yes
           Replica_SQL_Running: Yes
                      ...
                 Channel_Name: source_a
                      ...
*************************** 2. row ***************************
             Replica_IO_State: Waiting for master to send event
                  Source_Host: hostname_B
                  Source_User: replication_user
                  Source_Port: 3306
                      ...
              Source_Log_File: binary-log.000092
          Read_Source_Log_Pos: 200
               Relay_Log_File: relay-log-source_b.000002
                Relay_Log_Pos: 324
        Relay_Source_Log_File: binary-log.000092
            Replica_IO_Running: Yes
           Replica_SQL_Running: Yes
                      ...
                 Channel_Name: source_b
                      ...
```

다음으로 소스 서버 A와 B의 백업 데이터 GTID 시점 값이 각각 다음과 같다고 가정하고 이번에는
GTID 기반의 멀티 소스 복제를 연결해보자.

- A 서버 GTID: 8b20949a-da22-11ea-b0f8-44d14afe1f9d:1-1945

- B 서버 GTID: ed22da00-e052-11ea-ae88-ee4baf89a396:1-2261

우선 복제 설정 전에 레플리카 서버 C에서 GTID 관련 시스템 변수의 값이 다음과 같이 초기화돼 있는지 확인하자. 만약 gtid_executed 또는 gtid_purged 시스템 변수 등이 이전에 사용하던 쓰레기 값으로 채워져 있다면 RESET MASTER 명령을 이용해 모두 초기화해야 한다. 이 부분에 대한 자세한 설명은 16.3.2.3절 '글로벌 트랜잭션 아이디 기반의 복제 구축'을 참조하자.

```
mysql_Replica> SHOW GLOBAL VARIABLES LIKE '%gtid%';
+----------------------------------+-------+
| Variable_name                    | Value |
+----------------------------------+-------+
| binlog_gtid_simple_recovery      | ON    |
| enforce_gtid_consistency         | ON    |
| gtid_executed                    |       |
| gtid_executed_compression_period | 1000  |
| gtid_mode                        | ON    |
| gtid_owned                       |       |
| gtid_purged                      |       |
| session_track_gtids              | OFF   |
+----------------------------------+-------+
```

GTID를 이용한 복제를 연결하기 전에는 먼저 복제 동기화를 시작할 GTID 값을 gtid_executed 시스템 변수에 설정해야 한다. gtid_executed는 읽기 전용 변수로 사용자가 직접 값을 설정할 수 없으나 GTID 관련 시스템 변수들이 초기화된 상태에서는 gtid_purged 시스템 변수에 값을 설정하면 gtid_executed에도 동일한 값이 자동으로 설정된다. 따라서 gtid_purged 시스템 변수에 소스 서버들의 GTID 값을 넣는다. 멀티 소스 복제와 같이 여러 대의 소스 서버가 존재하는 경우에는 각 소스 서버의 GTID 값을 쉼표 (,)로 연결해서 한번에 설정해야 하며, A 서버와 B 서버의 GTID 값을 나열하는 순서는 중요하지 않다.

```
mysql_Replica> SET GLOBAL gtid_purged='8b20949a-da22-11ea-b0f8-44d14afe1f9d:1-1945,ed22da00-
e052-11ea-ae88-ee4baf89a396:1-2261';

mysql_Replica> SHOW GLOBAL VARIABLES LIKE '%gtid%';
+----------------------------------+---------------------------------------------------+
| Variable_name                    | Value                                             |
```

```
+----------------------------+----------------------------------------------------+
| binlog_gtid_simple_recovery | ON                                                 |
| enforce_gtid_consistency    | ON                                                 |
| gtid_executed               | 8b20949a-da22-11ea-b0f8-44d14afe1f9d:1-1945,       |
|                             |   ed22da00-e052-11ea-ae88-ee4baf89a396:1-2261      |
| gtid_executed_compression_period | 1000                                          |
| gtid_mode                   | ON                                                 |
| gtid_owned                  |                                                    |
| gtid_purged                 | 8b20949a-da22-11ea-b0f8-44d14afe1f9d:1-1945,       |
|                             |   ed22da00-e052-11ea-ae88-ee4baf89a396:1-2261      |
| session_track_gtids         | OFF                                                |
+----------------------------+----------------------------------------------------+
```

설정이 완료되면 CHANGE REPLICATION SOURCE TO(또는 CHANGE MASTER TO) 명령과 START REPLICA(START SLAVE) 명령을 사용해 복제를 설정 및 시작한다. 여기서도 마찬가지로 각 복제 연결에 대한 채널을 설정하는 부분을 잊지 말아야 한다.

```
-- // ----------------------
-- // 소스 서버 A와 복제 연결
-- // ----------------------
-- // MySQL 8.0.23 미만 버전
mysql_Replica> CHANGE MASTER TO MASTER_HOST='hostname_A', MASTER_PORT=3306,
            MASTER_USER='replication_user', MASTER_PASSWORD='replication_password',
            MASTER_AUTO_POSITION=1 FOR CHANNEL 'source_A';
-- // MySQL 8.0.23 이상 버전
mysql_Replica> CHANGE REPLICATION SOURCE TO SOURCE_HOST='hostname_A', SOURCE_PORT=3306,
            SOURCE_USER='replication_user', SOURCE_PASSWORD='replication_password',
            SOURCE_AUTO_POSITION=1 FOR CHANNEL 'source_A';


-- // ----------------------
-- // 소스 서버 B와 복제 연결
-- // ----------------------
-- // MySQL 8.0.23 미만 버전
mysql_Replica> CHANGE MASTER TO MASTER_HOST='hostname_B', MASTER_PORT=3306,
            MASTER_USER='replication_user', MASTER_PASSWORD='replication_password',
            MASTER_AUTO_POSITION=1 FOR CHANNEL 'source_B';
-- // MySQL 8.0.23 이상 버전
```

```
mysql_Replica> CHANGE REPLICATION SOURCE TO SOURCE_HOST='hostname_B', SOURCE_PORT=3306,
            SOURCE_USER='replication_user', SOURCE_PASSWORD='replication_password',
            SOURCE_AUTO_POSITION=1 FOR CHANNEL 'source_B';



-- // ------------------------
-- // 소스 서버 A와 B에 대해 복제 시작
-- // ------------------------
-- // 1. 개별로 시작
-- // ------------------------
-- //    MySQL 8.0.22 미만 버전
mysql_Replica> START SLAVE FOR CHANNEL 'source_A';
mysql_Replica> START SLAVE FOR CHANNEL 'source_B';
-- //    MySQL 8.0.22 이상 버전
mysql_Replica> START REPLICA FOR CHANNEL 'source_A';
mysql_Replica> START REPLICA FOR CHANNEL 'source_B';
-- // ------------------------
-- // 2. 한번에 모두 시작
-- // ------------------------
-- //    MySQL 8.0.22 미만 버전
mysql_Replica> START SLAVE;
-- //    MySQL 8.0.22 이상 버전
mysql_Replica> START REPLICA;



-- // ------------
-- // 복제 상태 확인
-- // ------------
-- // MySQL 8.0.22 미만 버전
mysql_Replica> SHOW SLAVE STATUS \G
-- // MySQL 8.0.22 이상 버전
mysql_Replica> SHOW REPLICA STATUS \G
*************************** 1. row ***************************
         Replica_IO_State: Waiting for master to send event
              Source_Host: hostname_A
              Source_User: replication_user
              Source_Port: 3306
                      ...
```

```
                 Source_Log_File: binary-log.000087
            Read_Source_Log_Pos: 100
                  Relay_Log_File: relay-log-source_a.000002
                   Relay_Log_Pos: 418
           Relay_Source_Log_File: binary-log.000087
              Replica_IO_Running: Yes
             Replica_SQL_Running: Yes
                            ...
               Executed_Gtid_Set: 8b20949a-da22-11ea-b0f8-44d14afe1f9d:1-1945,
                                   ed22da00-e052-11ea-ae88-ee4baf89a396:1-2261
                   Auto_Position: 1
                            ...
                    Channel_Name: source_a
                            ...
*************************** 2. row ***************************
                Replica_IO_State: Waiting for master to send event
                     Source_Host: hostname_B
                     Source_User: replication_user
                     Source_Port: 3306
                            ...
                 Source_Log_File: binary-log.000092
            Read_Source_Log_Pos: 200
                  Relay_Log_File: relay-log-source_b.000002
                   Relay_Log_Pos: 418
           Relay_Source_Log_File: binary-log.000092
              Replica_IO_Running: Yes
             Replica_SQL_Running: Yes
                            ...
               Executed_Gtid_Set: 8b20949a-da22-11ea-b0f8-44d14afe1f9d:1-1945,
                                   ed22da00-e052-11ea-ae88-ee4baf89a396:1-2261
                   Auto_Position: 1
                            ...
                    Channel_Name: source_b
                            ...
```

16.7 복제 고급 설정

지금까지는 MySQL 복제의 기본적인 동작 원리와 구성 형태를 살펴봤다. 이번 절에서는 앞에서 언급하지 않은 MySQL 복제의 다른 유용한 기능과 설정 방식을 살펴볼 예정이며, 이를 통해 사용자가 얻을 수 있는 이점이 무엇인지도 자세히 살펴보겠다. 여기서는 지면을 절약하기 위해 복제 구축 과정 등에 대한 상세한 내용은 모두 생략하고 실질적으로 필요한 명령어만 언급하겠다.

16.7.1 지연된 복제(Delayed Replication)

복제는 최대한 빠르게 동기화해서 소스 서버와 레플리카 서버 간의 데이터를 동일한 상태로 만드는 것이 원래의 목적이다. 소스 서버와 레플리카 서버 간의 데이터 동기화 지연이 없으면 없을수록 레플리카 서버를 이용한 장애 복구가 용이해지며, 이러한 부분은 레플리카 서버를 서비스의 읽기 요청 처리 용도로 사용할 때도 매우 유용하다. 하지만 때로는 의도적으로 소스 서버와 레플리카 서버 간의 복제를 지연시켜야 할 때도 있다. 예를 들어, 개발자나 DBA가 소스 서버에서 실수로 중요한 테이블이나 데이터를 삭제했다고 가정해보자. 이미 실수를 눈치챘을 때는 레플리카 서버에서도 삭제 쿼리가 실행돼 버렸을 것이다. 그러므로 어쩔 수 없이 서비스를 멈추고 백업된 데이터를 사용해 삭제된 테이블이나 데이터를 복구해야 한다.

MySQL에서는 이 같은 문제 상황에 조금 더 유연하게 대처할 수 있도록 지연된 복제 기능을 제공한다. 사용자는 지연된 복제를 사용하면 앞에서 설명한 것과 같은 상황이 발생할지라도 지연된 복제본을 통해 바로 데이터를 복구할 수 있다. 이와 유사하게 이전 시점의 데이터 값에 대해 확인이 필요한 경우에도 백업 데이터를 사용하지 않고 지연된 복제본에서 확인할 수 있게 된다. 또한 지연된 복제 기능은 데이터 반영에 지연이 있을 때 어떻게 서비스가 동작하는지 테스트할 때도 매우 유용하다. 보통 MySQL 서버의 부하가 심할 때 쿼리 처리 지연 상황이 발생할 수 있는데, 지연된 복제본을 사용하면 굳이 부하를 생성할 필요없이 손쉽게 이러한 상황을 시뮬레이션할 수 있다.

MySQL의 지연된 복제 기능은 5.6 버전에서 처음 도입됐으며, MySQL 8.0 버전에 와서는 몇 가지 부분들이 개선됐다. 사용자는 CHANGE REPLICATION SOURCE TO(또는 CHANGE MASTER TO) 구문에 SOURCE_DELAY(또는 MASTER_DELAY)라는 옵션을 사용해 레플리카 서버를 소스 서버로부터 얼마나 지연시킬 것인지 지정할 수 있다. 다음 명령 예시는 SOURCE_DELAY(또는 MASTER_DELAY) 옵션에 86400(초)를 설정함으로써 레플리카 서버가 소스 서버보다 트랜잭션이 하루 지연돼서 반영되게 한다.

```
-- // MySQL 8.0.23 미만 버전
mysql_Replica> CHANGE MASTER TO MASTER_DELAY=86400;

-- // MySQL 8.0.23 이상 버전
mysql_Replica> CHANGE REPLICATION SOURCE TO SOURCE_DELAY=86400;
```

MySQL 8.0 버전부터는 바이너리 로그에 original_commit_timestamp(OCT)와 immediate_commit_timestamp(ICT)라는 타임스탬프가 추가됐는데, 각 타임스탬프 값이 의미하는 바는 다음과 같다.

- original_commit_timestamp(OCT)

  트랜잭션이 원본 소스 서버(Original Source)에서 커밋된 시각으로, 밀리초 단위의 유닉스 타임스탬프 값으로 저장된다.

- immediate_commit_timestamp(ICT)

  트랜잭션이 직계 소스 서버(Immediate Source)에서 커밋된 시각으로, 밀리초 단위의 유닉스 타임스탬프 값으로 저장된다.

원본 소스 서버와 직계 소스 서버라는 용어가 헷갈릴 수 있는데, 체인 복제 구성을 떠올리면 이해하기가 쉽다. MySQL 서버 세 대가 체인 형태로 구성된 복제에서 가장 하위에 있는 레플리카 서버를 기준으로 그 바로 위의 소스 서버가 직계 소스 서버이며, 가장 위에 존재하는 소스 서버, 즉 트랜잭션이 제일 처음 실행됐던 소스 서버가 원본 서버가 된다. OCT 값은 복제 구성에서 해당 트랜잭션이 복제되는 모든 레플리카 서버들이 동일한 값을 가진다. 원본 소스 서버의 경우에는 OCT 값과 ICT 값이 동일하다. 레플리카 서버가 바이너리 로그를 사용하고 log_slave_updates 옵션이 활성화돼 있는 경우, ICT에는 레플리카 서버에서 복제된 트랜잭션이 커밋된 시점으로 값이 저장된다. 다음은 MySQL 8.0 버전을 사용 중인 레플리카 서버의 바이너리 로그 내용을 mysqlbinlog를 사용해 출력해본 것으로, OCT와 ICT 값이 서로 다른 것을 확인할 수 있다.

```
#200906 14:29:24 server id 1  end_log_pos 2432 CRC32 0x3961c080           Anonymous_
GTID  last_committed=7       sequence_number=8       rbr_only=yes   original_committed_
timestamp=1599370164392649   immediate_commit_timestamp=1599370221624293      transaction_
length=285
/*!50718 SET TRANSACTION ISOLATION LEVEL READ COMMITTED*//*!*/;
# original_commit_timestamp=1599370164392649 (2020-09-06 14:29:24.392649 KST)
# immediate_commit_timestamp=1599370221624293 (2020-09-06 14:30:21.624293 KST)
```

```
/*!80001 SET @@session.original_commit_timestamp=1599370164392649*//*!*/;
/*!80014 SET @@session.original_server_version=80021*//*!*/;
/*!80014 SET @@session.immediate_server_version=80021*//*!*/;
SET @@SESSION.GTID_NEXT= 'ANONYMOUS'/*!*/;
```

이 두 타임스탬프 값은 소스 서버의 바이너리 로그에 기록되어 레플리카 서버로 그대로 복제되어 릴레이 로그에 저장되는데, 레플리카 서버에서는 SOURCE_DELAY(또는 MASTER_DELAY) 옵션에 값이 지정되면 ICT 타임스탬프 값을 참조해서 각 트랜잭션별로 실행을 지연시킬 것인지 아니면 바로 실행할 것인지를 결정한다.

MySQL 8.0 미만 버전의 지연된 복제에서는 이벤트 그룹(트랜잭션) 단위가 아닌 개별 이벤트 단위로 지연 실행 여부를 확인했다. 이로 인해 동일한 트랜잭션 내의 이벤트들이라 하더라도 각 이벤트 사이에 지연 대기가 있었다. 또한 지연 측정을 위한 기준 시각도 각 이벤트가 종료된 시각이 아닌 시작된 시각이 기준이었다. 이처럼 이벤트 그룹 단위가 아닌 개별 이벤트에 대한 시각 값을 사용하는 지연 계산은 특히 체인 복제 구성에서 문제가 되는 부분이었는데, 원본 소스 서버의 바이너리 로그에 기록된 이벤트 시각 값이 레플리카 서버들로 그대로 복제되므로 최하위 계층의 레플리카 서버에서는 자신의 직계 소스 서버가 아닌 원본 소스 서버의 시각을 기준으로 지연이 계산됐으며, 체인 복제를 구성하는 MySQL 서버들의 타임존이 서로 다른 경우에는 최하위 계층의 레플리카 서버에서 지연 시간이 예상한 것과는 다른 값으로 계산되어 표기됐다. 그러나 MySQL 8.0 버전부터는 ICT 타임스탬프 값을 사용함에 따라 이러한 문제점이 모두 사라졌다.

> **참고** 복제를 구성하는 모든 MySQL 서버들이 8.0.1 이상의 버전이어야만 지연된 복제에서 ICT 타임스탬프 값을 사용하게 된다. 그렇지 않은 경우에는 MySQL 8.0 미만 버전에서의 지연된 복제 방식으로 동작한다.

지연된 복제가 활성화되면 SHOW REPLICA STATUS(또는 SHOW SLAVE STATUS) 명령의 결과에서 레플리카 서버가 얼마나 지연되어 실행되고 있는지, 그리고 다음 트랜잭션을 실행할 때까지 얼마나 시간이 남았는지를 확인할 수 있다.

```
-- // MySQL 8.0.22 미만 버전
mysql_Replica> SHOW SLAVE STATUS \G
-- // MySQL 8.0.22 이상 버전
mysql_Replica> SHOW REPLICA STATUS \G
```

```
*************************** 1. row ***************************
          Replica_IO_State: Queueing master event to the relay log
               Source_Host: source_hostname
               Source_User: replication_user
               Source_Port: 3306
                     .....
     Seconds_Behind_Source: 83964
                     .....
                 SQL_Delay: 86400
       SQL_Remaining_Delay: 2437
  Replica_SQL_Running_State: Waiting until MASTER_DELAY seconds after master executed event
                     .....
```

위의 SHOW REPLICA STATUS(또는 SHOW SLAVE STATUS) 명령의 결과를 보면 SQL_Delay가 86400초이며, 다음 트랜잭션을 실행할 때까지 2437초가 남았음을 알 수 있다. Seconds_Behind_Source(또는 Seconds_Behind_Master) 칼럼의 값은 현재 소스 서버로부터 얼마 정도 지연됐는지를 보여준다. 이처럼 지연된 복제를 사용한다고 하더라도 소스 서버의 바이너리 로그는 즉시 레플리카 서버의 릴레이 로그 파일로 복사된다. 단지 레플리케이션 SQL 스레드가 복제된 이벤트들에 대한 실행을 지연시키는 것일 뿐이다. 그래서 만약 소스 서버가 장애로 디스크의 데이터가 복구 불가능하다 하더라도 레플리카 서버의 릴레이 로그를 이용해서 복구한다면 지연된 복제를 사용하지 않는 복제와 같이 레플리카 서버로의 장애 복구가 가능하다.

만약 복제를 지연되지 않도록 다시 설정하고 싶은 경우에는 다음 명령어를 실행해 지연 설정을 제거할 수 있다.

```
-- // MySQL 8.0.23 미만 버전
mysql_Replica> STOP SLAVE SQL_THREAD;
mysql_Replica> CHANGE MASTER TO MASTER_DELAY=0;
mysql_Replica> START SLAVE SQL_THREAD;


-- // MySQL 8.0.23 이상 버전
mysql_Replica> STOP REPLICA SQL_THREAD;
mysql_Replica> CHANGE REPLICATION SOURCE TO SOURCE_DELAY=0;
mysql_Replica> START REPLICA SQL_THREAD;
```

16.7.2 멀티 스레드 복제(Multi-threaded Replication)

MySQL 복제에서는 레플리카 서버에서 소스 서버로부터 복제된 트랜잭션들을 하나의 스레드가 아닌 여러 스레드로 처리할 수 있게 하는 멀티 스레드 복제 기능을 제공한다. MySQL 5.6 미만의 버전에서는 레플리카 서버는 무조건 하나의 스레드로만 복제 동기화가 가능했다. 소스 서버에서는 여러 세션에서 실행된 DML 쿼리들이 동시에 처리되는데, 만약 소스 서버에서 짧은 시간 동안 다량의 DML 쿼리가 실행되는 경우 레플리카 서버에서는 하나의 스레드가 모든 트랜잭션을 처리하므로 복제 동기화에 지연이 발생한다. 또한 이처럼 하나의 스레드로만 복제가 동기화되는 것은 요즘 같이 멀티코어 CPU가 장착된 서버를 사용하는 환경에서는 서버의 자원을 충분히 활용하지 못하는 비효율적인 방식이며, 이 때문에 멀티 스레드 복제는 많은 사용자들이 염원하던 기능이기도 했다.

멀티 스레드 복제 기능은 MySQL 5.6 버전에서 처음 도입됐는데, 레플리카 서버에서 멀티 스레드 복제를 활성화하면 복제 동기화는 그림 16.23과 같은 형태로 처리된다.

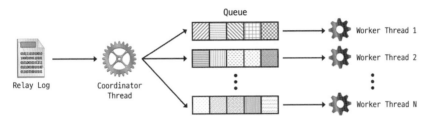

그림 16.23 멀티 스레드 복제 동기화 방식

기존의 단일 스레드 복제에서는 레플리케이션 SQL 스레드가 릴레이 로그 파일을 읽어서 바로 트랜잭션을 적용하는 형태였다면 멀티 스레드 복제에서는 SQL 스레드는 코디네이터 스레드(Coordinator Thread)로 불리며, 실제로 이벤트를 실행하는 스레드인 워커 스레드(Worker Thread)와 협업해서 동기화를 진행한다. 코디네이터 스레드는 릴레이 로그 파일에서 이벤트들을 읽은 뒤 설정된 방식에 따라 스케줄링해서 워커 스레드에 각 이벤트를 할당한다. 각 이벤트는 워커 스레드들의 큐에 적재되며, 워커 스레드는 큐에서 이벤트들을 꺼내 순차적으로 레플리카 서버에 적용한다.

멀티 스레드 복제는 소스 서버로부터 복제된 트랜잭션들을 어떻게 병렬로 처리할 것인가에 따라 데이터베이스 기반과 LOGICAL CLOCK 기반 처리 방식으로 나뉜다. 사용자는 slave_parallel_type 시스템 변수를 통해 어떤 처리 방식으로 멀티 스레드 동기화를 진행할 것인지 설정할 수 있으며, slave_parallel_workers 시스템 변수를 통해 워커 스레드의 개수를 지정할 수 있다. 또한 slave_pending_jobs_ size_max 시스템 변수를 통해 워커 스레드의 큐에 할당할 수 있는 최대 메모리 크기를 설정할 수 있다. 세 변수는 모두 동적으로 변경 가능하다.

slave_parallel_type 시스템 변수는 기본적으로 데이터베이스 기반 방식으로 설정되며, slave_parallel_workers 시스템 변수에는 0부터 1024까지 설정할 수 있다. slave_parallel_workers를 0으로 설정하면 멀티 스레드 복제 동기화를 사용하지 않고 기존 단일 스레드 모드로 복제를 수행하게 된다. slave_parallel_workers 시스템 변수를 1로 설정하는 것과 0으로 설정하는 것은 차이가 있는데, slave_parallel_workers 값이 1인 경우에는 멀티 스레드 복제를 위한 코드 블록(코디네이션 작업이나 워커 스레드 간의 동기화 등)이 모두 실행되면서 실제 복제는 단일 스레드와 같은 형태로 수행된다고 할 수 있다. 하지만 0으로 설정하면 그런 부가적인 작업을 거치지 않으며 기존 단일 스레드 복제 동기화와 동일한 로직으로 수행된다. 따라서 만약 단일 스레드로 복제 동기화를 설정하고 싶다면 slave_parallel_workers는 1이 아닌 0으로 설정하는 것이 좋다. slave_pending_jobs_size_max 시스템 변수는 MySQL 8.0 버전에서 기본값이 128MB로, 작은 이벤트들이 빈번하게 실행되는 OLTP 환경에서는 기본값 그대로 사용해도 무방해 보인다. 만약 소스 서버로부터 전달받은 이벤트 하나의 크기가 slave_pending_jobs_size_max 시스템 변수에 설정된 값을 초과하는 경우에는 모든 워커 스레드들의 큐가 비워질 때까지 대기 후 해당 이벤트가 처리되며, 그 이후에 후속 이벤트들이 처리된다. 이 경우 레플리카 서버에서 복제 지연이 발생하므로 필요 시 slave_pending_jobs_size_max 시스템 변수를 적절히 큰 값으로 변경하는 것이 좋다.

사용자는 다음과 같이 SHOW PROCESSLIST 명령을 통해 코디네이터 스레드와 워커 스레드를 확인할 수 있다. 16번 스레드가 레플리케이션 I/O 스레드이며, 17번이 코디네이터 스레드(SQL 스레드), 18~22번 스레드까지가 워커 스레드다. 이 예시에서는 slave_parallel_workers가 5로 설정된 것을 알 수 있다.

```
mysql_Replica> SHOW PROCESSLIST;
+----+----------------+- ... +------------------------------------------------------------+
| Id | User           | ... | State                                                      |
+----+----------------+- ... +------------------------------------------------------------+
|  5 | event_scheduler | ... | Waiting on empty queue                                    |
| 13 | root           | ... | starting                                                   |
| 16 | system user    | ... | Waiting for master to send event                          |
| 17 | system user    | ... | Slave has read all relay log; waiting for more updates    |
| 18 | system user    | ... | Waiting for an event from Coordinator                     |
| 19 | system user    | ... | Waiting for an event from Coordinator                     |
```

```
| 20 | system user      | ... | Waiting for an event from Coordinator      |
| 21 | system user      | ... | Waiting for an event from Coordinator      |
| 22 | system user      | ... | Waiting for an event from Coordinator      |
+----+------------------+- ...+--------------------------------------------+
```

멀티 스레드 복제를 사용하려면 기본적으로 앞에서 언급한 시스템 변수들을 레플리카 서버에 적절한 값으로 설정하면 된다. 그 외에 멀티 스레드 복제 방식에 따라 처리 효율을 높이기 위해 추가로 필요한 설정들이 있을 수 있다. 각 방식의 처리 형태가 매우 다르므로 각 방식이 어떻게 동작하는지 하나씩 자세히 살펴보면서 관련된 MySQL 시스템 변수들도 함께 확인해보겠다.

16.7.2.1 데이터베이스 기반 멀티 스레드 복제

데이터베이스 기반 멀티 스레드 복제 방식은 스키마 기반(Schema-based) 처리 방식이라고도 하며, MySQL에서 멀티 스레드 복제가 처음 도입됐을 때 유일하게 사용할 수 있었던 방식이다. 데이터베이스 기반 멀티 스레드 복제는 그 이름 그대로 MySQL 내의 데이터베이스 단위로 병렬 처리를 수행하는 형태를 말한다. 따라서 만약 MySQL 서버에 데이터베이스가 하나밖에 존재하지 않는다면 이 멀티 스레드 방식은 아무런 장점을 가지지 못한다. MySQL 서버에 여러 개의 데이터베이스가 있다면 레플리카 서버에서는 웬만하면 그 개수만큼 워커 스레드 수를 설정하는 것이 좋다.

그림 16.24는 MySQL의 데이터베이스 기반 멀티 스레드 복제의 동작 방식을 나타낸다. 코디네이터 스레드는 릴레이 로그 파일에서 이벤트를 읽어 데이터베이스 단위로 분리하고 각 워커 스레드에게 이벤트들을 할당한다.

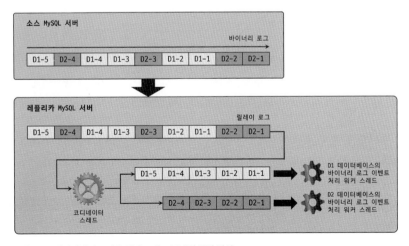

그림 16.24 데이터베이스 기반 멀티 스레드 복제의 동작 방식

코디네이터는 단순히 데이터베이스 단위로 바이너리 로그 이벤트를 워커 스레드별로 분산하는 역할만 하는 것은 아니다. 예를 들어 워커 스레드가 3개이며, 데이터베이스도 DB1, DB2, DB3으로 세 개가 있을 때 다음과 같은 바이너리 로그를 처리한다고 가정해보자. 첫 번째와 두 번째 트랜잭션은 DB1 또는 DB2만 사용하는데, 세 번째 트랜잭션은 DB3을 변경하고 다시 DB1을 변경하는 쿼리로 구성돼 있다.

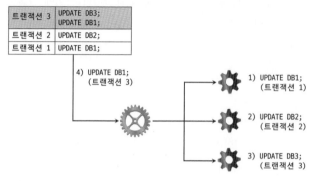

그림 16.25 데이터베이스 기반 멀티 스레드 복제의 예시

이때 코디네이터는 그림 16.25와 같이 첫 번째 워커 스레드에게 "UPDATE DB1" 이벤트를 처리하라고 전달하고, 그 후 바로 두번째인 "UPDATE DB2" 이벤트를 두 번째 워커 스레드에 전달한다. 그리고 세 번째 트랜잭션의 첫 번째 DML 문장인 "UPDATE DB3" 또한 첫 번째 워커 스레드와 두 번째 워커 스레드에 전달한 트랜잭션들과 관련된 데이터베이스들인 DB1과 DB2와는 서로 충돌하지 않으므로, 즉시 세 번째 워커 스레드로 전달한다. 그 후 세 번째 트랜잭션의 두 번째 DML인 "UPDATE DB1"을 전달하려고 하는데, 이 DML은 지금 첫 번째 워커 스레드가 실행 중인 "UPDATE DB1"과 같은 데이터베이스를 변경하는 쿼리이므로 세 번째 워커 스레드로 전달하지 않고 첫 번째 스레드가 "UPDATE DB1"을 완료할 때까지 기다리게 된다. 물론 트랜잭션 1번의 "UPDATE DB1"과 트랜잭션 3번의 "UPDATE DB1"은 같은 테이블의 같은 레코드를 변경하는 쿼리일 수도 있고 같은 데이터베이스일뿐 변경 대상 테이블이나 레코드는 다를 수도 있다. 하지만 데이터베이스 기반 멀티 스레드 복제에서는 테이블이나 레코드 수준까지의 충돌 여부는 고려하지 않고, 데이터베이스가 동일한지 아닌지만 비교해서 병렬 처리를 수행한다.

또한 코디네이터가 세 번째 트랜잭션의 두 번째 DML 문장인 "UPDATE DB1"을 실행하기 위해 기다리고 있는 상황에서, 두 번째 워커 스레드의 "UPDATE DB2" 작업이 이미 완료되고 네 번째 트랜잭션으로 또 다시 DB2에 대한 DML 쿼리가 유입됐다고 가정해보자. 이 경우 해당 트랜잭션도 마찬가지로 워커 스레드에 전달되지 않고 대기하게 된다. 현재 워커 스레드들에서 DB2와 관련된 트랜잭션이 처리 중이지 않음에도 불구하고 앞서 대기하고 있는 트랜잭션으로 인해 실행을 못하게 되는 것이다. 따라서 서로 다른 데이터베이스를 참조하는 쿼리나 트랜잭션이 빈번하게 실행되는 경우 예상했던 것보다 멀티 스레드 처리 효율이 낮아질 수 있다. 하지만 MySQL 서버에 여러 개의 데이터베이스가 존재하고 각 데이터베이스에 유입되는 DML이 서로 독립적이면서 양적으로 균등하게 실행되는 환경이라면 데이터베이스 기반 멀티 스레드 복제는 단일 스레드 복제보다 월등한 처리량을 보이므로 충분히 사용 가치가 있는 방식이라 할 수 있다.

데이터베이스 기반 멀티 스레드 복제를 사용하려면 레플리카 서버를 다음과 같이 설정한 후 복제를 연결하면 된다.

```
[mysqld]
slave_parallel_type='DATABASE'
slave_parallel_workers=N (N>0)
```

만약 기존에 이미 단일 스레드 복제가 진행되고 있는 상황에서 데이터베이스 기반 멀티 스레드 복제로 전환하고 싶다면 다음과 같이 SQL 스레드만 멈춘 후 멀티 스레드 복제를 설정하고 다시 시작하면 된다.

```
-- // MySQL 8.0.22 미만 버전
mysql_Replica> STOP SLAVE SQL_THREAD;
mysql_Replica> SET GLOBAL slave_parallel_type='DATABASE';
mysql_Replica> SET GLOBAL slave_parallel_workers=4;
mysql_Replica> START SLAVE SQL_THREAD;

-- // MySQL 8.0.22 이상 버전
mysql_Replica> STOP REPLICA SQL_THREAD;
mysql_Replica> SET GLOBAL slave_parallel_type='DATABASE';
mysql_Replica> SET GLOBAL slave_parallel_workers=4;
mysql_Replica> START REPLICA SQL_THREAD;
```

데이터베이스 기반 멀티 스레드 복제에서는 레플리카 서버가 자체적으로 바이너리 로그를 가지고 있고 log_slave_updates 옵션이 활성화돼 있을 때 소스 서버의 바이너리 로그에 기록된 트랜잭션 순서와 레플리카 서버의 바이너리 로그에 기록된 트랜잭션 순서가 다를 수 있다. 이는 레플리카 서버의 멀티 스레드 복제 동기화에서 각 트랜잭션이 처리된 시점에 따라 실제 소스 서버에서 실행된 것과는 순서가 달라질 수 있기 때문이다. 그러므로 소스 서버에서 가장 최근에 실행된 트랜잭션을 레플리카 서버에서 확인한다고 했을 때 소스 서버에서 그 트랜잭션 이전에 실행된 모든 트랜잭션들이 레플리카 서버에도 전부 실행됐다고 보장하긴 어렵다.

16.7.2.2 LOGICAL CLOCK 기반 멀티 스레드 복제

데이터베이스 기반 멀티 스레드 복제에서는 MySQL 서버에 하나의 데이터베이스만 존재하는 경우 멀티 스레드로 처리될 수 없다는 큰 단점이 있었다. 또한 여러 개의 데이터베이스가 있다 하더라도 데이터베이스별로 발생하는 DML 쿼리 양이 균등하지 않고 특정 데이터베이스로만 쿼리 요청이 집중되는 경우에는 여전히 레플리카 서버에서 쉽게 복제 지연이 발생할 수 있다는 것도 아쉬운 점 중 하나였다. 그러나 MySQL 5.7 버전부터 소스 서버로부터 넘어온 전체 트랜잭션들을 데이터베이스에 종속되지 않고 멀티 스레드로 처리하는, 즉 같은 데이터베이스 내에서도 멀티 스레드 동기화 처리가 가능한 LOGICAL CLOCK 방식이 도입됨에 따라 앞서 언급한 부분들에 대한 아쉬움을 해소할 수 있게 됐다.

> **참고**
> Logical clock은 "논리적 클록" 정도로 해석할 수 있는데, 한글 번역이 이해하는 데 도움이 되지 않아서 이 책에서는 "Logical clock"이라는 표현을 그대로 사용하겠다. Logical clock에 대응되는 말로는 "Wall clock"이라는 표현이 있는데, 일반적으로 우리가 이야기하는 시계는 "Wall Clock(벽 시계)"에 해당한다. Wall clock에서는 두 개의 시각이 주어졌을 때 두 시각의 이전 이후 관계뿐만 아니라 두 시각 간의 시간이 얼마나 지났는지를 알 수 있다. 하지만 Logical clock은 일반적으로 정수 형태로 표현되며, 단순히 순서만 정의하기 때문에 두 개의 시각이 주어졌을 때 단순히 어느 것이 먼저 발생했는지 또는 이후에 발생했는지(시각의 선후 관계)만 판단할 수 있다. 즉, 1과 2 그리고 3이라는 Logical clock이 주어졌을 때 1과 2 사이의 시간 차이와 2와 3 사이의 시간 차이(Wall clock 기반의 시간 차이)는 알 수 없다는 것이다. Logical clock은 멀티 스레드나 분산 시스템에서 상태의 동기화에 많이 사용되는 방법이다.

LOGICAL CLOCK 방식은 소스 서버에서 트랜잭션들이 바이너리 로그로 기록될 때 각 트랜잭션별로 논리적인 순번 값을 부여해 레플리카 서버에서 트랜잭션의 순번 값을 바탕으로 정해진 기준에 따라 병렬로 실행할 수 있게 하는 방식이다. 트랜잭션이 병렬로 처리될 수 있다고 여겨지는 기준은 같은 상황에서도 LOGICAL CLOCK 방식의 세부 처리 방식에 따라 달라질 수 있는데, 이러한 기준은 LOGICAL CLOCK 방식이 도입되고 개선도 되면서 MySQL 8.0 버전까지 크게 세 가지로 나뉜다. LOGICAL CLOCK 방식이 처음 도입됐을 때는 이전에 커밋된 트랜잭션의 순번 값을 바탕으로 병렬 처리 여부를 판단하는 Commit-parent 기반 방식이었으며, 이후에 좀 더 개선된 형태의 잠금(Lock) 기반 방식이 적용됐고 MySQL 8.0에서는 WriteSet 기반 방식이 새로 도입됐다. 지금부터 각 방식에 대해 동작 원리 및 각 방식별로 어떠한 차이점이 있는지 자세히 살펴보겠다. Commit-parent와 잠금(Lock) 기반 방식의 경우 MySQL의 바이너리 로그 그룹 커밋과도 밀접한 연관이 있으므로 우선 바이너리 로그 그룹 커밋에 대해 간단히 살펴보고 넘어가겠다.

16.7.2.2.1 바이너리 로그 그룹 커밋

MySQL 5.5 버전까지는 InnoDB 스토리지 엔진에서 한 시점에 하나의 트랜잭션만 커밋될 수 있었으며, 바이너리 로그에 트랜잭션을 기록하고 디스크와 동기화하는 부분도 마찬가지로 여러 트랜잭션이 동시에 진행될 수 없었다. 그림 16.26은 MySQL 5.5 버전까지의 트랜잭션 커밋 처리 과정을 보여준다.

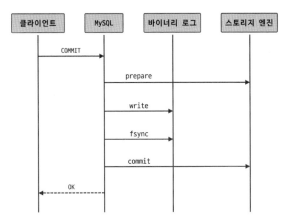

그림 16.26 MySQL 5.5 버전에서의 트랜잭션 커밋 과정

클라이언트로부터 커밋 요청이 들어오면 MySQL 서버에서는 "Prepare"와 "Commit"의 두 단계를 거쳐 커밋을 처리하는데, 이를 분산 트랜잭션(XA, Two-Phase Commit)이라 한다. 분산 트랜잭션은 트랜잭션을 커밋할 때 스토리지 엔진에 적용된 내용과 바이너리 로그에 기록된 내용 간의 일관성을 유지하기 위해 사용된다.

커밋을 처리하는 과정에서 바이너리 로그에 기록한 내용을 디스크와 동기화하는 fsync 작업은 sync_binlog 시스템 변수에 설정된 값에 따라 실행 여부와 실행 빈도수가 결정되는데, sync_binlog 옵션이 1로 설정된 경우에는 매번 트랜잭션이 커밋될 때마다 디스크 동기화가 수행됐다. 이렇게 빈번하게 수행되는 디스크 동기화 작업은 서버에 부하를 줬으며, 나아가 MySQL에서 트랜잭션 처리량 저하를 야기하기도 했다. 이 같은 처리 성능 저하 문제를 개선하기 위해 MySQL 5.6 버전에서는 여러 트랜잭션에 대한 커밋을 동시에 진행할 수 있게 코드가 바뀌었고 바이너리 로그 단의 처리 또한 여러 트랜잭션을 함께 처리할 수 있도록 "바이너리 로그 그룹 커밋" 기능이 도입됐다.

바이너리 로그 그룹 커밋에서 트랜잭션들은 커밋 처리 과정 중 "Prepare" 이후 바이너리 로그 관련 처리를 진행할 때 그림 16.27에 나타나 있는 세 단계를 거치면서 최종적으로 그룹 커밋된다.

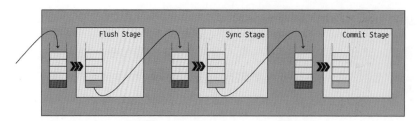

그림 16.27 바이너리 로그 그룹 커밋 과정

각 단계에는 대기 큐가 존재하며, 트랜잭션들은 순서대로 대기 큐에 등록된다. 비어있는 대기 큐에 첫 번째로 등록된 트랜잭션을 리더(Leader)라고 하며, 이후 등록된 다른 트랜잭션들은 팔로워(Follower)라고 한다. 팔로워는 리더에게 자신의 트랜잭션 처리에 대한 모든 것을 일임하며, 리더는 큐에 등록된 모든 팔로워들을 가져와 처리하고 다음 단계의 대기 큐에 등록한다. 다음 단계의 큐에 등록될 때는 큐가 비어있지 않은 경우 리더는 팔로워가 되고 해당 큐의 리더가 그 단계에서의 처리를 주도하게 된다. 이처럼 리더는 팔로워가 될 수 있으나 팔로워는 절대 리더가 될 수 없다.

각 단계에서 트랜잭션들은 다음과 같이 처리된다.

1. Flush 단계

   대기 큐에 등록된 각 트랜잭션들을 순서대로 바이너리 로그에 기록한다.

2. Sync 단계

   앞서 기록된 바이너리 로그 내용들을 디스크와 동기화하는 fsync() 시스템 콜이 수행된다.

3. Commit 단계

   대기 큐에 등록된 트랜잭션들에 대해 스토리지 엔진 커밋을 진행한다.

Sync 단계에서는 sync_binlog 옵션에 설정된 값에 따라 디스크 동기화를 진행하는데, sync_binlog 옵션이 1이면 Flush 단계에서 넘어온 전체 트랜잭션들에 대해 매번 디스크 동기화 작업을 수행하게 된다. 이전처럼 트랜잭션별로 매번 동기화가 수행되는 것이 아니라 트랜잭션 그룹에 대해 동기화가 수행되는 것이다. 따라서 Sync 단계의 대기 큐에 트랜잭션들이 많이 쌓이면 쌓일수록 더 효율적이라 할 수 있다. 사용자는 Sync 단계에서 더 많은 트랜잭션들이 쌓여 한 번에 처리될 수 있도록 다음 두 시스템 변수들을 통해 Sync 단계의 실행을 지연시킬 수 있다.

- binlog_group_commit_sync_delay

  바이너리 로그를 디스크에 동기화하는 작업을 얼마 정도 지연시킬지 제어하는 변수로 단위는 마이크로초다. 기본값은 0이며, 0으로 설정되면 그룹 커밋에서 바이너리 로그 디스크 동기화가 지연 없이 처리된다. 0보다 큰 값으로 설정하는 경우 MySQL 서버의 sync_binlog 시스템 변수의 값이 0 또는 1이면 binlog_group_commit_sync_delay에 설정된 지연이 매 그룹 커밋 시 적용되며, sync_binlog 시스템 변수가 1보다 큰 N값으로 설정돼 있으면 N개의 바이너리 로그 그룹 커밋이 실행될 때마다 지연이 적용된다.

  binlog_group_commit_sync_delay를 0보다 큰 값으로 설정하면 지연으로 인해 한 번에 처리하게 되는 트랜잭션 수가 늘어나므로 바이너리 로그에 대한 fsync() 시스템 콜 호출 수를 줄일 수 있다. 하지만 binlog_group_commit_sync_delay에 값이 크게 설정될수록 MySQL 서버에서 트랜잭션들의 커밋이 완료되기까지의 시간이 오래 걸리게 되는데, 만약 유입되는 쿼리 요청이 많은 경우 이러한 처리 지연으로 트랜잭션 간 경합이 증가해서 전보다 MySQL 서버의 응답 속도가 지연될 수 있다. 이 경우 클라이언트 단에서도 문제가 될 수 있으므로 해당 변수에 값을 설정할 때는 MySQL 서버를 모니터링해서 트랜잭션이 어느 정도 잘 처리되면서 클라이언트 단에 영향을 주지 않는 적절한 값으로 설정하는 것이 좋다.

- binlog_group_commit_sync_no_delay_count

  바이너리 로그의 동기화 작업이 진행되기 전에 지연되어 대기할 수 있는 최대 트랜잭션 수를 설정하는 변수로, binlog_group_commit_sync_delay 변수에 설정된 지연 시간이 아직 남아있다 하더라도 binlog_group_commit_sync_no_delay_count 변수에 지정된 수만큼 트랜잭션이 대기하게 되면 바이너리 로그를 디스크에 동기화한다. 만약 binlog_group_commit_sync_delay가 0인 경우에는 이 변수에 설정된 값은 무시된다.

Commit 단계에서는 대기 큐에 등록된 트랜잭션들에 대해 스토리지 엔진 커밋을 진행하며, 스토리지 엔진 커밋은 대기 큐에 등록된 순서대로 혹은 병렬로도 처리될 수 있다. 대기 큐에 등록된 순서대로 커밋되는 경우에는 대기 큐의 리더에 의해 처리가 진행되며, 이 경우 트랜잭션들은 바이너리 로그에 기록된 순서와 스토리지 엔진에 커밋된 순서가 일치하게 된다. 스토리지 엔진 커밋이 병렬로 처리되는 경우에는 리더가 아닌 각 트랜잭션들이 커밋을 수행하게 된다. 사용자는 다음의 변수를 통해 트랜잭션들이 커밋되는 순서를 제어할 수 있다.

- binlog_order_commits

  binlog_order_commit 시스템 변수는 불리언 변수로 0이나 1 또는 ON이나 OFF로 설정할 수 있다. 기본값은 1(ON)이며, 1로 설정된 경우 트랜잭션들이 바이너리 로그 파일에 기록된 순서대로 스토리지 엔진에 커밋된다. 0으로 설정되면 트랜잭션들의 스토리지 엔진 커밋이 바이너리 로그에 기록된 순서와 상관없이 병렬로 처리된다.

16.7.2.2.2 Commit-parent 기반 LOGICAL CLOCK 방식

Commit-parent 기반의 LOGICAL CLOCK 방식은 멀티 스레드 복제 동기화가 처음 도입됐던 MySQL 5.7.2 버전부터 5.7.5 버전까지 적용된 방식으로, 동일 시점에 커밋된 트랜잭션들을 레플리카 서버에서 병렬로 실행될 수 있게 한다. 커밋 시점이 같은 트랜잭션들은 잠금 경합 등과 같이 서로 충돌하는 부분이 없는 트랜잭션들이므로 병렬로 실행될 수 있다. 이 방식은 그러한 점에서 착안된 것이다.

Commit-parent 기반 LOGICAL CLOCK 방식이 적용된 MySQL 버전을 사용하는 레플리카 서버에서는 LOGICAL CLOCK 멀티 스레드 동기화가 활성화돼 있는 경우 소스 서버에서 같은 시점에 커밋된 트랜잭션들을 복제 동기화할 때 병렬로 처리한다. 이를 위해 MySQL 서버는 같은 시점에 커밋 처리된 트랜잭션들을 식별할 수 있도록, 바이너리 로그에 트랜잭션을 기록할 때 commit_seq_no라는 값을 함께 기록한다. commit_seq_no에는 해당 트랜잭션이 커밋될 당시 가장 최근에 커밋된 트랜잭션의 순번 값이 저장되는데, 이러한 순번 값은 MySQL 내부적으로 글로벌하게 관리되는 commit clock이라는 64비트 정숫값을 기반으로 한다. commit_seq_no는 각 트랜잭션이 커밋을 위해 Prepare 단계에 진입했을 때 설정되며 그 당시의 commit clock 값이 저장된다. commit clock은 트랜잭션이 최종적으로 스토리지 엔진에 커밋되기 전에 값이 증가된다. 따라서 같은 시점에 커밋 처리가 시작된 트랜잭션들은 동일한 commit_seq_no 값을 갖게 되며, 레플리카 서버에서는 복제된 트랜잭션들의 commit_seq_no 값을 바탕으로 같은 값을 가진 트랜잭션들을 병렬로 처리하게 된다. 병렬 처리 기준인 commit_seq_no 값이 앞서 커밋된 트랜잭션 순번 값에 해당하므로 이 방식을 Commit-parent 기반 방식이라고 하는 것이다.

그림 16.28은 Commit-parent 기반 LOGICAL CLOCK 방식에서 소스 서버에서 커밋된 트랜잭션들의 commit_seq_no 값이 어떻게 변화하는지를 보여준다.

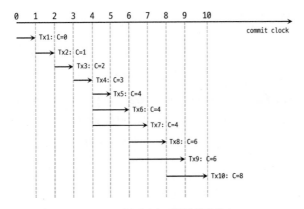

그림 16.28 Commit-parent 기반에서의 트랜잭션 병렬 처리

그림의 가로축은 트랜잭션들이 커밋됨에 따라 증가하는 논리적인 값인 commit clock 값을 나타낸다. 화살표는 각 트랜잭션 커밋 처리의 시작과 종료 시점을 나타내며, C는 앞서 언급한 commit_seq_no 값을 의미한다. 그림에 표시된 트랜잭션들은 레플리카 서버로 복제됐을 때 다음과 같이 처리된다.

Tx1, Tx2, Tx3, Tx4	commit_seq_no 값이 다르므로 병렬로 실행될 수 없고 각 트랜잭션이 순차적으로 하나씩 실행됨
Tx5, Tx6, Tx7	같은 commit_seq_no 값을 가지므로 병렬로 실행됨
Tx8, Tx9	같은 commit_seq_no 값을 가지므로 병렬로 실행됨
Tx10	단독으로 실행됨

Commit-parent 기반에서는 소스 서버에서 같은 그룹으로 커밋된 트랜잭션 수가 많으면 많을수록 레플리카 서버에서의 트랜잭션 병렬 처리율이 향상된다. 사용자는 소스 서버에서 binlog_group_commit_sync_delay 시스템 변수와 binlog_group_commit_sync_no_delay_count 시스템 변수에 적절한 값을 설정해 그룹 커밋되는 트랜잭션 수를 늘릴 수 있다. 이는 소스 서버에서 트랜잭션들의 처리 속도를 느리게 하는 대신, 레플리카 서버에서의 처리 속도를 높이는 방법이라고 할 수 있는데, 이로 인해 소스 서버에서 트랜잭션을 실행하는 클라이언트들이 영향을 받을 수 있으므로 설정을 변경한 후 주의 깊게 모니터링해야 한다.

16.7.2.2.3 잠금(Lock) 기반 LOGICAL CLOCK 방식

MySQL 5.7.6 버전부터는 잠금(Lock) 기반 LOGICAL CLOCK 방식이 도입되어 Commit-parent 기반 LOGICAL CLOCK 방식은 더이상 사용되지 않는다. 즉 MySQL 5.7.6 버전부터는 잠금 기반 LOGICAL CLOCK 방식의 멀티 스레드 복제를 사용하게 된다.

기존 Commit-parent 기반 방식에서는 단순하게 마지막으로 커밋된 선행 트랜잭션의 순번 값(commit_seq_no 값)이 동일한 트랜잭션들만 레플리카 서버에서 병렬로 처리할 수 있었다. 그러나 잠금 기반 방식에서는 선행 트랜잭션의 순번 값이 동일하지 않더라도 커밋 처리 시점이 겹친다면 그 트랜잭션들은 레플리카 서버에서 병렬로 처리될 수 있다. 이를 위해 MySQL 서버에서는 트랜잭션을 바이너리 로그에 기록할 때 "sequence_number"와 "last_committed"라는 값을 함께 기록한다. sequence_number는 커밋된 트랜잭션에 대한 논리적인 순번 값으로, 매 트랜잭션이 커밋될 때마다 값이 증가한다. last_committed에는 현 트랜잭션 이전에 커밋된 가장 최신 트랜잭션의 sequence_number 값이 저장된다. 바이너리 로그 파일이 새로운 파일로 로테이션되는 경우 sequence_number 값은 1로, last_committed 값은 0으로 초기화된다.

잠금 기반 LOGICAL CLOCK 방식이 적용된 MySQL 버전을 사용하는 레플리카 서버에서는 LOGICAL CLOCK 멀티 스레드 동기화가 활성화돼 있는 경우 병렬로 트랜잭션을 실행할 때 다음과 같은 조건을 기준으로 트랜잭션들의 실행 가능 여부를 판단한다.

실행하려는 트랜잭션의 "last_committed" 값 < 현재 실행 중인 트랜잭션들이 가지는 가장 작은 "sequence_number" 값

예시를 통해 소스 서버에서 커밋된 트랜잭션들이 레플리카 서버에서 어떻게 처리되는지 살펴보자. 그림 16.29는 소스 서버에서 커밋된 트랜잭션들이 각각 어떤 last_committed와 sequence_number 값을 갖게 되는지를 보여준다. 그림의 각 트랜잭션에서 C는 last_committed, S는 sequence_number 값을 나타낸다.

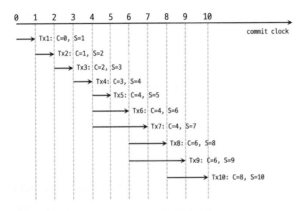

그림 16.29 잠금(Lock) 기반에서의 트랜잭션 병렬 처리

그림 16.29의 트랜잭션들은 앞에서 살펴본 Commit-parent 기반 LOGICAL CLOCK 방식 절의 그림 16.28에 나타나 있는 트랜잭션들과 동일한 트랜잭션이다. 잠금 기반 방식에서는 이 트랜잭션들이 레플리카 서버로 복제됐을 때 다음과 같이 처리된다.

Tx1, Tx2, Tx3, Tx4	병렬 처리 가능 조건을 충족하지 않으므로 순차적으로 하나씩 실행됨
Tx5, Tx6, Tx7	병렬 처리 가능 조건을 충족하므로 병렬로 실행 가능
Tx8, Tx9	Tx6이 종료되고 Tx7이 아직 실행 중인 경우 Tx8, Tx9는 Tx7과 같이 실행될 수 있다. Tx7과 last_committed 값이 같진 않지만 Tx8, Tx9의 last_committed 값보다 Tx7의 sequence_number 값이 크므로 병렬 처리가 가능하다.
Tx10	마찬가지로 Tx8이 종료되고 Tx9가 실행 중일 때 Tx9와 함께 실행 가능하다.

잠금 기반 LOGICAL CLOCK 방식은 소스 서버에서 커밋 처리 시점이 겹치는 트랜잭션들의 수가 많을수록 레플리카 서버에서 최대한 병렬로 처리되므로 Commit-parent 기반 방식과 동일하게 소스 서버에서 그룹 커밋되는 트랜잭션 수에 영향을 받는다. 따라서 잠금 기반 방식에서도 소스 서버의 `binlog_group_commit_sync_delay` 시스템 변수와 `binlog_group_commit_sync_no_delay_count` 시스템 변수 값을 적절히 조정해서 레플리카 서버에서의 병렬 처리율을 향상시킬 수 있다.

16.7.2.2.4 WriteSet 기반 LOGICAL CLOCK 방식

WriteSet 기반 방식은 MySQL 8.0.1 버전에서 도입된 방식으로, 트랜잭션의 커밋 처리 시점이 아닌 트랜잭션이 변경한 데이터를 기준으로 병렬 처리 가능 여부를 결정한다. 기존의 잠금 기반 방식에서는 다음과 같이 커밋 처리 시점이 전혀 겹치지 않는 두 트랜잭션은 병렬로 실행될 수 없었다.

```
Tx1 : ---P-------C----------------->
Tx2 : -------------P-------C----->
* P = Prepare
* C = Commit
```

그러나 만약 이 두 트랜잭션이 서로 다른 데이터를 변경하는 것이라면 WriteSet 기반 방식에서는 레플리카 서버가 두 트랜잭션을 병렬로 실행할 수 있다. 즉, 동일한 데이터를 변경하지 않는 트랜잭션들은 레플리카 서버에서 모두 병렬로 실행될 수 있는 것이다.

WriteSet 기반에서는 같은 세션에서 실행된 트랜잭션들의 병렬 처리 여부에 따라 `WRITESET`과 `WRITESET_SESSION` 타입으로 다시 나눠진다. 사용자는 `binlog_transaction_dependency_tracking` 시스템 변수를 통해 원하는 타입을 설정할 수 있으며, 기존 MySQL 5.7 버전의 잠금 기반 방식을 사용하도록 설정할 수도 있다. `binlog_transaction_dependency_tracking` 시스템 변수는 다음과 같은 값으로 설정 가능하다.

- `COMMIT_ORDER`

  `binlog_transaction_dependency_tracking` 시스템 변수의 기본값으로, 기존 MySQL 5.7 버전의 잠금 기반 방식과 동일하게 동작한다. 즉, 커밋 처리 시점이 겹치는 트랜잭션들은 모두 병렬로 처리될 수 있다.

- `WRITESET`

  서로 다른 데이터를 변경한 트랜잭션들은 모두 병렬로 처리될 수 있다.

- WRITESET_SESSION

  동일한 세션에서 실행된 트랜잭션들은 병렬로 처리될 수 없다는 것 외에는 WRITESET으로 설정됐을 때와 동일하게 동작한다.

WriteSet 기반 방식에서는 각 트랜잭션에서 변경한 데이터를 기준으로 병렬 처리를 위한 트랜잭션들의 종속 관계를 정의하므로 이를 위해 내부적으로 트랜잭션에 의해 변경된 데이터들의 목록을 관리한다. 이 변경된 데이터들은 하나하나가 전부 해시값으로 표현되는데, 이 해싱된 변경 데이터를 "WriteSet" 이라고 한다. WriteSet은 다음과 같은 값들의 조합으로 생성된다.

```
WriteSet = hash(index_name, db_name, db_name_length, table_name, table_name_length, value,
value_length)
```

WriteSet은 테이블에 존재하는 유니크한 키의 개수만큼 만들어진다. 따라서 하나의 변경 데이터는 여러 개의 WriteSet을 가질 수 있다. 예를 들어, 다음과 같은 테이블이 있다고 가정해보자.

```
CREATE TABLE `db1`.`t1` (
  `id` int NOT NULL AUTO_INCREMENT,
  `col1` varchar(30) NOT NULL,
  `col2` int NOT NULL,
  `col3` int DEFAULT NULL,
  PRIMARY KEY (`id`),
  UNIQUE KEY `ux_col1` (`col1`),
  KEY `ix_col2` (`col2`)
) ENGINE=InnoDB;
```

이 테이블에는 PRIMARY 키를 포함해서 총 2개의 유니크한 키가 있다. 사용자가 "INSERT INTO db1.t1 VALUES (1, 'abc', 1, 10)" 구문을 실행하면 다음과 같은 WriteSet 값이 생성된다.

```
WriteSet1 = hash(PRIMARY, db1, 3, t1, 2, 1, 1)
WriteSet2 = hash(ux_col1, db1, 3, t1, 2, 'abc', 3)
```

WriteSet을 생성할 때 사용되는 해시 알고리즘으로는 transaction_write_set_extraction 시스템 변수에 지정된 알고리즘이 사용된다. 해당 변수에는 OFF, MURMUR32, XXHASH64의 세 가지 값으로 설정 가능하며, 기본값은 XXHASH64다. binlog_transaction_dependency_tracking 시스템 변수가 WRITESET 혹은 WRITESET_

SESSION으로 설정됐을 때는 transaction_write_set_extraction 시스템 변수를 OFF로 설정할 수 없다. 또한 transaction_write_set_extraction 시스템 변수를 기존에 설정된 값과 다른 값으로 변경하려면 바이너리 로그 포맷(binlog_format)이 ROW 타입이어야 한다.

트랜잭션들의 WriteSet은 MySQL 서버 메모리에서 해시맵(Hash Map) 테이블로 그 히스토리가 관리되는데, 이 히스토리 테이블에는 변경된 데이터의 해시값인 WriteSet과 해당 데이터를 변경한 트랜잭션의 sequence_number 값이 Key-Value 형태로 저장된다. 사용자는 binlog_transaction_dependency_history_size 시스템 변수를 통해 히스토리 테이블이 최대로 가질 수 있는 해싱 데이터(WriteSet) 개수를 정할 수 있으며, 기본값은 25000이다. 저장된 데이터 수가 지정된 최대 개수만큼 도달하면 히스토리 테이블은 다시 초기화되며, DDL 쿼리가 실행된 경우에도 초기화된다.

WriteSet 기반 방식에서도 마찬가지로 트랜잭션이 커밋되면 바이너리 로그에 트랜잭션 정보와 함께 last_committed 값과 sequence_number 값이 기록되며, 레플리카 서버에서는 이를 바탕으로 병렬 처리를 수행한다. WRITESET과 WRITESET_SESSION 타입 모두 트랜잭션 커밋을 처리할 때 트랜잭션의 last_committed 값을 1차적으로 COMMIT_ORDER 타입 기반으로 설정하며, 이후 WriteSet 히스토리 테이블 데이터를 조회해서 트랜잭션의 WriteSet과 충돌하는 WriteSet이 존재하는지 확인한 후 이를 바탕으로 다시 last_committed 값을 설정하게 된다.

WriteSet 기반에서 트랜잭션의 last_committed 값이 결정되는 과정을 그림을 통해 자세히 살펴보자.

WriteSet 히스토리 테이블

writeset_history_start=110	
ROW1.HASH	SEQ_NO=140
ROW2.HASH	SEQ_NO=114
ROW3.HASH	SEQ_NO=120
ROW4.HASH	SEQ_NO=110
ROW5.HASH	SEQ_NO=117
ROW6.HASH	SEQ_NO=125
ROW7.HASH	SEQ_NO=115
ROW8.HASH	SEQ_NO=140

트랜잭션 WriteSet

COMMIT_ORDER 기반
last_committed=145 sequence_number=150
ROW3.HASH
ROW2.HASH
ROW7.HASH
ROW20.HASH

그림 16.30 COMMIT_ORDER 기반으로 설정된 트랜잭션 정보와 현재 WriteSet 히스토리 테이블 데이터

그림 16.30은 총 4개의 WriteSet을 가지는 한 트랜잭션과 현재 WriteSet 히스토리 테이블에 담긴 해시 데이터들을 보여준다. 트랜잭션의 last_committed 값은 앞서 언급한 것과 같이 COMMIT_ORDER 타입 기반으로 결정된 값이다. 트랜잭션은 WriteSet 히스토리 테이블 데이터를 조회하면서 다음과 같은 과정을 거친다.

1. 먼저 WriteSet 히스토리 테이블에서 가장 작은 sequence_number 값(그림의 writeset_history_start 값) 110을 자신의 last_committed 값으로 설정한다.

2. ROW3.HASH를 WriteSet 히스토리 테이블에서 찾는다. 충돌하는 데이터가 있으므로 이 해시값에 매핑된 sequence_number 값을 자신의 sequence_number 값(150)으로 변경한다. 기존 sequence_number 값(120)은 자신의 last_committed 값으로 설정한다.

3. ROW2.HASH를 WriteSet 히스토리 테이블에서 찾는다. 충돌하는 데이터가 있으므로 이 해시값에 매핑된 sequence_number 값을 자신의 sequence_number 값(150)으로 변경한다. 기존 sequence_number 값이 114로 현재 자신의 last_committed 값인 120과 비교했을 때 더 크지 않으므로 자신의 last_committed 값은 변경하지 않는다.

4. ROW7.HASH를 WriteSet 히스토리 테이블에서 찾는다. 충돌하는 데이터가 있으므로 이 해시값에 매핑된 sequence_number 값을 자신의 sequence_number 값(150)으로 변경한다. 기존 sequence_number 값이 115로 현재 자신의 last_committed 값인 120과 비교했을 때 더 크지 않으므로 자신의 last_committed 값을 변경하지 않는다.

5. ROW20.HASH를 WriteSet 히스토리 테이블에 찾는다. 충돌하는 데이터가 없으므로 히스토리 테이블에 자신의 sequence_number 값과 함께 해당 데이터를 저장한다.

이 같은 과정이 끝나면 트랜잭션의 last_committed와 WriteSet 히스토리 테이블의 데이터는 그림 16.31과 같이 변경된다.

WriteSet 히스토리 테이블

writeset_history_start=110	

트랜잭션 WriteSet

WRITESET 기반
last_committed=120 sequence_number=150
ROW3.HASH
ROW2.HASH
ROW7.HASH
ROW20.HASH

ROW1.HASH	SEQ_NO=140
ROW2.HASH	SEQ_NO=150
ROW3.HASH	SEQ_NO=150
ROW4.HASH	SEQ_NO=110
ROW5.HASH	SEQ_NO=117
ROW6.HASH	SEQ_NO=125
ROW7.HASH	SEQ_NO=150
ROW8.HASH	SEQ_NO=140
ROW20.HASH	SEQ_NO=150

그림 16.31 WRITESET 기반으로 재설정된 트랜잭션 정보와 갱신된 WriteSet 히스토리 테이블 데이터

즉, 트랜잭션에서는 만약 WriteSet 히스토리 테이블에 자신의 WriteSet과 충돌되는 WriteSet 데이터가 존재하는 경우 그 WriteSet에 매핑된 sequnece_number 값을 가져와 자신의 last_committed에 저장하고 해당 WriteSet의 sequnece_number를 자신의 sequnece_number 값으로 업데이트한다. 이때 기존 WriteSet 히스토리 테이블에서 충돌하는 WriteSet이 여러 개이고 각 WriteSet이 서로 다른 sequnece_number 값을 가지고 있는 경우 트랜잭션의 last_committed에는 이 sequnece_number 값 중 가장 큰 값이 저장된다. 만약 충돌하는 WriteSet이 하나도 없다면 해당 트랜잭션이 가진 WriteSet들이 히스토리 테이블에 새로 저장되고 트랜잭션의 last_committed에는 히스토리 테이블에 존재하는 WriteSet 데이터 중 가장 작은 sequence_number 값(그림 16.31의 writeset_history_start 값)이 저장된다.

WRITESET_SESSION 타입에서는 이렇게 결정된 last_committed 값을, 같은 세션에서 커밋된 마지막 트랜잭션의 sequnece_number 값과 한번 더 비교해서 둘 중 더 큰 값을 선택해 최종적으로 last_committed에 저장한다. WRITESET과 WRITESET_SESSION 타입 모두 트랜잭션에서 변경된 데이터들이 속하는 테이블이 유니크한 키를 가지고 있지 않은 경우 해당 트랜잭션의 WriteSet은 생성되지 않으며, 이때 last_committed에는 COMMIT_ORDER 타입 기반으로 결정된 값이 그대로 유지되어 최종적으로 사용된다. 또한 변경된 데이터들이 속하는 테이블의 유니크한 키들이 다른 테이블에서 외래키(Foreign Key)로 참조되는 경우에도 COMMIT_ORDER 타입 기반으로 결정된 last_committed 값을 사용하게 된다.

WriteSet 방식은 binlog_format이 ROW여야 정상적으로 작동하며, WriteSet 기반 방식을 사용하기 위해서는 소스 서버와 레플리카 서버를 다음과 같이 설정하면 된다.

```
## 소스 서버
[mysqld]
binlog_format=ROW
binlog_transaction_dependency_tracking={WRITESET¦WRITESET_SESSION}
transaction_write_set_extraction=XXHASH64

## 레플리카 서버
[mysqld]
binlog_format=ROW
slave_parallel_type=LOGICAL_CLCOK
slave_parallel_workers=N (N > 0)
```

MySQL 서버에서 싱글 스레드로 INSERT 쿼리를 실행한 후 바이너리 로그에서 트랜잭션들의 last_committed 값을 확인해보면 기존 MySQL 5.7 버전에서의 잠금 기반 방식(COMMIT_ORDER)과 WriteSet 기반 방식의 차이를 명확하게 확인할 수 있다.

```
## 싱글 스레드로 INSERT문 실행
linux> mysqlslap --user=root --create-schema=test --create="CREATE TABLE t1 (id INT NOT NULL
AUTO_INCREMENT PRIMARY KEY, col1 INT, col2 INT)" --query='INSERT INTO t1 (col1, col2) VALUES (1,
1)' --number-of-queries=10 --concurrency=1
```

```
## binlog_transaction_dependency_tracking이 COMMIT_ORDER일 때
#200920 ... end_log_pos 235 CRC32 0x2301850a        GTID     last_committed=0  sequence_
number=1 ...
#200920 ... end_log_pos 530 CRC32 0xc0b6edc3        GTID     last_committed=1  sequence_
number=2 ...
#200920 ... end_log_pos 825 CRC32 0xbb8c884f        GTID     last_committed=2  sequence_
number=3 ...
#200920 ... end_log_pos 1120 CRC32 0xf6bac994       GTID     last_committed=3  sequence_
number=4 ...
#200920 ... end_log_pos 1415 CRC32 0x3b437640       GTID     last_committed=4  sequence_
number=5 ...
#200920 ... end_log_pos 1710 CRC32 0xaa8bdbff       GTID     last_committed=5  sequence_
number=6 ...
#200920 ... end_log_pos 2005 CRC32 0xa9cba63f       GTID     last_committed=6  sequence_
number=7 ...
#200920 ... end_log_pos 2300 CRC32 0x30dfec60       GTID     last_committed=7  sequence_
number=8 ...
#200920 ... end_log_pos 2595 CRC32 0x68f31a0f       GTID     last_committed=8  sequence_
number=9 ...
#200920 ... end_log_pos 2890 CRC32 0xf7386725       GTID     last_committed=9  sequence_
number=10 ...
```

```
## binlog_transaction_dependency_tracking이 WRITESET일 때
#200920 ... end_log_pos 235 CRC32 0xa0fff9f3        GTID     last_committed=0  sequence_
number=1 ...
#200920 ... end_log_pos 530 CRC32 0x90f7849a        GTID     last_committed=1  sequence_
number=2 ...
#200920 ... end_log_pos 825 CRC32 0x939bbaf3        GTID     last_committed=1  sequence_
number=3 ...
#200920 ... end_log_pos 1120 CRC32 0x1ee6d549       GTID     last_committed=1  sequence_
number=4 ...
#200920 ... end_log_pos 1415 CRC32 0x7ec6665a       GTID     last_committed=1  sequence_
number=5 ...
```

```
#200920 ... end_log_pos 1710 CRC32 0x5f459a94        GTID    last_committed=1  sequence_
number=6 ...
#200920 ... end_log_pos 2005 CRC32 0xdb16430b        GTID    last_committed=1  sequence_
number=7 ...
#200920 ... end_log_pos 2300 CRC32 0x35901f90        GTID    last_committed=1  sequence_
number=8 ...
#200920 ... end_log_pos 2595 CRC32 0xf6705dae        GTID    last_committed=1  sequence_
number=9 ...
#200920 ... end_log_pos 2890 CRC32 0x5373db57        GTID    last_committed=1  sequence_
number=10 ...
```

WriteSet 기반 방식에서는 레플리카 서버에서의 트랜잭션 병렬 처리가 소스 서버에서 동시에 커밋되는 트랜잭션 수에 의존적이지 않으므로 그룹 커밋되는 트랜잭션 수를 늘리기 위해 의도적으로 소스 서버의 트랜잭션 커밋 처리 속도를 저하시킬 필요가 없다. 또한 이전의 방식에서는 체인 형태로 복제가 구성돼 있는 경우 하위 계층의 레플리카 서버로 갈수록 병렬로 처리되는 트랜잭션 수가 점점 줄어드는 문제가 있었는데, WriteSet 기반 방식에서는 WRITESET 타입을 사용하면 이러한 체인 복제 구조에서의 병렬 처리량 감소 문제를 해결할 수 있다. WriteSet 기반 방식은 어느 방식보다도 레플리카 서버에서의 병렬 처리성을 높이는 방식이지만 트랜잭션 커밋 시 추가적인 메모리 공간이 필요하며 매 트랜잭션마다 WriteSet 히스토리 테이블에 저장된 값들을 계속 비교해야 하므로 이에 따른 오버헤드가 발생한다는 점을 유념해야 한다.

16.7.2.3 멀티 스레드 복제와 복제 포지션 정보

멀티 스레드 복제에서 각 워커 스레드들이 실행한 바이너리 로그 이벤트의 포지션 정보는 relay_log_info_repository 시스템 변수에 지정된 값에 따라 MySQL 서버의 mysql 데이터베이스 내 slave_worker_info 테이블 혹은 데이터 디렉터리 내 "worker-relay-log.info"라는 접두사를 가지는 파일들에 각 스레드별로 저장되며, 워커 스레드들은 이벤트를 실행 완료할 때마다 해당 데이터를 갱신한다. 현재 복제 이벤트의 처리 현황을 보여주는 어플라이어(Applier) 메타데이터(mysql.slave_relay_log_info 테이블 혹은 relay-log.info 파일에 저장되는 데이터)에는 워커 스레드들이 실행한 이벤트들에서 로우 워터마크(Low Watermark)에 해당하는 이벤트의 포지션 값이 저장되는데, 이 값은 코디네이터 스레드(SQL 스레드)가 수행하는 체크포인트 작업에 의해 주기적으로 갱신된다. 예를 들어, 워커 스레드들이 그림 16.32와 같이 이벤트들을 처리하고 있다고 가정해보자.

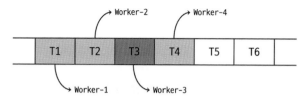

그림 16.32 트랜잭션을 처리 중인 워커 스레드

그림 16.32에서 워커 스레드는 총 4개이며, T1~T4 이벤트들이 먼저 각 워커 스레드에 할당됐다. 이 때 T3이 처리가 오래 걸리는 이벤트라고 하면, 나머지 할당된 이벤트들은 T3보다 먼저 실행이 완료될 것이다. 만약 그 시점에 코디네이터 스레드에서 체크포인트를 수행하면 T4가 완료됐다 하더라도 T3이 아직 완료되지 않았으므로 T2가 로우 워터마크 이벤트가 되고 어플라이어 메타데이터에서 소스 서버의 바이너리 로그 및 릴레이 로그 포지션 값이 T2 이벤트에 해당하는 포지션 값으로 업데이트된다.

아직 실행 중인 T3으로 인해 이미 처리 완료된 T2와 T4 사이에 생겨난 포지션 간격을 "갭(Gap)"이라고 하는데, 이처럼 갭이 존재하는 경우 체크포인트 지점은 항상 갭 이전에 실행 완료된 이벤트에서만 나타날 수 있다. 갭은 멀티 스레드 복제에서 slave_preserve_commit_order 시스템 변수가 비활성화돼 있는 경우에 발생한다. slave_preserve_commit_order는 레플리카 서버에서 복제를 통해 넘어온 이벤트들을 소스 서버에서 커밋된 순서와 동일한 순서로 커밋할 것인지를 제어하는 시스템 변수다. 이 변수를 1(ON)로 설정하는 경우 워커 스레드들에서 여러 이벤트들이 동시에 처리돼도 릴레이 로그에 기록된 순서대로 커밋되므로 갭은 발생하지 않는다. slave_preserve_commit_order 변수를 1로 설정하려면 기본적으로 slave_parallel_type이 LOGICAL_CLOCK으로 설정돼 있어야 하며, MySQL 8.0.19 미만 버전의 경우 바이너리 로그(log-bin) 및 log_slave_updates 옵션도 활성화돼 있어야 한다.

slave_preserve_commit_order 시스템 변수의 값을 1(ON)로 설정해서 갭이 발생하지 않는다 하더라도 어플라이어 메타데이터는 워커 스레드들이 처리한 이벤트 내역이 실시간으로 반영된 데이터가 아니라 체크포인트 주기마다 갱신되는 데이터이므로 항상 실제 적용된 이벤트의 포지션 값보다 이전의 포지션 값을 보여준다는 점을 유의해야 한다. 또한 SHOW REPLICA STATUS(또는 SHOW SLAVE STATUS) 명령도 어플라이어 메타데이터를 기반으로 결괏값을 보여주므로 SHOW REPLICA STATUS(또는 SHOW SLAVE STATUS) 명령의 결과에서 Exec_Source_Log_Pos(또는 Exec_Master_Log_Pos) 칼럼 등의 값도 마찬가지로 이전의 포지션 값, 즉 가장 최근에 체크포인트된 포지션 값이라 할 수 있다.

코디네이터 스레드는 다음 시스템 변수들에 설정된 값을 바탕으로 워커 스레드들에서 실행된 이벤트들에 대해 체크포인트를 수행해 어플라이어 메타데이터를 갱신한다.

- slave_checkpoint_period

  코디네이터 스레드의 어플라이어 메타데이터 갱신 작업(체크포인트 작업)의 실행 주기를 결정하는 시스템 변수로, 기본값은 300이며 단위는 밀리초다.

- slave_checkpoint_group

  slave_checkpoint_period 시스템 변수와 동일한 역할로 사용되는데, slave_checkpoint_group 시스템 변수에는 시간 대신 트랜잭션의 개수를 지정한다. 즉 slave_checkpoint_group을 10으로 설정하면, 코디네이터 스레드는 10개의 트랜잭션을 실행한 후 어플라이어 메타데이터를 갱신하도록 체크포인트를 발생시킨다.

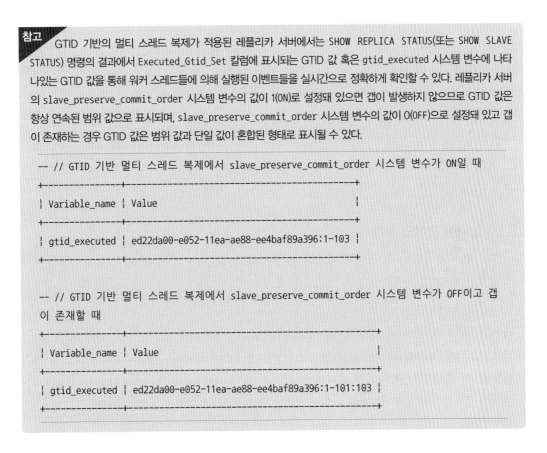

참고 GTID 기반의 멀티 스레드 복제가 적용된 레플리카 서버에서는 SHOW REPLICA STATUS(또는 SHOW SLAVE STATUS) 명령의 결과에서 Executed_Gtid_Set 칼럼에 표시되는 GTID 값 혹은 gtid_executed 시스템 변수에 나타나 있는 GTID 값을 통해 워커 스레드들에 의해 실행된 이벤트들을 실시간으로 정확하게 확인할 수 있다. 레플리카 서버의 slave_preserve_commit_order 시스템 변수의 값이 1(ON)로 설정돼 있으면 갭이 발생하지 않으므로 GTID 값은 항상 연속된 범위 값으로 표시되며, slave_preserve_commit_order 시스템 변수의 값이 0(OFF)으로 설정돼 있고 갭이 존재하는 경우 GTID 값은 범위 값과 단일 값이 혼합된 형태로 표시될 수 있다.

```
-- // GTID 기반 멀티 스레드 복제에서 slave_preserve_commit_order 시스템 변수가 ON일 때
+---------------+---------------------------------------------+
| Variable_name | Value                                       |
+---------------+---------------------------------------------+
| gtid_executed | ed22da00-e052-11ea-ae88-ee4baf89a396:1-103  |
+---------------+---------------------------------------------+

-- // GTID 기반 멀티 스레드 복제에서 slave_preserve_commit_order 시스템 변수가 OFF이고 갭
이 존재할 때
+---------------+-------------------------------------------------+
| Variable_name | Value                                           |
+---------------+-------------------------------------------------+
| gtid_executed | ed22da00-e052-11ea-ae88-ee4baf89a396:1-101:103  |
+---------------+-------------------------------------------------+
```

16.7.3 크래시 세이프 복제(Crash-safe Replication)

MySQL 서버를 운영하다 보면 예기치 못한 장애로 인해 MySQL이 비정상 종료되는 경우를 종종 겪곤 한다. 이때 MySQL 서버가 레플리카 서버(특히 릴레이 로그의 디스크 동기화가 설정되지 않은 경우)였다면 비정상 종료 후 다시 MySQL을 구동시켰을 때, 소스 서버와의 복제 동기화가 실패할 수 있다. 대표적으로는 "Duplicate key"와 같은 에러가 발생해서 복제가 중단되는 경우를 들 수 있다. 이렇게 복제 진행에 문제가 발생하면 일반적으로 레플리카 서버를 백업된 데이터로 재구축하는데, 이때 이 레플리카 서버가 속해 있는 복제 구성에 또다른 레플리카 서버가 존재하지 않는다면 소스 서버는 레플리카 서버가 복구될 때까지 예비 서버 없이 운영돼야 한다. 만약 데이터 크기가 매우 크다면 레플리카 서버가 완전히 복구되는 데 오랜 시간이 소요될 것이며, 복구되는 동안 운 나쁘게 소스 서버에도 장애가 발생하는 경우 서비스가 중단될 수도 있다.

MySQL에서는 이처럼 MySQL이 비정상 종료된 후 재구동됐을 때도 복제가 원활하게 재개될 수 있게 여러 설정을 제공하며, 이를 통해 사용자는 서버 장애 이후에도 MySQL에서 문제없이 복제가 진행되는 크래시 세이프 복제(Crash-safe Replication)를 실현할 수 있다. MySQL의 크래시 세이프 복제는 단순히 어떤 옵션 하나를 활성화해서 적용하는 기능이 아니라 여러 가지 복제 관련 옵션들을 복제 사용 형태에 따라 적절히 설정했을 때 얻게 되는 효과라 할 수 있다. 여기서는 그러한 옵션들을 어떻게 설정해야 크래시 세이프 복제가 될 수 있는지 살펴보겠다. 그전에 서버에 장애가 발생했을 때 복제가 왜 실패하게 되는지부터 먼저 간단히 살펴보자.

16.7.3.1 서버 장애와 복제 실패

MySQL의 복제는 그림 16.33과 같이 레플리케이션 I/O 스레드와 SQL 스레드가 협업해서 소스 서버와의 데이터 동기화를 수행한다. I/O 스레드는 소스 서버로부터 바이너리 로그 이벤트를 네트워크를 통해 가져온 후 레플리카 서버의 로컬 디스크에 파일로 저장하는 역할을 담당하며, SQL 스레드는 I/O 스레드가 가져온 바이너리 로그 이벤트를 실제 MySQL 서버에서 재실행하는 역할을 담당한다. 이 과정에서 I/O 스레드와 SQL 스레드는 각각 자신이 어느 시점까지의 바이너리 로그를 가져왔는지, 어느 트랜잭션까지 재실행했는지에 대한 포지션 정보를 남기며, MySQL 서버가 종료됐다가 다시 실행되면 이 포지션 정보들을 참조해서 복제를 어느 시점부터 다시 시작해야 할지를 판단하게 된다.

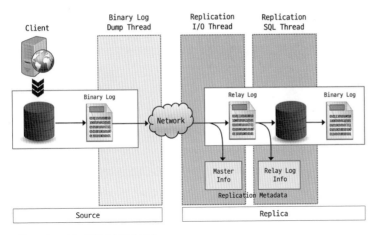

그림 16.33 MySQL의 복제 동기화 과정

I/O 스레드와 SQL 스레드의 실행 포지션 정보는 `master_info_repository`, `relay_log_info_repository`
시스템 변수들에 설정된 값에 따라 `FILE` 또는 `TABLE` 형태로 관리되며, `FILE`로 설정하면 MySQL의 데
이터 디렉터리에서 `master.info`와 `relay-log.info`라는 파일에 저장되고 `TABLE`로 설정하면 MySQL의
`mysql` 데이터베이스 내 `slave_master_info`, `slave_relay_log_info` 테이블에 각각의 데이터가 저장된다.
MySQL 5.5 버전까지는 이 두 포지션 정보가 모두 `FILE` 형태로만 관리될 수 있었으며, `FILE` 형태의 경
우 각 스레드가 동작할 때 실제 자신이 처리 중인 내용과 포지션 정보를 원자적으로 동기화된 상태로
관리할 수 없었다. 따라서 MySQL 서버가 비정상 종료하는 경우 처리한 내역과 포지션 정보 간에 불일
치가 발생할 수 있었다.

- I/O 스레드가 릴레이 로그에 이벤트를 기록한 후 아직 포지션 정보 파일에 업데이트를 하지 않은 상태에서 MySQL
  이 비정상 종료되면 MySQL을 재구동할 때 릴레이 로그에 동일한 이벤트가 기록될 수 있다.

- SQL 스레드가 릴레이 로그에 기록된 트랜잭션을 커밋한 후 아직 포지션 정보 파일에 업데이트를 하지 않은 상태에
  서 MySQL이 비정상 종료되면 MySQL을 재구동할 때 동일한 트랜잭션이 재실행될 수 있다.

이러한 불일치로 인해 흔히 겪는 "Duplicate key" 에러가 발생하는 것이다. 이 에러는 동일한 `INSERT`
쿼리가 두 번 실행됐을 때 발생할 수 있는데, 불일치 상황에 따라 다양한 에러가 발생할 수 있으며 최악
의 경우에는 에러 없이 데이터가 잘못될 수도 있다.

MySQL 5.6 버전부터는 이 포지션 정보들을 `TABLE` 형태로도 관리할 수 있게 됐다. `TABLE`로 관리하는 경
우 InnoDB 엔진을 사용하므로 SQL 스레드가 트랜잭션 적용과 포지션 정보 업데이트를 한 트랜잭션
으로 묶어 원자적으로 처리할 수 있게 됐다. 즉, 다음과 같은 형태로 처리된다고 할 수 있다.

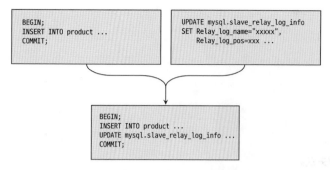

그림 16.34 트랜잭션 적용과 포지션 정보 갱신을 원자적으로 처리하는 SQL 스레드

이 덕분에 MySQL이 비정상적으로 종료됐을 때 포지션 불일치로 인해 SQL 스레드가 동일한 쿼리를 재실행하는 문제는 방지할 수 있게 됐다. 그러나 I/O 스레드는 포지션 정보를 TABLE 형태로 관리한다 하더라도 릴레이 로그 파일에 이벤트를 쓰는 작업과 포지션 정보를 업데이트하는 작업이 SQL 스레드 처럼 원자적으로 처리될 수 없어 여전히 불일치 문제가 발생할 가능성이 있었다.

I/O 스레드의 포지션 불일치 문제는 relay_log_recovery 옵션이 도입되면서 해결됐는데, relay_log_recovery 옵션을 활성화해서 MySQL 서버를 재구동하면 MySQL 서버는 I/O 스레드의 포지션을 SQL 스레드가 마지막으로 실행했던 포지션으로 초기화하고, 새로운 릴레이 로그 파일을 생성해서 SQL 스레드가 읽어야 할 릴레이 로그 포지션 위치를 초기화한다. 이 과정으로 인해 MySQL 서버는 비정상적으로 종료되기 전 마지막에 실행했던 트랜잭션 이후로 다시 정상적인 복제를 시작할 수 있다.

크래시 세이프 복제를 위해 MySQL 서버에 최소한으로 적용돼야 하는 옵션을 정리하면 다음과 같다.

```
relay_log_recovery=ON
relay_log_info_repository=TABLE
```

relay_log_recovery 옵션은 동적으로 변경할 수 없는 옵션으로 MySQL 서버를 구동할 때 커맨드 라인 이나 설정 파일에 명시해야 한다. 또한 MySQL 8.0에서는 기본적으로 relay_log_info_repository 옵션 값이 TABLE이므로 군이 사용자가 이처럼 명시적으로 설정하지 않아도 TABLE 값으로 적용된다는 점을 참 고하자.

그리고 여기서 한 가지 유념해야 할 점은 위 설정은 MySQL 서버의 비정상 종료에만 크래시 세이프한 것이지 서버 장비 또는 운영체제(리눅스나 윈도우)가 비정상 종료되는 경우에는 무용지물일 수 있다는 점이다. 장비 또는 운영체제 크래시가 발생하면, 경우에 따라 데이터 파일 자체가 손상되어 MySQL이 아예 구동조차 될 수 없는 상황이 발생할 수 있기 때문이다. 물론 운영체제 크래시가 발생했지만 MySQL 서버가 정상적으로 재구동되고, 위 설정으로 인해 복제도 정상적으로 재개될 수도 있다. 그러나 이 같은 상황이 항상 가능한 것은 아니므로 크래시 세이프 복제를 설정하더라도 운영체제 크래시에는 보장될 수 없음을 인지하고 있어야 한다.

16.7.3.2 복제 사용 형태별 크래시 세이프 복제 설정

MySQL 복제는 사용자가 설정한 내용에 따라 복제 타입 및 동기화 방식이 다르며, 그에 따라 크래시 세이프 복제 설정도 조금씩 달라질 수 있다. 여기서는 복제 방식을 크게 네 가지로 나누어 각 방식에서의 크래시 세이프 복제 설정을 살펴보겠다.

16.7.3.2.1 바이너리 로그 파일 위치 기반 복제 + 싱글 스레드 동기화

바이너리 로그 파일 위치 기반이면서 싱글 스레드로 복제 동기화가 처리되는 복제 형태에서는 다음과 같이 옵션을 설정했을 때 크래시 세이프 복제가 된다.

```
relay_log_recovery=ON
relay_log_info_repository=TABLE
```

앞서 언급한 최소 옵션 설정 셋과 동일하며, MySQL 서버만 비정상으로 종료됐을 경우에 한해 복제가 정상적으로 재개될 수 있다.

16.7.3.2.2 바이너리 로그 파일 위치 기반 복제 + 멀티 스레드 동기화

바이너리 로그 파일 위치 기반이면서 멀티 스레드로 복제 동기화가 처리되는 복제 형태에서는 레플리카 서버에서 복제된 트랜잭션들의 커밋 순서가 소스 서버에서와 동일하도록 설정됐는지 여부에 따라 크래시 세이프 복제를 위한 옵션 셋이 달라진다.

소스 서버와 트랜잭션 커밋 순서 일치 여부	크래시 세이프 복제 설정
커밋 순서 일치 ## 레플리카 서버가 다음과 같이 설정된 경우를 의미 slave_parallel_type=LOGICAL_CLOCK slave_preserve_commit_order=1	relay_log_recovery=ON relay_log_info_repository=TABLE

소스 서버와 트랜잭션 커밋 순서 일치 여부	크래시 세이프 복제 설정
커밋 순서 불일치 ## 레플리카 서버가 다음과 같이 설정된 경우를 의미 slave_parallel_type=DATABASE ## 또는 slave_parallel_type=LOGICAL_CLOCK slave_preserve_commit_order=0	relay_log_recovery=ON relay_log_info_repository=TABLE sync_relay_log=1

레플리카 서버에서 트랜잭션의 커밋 순서가 소스 서버와 일치하도록 설정된 경우에는 최소 옵션 셋으로만 설정해도 크래시 세이프 복제가 된다. 그러나 커밋 순서가 일치하지 않는 경우에는 "sync_relay_log=1" 옵션을 추가로 함께 설정해야 크래시 세이프한 복제가 될 수 있다. sync_relay_log는 MySQL의 릴레이 로그를 디스크와 얼마나 자주 동기화할 것인지 제어하는 옵션으로, 0으로 설정되면 MySQL에서는 동기화를 하지 않고 운영체제 설정에 따라 동기화가 수행된다. 0보다 크게 설정하는 경우 릴레이 로그에 지정된 수만큼 이벤트가 기록됐을 때 디스크와 동기화한다. sync_relay_log 옵션의 기본값은 10000이며, 만약 1이 아닌 0이나 1 이상의 값을 사용하면 MySQL 서버가 비정상적으로 종료됐을 때 미처 디스크에 동기화되지 못한 릴레이 로그의 내용이 유실될 수 있으며, 이로 인해 MySQL 서버가 다시 구동됐을 때 복제가 실패할 수 있다. 그 이유는 바로 멀티 스레드로 동기화될 때 발생할 수 있는 트랜잭션 갭(Gap) 때문이다.

트랜잭션 갭은 멀티 스레드 복제에서 병렬 처리로 인해 트랜잭션들이 순서대로 처리되지 않아 일시적으로 발생하는 트랜잭션들 간의 간격을 의미한다. 복제에서 멀티 스레드 동기화를 사용하는 경우 relay_log_recovery가 활성화돼 있는 MySQL에서는 재구동 시 트랜잭션 갭을 메우는 작업이 이뤄진다. 이는 SQL 스레드의 마지막 실행 포지션을 값을 구해 I/O 스레드의 포지션을 해당 값으로 초기화하기 위해서다. 이때 MySQL에서 기존 릴레이 로그 파일을 참조하게 되는데, MySQL 서버의 비정상 종료가 발생할 경우 sync_relay_log가 1로 설정되지 않았다면 릴레이 로그에서 이벤트가 유실될 수 있으며, 이로 인해 갭을 메우는 작업이 실패하고 복제를 연결할 수 없게 되는 것이다.

예를 들어, 소스 서버에서 T1, T2, T3, T4, T5 순서로 트랜잭션이 그룹 커밋되어 레플리카 서버에서 이 다섯 개의 트랜잭션이 멀티 스레드에 의해 동시에 실행된다고 가정해보자. 이때 T1, T3, T5는 먼저 커밋됐고 T2와 T4가 아직 커밋되지 않았으며, 릴레이 로그는 T3까지만 디스크와 동기화된 상태라고 하면 그림 16.35와 같을 것이다.

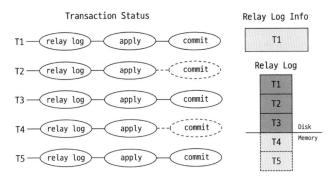

그림 16.35 갭이 발생할 수 있는 멀티 스레드 복제 시나리오

이때 MySQL 서버의 비정상 종료가 발생하면 디스크와 동기화되지 않은 T4와 T5는 릴레이 로그 파일에 적히지 않게 된다. 이후 서버가 재시작되어 MySQL이 "relay_log_recovery=ON" 설정으로 재구동되면 갭을 메우기 위해 T2와 T4를 적용하려고 하는데 릴레이 로그에는 T4가 존재하지 않으므로 실패하게 된다.

sync_relay_log 옵션이 1이면 이벤트가 릴레이 로그에 기록될 때마다 디스크에도 동기화가 처리되므로 MySQL이 비정상적으로 종료되더라도 릴레이 로그에서 이벤트 손실을 최소화할 수 있게 된다. 하지만 이처럼 설정했을 때 디스크에 부하를 주게 되며 MySQL에서 복제 시 성능이 저하될 수 있음에 유의해야 한다. 따라서 멀티 스레드 복제를 사용할 때는 LOGICAL_CLOCK 방식을 사용하고, slave_preserve_commit_order 옵션을 1로 설정해서 트랜잭션 갭이 발생하지 않게 함으로써 "sync_relay_log=1" 설정 없이도 크래시 세이프한 복제가 될 수 있게 하는 것을 권장한다.

16.7.3.2.3 GTID 기반 복제 + 싱글 스레드 동기화

GTID 기반이면서 싱글 스레드로 복제 동기화가 처리되는 복제 형태에서는 mysql.gtid_executed 테이블 데이터가 복제된 트랜잭션이 적용될 때마다 매번 함께 갱신되는지 여부에 따라 크래시 세이프 복제를 위한 옵션 셋이 달라진다.

• gtid_executed 테이블 데이터가 매 트랜잭션 적용 시 갱신되는 경우

```
relay_log_recovery=ON
## -------------------------
## 복제 AUTO_POSITION 활성화
## -------------------------
```

```
##  MySQL 8.0.23 미만 버전
MASTER_AUTO_POSITION=1
##  MySQL 8.0.23 이상 버전
SOURCE_AUTO_POSITION=1
```

- gtid_executed 테이블 데이터가 매 트랜잭션 적용 시 갱신되지 않는 경우

```
relay_log_recovery=ON
## --------------------------
## 복제 AUTO_POSITION 활성화
## --------------------------
##  MySQL 8.0.23 미만 버전
MASTER_AUTO_POSITION=1
##  MySQL 8.0.23 이상 버전
SOURCE_AUTO_POSITION=1
## --------------------------
sync_binlog=1
innodb_flush_log_at_trx_commit=1
```

GTID 기반 복제에서는 "SOURCE_AUTO_POSITION=1"(또는 "MASTER_AUTO_POSITION=1") 옵션을 사용하는데, 이 경우 복구 시 mysql.slave_relay_log_info 테이블이 아닌 mysql.gtid_executed 테이블 데이터를 참조한다. 이는 SQL 스레드가 마지막으로 적용한 트랜잭션의 GTID를 얻기 위함이며, 따라서 앞의 크래시 세이프한 복제 설정에 "relay_log_info_repository=TABLE" 옵션이 제외된 것이다.

여기서 중요한 점은 gtid_executed 테이블이 매 트랜잭션이 적용될 때마다 항상 함께 갱신돼야 정상적으로 복제가 복구될 수 있다는 것이다. gtid_executed 테이블 데이터는 MySQL 8.0.17 버전부터는 기본적으로 매 트랜잭션 적용 시 함께 갱신된다. 그러나 MySQL 8.0.17 미만의 버전에서는 MySQL 서버 설정에 따라 달라진다. gtid_executed 테이블의 데이터 갱신에 대한 자세한 내용은 16.3.2.2절 '글로벌 트랜잭션 아이디'를 참고하자. 만약 gtid_executed 테이블 데이터가 매 트랜잭션이 적용될 때마다 갱신되지 않는다면 MySQL 서버의 바이너리 로그를 통해 gtid_executed 테이블에는 누락된 트랜잭션들의 GTID들을 복구해야 한다. 따라서 크래시 세이프한 복제를 위해서는 레플리카 서버에 "sync_binlog=1" 옵션과 "innodb_flush_log_at_trx_commit=1" 옵션이 반드시 설정돼 있어야 한다.

16.7.3.2.4 GTID 기반 복제 + 멀티 스레드 동기화

GTID 기반이면서 멀티 스레드로 복제 동기화가 처리되는 복제 형태에서 크래시 세이프한 복제 설정은 싱글 스레드로 동기화되는 경우와 동일하다.

• gtid_executed 테이블 데이터가 매 트랜잭션 적용 시 갱신되는 경우

```
relay_log_recovery=ON
## -------------------------
## 복제 AUTO_POSITION 활성화
## -------------------------
##  MySQL 8.0.23 미만 버전
MASTER_AUTO_POSITION=1
##  MySQL 8.0.23 이상 버전
SOURCE_AUTO_POSITION=1
```

• gtid_executed 테이블 데이터가 매 트랜잭션 적용 시 갱신되지 않는 경우

```
relay_log_recovery=ON
## -------------------------
## 복제 AUTO_POSITION 활성화
## -------------------------
##  MySQL 8.0.23 미만 버전
MASTER_AUTO_POSITION=1
##  MySQL 8.0.23 이상 버전
SOURCE_AUTO_POSITION=1
## -------------------------
sync_binlog=1
innodb_flush_log_at_trx_commit=1
```

다만 한 가지 유의할 점은 멀티 스레드 복제인 경우 앞에서 얘기한 것처럼 MySQL 서버가 비정상적으로 종료된 후 "relay_log_recovery=ON" 설정으로 재구동 시 트랜잭션 갭을 메우는 작업이 수행된다는 점이다. 하지만 이는 SOURCE_AUTO_POSITION(또는 MASTER_AUTO_POSITION) 옵션을 사용하는 GTID 기반 복제에서는 사실 불필요한 작업이다. 그러나 이러한 작업은 SOURCE_AUTO_POSITION(또는 MASTER_AUTO_POSITION) 옵션의 사용 여부와 관계없이 실행돼서 MySQL 크래시가 발생해 릴레이 로그에 이벤트가 손실되면 앞서 언급한 것과 동일하게 복구 작업 시 갭 메우기 작업이 실패하면서 복제 연결이 실패하는 경우가 있었다. 그래서 MySQL 8.0.18/5.7.28 버전부터는 GTID 기반이면서 SOURCE_AUTO_POSITION(또

는 `MASTER_AUTO_POSITION`) 옵션을 사용하는 경우에 대해서는 이러한 작업이 자동으로 생략되도록 코드가 수정됐다. MySQL 8.0.18/5.7.28 미만의 버전에서는 여전히 이 같은 문제가 발생할 수 있는데, 그러한 경우 다음과 같이 처리함으로써 복제를 정상적으로 재개할 수 있다.

```
mysql_Replica> STOP SLAVE; RESET SLAVE; START SLAVE;
```

16.7.4 필터링된 복제(Filtered Replication)

MySQL 복제에서는 소스 서버의 특정 이벤트들만 레플리카 서버에 적용될 수 있도록 필터링 기능을 제공한다. 필터링의 주체는 소스 서버와 레플리카 서버 둘 다 될 수 있으며, 사용자는 레플리카 서버에서 좀 더 다양한 형태의 필터링을 사용할 수 있다. 소스 서버에서는 발생한 이벤트들 중 특정 이벤트들만 바이너리 로그에 기록하거나 혹은 기록하지 않음으로써 복제에서 이벤트가 필터링될 수 있게 한다. 소스 서버에서의 필터링은 데이터베이스 단위로만 가능하며, 사용자는 다음 두 옵션들을 사용해 MySQL 서버에서 특정 데이터베이스에 대한 이벤트들만 바이너리 로그에 기록되게 하거나 혹은 기록되지 않게끔 설정할 수 있다.

- `binlog-do-db`
  바이너리 로그에 기록할 데이터베이스명을 지정한다. 이 옵션에 지정된 데이터베이스에 대한 이벤트들만 바이너리 로그에 기록된다.

- `binlog-ignore-db`
  binlog-do-db 옵션과는 상반되는 옵션으로, 바이너리 로그에 기록하지 않을 데이터베이스명을 지정한다. 이 옵션에 지정된 데이터베이스에 대한 이벤트들은 바이너리 로그에 기록되지 않는다.

두 옵션은 MySQL 서버를 시작할 때 커맨드 라인이나 설정 파일에 지정해서 사용 가능하며, MySQL 서버를 구동하는 중에는 동적으로 값을 변경할 수 없고 재시작을 통해서만 변경할 수 있다. 옵션에 설정한 값은 다음과 같이 SHOW MASTER STATUS 명령을 통해 적용된 내용을 확인할 수 있다.

```
-- // my.cnf 파일 설정
[mysqld]
binlog-do-db=production
binlog-ignore-db=test

-- // 설정된 내용 확인
mysql_Source> SHOW MASTER STATUS;
```

```
+------------------+----------+-------------+----------------+------------------+
| File             | Position | Binlog_Do_DB | Binlog_Ignore_DB | Executed_Gtid_Set |
+------------------+----------+-------------+----------------+------------------+
| mysql-bin.000008 |      415 | production  | test           |                  |
+------------------+----------+-------------+----------------+------------------+
```

> **주의**
>
> binlog-do-db 또는 binlog-ignore-db 옵션에 여러 개의 데이터베이스를 지정하는 경우 쉼표(,)를 사용해 하나의 옵션에 데이터베이스들을 나열하는 것이 아니라 다음과 같이 각 데이터베이스별로 옵션을 중복해서 명시해야 정상적으로 동작한다.
>
> ```
> [mysqld]
> binlog-do-db=db1
> binlog-do-db=db2
> ```

레플리카 서버에서는 소스 서버에서보다 훨씬 더 유연한 형태로 필터링 설정이 가능하며, MySQL 서버를 재시작하지 않고 동적으로 필터링 설정을 변경할 수도 있다. 레플리카 서버에서의 필터링은 릴레이 로그에 저장된 이벤트들을 실행하는 시점에 적용된다. 즉, 소스 서버로부터 이벤트를 가져올 때 미리 필터링해서 이벤트들을 가져오는 것이 아니라 일단 모든 이벤트들을 가져온 다음 이벤트를 실행할 때 필터링을 적용하는 것이다. 사용자는 레플리카 MySQL 서버를 시작할 때 커맨드 라인 혹은 설정 파일에 옵션을 지정하거나 현재 레플리카 MySQL 서버가 구동 중인 상태에서 CHANGE REPLICATION FILTER 구문을 사용해 복제 필터링을 설정할 수 있다. 커맨드 라인이나 설정 파일에 지정할 수 있는 필터링 옵션들은 CHANGE REPLICATION FILTER 구문에서도 모두 설정 가능하다. 각 옵션들이 무엇인지 CHANGE REPLICATION FILTER 구문을 사용하는 방식을 통해 자세히 살펴보겠다.

CHANGE REPLICATION FILTER 구문은 다음과 같은 포맷을 가진다. CHANGE REPLICATION FILTER 구문에서 FOR CHANNEL 옵션을 사용해 지정한 복제 필터링 옵션을 멀티 소스 복제 구성에서 각 복제 채널별로 적용할 수도 있는데, 만약 FOR CHANNEL 옵션을 명시하지 않은 경우에는 설정된 필터링 옵션들이 전체 복제 채널에 적용된다.

```
CHANGE REPLICATION FILTER filter[, filter, ...] [FOR CHANNEL channel_name]

filter:
  REPLICATE_DO_DB = (db_name[, db_name, ...])
```

```
REPLICATE_IGNORE_DB = (db_name[, db_name, ...])
REPLICATE_DO_TABLE = (db_name.table_name[, db_name.table_name, ...])
REPLICATE_IGNORE_TABLE = (db_name.table_name[, db_name.table_name, ...])
REPLICATE_WILD_DO_TABLE = ('db_pattern.table_pattern'[, 'db_pattern.table_pattern', ...])
REPLICATE_WILD_IGNORE_TABLE = ('db_pattern.table_pattern'[, 'db_pattern.table_pattern', ...])
REPLICATE_REWRITE_DB = ((from_db, to_db)[, (from_db, to_db), ...])
```

표 16.5는 CHANGE REPLICATION FILTER 구문에서 사용 가능한 필터링 옵션에 대한 간단한 설명과 이에 상
응하는 커맨드 라인 및 설정 파일 옵션이다.

표 16.5 CHANGE REPLICATION FILTER 구문에서 사용 가능한 필터링 옵션 목록

옵션	커맨드 라인 및 설정 파일 옵션	설명
REPLICATE_DO_DB	replicate-do-db	복제 대상 데이터베이스를 지정한다.
REPLICATE_IGNORE_DB	replicate-ignore-db	복제에서 제외할 데이베이스를 지정한다
REPLICATE_DO_TABLE	replicate-do-table	복제 대상 테이블을 지정한다.
REPLICATE_IGNORE_TABLE	replicate-ignore-table	복제에서 제외할 테이블을 지정한다
REPLICATE_WILD_DO_TABLE	replicate-wild-do-table	복제 대상 테이블을 와일드카드(%) 패턴을 사용해 지정한다.
REPLICATE_WILD_IGNORE_TABLE	replicate-wild-ignore-table	복제에서 제외할 테이블을 와일드카드(%) 패턴을 사용해 지정한다.
REPLICATE_REWRITE_DB	replicate-rewrite-db	특정 데이터베이스에 대한 이벤트들을 지정한 데이터베이스로 치환해서 적용한다.

CHANGE REPLICATION FILTER 구문을 사용해 복제 필터링을 적용하려면 복제를 시작하기 전 해당 구문을
실행하거나 혹은 복제가 이미 시작된 상태라면 STOP REPLICA SQL_THREAD(또는 STOP SLAVE SQL_THREAD)
명령을 먼저 실행해 레플리케이션 SQL 스레드를 멈춘 후 CHANGE REPLICATION FILTER 구문을 실행한 다
음 START REPLICA SQL_THREAD(또는 START SLAVE SQL_THREAD) 명령으로 다시 SQL 스레드를 재시작하면
필터링이 적용된다.

> **참고**
> CHANGE REPLICATION FILTER 구문을 통해 설정된 필터링은 MySQL 서버가 재시작되면 전부 초기화된다. 따
> 라서 MySQL 서버를 재시작할 때도 필터링 설정을 유지하려면 설정 파일에 옵션을 추가해두거나 MySQL 서버 시작
> 커맨드 라인 명령에 옵션이 항상 명시될 수 있도록 설정해둬야 한다.

사용자는 CHANGE REPLICATION FILTER 구문에서 다음과 같이 여러 필터 옵션들을 쉼표(,)로 구분해서 함께 설정할 수 있다.

```
CHANGE REPLICATION FILTER
    REPLICATE_DO_DB=(db1, db2), REPLICATE_IGNORE_DB=(db3, db4);
```

만약 동일한 필터링 옵션이 한 구문에서 여러 번 명시된 경우 마지막에 명시된 설정이 적용된다.

```
CHANGE REPLICATION FILTER
    REPLICATE_DO_DB=(db1), REPLICATE_DO_DB=(db2), REPLICATE_DO_DB=(db3);
= CHANGE REPLICATION FILTER
    REPLICATE_DO_DB=(db3);
```

주의 커맨드 라인 혹은 설정 파일에서 replicate-* 옵션을 사용해 필터링을 적용하는 경우 동일한 옵션을 여러 번 명시했을 때 마지막으로 명시된 설정만 적용되는 것이 아니라 명시된 모든 옵션이 필터링 설정에 등록된다. CHANGE REPLICATION FILTER 구문에서와는 다르게 동작하므로 주의해야 한다.

다음과 같이 와일드카드(%) 특수문자를 사용해서 지정된 패턴에 매칭되는 데이터베이스 혹은 테이블들에 대해 복제를 수행하거나 혹은 무시하도록 설정할 수도 있다. 특수문자가 사용되므로 설정하려는 값은 반드시 따옴표로 감싸야 한다.

```
CHANGE REPLICATION FILTER
    REPLICATE_WILD_DO_TABLE = ('db1.product%','db2.order%');
```

```
CHANGE REPLICATION FILTER
    REPLICATE_WILD_IGNORE_TABLE = ('db1.log%', 'db2.log%');
```

사용자는 CHANGE REPLICATION FILTER 구문으로 단순히 이벤트를 필터링하는 것뿐만 아니라 복제된 이벤트를 이벤트가 발생한 원래의 데이터베이스가 아닌 다른 데이터베이스에 적용하도록 설정할 수 있다. 다음 예시와 같이 REPLICATE_REWRITE_DB 옵션을 사용해 필터링 구문을 실행하면 소스 서버의 db1 데이터베이스에서 발생한 이벤트들은 레플리카 서버에서 db2 데이터베이스에 적용된다. 다른 옵션들과 마찬가지로 여러 값으로 설정할 수도 있는데, 치환해서 적용할 여러 데이터베이스 쌍들을 나열하면 된다. REPLICATE_REWRITE_DB 옵션이 설정되면 다른 필터링 옵션들이 설정돼 있다고 하더라도 제일 우선적으로 적용된다.

```
-- // 서로 치환될 데이터베이스 쌍이 하나일 때
CHANGE REPLICATION FILTER
    REPLICATE_REWRITE_DB = ((db1, db2));

-- // 서로 치환될 데이터베이스 쌍이 여러 개일 때
CHANGE REPLICATION FILTER
    REPLICATE_REWRITE_DB = ((db1, db3), (db2, db4));
```

이미 설정된 복제 필터링 옵션들을 해제하려면 CHANGE REPLICATION FILTER 구문에 다음과 같이 해제하고자 하는 필터링 옵션들을 명시적으로 빈 값으로 설정해서 실행하면 된다. 구문에 명시된 필터링 옵션들 외에 다른 필터링 옵션들이 적용돼 있는 경우 해당 옵션들의 설정 값은 그대로 유지된다.

```
CHANGE REPLICATION FILTER
    REPLICATE_DO_DB = (), REPLICATE_IGNORE_DB = ();
```

CHANGE REPLICATION FILTER 구문 혹은 replicate-* 옵션들을 사용해 설정한 필터링은 SHOW REPLICA STATUS(또는 SHOW SLAVE STATUS) 명령의 결과에서 확인할 수 있다.

```
-- // MySQL 8.0.22 미만 버전
mysql_Replica> SHOW SLAVE STATUS \G
-- // MySQL 8.0.22 이상 버전
mysql_Replica> SHOW REPLICA STATUS \G
*************************** 1. row ***************************
              Replica_IO_State: Waiting for master to send event
                   Source_Host: source_server
                   Source_User: repl_user
                   Source_Port: 3306
                          ...
                Replicate_Do_DB: db1,db2
            Replicate_Ignore_DB: db3
             Replicate_Do_Table: db1.t1
         Replicate_Ignore_Table: db2.t2
        Replicate_Wild_Do_Table: db1.test%
    Replicate_Wild_Ignore_Table: db1.log%,db2.log%
                      Last_Errno: 0
                      Last_Error:
```

```
              ...
    Replicate_Rewrite_DB: (db101,db1)
              ...
```

복제 필터링이 적용된 레플리카 서버에서는 복제된 이벤트 실행 시 먼저 데이터베이스 수준으로 설정된 필터링 옵션들을 바탕으로 1차적으로 필터링하고, 그다음 테이블 수준으로 설정된 필터링 옵션들을 체크해서 최종적으로 이벤트의 적용 여부를 결정하게 된다. 데이터베이스 수준의 필터링 옵션들의 경우 복제되어 넘어온 이벤트의 바이너리 로그 포맷에 따라 같은 이벤트라도 필터링 처리 결과가 달라질 수 있음을 유의해야 한다. 바이너리 로그 포맷별로 해당 이벤트가 속한 데이터베이스를 식별하는 방식이 다르기 때문이다.

이벤트가 Statement 포맷인 경우에는 USE 문에 의해 지정된 디폴트 데이터베이스를 바탕으로 필터링이 적용된다. Row 포맷인 경우 DML 이벤트들은 변경된 테이블이 속한 데이터베이스를 바탕으로 필터링이 적용되며, DDL 이벤트들은 Row 포맷일지라도 Statement 포맷으로 로깅되므로 마찬가지로 USE 문에 의해 지정된 디폴트 데이터베이스가 필터링 기준이 된다. 예를 들어, 소스 서버에서 다음과 같은 쿼리들이 실행됐다고 가정해보자.

```
USE db1;
CREATE TABLE t1 ( ... );
UPDATE db2.t3 SET ... ;
```

그리고 레플리카 서버에 적용된 복제 필터링 옵션들은 다음과 같다.

```
replicate-ignore-db=db1
replicate-do-table=db2.t3
```

첫 번째 쿼리인 CREATE TABLE 문은 앞서 USE 문으로 지정된 데이터베이스인 db1에 테이블을 생성하며, UPDATE 문은 업데이트 대상 테이블 앞에 지정된 데이터베이스가 db2이므로 db2 데이터베이스의 t3 테이블에 업데이트를 실행한다. 레플리카 서버에서 db1 데이터베이스에 대한 이벤트들은 적용되지 않도록 필터링 옵션이 적용돼 있으므로 CREATE TABLE 문은 레플리카 서버에 적용되지 않는다. 이는 소스 서버에 지정된 바이너리 로그 포맷이 어떤 타입이든 동일하게 처리된다. 그러나 UPDATE 문은 바이너리 로그 포맷에 따라 다르게 처리된다.

소스 서버가 Row 포맷을 사용하고 있는 경우 레플리카 서버에서는 UPDATE 문에 대해 실제 t3 테이블이 존재하는 데이터베이스인 db2로 필터링을 체크하므로 레플리카 서버에 적용된 "replicate-ignore-db=db1" 필터링은 적용되지 않는다. 그 이후 체크하는 "replicate-do-table=db2.t3" 필터링 옵션에는 UPDATE 문이 해당되므로 레플리카 서버는 최종적으로 UPDATE 문을 실행한다.

소스 서버가 Statement 포맷을 사용하고 있는 경우 UPDATE 문에 대해 USE 문으로 지정된 디폴트 데이터베이스를 바탕으로 필터링을 체크하게 되며 UPDATE 문 이전에 USE 문으로 지정된 데이터베이스는 db1이므로 레플리카 서버에서는 설정된 "replicate-ignore-db=db1" 필터링 옵션에 따라 해당 UPDATE 문은 실행하지 않고 무시하게 된다. 이미 데이터베이스 수준의 필터링에서 이벤트 실행 여부가 결정됐으므로 테이블 수준의 필터링 설정인 "replicate-do-table=db2.t3" 옵션은 아예 체크되지 않는다.

이처럼 바이너리 로그 포맷에 따라 데이터베이스 식별 방식이 달라지므로 사용자가 예상했던 것과는 다르게 필터링이 처리될 수 있다. 특히 예시의 UPDATE 문처럼 쿼리에서 지정한 데이터베이스(db2)가 USE 문으로 설정한 디폴트 데이터베이스(db1)와 일치하지 않는 경우에 이처럼 다른 필터링 결과를 초래하므로 사용자는 데이터베이스 수준의 필터링 옵션을 사용할 때 MySQL 서버에 설정된 바이너리 로그 포맷이 무엇인지와 더불어 데이터베이스를 직접 명시해서 사용하는 쿼리가 있는지 반드시 사전에 확인해야 한다. 또한 테이블 수준의 필터링 옵션을 사용하는 경우에도 복제 대상 테이블과 복제 제외 대상 테이블을 함께 변경하는 형태의 쿼리를 사용하는 경우에는 바이너리 로그 포맷에 따라 필터링 결과가 달라질 수 있으므로 주의해야 한다.

따라서 사용자는 레플리카 서버에서 필터링 처리가 일관될 수 있도록 다음과 같은 방식으로 쿼리를 사용해야 한다.

- ROW 포맷 사용 시

  DDL문에 대해 USE 문을 사용해 디폴트 데이터베이스가 설정되게 하고 쿼리에서 데이터베이스명을 지정하지 않는다.

- STATEMENT 또는 MIXED 포맷 사용 시

  DML 및 DDL문 모두 USE 문을 사용해 디폴트 데이터베이스가 설정되게 하고 쿼리에서 데이터베이스명을 지정하지 않는다. 또한 복제 대상 테이블과 복제 제외 대상 테이블을 모두 변경하는 DML을 사용하지 않는다.

> **참고**   소스 서버에서 binlog-do-db 또는 binlog-ignore-db 옵션을 사용해서 이벤트를 필터링하는 경우 마찬가지로 바이너리 로그 포맷에 따라 동일한 형태의 쿼리라도 필터링 처리 결과가 달라질 수 있으므로 주의해야 한다.

17

InnoDB 클러스터

사용자는 MySQL의 복제 기능을 사용해 서비스의 고가용성을 실현할 수 있지만 단순히 현재 사용 중인 MySQL 서버들을 소스-레플리카 구조의 복제 형태로 구성해놓는다고 해서 고가용성이 실현되는 것은 아니다. 소스 서버에서 장애가 발생했을 때 레플리카 서버가 자동으로 기존 소스 서버를 대체하는 새로운 소스 서버로 전환되는 것이 아니기 때문이다. MySQL 서버 자체적으로 페일오버(Failover)를 처리하는 기능을 제공하지 않으므로 사용자는 장애가 발생했을 때 레플리카 서버가 새로운 소스 서버가 될 수 있도록 일련의 작업들을 수행해야 한다. 즉, 레플리카 서버에 설정된 읽기 모드를 해제해야 하며, 스플릿 브레인(Split-Brain) 현상을 방지하기 위해 장애가 발생한 소스 서버에서 데이터 변경을 실행하지 못하도록 해야 한다. 그리고 애플리케이션 서버는 새로운 소스 서버를 바라보도록 커넥션 설정을 변경해야 한다. 이러한 작업들은 모두 수동으로 처리할 수밖에 없으며 완료되기까지 적지 않은 시간이 소요된다.

어떤 서비스든 장애가 발생한 경우 장애 시간을 최소화하는 것이 제일 중요하므로 대부분의 경우 이같은 전환 작업을 계속 수동으로 처리하기보다는 자동화하는 것을 고려하곤 한다. 따라서 MySQL 서버 장애를 감지해 자동으로 페일오버를 처리하는 프로그램을 직접 개발해서 사용하거나 혹은 서드파티(Third-party) HA 솔루션을 사용하게 되는데, 대표적인 것으로는 MMM과 MHA 그리고 Orchestrator 등이 있다. MySQL에 내장된 기능이 아닌 이렇게 별도로 개발된 솔루션을 사용하는 경우에는 해당 솔루션을 실제 사용 환경에 맞게 수정하는 작업이 필요할 수 있으며, 또한 MySQL 버전 업그레이드에 따른 지속적인 유지보수와 관리가 필요하다는 불편함이 있다. 하지만 MySQL 5.7.17 버전에서 빌트인 형태의 HA 솔루션인 InnoDB 클러스터가 도입되면서 사용자는 좀 더 쉽고 편리하게 고가용성을 실현할 수 있게 됐다. 지금부터 InnoDB 클러스터가 어떤 것이고, 어떻게 구현돼 있으며, 이를 활용해서 얻을 수 있는 이점은 무엇인지 자세히 살펴보겠다.

> **참고** MySQL 서버의 InnoDB 클러스터는 5.7 버전부터 추가됐지만 MySQL 8.0 버전에서도 계속 신규 기능들이 추가되면서 빠른 속도로 발전하고 있다. 이러한 이유로 이 책에서 소개하는 InnoDB 클러스터의 기능들은 MySQL 서버의 패치 버전별로도 많은 기능의 차이를 보인다. InnoDB 클러스터의 각 기능별로 MySQL 서버의 버전을 명시하고는 있지만 그래도 혼란스러울 것으로 보인다. 그래서 InnoDB 클러스터를 사용할 때는 가능한 한 최신 버전의 MySQL 서버를 사용할 것을 권장한다.

17.1 InnoDB 클러스터 아키텍처

InnoDB 클러스터는 단순하게 MySQL 서버 내에서 설정할 수 있는 어떤 특정한 기능이 아닌 MySQL 의 고가용성 실현을 위해 만들어진 여러 구성 요소들의 집합체다. InnoDB 클러스터를 구성하는 요소 는 다음과 같다.

- 그룹 복제(Group Replication)

  소스 서버의 데이터를 레플리카 서버로 동기화하는 기본적인 복제 역할뿐만 아니라 복제에 참여하는 MySQL 서버 들에 대한 자동화된 멤버십 관리(그룹에 새로운 멤버의 추가 및 제거 등) 역할을 담당한다.

- MySQL 라우터(MySQL Router)

  애플리케이션 서버와 MySQL 서버 사이에서 동작하는 미들웨어 프로그램으로, 애플리케이션이 실행한 쿼리를 적절 한 MySQL 서버로 전달하는 프락시(Proxy) 역할을 한다.

- MySQL 셸(MySQL Shell)

  기존 MySQL 클라이언트보다 좀 더 확장된 기능을 가진 새로운 클라이언트 프로그램으로, 기본적인 SQL문 실행뿐 만 아니라 자바스크립트 및 파이썬 기반의 스크립트 작성 기능과 MySQL 서버에 대해 클러스터 구성 등의 어드민 작업을 할 수 있게 하는 API(AdminAPI)를 제공한다.

그림 17.1은 InnoDB 클러스터의 일반적인 구성 형태로, 각 구성 요소들이 어떻게 서로 상호작용하는 지 간략하게 보여준다.

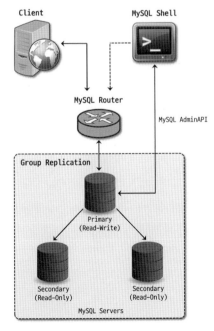

그림 17.1 InnoDB 클러스터 구조

InnoDB 클러스터에서 데이터가 저장되는 MySQL 서버들은 그룹 복제 형태로 복제가 구성되며, 각 서버는 읽기/쓰기가 모두 가능한 프라이머리(Primary) 혹은 읽기만 가능한 세컨더리(Secondary) 중 하나의 역할로 동작하게 된다. 여기서 프라이머리는 기존 MySQL 복제에서의 소스 서버라 할 수 있으며, 세컨더리는 레플리카 서버라고 할 수 있다. 그룹 복제에 설정된 모드에 따라 복제 그룹 내에서 프라이머리는 하나만 존재할 수도 있고 여러 대가 존재할 수도 있다. 그룹 복제에서는 InnoDB 스토리지 엔진만 사용될 수 있는데, 이것이 바로 "InnoDB" 클러스터라고 명명된 이유라 할 수 있다. 또한 그룹 복제를 구성할 때 고가용성을 위해 MySQL 서버를 최소 3대 이상으로 구성해야 하는데, 이는 3대로 구성했을 때부터 MySQL 서버 한 대에 장애가 발생하더라도 복제 그룹이 정상적으로 동작하기 때문이다. 이러한 부분에 대해서는 17.2절 '그룹 복제(Group Replication)'에서 자세히 살펴보겠다.

InnoDB 클러스터를 사용하는 환경에서 클라이언트는 MySQL 서버로 직접 접근해서 쿼리를 실행하는 것이 아니라 MySQL 라우터에 연결해서 쿼리를 실행한다. MySQL 라우터는 InnoDB 클러스터로 구성된 MySQL 서버들에 대한 메타데이터 정보를 지니며, 이를 바탕으로 클라이언트로부터 실행된 쿼리를 클러스터 내 적절한 MySQL 서버로 전달한다. 따라서 클라이언트는 현재 InnoDB 클러스터가 어떤 서버로 구성돼 있는지 알고 있을 필요가 없으며, 커넥션 정보에는 MySQL 라우터 서버만 설정해두면 된다.

MySQL 셸은 사용자가 손쉽게 InnoDB 클러스터를 생성하고 관리할 수 있도록 API를 제공하며, 그 외에도 InnoDB 클러스터의 상태를 확인하거나 MySQL 서버의 설정을 변경하는 것과 같은 여러 가지 기능들을 제공한다. MySQL 셸에서 InnoDB 클러스터와 관련된 작업들을 진행할 때는 InnoDB 클러스터 내 MySQL 서버에 직접 연결해 작업해야 하며, 단순히 쿼리를 실행하는 경우에는 MySQL 라우터로 연결해서 처리할 수도 있다.

InnoDB 클러스터에서는 MySQL 서버에 장애가 발생하면 그룹 복제가 먼저 이를 감지해서 자동으로 해당 서버를 복제 그룹에서 제외시키며, MySQL 라우터는 이러한 복제 토폴로지 변경을 인지하고 자신이 가진 메타데이터를 갱신해서 클라이언트로부터 실행된 쿼리가 현재 복제 그룹에서 정상적으로 동작하는 MySQL 서버로만 전달될 수 있도록 한다. 즉, 기존에는 전부 수동으로 장애 복구 처리를 해야 했던 부분들이 InnoDB 클러스터에서는 모두 자동으로 처리되며, 클라이언트에서도 MySQL에 대한 커넥션 설정 변경 등과 같은 부수적인 작업을 수행할 필요 없이 기존에 설정된 그대로 쿼리를 실행하면 되는 것이다.

InnoDB 클러스터는 MySQL에서 공식적으로 제공하는 빌트인 HA 솔루션으로, 구성 요소들 또한 MySQL에서 제공하는 것들로 전부 하나의 패키지로서 테스트되고 개발된다는 점에서 매우 큰 강점을 지닌다. 사용자가 MySQL 서버의 고가용성을 위해 별도의 HA 솔루션을 개발하거나 수정해서 사용할 필요없이 InnoDB 클러스터만 사용하면 되기 때문이다. InnoDB 클러스터에서 각 구성 요소들은 상호 유기적으로 동작해서 고가용성을 이뤄내므로 사용자는 각 구성 요소들이 어떻게 구현돼 있고 InnoDB 클러스터 내에서 어떤 역할을 하는지 명확하게 이해하고 있어야 한다. 지금부터는 각 구성 요소에 대해 하나씩 자세히 살펴보고, 최종적으로 InnoDB 클러스터를 구축하는 방법을 알아보겠다.

17.2 그룹 복제(Group Replication)

그룹 복제는 MySQL 5.7.17 버전에서 도입된 새로운 복제 방식이며, 기존 MySQL 복제 프레임워크를 기반으로 구현되어 내부적으로 Row 포맷의 바이너리 로그와 릴레이 로그, GTID를 사용한다. 이처럼 그룹 복제는 기존 MySQL 복제와 구조적으로 유사한 부분도 있지만 복제 구성 형태와 트랜잭션 처리 방식 측면에서는 완전히 다른 복제 방식이라고 할 수 있다. 기존 복제의 경우 일반적으로 소스-레플리카 형태로 구성되어 단방향으로만 복제가 이뤄지는 반면, 그룹 복제에서는 복제에 참여하는 MySQL 서버들이 하나의 복제 그룹으로 묶인 클러스터 형태를 가지며 그룹 내 서버들은 서로 통신하면서 양방향으로도 복제를 처리할 수 있다. 즉, 하나의 복제 그룹 내에서 쓰기를 처리하는 서버가 여러 대 존재할 수 있는 것이다. 앞서 언급한 것과 같이 그룹 복제에서는 각 서버들을 소스 혹은 레플리카 서버로 표현하지 않으며, "프라이머리"와 "세컨더리"라는 용어를 사용한다. 쓰기를 처리하는 서버를 프라이머리, 읽기 전용으로 동작하는 서버를 세컨더리라고 하며 그룹 복제에 참여하는 MySQL 서버들을 "그룹 멤버"라고 지칭한다.

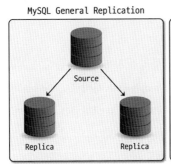

그림 17.2 MySQL의 일반적인 복제와 그룹 복제 동작 방식 비교

그룹 복제는 기존 복제와 복제 처리 방식에서도 큰 차이를 보이는데, 기존 복제에서의 복제 처리 방식을 데이터 동기화 측면에서 분류하면 비동기(Asynchronous) 방식과 반동기(Semi-Synchronous) 방식으로 나눌 수 있다. 그룹 복제는 반동기 방식이라고 할 수 있는데, 그렇다고 해서 기존 반동기 방식과 동일한 방식으로 처리되는 것은 아니다. 그림 17.3은 기존 복제의 비동기 방식과 반동기 방식, 그룹 복제에서의 복제 처리 방식을 보여준다.

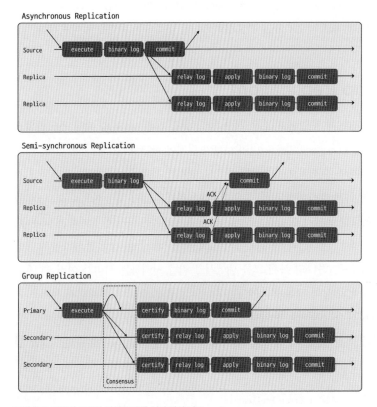

그림 17.3 데이터 동기화 방식별 복제 처리 방식 비교

기존 복제에서는 기본적으로 소스 서버에서의 트랜잭션 커밋 처리가 레플리카 서버와는 무관하게 처리되는 비동기 방식으로 동작한다. 즉, 소스 서버에서는 트랜잭션 커밋 시 레플리카 서버로도 해당 트랜잭션이 정상적으로 전달됐고 잘 적용됐는지를 확인하지 않는다. 반동기 방식은 트랜잭션을 처리할 때 소스 서버와 레플리카 사이에 확인 단계가 하나 추가된 것으로, 반동기 방식을 사용하는 경우 소스 서버에서는 트랜잭션 커밋 처리 중 레플리카 서버로 트랜잭션이 잘 전달됐는지 응답을 기다린 후 최종적으로 커밋을 처리하게 된다.

그룹 복제에서도 마찬가지로 트랜잭션에 대해 그룹 내 다른 멤버들의 응답을 확인하는 단계가 존재한다. 그룹 복제에서는 한 서버에서 트랜잭션이 커밋될 준비가 되면 트랜잭션 정보를 그룹의 다른 멤버들에 전송하고 과반수 이상의 멤버로부터 응답을 전달받으면 그때 해당 트랜잭션을 인증(Certify)하고 최종적으로 커밋 처리를 완료한다. 트랜잭션 인증은 인증 대상 트랜잭션이 이미 인증 단계를 통과한 선행 트랜잭션과 동시점에 동일한 데이터를 변경했는지 충돌 여부를 검사해서 문제없이 적용 가능한지를 확인하는 과정이다. 트랜잭션 처리에 대한 자세한 내용은 17.2.4절 '그룹 복제에서의 트랜잭션 처리'에서 살펴보겠다.

그룹 복제에서 트랜잭션 커밋을 처리할 때 만약 과반수 이상의 멤버로부터 응답을 받지 못하면 해당 트랜잭션은 그룹에 적용되지 않는다. 그룹 복제는 트랜잭션이 최초 발생한 서버에서 트랜잭션 커밋을 처리할 때 그룹의 다른 멤버들이 해당 트랜잭션을 실제로 적용했는지까지 확인하는 것은 아니라는 점에서 반동기 방식으로 분류할 수 있으나, 그림 17.3 및 앞서 설명한 처리 방식을 통해 알 수 있듯이 기존 복제의 반동기 방식과는 전혀 다른 형태로 동작한다.

또한 기존 복제의 반동기 방식은 소스 서버가 레플리카 서버로부터 응답을 못 받았다고 해서 트랜잭션이 소스 서버에서 적용되지 않는 것은 아니므로 기존 복제의 비동기와 반동기 방식 모두 복제 구성 내에서 트랜잭션은 소스 서버에서 일방적으로 적용된다고 할 수 있다. 그러나 그룹 복제에서는 그룹 내 멤버들의 응답에 따라 전체 복제 그룹에서 해당 트랜잭션의 적용 여부가 결정되므로 이러한 부분이 기존 복제와의 가장 큰 차이점이라고 할 수 있다. 그룹 복제에서 이처럼 트랜잭션 커밋을 처리할 때 그룹의 다른 멤버들에 대한 응답을 확인하는 과정을 "합의(Consensus)"라고 하는데, 이는 그룹 멤버들로부터 이 트랜잭션을 복제 그룹에 적용하는 것에 대한 동의를 구하는 것이기 때문이다. 그룹 복제에서는 매 트랜잭션을 처리할 때마다 이 합의 과정을 반드시 거친다. 물론 데이터를 변경하는 트랜잭션에 대해서만 이 같은 합의 과정이 필요하며, 데이터를 읽기만 하는 트랜잭션에 대해서는 그룹 멤버 간의 합의 과정이 필요치 않다.

그룹 복제는 기존 복제를 사용하는 환경에서 수동으로 처리하거나 혹은 복잡하게 구현해야 했던 부분들을 빌트인된 형태의 자동화된 기능으로 제공함으로써 사용자의 편의성을 증대시켰다. 다음은 그룹 복제에서 제공하는 대표적인 기능이다.

- 그룹 멤버 관리
- 그룹 단위의 정렬된 트랜잭션 적용 및 트랜잭션 충돌 감지

- 자동 페일오버

- 자동 분산 복구

그룹 복제는 InnoDB 클러스터의 핵심 구성 요소로, InnoDB 클러스터를 제대로 사용하기 위해서는 그룹 복제를 반드시 이해해야 한다. 지금부터는 그룹 복제의 구조와 주요 기능을 자세히 살펴보겠다.

17.2.1 그룹 복제 아키텍처

그룹 복제는 별도 플러그인으로 구현돼 있으며, 그룹 복제를 사용하기 위해서는 MySQL 서버에 그룹 복제 플러그인이 설치돼 있어야 한다. 그림 17.4는 그룹 복제의 기본적인 아키텍처를 보여준다.

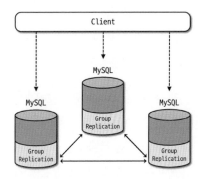

그림 17.4 그룹 복제의 기본 구조

그룹 복제에 참여하는 MySQL 서버들은 그룹 복제 플러그인을 통해 서로 간에 지속적으로 통신하며 복제 동기화를 처리한다. 그룹 복제 플러그인은 MySQL 서버에 그룹 복제가 설정되면 group_replication_applier라는 복제 채널을 생성하며, MySQL 서버는 이 채널을 통해 그룹에서 실행된 모든 트랜잭션을 전달받아 적용하게 된다. 또한 MySQL 서버가 그룹에 새로 가입해서 이미 그룹에 참여하고 있는 다른 MySQL 서버들과 같이 그룹의 최신 데이터를 가지도록 하는 그룹 복제 분산 복구 작업이 필요한 경우 그룹 복제 플러그인은 추가로 group_replication_recovery라는 복제 채널을 생성해서 분산 복구 작업을 진행한다. 분산 복구 작업에 대한 자세한 내용은 17.2.6절 '그룹 복제의 분산 복구'에서 살펴보겠다.

그림 17.5는 그룹 복제 플러그인의 내부 구조를 나타낸 것이다.

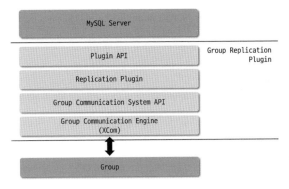

그림 17.5 그룹 복제 플러그인의 내부 구조

플러그인의 최상위 계층에는 그룹 복제 플러그인이 MySQL 서버와 상호작용하기 위해 구현된 인터페이스인 플러그인 API 집합이 존재한다. API를 통해 MySQL 서버에서 그룹 복제 플러그인으로 혹은 그 반대 방향으로 요청이 전달되며, MySQL 서버에서는 MySQL 서버의 시작 또는 복구, 트랜잭션 커밋 등의 이벤트를 그룹 복제 플러그인에 전달하고 그룹 복제 플러그인에서는 처리 중인 트랜잭션에 대한 커밋 또는 중단, 릴레이 로그 기록을 위한 요청 등을 서버에 전달한다.

그다음으로는 그룹 복제의 기능들이 실질적으로 구현돼 있는 복제 플러그인 계층이 존재한다. 계층 내부는 여러 가지 모듈들로 나눠져 있으며, API를 통해 들어온 요청들은 각각 적절한 모듈로 전달된다. 이 계층에서는 로컬 및 그룹 복제의 다른 MySQL 서버에서 실행된 원격 트랜잭션들이 처리되며, 트랜잭션들에 대한 충돌 감지 및 그룹 내 전파 등이 수행된다. 또한 그룹 복제의 분산 복구 작업도 이 계층에서 처리된다.

마지막 두 계층은 그룹 통신 시스템 API와 그룹 통신 엔진으로 이뤄져 있다. 상위 플러그인 계층에서는 그룹 통신 시스템 API를 통해 그룹 통신 엔진과 상호작용한다. 그룹 통신 엔진은 "eXtended COMmunication" 또는 간단하게 "XCom"이라고도 하며, 그룹 복제에 참여 중인 다른 MySQL 서버들과의 통신 처리를 담당하는 그룹 복제의 핵심 구성 요소다. 그룹 통신 엔진은 MySQL 기본 포트가 아닌 그룹 복제를 설정할 때 지정된 별도의 포트(일반적으로 33061)를 통해 통신을 수행한다. 그룹 통신 엔진은 트랜잭션이 그룹 복제 멤버들에 동일한 순서로 전달될 수 있도록 보장해주며, 그룹 복제 토폴로지의 변경과 그룹 멤버의 장애 등을 감지한다. 또한 트랜잭션 적용 등을 위한 그룹 멤버 간의 합의 처리도 담당한다. 그룹 복제와 같은 분산 시스템에서 구성원들 간의 합의 처리를 위해 사용하는 대표적인 알고리즘으로 Paxos와 Raft가 있다. 일반적으로 Paxos는 분산 시스템에서 데이터 변경이 발생하는 서버가 여러 대 존재하는 경우에 주로 사용되며, Raft는 데이터 변경이 한 대에서만 발생하는 경우에 주로 사용된다. 그룹 복제에서는 설정에 따라 그룹 멤버들이 모두 쓰기를 처리할 수 있으므로 그룹 통신 엔진은 이를 지원하기 위해 Paxos 계열의 Mencius 알고리즘을 기반으로 구현됐다.

그룹 복제에서 또 다른 중요한 부분은 바로 그룹 복제를 구성하는 MySQL 서버의 수다. 그룹 복제에서는 복제를 처리할 때 그룹 멤버들 간에 합의 절차가 수행되므로 그룹 복제가 정상적으로 동작하려면 그룹의 과반수에 해당하는 서버가 정상적으로 동작하고 있어야 한다. 하나의 서버에 장애가 발생하더라도 그룹 복제가 전반적으로 문제없이 처리되려면 적어도 세 대의 서버가 그룹에 존재해야 한다. 세 대가 존재하는 경우 한 대에 문제가 생기더라도 그룹의 과반수에 해당하는 나머지 두 대의 서버에서 합의가 처리될 수 있으므로 그룹 복제가 계속 진행될 수 있기 때문이다. 따라서 사용자는 그룹 복제를 구성할 때 허용 가능한 장애 서버 수(f)에 따른 전체 서버 수(n)를 다음과 같이 계산해서 그룹 복제로 구성할 서버 수를 결정해야 한다.

```
n = 2f + 1 (n: 전체 서버 수, f: 허용하고자 하는 장애 서버 수)
```

17.2.2 그룹 복제 모드

그룹 복제에서는 쓰기를 처리할 수 있는 프라이머리 서버 수에 따라 싱글 프라이머리 모드와 멀티 프라이머리 모드라는 두 가지 동작 모드가 있으며, 사용자는 group_replication_single_primary_mode 시스템 변수를 통해 그룹 복제를 어떤 모드로 동작하게 할 것인지 설정할 수 있다. group_replication_single_primary_mode 시스템 변수는 불리언(boolean) 타입으로, 값이 ON으로 지정되면 그룹 복제가 싱글 프라이머리 모드로 동작하고 OFF로 지정되면 멀티 프라이머리 모드로 동작한다. group_replication_single_primary_mode 시스템 변수의 기본값은 ON으로, 해당 변수에 별도의 값을 지정하지 않고 복제를 구성하는 경우 그룹은 싱글 프라이머리 모드로 설정된다.

그룹 복제가 구축되고 두 가지 모드 중 하나의 모드로 설정되면 그룹 복제에 참여하려는 MySQL 서버들은 group_replication_single_primary_mode 시스템 변수가 반드시 그룹 복제와 동일한 모드 값으로 설정돼 있어야 한다. 그룹 복제의 모드는 그룹 복제가 동작 중인 상황에서도 변경할 수 있는데, 이는 그룹 멤버들이 모두 MySQL 8.0.13 이상의 버전으로 실행되고 있는 경우에 한해서만 가능하다. MySQL 8.0.13 미만의 버전에서 그룹 복제 모드를 변경하려면 먼저 그룹 복제를 중단한 후 그룹의 모든 멤버들에서 group_replication_single_primary_mode 값을 변경해야 한다. 그리고 나서 그룹 복제를 재개하면 그룹은 새로운 모드로 동작하게 된다. MySQL 8.0.13 버전부터는 다음의 두 UDF를 사용해 현재 동작 중인 그룹 복제를 중단하지 않고 간편하게 그룹 모드를 변경할 수 있다.

- group_replication_switch_to_single_primary_mode(): 그룹 복제의 모드를 싱글 프라이머리 모드로 변경

- group_replication_switch_to_multi_primary_mode(): 그룹 복제의 모드를 멀티 프라이머리 모드로 변경

17.2.2.1 싱글 프라이머리 모드

싱글 프라이머리 모드는 그룹 내에서 쓰기를 처리할 수 있는 프라이머리 서버가 한 대만 존재하는 형태다. 싱글 프라이머리 모드로 그룹 복제를 처음 구축하는 경우 그룹 복제 구축을 진행한 MySQL 서버가 프라이머리로 지정된다. 그룹에서 프라이머리 서버가 아닌 다른 서버들은 그룹에 참여하는 시점에 자동으로 super_read_only 시스템 변수가 ON으로 설정되어 읽기 전용 모드로 동작하게 된다.

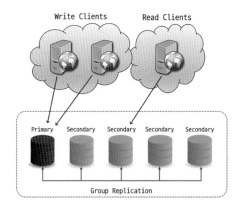

그림 17.6 싱글 프라이머리 모드로 설정된 그룹 복제

싱글 프라이머리 모드로 동작 중인 그룹에서는 다음과 같은 상황에서 그룹 내 프라이머리 서버가 변경될 수 있다.

- 자발적으로 혹은 예기치않게 현재 프라이머리 서버가 그룹을 탈퇴하는 경우

- group_replication_set_as_primary() UDF를 사용해 그룹의 특정 멤버를 새로운 프라이머리로 지정한 경우 (MySQL 8.0.13 이상의 버전을 사용할 경우에 해당)

현재 그룹의 프라이머리가 group_replication_set_as_primary() UDF를 통해 사용자가 지정한 서버로 변경되는 것이 아닌 경우 그룹 복제에서는 정해진 기준들을 바탕으로 새로운 프라이머리를 선출하게 되는데 그룹 복제에서 고려하는 기준과 그 우선순위는 다음과 같다.

1. MySQL 서버 버전

   새로운 프라이머리를 선출할 때 제일 우선시해서 고려되는 요소로, 그룹 내에서 가장 낮은 MySQL 버전을 실행 중인 멤버를 확인한다. 이를 위해 그룹 복제에서는 그룹 내에서 사용 중인 MySQL 버전을 정렬하게 되는데, 그룹 멤버들의 MySQL 버전에 따라 정렬 기준이 조금 다르다.

   모든 그룹 멤버가 MySQL 8.0.17 이상의 버전을 사용 중인 경우 먼저 패치 버전을 기준으로 정렬된다. 만약 그룹에 MySQL 8.0.17 미만의 버전(MySQL 5.7 버전 포함)을 사용하고 있는 멤버가 존재하는 경우 메이저 버전을 기준으로 정렬되며, 패치 버전은 무시된다.

2. 각 멤버의 가중치 값

   그룹 내에서 가장 낮은 MySQL 버전을 실행 중인 것으로 확인된 멤버가 둘 이상 존재하는 경우 그룹 복제는 해당 멤버들에서 group_replication_member_weight 시스템 변수에 지정된 가중치 값을 비교한다. group_replication_member_weight 시스템 변수는 MySQL 5.7.20 버전부터 도입됐으므로 만약 가중치 값 확인 대상 멤버가 MySQL 5.7.20 미만의 버전으로 실행 중인 경우 이 기준은 무시된다. group_replication_member_weight 시스템 변수에는 0~100 사이의 값을 지정할 수 있으며, 기본값은 50이다.

3. UUID 값의 사전식 순서

   MySQL 서버 버전과 가중치를 기준으로 선정된 멤버가 둘 이상 존재하는 경우 해당 멤버들이 가지는 UUID 값 (server_uuid 시스템 변수 값)의 사전식 순서를 바탕으로 가장 낮은 값을 가지는 멤버가 그룹의 새로운 프라이머리로 최종 선택된다.

현재 싱글 프라이머리 모드로 동작 중인 그룹 복제에서 어떤 서버가 프라이머리인지는 다음과 같이 performance_schema의 replication_group_members 테이블에서 MEMBER_ROLE 칼럼값을 통해 확인할 수 있다.

```
GR_mysql> SELECT MEMBER_HOST, MEMBER_ROLE
          FROM performance_schema.replication_group_members;
+-------------+-------------+
| MEMBER_HOST | MEMBER_ROLE |
+-------------+-------------+
| ic-node1    | PRIMARY     |
| ic-node2    | SECONDARY   |
| ic-node3    | SECONDARY   |
+-------------+-------------+
```

17.2.2.2 멀티 프라이머리 모드

멀티 프라이머리 모드는 그룹 복제에서 그룹 멤버들이 전부 프라이머리로 동작하는 형태로, 클라이언트는 그룹의 어떤 MySQL 서버로든 쓰기와 읽기 요청을 보낼 수 있다.

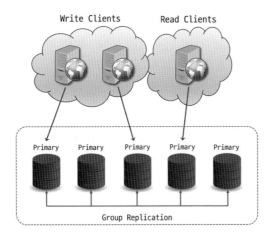

그림 17.7 멀티 프라이머리 모드로 설정된 그룹 복제

멀티 프라이머리 모드에서는 그룹의 모든 멤버에서 쓰기가 발생할 수 있으며, 이렇게 발생한 쓰기는 그룹의 다른 멤버들로 전파되어 각 멤버에서 다시 처리되므로 무엇보다도 그룹 멤버 간의 MySQL 버전 호환성이 중요하다. 멀티 프라이머리 모드를 사용하는 그룹에서는 최적의 호환성과 성능을 위해 그룹의 모든 멤버가 동일한 MySQL 버전으로 실행되는 것이 좋다. 그렇지 않고 만약 그룹에서 사용 중인 MySQL 서버 버전이 다양한 경우 일부 멤버에서는 다른 멤버가 가지고 있는 기능이 없거나 혹은 다른 멤버에서 지원하지 않는 기능을 사용할 수 있으며, 이로 인해 복제 그룹 내에서 다른 멤버들과 호환되지 않을 가능성이 있다. 이를 방지하기 위해 그룹 복제에서는 서로 다른 버전을 사용 중인 그룹 멤버들 간에 복제가 정상적으로 동작할 수 있도록 그룹 복제에 참여할 때 버전 호환성을 확인하는 기능이 구현돼 있다.

그룹 복제에 새로 참여하는 멤버는 그룹에 참여할 때 그룹의 기존 멤버들과의 버전 호환성 검사를 수행하며, 그룹 복제에서 정의한 호환 가능 기준에 따라 그룹 참여 가능 여부와 읽기 전용 모드 유지 여부를 결정하게 된다. 그룹 복제에서 버전에 따른 호환 가능 기준은 다음과 같다.

- 새로운 멤버가 그룹에 존재하는 가장 낮은 MySQL 버전보다 낮은 MySQL 버전을 사용 중인 경우 그룹에 참여할 수 없다.

- 새로운 멤버가 그룹에 존재하는 가장 낮은 MySQL 버전과 동일한 MySQL 버전을 사용 중인 경우 정상적으로 그룹에 참여할 수 있다.

- 멀티 프라이머리 모드의 그룹에서는 새로운 멤버가 그룹에 존재하는 가장 낮은 MySQL 버전보다 높은 MySQL 버전을 사용 중인 경우 그룹에 참여할 수는 있지만 읽기 전용 모드를 유지하게 된다. 싱글 프라이머리 모드로 설정된 그룹에서는 버전에 상관없이 새로 참여하는 멤버는 항상 읽기 전용 모드로 설정된다는 점을 참고하자.

> **참고**   새로운 멤버에서 그룹 복제의 호환성 확인을 위해 기존 그룹 멤버들과 MySQL 버전을 비교할 때는 사용 중인 MySQL 버전에 따라 비교 범위가 달라진다. 만약 새로운 멤버에서 MySQL 8.0.17 이상의 버전을 사용 중인 경우 기존 그룹 멤버들의 패치 버전까지 고려하며, MySQL 8.0.17 미만의 버전(MySQL 5.7 버전 포함)을 사용 중인 경우에는 기존 그룹 멤버들의 메이저 버전을 비교하게 된다.

앞의 호환 가능 기준을 살펴보면 알 수 있듯이 서로 다른 MySQL 버전을 사용하는 멤버로 구성된 멀티 프라이머리 모드의 그룹 복제에서는 새로 참여하는 멤버가 읽기 전용 모드로 유지될 수 있다. 또한 MySQL 8.0.17 이상의 버전을 사용하는 멤버들은 호환 가능 여부에 따라 그룹 복제에서 읽기 전용 및 읽기-쓰기 모드 전환을 자동으로 처리한다. 그룹에서 한 멤버가 탈퇴하면 멀티 프라이머리 모드의 그룹 복제에서는 이를 감지해서 현재 그룹 내에서 가장 낮은 MySQL 버전을 사용하는 멤버를 다시 확인한 후 해당 멤버를 자동으로 읽기-쓰기 모드로 전환시킨다. 만약 싱글 프라이머리 모드로 실행 중인 그룹이 `group_replication_switch_to_multi_primary_mode()` UDF를 통해 멀티 프라이머리 모드로 전환되는 경우 그룹 복제는 그룹 내 멤버들의 MySQL 버전을 바탕으로 각 멤버들을 자동으로 적절한 모드로 설정한다. 그룹에서 사용 중인 가장 낮은 MySQL 버전보다 높은 MySQL 버전을 사용 중인 멤버들은 읽기 전용 모드로 설정하고, 가장 낮은 버전을 사용하는 것으로 확인되는 멤버들은 읽기-쓰기 모드로 설정한다.

17.2.3 그룹 멤버 관리(Group Membership)

그룹 복제에서는 현재 어떤 서버들이 그룹에 참여하고 있는지 그룹 멤버들에 대한 목록과 상태 정보를 내부적으로 관리하고 있으며, 사용자는 performance_schema의 replication_group_members 테이블을 통해 그룹 멤버 목록을 확인할 수 있다. 그룹에 멤버가 새로 가입하거나 혹은 탈퇴하면 그룹 복제에서는 이를 감지해서 해당 테이블 데이터를 자동으로 갱신한다.

```
GR_mysql> SELECT * FROM performance_schema.replication_group_members \G
*************************** 1. row ***************************
  CHANNEL_NAME: group_replication_applier
     MEMBER_ID: a2252f46-639a-11eb-ae0c-0ade3e9a4daf
   MEMBER_HOST: ic-node1
   MEMBER_PORT: 3306
  MEMBER_STATE: ONLINE
   MEMBER_ROLE: PRIMARY
MEMBER_VERSION: 8.0.22
*************************** 2. row ***************************
  CHANNEL_NAME: group_replication_applier
     MEMBER_ID: a3a5a1ac-639a-11eb-9b8d-165154b17e65
   MEMBER_HOST: ic-node2
   MEMBER_PORT: 3306
  MEMBER_STATE: ONLINE
   MEMBER_ROLE: SECONDARY
MEMBER_VERSION: 8.0.22
*************************** 3. row ***************************
  CHANNEL_NAME: group_replication_applier
     MEMBER_ID: a546685c-639a-11eb-ba24-77f8776aaf30
   MEMBER_HOST: ic-node3
   MEMBER_PORT: 3306
  MEMBER_STATE: ONLINE
   MEMBER_ROLE: SECONDARY
MEMBER_VERSION: 8.0.22
```

사용자는 replication_group_members 테이블 데이터를 통해 그룹 멤버들의 호스트명과 사용하는 포트, UUID 값, MySQL 버전을 확인할 수 있으며, 앞서 그룹 복제 모드를 다룬 절에서 살펴봤듯이 각 그룹 멤버들의 역할(Role)도 알 수 있다. 또한 MEMBER_STATE 칼럼을 통해 멤버의 현재 상태도 확인할 수 있다. MEMBER_STATE 칼럼에는 다음과 같은 값이 표시될 수 있다.

- ONLINE

  그룹 복제의 한 구성원으로서 정상적으로 동작하고 있음을 나타낸다.

- RECOVERING

  그룹 복제에 참여하기 위해 기존 그룹 멤버로부터 데이터를 전달받는 복구 작업이 진행되고 있음을 나타낸다.

- OFFLINE

  MySQL 서버에 그룹 복제 플러그인이 로딩돼 있으나 아직 그룹 복제에 참여하지 않은 상태를 나타낸다.

- ERROR

  그룹 복제에 속해 있으나 현재 정상적으로 복제가 동작하지 않고 있는 상태를 나타낸다. 복제 동기화에 오류가 발생하는 등의 문제로 이 같은 상태가 표시될 수 있으며, 그 외에도 다양한 문제들로 인해 그룹 멤버의 상태 값이 이 값으로 표시될 수 있다.

- UNREACHABLE

  현재 통신이 불가능하다고 판단되는 멤버에 대해 표시하는 상태 값이다.

그룹 복제가 관리하는 멤버 목록과 상태 정보를 "뷰(View)"라고도 하는데, 그룹 복제에서 멤버는 새로 가입하거나 탈퇴할 수 있으므로 뷰는 특정 시점의 그룹 멤버 목록이라고 할 수 있다. 뷰는 뷰 ID(View ID)라는 고유 식별자를 가지며, 그룹 멤버가 변경될 때마다 새로운 뷰 ID 값이 생성된다. 따라서 뷰 ID는 각각의 변경된 뷰를 고유하게 식별하는 것이며, 그룹 복제는 이를 통해 뷰의 변경을 추적하고 뷰가 변경된 시점을 구분할 수 있다.

뷰 ID는 다음과 같이 두 부분으로 구성된다.

```
View ID = [Prefix value]:[Sequence value]
```

콜론(:)을 기준으로 첫 번째 부분은 접두사 부분으로 그룹 복제가 초기화될 때 생성되며, 그 시점의 타임스탬프를 기반으로 값이 만들어진다. 이 부분은 생성된 그룹이 유지되는 동안, 즉 그룹에 적어도 하나의 멤버가 존재하는 동안은 값이 변경되지 않으므로 이를 통해 두 뷰에 대해 동일한 그룹의 다른 시점인지 아니면 아예 다른 그룹의 뷰인지를 구분할 수 있다. 두 번째 부분은 단조 증가하는 정숫값으로, 값은 1부터 시작하며 그룹에서 멤버가 변경될 때마다 1씩 증가한다. 그림 17.8은 뷰 ID가 변경되는 과정을 보여준다.

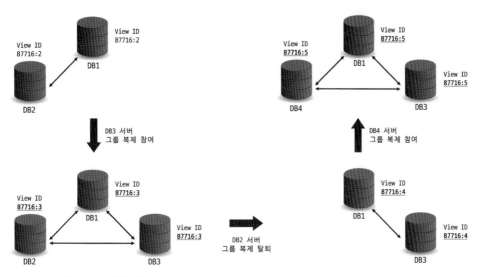

그림 17.8 그룹 복제의 뷰 ID 변경 과정

그룹의 현재 뷰 ID 값은 performance_schema의 replication_group_member_stats 테이블에서 VIEW_ID 칼럼을 통해 확인할 수 있다.

```
GR_mysql> SELECT VIEW_ID FROM performance_schema.replication_group_member_stats LIMIT 1;
+----------------------+
| VIEW_ID              |
+----------------------+
| 16088425579425998:11 |
+----------------------+
```

뷰 ID 값이 변경되면 바이너리 로그에도 "View_change"라는 이벤트로 뷰 변경 내역이 기록된다. 그러나 바이너리 로그에 모든 뷰 변경 내역들이 기록되는 것은 아니며, 그룹에 새로운 멤버가 추가되어 뷰가 변경되는 경우에만 기록된다. 다음은 뷰 변경 내역이 기록된 바이너리 로그의 예다.

```
GR_mysql> SHOW BINLOG EVENTS IN 'mysql-bin.000004' FROM 52559 LIMIT 1 \G
*************************** 1. row ***************************
   Log_name: mysql-bin.000004
        Pos: 52559
 Event_type: View_change
  Server_id: 1
```

```
End_log_pos: 52834
     Info: view_id=16080196799425998:18
```

17.2.4 그룹 복제에서의 트랜잭션 처리

그룹 복제에서 트랜잭션은 다음의 단계들을 거친 후 최종적으로 그룹의 각 서버들에 적용된다.

- 합의(Consensus)
- 인증(Certification)

합의(Consensus)는 그룹 내 일관된 트랜잭션 적용을 위해 그룹 멤버들에게 트랜잭션 적용을 제안하고 승낙을 받는 과정으로, 그룹 멤버 간의 통신 결과를 바탕으로 처리된다. 클라이언트가 한 그룹 멤버에서 트랜잭션을 실행하고 커밋 요청을 보내면, 해당 그룹 멤버는 그룹 통신 엔진(XCom)을 통해 트랜잭션에서 변경한 데이터에 대한 WriteSet과 트랜잭션이 커밋될 당시의 gtid_executed 스냅숏 정보, 트랜잭션의 이벤트 로그 데이터 등이 포함된 트랜잭션 데이터를 그룹의 다른 멤버들로 전파한다. 전파 대상 멤버들은 현재 그룹 내에서 정상적인 상태로 동작 중인 멤버들이다. 그룹 복제의 그룹 통신 엔진에서는 트랜잭션 데이터를 전파하면서 Paxos 기반의 프로토콜을 바탕으로 그룹 멤버들 간의 합의를 수행하며, 최종적으로 합의가 완료되어 트랜잭션이 실행된 멤버에서 그룹의 과반수 이상에 해당하는 멤버들로부터 응답 메시지(ACK)를 전달받으면 해당 멤버는 그다음 프로세스를 진행하게 된다. 만약 과반수 이상의 멤버들로부터 응답을 받지 못한 경우 그룹 복제에서 트랜잭션은 적용되지 않으며 클라이언트에는 에러가 반환된다.

다수의 그룹 멤버들에서 실행된 트랜잭션들은 합의 단계를 거친 후 글로벌하게 정렬되어, 각 멤버들에서 모두 동일한 순서로 인증(Certification) 단계를 거치게 된다. 인증 단계에서 각 멤버들은 전달받은 트랜잭션 WriteSet 데이터와 로컬에서 내부적으로 관리하고 있는 WriteSet 히스토리 데이터를 바탕으로 해당 트랜잭션이 이미 인증 단계를 거친 선행 트랜잭션과 동시점에 동일한 데이터를 변경한 것인지를 검사해서 트랜잭션 충돌 여부를 확인한다. 이러한 트랜잭션 충돌은 그룹 멤버 전체가 쓰기를 처리할 수 있는 멀티 프라이머리 모드에서만 발생할 수 있으며, 단일 서버에서 쓰기가 수행되는 싱글 프라이머리 모드에서는 발생하지 않는다. 인증 단계에서 트랜잭션 충돌이 감지된 트랜잭션은 커밋되지 못하고 롤백된다. 따라서 트랜잭션 충돌이 자주 발생할 수 있는 환경에서는 그룹 복제를 싱글 프라이머리 모드로 사용해 자동으로 롤백되지 않고 대기 후 처리될 수 있게 하는 것이 더 나은 방법이 될 수 있다.

각 트랜잭션이 실행된 로컬 멤버에서는 인증 단계를 거친 후 바이너리 로그에 트랜잭션을 기록하고 최종적으로 커밋을 완료하며, 클라이언트는 이 시점에 커밋 요청에 대한 응답을 받게 된다. 원격으로 트랜잭션 데이터를 전달받은 그룹의 다른 멤버들에서는 인증 단계를 수행한 후 함께 전달받은 트랜잭션 로그 데이터를 바탕으로 릴레이 로그 이벤트를 작성한다. 그리고 그룹 복제의 어플라이어 스레드에서는 릴레이 로그에 기록된 트랜잭션을 실행하고 바이너리 로그에도 기록해서 최종적으로 서버에 해당 트랜잭션을 적용하게 된다. 그림 17.9는 그룹 복제에서 트랜잭션이 처리되는 일련의 과정들을 보여준다.

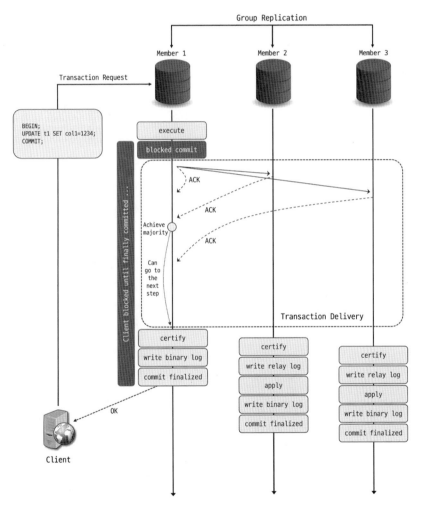

그림 17.9 그룹 복제에서의 트랜잭션 처리 과정

17.2.4.1 트랜잭션 일관성 수준

그룹 복제에서 각 멤버들은 모두 동일한 트랜잭션을 적용하지만 실제 적용 시점까지 완전히 일치하는 것은 아니다. 따라서 한 멤버에서 쓰기를 수행한 후 바로 다른 멤버에서 해당 데이터를 읽었을 때 최신 변경 사항이 반영되지 않았을 수 있다. 또한 프라이머리 장애로 인해 페일오버가 발생하는 경우에도 이러한 상황이 발생할 수 있는데, 새로 선출된 프라이머리가 아직 이전 프라이머리에서 발생했던 트랜잭션들을 적용하고 있는 상황에서 클라이언트가 새로운 프라이머리로 연결해서 트랜잭션을 실행하는 경우 해당 트랜잭션에서는 오래된 데이터를 읽거나 쓸 수 있다. 일반적으로 그룹 복제가 정상적으로 잘 동작하고 있는 상태에서는 멤버 간 데이터 동기화는 빠르게 처리되므로 이 같은 상황은 거의 발생하지 않을 것이다. 하지만 동기화가 잘 처리되고 있다고 하더라도 일시적으로 아주 짧은 순간에 발생할 수는 있으며, 이러한 상황에 매우 민감한 서비스에서는 문제가 될 수 있다.

MySQL 8.0.14 버전 이전까지는 그룹 복제에서 이 같은 상황이 발생하는 것을 방지할 수 있는 방법이 없었다. 그러나 MySQL 8.0.14 버전부터 그룹 복제에서 트랜잭션의 일관성 수준을 설정할 수 있는 기능이 도입되면서 사용자가 필요에 따라 원하는 수준의 일관성을 선택해서 사용할 수 있게 됐다. group_replication_consistency 시스템 변수를 통해 그룹 복제에서의 트랜잭션 일관성 수준을 설정할 수 있으며, 적용 범위는 글로벌 또는 세션 모두 가능하다. 설정된 일관성 수준은 읽기 전용 트랜잭션과 읽기-쓰기 트랜잭션에 다른 영향을 미치며, 경우에 따라 다른 멤버에서 실행 중인 트랜잭션에도 영향을 줄 수 있다. 지금부터 group_replication_consistency 시스템 변수에 설정 가능한 일관성 수준에 대해 자세히 살펴보겠다.

17.2.4.1.1 EVENTUAL 일관성 수준

EVENTUAL 일관성 수준은 group_replication_consistency 시스템 변수의 기본 설정값으로, 해당 변수가 추가되기 전의 그룹 복제에서의 트랜잭션 일관성 수준과 동일하다. 즉, 이름 그대로 최종적으로는 그룹 멤버들이 일관된 데이터를 가지게 됨을 의미한다. EVENTUAL 일관성 수준에서는 읽기 전용 및 읽기-쓰기 트랜잭션이 별도의 제약 없이 바로 실행 가능하다. 이는 트랜잭션이 직접 실행된 멤버가 아닌 다른 그룹 멤버들에서는 일시적으로 변경 직전 상태의 데이터가 읽혀질 수 있으며, 프라이머리 페일오버가 발생한 경우 새로운 프라이머리가 이전 프라이머리의 트랜잭션을 모두 적용하기 전에 새로운 프라이머리에서 트랜잭션이 실행 가능해서 읽기 트랜잭션의 경우 오래된 데이터를 읽을 수 있고 읽기-쓰기 트랜잭션의 경우 커밋 시 이전 프라이머리의 트랜잭션과의 충돌로 인해 롤백될 수 있음을 의미한다.

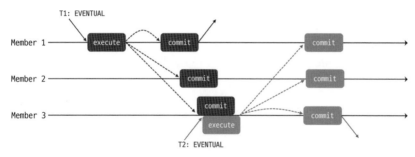

그림 17.10 EVENTUAL 일관성 수준에서의 트랜잭션 처리

그림 17.10은 EVENTUAL 일관성 수준으로 설정되어 실행된 트랜잭션의 처리 과정을 보여준다. Member 3에서 실행된 T2 트랜잭션은 앞서 실행된 T1 트랜잭션이 Member 3에서 완전히 적용되기 전에 실행됐으므로 T2 트랜잭션에서 읽은 데이터는 최신 데이터가 아닐 수 있으며, T1 트랜잭션과 충돌하는 경우 롤백될 수 있다.

17.2.4.1.2 BEFORE_ON_PRIMARY_FAILOVER 일관성 수준

BEFORE_ON_PRIMARY_FAILOVER 일관성 수준은 싱글 프라이머리 모드로 설정된 그룹 복제에서 프라이머리 페일오버가 발생해서 신규 프라이머리가 선출됐을 때만 트랜잭션에 영향을 미친다. 선출된 신규 프라이머리가 BEFORE_ON_PRIMARY_FAILOVER 일관성 수준으로 설정돼 있고 아직 이전 프라이머리의 트랜잭션을 적용하고 있는 경우 새로운 프라이머리로 유입된 읽기 전용 및 읽기-쓰기 트랜잭션은 새로운 프라이머리에서 이전 프라이머리의 트랜잭션이 모두 적용될 때까지 처리되지 못하고 대기하게 된다. 그림 17.11은 BEFORE_ON_PRIMARY_FAILOVER 일관성 수준으로 설정된 트랜잭션의 처리 과정을 보여준다.

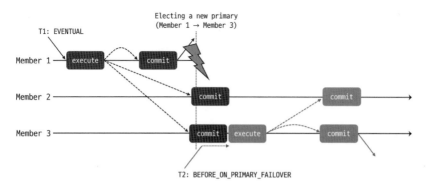

그림 17.11 BEFORE_ON_PRIMARY_FAILOVER 일관성 수준에서의 트랜잭션 처리

그림 17.11에서 Member 3은 기존 프라이머리 Member 1이 페일오버됨에 따라 새로 선출된 프라이머리다. 페일오버 직후 Member 3으로 유입된 BEFORE_ON_PRIMARY_FAILOVER 일관성 수준의 T2 트랜잭션은 Member 3에서 기존 프라이머리 Member 1에서 실행된 T1 트랜잭션이 적용될 때까지 대기 후 처리된다.

프라이머리 페일오버 시점에 신규 프라이머리로 유입된 트랜잭션들의 대기 시간은 신규 프라이머리와 이전 프라이머리 간의 트랜잭션 갭에 따라 달라진다. 페일오버가 발생하기 직전까지 그룹 멤버 간에 복제 동기화가 정상적으로 잘 처리되고 있던 상황이라면 트랜잭션 갭은 아주 적을 것이다. 그러나 예상치 못한 문제로 인해 갭이 큰 경우 트랜잭션들의 대기 시간이 길어져 클라이언트에서 응답 지연을 겪을 수 있으므로 클라이언트 단에서는 이 같은 지연을 대비하는 코드가 구현돼 있는 것이 좋다. 또한 트랜잭션은 영원히 대기할 수 없으며, 대기 시간이 MySQL의 wait_timeout 시스템 변수에 설정된 값을 초과하면 ER_GR_HOLD_WAIT_TIMEOUT 에러가 클라이언트로 반환된다. wait_timeout 시스템 변수의 기본값은 8시간(28,800초)으로 매우 긴 편이므로 애플리케이션에서 적절히 쿼리의 타임아웃을 설정하는 것이 좋다.

BEFORE_ON_PRIMARY_FAILOVER 일관성 수준에서는 다음과 같은 부분들이 보장된다.

- 신규 프라이머리로 유입된 읽기 전용 및 읽기-쓰기 트랜잭션들은 오래된 데이터가 아닌 최신 데이터를 바탕으로 동작하게 된다.
- 신규 프라이머리로 유입된 읽기-쓰기 트랜잭션은 적용 대기 중인 이전 프라이머리의 트랜잭션과의 충돌로 롤백될 수도 있는데, BEFORE_ON_PRIMARY_FAILOVER 일관성 수준을 사용하면 이 같은 롤백은 발생하지 않게 된다.

BEFORE_ON_PRIMARY_FAILOVER 일관성 수준에서 신규 프라이머리가 이전 프라이머리의 트랜잭션들을 적용하고 있을 때 새로 유입된 모든 읽기-쓰기 트랜잭션들은 처리가 지연되지만 읽기 전용 트랜잭션에서는 모든 종류의 읽기 쿼리들이 전부 처리가 지연되는 것은 아니며 MySQL 서버 모니터링 등을 위한 일부 쿼리들은 바로 실행이 가능하다. 다음과 같은 쿼리들이 여기에 해당된다.

- SHOW 문
- SET 문
- DO 문
- EMPTY 문
- USE 문

- performance_schema 및 sys 데이터베이스에 대한 SELECT 문 사용

- information_schema 데이터베이스의 PROCESSLIST 테이블에 대한 SELECT 문 사용

- 테이블 또는 사용자 정의 함수를 사용하지 않는 SELECT 문

- STOP GROUP_REPLICATION 문

- SHUTDOWN 문

- RESET PERSIST 문

BEFORE_ON_PRIMARY_FAILOVER 일관성 수준은 프라이머리 페일오버가 발생하지 않는 상황에서는 프라이머리로 유입된 트랜잭션들에 아무런 영향을 미치지 않는다. 즉, 일반적인 상황에서는 트랜잭션들이 EVENTUAL 일관성 수준으로 설정된 트랜잭션처럼 처리된다고 할 수 있다.

17.2.4.1.3 BEFORE 일관성 수준

BEFORE 일관성 수준에서 읽기 전용 및 읽기-쓰기 트랜잭션은 모든 선행 트랜잭션이 완료될 때까지 대기 후 처리된다. 선행 트랜잭션은 해당 트랜잭션이 실행된 그룹 멤버에서의 선행 트랜잭션만을 의미한다. 따라서 그림 17.12에 나타나 있는 것처럼 BEFORE 일관성 수준으로 설정된 T2 트랜잭션은 Member 3 서버에서 T1 트랜잭션이 적용되고 난 후에 바로 실행이 가능하다.

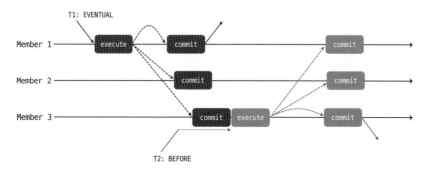

그림 17.12 BEFORE 일관성 수준에서의 트랜잭션 처리

BEFORE 일관성 수준으로 설정된 읽기 전용 및 읽기-쓰기 트랜잭션은 항상 최신 데이터를 읽으며, 트랜잭션의 처리 시간은 선행 트랜잭션의 처리 시간에 영향을 받는다. 선행 트랜잭션이 최종적으로 적용되기까지의 시간이 길면 길수록 그만큼 처리가 지연된다고 볼 수 있다. 그러나 선행 트랜잭션의 처리 시간이 짧은 경우 트랜잭션들은 본래 자신의 처리 시간만큼만 소요하게 된다.

BEFORE 일관성 수준으로 설정된 트랜잭션은 MySQL의 `wait_timeout` 시스템 변수에 설정된 시간까지 대기할 수 있으며, 만약 대기 시간이 이를 초과하는 경우 `ER_GR_HOLD_WAIT_TIMEOUT` 에러가 클라이언트로 반환된다. BEFORE 일관성 수준은 트랜잭션에서 반드시 최신 데이터를 읽어야 하며, DB에서 읽기 요청은 적고 쓰기 요청이 많은 경우에 사용하는 것이 좋다. 또한 BEFORE 일관성 수준에서는 `BEFORE_ON_PRIMARY_FAILOVER` 수준이 제공하는 일관성 보장을 포함한다.

17.2.4.1.4 AFTER 일관성 수준

AFTER 일관성 수준은 트랜잭션이 적용되면 해당 시점에 그룹 멤버들이 모두 동기화된 데이터를 갖게 한다. 따라서 AFTER 일관성 수준에서 읽기-쓰기 트랜잭션은 다른 모든 멤버들에서도 해당 트랜잭션이 커밋될 준비가 됐을 때까지 대기한 후 최종적으로 처리되며, 읽기 전용 트랜잭션은 데이터 변경을 발생시키지 않으므로 별도의 제약 없이 바로 처리된다. AFTER 일관성 수준으로 설정된 읽기-쓰기 트랜잭션은 그림 17.13에 나타나 있는 것처럼 그룹의 다른 멤버들로부터 응답을 받으면 최종적으로 커밋된다.

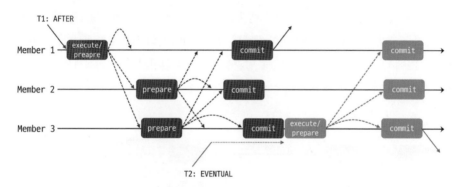

그림 17.13 AFTER 일관성 수준에서의 트랜잭션 처리

AFTER 일관성 수준은 다른 멤버에서 동시점에 실행되는 트랜잭션에 영향을 미친다. 그림 17.13의 T2 트랜잭션처럼 만약 AFTER 일관성 수준으로 설정된 트랜잭션이 실행되는 동안 다른 멤버에서 새로운 트랜잭션이 실행되면 해당 트랜잭션은 AFTER 일관성 수준의 트랜잭션이 완전히 커밋될 때까지 대기하게 된다. 따라서 AFTER 일관성 수준은 그룹에서 정상적으로 동작 중인 모든 멤버에 영향을 미친다고 할 수 있다.

AFTER 일관성 수준에서는 읽기-쓰기 트랜잭션이 그룹의 모든 멤버들에서 커밋 준비가 된 후에야 트랜잭션이 실행된 로컬 멤버에서 최종적으로 커밋되므로 이후 실행되는 후속 트랜잭션들은 그룹의 어떤 멤버에서든 일관된 최신 데이터를 얻을 수 있다. 읽기-쓰기 트랜잭션은 다른 멤버들에서 트랜잭션 커밋이 준비될 때까지 대기해야 하므로 항상 본래의 처리 시간보다 더 많은 시간을 소요하게 된다. 따라서 AFTER 일관성 수준은 DB에서 쓰기 요청보다 읽기 요청이 많고, 분산된 최신 읽기를 수행하고자 할 때 사용하는 것이 좋다. AFTER 일관성 수준은 마찬가지로 BEFORE_ON_PRIMARY_FAILOVER 수준이 제공하는 일관성 보장을 포함하며, AFTER 일관성 수준으로 설정된 트랜잭션은 MySQL의 wait_timeout 시스템 변수에 설정된 시간까지 대기할 수 있다. 만약 대기 시간이 이를 초과하는 경우 ER_GR_HOLD_WAIT_TIMEOUT 에러가 클라이언트로 반환된다.

17.2.4.1.5 BEFORE_AND_AFTER 일관성 수준

BEFORE_AND_AFTER 일관성 수준은 BEFORE 수준과 AFTER 수준이 결합된 형태라고 할 수 있다. BEFORE_AND_AFTER 일관성 수준에서 읽기-쓰기 트랜잭션은 모든 선행 트랜잭션이 적용될 때까지 기다린 후 실행되며, 트랜잭션이 다른 모든 멤버들에서도 커밋이 준비되어 응답을 보내면 그때 최종적으로 커밋된다. 읽기 전용 트랜잭션은 모든 선행 트랜잭션이 적용될 때까지 대기한 후 실행된다. 그림 17.14는 BEFORE_AND_AFTER 일관성 수준으로 설정된 트랜잭션의 처리 과정을 보여준다.

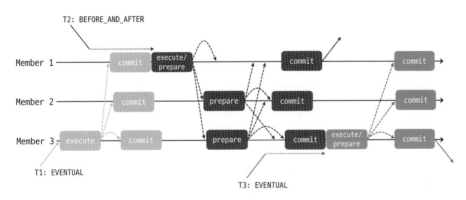

그림 17.14 BEFORE_AND_AFTER 일관성 수준에서의 트랜잭션 처리

그림 17.14에서 BEFORE_AND_AFTER 일관성 수준으로 설정되어 Member 1에서 실행된 트랜잭션 T2는 Member 3에서 실행된 트랜잭션 T1이 Member 1에서 적용될 때까지 대기 후 실행된다. T2 트랜잭션은 다른 멤버들에서도 트랜잭션 커밋이 준비됐을 때 최종적으로 커밋 처리된다. T2 트랜잭션이 그룹 멤버들에 완전히 적용되기 전에 Member 3으로 유입된 트랜잭션 T3은 Member 3에서 트랜잭션 T2가 적용될 때까지 대기 후 실행된다.

BEFORE_AND_AFTER 일관성 수준으로 설정된 트랜잭션에서는 최신 데이터를 읽을 수 있으며, 읽기-쓰기 트랜잭션의 경우 커밋되면 이후 모든 후속 트랜잭션들은 그룹의 어떤 멤버에서든지 해당 트랜잭션의 변경 사항을 포함하는 최신 데이터를 읽게 된다. BEFORE_AND_AFTER 일관성 수준은 AFTER 수준과 동일하게 다른 멤버들에서 실행되는 트랜잭션들에 영향을 미친다. BEFORE_AND_AFTER 일관성 수준도 BEFORE_ON_PRIMARY_FAILOVER 수준이 제공하는 일관성 보장을 포함하며, BEFORE_AND_AFTER 일관성 수준으로 설정된 트랜잭션은 wait_timeout 시스템 변수에 설정된 시간까지 대기할 수 있다. 만약 대기 시간이 이를 초과하는 경우 ER_GR_HOLD_WAIT_TIMEOUT 에러가 클라이언트로 반환된다.

17.2.4.2 흐름 제어(Flow Control)

그룹 복제에서 일부 멤버가 다른 멤버들보다 하드웨어 스펙이 더 낮거나 혹은 네트워크 대역폭이 작은 경우, 또는 부하를 더 많이 받고 있는 경우 해당 멤버는 다른 멤버들보다 트랜잭션 적용이 지연될 수 있다. 이렇게 지연된 멤버에서 트랜잭션이 실행되면 해당 트랜잭션은 최신 데이터가 아닌 오래된 데이터를 읽을 수 있으며, 아직 적용되지 않은 트랜잭션과 충돌할 위험이 있다. 트랜잭션 일관성 수준을 조정해서 이 같은 문제를 방지할 수는 있지만 근본적인 원인이 해결되는 것은 아니므로 지연이 장시간 지속되는 경우에는 이마저도 해결책이 될 수 없다.

그룹 복제에서는 이처럼 그룹 멤버 간의 트랜잭션 적용 불균형으로 인해 발생하는 문제를 방지하기 위해 그룹 멤버들의 쓰기 처리량을 조절하는 메커니즘이 구현돼 있으며, 이를 "흐름 제어(Flow Control)"라고 한다. 그룹 복제에서는 흐름 제어를 통해 멤버 간 트랜잭션 갭을 적게 유지해서 멤버들의 데이터가 최대한 동기화된 상태로 유지될 수 있게 하며, 그룹에 평소와 다른 워크로드가 유입되는 등의 변화에도 빠르게 적응해서 각 멤버들의 쓰기 처리량이 균등할 수 있게 한다. 또한 필요 이상으로 처리량을 줄이지 않음으로써 서버의 자원이 불필요하게 유휴 상태에 놓여 있지 않게 한다.

사용자는 group_replication_flow_control_mode 시스템 변수를 통해 멤버에서 흐름 제어 기능의 사용 여부를 설정할 수 있다. group_replication_flow_control_mode 시스템 변수는 흐름 제어를 어떤 모드로 사용할지 설정하는 변수로, 현재로서는 QUOTA 모드밖에 존재하지 않으며 QUOTA 또는 DISABLED 값으로 설정할 수 있다. QUOTA 모드는 해당 변수의 기본값, 즉 흐름 제어의 기본 모드로 그룹에서 쓰기를 처리하는 멤버가 정해진 할당량만큼만 쓰기를 처리하도록 제어하는 방식이다. group_replication_flow_control_mode 시스템 변수가 DISABLED로 설정되는 경우 흐름 제어는 동작하지 않는다. 흐름 제어가 비활성화돼 있는 멤버의 경우 현재 트랜잭션을 적용하지 않고 있거나 혹은 아직 적용하지 못한 트랜잭션을 아주 많이 가지고 있더라도 다른 멤버들의 흐름 제어에 영향을 주지 않는다. 즉, 이 멤버로 인해 다른 멤버들의 쓰기 처리량이 조정되지 않는다.

QUOTA 모드로 설정된 흐름 제어의 동작 방식은 다음과 같다.

1. 모든 그룹 멤버들의 쓰기 처리량 및 처리 대기 중인 트랜잭션에 대한 통계를 수집해서 멤버의 처리량을 조절할 필요가 있는지 확인한다.

2. 처리량 조절이 필요한 경우 수집된 통계 데이터를 바탕으로 멤버에게 할당할 쓰기 처리량을 계산한 후 멤버가 계산된 최대 쓰기 처리량을 넘어 쓰기를 처리하지 않도록 멤버의 쓰기 처리를 제한한다.

흐름 제어는 그룹 전반에 걸쳐 동기화된 형태로 수행되는 것이 아니라 각 멤버에서 개별적으로 수행된다. 흐름 제어에서는 멤버에서 다음과 같은 통계 정보들을 수집하며, 이렇게 수집된 데이터들은 그룹의 다른 멤버들에게도 공유된다.

- 인증(Certification) 큐 크기

- 적용(Application) 큐 크기

- 인증된 총 트랜잭션 수

- 적용된 원격 트랜잭션 수

- 로컬 트랜잭션 수

통계 정보 데이터는 group_replication_flow_control_period 시스템 변수에 지정된 시간(초 단위)마다 수집 및 공유되는데, 이는 흐름 제어가 동작하는 주기를 의미한다. 기본적으로 흐름 제어는 매초마다 동작하며, 멤버 로컬에서 수집한 통계 정보와 다른 멤버들로부터 전달받은 통계 정보를 바탕으로 멤버에서 쓰기 처리량 조절이 필요한 상황인지를 판단하고 멤버에게 할당할 쓰기 처리량을 계산한다.

> **참고**   group_replication_flow_control_period 시스템 변수의 값은 모든 멤버에서 동일할 필요는 없지만 관리 상의 편의를 위해서라도 같은 값으로 설정하는 것이 좋다. 또한 group_replication_flow_control_period 시스템 변수의 값이 다른 멤버에서 설정된 값보다 10배 더 큰 값으로 설정된 멤버가 존재하는 경우 해당 멤버의 통계 정보는 다른 멤버들의 흐름 제어 주기 중 일부 주기에서 무시될 수 있다. 각 멤버에서 다른 멤버에 대한 통계 정보는 적어도 10 주기에 한 번씩 업데이트되지 않으면 삭제되기 때문이다.

흐름 제어에서는 수집된 통계 정보 중 인증 큐 크기와 적용 큐 크기를 바탕으로 멤버의 처리량을 조절할 것인지를 판단한다. 즉, 로컬 멤버를 포함해서 그룹의 모든 멤버들에서 트랜잭션 처리 과정 중 트랜잭션의 충돌을 감지하는 인증(Certification) 단계와 실제로 트랜잭션을 반영하는 적용(Application) 단계에서 얼마나 많은 트랜잭션이 대기하고 있는지를 확인하는 것이다. 이때 흐름 제어가 비활성화돼 있는 멤버의 통계 정보는 무시된다. 사용자는 다음 두 변수를 통해 각 단계별로 흐름 제어가 처리량 조절을 시작하는 임곗값을 설정할 수 있다.

- group_replication_flow_control_certifier_threshold

  단위는 트랜잭션 수로, 인증 큐에서 대기 중인 트랜잭션 수가 해당 변수에 지정된 수를 초과하면 흐름 제어가 작동한다. 0에서 2147483647 사이의 값으로 설정할 수 있으며, 기본값은 25000이다.

- group_replication_flow_control_applier_threshold

  단위는 트랜잭션 수로, 어플라이어 큐에서 대기 중인 트랜잭션 수가 해당 변수에 지정된 수를 초과하면 흐름 제어가 작동한다. 0에서 2147483647 사이의 값으로 설정할 수 있으며, 기본값은 25000이다.

흐름 제어에서는 멤버의 쓰기 처리량을 조절할 필요가 있다고 판단되면, 통계 정보를 바탕으로 그룹에서 트랜잭션 적용이 가장 뒤처진 멤버가 처리할 수 있는 수준으로 멤버의 쓰기 처리량을 계산한다. 이렇게 계산된 값은 멤버에 바로 적용되는 것은 아니며, 흐름 제어에서 멤버에게 할당하는 쓰기 처리량과 관련된 시스템 변수들에 사용자가 설정한 값을 참조해서 최종적으로 할당할 쓰기 처리량을 결정하게 된다. 다음은 흐름 제어에서 결정되는 쓰기 처리량과 관련해서 사용자가 설정할 수 있는 시스템 변수들이다.

- group_replication_flow_control_min_quota

  흐름 제어에서 계산된 쓰기 처리량과 관계없이 멤버에게 할당돼야 하는 최소 쓰기 처리량을 설정한다. 단위는 트랜잭션 수로, 0~2147483647 범위의 값으로 설정 가능하며, 기본값은 0이다. 0으로 설정되면 최소 쓰기 처리량 제한이 없음을 의미한다. 이 값은 group_replication_flow_control_max_quota 시스템 변수의 값보다 크게 설정할 수 없다.

- group_replication_flow_control_min_recovery_quota

  그룹에서 복구 상태의 멤버가 존재하는 경우에 group_replication_flow_control_min_quota 시스템 변수 대신 적용되는 시스템 변수로, 설정할 수 있는 값의 범위, 기본값 모두 동일하다. 이 값도 마찬가지로 group_replication_flow_control_max_quota 시스템 변수의 값보다 크게 설정할 수 없다.

- group_replication_flow_control_max_quota

  흐름 제어에서 그룹에 할당할 수 있는 최대 쓰기 처리량을 설정한다. (싱글 프라이머리 모드의 그룹의 경우 프라이머리에 할당할 수 있는 최대 쓰기 처리량이라고 볼 수 있다.) 단위는 트랜잭션 수로, 0~2147483647 범위의 값으로 설정 가능하며, 기본값은 0이다. 0으로 설정되면 최대 쓰기 처리량 제한이 없음을 의미한다. 이 값은 group_replication_flow_control_min_quota 및 group_replication_flow_control_min_recovery_quota 시스템 변수의 값보다 작게 설정할 수 없다.

> **참고**
>
> MySQL의 공식 메뉴얼 페이지에서 해당 시스템 변수의 이름이 group_replication_flow_control_max_commit_quota로 잘못 표기돼 있다. 실제 MySQL 서버에서 사용되는 변수명은 group_replication_flow_control_max_quota라는 점에 유의하자.

- group_replication_flow_control_member_quota_percent

  멤버에게 할당할 쓰기 처리량에서 실제로 얼마 정도의 양을 멤버가 사용하게 할 것인지 백분율을 설정한다. 0~100 범위의 값으로 설정 가능하며, 기본값은 0이다. 해당 변수는 그룹에서 쓰기를 처리할 수 있는 멤버가 여러 대인 경우, 즉 그룹이 멀티 프라이머리 모드인 경우에만 유효하다.

- group_replication_flow_control_hold_percent

  멤버에게 할당되는 쓰기 처리량에서 사용하지 않고 남겨둘 처리량의 백분율을 설정한다. 0~100 범위의 값으로 설정 가능하며, 기본값은 10이다.

- group_replication_flow_control_release_percent

  흐름 제어에서 더이상 쓰기 멤버에 대해 처리량을 제한할 필요가 없을 때 흐름 제어 주기당 증가시킬 할당량의 백분율을 설정한다. 0~1000 범위의 값으로 설정 가능하며, 0으로 설정되면 다음 주기에서 바로 흐름 제어에 의한 처리량 조절이 해제됨을 의미한다.

흐름 제어에서 멤버에게 할당할 쓰기 처리량을 계산하는 로직은 다음과 같다.

1. 통계 정보를 바탕으로 계산된 값과 group_replication_flow_control_min_quota 시스템 변수의 값 중 큰 값을 선택한다. 그룹에 복구 중인 멤버가 존재하는 경우에는 group_replication_flow_control_min_quota 시스템 변수 대신 group_replication_flow_control_min_recovery_quota 시스템 변수를 사용한다.

2. 1에서 결정된 값에 100에서 group_replication_flow_control_hold_percent 시스템 변수에 설정된 백분율을 뺀 나머지 백분율을 곱한다.

3. group_replication_flow_control_max_quota 시스템 변수의 값이 0보다 큰 값으로 설정돼 있는 경우 해당 변수의 값과 2에서 계산된 값 중 더 작은 값을 선택한다.

4. 그룹에서 쓰기를 처리하는 멤버의 수가 둘 이상 존재하는 경우에는 추가적으로 다음과 같이 계산한다.

1) group_replication_flow_control_member_quota_percent 시스템 변수에 설정된 값이 0인 경우 3에서 선택된 값을 쓰기 멤버 수로 나눈다. 이는 쓰기 처리량이 쓰기 멤버들에서 균등하게 분할되는 것을 의미한다. 쓰기 멤버 수는 이전 흐름 제어 주기에서 쓰기를 수행한 멤버의 수다.

2) group_replication_flow_control_member_quota_percent 시스템 변수에 0이 아닌 값이 설정돼 있는 경우 3에서 선택된 값에 group_replication_flow_control_member_quota_percent 값을 곱한다.

흐름 제어와 관련된 시스템 변수들은 동적으로 변경 가능하며, 그룹 복제를 중단하지 않더라도 변경된 값으로 즉시 반영된다.

17.2.5 그룹 복제의 자동 장애 감지 및 대응

그룹 복제에서는 그룹의 일부 멤버에 장애가 발생해 응답 불능 상태에 빠졌다 하더라도 그룹이 정상적으로 동작할 수 있게 하는 장애 감지 메커니즘이 구현돼 있다. 장애 감지 메커니즘에서는 문제 상태에 있는 멤버를 식별하고 해당 멤버를 그룹 복제에서 제외시킴으로써 그룹이 정상적으로 동작 중인 멤버로만 구성될 수 있게 하고 클라이언트 요청이 문제없이 처리될 수 있게 한다.

그룹 복제에서는 멤버 간에 주기적으로 통신 메시지를 주고받으며 서로의 상태를 확인하는데, 멤버로부터 5초 내로 메시지를 받지 못하면 해당 멤버에 문제가 생긴 것으로 의심하기 시작한다. 그룹 복제에서는 장애가 의심되는 멤버에 대해 과반수의 멤버가 동의하면 해당 멤버를 그룹에서 추방한다. 그룹에서 특정 멤버가 문제가 있다고 의심되는 경우 기본적으로 MySQL 8.0.20 버전까지는 의심되는 즉시 그 멤버는 그룹에서 추방됐다. MySQL 8.0.21 버전부터는 5초의 대기 시간이 추가되어 이 대기 시간이 초과되면 그때 추방된다. 추방되기 전 대기 시간 동안 멤버는 UNREACHABLE 상태로 표시된다. MySQL 8.0.21 버전부터 5초의 대기 시간이 존재하는 것은 group_replication_member_expel_timeout 시스템 변수의 기본값이 5로 변경됐기 때문인데, group_replication_member_expel_timeout 시스템 변수는 MySQL 8.0.13 버전에서 추가된 변수로 멤버가 의심을 받고 나서 추방되기 전까지의 대기 시간을 초 단위로 지정할 수 있다. 해당 변수는 MySQL 8.0.20 버전까지 기본값이 0이었다. MySQL 8.0.13 버전에서는 해당 변수에 값을 1년(31536000)까지 설정할 수 있으며, MySQL 8.0.14 버전부터는 최대 1시간(3600초)까지만 설정 가능하다.

```
GR_mysql> SET GLOBAL group_replication_member_expel_timeout=N; (0<=N<=3600)
```

group_replication_member_expel_timeout 시스템 변수를 기본값 그대로 사용하는 경우 MySQL 버전에 따라 5초 또는 10초 후 의심받은 멤버가 그룹에서 추방된다. 이 시간은 네트워크가 느린 환경에서는 충분하지 않을 수 있으며, 이로 인해 불필요하게 그룹 멤버가 그룹에서 추방당하거나 혹은 프라이머리 페일오버가 발생할 수도 있다. 따라서 이 같은 환경에서는 기본값보다는 좀 더 큰 적절한 값으로 설정하는 것이 좋다. 네트워크 작업으로 인해 일시적으로 네트워크 통신이 중단될 수 있는 경우에도 동일한 이유로 작업 전 group_replication_member_expel_timeout 시스템 변수의 값을 임시로 늘려두는 것이 좋다.

멤버가 추방되고 나서 만약 다시 다른 그룹 멤버들과 통신을 재개할 수 있는 경우 해당 멤버는 자신이 그룹에서 추방됐음을 알게 된다. 멤버가 추방되면 그룹 뷰가 변경되므로 그룹 멤버들은 새로운 뷰 ID 값을 갖게 된다. 추방된 멤버가 다시 그룹에 연결되면 그룹의 현재 뷰 ID가 자신이 가진 뷰 ID와는 다르므로 그룹에서 추방됐음을 알게 되는 것이다. 추방된 멤버는 자동으로 그룹에 재가입을 시도할 수도 있는데, 이는 group_replication_autorejoin_tries 시스템 변수에 설정된 값에 따라 달라진다. group_replication_autorejoin_tries 시스템 변수는 MySQL 8.0.16 버전에서 도입된 변수로, 멤버는 그룹에서 추방되면 해당 시스템 변수에 설정된 횟수만큼 그룹에 재가입을 시도하게 된다. group_replication_autorejoin_tries 시스템 변수는 MySQL 8.0.20 버전까지 기본값이 0이었다. 따라서 MySQL 8.0.20 버전까지는 그룹 복제에서 멤버가 자신이 추방됐음을 알게 되더라도 그룹에 다시 가입하려고 시도하지 않는다. MySQL 8.0.21 버전부터는 기본값이 3으로 변경되어 기본적으로 그룹 재가입을 3번 시도하며, 각 시도당 5분의 시간 간격을 둔다. 변수에 설정할 수 있는 최댓값은 2016이다.

```
GR_mysql> SET GLOBAL group_replication_autorejoin_tries=N; (0<=N<=2016)
```

멤버의 재가입 시도에 대한 정보는 performance_schema 데이터베이스의 events_stages_current 테이블을 통해 확인할 수 있다.

```
-- // 자동 재가입 프로세스 동작 여부 확인
GR_mysql> SELECT COUNT(*)
        FROM performance_schema.events_stages_current
        WHERE EVENT_NAME LIKE '%auto-rejoin%';
+----------+
| COUNT(*) |
+----------+
|        1 |
+----------+
```

```
1 row in set (0.00 sec)

-- // 지금까지 재가입을 시도한 횟수
GR_mysql> SELECT (WORK_COMPLETED - 1) AS rejoin_num
        FROM performance_schema.events_stages_current
        WHERE EVENT_NAME LIKE '%auto-rejoin%';
+------------+
| rejoin_num |
+------------+
|          2 |
+------------+
1 row in set (0.00 sec)

-- // 다음 재가입까지 남은 시간
GR_mysql> SELECT
        ROUND(360 - ((TIMER_WAIT*10e-13) - 360 * (WORK_COMPLETED-1)),2) AS remaining_seconds
        FROM performance_schema.events_stages_current
        WHERE EVENT_NAME LIKE '%auto-rejoin%';
+-------------------+
| remaining_seconds |
+-------------------+
|            353.79 |
+-------------------+
1 row in set (0.00 sec)
```

그룹에서 추방된 멤버는 다른 그룹 멤버들과 다시 통신이 되지 않으면 자신이 추방됐음을 알지 못한다. 기본적으로 네트워크 단절로 인해 그룹 멤버들이 분리되는 경우 소수에 속하는 멤버들은 스스로 그룹을 탈퇴하지 않는다. 사용자는 group_replication_unreachable_majority_timeout 시스템 변수를 사용해 소수에 속한 멤버들이 과반수의 그룹 멤버들과 통신이 단절됐을 때 일정 시간 동안 대기한 후 스스로 그룹을 탈퇴하도록 설정할 수 있다. group_replication_unreachable_majority_timeout 시스템 변수 값의 단위는 초이며, 기본값은 0이다. 이는 그룹을 탈퇴하지 않고 계속 남아있는 것을 의미한다. 설정할 수 있는 최댓값은 1년(31536000)이다.

```
GR_mysql> SET GLOBAL group_replication_unreachable_majority_timeout=N;  (0<=N<=31536000)
```

소수에 속한 멤버들에서도 트랜잭션은 실행될 수 있으며, 실행된 트랜잭션은 멤버가 그룹의 과반수의 동의를 얻을 수 없으므로 처리가 보류된 상태로 남아 있게 된다. group_replication_unreachable_majority_timeout 시스템 변수에 지정된 시간이 초과되면 멤버는 보류 상태의 모든 트랜잭션을 롤백하고 그룹에서 탈퇴하며, 상태는 ERROR로 표기된다. 만약 멤버의 group_replication_autorejoin_tries 시스템 변수에 0이 아닌 값이 설정돼 있는 경우 멤버는 이 시점에 그룹 재가입을 시도한다.

> **주의** group_replication_unreachable_majority_timeout 시스템 변수는 이미 과반수 멤버와의 통신이 단절된 멤버에서 설정하는 경우 효과가 없다는 점을 유의해야 한다. 또한 그룹의 멤버가 둘 또는 넷으로 이뤄진 대칭 형태의 그룹에서 네트워크 단절로 인해 같은 수의 멤버로 그룹이 분리되면 모든 멤버들은 자신이 소수 그룹에 속하는 것으로 간주하고 group_replication_unreachable_majority_timeout 시스템 변수에 지정된 대기 시간 초과 시 그룹을 탈퇴하고 ERROR 상태로 전환되므로 해당 변수에 값 설정 시 이러한 부분들을 반드시 고려해야 한다.

멤버가 그룹의 다른 멤버들과의 통신 단절 등의 문제로 인해 타의 혹은 자의로 그룹에서 탈퇴한 상태에서 자동 재가입에 실패하거나 혹은 재가입을 아예 시도하지 않게 설정된 경우 멤버는 최종적으로 group_replication_exit_state_action 시스템 변수에 설정된 작업을 진행하게 된다. 이를 종료 액션이라고 하며, group_replication_exit_state_action 시스템 변수는 MySQL 8.0.12 버전부터 사용 가능하다. 변수에 설정 가능한 값과 각 값으로 설정됐을 때 MySQL 서버에 조치되는 내용은 다음과 같다.

- READ_ONLY

  super_read_only 시스템 변수를 ON으로 설정해서 MySQL 서버를 슈퍼 읽기 전용 모드로 전환시킨다. 슈퍼 읽기 전용 모드에서는 사용자가 CONNECTION_ADMIN 권한(또는 SUPER 권한)을 가지고 있더라도 서버에서 데이터 변경 작업을 수행할 수 없다. MySQL 8.0.16 버전부터 group_replication_exit_state_action 시스템 변수의 기본 값이 이 값으로 설정됐다. 또한 이 값은 group_replication_exit_state_action 시스템 변수가 도입되기 전에 MySQL 8.0에서 수행했던 동작 방식이기도 하다.

- OFFLINE_MODE

  offline_mode 시스템 변수를 ON으로 설정해서 MySQL 서버를 오프라인 모드로 전환시키고 super_read_only 시스템 변수도 ON으로 설정한다. 오프라인 모드에서는 기존에 이미 연결돼 있는 세션의 경우 다음 요청에서 연결이 끊어지고 CONNECTION_ADMIN 권한(또는 SUPER 권한)을 가진 사용자를 제외하고 더 이상 연결이 허용되지 않는다. OFFLINE_MODE 값은 MySQL 8.0.18 버전부터 설정할 수 있다.

- ABORT_SERVER

  MySQL 서버를 종료시킨다. 이 값은 group_replication_exit_state_action 시스템 변수가 도입된 MySQL 8.0.12 버전부터 8.0.15 버전까지 해당 변수의 기본값이었다.

그룹 멤버에서 `group_replication_exit_state_action` 시스템 변수에 설정된 작업이 동작하게 되는 구체적인 경우들은 다음과 같다.

- 그룹 복제의 어플라이어 스레드(Applier thread)에 에러가 발생한 경우

- 멤버가 그룹 복제의 분산 복구 프로세스를 정상적으로 완료할 수 없는 경우
  (분산 복구에 대해서는 17.2.6절 '그룹 복제의 분산 복구'를 참고하자.)

- `group_replication_switch_to_single_primary_mode()` 같은 그룹 복제 UDF를 사용해 그룹 전체에 대한 설정을 변경하는 중에 에러가 발생한 경우

- 싱글 프라이머리 모드의 그룹에서 새 프라이머리 선출 과정 중 에러가 발생한 경우

- 과반수 이상의 다른 그룹 멤버들과 통신이 단절되고, `group_replication_unreachable_majority_timeout` 시스템 변수에 설정된 대기 시간이 초과됐으나 그룹에 재가입 시도를 하지 않도록 설정된 경우

- 멤버에 문제가 발생해서 `group_replication_member_expel_timeout` 시스템 변수에 설정된 대기 시간이 초과된 후 그룹에서 추방되고 나서, 다시 그룹의 다른 멤버들과 통신이 재개되어 자신이 추방됐음을 확인했으나 그룹에 재가입 시도를 하지 않도록 설정된 경우

- 멤버가 자의 혹은 타의로 그룹에서 탈퇴한 후 `group_replication_autorejoin_tries` 시스템 변수에 지정된 횟수 동안 그룹에 재가입을 성공하지 못한 경우

17.2.6 그룹 복제의 분산 복구

멤버가 그룹에 새로 가입하거나 혹은 탈퇴 후 다시 가입할 때, 가입하기 전 또는 잠시 그룹을 떠나있는 동안 그룹에 적용된 트랜잭션들이 있을 수 있다. 멤버는 이러한 트랜잭션들을 모두 적용해야 다른 그룹 멤버들이 가진 데이터와 동일한 데이터를 갖게 되며, 그때 그룹에 정상적인 상태로 참여할 수 있게 된다. 그룹 복제에서는 그룹 가입 시 가입 멤버가 다른 그룹 멤버들과 동일한 최신 데이터를 가질 수 있도록 가입 멤버에서 누락된 트랜잭션들을 다른 그룹 멤버에서 가져와 적용하는 복구 프로세스를 자동으로 수행하게 되는데, 이를 "분산 복구"라고 한다. 분산 복구에서 가입 멤버가 복구 작업을 위해 선택한 기존 그룹 멤버를 기증자(Donor) 멤버라고 하며, 그룹에서 온라인 상태로 존재하는 모든 멤버들은 기증자 멤버가 될 수 있다.

17.2.6.1 분산 복구 방식

그룹 복제의 분산 복구에서는 복구 작업 시 먼저 가입 멤버에서 `group_replication_applier` 복제 채널의 릴레이 로그를 확인하는데, 이는 가입한 멤버가 이전에 그룹에 가입한 적이 있다면 그룹에서 탈퇴하는

시점에 릴레이 로그에는 기록돼 있으나 아직 실제로 적용되지 않은 트랜잭션이 존재할 수 있기 때문이다. 따라서 이처럼 미처 적용되지 못하고 남아있는 트랜잭션이 있는지 확인하고 발견되는 경우 이를 먼저 적용하는 것으로 복구 작업을 시작한다. 물론 그룹에 완전히 새로 가입하는 멤버는 해당되지 않는다.

가입한 멤버의 릴레이 로그를 확인한 이후에는 그룹에 온라인 상태로 존재하는 다른 그룹 멤버에 연결해서 분산 복구 작업을 마저 진행하는데, 이때 분산 복구에서는 다음 두 가지 방식을 적절히 조합해서 작업을 진행한다.

- 바이너리 로그 복제 방식
- 원격 클론(Remote Cloning) 방식

바이너리 로그 복제 방식은 MySQL의 기본 복제 방식인 비동기 복제를 기반으로 구현됐으며, 기증자로 선택된 다른 그룹 멤버와 group_replication_recovery라는 별도의 복제 채널로 연결되어 해당 멤버의 바이너리 로그에서 가입한 멤버에 적용되지 않은 트랜잭션들을 복제해서 가져와 가입한 멤버에 적용하는 방식이다. 원격 클론 방식은 MySQL 8.0.17 버전에서 도입된 클론 플러그인(Clone Plugin)을 사용하는 형태로, 다른 그룹 멤버의 InnoDB 스토리지 엔진에 저장된 모든 데이터와 메타데이터를 일관된 스냅숏으로 가져와 가입 멤버를 재구축하는 방식이다. 이 방식으로 분산 복구 작업을 진행하기 위해서는 그룹 멤버들과 가입 멤버 모두 클론 플러그인이 설치돼 있어야 한다.

그룹 복제의 분산 복구에서는 가입한 멤버에 대해 가장 적합한 형태의 복구 방식을 자동으로 선택하며, 이를 위해 분산 복구 작업 시 연결 가능한 기존 그룹 멤버들을 확인하고 현재 가입한 멤버에서 필요한 트랜잭션 수와 해당 트랜잭션들이 기존 그룹 멤버의 바이너리 로그 파일에 모두 존재하는지 등을 확인한다. 가입한 멤버와 기존 그룹 멤버 간의 트랜잭션 갭이 크거나 혹은 필요한 트랜잭션들 중 일부가 기존 그룹 멤버의 바이너리 로그 파일에 더이상 존재하지 않는 경우 분산 복구에서는 원격 클론 방식으로 복구 작업을 시작한다. 만약 트랜잭션 갭이 크지 않거나 클론 플러그인이 설치돼 있지 않은 경우에는 바이너리 로그 복제 방식으로만 진행한다. 원격 클론 방식에서는 가입한 멤버의 기존 데이터는 모두 제거되며 클론 작업으로 연결된 기존 그룹 멤버의 스냅숏 데이터로 대체된다. 가입한 멤버가 스냅숏 데이터로 재구축되면, 클론 작업 동안 그룹에서 적용된 트랜잭션을 가져오기 위해 바이너리 로그 복제 방식으로 한번 더 복구 작업을 진행한다.

분산 복구에서 원격 클론 방식을 복구 방식으로 채택하게 되는 트랜잭션 갭의 임곗값은 group_replication_clone_threshold 시스템 변수에 지정된 값을 사용한다. group_replication_clone_threshold

시스템 변수의 기본값은 아주 큰 값이므로, 바이너리 로그 복제 방식이 가능한 환경에서는 원격 클론 방식이 분산 복구에 사용되지 않는다. 따라서 그룹 멤버들을 원격 클론 작업이 수행 가능하도록 설정했고 분산 복구에 이를 사용하고 싶은 경우 적절한 값으로 group_replication_clone_threshold 시스템 변수의 값을 변경해야 한다. 물론 바이너리 로그 복제 방식이 불가능한 경우에는 group_replication_clone_threshold 시스템 변수에 지정된 임곗값에 관계없이 분산 복구는 원격 클론 방식으로 복구 작업을 진행한다.

> **주의** group_replication_clone_threshold 시스템 변수를 너무 낮은 값으로 설정해서는 안 된다. 가입한 멤버에 원격 클론 방식으로 복구가 진행될 동안 그룹에 적용된 트랜잭션 수가 group_replication_clone_threshold 시스템 변수에 지정된 값을 초과하는 경우 클론 작업이 완료되고 나서 다시 또 클론 작업이 진행되며, 이 같은 상황이 계속 반복될 수 있기 때문이다. 따라서 이러한 상황을 방지하기 위해서는 원격 클론 작업이 진행되는 동안 그룹에서 발생할 것으로 예상되는 트랜잭션 수보다 높은 값으로 group_replication_clone_threshold 시스템 변수의 값을 설정해야 한다. group_replication_clone_threshold 시스템 변수는 그룹 복제 진행 중에도 값을 변경할 수는 있으나 그룹 복제를 중단 후 다시 시작해야 변경된 값이 실제로 적용된다.

17.2.6.2 분산 복구 프로세스

그룹 복제에서 수행되는 분산 복구 작업은 다음과 같이 크게 세 단계로 나눌 수 있다.

1. 로컬 복구

   가입 멤버가 이전에 그룹에 가입한 적이 있는 경우 릴레이 로그에 미처 적용하지 못한 트랜잭션이 존재할 수 있다. 따라서 이 트랜잭션들을 먼저 적용한 후 본격적인 복구 작업을 진행한다.

2. 글로벌 복구

   가입 멤버는 그룹의 기존 멤버들에서 기증자 역할을 할 멤버를 선택해서 해당 멤버로부터 데이터 또는 누락된 트랜잭션들을 가져와 자신에게 적용한다. 이 작업을 진행하는 동안 현재 그룹에서 처리되는 트랜잭션들을 내부적으로 캐싱해둔다.

3. 캐시 트랜잭션 적용

   글로벌 복구 단계가 완료되면 캐싱해서 보관하고 있던 트랜잭션들을 적용해 최종적으로 그룹에 참여한다.

새로운 멤버가 그룹에 가입하면 그룹에서는 그룹 뷰가 변경되어 뷰 변경 로그 이벤트(View Change Log Event)가 생성되고 멤버들의 바이너리 로그에 해당 이벤트가 기록된다. 가입 멤버는 분산 복구 프로세스를 진행하며, 1차적으로 로컬 복구가 완료되면 본격적인 복구 작업 진행을 위해 그룹 내 ONLINE

상태로 존재하는 멤버들 중에서 기증자 멤버를 선정하고 적절한 복구 방식을 선택해 복구 작업을 진행한다. 이때 기증자 멤버는 무작위로 선정된다.

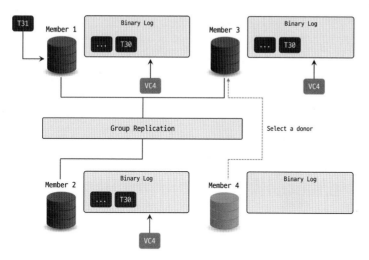

그림 17.15 그룹에 새로운 멤버 가입

가입 멤버는 선정된 기증자 멤버에 연결해서 원격 클론 방식 또는 바이너리 로그 복제 방식으로 복구 작업을 시작한다. 원격 클론 방식에서 가입 멤버는 기증자 멤버의 스냅숏 데이터를 모두 전달받으면 MySQL 서버를 재시작한다. 이때 MySQL 서버에 "group_replication_start_on_boot=ON" 옵션이 설정돼 있는 경우 MySQL 서버가 재시작할 때 그룹 복제가 자동으로 시작되고 바이너리 로그 복제 방식의 분산 복구가 진행된다. 만약 이 옵션이 OFF로 설정돼 있는 경우에는 사용자가 수동으로 START GROUP_REPLICATION 명령을 실행해야 한다.

바이너리 로그 복제 복구 방식에서는 가입 멤버가 그룹에 참여한 시점까지만 복구 작업을 진행하며, 가입 멤버는 복구 작업 동안 그룹에서 처리된 트랜잭션들을 캐싱한다. 가입 멤버가 그룹에 참여한 시점은 뷰 변경 로그 이벤트를 통해 알 수 있다. 따라서 바이너리 로그 복제 방식에서는 기증자 멤버에서 누락된 트랜잭션들을 가져와서 적용하다가 가입 멤버가 그룹에 참여했을 때 해당되는 뷰 변경 로그 이벤트를 만나면 복제를 중지하고 캐싱된 트랜잭션을 적용하는 것으로 전환한다.

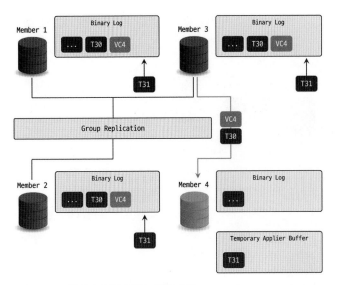

그림 17.16 가입한 멤버에서 분산 복구 작업을 진행

가입 멤버에서 캐싱된 트랜잭션들까지 모두 적용되어 다른 그룹 멤버들과 동일한 데이터를 갖게 되면 멤버는 그룹 뷰에서 상태가 ONLINE으로 변경되며, 그림 17.17과 같이 이제 그룹의 한 일원으로서 온전한 역할을 할 수 있게 된다.

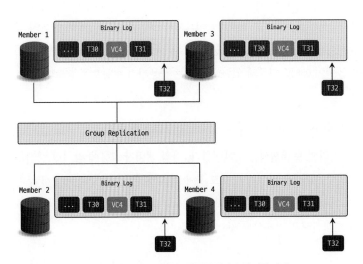

그림 17.17 분산 복구 작업을 완료해서 그룹의 공식적인 멤버가 된 가입 멤버

17.2.6.3 분산 복구 설정

사용자는 그룹 복제의 분산 복구에서 다음과 같은 부분들을 필요에 맞게 설정할 수 있다.

- 연결 시도 횟수

  사용자는 group_replication_recovery_retry_count 시스템 변수를 통해 바이너리 로그 복제 방식으로 복구 작업 진행 시 가입한 멤버가 기존 그룹 멤버에 연결을 시도하는 횟수를 제한할 수 있다. 지정된 횟수 동안 연결에 성공하지 못하면 분산 복구 프로세스는 에러를 출력하고 종료된다. 만약 그룹에서 두 멤버가 적절한 연결 후보 멤버이고, 연결 시도 제한 횟수가 6으로 설정된 경우 가입한 멤버는 각 연결 후보 멤버들로 최대 3번까지 연결을 시도한다. group_replication_recovery_retry_count 시스템 변수의 기본값은 10이며, 최대 31536000까지 설정 가능하다. 다음 예제 명령은 연결 시도 횟수를 최대 20으로 제한한다.

  ```
  GR_mysql> SET GLOBAL group_replication_recovery_retry_count=20;
  ```

  원격 클론 방식은 이 제한이 적용되지 않으며, 연결 후보 멤버들에 대해서는 한 번씩만 연결을 시도한다.

- 연결 시도 간격

  사용자는 group_replication_recovery_reconnect_interval 시스템 변수를 통해 바이너리 로그 복제 방식으로 복구 작업을 진행할 때 기존 그룹 멤버들에 대한 연결 시도 사이의 대기 시간을 지정할 수 있다. 분산 복구에서는 각 그룹 멤버에 연결을 시도할 때마다 이 대기 시간을 가지는 것은 아니며, 연결 대상 멤버에 대해 한 번씩 전부 연결을 시도하고 나서 group_replication_recovery_reconnect_interval 시스템 변수에 지정된 시간만큼 대기하게 된다. 예를 들어, 그룹에서 두 멤버가 적절한 연결 후보 멤버일 때 이 두 멤버에 대해 각각 한 번씩 연결을 시도한 후 지정된 시간만큼 대기했다가 다시 또 연결을 시도한다. group_replication_recovery_reconnect_interval 시스템 변수의 값은 초 단위이며, 기본값은 60초다. 다음 명령 예제는 연결 시도 간격을 30초로 설정한다.

  ```
  GR_mysql> SET GLOBAL group_replication_recovery_reconnect_interval=30;
  ```

  마찬가지로 원격 클론 방식은 이 제한이 적용되지 않는다.

- 가입한 멤버를 온라인(ONLINE) 상태로 표기하는 시점

  기본적으로 가입한 멤버에서 분산 복구가 완료되면, 즉 누락된 트랜잭션들이 모두 적용되고 나면 그룹 뷰에서 가입한 멤버의 상태가 ONLINE으로 표시된다. 가입한 멤버에서 누락된 트랜잭션들이 인증 단계까지 모두 완료했을 때 그룹 뷰에서 가입한 멤버의 상태를 ONLINE으로 표시되도록 설정할 수도 있으며, 이는 group_replication_recovery_complete_at 시스템 변수의 값을 TRANSACTIONS_CERTIFIED로 설정하면 된다.

  ```
  GR_mysql> SET GLOBAL group_replication_recovery_complete_at=TRANSACTIONS_CERTIFIED;
  ```

해당 변수의 기본값은 TRANSACTIONS_APPLIED로, 앞서 설명한 바와 같이 누락된 트랜잭션들이 모두 적용된 시점에 멤버의 상태를 ONLINE으로 표기한다.

앞에서 설명한 시스템 변수들 모두 그룹 복제가 실행되는 동안 값을 변경할 수 있지만 변경된 값은 멤버에서 그룹 복제를 중지하고 다시 시작한 후에만 실제로 적용된다.

17.2.6.4 분산 복구 오류 처리

그룹 복제의 분산 복구에는 복구 작업 도중 문제가 발생하더라도 가능한 경우 자동으로 다시 작업을 시도하는 장애 감지 메커니즘이 구현돼 있다. 다음과 같은 경우들에서 분산 복구는 자동으로 새로운 그룹 멤버로 연결을 전환해서 다시 작업을 시도한다.

- 기증자로 선택한 그룹 멤버로의 연결이 인증 문제 등으로 인해 정상적으로 이뤄지지 않는 경우
- 바이너리 로그 복제 방식으로 복구 작업을 진행하는 중에 레플리케이션 I/O 스레드 또는 SQL 스레드에서 에러가 발생한 경우
- 원격 클론 작업이 실패하거나 혹은 완료되기 전에 중단된 경우
- 복구 작업 동안 기증자 멤버에서 그룹 복제가 중단된 경우

사용자는 performance_schema의 replication_connection_status 테이블 또는 replication_applier_status_by_worker 테이블에서 "LAST_ERROR_"로 시작하는 칼럼들로부터 바이너리 로그 복제 방식의 분산 복구와 관련해서 가장 최근에 발생한 에러를 확인할 수 있다. 원격 클론 방식의 분산 복구 작업의 경우에는 performance_schema의 clone_progress 및 clone_status 테이블을 통해 클론 작업의 진행 현황과 상태 정보를 확인할 수 있다. 다음은 바이너리 로그 복제 방식의 분산 복구에서 기증자 멤버로의 연결이 실패한 경우에 보여지는 에러 예시다.

```
GR_mysql> SELECT CHANNEL_NAME,
                 LAST_ERROR_NUMBER,
                 LAST_ERROR_MESSAGE,
                 LAST_ERROR_TIMESTAMP
          FROM performance_schema.replication_connection_status
          WHERE CHANNEL_NAME='group_replication_recovery' \G
*********************** 1. row ***************************
        CHANNEL_NAME: group_replication_recovery
   LAST_ERROR_NUMBER: 1045
```

```
LAST_ERROR_MESSAGE: error connecting to master 'repl_user@GR_server1:3306' - retry-time: 60
retries: 1 message: Access denied for user 'repl_user'@'GR_server1' (using password: YES)
LAST_ERROR_TIMESTAMP: 2020-11-16 13:18:00.688744
```

다음과 같은 경우에는 분산 복구 프로세스가 더이상 진행될 수 없으며, 가입 멤버는 그룹을 떠나게 된다.

- 가입 멤버가 group_replication_recovery_retry_count 시스템 변수에 지정된 재시도 횟수를 모두 소진한 경우
- 가입 멤버에 필요한 트랜잭션이 그룹 멤버들의 바이너리 로그에 존재하지 않으며, 원격 클론 방식으로도 복구 작업을 진행할 수 없는 경우
- 가입 멤버가 그룹에서는 존재하지 않는 트랜잭션을 가지고 있는 상태에서 바이너리 로그 복제 방식으로 복구 작업이 진행되는 경우
- 가입 멤버가 전체 그룹 멤버에 대해 원격 클론 방식과 바이너리 로그 복제 방식을 모두 시도해봤지만 전부 실패해서 더이상 시도해 볼 멤버가 존재하지 않는 경우
- 복구 작업이 진행되는 중에 가입 멤버에서 그룹 복제가 중단된 경우

가입 멤버가 복구 작업 중에 직접 그룹을 탈퇴한 경우를 제외한 나머지 경우에서 가입 멤버는 최종적으로 group_replication_exit_state_action 시스템 변수에 지정된 작업을 수행한다.

17.2.7 그룹 복제 요구사항

그룹 복제를 사용하려는 MySQL 서버에서는 다음 요구사항들을 충족해야 한다.

- InnoDB 스토리지 엔진 사용

  데이터가 저장되는 테이블은 반드시 InnoDB 스토리지 엔진을 사용해야 한다. 그룹 복제에서 트랜잭션은 일단 실행된 후 커밋 시 충돌이 있는지 확인한다. 충돌이 감지된 경우 그룹 내 데이터 일관성을 위해 해당 트랜잭션을 롤백하는데, 이 같은 처리를 위해서는 트랜잭션이 지원되는 스토리지 엔진이 필요하다. 다른 스토리지 엔진을 사용할 경우 그룹 복제에서 에러가 발생할 수 있으며, 사용자는 다음과 같이 MySQL 설정 파일에 disabled_storage_engines 시스템 변수를 설정해서 다른 스토리지 엔진의 사용을 방지할 수 있다.

  ```
  [mysqld]
  disabled_storage_engines="MyISAM,BLACKHOLE,FEDERATED,ARCHIVE,MEMORY"
  ```

- 프라이머리 키 사용

  그룹에서 복제될 모든 테이블들은 프라이머리 키를 가지고 있어야 하며, 만약 명시적인 프라이머리 키가 없는 경우에는 NULL 값을 허용하지 않는 유니크 키가 반드시 테이블에 존재해야 한다. 이러한 키들은 테이블 내의 모든 데이터에 대해 고유한 식별자 역할을 하며, 그룹 복제에서는 이를 바탕으로 트랜잭션 간의 충돌을 감지한다.

- 원활한 네트워크 통신 환경

  그룹 복제는 그룹 멤버들 간의 양방향 통신을 통해 이뤄지므로 그룹 복제의 성능과 안전성은 서버가 속한 네트워크 환경에 영향을 받는다. 따라서 그룹 복제는 그룹 멤버들이 서로 원활하게 통신할 수 있는 네트워크 환경에서 구성돼야 하며, 항상 통신이 정상적으로 유지될 수 있어야 한다.

- 바이너리 로그 활성화

  그룹 복제는 기존 MySQL 복제와 마찬가지로 복제에서 바이너리 로그를 사용하므로 MySQL 서버에서 바이너리 로그가 활성화돼 있어야 한다. MySQL 8.0 버전부터 바이너리 로그는 기본적으로 활성화된다.

- ROW 형태의 바이너리 로그 포맷 사용

  그룹 복제는 ROW 포맷 기반의 복제를 사용해 트랜잭션으로 인해 변경된 데이터가 그룹 멤버들에서 일관되게 적용될 수 있게 한다.

- 바이너리 로그 체크섬 설정

  MySQL 8.0.20 버전까지는 그룹 복제에서 바이너리 로그 체크섬(Checksum) 기능을 지원하지 않으므로 binlog_checksum 시스템 변수의 값을 "NONE"으로 설정해야 한다. MySQL 8.0.21 버전부터는 체크섬 기능을 지원하므로 해당 변수에 사용자가 원하는 값을 설정할 수 있다.

- log_slave_updates 활성화

  새로운 멤버가 그룹에 참여하면 해당 멤버는 기존 그룹 멤버들과 동일하게 그룹의 최신 데이터를 가질 수 있도록 그룹 복제의 분산 복구 작업을 수행하는데, 이때 기존 그룹 멤버의 바이너리 로그를 복제해서 자신에게 적용하므로 그룹 멤버들은 그룹에서 발생한 트랜잭션들을 모두 각자의 바이너리 로그에 기록해야 한다. 또한 그룹 복제에서 그룹의 모든 멤버들이 쓰기를 수행하는 프라이머리 서버가 될 수 있으므로 그룹 복제를 설정할 MySQL 서버에서는 log_slave_updates 시스템 변수가 반드시 활성화돼 있어야 한다.

- GTID 사용

  그룹 복제는 기본적으로 GTID를 사용하므로 그룹 복제를 설정할 MySQL 서버에서는 GTID가 활성화될 수 있도록 설정 파일에 다음과 같이 옵션을 설정해야 한다.

```
[mysqld]
gtid_mode=ON
enforce_gtid_consistency=ON
```

- 고유한 server_id 값 사용

  그룹 복제에 참여하는 MySQL 서버들은 모두 각기 다른 고유한 server_id 값을 가져야 한다.

- 복제 메타데이터 저장소 설정

  그룹 복제에서 복제 관련 메타데이터는 데이터 일관성을 위해 파일이 아닌 테이블에 저장돼야 한다. 따라서 MySQL 서버에서 master_info_repository 및 relay_log_info_repository 시스템 변수의 값이 TABLE로 설정돼 있어야 한다.

- 트랜잭션 WriteSet 설정

  트랜잭션에서 변경한 데이터에 대한 정보, 즉 트랜잭션의 WriteSet이 수집될 수 있도록 transaction_write_set_extraction 시스템 변수가 XXHASH64로 설정돼야 한다. 트랜잭션의 WriteSet은 그룹 복제에서 트랜잭션 간 충돌을 탐지하는 트랜잭션 인증 단계에서 사용된다.

- 테이블 스페이스 암호화 설정

  default_table_encryption 시스템 변수는 모든 그룹 멤버에서 동일한 값으로 설정돼야 한다.

- lower_case_table_names 설정

  lower_case_table_names 시스템 변수는 모든 그룹 멤버에서 동일한 값으로 설정돼야 한다.

- 멀티 스레드 복제 설정

  그룹 복제에서도 멀티 스레드 복제 기능을 사용해 트랜잭션을 병렬로 적용할 수 있다. 이때 복제 트랜잭션이 멀티 스레드로 적용될 때 원본 서버에서 커밋된 순서와 동일한 순서로 커밋되도록 반드시 slave_preserve_commit_order 옵션을 ON(1)으로 설정해야 한다. 따라서 멀티 스레드 복제 기능을 사용할 때는 MySQL 서버를 다음과 같이 설정하는 것이 좋다.

```
[mysqld]
slave_parallel_workers=N
slave_parallel_type=LOGICAL_CLOCK
slave_preserve_commit_order=1
```

17.2.8 그룹 복제 제약 사항

그룹 복제는 대표적으로 다음과 같은 제약 사항이 있다. 또한 그룹 복제에서 GTID를 사용하므로 GTID를 사용함으로써 수반되는 제약 사항에도 영향을 받는다. GTID 사용에 따른 제약 사항은 16.3.2.6절 'GTID 기반 복제 제약 사항'을 참고하자.

- 갭 락(Gap Lock)은 갭 락을 발생시킨 트랜잭션이 실행된 멤버에서만 유효하며, 그룹 복제의 트랜잭션 인증 단계에서 해당 락 정보는 공유되지 않는다. 따라서 멀티 프라이머리 모드로 동작하는 그룹에서는 멤버 로컬에서의 트랜잭션 충돌 감지와 그룹 복제에서의 트랜잭션 충돌 감지 수준을 일치시키기 위해 갭 락이 사용되지 않는 READ-COMMITTED 트랜잭션 격리 수준을 사용하는 것이 좋다.

- 테이블 락(Table Lock) 및 네임드 락(Named Lock)도 그룹 단위로 락 정보가 공유되지 않는다. 즉, 그룹 복제의 인증 단계에서는 이 두 락을 고려하지 않는다.

- 그룹 복제에서 바이너리 로그 체크섬 기능은 MySQL 8.0.21 버전부터 사용 가능하며, 그 이전 버전에서는 지원하지 않는다.

- 멀티 프라이머리 모드로 동작 중인 그룹에서는 SERIALIZABLE 트랜잭션 격리 수준을 사용할 수 없다.

- 멀티 프라이머리 모드로 동작 중인 그룹에서 동일한 테이블에 대해 서로 다른 멤버에서 동시에 실행되는 DDL 및 DML 문은 지원하지 않는다.

- 멀티 프라이머리 모드로 동작 중인 그룹에서 외래키(Foreign Key)가 존재하는 테이블, 특히 CASCADE 제약 조건이 사용된 테이블은 지원하지 않는다. CASCADE 제약 조건은 계단식의 데이터 변경 작업을 유발하며, 이로 인해 감지되지 않는 트랜잭션 충돌이 발생하고 그룹 멤버 간에 데이터가 일치하지 않을 수 있다. 따라서 이 같은 문제를 방지하기 위해 멀티 프라이머리 모드 그룹의 멤버들에서 group_replication_enforce_update_everywhere_checks 시스템 변수를 활성화해서 사용하는 것이 좋다. group_replication_enforce_update_everywhere_checks 시스템 변수가 활성화되면 그룹 복제에서는 실행된 쿼리들에 대해 멀티 프라이머리 모드와 호환 가능한지를 검사하게 된다. 싱글 프라이머리 모드에서는 한 멤버에서만 쓰기가 허용되므로 이처럼 데이터 일관성을 해칠 수 있는 문제는 발생하지 않는다. 따라서 싱글 프라이머리 모드에서는 group_replication_enforce_update_everywhere_checks 시스템 변수를 반드시 비활성화해서 사용해야 한다.

- 멀티 프라이머리 모드에서 SELECT ... FOR UPDATE 구문을 사용할 때 데드락이 발생할 수 있다.

- 그룹 복제에서 복제 필터 기능은 사용할 수 없다. 그룹 멤버가 그룹 복제와 더불어 그룹 외부의 다른 소스 서버에 대한 일반 복제도 함께 진행하는 경우 일반 복제에 대한 필터링은 설정할 수 있다.

- 그룹 복제는 최대 9대의 서버까지 구성 가능하다. 이미 9대로 구성된 그룹 복제에서 새로 멤버가 추가되는 경우에는 에러가 발생한다.

17.3 MySQL 셸

MySQL 셸(MySQL Shell)은 MySQL을 위한 고급 클라이언트 툴로, 단순히 SQL문 실행만 가능했던 기존 클라이언트 툴인 mysql보다 좀 더 확장된 기능들을 사용자에게 제공한다. 대표적으로 MySQL 셸은 SQL뿐만 아니라 자바스크립트와 파이썬 언어 모드도 지원하는데, 사용자는 MySQL 셸에 접속해 세 언어 중 원하는 언어로 셸이 동작하게끔 모드를 설정할 수 있으며, 다른 모드로도 손쉽게 전환할 수 있다. MySQL 셸은 기본적으로 자바스크립트 모드로 동작한다.

```
// 파이썬 모드로 전환
mysqlsh> \py
Switching to Python mode...

// SQL 모드로 전환
mysqlsh> \sql
Switching to SQL mode... Commands end with ;

// 자바스크립트 모드로 전환
mysqlsh> \js
Switching to JavaScript mode...
```

또한 MySQL 셸은 사용자가 MySQL 서버에 대해 쉽고 편리하게 작업할 수 있도록 API를 제공하는데, MySQL 셸에서 제공하는 API로는 X 프로토콜을 사용해 MySQL 서버에서 관계형 데이터와 문서(Document) 기반 데이터를 모두 처리할 수 있게 하는 X DevAPI와 MySQL 서버의 설정을 변경하고 InnoDB 클러스터 및 InnoDB 레플리카셋(ReplicaSet)을 구축할 수 있게 하는 AdminAPI가 있다. 사용자는 MySQL 셸에 내장돼 있는 글로벌 객체들과 각 객체에 구현돼 있는 메서드(Method)를 통해 API를 사용할 수 있다. MySQL 셸이 제공하는 글로벌 객체는 다음과 같다. 글로벌 객체는 자바스크립트 및 파이썬 모드에서만 사용 가능하다.

- session

  셸에서 MySQL 서버에 연결했을 때 생성된 세션에 매핑되는 객체로, 트랜잭션 시작과 같이 세션 단위에서 사용할 수 있는 기능들을 제공한다.

- dba

  InnoDB 클러스터 및 InnoDB 레플리카셋 구축과 관련된 기능을 제공하며, 내부적으로 AdminAPI를 사용해 처리한다.

- cluster

  InnoDB 클러스터에 매핑되는 객체로, 클러스터 설정 변경 등과 같이 클러스터와 관련해서 사용자가 제어할 수 있는 기능들을 제공한다.

- rs

  InnoDB 레플리카셋에 매핑되는 객체로, 레플리카셋 설정 변경 등과 같이 레플리카셋과 관련해서 사용자가 제어할 수 있는 기능들을 제공한다.

- db

  셸에서 X 프로토콜을 사용해 MySQL 서버에 연결한 경우 연결 시 지정했던 데이터베이스에 매핑되는 객체다. 데이터베이스와 관련해서 사용할 수 있는 기능들을 제공한다.

- shell

  MySQL 셸 설정 변경 등과 같이 셸과 관련해서 사용자가 제어할 수 있는 기능들을 제공한다.

- util

  MySQL 서버가 버전을 업그레이드할 준비가 됐는지 확인하거나 MySQL 서버에 데이터를 로딩 또는 추출하는 등의 유용한 작업 기능들을 제공한다.

> **참고** InnoDB 클러스터와 유사한 형태인 InnoDB 레플리카셋은 MySQL 8.0.19 버전부터 도입된 기능으로, 내부적으로 그룹 복제가 아닌 MySQL 기본 복제를 사용하지만 MySQL 셸에서 InnoDB 클러스터와 동일하게 Admin API를 사용해 복제를 관리할 수 있다. InnoDB 레플리카셋은 16장 '복제'에서 설명한 기술들을 기반으로 하고 있으므로 자세한 설명은 매뉴얼과 16장을 참조하자. 이번 장에서는 InnoDB 클러스터에 대해 다루고 있으므로 InnoDB 레플리카 셋에 대해 자세한 언급은 하지 않겠다.

17.4 MySQL 라우터

MySQL 라우터(MySQL Router)는 InnoDB 클러스터에서 애플리케이션 서버로부터 유입된 쿼리 요청을 클러스터 내 적절한 MySQL 서버로 전달하고 MySQL 서버에서 반환된 쿼리 결과를 다시 애플리케이션 서버로 전달하는 프락시(Proxy) 역할을 수행한다.

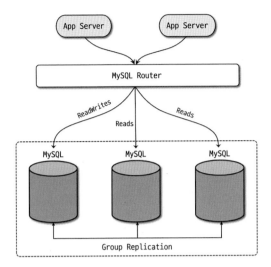

그림 17.18 MySQL 라우터의 역할

MySQL 라우터의 중요 기능을 정리하면 다음과 같다.

- InnoDB 클러스터의 MySQL 구성 변경 자동 감지

- 쿼리 부하 분산

- 자동 페일오버

MySQL 라우터 같이 중간 계층에서 프락시 역할을 하는 프로그램을 사용하지 않는 애플리케이션 서버에서는 MySQL 서버에 직접 연결해서 쿼리를 실행한다. 애플리케이션 서버에서 도메인이나 VIP(Virtual IP)를 통해 MySQL 서버에 접근하는 형태가 아니라면 애플리케이션 서버는 MySQL 서버의 IP와 같은 정보를 커넥션 설정에 저장해서 사용하게 된다. 이 경우 현재 사용 중인 MySQL 서버가 다른 서버로 교체되거나 혹은 새로운 MySQL 서버가 추가되는 등의 MySQL 서버 구성 변경 작업이 발생하면 사용자는 애플리케이션 서버의 DB 커넥션 설정 정보를 반드시 수정해야 한다. 반면 InnoDB 클러스터를 사용하는 애플리케이션 서버에서는 MySQL 라우터를 통해 MySQL 서버에 접근하므로 커넥션 설정에는 라우터 서버 정보가 사용된다. MySQL 라우터에서는 클러스터 내 MySQL 서버들에 대한 정보를 메모리에 캐시하고 있으며, 주기적으로 이 정보를 갱신한다. 클러스터의 MySQL 서버 구성이 변경되면 MySQL 라우터는 갱신된 정보로 이를 자동으로 감지하므로 애플리케이션 서버의 커넥션 설정 정보를 변경할 필요가 없다. 따라서 사용자는 클러스터 내 MySQL 서버 추가 및 제거 등과 같은

구성 변경 작업을 애플리케이션 단의 설정 변경 없이 손쉽게 진행할 수 있게 되는 것이다.

MySQL 라우터는 단순히 애플리케이션 서버에서 실행한 쿼리들을 클러스터 내 MySQL 서버들로 전달만 하는 것이 아니라 여러 MySQL 서버에 나눠서 처리되도록 부하 분산을 수행할 수도 있다. 이러한 부하 분산은 MySQL 라우터에서 클러스터로 설정된 라우팅 커넥션별로 수행되는데, 사용자는 각 커넥션에서 사용하고자 하는 부하 분산 방식을 지정할 수 있다. 또한 MySQL 라우터에서는 MySQL 서버에 장애가 발생한 경우 자동으로 다른 MySQL 서버로 쿼리 실행을 재시도하는데, 이때 지정된 부하 분산 방식에 따라 재시도할 MySQL 서버가 결정된다. 이처럼 MySQL 서버에 장애가 발생했을 때 MySQL 라우터가 이를 감지하고 자동으로 재시도하므로 애플리케이션 서버단에서는 별도의 장애 조치 없이도 정상적으로 쿼리를 실행할 수 있다. MySQL 라우터에서 InnoDB 클러스터로의 커넥션 설정과 사용 가능한 부하 분산 방식에 대해서는 17.5.2.4절 'MySQL 라우터 설정'에서 자세히 살펴보겠다.

17.5 InnoDB 클러스터 구축

지금까지 InnoDB 클러스터를 구성하는 각 요소를 살펴봤다. 단순히 MySQL 서버만 사용했던 사용자에게는 여러 구성 요소들이 필요한 InnoDB 클러스터가 다소 낯설고 복잡하게 느껴질 수도 있겠지만 각 구성 요소가 하는 역할은 이전에 존재하지 않던 완전히 새로운 개념의 것이 아니므로 금방 친숙해질 수 있을 것이다. 또한 InnoDB 클러스터를 구축하는 것조차도 매우 복잡해 보일 수 있지만, 실제로는 자동화된 기능들을 통해 손쉽게 구축할 수 있다. 지금부터는 InnoDB 클러스터 구축에 필요한 내용을 알아보고 InnoDB 클러스터를 생성하는 과정을 살펴보겠다.

17.5.1 InnoDB 클러스터 요구사항

InnoDB 클러스터는 그룹 복제를 사용하므로 InnoDB 클러스터로 구성될 MySQL 서버들은 기본적으로 그룹 복제에서 요구하는 사항들을 충족해야 하며, 그 외에 추가로 다음 요구사항들에 대해서도 충족돼야 한다. 그룹 복제의 요구사항은 17.2.7절 '그룹 복제 요구사항'을 참고하자.

- InnoDB 클러스터를 구성하는 각 구성 요소들은 최소한 다음과 같은 버전으로 설치돼야 한다.
  - MySQL 서버 5.7.17 이상
  - MySQL 셸 1.0.8 이상
  - MySQL 라우터 2.1.2 이상

- InnoDB 클러스터의 MySQL 서버들은 모두 Performance 스키마가 활성화돼 있어야 한다.

- MySQL 셸을 사용해 InnoDB 클러스터를 구성하기 위해 MySQL 셸이 설치될 서버에 파이썬이 2.7 이상의 버전으로 설치돼 있어야 한다.

17.5.2 InnoDB 클러스터 생성

InnoDB 클러스터 생성을 위해서는 기본적으로 구성 요소들의 설치 과정이 필요한데, 여기서는 InnoDB 클러스터 생성에 대한 과정을 중점적으로 살펴보기 위해 각 구성 요소의 설치 과정은 생략했다. 저자는 운영체제(OS)가 리눅스 계열의 CentOS로 설정돼 있는 서버를 사용했으며, InnoDB 클러스터의 각 구성 요소를 다음과 같은 버전으로 설치했다.

- MySQL 서버 8.0.22

- MySQL 셸 8.0.22

- MySQL 라우터 8.0.22

각 구성 요소의 버전에 따라 혹은 구성 방식에 따라 InnoDB 클러스터 생성 과정은 개인마다 차이가 있을 수 있음을 참고하자.

17.5.2.1 사전 준비

InnoDB 클러스터에 사용될 MySQL 서버들은 InnoDB 클러스터 요구사항을 충족하도록 서버 옵션들이 적절하게 설정돼 있어야 하며, 클러스터 관리를 위한 DB 계정도 서버에 준비돼 있어야 한다. 이러한 부분들은 사용자가 전부 수동으로 설정할 수도 있지만, MySQL 셸을 통해 간단하고 편리하게 설정 작업을 진행할 수 있다.

InnoDB 클러스터 생성을 위해 이미 서로 다른 서버 3대(ic-node1, ic-node2, ic-node3)에 MySQL이 설치돼 있고 각기 다른 server_id로 설정돼 있는 상황이라고 가정하겠다. 준비해둔 MySQL 서버 중 한 대에 접속해 로컬에 MySQL 셸을 설치한 후 셸에 접속한다. MySQL 셸도 MySQL이 설치된 서버가 아닌 별도 서버에 설치해서 사용할 수 있으나 저자는 편의상 MySQL 서버 로컬에 설치해서 사용했다.

```
## MySQL 셸에 접속
ic-node1_linux> mysqlsh
```

정상적으로 셸에 접속되면 다음 명령어를 실행한다. 명령어의 인자로는 현재 로컬에서 동작 중인 MySQL 서버 접속 정보를 URI 형태로 넣는다.

```
mysqlsh|JS> dba.configureInstance("root@localhost:3306")
```

dba.configureInstance() 메서드는 인자로 전달된 MySQL 서버에 접속해 서버의 현재 설정이 InnoDB 클러스터에서 요구되는 사항들을 충족하는지 확인하며, 필요 시 자동으로 서버를 재설정한다.

dba.configureInstance() 메서드를 실행하면 다음과 같이 인자로 전달된 DB 계정의 패스워드를 입력할 수 있는 프롬프트가 뜬다. 패스워드를 올바르게 입력한 후 절차에 따라 서버 설정 작업을 진행한다.

```
mysqlsh|JS> dba.configureInstance("root@localhost:3306")
Please provide the password for 'root@localhost:3306': ********
Save password for 'root@localhost:3306'? [Y]es/[N]o/Ne[v]er (default No): N
Configuring local MySQL instance listening at port 3306 for use in an InnoDB cluster...

This instance reports its own address as ic-node1:3306

ERROR: User 'root' can only connect from 'localhost'. New account(s) with proper source address
specification to allow remote connection from all instances must be created to manage the
cluster.

1) Create remotely usable account for 'root' with same grants and password
2) Create a new admin account for InnoDB cluster with minimal required grants
3) Ignore and continue
4) Cancel

Please select an option [1]: 2
Please provide an account name (e.g: icroot@%) to have it created with the necessary
privileges or leave empty and press Enter to cancel.
Account Name: icadmin@%
Password for new account: ********
Confirm password: ********

NOTE: Some configuration options need to be fixed:
+-------------------------+--------------+--------------+--------------------------------
-----------------+
```

```
| Variable                 | Current Value | Required Value | Note
|
+-------------------------+---------------+----------------+-------------------------------
-----------------+
| enforce_gtid_consistency | OFF           | ON             | Update read-only variable and
restart the server |
| gtid_mode                | OFF           | ON             | Update read-only variable and
restart the server |
+-------------------------+---------------+----------------+-------------------------------
-----------------+

Some variables need to be changed, but cannot be done dynamically on the server.
Do you want to perform the required configuration changes? [y/n]: y
Do you want to restart the instance after configuring it? [y/n]: y

Cluster admin user 'icadmin'@'%' created.
Configuring instance...
The instance 'ic-node1:3306' was configured to be used in an InnoDB cluster.
Restarting MySQL...
NOTE: MySQL server at ic-node1:3306 was restarted.
```

dba.configureInstance() 메서드에서는 인자로 전달된 DB 계정이 로컬에서만 접속 가능한 계정임을 인지하고 원격에서도 접속 가능한 새로운 DB 계정을 만들 것을 제안한다. 현재 MySQL 서버에 클러스터 관리용 DB 계정이 없으므로 이를 위해 2번을 선택해 계정 생성을 진행한다. 이후 설정 변경이 필요한 옵션들을 확인하고 바로 변경 작업을 진행한다. 함수에서 서버 설정을 변경하면 SET PERSIST 또는 SET PERSIST_ONLY 구문을 사용하며, 변경된 설정이 적용될 수 있도록 MySQL을 재시작한다. 실제로 MySQL 서버에서 PERSIST로 설정된 시스템 변수 목록을 조회해보면 다음과 같이 설정돼 있음을 확인할 수 있다.

```
mysql_ic-node1> SELECT * FROM performance_schema.persisted_variables;
+-------------------------+----------------+
| VARIABLE_NAME           | VARIABLE_VALUE |
+-------------------------+----------------+
| enforce_gtid_consistency | ON            |
| gtid_mode                | ON            |
+-------------------------+----------------+
```

이 같은 과정을 나머지 MySQL 서버에도 동일하게 수행해서 InnoDB 클러스터 생성을 위한 사전 준비를 마친다.

17.5.2.2 InnoDB 클러스터 생성

InnoDB 클러스터에서 사용될 MySQL 서버들이 모두 준비가 완료되면 클러스터 생성을 위해 MySQL 셸을 사용해 MySQL 서버 중 한 대에 접속한다. 이때 접속 계정으로 사전 준비 단계에서 생성한 클러스터 관리용 DB 계정을 사용한다.

```
// MySQL 셸에서 ic-node1 서버로 접속
mysqlsh|JS> \connect icadmin@ic-node1:3306
Please provide the password for 'icadmin@ic-node1:3306': ********
Save password for 'icadmin@ic-node1:3306'? [Y]es/[N]o/Ne[v]er (default No): N
Fetching schema names for autocompletion... Press ^C to stop.
Your MySQL connection id is 47
Server version: 8.0.22 MySQL Community Server - GPL
No default schema selected; type \use <schema> to set one.
```

정상적으로 서버에 접속되면 dba.createCluster() 메서드를 통해 클러스터를 생성한다. dba.createCluster() 메서드에서 성공적으로 클러스터를 생성하면 클러스터 객체를 반환하므로 반환될 객체가 저장될 변수를 함께 명시한다. dba.createCluster() 메서드의 인자로는 생성할 InnoDB 클러스터의 이름을 지정한다. "Cluster successfully created." 문구와 함께 dba.createCluster() 명령이 완료되면 InnoDB 클러스터가 정상적으로 생성된 것이라 할 수 있다.

```
// ic-node1 서버에서 InnoDB 클러스터 생성
mysqlsh|ic-node1:3306|JS> var cluster = dba.createCluster("testCluster")
A new InnoDB cluster will be created on instance 'ic-node1:3306'.

Validating instance configuration at ic-node1:3306...

This instance reports its own address as ic-node1:3306

Instance configuration is suitable.
NOTE: Group Replication will communicate with other members using 'ic-node1:33061'. Use the
localAddress option to override.
```

```
Creating InnoDB cluster 'testCluster' on 'ic-node1:3306'...

Adding Seed Instance...
Cluster successfully created. Use Cluster.addInstance() to add MySQL instances.
At least 3 instances are needed for the cluster to be able to withstand up to
one server failure.
```

아주 간단하게 dba.createCluster() 명령 하나로 InnoDB 클러스터를 생성했지만 실제로 InnoDB 클러스터를 구축하려면 MySQL 서버에 그룹 복제를 설정하는 등의 복잡한 작업이 필요하다. 이러한 작업을 dba.createCluster() 메서드에서 모두 자동으로 처리해주는 것이다. dba.createCluster() 메서드에서는 대략 다음과 같은 작업들을 수행한다.

- InnoDB 클러스터에 대한 정보를 저장할 메타데이터 데이터베이스(mysql_innodb_cluster_metadata) 생성 및 메타데이터 설정
- 그룹 복제 설정 및 시작
- 그룹 복제 분산 복구에서 사용될 DB 계정 생성

InnoDB 클러스터는 기본적으로 싱글 프라이머리 모드로 생성되며, 처음 클러스터 생성을 진행한 MySQL 서버가 프라이머리로 지정된다. 만약 멀티 프라이머리 모드로 클러스터를 생성하고 싶다면 다음과 같이 옵션을 지정해 클러스터 생성을 진행하면 된다.

```
mysqlsh¦ic-node1:3306¦JS> var cluster = dba.createCluster("testCluster", {multiPrimary:true})
```

클러스터 생성 직후 클러스터 상태 정보를 조회해서 갓 생성된 클러스터의 상태를 확인할 수 있다. MySQL 셸에서 클러스터 상태 조회와 같은 클러스터 관련 명령들은 클러스터 객체를 통해 실행할 수 있으며, dba.getCluster() 메서드로 셸에서 접속한 MySQL 서버가 속한 클러스터에 대한 객체를 가져와 변수에 할당해서 사용할 수 있다. 물론 앞에서 클러스터를 생성할 때 명시한 변수를 그대로 사용해도 된다. 다음은 dba.getCluster() 메서드를 통해 cluster 변수에 클러스터 객체를 할당하고 클러스터 상태를 확인하는 status() 메서드를 실행한 결과다.

```
mysqlsh¦ic-node1:3306¦JS> var cluster = dba.getCluster()
mysqlsh¦ic-node1:3306¦JS> cluster.status()
{
```

```
    "clusterName": "testCluster",
    "defaultReplicaSet": {
        "name": "default",
        "primary": "ic-node1:3306",
        "ssl": "REQUIRED",
        "status": "OK_NO_TOLERANCE",
        "statusText": "Cluster is NOT tolerant to any failures.",
        "topology": {
            "ic-node1:3306": {
                "address": "ic-node1:3306",
                "mode": "R/W",
                "readReplicas": {},
                "replicationLag": null,
                "role": "HA",
                "status": "ONLINE",
                "version": "8.0.22"
            }
        },
        "topologyMode": "Single-Primary"
    },
    "groupInformationSourceMember": "ic-node1:3306"
}
```

생성 직후 클러스터 상태는 "OK_NO_TOLERANCE"로 표시되는데, 이는 현재 클러스터가 노드 한 대로만 구성돼 있어 장애에 안전하지 않기 때문이다. 나머지 두 대의 MySQL 서버를 추가한 후 클러스터 상태가 어떻게 변경되는지 확인해보자.

17.5.2.3 InnoDB 클러스터 인스턴스 추가

클러스터에 서버를 추가하려면 <Cluster>.addInstance() 메서드를 사용하면 된다. addInstance() 메서드는 현재 클러스터에 존재하는 서버와 추가될 서버의 상태를 비교해서 바로 추가가 가능한지 혹은 클러스터에 있는 기존 서버와 데이터 동기화가 필요한지를 판단한다. 만약 데이터 동기화가 필요한 경우 그룹 복제의 분산 복구를 수행하며, 분산 복구 방식에 대해서는 사용자가 선택할 수 있도록 사용자의 입력을 받는다. 해당 명령에서 기본적으로 사용하는 분산 복구 방식은 원격 클론 방식이며, 사용자는 원격 클론 방식 또는 바이너리 로그 복제 방식으로 복구 방식을 선택할 수 있다.

인스턴스 추가를 위해 MySQL 셸에서 현재 클러스터에 존재하는 MySQL 서버 중 한 대에 접속해 다음과 같이 명령어를 실행한다. 이때 인스턴스 추가를 위해 셸에서 접속하는 클러스터의 MySQL 서버는 반드시 프라이머리여야 하는 것은 아니다. 즉, 클러스터 내의 어떤 서버에서든지 인스턴스 추가 작업을 진행할 수 있다. 앞서 생성한 testCluster 클러스터에 현재 ic-node1 서버만 존재하므로 ic-node1 서버에 접속해 인스턴스 추가 작업을 진행한다.

```
mysqlsh|JS> \connect icadmin@ic-node1:3306
mysqlsh|ic-node1:3306|JS> var cluster = dba.getCluster()
mysqlsh|ic-node1:3306|JS> cluster.addInstance("icadmin@ic-node2:3306")
Please provide the password for 'icadmin@ic-node2:3306':
Save password for 'icadmin@ic-node2:3306'? [Y]es/[N]o/Ne[v]er (default No): N

NOTE: The target instance 'ic-node2:3306' has not been pre-provisioned (GTID set is empty). The
Shell is unable to decide whether incremental state recovery can correctly provision it.
The safest and most convenient way to provision a new instance is through automatic
clone provisioning, which will completely overwrite the state of 'ic-node2:3306' with a
physical snapshot from an existing cluster member. To use this method by default, set the
'recoveryMethod' option to 'clone'.

The incremental state recovery may be safely used if you are sure all updates ever executed in
the cluster were done with GTIDs enabled, there are no purged transactions and the new instance
contains the same GTID set as the cluster or a subset of it. To use this method by default, set
the 'recoveryMethod' option to 'incremental'.


Please select a recovery method [C]lone/[I]ncremental recovery/[A]bort (default Clone): C
NOTE: Group Replication will communicate with other members using 'ic-node2:33061'. Use the
localAddress option to override.

Validating instance configuration at ic-node2:3306...

This instance reports its own address as ic-node2:3306

Instance configuration is suitable.
A new instance will be added to the InnoDB cluster. Depending on the amount of
data on the cluster this might take from a few seconds to several hours.
```

```
Adding instance to the cluster...

Monitoring recovery process of the new cluster member. Press ^C to stop monitoring and let it
continue in background.
Clone based state recovery is now in progress.

NOTE: A server restart is expected to happen as part of the clone process. If the
server does not support the RESTART command or does not come back after a
while, you may need to manually start it back.

* Waiting for clone to finish...
NOTE: ic-node2:3306 is being cloned from ic-node1:3306
** Stage DROP DATA: Completed
** Clone Transfer
    FILE COPY  ############################################################  100%  Completed
    PAGE COPY  ############################################################  100%  Completed
    REDO COPY  ############################################################  100%  Completed

NOTE: ic-node2:3306 is shutting down...

* Waiting for server restart... ready
* ic-node2:3306 has restarted, waiting for clone to finish...
** Stage RESTART: Completed
* Clone process has finished: 59.62 MB transferred in about 1 second (~59.62 MB/s)

State recovery already finished for 'ic-node2:3306'

The instance 'ic-node2:3306' was successfully added to the cluster.
```

cluster.addInstance() 명령을 실행한 결과의 마지막 부분에 적힌 "The instance 'ic-node2:3306' was
successfully added to the cluster." 문구를 통해 정상적으로 ic-node2 서버가 testCluster에 추가됐
음을 알 수 있다. 추가로 실행 내역을 자세히 살펴보면 ic-node2 서버에 대해 어떤 방식으로 복구 작
업을 진행할 것인지를 입력받고, 입력된 값인 원격 클론 방식(복구 작업 시 기본으로 선택되는 방식)
으로 복구 작업이 진행된 것도 확인할 수 있다. ic-node1 서버와 ic-node2 서버 모두 MySQL 서버
를 설치만 한 상태인데, 왜 ic-node2 서버에 복구 작업이 필요했던 것인지 의문이 들 수 있다. 이는
ic-node1 서버에서 InnoDB 클러스터를 생성하는 과정에서 메타데이터 데이터베이스 생성 등을 위

해 쿼리 실행이 발생했기 때문이며, 이를 동기화하고자 ic-node2 서버에 복구 작업을 진행한 것이다. testCluster를 생성하고 ic-node2 서버를 클러스터에 추가하는 시점에 ic-node1 서버에서 실행된 쿼리들이 바이너리 로그에 전부 남아있으므로 복구 방식을 선택할 때 "[I]ncremental recovery" 방식으로 진행해도 무방하다. 해당 방식은 그룹 복제의 분산 복구 방식 중 바이너리 로그 복제 방식으로 진행하는 것을 의미한다.

동일하게 나머지 한 서버인 ic-node3 서버에 대해서도 추가 작업을 진행한다.

```
mysqlsh|ic-node1:3306|JS> cluster.addInstance("icadmin@ic-node3:3306")
```

ic-node3 서버까지 정상적으로 추가가 완료된 후 클러스터 상태를 확인하면 추가된 두 서버가 읽기 전용인 세컨더리로 동작하고 있는 것을 확인할 수 있다. 클러스터에 이미 프라이머리 서버가 존재하므로 이후 클러스터에 추가되는 서버들은 모두 자동으로 읽기 전용으로 설정된다.

```
mysqlsh|ic-node1:3306|JS> cluster.status()
{
    "clusterName": "testCluster",
    "defaultReplicaSet": {
        "name": "default",
        "primary": "ic-node1:3306",
        "ssl": "REQUIRED",
        "status": "OK",
        "statusText": "Cluster is ONLINE and can tolerate up to ONE failure.",
        "topology": {
            "ic-node1:3306": {
                "address": "ic-node1:3306",
                "mode": "R/W",
                "readReplicas": {},
                "replicationLag": null,
                "role": "HA",
                "status": "ONLINE",
                "version": "8.0.22"
            },
            "ic-node2:3306": {
                "address": "ic-node2:3306",
                "mode": "R/O",
```

```
                    "readReplicas": {},
                    "replicationLag": null,
                    "role": "HA",
                    "status": "ONLINE",
                    "version": "8.0.22"
                },
                "ic-node3:3306": {
                    "address": "ic-node3:3306",
                    "mode": "R/O",
                    "readReplicas": {},
                    "replicationLag": null,
                    "role": "HA",
                    "status": "ONLINE",
                    "version": "8.0.22"
                }
            },
            "topologyMode": "Single-Primary"
        },
        "groupInformationSourceMember": "ic-node1:3306"
}
```

클러스터 상태를 나타내는 defaultReplicaSet의 status 및 statusText 필드를 살펴보면 처음 클러스터를 생성했던 것과는 다른 값을 보여주는 것을 알 수 있다. 현재 클러스터는 MySQL 서버 3대로 구성돼 있으므로 한 서버에 장애가 발생하더라도 클러스터는 정상적으로 동작 가능하다. statusText 필드에 보여지는 내용은 이를 의미한다.

17.5.2.4 MySQL 라우터 설정

별도의 라우터용 서버(mysql-router-server1)가 존재하고, 해당 서버에 이미 MySQL 라우터가 설치돼 있다고 가정하겠다. 앞서 생성한 InnoDB 클러스터에서 사용할 라우터 서버를 구성하기 위해 라우터용 서버에서 다음 명령을 실행해 MySQL 라우터를 부트스트랩(Bootstrap)한다.

```
router_linux> mysqlrouter --bootstrap icadmin@ic-node1:3306 --name icrouter1 \
                          --directory /tmp/myrouter --account icrouter --user root
```

사용된 옵션의 역할은 다음과 같다.

- --bootstrap [mysql_uri]

  이 옵션을 지정하면 MySQL 라우터가 인자로 전달된 MySQL 서버에 접속해 해당 서버가 속한 InnoDB 클러스터의 메타데이터를 읽어 들이고, 이를 바탕으로 설정 파일 등과 같이 라우터 서버를 구동하는 데 필요한 파일을 모두 자동으로 생성한다. 또한 InnoDB 클러스터에 라우터 서버 정보를 등록한다.

- --name [router_name]

  라우터의 이름을 지정한다. 지정한 이름은 라우터의 설정 파일에 명시되며, InnoDB 클러스터에 라우터를 등록할 때도 사용된다.

- --directory [dir_path]

  부트스트랩 시 생성되는 디렉터리 및 파일들이 저장될 경로를 지정한다.

- --account [mysql_username]

  라우터에서 InnoDB 클러스터 내 MySQL 서버들로 접속할 때 사용할 DB 계정을 지정한다. 만약 인자로 지정한 계정이 MySQL 서버들에 존재하지 않는 경우 라우터에서 필요로 하는 최소한의 권한으로 계정을 자동 생성한다.

- --user [os_username]

  인자로 지정한 시스템 사용자 계정으로 라우터가 실행된다. 부트스트랩 시 생성되는 디렉터리 및 파일들의 소유자도 해당 사용자로 설정된다.

부트스트랩 명령이 정상적으로 완료되면 다음과 같은 내용이 화면에 출력된다.

```
router_linux> mysqlrouter --bootstrap icadmin@ic-node1:3306 --name icrouter1 --directory /tmp/
myrouter --account icrouter --user root
Please enter MySQL password for icadmin:
# Bootstrapping MySQL Router instance at '/tmp/myrouter'...

Please enter MySQL password for icrouter:
- Creating account(s) (only those that are needed, if any)
- Verifying account (using it to run SQL queries that would be run by Router)
- Storing account in keyring
- Adjusting permissions of generated files
- Creating configuration /tmp/myrouter/mysqlrouter.conf

# MySQL Router 'icrouter1' configured for the InnoDB Cluster 'testCluster'
```

```
After this MySQL Router has been started with the generated configuration

    $ mysqlrouter -c /tmp/myrouter/mysqlrouter.conf

the cluster 'testCluster' can be reached by connecting to:

## MySQL Classic protocol

- Read/Write Connections: localhost:6446
- Read/Only Connections:  localhost:6447

## MySQL X protocol

- Read/Write Connections: localhost:64460
- Read/Only Connections:  localhost:64470
```

지정한 경로에 다음과 같이 디렉터리 및 파일이 생성돼 있는 것을 확인할 수 있다.

```
router_linux> ls -l /tmp/myrouter
total
drwx------ data
drwx------ log
-rw------- mysqlrouter.conf
-rw------- mysqlrouter.key
drwx------ run
-rwx------ start.sh
-rwx------ stop.sh
```

InnoDB 클러스터에서 부트스트랩 시 자동으로 생성된 라우터용 DB 계정과 라우터 서버 등록 내역을
확인한다.

```
// MySQL 셸을 통해 InnoDB 클러스터의 MySQL 서버로 접속
mysqlsh|JS> \connect icadmin@ic-node1:3306

// InnoDB 클러스터 MySQL 서버에서 라우터 계정 정보를 확인
mysqlsh|ic-node1:3306|JS> \sql SELECT user,host FROM mysql.user WHERE user='icrouter'
```

```
+----------+------+
| user     | host |
+----------+------+
| icrouter | %    |
+----------+------+
1 row in set (0.0008 sec)

mysqlsh|ic-node1:3306|JS> \sql SHOW GRANTS FOR 'icrouter'@'%';
+--------------------------------------------------------------------------------------------+
| Grants for icrouter@%                                                                       |
+--------------------------------------------------------------------------------------------+
| GRANT USAGE ON *.* TO `icrouter`@`%`                                                        |
| GRANT SELECT, EXECUTE ON `mysql_innodb_cluster_metadata`.* TO `icrouter`@`%`                |
| GRANT INSERT, UPDATE, DELETE ON `mysql_innodb_cluster_metadata`.`routers` TO `icrouter`@`%` |
| GRANT INSERT, UPDATE, DELETE ON `mysql_innodb_cluster_metadata`.`v2_routers` TO `icrouter`@`%` |
| GRANT SELECT ON `performance_schema`.`global_variables` TO `icrouter`@`%`                   |
| GRANT SELECT ON `performance_schema`.`replication_group_member_stats` TO `icrouter`@`%`     |
| GRANT SELECT ON `performance_schema`.`replication_group_members` TO `icrouter`@`%`          |
+--------------------------------------------------------------------------------------------+
7 rows in set (0.0002 sec)

// InnoDB 클러스터에 등록된 라우터 정보 확인
mysqlsh|ic-node1:3306|JS> var cluster = dba.getCluster()
mysqlsh|ic-node1:3306|JS> cluster.listRouters()
{
    "clusterName": "testCluster",
    "routers": {
        "mysql_router_server1::icrouter1": {
            "hostname": "mysql_router_server1",
            "lastCheckIn": null,
            "roPort": 6447,
            "roXPort": 64470,
            "rwPort": 6446,
            "rwXPort": 64460,
            "version": "8.0.22"
        }
    }
}
```

부트스트랩 명령이 완료된 후 화면에 출력된 내용들을 살펴보면 testCluster에 대해 MySQL의 기본 프로토콜로 연결되는 읽기 전용 포트 및 읽기-쓰기용 포트와 X 프로토콜로 연결되는 읽기 전용 포트 및 읽기-쓰기용 포트로 총 4개의 TCP 포트를 사용하도록 설정된 것을 알 수 있다. 라우터 설정 파일을 열어보면 해당 내용들을 자세히 확인할 수 있다.

```
router_linux> vi /tmp/myrouter/mysqlrouter.conf
.....
[metadata_cache:testCluster]
cluster_type=gr
router_id=1
user=icrouter
metadata_cluster=testCluster
ttl=0.5
auth_cache_ttl=-1
auth_cache_refresh_interval=2
use_gr_notifications=0

[routing:testCluster_rw]
bind_address=0.0.0.0
bind_port=6446
destinations=metadata-cache://testCluster/?role=PRIMARY
routing_strategy=first-available
protocol=classic

[routing:testCluster_ro]
bind_address=0.0.0.0
bind_port=6447
destinations=metadata-cache://testCluster/?role=SECONDARY
routing_strategy=round-robin-with-fallback
protocol=classic

[routing:testCluster_x_rw]
bind_address=0.0.0.0
bind_port=64460
destinations=metadata-cache://testCluster/?role=PRIMARY
routing_strategy=first-available
protocol=x
```

```
[routing:testCluster_x_ro]
bind_address=0.0.0.0
bind_port=64470
destinations=metadata-cache://testCluster/?role=SECONDARY
routing_strategy=round-robin-with-fallback
protocol=x

.....
```

설정 파일의 metadata_cache 섹션과 routing 섹션은 MySQL 라우터의 동작에서 가장 중요한 부분이다. MySQL 라우터는 내부적으로 플러그인 형태의 아키텍처로 구성돼 있는데, 두 섹션들은 MySQL 라우터의 메타데이터 캐시 플러그인과 커넥션 라우팅 플러그인에 대한 설정에 해당한다. 메타데이터 캐시 플러그인은 라우터에서 접속할 InnoDB 클러스터의 정보를 구성하고 관리하는 부분을 담당하며, 커넥션 라우팅 플러그인은 애플리케이션 서버로부터 유입된 쿼리 요청을 InnoDB 클러스터로 전달하는 부분을 담당한다.

두 섹션에 설정돼 있는 하위 옵션 중 다음 옵션들은 필요에 따라 적절한 값으로 재설정해서 사용하는 것이 좋다.

- [metadata_cache].ttl

  MySQL 라우터가 내부적으로 캐싱하고 있는 클러스터 메타데이터를 갱신하는 주기를 제어하는 옵션으로, 단위는 초다.

- [metadata_cache].use_gr_notifications

  이 옵션이 활성화되면 클러스터의 그룹 복제에서 발생하는 변경사항에 대해 MySQL 라우터가 알림을 받을 수 있다. MySQL 라우터는 MySQL 서버로부터 다음과 같은 경우에 대해 알림을 전달받을 수 있으며, 알림을 수신한 후 현재 캐싱하고 있는 클러스터 메타데이터를 갱신한다.

  - 그룹 복제에서 정족수 손실이 발생한 경우
  - 그룹 멤버 구성(그룹 뷰)에 변경이 발생한 경우
  - 그룹 멤버의 역할이 변경된 경우
  - 그룹 멤버의 상태가 변경된 경우

  MySQL 라우터가 이러한 그룹 복제 관련 알림을 받기 위해서는 각 클러스터 인스턴스에 X 프로토콜로 연결할 수 있어야 한다. 만약 그렇지 못한 경우 알림은 정상적으로 전달되지 않으며, 메타데이터는 ttl 옵션에 설정된 주기를 바탕으로 갱신된다. 또한 use_gr_notifications 옵션을 활성화해서 사용하게 되면 ttl 옵션에 설정된 갱신 주기는 추가적인 보조 수단이 되므로 ttl 옵션의 값을 너무 작은 값이 아닌 적절히 큰 값으로 설정해도 무방하다.

- [routing].destinations

  MySQL 라우터에서 쿼리 요청을 전달할 대상 MySQL 서버를 지정하는 옵션으로, 정적인 형태와 동적인 형태로 지정 가능하다. 정적인 형태는 다음과 같이 전달 대상 MySQL 서버들을 고정된 값으로 지정한 것을 말한다.

  ```
  destinations=192.168.35.2,192.168.35.3,192.168.35.4
  ```

  동적인 형태는 메타데이터 캐시에서 대상 서버들을 조회하는 형태로, 다음과 같은 URI 포맷을 띤다. MySQL 라우터를 구성할 때 부트스트랩 명령을 사용한 경우에는 기본적으로 이처럼 동적인 형태로 destinations 옵션 값이 자동으로 설정된다.

  ```
  destinations=metadata-cache://testCluster/?role=PRIMARY
  ```

  URI에서는 다음의 세 옵션을 사용할 수 있다.

  - role

    어떤 타입의 MySQL 서버로 연결할 것인지 설정하는 옵션으로, PRIMARY 또는 SECONDARY, PRIMARY_AND_SECONDARY 값으로 설정할 수 있다.

  - disconnect_on_promoted_to_primary

    클러스터에서 세컨더리 서버가 프라이머리로 승격됐을 때 해당 서버에 대한 기존 클라이언트 연결을 종료할 것인지 여부를 제어한다. 기본값은 "no"이며, 클라이언트 연결을 종료하지 않음을 의미한다. 이 옵션은 MySQL 라우터 8.0.12 버전부터 사용할 수 있으며, role 옵션 값이 "SECONDARY"로 지정된 경우에만 사용 가능하다.

  - disconnect_on_metadata_unavailable

    클러스터의 과부하 등으로 인해 MySQL 라우터에서 클러스터의 메타데이터 갱신이 불가할 때 클러스터에 대한 기존 클라이언트 연결을 모두 종료할 것인지 여부를 제어한다. 기본값은 "no"다. 이 옵션은 MySQL 라우터 8.0.12 버전부터 사용할 수 있다.

  role 옵션과 함께 다른 옵션들도 함께 사용하고 싶은 경우 다음과 같이 설정한다.

  ```
  destinations=metadata-cache://testCluster/?role=SECONDARY&disconnect_on_promoted_to_
  primary=yes
  ```

- [routing].routing_strategy

  MySQL 라우터가 어떤 MySQL 서버에 연결해서 쿼리 요청을 전달할 것인지 연결 대상 서버를 선택하는 방식을 제어하는 옵션이다. destination 옵션에 지정된 서버들이 연결 대상 서버가 되며, MySQL 라우터에서는 새로 연결이 필요할 때마다 routing_strategy 옵션에 설정된 값을 바탕으로 연결 대상 서버들 중에서 최종적으로 연결할 서버를 선택하게 된다. routing_strategy 옵션에는 다음의 네 가지 값을 설정할 수 있다.

- round-robin

  연결 대상 서버들에 대해 라운드 로빈 방식으로 연결할 서버를 선택한다.

- round-robin-with-fallback

  세컨더리 서버들에 대해 라운드 로빈 방식으로 연결할 서버를 선택하며, 클러스터에 연결 가능한 세컨더리 서버가 존재하지 않는 경우 프라이머리 서버들에 대해 라운드 로빈 방식으로 연결할 서버를 선택하게 된다.

- first-available

  연결 대상 서버 목록에서 사용 가능한 첫 번째 서버에 연결한다. 이때 에러가 발생하면 사용 가능한 다음 서버로 다시 연결을 시도하며, 연결 대상 서버 목록에 더이상 연결을 시도할 서버가 존재하지 않을 때까지 계속된다.

- next-available

  first-available 방식과 동작 방식이 동일하나, 연결 시 오류가 발생한 서버에 대해 연결 불가로 표시하고 연결 대상에서 제외한다. 이렇게 제외된 서버는 MySQL 라우터가 재시작될 때까지 연결 대상에 포함되지 않는다. 또한 이 방식은 메타데이터 캐시를 사용하는 경우는 지원하지 않으며, destinations에 정적으로 서버들을 지정한 경우에만 사용 가능하다.

routing_strategy 옵션은 destinations에 지정된 role별로 기본으로 설정되는 값과 설정 가능한 값들이 달라진다.

- role이 PRIMARY로 지정된 경우

  기본적으로 round-robin 방식으로 동작하며, MySQL 라우터가 부트스트랩 명령으로 구성된 경우 설정 파일에 first-available 방식이 자동으로 지정된다. round-robin 및 first-available 방식만 지정할 수 있다.

- role이 SECONDARY로 지정된 경우

  기본적으로 round-robin 방식으로 동작하며, MySQL 라우터가 부트스트랩 명령으로 구성된 경우 설정 파일에 round-robin-with-fallback 방식이 자동으로 지정된다. first-available 및 round-robin, round-robin-with-fallback 방식만 지정할 수 있다.

- role이 PRIMARY_AND_SECONDARY로 지정된 경우

  기본적으로 round-robin 방식으로 동작하며, round-robin 및 first-available 방식만 지정할 수 있다.

MySQL 라우터에 대한 부트스트랩이 완료되면 라우터는 자동으로 실행되지 않으므로 다음과 같이 수동으로 실행한다.

```
router_linux> /tmp/myrouter/start.sh
```

라우터 실행 후 netstat 명령을 실행하면 실행된 라우터가 앞서 언급했던 4개의 TCP 포트들을 열어놓은 것을 확인할 수 있다.

```
router_linux> netstat -tnlp | grep mysqlrouter
tcp     0 0 0.0.0.0:6446        0.0.0.0:* LISTEN   14113/mysqlrouter
tcp     0 0 0.0.0.0:6447        0.0.0.0:* LISTEN   14113/mysqlrouter
tcp     0 0 0.0.0.0:64470       0.0.0.0:* LISTEN   14113/mysqlrouter
tcp     0 0 0.0.0.0:64460       0.0.0.0:* LISTEN   14113/mysqlrouter
```

이제 클라이언트에서는 MySQL 라우터 서버를 통해 InnoDB 클러스터로 쿼리를 실행할 수 있다. 중요한 것은 클러스터 내 어떤 MySQL 서버로 연결할지를 고려하지 않고 그저 라우터가 열어놓은 포트 중 하나에만 연결해서 쿼리를 실행하면 된다는 것이다. 라우터를 통해 실행된 쿼리가 실제로 어떤 MySQL 서버에 전달된 것인지를 확인하려면 간단하게는 hostname과 port 시스템 변수를 조회하면 된다. 다음은 MySQL 셸에서 라우터의 기본 쓰기 포트(6446)와 읽기 포트(6447)로 연결해서 hostname과 port 변수 값을 확인한 것이다.

```
// 라우터의 기본 쓰기 포트(6446)로 연결해서 쿼리를 실행
mysqlsh|JS> \connect icadmin@mysql-router-server1:6446
mysqlsh|mysql-router-server1:6446|JS> \sql SELECT @@hostname, @@port;
+------------+--------+
| @@hostname | @@port |
+------------+--------+
| ic-node1   | 3306   |
+------------+--------+
1 row in set (0.0003 sec)

// 라우터의 기본 읽기 포트(6447)로 연결해서 쿼리를 실행
mysqlsh|JS> \connect icadmin@mysql-router-server1:6447
mysqlsh|mysql-router-server1:6447|JS> \sql SELECT @@hostname, @@port;
+------------+--------+
| @@hostname | @@port |
+------------+--------+
| ic-node3   | 3306   |
```

```
+------------+--------+
1 row in set (0.0004 sec)
```

쿼리 실행 결과를 보면 알 수 있듯이 쓰기 포트로 연결해서 실행한 쿼리는 프라이머리 서버로 전달되며 읽기 포트로 연결해서 실행한 쿼리는 세컨더리 서버들 중 한 서버로 전달된다. 현재는 클러스터가 싱글 프라이머리 모드이므로 쓰기 포트는 프라이머리 서버와 1:1로 매핑된다. 그러나 멀티 프라이머리 모드에서는 프라이머리 서버가 여러 대이므로 쓰기 포트에 연결되어 실행된 쿼리들은 서로 다른 프라이머리 서버로 전달될 가능성이 있다.

17.6 InnoDB 클러스터 모니터링

MySQL 셸을 통해 InnoDB 클러스터의 구성 및 전반적인 상태를 확인할 수 있다. 클러스터의 복제 토폴로지 구성을 간략하게 확인하고 싶은 경우 <Cluster>.describe() 메서드를 사용하면 된다.

```
mysqlsh|JS> cluster.describe()
{
    "clusterName": "testCluster",
    "defaultReplicaSet": {
        "name": "default",
        "topology": [
            {
                "address": "ic-node1:3306",
                "label": "ic-node1:3306",
                "role": "HA"
            },
            {
                "address": "ic-node2:3306",
                "label": "ic-node2:3306",
                "role": "HA"
            },
            {
                "address": "ic-node3:3306",
                "label": "ic-node3:3306",
                "role": "HA"
            }
```

```
        ],
        "topologyMode": "Single-Primary"
    }
}
```

클러스터의 전반적인 상태는 앞에서 클러스터를 생성한 후 실행해본 〈Cluster〉.status() 메서드를 통해 확인할 수 있는데, 좀 더 자세한 내용을 확인하고 싶다면 extended 옵션을 사용하면 된다. 다음은 〈Cluster〉.status() 메서드의 인자로 extended 옵션을 지정하고 옵션값을 1로 설정해 실행한 결과다. 굵게 표시된 부분이 extended 옵션 없이 실행한 결과와 비교했을 때 새로 추가된 부분이다.

```
mysqlsh|JS> cluster.status({'extended':1})
{
    "clusterName": "testCluster",
    "defaultReplicaSet": {
        "GRProtocolVersion": "8.0.16",
        "groupName": "b1a7c308-4daf-11eb-a95e-bd421397bef2",
        "name": "default",
        "primary": "ic-node1:3306",
        "ssl": "REQUIRED",
        "status": "OK",
        "statusText": "Cluster is ONLINE and can tolerate up to ONE failure.",
        "topology": {
            "ic-node1:3306": {
                "address": "ic-node1:3306",
                "fenceSysVars": [],
                "memberId": "1dafb4d6-4da4-11eb-a33b-626bf07474e7",
                "memberRole": "PRIMARY",
                "memberState": "ONLINE",
                "mode": "R/W",
                "readReplicas": {},
                "replicationLag": null,
                "role": "HA",
                "status": "ONLINE",
                "version": "8.0.22"
            },
            "ic-node2:3306": {
                "address": "ic-node2:3306",
```

```
            "fenceSysVars": [
                "read_only",
                "super_read_only"
            ],
            "memberId": "200d1278-4da4-11eb-abff-9cd76266d809",
            "memberRole": "SECONDARY",
            "memberState": "ONLINE",
            "mode": "R/O",
            "readReplicas": {},
            "replicationLag": null,
            "role": "HA",
            "status": "ONLINE",
            "version": "8.0.22"
        },
        "ic-node3:3306": {
            "address": "ic-node3:3306",
            "fenceSysVars": [
                "read_only",
                "super_read_only"
            ],
            "memberId": "221b7398-4da4-11eb-936e-3e0766ed7274",
            "memberRole": "SECONDARY",
            "memberState": "ONLINE",
            "mode": "R/O",
            "readReplicas": {},
            "replicationLag": null,
            "role": "HA",
            "status": "ONLINE",
            "version": "8.0.22"
        }
    },
    "topologyMode": "Single-Primary"
},
"groupInformationSourceMember": "ic-node1:3306",
"metadataVersion": "2.0.0"
}
```

추가된 각 부분이 의미하는 바는 다음과 같다.

- GRProtocolVersion

  클러스터의 그룹 복제에서 사용하는 통신 프로토콜 버전을 나타낸다.

- groupName

  클러스터의 그룹 복제에 설정된 그룹 이름을 나타낸다.

- fenceSysVars

  각 클러스터 인스턴스에서 활성화돼 있는 차단 시스템 변수들의 목록이 보여진다. read_only와 super_read_only, offline_mode 변수가 해당 목록에 보여질 수 있다.

- memberId

  각 클러스터 인스턴스들의 UUID를 나타낸다.

- memberRole

  클러스터의 그룹 복제에서 인스턴스의 역할을 나타낸다.

- memberState

  클러스터의 그룹 복제에서 각 클러스터 인스턴스들의 상태를 나타낸다.

- metadataVersion

  MySQL 셸에서 InnoDB 클러스터 관리를 위해 생성한 클러스터 메타데이터 스키마의 버전을 나타낸다.

〈Cluster〉.status() 메서드는 어떠한 옵션도 지정하지 않고 실행하면 기본적으로 extended 옵션값을 0으로 설정하고 실행하는 것과 동일한 결과를 출력한다. extended 옵션은 총 네 개의 값으로 설정 가능하다. 다만 MySQL 셸 8.0.17 미만의 버전에서는 0 또는 1만 설정할 수 있다는 점에 유의하자.

- 0: 기본으로 설정되는 값으로, 추가적인 정보를 출력하지 않는다.
- 1: 클러스터의 그룹 복제 통신 프로토콜 버전, 그룹 이름, 각 클러스터 인스턴스들의 그룹 복제에서의 역할 및 상태, 차단 시스템 목록과 클러스터 메타데이터 스키마 버전이 추가로 표시된다.
- 2: 각 클러스터 인스턴스에서 처리된 트랜잭션에 대한 통계 정보가 추가로 표시된다.
- 3: 각 클러스터 인스턴스의 복제 커넥션 및 복제 처리 스레드에 대한 통계 정보가 추가로 표시된다.

17.7 InnoDB 클러스터 작업

InnoDB 클러스터를 사용하다 보면 필요에 의해 초기에 설정했던 것과는 다르게 설정해서 사용해야 하는 경우가 발생할 수 있다. 여기서 언급한 설정은 클러스터 모드 같이 InnoDB 클러스터 전반적으로 영향을 미치는 설정과 InnoDB 클러스터를 구성하는 MySQL 서버들에 개별적으로 적용하는 설정 등이 모두 해당된다고 할 수 있다. 대표적으로 발생할 수 있는 설정 변경 작업을 하나씩 살펴보겠다.

17.7.1 클러스터 모드 변경

InnoDB 클러스터는 기본적으로 싱글 프라이머리 모드로 생성되며, 따라서 하나의 MySQL 서버에서만 쓰기를 처리할 수 있다. 초기에 설정된 싱글 프라이머리 모드를 그대로 유지해서 사용하는 경우도 있지만 쓰기 가용성 증대 혹은 쓰기 처리 분산을 위해 클러스터의 모드를 멀티 프라이머리 모드로 전환하고 싶은 경우도 있을 수 있다. 또한 멀티 프라이머리 모드로 사용 중인 클러스터를 싱글 프라이머리 모드로 전환해야 하는 경우도 있을 것이다. InnoDB 클러스터의 구성 요소들의 버전이 모두 8.0.14 이상인 경우 이러한 클러스터 모드 변경을 클러스터를 중단하지 않고 온라인으로 수행할 수 있으며 MySQL 셸에서 다음과 같은 메서드를 사용해 손쉽게 변경할 수 있다. 단, 8.0.14 미만의 버전에서는 클러스터를 해체 후 다시 원하는 모드로 설정해서 재생성해야만 변경 가능하다.

- `<Cluster>.switchToMultiPrimaryMode()`

  클러스터를 멀티 프라이머리 모드로 전환한다. 따라서 클러스터를 구성하는 모든 MySQL 서버는 프라이머리로 동작하게 된다.

- `<Cluster>.switchToSinglePrimaryMode([instance])`

  클러스터를 싱글 프라이머리 모드로 전환한다. 명령어의 인자로 프라이머리가 될 서버를 지정할 수 있으며, 서버가 지정되면 해당 서버는 클러스터에서 프라이머리로 동작하고 그 밖의 다른 모든 서버들은 세컨더리로 동작하게 된다. 서버가 지정되지 않은 경우 그룹 복제의 프라이머리 선출 로직에 따라 새로운 프라이머리 서버가 자동으로 지정된다. 멀티 프라이머리 모드에서 싱글 프라이머리 모드로 전환할 때 클라이언트 단에서는 일시적으로 쓰기 에러가 발생할 수도 있다.

다음은 앞에서 언급한 메서드를 사용해 클러스터 모드를 변경하는 예다.

```
// 멀티 프라이머리 모드로 전환
mysqlsh|JS> cluster.switchToMultiPrimaryMode()
Switching cluster 'testCluster' to Multi-Primary mode...
```

```
Instance 'ic-node1:3306' remains PRIMARY.
Instance 'ic-node2:3306' was switched from SECONDARY to PRIMARY.
Instance 'ic-node3:3306' was switched from SECONDARY to PRIMARY.

The cluster successfully switched to Multi-Primary mode.


// 싱글 프라이머리 모드로 전환
mysqlsh|JS> cluster.switchToSinglePrimaryMode('ic-node3:3306')
Switching cluster 'testCluster' to Single-Primary mode...

Instance 'ic-node1:3306' was switched from PRIMARY to SECONDARY.
Instance 'ic-node2:3306' was switched from PRIMARY to SECONDARY.
Instance 'ic-node3:3306' remains PRIMARY.

WARNING: Existing connections that expected a R/W connection must be disconnected, i.e.
instances that became SECONDARY.

The cluster successfully switched to Single-Primary mode.
```

17.7.2 프라이머리 변경

싱글 프라이머리 모드로 동작 중인 클러스터에서는 클러스터 내 프라이머리 서버는 한 대만 존재하게 된다. 이때 운영 작업 등의 이유로 프라이머리 서버를 중단시켜야 하는 경우 프라이머리 서버에서 MySQL을 중지하거나 혹은 클러스터에서 제거함으로써 클러스터에서 자동으로 새로운 프라이머리를 선출하게 할 수 있다. 그러나 이 경우 예상했던 것과는 다른 서버가 프라이머리로 선정될 수 있다. InnoDB 클러스터의 구성 요소들의 버전이 모두 8.0.14 이상인 경우 사용자는 현재 싱글 프라이머리 모드로 동작 중인 클러스터의 프라이머리 서버를 강제로 특정 서버로 변경할 수 있다. MySQL 셸에서 제공하는 다음 메서드를 통해 변경 작업을 진행할 수 있다.

- \<Cluster\>.setPrimaryInstance(instance)

  인자로 주어진 서버를 클러스터의 새로운 프라이머리 서버로 설정한다. 이 과정에서 기존 프라이머리 서버로 유입된 쓰기 요청들 중 일부에 일시적으로 에러가 발생할 수 있다.

다음은 이 메서드를 사용해 클러스터의 프라이머리 서버를 변경하는 예다.

```
mysqlsh|JS> cluster.setPrimaryInstance('ic-node1:3306')
Setting instance 'ic-node1:3306' as the primary instance of cluster 'testCluster'...

Instance 'ic-node1:3306' was switched from SECONDARY to PRIMARY.
Instance 'ic-node2:3306' remains SECONDARY.
Instance 'ic-node3:3306' was switched from PRIMARY to SECONDARY.

The instance 'ic-node1:3306' was successfully elected as primary.
```

17.7.3 인스턴스 제거

서버 교체나 장애 등의 문제로 클러스터의 특정 인스턴스를 제거해야 하는 경우에는 MySQL 셸에서
다음 메서드를 통해 제거 작업을 진행할 수 있다.

- ⟨Cluster⟩.removeInstance(instance)

  인자로 지정된 서버를 클러스터에서 제거한다. 클러스터 내 온라인 상태의 모든 서버들의 메타데이터에서 제거 대
  상 서버 정보를 삭제하며, 제거 대상 서버의 분산 복구용 복제 계정을 클러스터에서 제거하는 등의 작업이 내부적으
  로 진행된다. 제거된 서버에서 저장된 데이터는 그대로 남아있다.

다음은 이 메서드를 사용해 클러스터 내 특정 서버를 제거하는 예다.

```
mysqlsh|JS> cluster.removeInstance('icadmin@ic-node3:3306')
The instance will be removed from the InnoDB cluster. Depending on the instance
being the Seed or not, the Metadata session might become invalid. If so, please
start a new session to the Metadata Storage R/W instance.

Instance 'ic-node3:3306' is attempting to leave the cluster...

The instance 'ic-node3:3306' was successfully removed from the cluster.
```

서버를 제거하는 시점에 제거 대상 서버에 아직 적용되지 못한 클러스터의 트랜잭션이 존재할 수 있
는데, 이 경우 제거 명령은 MySQL 셸의 dba.gtidWaitTimeout 옵션에 설정된 시간만큼 기다리게 된다.
dba.gtidWaitTimeout 옵션은 초 단위로 설정 가능하며, 기본적으로 60초로 설정된다. 해당 옵션 값은 다
음과 같이 확인 및 변경할 수 있다.

```
// dba.gtidWaitTimeout 옵션값 확인
mysqlsh|JS> shell.options['dba.gtidWaitTimeout']

// dba.gtidWaitTimeout 옵션값 변경
mysqlsh|JS> shell.options['dba.gtidWaitTimeout']=180
```

dba.gtidWaitTimeout 옵션에 설정된 시간이 초과하면 <Cluster>.removeInstance 메서드는 다음과 같은
에러를 화면에 출력하며 실행이 중단된다.

```
mysqlsh|JS> cluster.removeInstance('icadmin@ic-node3:3306');
The instance will be removed from the InnoDB cluster. Depending on the instance
being the Seed or not, the Metadata session might become invalid. If so, please
start a new session to the Metadata Storage R/W instance.

ERROR: The instance 'ic-node3:3306' was unable to catch up with cluster transactions. There
might be too many transactions to apply or some replication error. In the former case, you can
retry the operation (using a higher timeout value by setting the global shell option 'dba.
gtidWaitTimeout'). In the later case, analyze and fix any replication error. You can also
choose to skip this error using the 'force: true' option, but it might leave the instance in an
inconsistent state and lead to errors if you want to reuse it.
Cluster.removeInstance: Timeout reached waiting for transactions from ic-node1:3306 to be
applied on instance 'ic-node3:3306' (MYSQLSH 51157)
```

만약 dba.gtidWaitTimeout 옵션에 설정된 시간이 초과하더라도 서버를 클러스터에서 강제로 제거하려
면 제거 명령에 "{force:true}" 옵션을 지정하면 된다. 하지만 이 경우 제거 대상 서버에서 적용이 누락
된 클러스터의 트랜잭션이 존재할 수 있게 되며, 이로 인해 나중에 클러스터에 다시 참여하지 못할 수
도 있다. 따라서 제거 대상 서버를 더이상 클러스터에서 사용하지 않을 예정인 경우에만 해당 옵션을
사용하는 것이 좋다.

```
mysqlsh|JS> cluster.removeInstance('icadmin@ic-node3:3306',{force:true});
The instance will be removed from the InnoDB cluster. Depending on the instance
being the Seed or not, the Metadata session might become invalid. If so, please
start a new session to the Metadata Storage R/W instance.

WARNING: An error occurred when trying to catch up with cluster transactions and the instance
might have been left in an inconsistent state that will lead to errors if it is reused.
```

```
Instance 'ic-node3:3306' is attempting to leave the cluster...

The instance 'ic-node3:3306' was successfully removed from the cluster.
```

제거 명령을 실행하는 시점에 제거 대상 서버로의 통신이 불가한 경우, 제거 작업을 그대로 진행할 것
인지 사용자의 의사를 묻는 대화식 프롬프트가 출력되며, 사용자는 제거 작업을 중단하거나 혹은 계속
진행하도록 선택할 수 있다. "{force:true}" 옵션을 사용한 경우에는 사용자의 입력을 받지 않고 바로
서버가 제거된다.

17.7.4 클러스터 해체

클러스터의 사용 종료 혹은 클러스터 단위의 설정 변경 등으로 클러스터를 해체 후 재생성하고자 할 때
사용자는 MySQL 셸에서 다음 메서드를 사용해 클러스터를 해체할 수 있다.

- ⟨Cluster⟩.dissolve()

  메서드를 실행할 때 클러스터의 MySQL 서버들에서 클러스터와 관련된 모든 메타데이터 및 설정, 계정 등을 삭제하
  고 그룹 복제를 중단시킨다. 각 서버에 저장된 데이터는 삭제되지 않으며 그대로 유지된다.

다음은 이 메서드를 사용해 클러스터를 해체하는 예다.

```
mysqlsh|JS> cluster.dissolve()
The cluster still has the following registered instances:
{
    "clusterName": "testCluster",
    "defaultReplicaSet": {
        "name": "default",
        "topology": [
            {
                "address": "ic-node1:3306",
                "label": "ic-node1:3306",
                "role": "HA"
            },
            {
                "address": "ic-node2:3306",
                "label": "ic-node2:3306",
                "role": "HA"
```

```
        },
        {
            "address": "ic-node3:3306",
            "label": "ic-node3:3306",
            "role": "HA"
        }
    ],
    "topologyMode": "Single-Primary"
    }
}
WARNING: You are about to dissolve the whole cluster and lose the high availability features
provided by it. This operation cannot be reverted. All members will be removed from the cluster
and replication will be stopped, internal recovery user accounts and the cluster metadata will
be dropped. User data will be maintained intact in all instances.

Are you sure you want to dissolve the cluster? [y/N]: y

Instance 'ic-node2:3306' is attempting to leave the cluster...
Instance 'ic-node3:3306' is attempting to leave the cluster...
Instance 'ic-node1:3306' is attempting to leave the cluster...

The cluster was successfully dissolved.
Replication was disabled but user data was left intact.
```

클러스터를 해체할 때 클러스터 내에 아직 적용하지 못한 클러스터의 트랜잭션을 가지고 있는 서버가
존재하는 경우 마찬가지로 해체 명령은 MySQL 셸의 dba.gtidWaitTimeout 옵션에 설정된 시간만큼 대
기한다. 설정된 시간이 초과하면 에러가 발생하고 해체 명령이 중단된다. 만약 이 같은 상황에서 에러
를 무시하고 강제로 클러스터를 해체시키려면 해체 명령에 "{force:true}" 옵션을 설정하면 된다.

```
mysqlsh|JS> cluster.dissolve({force: true})
```

클러스터를 해체하는 시점에 네트워크 이슈 등으로 인해 통신이 불가해서 접근이 안 되는 서버가 존재
할 수 있다. 이 경우에는 해체 명령을 실행할 때 해체 작업을 계속 진행할 것인지 의사를 물어보는 대
화식 프롬프트가 출력되며, 사용자는 해체 작업을 중단하거나 혹은 계속 진행하도록 선택할 수 있다.
"{force:true}" 옵션을 사용한 경우에는 사용자의 입력을 받지 않고 바로 해체 작업이 진행된다. 이렇

게 해체 작업 과정에서 누락된 서버가 존재하면 경우에 따라 스플릿 브레인 상황이 발생할 수도 있다. 따라서 누락된 서버가 정상 상태로 돌아올 가능성이 없거나 혹은 이러한 부분이 전혀 문제가 되지 않을 것으로 예상되는 경우에만 해체 작업을 계속 진행하는 것이 좋다.

17.7.5 클러스터 및 인스턴스 설정 변경

사용자는 현재 동작 중인 InnoDB 클러스터에 대해 클러스터 및 인스턴스 설정을 온라인으로 변경할 수 있다. 먼저 클러스터의 현재 설정을 확인하려면 <Cluster>.options() 메서드를 사용하면 된다. <Cluster>.options() 메서드는 클러스터 이름, 클러스터의 전역 설정, 태그 정보, 클러스터의 각 서버의 설정 정보를 JSON 포맷으로 출력한다.

```
mysqlsh|JS> cluster.options()
{
    "clusterName": "testCluster",
    "defaultReplicaSet": {
        "globalOptions": [
            {
                "option": "groupName",
                "value": "c80aacb2-54e1-11eb-aa9e-6296c82972c2",
                "variable": "group_replication_group_name"
            },
            {
                "option": "memberSslMode",
                "value": "REQUIRED",
                "variable": "group_replication_ssl_mode"
            },
            {
                "option": "disableClone",
                "value": false
            }
        ],
        "tags": {
            "global": [],
            "ic-node1:3306": [],
            "ic-node2:3306": [],
            "ic-node3:3306": []
```

```
        },
    "topology": {
        "ic-node1:3306": [
            {
                "option": "autoRejoinTries",
                "value": "3",
                "variable": "group_replication_autorejoin_tries"
            },
            {
                "option": "consistency",
                "value": "EVENTUAL",
                "variable": "group_replication_consistency"
            },
            {
                "option": "exitStateAction",
                "value": "READ_ONLY",
                "variable": "group_replication_exit_state_action"
            },
            {
                "option": "expelTimeout",
                "value": "5",
                "variable": "group_replication_member_expel_timeout"
            },
            {
                "option": "groupSeeds",
                "value": "ic-node2:33061,ic-node3:33061",
                "variable": "group_replication_group_seeds"
            },
            {
                "option": "ipAllowlist",
                "value": "AUTOMATIC",
                "variable": "group_replication_ip_allowlist"
            },
            {
                "option": "ipWhitelist",
                "value": "AUTOMATIC",
                "variable": "group_replication_ip_whitelist"
            },
```

```json
        {
            "option": "localAddress",
            "value": "ic-node1:33061",
            "variable": "group_replication_local_address"
        },
        {
            "option": "memberWeight",
            "value": "50",
            "variable": "group_replication_member_weight"
        }
    ],
    "ic-node2:3306": [
        {
            "option": "autoRejoinTries",
            "value": "3",
            "variable": "group_replication_autorejoin_tries"
        },
        {
            "option": "consistency",
            "value": "EVENTUAL",
            "variable": "group_replication_consistency"
        },
        {
            "option": "exitStateAction",
            "value": "READ_ONLY",
            "variable": "group_replication_exit_state_action"
        },
        {
            "option": "expelTimeout",
            "value": "5",
            "variable": "group_replication_member_expel_timeout"
        },
        {
            "option": "groupSeeds",
            "value": "ic-node1:33061,ic-node3:33061",
            "variable": "group_replication_group_seeds"
        },
        {
```

```
                "option": "ipAllowlist",
                "value": "AUTOMATIC",
                "variable": "group_replication_ip_allowlist"
            },
            {

                "option": "ipWhitelist",
                "value": "AUTOMATIC",
                "variable": "group_replication_ip_whitelist"
            },
            {

                "option": "localAddress",
                "value": "ic-node2:33061",
                "variable": "group_replication_local_address"
            },
            {

                "option": "memberWeight",
                "value": "50",
                "variable": "group_replication_member_weight"
            }
        ],
        "ic-node3:3306": [
            {

                "option": "autoRejoinTries",
                "value": "3",
                "variable": "group_replication_autorejoin_tries"
            },
            {

                "option": "consistency",
                "value": "EVENTUAL",
                "variable": "group_replication_consistency"
            },
            {

                "option": "exitStateAction",
                "value": "READ_ONLY",
                "variable": "group_replication_exit_state_action"
            },
            {

                "option": "expelTimeout",
```

```
                "value": "5",
                "variable": "group_replication_member_expel_timeout"
            },
            {
                "option": "groupSeeds",
                "value": "ic-node1:33061,ic-node2:33061",
                "variable": "group_replication_group_seeds"
            },
            {
                "option": "ipAllowlist",
                "value": "AUTOMATIC",
                "variable": "group_replication_ip_allowlist"
            },
            {
                "option": "ipWhitelist",
                "value": "AUTOMATIC",
                "variable": "group_replication_ip_whitelist"
            },
            {
                "option": "localAddress",
                "value": "ic-node3:33061",
                "variable": "group_replication_local_address"
            },
            {
                "option": "memberWeight",
                "value": "50",
                "variable": "group_replication_member_weight"
            }
        ]
    }
  }
}
```

\<Cluster\>.options() 메서드를 실행할 때 "{all:true}" 옵션을 지정하면 각 인스턴스의 그룹 복제와 관련된 전체 설정을 확인할 수 있다.

```
mysqlsh|JS> cluster.options({all:true})
```

사용자는 다음 두 메서드를 사용해 클러스터 및 인스턴스의 설정을 변경할 수 있다. 그러나 이 명령어들을 통해 〈Cluster〉.options() 메서드의 실행 결과로 보여지는 모든 설정들을 변경할 수 있는 것은 아니며, 현재까지는 특정 설정에 한해서만 변경이 가능하다. 또한 MySQL 셸 버전에 따라 변경 가능한 설정이 다를 수 있음을 참고하자.

- 〈Cluster〉.setOption(option, value)

  클러스터의 모든 인스턴스에 대해 설정을 변경하거나 clusterName과 같이 클러스터 단위의 설정을 변경한다. option에는 값을 변경할 설정을 지정하고, value에는 새롭게 적용할 값을 입력한다. 이 메서드를 통해 변경할 수 있는 설정은 다음과 같다.

  - tag:〈option〉: 클러스터의 태그를 설정한다. 〈option〉에는 설정할 태그의 이름을 명시한다.
  - clusterName: 클러스터의 이름을 변경한다.
  - exitStateAction: 그룹 복제의 종료 액션을 설정한다. 클러스터의 모든 인스턴스에 대해 지정된 값이 동일하게 적용된다.
  - memberWeight: 클러스터에서 새로운 프라이머리를 선출할 때 사용되는 가중치 백분율을 설정한다. 클러스터의 모든 인스턴스에 대해 지정된 값이 동일하게 적용된다.
  - consistency: 클러스터의 일관성 레벨을 설정한다. 클러스터의 모든 인스턴스에 대해 지정된 값이 동일하게 적용된다.
  - expelTimeout: 클러스터에서 인스턴스가 강제 추방되기 전 대기할 시간을 설정한다. 클러스터의 모든 인스턴스에 대해 지정된 값이 동일하게 적용된다.
  - autoRejoinTries: 클러스터 탈퇴 후 자동으로 재가입을 시도하는 횟수를 설정한다. 클러스터의 모든 인스턴스에 대해 지정된 값이 동일하게 적용된다.
  - disableClone: 클러스터에서 분산 복구 방식 중 하나인 원격 클론 방식의 사용 여부를 설정한다.

- 〈Cluster〉.setInstanceOption(instance, option, value)

  클러스터 인스턴스별로 설정을 변경한다. instance에는 설정을 변경할 인스턴스를 지정하고, option에는 변경할 설정을, value에는 새롭게 적용할 값을 입력한다. 이 명령을 통해 변경할 수 있는 설정은 다음과 같다.

  - tag:〈option〉: 지정된 인스턴스에 대해 태그를 지정한다. 〈option〉에는 지정할 태그의 이름을 명시한다.
  - exitStateAction: 지정된 인스턴스에 대해 그룹 복제의 종료 액션을 설정한다.
  - memberWeight: 지정된 인스턴스에 대해 클러스터에서 새로운 프라이머리를 선출할 때 사용될 가중치 백분율 값을 설정한다.
  - autoRejoinTries: 인스턴스가 클러스터 탈퇴 후 자동으로 재가입을 시도하는 횟수를 설정한다.
  - label: 클러스터 구성 정보에 표시되는 인스턴스의 식별자를 변경한다.

다음은 〈Cluster〉.setOption 및 〈Cluster〉.setInstanceOption 메서드를 사용해 설정을 변경하는 몇 가지 예다.

```
// 클러스터 이름을 변경
mysqlsh|JS> cluster.setOption("clusterName","myCluster")

// 클러스터의 트랜잭션 일관성 레벨을 설정
mysqlsh|JS> cluster.setOption("consistency","BEFORE_ON_PRIMARY_FAILOVER")

// 클러스터에서 클론 복구 방식을 비활성화
mysqlsh|JS> cluster.setOption("disableClone",true)

// 인스턴스에 태그를 지정
mysqlsh|JS> cluster.setInstanceOption("ic-node1:3306","tag:location","Seoul")

// 인스턴스의 가중치를 변경
mysqlsh|JS> cluster.setInstanceOption("ic-node1:3306","memberWeight",80)
```

17.7.5.1 빌트인 태그

앞에서 살펴본 것처럼 사용자는 클러스터 및 인스턴스에 태그를 설정할 수 있으며, 이러한 태그 기능은 MySQL 셸 8.0.21 이상의 버전부터 사용 가능하다. 사용자는 태그를 설정할 때 태그의 Key-Value 값을 자유롭게 지정할 수 있으나, 한 가지 예외 케이스가 있다. 바로 사용자가 임의로 설정하는 태그의 키 값은 언더스코어(_)로 시작할 수 없다는 것이다. MySQL에서 언더스코어로 시작하는 태그는 내부적으로 미리 정의된, 즉 빌트인(Built-in)된 태그로 인식한다. 따라서 언더스코어로 시작하는 태그는 이미 정의돼 있는 빌트인 태그만 사용할 수 있다. 그렇지 않은 경우 유효한 빌트인 태그가 아닌 것으로 간주되어 태그를 설정할 때 에러가 발생한다.

```
mysqlsh|JS> > cluster.setInstanceOption("icadmin@ic-node1:3306","tag:_abc",true)
Cluster.setInstanceOption: '_abc' is not a valid built-in tag. (ArgumentError)
```

빌트인 태그에는 다음과 같이 두 가지가 존재한다. 두 태그 모두 인스턴스에 설정해서 사용하는 것으로, MySQL 라우터의 동작에 영향을 준다.

- _hidden

  true 혹은 false 값으로 설정 가능하다. 인스턴스에 이 태그의 값이 true로 설정돼 있는 경우 MySQL 라우터에서는 해당 인스턴스로 쿼리 요청을 전달하지 않는다.

- _disconnect_existing_sessions_when_hidden

  true 혹은 false 값으로 설정 가능하다. 인스턴스에 이 태그의 값이 true로 설정돼 있고, _hidden 태그 또한 true 값으로 설정된 경우 MySQL 라우터는 해당 인스턴스에 연결된 커넥션을 끊는다. 이 태그는 사용자가 명시적으로 설정하지 않더라도 기본적으로 true로 설정된 것으로 간주된다.

빌트인 태그를 사용하면 클러스터로 유입되는 클라이언트 쿼리 요청으로부터 특정 인스턴스를 숨길 수 있다. 이러한 기능은 다음과 같은 상황에서 유용하게 사용될 수 있다.

- 클러스터 인스턴스들을 순차적으로 버전 업그레이드하는 것과 같이 MySQL 서버 운영 작업을 진행하는 경우

- 복제 지연이 발생한 인스턴스를 일시적으로 클라이언트 쿼리 요청에서 제외시키는 경우

- 클라이언트에서 실행한 쿼리에 영향을 줄 수 있는 백업이 수행되거나 혹은 분석 전용으로 사용되는 인스턴스 클라이언트 쿼리 요청에서 제외시키는 경우

다음은 <Cluster>.setInstanceOption 메서드를 사용해 특정 인스턴스에 빌트인 태그를 설정하는 예다.

```
// 태그 설정
mysqlsh|JS> cluster.setInstanceOption("icadmin@ic-node3:3306","tag:_hidden",true)
mysqlsh|JS> cluster.setInstanceOption("icadmin@ic-node3:3306","tag:_disconnect_existing_
sessions_when_hidden",false)

// 설정된 태그 확인
mysqlsh|JS> cluster.options()
{
    "clusterName": "testCluster",
    "defaultReplicaSet": {
        .....
        "tags": {
            "global": [],
            "ic-node1:3306": [],
            "ic-node2:3306": [],
            "ic-node3:3306": [
                {
```

```
                "option": "_disconnect_existing_sessions_when_hidden",
                "value": false
            },
            {
                "option": "_hidden",
                "value": true
            }
        ]
    },
    .....
    }
 }
}

// 태그 설정 해제
mysqlsh|JS> cluster.setInstanceOption("icadmin@ic-node3:3306","tag:_hidden",null)
mysqlsh|JS> cluster.setInstanceOption("icadmin@ic-node3:3306","tag:_disconnect_existing_
sessions_when_hidden",null)
```

17.8 InnoDB 클러스터 트러블슈팅

이번 절에서는 InnoDB 클러스터를 구성하는 MySQL 인스턴스에 장애가 발생한 경우 클러스터가 어떻게 동작하는지, 사용자는 어떤 조치를 취해야 하는지를 대표적인 장애 케이스를 통해 살펴보겠다.

17.8.1 클러스터 인스턴스 장애

클러스터의 인스턴스들은 네트워크 문제로 인해 일시적으로 통신이 끊어지거나 장애로 인해 서버가 중단되면 클러스터의 그룹 복제에서 추방될 수 있다. 기본적으로 5초 동안 인스턴스가 응답이 없으면 클러스터의 다른 인스턴스들이 해당 인스턴스에 문제가 있는 것으로 간주하며, 클러스터 인스턴스들은 expelTimeout 옵션에 설정된 시간만큼 추가적으로 대기 후 최종적으로 응답이 없는 인스턴스를 클러스터의 그룹 복제에서 내보낸다.

인스턴스가 네트워크 문제로 통신이 단절됐던 경우에는 통신이 회복되면 자동으로 클러스터에 재연결을 시도하는데, 이때 인스턴스의 autoRejoinTries 옵션에 설정된 횟수만큼 시도한다. 만약 autoRejoinTries 옵션에 설정된 횟수에 도달할 때까지 클러스터에 연결되지 못하면 인스턴스는 exitStateAction 옵션에 설정된 조치를 수행한다. 이 경우 인스턴스가 클러스터에 다시 연결되려면 사용자의 개입이 필요하다. 만약 네트워크 통신이 안정화되고 서버에 별다른 문제가 없다면 사용자는 인스턴스에서 MySQL 그룹 복제가 재시작되게 해서 손쉽게 인스턴스를 다시 클러스터에 참여시킬 수 있다.

인스턴스가 아예 중단된 경우에는 MySQL이 정상적으로 재시작되면 그룹 복제가 자동으로 시작되면서 클러스터에 다시 참여하므로 사용자의 개입이 필요하지 않다. 그러나 그룹 복제와 같이 클러스터와 관련된 설정들이 MySQL 재시작 이후 유지되지 않은 경우에는 자동으로 클러스터에 다시 참여할 수 없다. 이 경우 사용자는 MySQL 셸에서 〈Cluster〉.rejoinInstance(instance) 메서드를 실행해 인스턴스를 클러스터에 다시 참여시킬 수 있다. 〈Cluster〉.rejoinInstance(instance) 메서드는 인자로 지정된 인스턴스에 접속해 그룹 복제와 super_read_only 모드 등과 같이 클러스터에 참여하는 데 필요한 설정을 확인 및 재설정하고 인스턴스에서 그룹 복제를 실행시킨다.

```
mysqlsh|JS> cluster.rejoinInstance('icadmin@ic-node3:3306')
Rejoining the instance to the InnoDB cluster. Depending on the original
problem that made the instance unavailable, the rejoin operation might not be
successful and further manual steps will be needed to fix the underlying
problem.

Please monitor the output of the rejoin operation and take necessary action if
the instance cannot rejoin.

Rejoining instance to the cluster ...

Please provide the password for 'icadmin@ic-node3:3306': ******
Save password for 'icadmin@ic-node3:3306'? [Y]es/[N]o/Ne[v]er (default No):
NOTE: Group Replication will communicate with other members using 'ic-node3:33061'. Use the
localAddress option to override.

The instance 'ic-node3:3306' was successfully rejoined on the cluster.
```

17.8.2 클러스터의 정족수 손실

클러스터에서 정족수에 해당하는, 즉 과반수 이상의 인스턴스에 장애가 발생한 경우 클러스터는 쓰기 요청을 처리할 수 없게 된다. 또한 인스턴스 추가 및 제거 등과 같이 클러스터 토폴로지를 변경하는 작업들도 수행할 수 없다. 이는 클러스터에서 쓰기 요청을 처리하거나 토폴로지를 변경할 때 클러스터의 과반수에 해당하는 인스턴스들의 동의가 필요하기 때문이다. 따라서 이렇게 정족수가 손실되어 자체적으로 어떠한 처리도 불가능한 클러스터를 정상적인 상태로 돌아오게 하려면 사용자의 개입이 반드시 필요하다. 사용자는 MySQL 셸에서 〈Cluster〉.forceQuorumUsingPartitionOf(instance) 메서드를 사용해 클러스터를 강제로 재구성할 수 있다. 이 명령은 인자로 지정한 인스턴스에 접속해 해당 인스턴스에서 정상적인 상태로 인식되는 클러스터 내 다른 인스턴스들을 확인한 후 그 인스턴스들로 클러스터를 재구성한다.

다음은 ic-node[1-5]라는 총 5개 인스턴스로 구성된 testCluster에서 ic-node1, ic-node3, ic-node4 서버의 네트워크 통신이 단절되어 클러스터의 정상화를 위해 ic-node2 서버에 연결해 〈Cluster〉.forceQuorumUsingPartitionOf() 메서드를 실행한 결과다. ic-node2 인스턴스에서는 ic-node5 서버만 현재 정상적인 상태로 인식하므로 클러스터는 ic-node2, ic-node5 인스턴스만을 포함해 재구성된다.

```
mysqlsh¦JS> cluster.forceQuorumUsingPartitionOf("icadmin@ic-node2:3306")
Restoring cluster 'testCluster' from loss of quorum, by using the partition composed of [ic-
node2:3306,ic-node5:3306]

Restoring the InnoDB cluster ...

Please provide the password for 'icadmin@ic-node2:3306': ******
Save password for 'icadmin@ic-node2:3306'? [Y]es/[N]o/Ne[v]er (default No):
The InnoDB cluster was successfully restored using the partition from the instance 'icadmin@ic-
node2:3306'.

WARNING: To avoid a split-brain scenario, ensure that all other members of the cluster are
removed or joined back to the group that was restored.
```

클러스터가 정상적으로 재구성 완료되면 바로 쓰기 요청을 처리할 수 있게 된다. 따라서 사용자는 클러스터를 재구성하기 전에 현재 네트워크 통신이 불가능한 인스턴스들이 스플릿 브레인 상황을 발생시킬 가능성이 있는지를 반드시 확인한 후 재구성 작업을 진행해야 한다.

17.9 InnoDB 클러스터 버전 업그레이드

InnoDB 클러스터는 여러 요소로 구성되므로 클러스터의 버전을 업그레이드할 때는 순차적인 진행 과정이 필요하다. 클러스터를 좀 더 안전하게 업그레이드하기 위해 다음과 같은 순서로 업그레이드를 진행하는 것을 권장한다.

1. MySQL 라우터 업그레이드

2. MySQL 셸 및 InnoDB 클러스터 메타데이터 스키마 업그레이드

3. MySQL 인스턴스 업그레이드

앞에서 살펴봤듯이 InnoDB 클러스터 최신 버전(8.0.21 이상의 버전에 해당)에서는 인스턴스에 _hidden 태그를 활성화해서 클라이언트 쿼리 요청으로부터 인스턴스를 숨길 수 있다. 이 기능을 사용하면 인스턴스로 쿼리 요청이 들어오지 않으므로 버전 업그레이드 작업을 할 때 쿼리 실패와 같은 문제를 겪지 않고 매끄럽게 작업을 진행할 수 있다.

_hidden 태그 기능을 사용해 버전 업그레이드를 진행하려면 클러스터 인스턴스들의 버전 업그레이드 작업을 진행하기 전에 MySQL 라우터와 MySQL 셸을 최신 버전으로 업그레이드해야 한다. MySQL 셸 버전을 업그레이드할 때는 셸을 통해 관리하는 InnoDB 클러스터 메타데이터 스키마도 업그레이드해야 한다. InnoDB 클러스터가 처음 도입됐을 때 이 메타데이터의 스키마 버전은 1.0.1이었으나 8.0.19 버전부터 스키마가 변경되면서 2.0.0으로 업그레이드됐다. 2.0.0 버전의 메타데이터에서는 8.0.19 이전 버전의 MySQL 라우터가 동작하지 않으므로 현재 사용 중인 MySQL 라우터 서버들을 먼저 최신 버전으로 업그레이드해야 한다. MySQL 라우터 서버들은 애플리케이션 서버에서 직접 접근하므로 사용 중인 MySQL 라우터 서버들의 구성 형태를 고려해서 서비스 다운타임을 최소화하는 방향으로 업그레이드 작업을 진행한다.

MySQL 라우터 서버들에 대한 버전 업그레이드가 모두 완료되면 MySQL 셸을 업그레이드한 후 업그레이드된 셸로 클러스터 내 인스턴스에 접속해 클러스터 메타데이터 스키마 버전의 업그레이드를 진행한다. dba.upgradeMetadata() 메서드를 통해 손쉽게 메타데이터 스키마 버전을 업그레이드할 수 있다.

```
mysqlsh|JS> dba.upgradeMetadata()
InnoDB Cluster Metadata Upgrade

The cluster you are connected to is using an outdated metadata schema version 1.0.1 and needs
to be upgraded to 2.0.0.

Without doing this upgrade, no AdminAPI calls except read only operations will be allowed.

NOTE: After the upgrade, this InnoDB Cluster/ReplicaSet can no longer be managed using older
versions of MySQL Shell.

The grants for the MySQL Router accounts that were created automatically when bootstrapping
need to be updated to match the new metadata version's requirements.
NOTE: No automatically created Router accounts were found.
WARNING: If MySQL Routers have been bootstrapped using custom accounts, their grants can not
be updated during the metadata upgrade, they have to be updated using the setupRouterAccount
function.
For additional information use: \? setupRouterAccount

Upgrading metadata at 'ic-node1:3306' from version 1.0.1 to version 2.0.0.
Creating backup of the metadata schema...
Step 1 of 1: upgrading from 1.0.1 to 2.0.0...
Removing metadata backup...
Upgrade process successfully finished, metadata schema is now on version 2.0.0
```

MySQL 라우터 및 MySQL 셸, 클러스터 메타데이터 버전 업그레이드가 정상적으로 완료되면 클러스터 인스턴스들의 버전 업그레이드를 진행한다. 일반적으로 세컨더리 서버부터 순차적으로 업그레이드해서 프라이머리 서버를 가장 마지막으로 업그레이드하며, 이러한 방식을 롤링 업그레이드(Rolling Upgrade)라고 한다. 업그레이드를 진행할 때는 작업 대상 인스턴스에 _hidden 태그를 활성화해서 쿼리가 유입되지 않게 한 후 작업을 진행하며, 업그레이드를 완료한 후에 다시 _hidden 태그를 비활성화한다. 싱글 프라이머리 모드로 동작 중인 클러스터에서는 프라이머리 서버 작업 시(MySQL 셧다운 시) 세컨더리 서버와 자동으로 스위칭되므로 서비스 중단 없이 안정적으로 업그레이드 작업을 진행할 수 있다. 그림 17.19는 싱글 프라이머리 모드로 동작 중인 클러스터 인스턴스들의 버전 업그레이드 과정을 간략하게 나타낸 것이다.

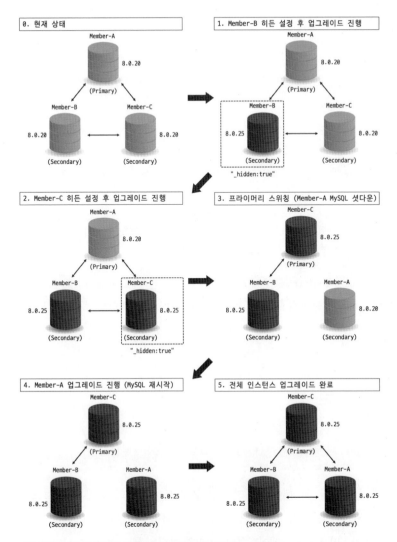

그림 17.19 싱글 프라이머리 모드 클러스터의 인스턴스 롤링 업그레이드

17.10 InnoDB 클러스터 제약 사항

InnoDB 클러스터는 그룹 복제를 기반으로 구성되므로 클러스터의 제약 사항은 기본적으로 그룹 복제의 제약 사항들을 포함하며 추가로 다음과 같은 제약 사항이 있다. 그룹 복제의 제약 사항은 17.2.8절 '그룹 복제 제약 사항'을 참고하자.

- InnoDB 클러스터 인스턴스들에서는 --defaults-extra-file 옵션을 사용해 추가적인 옵션 파일을 지정해 사용할 수 없다.

- InnoDB 클러스터는 인스턴스에 수동으로 구성된 별도의 복제 채널을 관리하지 않는다. 이는 그룹 복제 및 MySQL 셸의 AdminAPI에서 내부적으로 클러스터에 대한 작업을 수행할 때 이러한 별도 복제 채널이 프라이머리 인스턴스에서만 동작하는지 확인한 후 작업을 진행하지 않는 것을 의미하며, 이로 인해 추후 클러스터 인스턴스 간의 데이터가 일치하지 않는 문제가 발생할 수도 있다.

- InnoDB 클러스터는 여러 개의 InnoDB 클러스터에 데이터가 분산되어 저장되게 하는 샤딩(Sharding) 형태는 지원하지 않으며, MySQL 라우터는 하나의 InnoDB 클러스터에 대해서만 설정 가능하다.

18

Performance 스키마 & Sys 스키마

데이터베이스를 사용하다 보면 계속 마주치게 되는 대표적인 문제 중 하나가 바로 성능 이슈다. 일반적으로 갓 출시된 서비스의 경우 쿼리 요청이 많지 않기 때문에 성능적으로는 아무런 문제가 없어 보인다. 하지만 서비스가 성장하면서 데이터가 커지고 데이터베이스 서버의 쿼리 처리량이 늘어나면 최적화되지 않은 설정이나 쿼리 등으로 인해서 성능 문제가 나타날 가능성이 높으며, 이로 인해 서비스에서 응답 지연이 발생하고 경우에 따라 큰 장애 상황이 야기될 수도 있다. 또한 이처럼 문제가 되는 상황은 아니지만 서비스적인 요건으로 인해 한정된 자원 내에서 높은 성능이 요구되는 경우도 있다.

어떤 경우든지 사용 중인 데이터베이스의 성능을 기존보다 향상시켜야 하는 상황에 놓이면 가장 먼저 해야 할 일은 현재 데이터베이스가 어떤 상태인지 분석하고 성능을 향상시킬 수 있는 튜닝 요소를 찾는 것이다. 그러나 사용자가 데이터베이스 상태 분석을 위해 방대한 양의 정보를 직접 수집하고 분석하는 것은 다소 어려운 일이라 할 수 있으며, 필요로 하는 상세한 수준의 정보를 얻지 못할 수도 있다.

MySQL에서는 사용자가 데이터베이스 상태 분석을 좀 더 수월하게 할 수 있게 MySQL 내부에서 발생하는 이벤트에 대한 상세한 정보를 수집해서 한 곳에 모아 사용자들이 손쉽게 접근해서 확인할 수 있게 하는 기능을 제공한다. 이러한 기능이 바로 Performance 스키마와 Sys 스키마이며, 사용자는 이를 통해 일반 테이블에 저장된 데이터를 조회하는 것처럼 SQL 문을 사용해 수집된 정보를 조회할 수 있다. 지금부터는 Performance 스키마와 Sys 스키마 각각을 자세히 살펴보면서 이를 바탕으로 사용자가 어떤 정보를 얻을 수 있는지 두 스키마를 활용하는 유용한 예제들도 함께 확인해보겠다.

18.1 Performance 스키마란?

Performance 스키마는 MySQL 서버가 기본적으로 제공하는 시스템 데이터베이스 중 하나로, MySQL 서버의 데이터베이스 목록에서 performance_schema라는 이름의 데이터베이스로 확인할 수 있다.

```
mysql> SHOW DATABASES;
+--------------------------------+
| Database                       |
+--------------------------------+
| information_schema             |
| mysql                          |
| performance_schema             |
| sys                            |
+--------------------------------+
```

Performance 스키마에는 MySQL 서버 내부 동작 및 쿼리 처리와 관련된 세부 정보들이 저장되는 테이블들이 존재하며, 사용자는 이러한 테이블들을 통해 MySQL 서버의 성능을 분석하고 내부 처리 과정 등을 모니터링할 수 있다. Performance 스키마에 저장되는 데이터들은 MySQL 서버 소스코드 곳곳에 존재하는 성능 측정 코드로부터 수집되며, 이는 Performance 스키마를 위해 별도로 구현된 전용 스토리지 엔진인 PERFORMANCE_SCHEMA 스토리지 엔진에 의해 수행된다. 따라서 Performance 스키마 내 모든 테이블들은 PERFORMANCE_SCHEMA 스토리지 엔진으로 설정돼 있다.

PERFORMANCE_SCHEMA 스토리지 엔진은 MySQL 서버가 동작 중인 상태에서 실시간으로 정보를 수집하며, 수집한 정보를 디스크가 아닌 메모리에 저장한다. 그러므로 Performance 스키마가 활성화돼 있는 MySQL 서버에서는 Performance 스키마가 비활성화된 상태로 동작 중인 MySQL 서버보다 CPU와 메모리 등의 서버 리소스를 좀 더 소모하게 된다. 하지만 Performance 스키마를 수집 가능한 전체 데이터가 아닌 특정 이벤트에 대한 데이터들만 수집하도록 설정할 수 있으므로 Performance 스키마로 인한 오버헤드(Overhead)를 상당량 줄일 수 있다. 또한 Performance 스키마에 존재하는 테이블들은 디스크에는 테이블의 구조만 저장돼 있으며, 앞서 언급한 것처럼 실제 데이터는 모두 메모리 상에서 관리되므로 MySQL 서버가 재시작하면 해당 데이터는 모두 초기화되어 복구할 수 없음에 유의해야 한다. Performance 스키마에서 발생하는 데이터 변경은 MySQL 서버의 바이너리 로그에 기록되지 않기 때문에 복제로 연결된 레플리카 서버로 복제되지 않는다.

Performance 스키마는 MySQL 5.5 버전에서 처음 도입되어 MySQL 8.0 버전에 이르기까지 사용자들의 편의를 위해 MySQL 서버 내부 처리와 관련된 다양한 데이터를 제공하며, 적은 오버헤드와 빠른 데이터 수집을 위해 꾸준히 개선돼 왔다. 운영체제와 같은 하위 플랫폼에 종속되지 않고 MySQL 서버 내에서 서버 상태 및 처리 성능 관련 정보를 확인할 수 있다는 것은 Performance 스키마의 가장 큰 장점이다. 지금부터는 Performance 스키마를 구성하는 테이블과 Performance 스키마의 데이터 수집 및 저장과 관련해서 사용자가 설정할 수 있는 부분을 자세히 살펴보겠다.

18.2 Performance 스키마 구성

Performance 스키마에는 100여 개의 다양한 테이블이 존재하며, 크게 두 가지로 분류하면 Performance 스키마 설정과 관련된 테이블과 Performance 스키마가 수집한 데이터가 저장되는 테이블로 나눌 수 있다. 이번 절에서는 Performance 스키마의 전체 테이블을 종류별로 분류했으며, 분류된 테이블별로 어떤 데이터들이 저장되는지 개략적으로 설명돼 있다. 이를 통해 Performance 스키마의 전반적인 구조를 이해할 수 있을 것이다. 테이블 수가 많고 각 테이블에 대해 기술된 내용을 전부 기억하기는 어려우므로 먼저 가벼운 마음으로 전체 내용을 훑어본 다음 필요한 부분을 집중적으로 공부하는 방식을 추천한다. 또한 여기서는 MySQL NDB 클러스터나 MySQL 엔터프라이즈 버전에서 제공되는 기능과 관련된 테이블은 제외했으며, 사용하는 MySQL 버전에 따라 Performance 스키마의 테이블 구성이 다를 수 있음을 참고하자.

18.2.1 Setup 테이블

Setup 테이블에는 Performance 스키마의 데이터 수집 및 저장과 관련된 설정 정보가 저장돼 있으며, 사용자는 이 테이블을 통해 Performance 스키마의 설정을 동적으로 변경할 수 있다. 설정 방법에 대한 구체적인 내용은 18.3절 'Performance 스키마 설정'을 참고하자.

- setup_actors

  Performance 스키마가 모니터링하며 데이터를 수집할 대상 유저 목록이 저장돼 있다.

- setup_consumers

  Performance 스키마가 얼마나 상세한 수준으로 데이터를 수집하고 저장할 것인지를 결정하는 데이터 저장 레벨 설정이 저장돼 있다.

- setup_instruments

  Performance 스키마가 데이터를 수집할 수 있는 MySQL 내부 객체들의 클래스 목록과 클래스별 데이터 수집 여부 설정이 저장돼 있다.

- setup_objects

  Performance 스키마가 모니터링하며 데이터를 수집할 대상 데이터베이스 객체(프로시저, 테이블, 트리거 등과 같은) 목록이 저장돼 있다.

- setup_threads

  Performance 스키마에서 모니터링하며 데이터를 수집할 수 있는 MySQL 내부 스레드들의 목록과 스레드별 데이터 수집 여부 설정이 저장돼 있다.

18.2.2 Instance 테이블

Instance 테이블들은 Performance 스키마가 데이터를 수집하는 대상인 실체화된 객체들, 즉 인스턴스들에 대한 정보를 제공하며, 인스턴스 종류별로 테이블이 구분돼 있다.

- cond_instances

  현재 MySQL 서버에서 동작 중인 스레드들이 대기하는 조건(Condition) 인스턴스들의 목록을 확인할 수 있다. 조건은 스레드 간 동기화 처리와 관련해 특정 이벤트가 발생했음을 알리기 위해 사용되는 것으로, 스레드들은 자신들이 기다리고 있는 조건이 참이 되면 작업을 재개한다.

- file_instances

  현재 MySQL 서버가 열어서 사용 중인 파일들의 목록을 확인할 수 있다. 사용하던 파일이 삭제되면 이 테이블에서도 데이터가 삭제된다.

- mutex_instances

  현재 MySQL 서버에서 사용 중인 뮤텍스 인스턴스들의 목록을 확인할 수 있다.

- rwlock_instances

  현재 MySQL 서버에서 사용 중인 읽기 및 쓰기 잠금 인스턴스들의 목록을 확인할 수 있다.

- socket_instances

  현재 MySQL 서버가 클라이언트의 요청을 대기하고 있는 소켓(Socket) 인스턴스들의 목록을 확인할 수 있다.

18.2.3 Connection 테이블

Connection 테이블들은 MySQL에서 생성된 커넥션들에 대한 통계 및 속성 정보를 제공한다.

- accounts

  DB 계정명과 MySQL 서버로 연결한 클라이언트 호스트 단위의 커넥션 통계 정보를 확인할 수 있다.

- hosts

  호스트별 커넥션 통계 정보를 확인할 수 있다.

- users

  DB 계정명별 커넥션 통계 정보를 확인할 수 있다.

- session_account_connect_attrs

  현재 세션 및 현재 세션에서 MySQL에 접속하기 위해 사용한 DB 계정과 동일한 계정으로 접속한 다른 세션들의 커넥션 속성 정보를 확인할 수 있다.

- session_connect_attrs

  MySQL에 연결된 전체 세션들의 커넥션 속성 정보를 확인할 수 있다.

18.2.4 Variable 테이블

Variable 테이블들은 MySQL 서버의 시스템 변수 및 사용자 정의 변수와 상태 변수들에 대한 정보를 제공한다.

- global_variables

  전역 시스템 변수들에 대한 정보가 저장돼 있다.

- session_variables

  현재 세션에 대한 세션 범위의 시스템 변수들의 정보가 저장돼 있으며, 현재 세션에서 설정한 값들을 확인할 수 있다.

- variables_by_thread

  현재 MySQL에 연결돼 있는 전체 세션에 대한 세션 범위의 시스템 변수들의 정보가 저장돼 있다.

- persisted_variables

  SET PERSIST 또는 SET PERSIST_ONLY 구문을 통해 영구적으로 설정된 시스템 변수에 대한 정보가 저장돼 있다. persisted_variables 테이블은 mysqld-auto.cnf 파일에 저장돼 있는 내용을 테이블 형태로 나타낸 것으로, 사용자가 SQL 문을 사용해 해당 파일의 내용을 수정할 수 있게 한다.

- variables_info

  전체 시스템 변수에 대해 설정 가능한 값 범위 및 가장 최근에 변수의 값을 변경한 계정 정보 등이 저장돼 있다.

- user_variables_by_thread

  현재 MySQL에 연결돼 있는 세션들에서 생성한 사용자 정의 변수들에 대한 정보(변수명 및 값)가 저장돼 있다.

- global_status

  전역 상태 변수들에 대한 정보가 저장돼 있다.

- session_status

  현재 세션에 대한 세션 범위의 상태 변수들의 정보가 저장돼 있다.

- status_by_thread

  현재 MySQL에 연결돼 있는 전체 세션들에 대한 세션 범위의 상태 변수들의 정보가 저장돼 있으며, 세션별로 구분될 수 있는 상태 변수만 저장된다.

18.2.5 Event 테이블

Event 테이블은 크게 Wait, Stage, Statement, Transaction 이벤트 테이블로 구분돼 있다. 이 네 가지 이벤트들은 일반적으로 스레드에서 실행된 쿼리 처리와 관련된 이벤트로서 그림 18.1과 같은 계층 구조를 가진다.

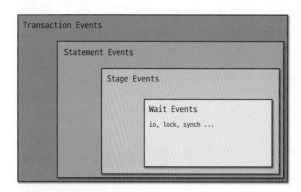

그림 18.1 이벤트 계층 구조

또한 각 이벤트는 세 가지 유형의 테이블을 가지는데, 테이블명 후미에 해당 테이블이 속해있는 유형의 이름이 표시된다. 다음과 같은 유형이 있다.

- current: 스레드별로 가장 최신의 이벤트 1건만 저장되며, 스레드가 종료되면 해당 스레드의 이벤트 데이터는 바로 삭제된다.

- history: 스레드별로 가장 최신의 이벤트가 지정된 최대 개수만큼 저장된다. 스레드가 종료되면 해당 스레드의 이벤트 데이터는 바로 삭제되며, 스레드가 계속 사용 중이면서 스레드별 최대 저장 개수를 넘은 경우 이전 이벤트를 삭제하고 최근 이벤트를 새로 저장함으로써 최대 개수를 유지한다.

- history_long: 전체 스레드에 대한 최근 이벤트들을 모두 저장하며, 지정된 전체 최대 개수만큼 데이터가 저장된다. 스레드가 종료되는 것과 관계없이 지정된 최대 개수만큼 이벤트 데이터를 가지고 있으며, 저장된 이벤트 데이터가 전체 최대 저장 개수를 넘어가면 이전 이벤트들을 삭제하고 최근 이벤트를 새로 저장함으로써 최대 개수를 유지한다.

이벤트 타입별로 이벤트 데이터가 저장되는 테이블 목록을 정리하면 다음과 같다.

Wait Event 테이블

각 스레드에서 대기하고 있는 이벤트들에 대한 정보를 확인할 수 있다. 일반적으로 잠금 경합 또는 I/O 작업 등으로 인해 스레드가 대기한다.

- events_waits_current
- events_waits_history
- events_waits_history_long

Stage Event 테이블

각 스레드에서 실행한 쿼리들의 처리 단계에 대한 정보를 확인할 수 있다. 이를 통해 실행된 쿼리가 구문 분석, 테이블 열기, 정렬 등과 같은 쿼리 처리 단계 중 현재 어느 단계를 수행하고 있는지와 처리 단계별 소요 시간 등을 알 수 있다.

- events_stages_current
- events_stages_history
- events_stages_history_long

Statement Event 테이블

각 스레드에서 실행한 쿼리들에 대한 정보를 확인할 수 있다. 실행된 쿼리와 쿼리에서 반환된 레코드 수, 인덱스 사용 유무 및 처리된 방식 등의 다양한 정보를 함께 확인할 수 있다.

- events_statements_current
- events_statements_history
- events_statements_history_long

Transaction Event 테이블

각 스레드에서 실행한 트랜잭션에 대한 정보를 확인할 수 있다. 트랜잭션별로 트랜잭션 종류와 현재 상태, 격리 수준 등을 알 수 있다.

- events_transactions_current

- events_transactions_history

- events_transactions_history_long

네 가지 이벤트들은 앞서 언급한 바와 같이 계층 구조를 가지므로 각 이벤트 테이블에는 상위 계층에 대한 정보가 저장되는 칼럼들이 존재한다. 테이블에서 "NESTING_EVENT_"로 시작하는 칼럼들이 이에 해당하며, 그림 18.2와 같은 형태로 연결돼 있다.

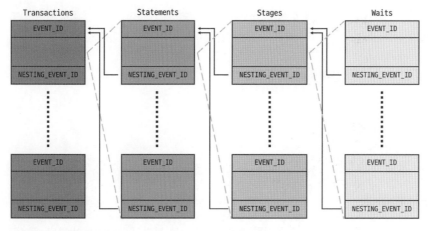

그림 18.2 Event 테이블 연결 구조

18.2.6 Summary 테이블

Summary 테이블들은 Performance 스키마가 수집한 이벤트들을 특정 기준별로 집계한 후 요약한 정보를 제공한다. 이벤트 타입별로, 집계 기준별로 다양한 Summary 테이블들이 존재한다.

- events_waits_summary_by_account_by_event_name

  DB 계정별, 이벤트 클래스별로 분류해서 집계한 Wait 이벤트 통계 정보를 보여준다.

- events_waits_summary_by_host_by_event_name

  호스트별, 이벤트 클래스별로 분류해서 집계한 Wait 이벤트 통계 정보를 보여준다.

- events_waits_summary_by_instance

  이벤트 인스턴스별로 분류해서 집계한 Wait 이벤트 통계 정보를 보여준다.

- events_waits_summary_by_thread_by_event_name

  스레드별, 이벤트 클래스별로 분류해서 집계한 Wait 이벤트 통계 정보를 보여준다.

- events_waits_summary_by_user_by_event_name

  DB 계정명별, 이벤트 클래스별로 분류해서 집계한 Wait 이벤트 통계 정보를 보여준다.

- events_waits_summary_global_by_event_name

  이벤트 클래스별로 분류해서 집계한 Wait 이벤트 통계 정보를 보여준다.

- events_stages_summary_by_account_by_event_name

  DB 계정별, 이벤트 클래스별로 분류해서 집계한 Stage 이벤트 통계 정보를 보여준다.

- events_stages_summary_by_host_by_event_name

  호스트별, 이벤트 클래스별로 분류해서 집계한 Stage 이벤트 통계 정보를 보여준다.

- events_stages_summary_by_thread_by_event_name

  스레드별, 이벤트 클래스별로 분류해서 집계한 Stage 이벤트 통계 정보를 보여준다.

- events_stages_summary_by_user_by_event_name

  DB 계정명별, 이벤트 클래스별로 분류해서 집계한 Stage 이벤트 통계 정보를 보여준다.

- events_stages_summary_global_by_event_name

  이벤트 클래스별로 분류해서 집계한 Stage 이벤트 통계 정보를 보여준다.

- events_statements_histogram_by_digest

  스키마별, 쿼리 다이제스트별로 쿼리 실행 시간에 대한 히스토그램 정보를 보여준다.

- events_statements_histogram_global

  MySQL 서버에서 실행된 전체 쿼리들에 대한 실행 시간 히스토그램 정보를 보여준다.

- events_statements_summary_by_account_by_event_name

  DB 계정별, 이벤트 클래스별로 분류해서 집계한 Statement 이벤트 통계 정보를 보여준다.

- `events_statements_summary_by_digest`

  스키마별, 쿼리 다이제스트별로 분류해서 집계한 Statement 이벤트 통계 정보를 보여준다.

- `events_statements_summary_by_host_by_event_name`

  호스트별, 이벤트 클래스별로 분류해서 집계한 Statement 이벤트 통계 정보를 보여준다.

- `events_statements_summary_by_program`

  스토어드 프로시저 또는 함수, 트리거, 이벤트 등과 같은 스토어드 프로그램별로 분류해서 집계한 Statement 이벤트 통계 정보를 보여준다.

- `events_statements_summary_by_thread_by_event_name`

  스레드별, 이벤트 클래스별로 분류해서 집계한 Statement 이벤트 통계 정보를 보여준다.

- `events_statements_summary_by_user_by_event_name`

  DB 계정명별, 이벤트 클래스별로 분류해서 집계한 Statement 이벤트 통계 정보를 보여준다.

- `events_statements_summary_global_by_event_name`

  이벤트 클래스별로 분류해서 집계한 Statement 이벤트 통계 정보를 보여준다.

- `prepared_statements_instances`

  생성된 프리페어 스테이트먼트 인스턴스 목록을 보여준다.

- `events_transactions_summary_by_account_by_event_name`

  DB 계정별, 이벤트 클래스별로 분류해서 집계한 Transaction 이벤트 통계 정보를 보여준다.

- `events_transactions_summary_by_host_by_event_name`

  호스트별, 이벤트 클래스별로 분류해서 집계한 Transaction 이벤트 통계 정보를 보여준다.

- `events_transactions_summary_by_thread_by_event_name`

  스레드별, 이벤트 클래스별로 분류해서 집계한 Transaction 이벤트 통계 정보를 보여준다.

- `events_transactions_summary_by_user_by_event_name`

  DB 계정명별, 이벤트 클래스별로 분류해서 집계한 Transaction 이벤트 통계 정보를 보여준다.

- `events_transactions_summary_global_by_event_name`

  이벤트 클래스별로 분류해서 집계한 Transaction 이벤트 통계 정보를 보여준다.

- `objects_summary_global_by_type`

  데이터베이스 객체별로 분류해서 집계한 대기 시간 통계 정보를 보여준다.

- file_summary_by_event_name

  이벤트 클래스별로 분류해서 집계한 파일 I/O 작업 관련 소요 시간 통계 정보를 보여준다.

- file_summary_by_instance

  이벤트 인스턴스별로 분류해서 집계한 파일 I/O 작업 관련 소요 시간 통계 정보를 보여준다.

- table_io_waits_summary_by_index_usage

  인덱스별로 분류해서 집계한 I/O 작업 관련 소요 시간 통계 정보를 보여준다.

- table_io_waits_summary_by_table

  테이블별로 분류해서 집계한 I/O 작업 관련 소요 시간 통계 정보를 보여준다.

- table_lock_waits_summary_by_table

  테이블별로 분류해서 집계한 잠금 종류별 대기 시간 통계 정보를 보여준다.

- socket_summary_by_event_name

  이벤트 클래스별로 분류해서 집계한 소켓 I/O 작업 관련 통계 정보를 보여준다.

- socket_summary_by_instance

  이벤트 인스턴스별로 분류해서 집계한 소켓 I/O 작업 관련 통계 정보를 보여준다.

- memory_summary_by_account_by_event_name

  DB 계정별, 이벤트 클래스별로 분류해서 집계한 메모리 할당 및 해제에 대한 통계 정보를 보여준다.

- memory_summary_by_host_by_event_name

  호스트별, 이벤트 클래스별로 분류해서 집계한 메모리 할당 및 해제에 대한 통계 정보를 보여준다.

- memory_summary_by_thread_by_event_name

  스레드별, 이벤트 클래스별로 분류해서 집계한 메모리 할당 및 해제에 대한 통계 정보를 보여준다.

- memory_summary_by_user_by_event_name

  DB 계정명별, 이벤트 클래스별로 분류해서 집계한 메모리 할당 및 해제에 대한 통계 정보를 보여준다.

- memory_summary_global_by_event_name

  이벤트 클래스별로 분류해서 집계한 메모리 할당 및 해제에 대한 통계 정보를 보여준다.

- events_errors_summary_by_account_by_error

  DB 계정별, 에러 코드별로 분류해서 집계한 MySQL 에러 발생 및 처리에 대한 통계 정보를 보여준다.

- events_errors_summary_by_host_by_error

  호스트별, 에러 코드별로 분류해서 집계한 MySQL 에러 발생 및 처리에 대한 통계 정보를 보여준다.

- events_errors_summary_by_thread_by_error

  스레드별, 에러 코드별로 분류해서 집계한 MySQL 에러 발생 및 처리에 대한 통계 정보를 보여준다.

- events_errors_summary_by_user_by_error

  DB 계정명별, 에러 코드별로 분류해서 집계한 MySQL 에러 발생 및 처리에 대한 통계 정보를 보여준다.

- events_errors_summary_global_by_error

  에러 코드별로 분류해서 집계한 MySQL 에러 발생 및 처리에 대한 통계 정보를 보여준다.

- status_by_account

  DB 계정별 상태 변숫값을 보여준다.

- status_by_host

  호스트별 상태 변숫값을 보여준다.

- status_by_user

  DB 계정명별 상태 변숫값을 보여준다.

> **참고** 쿼리 다이제스트는 정규화된 쿼리문(Normalized Statement)을 SHA-256 방식으로 해싱한 값을 나타낸다. MySQL 서버에서는 실행된 쿼리에 대해 쿼리 구조를 추출하는 정규화 작업을 진행한 후 이를 SHA-256 방식으로 해싱해서 쿼리의 다이제스트 값을 구한다. 사용자는 STATEMENT_DIGEST() 함수를 통해 MySQL 서버가 처리한 것과 동일한 쿼리 다이제스트 값을 얻을 수 있으며, STATEMENT_DIGEST_TEXT() 함수를 통해 정규화된 쿼리문을 확인할 수도 있다.
>
> ```
> mysql> SET @stmt = 'SELECT /* getData */ *
>                     FROM tb1 WHERE type="product" AND amount > 100';
>
> mysql> SELECT STATEMENT_DIGEST(@stmt);
> +------------------------------------------------------------------+
> | STATEMENT_DIGEST(@stmt)                                          |
> +------------------------------------------------------------------+
> | 140c0268c1f66ae1825326d7ee6fca55abb3129f3958abb31a27aa0f05bdb3a0 |
> +------------------------------------------------------------------+
> ```

```
mysql> SELECT STATEMENT_DIGEST_TEXT(@stmt);
+-------------------------------------------------------+
| STATEMENT_DIGEST_TEXT(@stmt)                          |
+-------------------------------------------------------+
| SELECT * FROM `tb1` WHERE TYPE = ? AND `amount` > ? |
+-------------------------------------------------------+
```

18.2.7 Lock 테이블

Lock 테이블들에서는 MySQL에서 발생한 잠금과 관련된 정보를 제공한다.

- data_locks

  현재 잠금이 점유됐거나 잠금이 요청된 상태에 있는 데이터 관련 락(레코드 락 및 갭 락)에 대한 정보를 보여준다.

- data_lock_waits

  이미 점유된 데이터 락과 이로 인해 잠금 요청이 차단된 데이터 락 간의 관계 정보를 보여준다.

- metadata_locks

  현재 잠금이 점유된 메타데이터 락들에 대한 정보를 보여준다.

- table_handles

  현재 잠금이 점유된 테이블 락들에 대한 정보를 보여준다.

18.2.8 Replication 테이블

Replication 테이블들에서는 "SHOW [REPLICA | SLAVE] STATUS" 명령문에서 제공하는 것보다 더 상세한 복제 관련 정보를 제공한다.

- replication_connection_configuration

  소스 서버로의 복제 연결 설정 정보가 저장돼 있다.

- replication_connection_status

  소스 서버에 대한 복제 연결의 현재 상태 정보를 보여준다.

- replication_asynchronous_connection_failover

  비동기 복제 연결 장애 조치 메커니즘에서 사용될 소스 서버 목록이 저장된다.

- replication_applier_configuration

  레플리카 서버의 레플리케이션 어플라이어 스레드(SQL 스레드)에 설정된 정보를 보여준다.

- replication_applier_status

  레플리케이션 어플라이어 스레드의 상태 정보를 보여준다.

- replication_applier_status_by_coordinator

  레플리케이션 코디네이터 스레드(Replication Coordinator Thread)의 상태 정보를 보여준다. 복제가 멀티 스레드 복제로 설정되지 않은 경우에는 테이블은 비어 있다.

- replication_applier_status_by_worker

  레플리케이션 워커 스레드(Replication Worker Thread)의 상태 정보를 보여준다.

- replication_applier_filters

  특정 복제 채널에 설정된 복제 필터에 대한 정보를 보여준다.

- replication_applier_global_filters

  모든 복제 채널에 적용되는 전역 복제 필터에 대한 정보를 보여준다.

- replication_group_members

  그룹 복제를 구성하는 멤버들에 대한 네트워크 및 상태 정보를 보여준다.

- replication_group_member_stats

  각 그룹 복제 멤버의 트랜잭션 처리 통계 정보 등을 보여준다.

- binary_log_transaction_compression_stats

  바이너리 로그 및 릴레이 로그에 저장되는 트랜잭션의 압축에 대한 통계 정보를 보여준다. 이 테이블은 MySQL 서버에서 바이너리 로그가 활성화돼 있고, binlog_transaction_compression 시스템 변수가 ON으로 설정된 경우에만 데이터가 저장된다.

18.2.9 Clone 테이블

Clone 테이블들은 Clone 플러그인을 통해 수행되는 복제 작업에 대한 정보를 제공한다. Clone 테이블들은 MySQL 서버에 Clone 플러그인이 설치될 때 자동으로 생성되고, 플러그인이 삭제될 때 마찬가지로 함께 제거된다.

- clone_status

  현재 또는 마지막으로 실행된 클론 작업에 대한 상태 정보를 보여준다.

- clone_progress

  현재 또는 마지막으로 실행된 클론 작업에 대한 진행 정보를 보여준다.

18.2.10 기타 테이블

기타 테이블은 앞서 분류된 범주들에 속하지 않는 나머지 테이블들을 의미하며, 다음의 테이블들이 이에 해당된다.

- error_log

  MySQL 에러 로그 파일의 내용이 저장돼 있다.

- host_cache

  MySQL의 호스트 캐시 정보가 저장돼 있다.

- keyring_keys

  MySQL의 Keyring 플러그인에서 사용되는 키에 대한 정보가 저장돼 있다.

- log_status

  MySQL 서버 로그 파일들의 포지션 정보가 저장돼 있으며, 이는 온라인 백업 시 활용될 수 있다.

- performance_timers

  Performance 스키마에서 사용 가능한 이벤트 타이머들과 그 특성에 대한 정보가 저장돼 있다. 관련된 정보가 모두 NULL 값으로 표시되는 타이머는 현재 MySQL이 동작 중인 서버에서는 지원하지 않음을 의미한다.

- processlist

  MySQL 서버에 연결된 세션 목록과 각 세션의 현재 상태, 세션에서 실행 중인 쿼리 정보가 저장돼 있다. processlist 테이블에서 보여지는 데이터는 SHOW PROCESSLIST 명령문을 실행하거나 information_schema 데이터베이스의 PROCESSLIST 테이블을 조회해서 얻은 결과 데이터와 동일하다.

- threads

  MySQL 서버 내부의 백그라운드 스레드 및 클라이언트 연결에 해당하는 포그라운드 스레드들에 대한 정보가 저장돼 있으며, 스레드별로 모니터링 및 과거 이벤트 데이터 보관 설정 여부도 확인할 수 있다.

- tls_channel_status

  MySQL 연결 인터페이스별 TLS(SSL) 속성 정보가 저장된다.

- user_defined_functions

  컴포넌트나 플러그인에 의해 자동으로 등록됐거나 CREATE FUNCTION 명령문에 의해 생성된 사용자 정의 함수들에 대한 정보가 저장된다.

18.3 Performance 스키마 설정

Performance 스키마는 MySQL 5.6.6 버전부터 MySQL 구동 시 기본으로 기능이 활성화되도록 설정이 변경됐다. 따라서 최신 MySQL 8.0 버전에서도 마찬가지로 사용자가 별도로 설정을 하지 않더라도 MySQL이 시작되면 Performance 스키마는 자동으로 활성화된다. 명시적으로 Performance 스키마 기능의 활성화 여부를 제어하고 싶은 경우에는 MySQL 설정 파일에 다음과 같이 옵션을 추가하면 된다.

```
## Performance 스키마 기능 비활성화
[mysqld]
performance_schema=OFF

## Performance 스키마 기능 활성화
[mysqld]
performance_schema=ON
```

SHOW GLOBAL VARIABLES 명령을 통해 현재 MySQL에서 Performance 스키마가 활성화돼 있는지 확인할 수 있다.

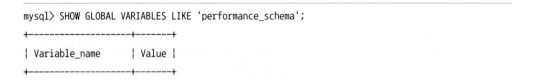

```
mysql> SHOW GLOBAL VARIABLES LIKE 'performance_schema';
+--------------------+-------+
| Variable_name      | Value |
+--------------------+-------+
```

```
| performance_schema | ON     |
+--------------------+--------+
```

사용자는 Performance 스키마에 대해 크게 두 가지 부분으로 나누어 설정할 수 있다.

- 메모리 사용량 설정
- 데이터 수집 및 저장 설정

Performance 스키마에서는 수집한 데이터들을 모두 메모리에 저장하므로 Performance 스키마가 MySQL 서버 동작에 영향을 줄 만큼 과도하게 메모리를 사용하지 않게 제한하는 것이 좋다. 또한 Performance 스키마를 수집 가능한 모든 이벤트에 대해 데이터를 수집하도록 설정하는 것보다는 사용자가 필요로 하는 이벤트들에 대해서만 수집하도록 설정하는 편이 MySQL 내부적인 오버헤드를 줄이고 MySQL 서버의 성능 저하를 유발하지 않는다. 지금부터는 이 두 가지 설정에 대해 자세히 살펴보겠다.

18.3.1 메모리 사용량 설정

Performance 스키마에 저장되는 데이터양은 Performance 스키마의 메모리 사용량과 직결되며, 따라서 메모리 사용량 설정은 곧 얼마만큼의 데이터를 저장할 것인지를 설정하는 것이라 할 수 있다. MySQL 서버에서는 Performance 스키마가 사용하는 메모리의 양을 제어할 수 있는 시스템 변수들을 제공하며, 다음의 변수들이 이에 해당된다. 각 시스템 변수는 사전에 정의된 기본값 또는 MySQL이 조정한 값으로 자동 설정되며, -1 또는 0, 0보다 큰 값들로 설정될 수 있다. -1 값은 정해진 제한 없이 필요에 따라 자동으로 크기가 증가할 수 있음을 의미한다.

```
mysql> SELECT VARIABLE_NAME, VARIABLE_VALUE
       FROM performance_schema.global_variables
       WHERE VARIABLE_NAME LIKE '%performance_schema%'
       AND VARIABLE_NAME NOT IN ('performance_schema',
                                 'performance_schema_show_processlist');
+----------------------------------------------------+----------------+
| VARIABLE_NAME                                      | VARIABLE_VALUE |
+----------------------------------------------------+----------------+
| performance_schema_accounts_size                   | -1             |
| performance_schema_digests_size                    | 10000          |
```

```
| performance_schema_error_size                                  | 4860  |   |
| performance_schema_events_stages_history_long_size             | 10000 |   |
| performance_schema_events_stages_history_size                  | 10    |   |
| performance_schema_events_statements_history_long_size         | 10000 |   |
| performance_schema_events_statements_history_size              | 10    |   |
| performance_schema_events_transactions_history_long_size       | 10000 |   |
| performance_schema_events_transactions_history_size            | 10    |   |
| performance_schema_events_waits_history_long_size              | 10000 |   |
| performance_schema_events_waits_history_size                   | 10    |   |
| performance_schema_hosts_size                                  | -1    |   |
| performance_schema_max_cond_classes                            | 100   |   |
| performance_schema_max_cond_instances                          | -1    |   |
| performance_schema_max_digest_length                           | 1024  |   |
| performance_schema_max_digest_sample_age                       | 60    |   |
| performance_schema_max_file_classes                            | 80    |   |
| performance_schema_max_file_handles                            | 32768 |   |
| performance_schema_max_file_instances                          | -1    |   |
| performance_schema_max_index_stat                              | -1    |   |
| performance_schema_max_memory_classes                          | 450   |   |
| performance_schema_max_metadata_locks                          | -1    |   |
| performance_schema_max_mutex_classes                           | 300   |   |
| performance_schema_max_mutex_instances                         | -1    |   |
| performance_schema_max_prepared_statements_instances           | -1    |   |
| performance_schema_max_program_instances                       | -1    |   |
| performance_schema_max_rwlock_classes                          | 60    |   |
| performance_schema_max_rwlock_instances                        | -1    |   |
| performance_schema_max_socket_classes                          | 10    |   |
| performance_schema_max_socket_instances                        | -1    |   |
| performance_schema_max_sql_text_length                         | 1024  |   |
| performance_schema_max_stage_classes                           | 175   |   |
| performance_schema_max_statement_classes                       | 218   |   |
| performance_schema_max_statement_stack                         | 10    |   |
| performance_schema_max_table_handles                           | -1    |   |
| performance_schema_max_table_instances                         | -1    |   |
| performance_schema_max_table_lock_stat                         | -1    |   |
| performance_schema_max_thread_classes                          | 100   |   |
| performance_schema_max_thread_instances                        | -1    |   |
| performance_schema_session_connect_attrs_size                  | 512   |   |
```

```
| performance_schema_setup_actors_size                     | -1            |
| performance_schema_setup_objects_size                    | -1            |
| performance_schema_users_size                            | -1            |
+----------------------------------------------------------+---------------+
```

Performance 스키마의 메모리 사용량 관련 시스템 변수들은 테이블에 저장되는 데이터 수를 제한하는 변수들과 Performance 스키마에서 데이터를 수집할 수 있는 이벤트 클래스 개수 및 이벤트 클래스들의 실제 구현체인 인스턴스들의 수를 제한하는 변수들로 나뉜다. 테이블에 저장되는 데이터의 개수를 제한하는 변수들은 다음과 같다.

- performance_schema_accounts_size

  accounts 테이블에 저장 가능한 최대 레코드 수를 지정한다.

- performance_schema_digests_size

  events_statements_summary_by_digest 테이블에 저장 가능한 최대 레코드 수를 지정한다.

- performance_schema_error_size

  수집 대상 에러 코드 개수를 지정한다. 기본적으로는 MySQL 서버에 정의된 에러 코드 수 만큼 자동으로 설정된다.

- performance_schema_events_waits_history_size

  events_waits_history 테이블에서 스레드당 저장할 수 있는 최대 레코드 수를 지정한다.

- performance_schema_events_waits_history_long_size

  events_waits_history_long 테이블에 저장할 수 있는 최대 레코드 수를 지정한다.

- performance_schema_events_stages_history_size

  events_stages_history 테이블에서 스레드당 저장할 수 있는 최대 레코드 수를 지정한다.

- performance_schema_events_stages_history_long_size

  events_stages_history_long 테이블에 저장할 수 있는 최대 레코드 수를 지정한다.

- performance_schema_events_statements_history_size

  events_statements_history 테이블에서 스레드당 저장할 수 있는 최대 레코드 수를 지정한다.

- performance_schema_events_statements_history_long_size

  events_statements_history_long 테이블에 저장할 수 있는 최대 레코드 수를 지정한다.

- performance_schema_events_transactions_history_size

  events_transactions_history 테이블에서 스레드당 저장할 수 있는 최대 레코드 수를 지정한다.

- performance_schema_events_transactions_history_long_size

  events_transactions_history_long 테이블에 저장할 수 있는 최대 레코드 수를 지정한다.

- performance_schema_hosts_size

  hosts 테이블에 저장할 수 있는 최대 레코드 수를 지정한다.

- performance_schema_session_connect_attrs_size

  클라이언트 프로그램으로부터 전달되는 커넥션 속성들의 키-값 쌍을 저장하기 위해 스레드당 사전 할당되는 메모리의 크기를 지정한다.

- performance_schema_setup_actors_size

  setup_actors 테이블에 저장할 수 있는 최대 레코드 수를 지정한다.

- performance_schema_setup_objects_size

  setup_objects 테이블에 저장할 수 있는 최대 레코드 수를 지정한다.

- performance_schema_users_size

  users 테이블에 저장할 수 있는 최대 레코드 수를 지정한다.

Performance 스키마에서 데이터를 수집할 수 있는 이벤트 클래스들의 개수 및 인스턴스들의 수를 제한하는 변수들은 다음과 같다.

- performance_schema_max_cond_classes

  수집 가능한 조건(Condition) 이벤트 클래스의 최대 개수를 지정한다. 조건 이벤트 클래스는 setup_instruments 테이블에서 NAME 칼럼의 값이 "wait/synch/cond"로 시작하는 클래스들로, 변수에 지정된 개수까지만 setup_instruments 테이블에 표시된다.

- performance_schema_max_cond_instances

  조건 이벤트 클래스들의 최대 인스턴스 수를 지정한다. cond_instances 테이블에 저장될 수 있는 최대 레코드 수라고 할 수 있다.

- performance_schema_max_file_classes

  수집 가능한 파일 이벤트 클래스의 최대 개수를 지정한다. 파일 이벤트 클래스는 setup_instruments 테이블에서 NAME 칼럼의 값이 "wait/io/file"로 시작하는 클래스들로, 변수에 지정된 개수까지만 setup_instruments 테이블에 표시된다.

- performance_schema_max_file_instances

  파일 이벤트 클래스들의 최대 인스턴스 수를 지정한다. file_instances 테이블에 저장될 수 있는 최대 레코드 수라고 할 수 있다.

- performance_schema_max_mutex_classes

  수집 가능한 뮤텍스 이벤트 클래스의 최대 개수를 지정한다. 파일 이벤트 클래스는 setup_instruments 테이블에서 NAME 칼럼의 값이 "wait/synch/mutex"로 시작하는 클래스들로, 변수에 지정된 개수까지만 setup_instruments 테이블에 표시된다.

- performance_schema_max_mutex_instances

  파일 이벤트 클래스들의 최대 인스턴스 수를 지정한다. mutex_instances 테이블에 저장될 수 있는 최대 레코드 수라고 할 수 있다.

- performance_schema_max_rwlock_classes

  수집 가능한 읽기-쓰기 잠금 이벤트 클래스의 최대 개수를 지정한다. 읽기-쓰기 잠금 이벤트 클래스는 setup_instruments 테이블에서 NAME 칼럼의 값이 "wait/synch/rwlock", "wait/synch/prlock", "wait/synch/sxlock"로 시작하는 클래스들로, 변수에 지정된 개수까지만 setup_instruments 테이블에 표시된다.

- performance_schema_max_rwlock_instances

  읽기-쓰기 잠금 이벤트 클래스들의 최대 인스턴스 수를 지정한다. rwlock_instances 테이블에 저장될 수 있는 최대 레코드 수라고 할 수 있다.

- performance_schema_max_socket_classes

  수집 가능한 소켓 이벤트 클래스의 최대 개수를 지정한다. 소켓 이벤트 클래스는 setup_instruments 테이블에서 NAME 칼럼의 값이 "wait/io/socket"으로 시작하는 클래스들로, 변수에 지정된 개수까지만 setup_instruments 테이블에 표시된다.

- performance_schema_max_socket_instances

  소켓 이벤트 클래스들의 최대 인스턴스 수를 지정한다. socket_instances 테이블에 저장될 수 있는 최대 레코드 수라고 할 수 있다.

- performance_schema_max_thread_classes

  수집 가능한 스레드 이벤트 클래스의 최대 개수를 지정한다. setup_threads 테이블에 저장될 수 있는 최대 레코드 수라고 할 수 있다.

- performance_schema_max_thread_instances

  스레드 이벤트 클래스들의 최대 인스턴스 수를 지정한다. threads 테이블에 저장될 수 있는 최대 레코드 수라고 할 수 있다.

- performance_schema_max_memory_classes

  수집 가능한 메모리 이벤트 클래스의 최대 개수를 지정한다. 메모리 이벤트 클래스는 setup_instruments 테이블에서 NAME 칼럼의 값이 "memory/"로 시작하는 클래스들로, 변수에 지정된 개수까지만 setup_instruments 테이블에 표시된다.

- performance_schema_max_stage_classes

  수집 가능한 Stage 이벤트 클래스의 최대 개수를 지정한다. Stage 이벤트 클래스는 setup_instruments 테이블에서 NAME 칼럼의 값이 "stage/"로 시작하는 클래스들로, 변수에 지정된 개수까지만 setup_instruments 테이블에 표시된다.

- performance_schema_max_statement_classes

  수집 가능한 Statement 이벤트 클래스의 최대 개수를 지정한다. Statement 이벤트 클래스는 setup_instruments 테이블에서 NAME 칼럼의 값이 "statement/"로 시작하는 클래스들로, 변수에 지정된 개수까지만 setup_instruments 테이블에 표시된다.

- performance_schema_max_prepared_statements_instances

  수집 가능한 프리페어 스테이트먼트 인스턴스의 최대 개수를 지정한다. prepared_statements_instances 테이블에 저장될 수 있는 최대 레코드 수라고 할 수 있다.

- performance_schema_max_program_instances

  수집 가능한 스토어드 프로그램 인스턴스들의 최대 개수를 지정한다.

- performance_schema_max_table_instances

  수집 가능한 테이블 인스턴스들의 최대 개수를 지정한다.

- performance_schema_max_digest_length

  Performance 스키마에 저장되는 정규화된 쿼리문의 최대 크기를 지정한다. 값 단위는 바이트(Byte)이며, 다음의 칼럼들이 영향을 받는다.
  - events_statements_current 테이블의 DIGEST_TEXT 칼럼
  - events_statements_history 테이블의 DIGEST_TEXT 칼럼
  - events_statements_history_long 테이블의 DIGEST_TEXT 칼럼
  - events_statements_summary_by_digest 테이블의 DIGEST_TEXT 칼럼

- performance_schema_max_digest_sample_age

  events_statements_summary_by_digest 테이블에서 쿼리 다이제스트별로 해당 다이제스트와 연관된 샘플 쿼리가 주기적으로 새로운 샘플 쿼리로 대체되는데, 대체되는 기준으로는 쿼리의 "대기 시간(소요 시간)"과 "오래된 정도

(Age)"가 있다. 기존 샘플 쿼리가 새로운 샘플 쿼리보다 처리 대기 시간이 더 짧거나 쿼리가 실행된 지 오래된 경우에 새로운 샘플 쿼리로 대체되며, 기존 샘플 쿼리가 대체되는 "오래된 정도"는 performance_schema_max_digest_sample_age 시스템 변수에 지정된 값을 기준으로 결정된다. 변수의 값 단위는 "초(Second)"다.

- performance_schema_max_metadata_locks

  수집 가능한 메타데이터 잠금의 최대 개수를 지정한다.

- performance_schema_max_sql_text_length

  Performance 스키마에 저장되는 실행된 원본 쿼리의 최대 크기를 지정한다. 값 단위는 바이트(Byte)이며, 다음의 칼럼들이 영향을 받는다.

  - events_statements_current 테이블의 SQL_TEXT 칼럼
  - events_statements_history 테이블의 SQL_TEXT 칼럼
  - events_statements_history_long 테이블의 SQL_TEXT 칼럼
  - events_statements_summary_by_digest 테이블의 QUERY_SAMPLE_TEXT 칼럼

- performance_schema_max_statement_stack

  Performance 스키마가 통계 정보를 유지할 중첩된 스토어드 프로그램 호출의 최대 깊이(Depth)를 지정한다.

- performance_schema_max_file_handles

  열려 있는 파일 핸들러의 최대 개수를 지정한다. 값 지정 시 open_files_limit 시스템 변수에 지정된 값보다 큰 값으로 지정해야 한다.

- performance_schema_max_table_handles

  열려 있는 테이블 핸들러의 최대 개수를 지정한다.

- performance_schema_max_table_lock_stat

  Performance 스키마에서 잠금 관련 통계 정보를 유지할 최대 테이블 수를 지정한다.

- performance_schema_max_index_stat

  Performance 스키마에서 인덱스 관련 통계 정보를 유지할 최대 인덱스 수를 지정한다.

위에 열거된 변수들에 설정된 값들로 인해 실제 Performance 스키마에서 데이터 수집 여부를 설정할 수도 없게 수집 가능 대상 목록에서 아예 제외된 이벤트 클래스 혹은 인스턴스 등이 존재하는지는 Performance 스키마의 상태 변수를 통해 확인할 수 있다. 상태 변수의 값이 0이면 설정된 제한으로 인해 수집 가능 대상에서 제외된 것이 없다고 할 수 있으며, 0보다 큰 경우에는 보여지는 수만큼 수집 가능 대상에서 제외된 것이라 할 수 있다. Performance 스키마의 상태 변수들은 다음과 같다.

```
mysql> SHOW GLOBAL STATUS LIKE 'perf%_lost';
+--------------------------------------------+-------+
| Variable_name                              | Value |
+--------------------------------------------+-------+
| Performance_schema_accounts_lost           | 0     |
| Performance_schema_cond_classes_lost        | 0     |
| Performance_schema_cond_instances_lost      | 0     |
| Performance_schema_digest_lost              | 0     |
| Performance_schema_file_classes_lost        | 0     |
| Performance_schema_file_handles_lost        | 0     |
| Performance_schema_file_instances_lost      | 0     |
| Performance_schema_hosts_lost               | 0     |
| Performance_schema_index_stat_lost          | 0     |
| Performance_schema_locker_lost              | 0     |
| Performance_schema_memory_classes_lost      | 0     |
| Performance_schema_metadata_lock_lost       | 0     |
| Performance_schema_mutex_classes_lost       | 0     |
| Performance_schema_mutex_instances_lost     | 0     |
| Performance_schema_nested_statement_lost    | 0     |
| Performance_schema_prepared_statements_lost | 0     |
| Performance_schema_program_lost             | 0     |
| Performance_schema_rwlock_classes_lost      | 0     |
| Performance_schema_rwlock_instances_lost    | 0     |
| Performance_schema_session_connect_attrs_lost | 0   |
| Performance_schema_socket_classes_lost      | 0     |
| Performance_schema_socket_instances_lost    | 0     |
| Performance_schema_stage_classes_lost       | 0     |
| Performance_schema_statement_classes_lost   | 0     |
| Performance_schema_table_handles_lost       | 0     |
| Performance_schema_table_instances_lost     | 0     |
| Performance_schema_table_lock_stat_lost     | 0     |
| Performance_schema_thread_classes_lost      | 0     |
| Performance_schema_thread_instances_lost    | 0     |
| Performance_schema_users_lost               | 0     |
+--------------------------------------------+-------+
```

또한 Performance 스키마의 메모리 사용량 설정과 관련된 시스템 변수들은 MySQL 서버 시작 시 설정 파일에 명시하는 형태로만 적용할 수 있다. 따라서 MySQL 서버가 구동 중인 상태에서는 값을 변경할 수 없으므로 이 부분을 반드시 인지해서 다음과 같이 MySQL 서버를 시작하기 전 원하는 값들로 미리 설정 파일에 명시해둬야 한다.

```
[mysqld]
performance_schema_events_waits_history_size=30
performance_schema_events_waits_history_long_size=50000
performance_schema_events_stages_history_size=30
performance_schema_events_stages_history_long_size=50000
performance_schema_events_statements_history_size=30
performance_schema_events_statements_history_long_size=50000
performance_schema_events_transactions_history_size=30
performance_schema_events_transactions_history_long_size=50000
```

18.3.2 데이터 수집 및 저장 설정

사용자는 Performance 스키마가 어떤 대상에 대해 모니터링하며 어떤 이벤트들에 대한 데이터를 수집하고 또 수집한 데이터를 어느 정도 상세한 수준으로 저장하게 할 것인지를 제어할 수 있다. Performance 스키마는 생산자(Producer)-소비자(Consumer) 방식으로 구현되어 내부적으로 데이터를 수집하는 부분과 저장하는 부분으로 나뉘어 동작한다. 사용자는 수집 부분과 관련해서 모니터링 대상들과 수집 대상 이벤트들을 설정할 수 있으며, 저장 부분과 관련해서는 데이터를 얼마나 상세하게 저장할 것인지 데이터 저장 레벨을 설정할 수 있다. 이 같은 설정을 적용하는 방식에는 MySQL 서버 구동 중에 바로 적용하는 런타임 적용 방식과 MySQL 서버 설정 파일을 통해 영구적으로 적용하는 방식이 있다. 각각의 적용 방식을 자세히 살펴보겠다.

18.3.2.1 런타임 설정 적용

런타임 설정 적용은 Performance 스키마에 존재하는 설정 테이블을 통해 이뤄지며, Performance 스키마에서 "setup_"이라는 접두사로 시작하는 테이블들이 바로 Performance 스키마의 설정 테이블이다. MySQL 8.0 최신 버전 기준으로 Performance 스키마에는 총 5개의 설정 테이블이 존재하며, 이 테이블들을 Performance 스키마의 데이터 수집 및 저장과 관련해서 사용자가 설정할 수 있는 부분을 기준으로 분류하면 그림 18.3과 같다.

그림 18.3 Performance 스키마 설정 테이블 분류

18.3.2.1.1 저장 레벨 설정

Performance 스키마에서 데이터를 수집하고 저장하는 데 가장 큰 영향을 미치는 설정은 저장 레벨 설정이다. 저장 레벨이 아예 설정돼 있지 않은 경우에는 모니터링 대상이나 수집 대상 이벤트가 설정돼 있더라도 Performance 스키마에 데이터가 저장되지 않는다. 저장 레벨이 설정돼 있으면 Performance 스키마에서는 설정된 모니터링 대상 및 수집 대상 이벤트들을 바탕으로 데이터를 수집하고 설정된 저장 레벨에 따라 적절한 테이블에 수집한 데이터를 저장한다.

Performance 스키마의 데이터 저장 레벨을 설정할 수 있는 setup_consumers 테이블에는 다음과 같은 설정 데이터들이 저장돼 있다. NAME 칼럼에 표시되는 값은 저장 레벨의 이름이며, ENABLED 칼럼은 해당 저장 레벨의 활성화 여부를 나타낸다.

```
mysql> SELECT * FROM setup_consumers;
+--------------------------------+---------+
| NAME                           | ENABLED |
+--------------------------------+---------+
| events_stages_current          | NO      |
| events_stages_history          | NO      |
| events_stages_history_long     | NO      |
| events_statements_current      | YES     |
| events_statements_history      | YES     |
| events_statements_history_long | NO      |
| events_transactions_current    | YES     |
| events_transactions_history    | YES     |
| events_transactions_history_long | NO    |
```

```
| events_waits_current          | NO  |
| events_waits_history          | NO  |
| events_waits_history_long     | NO  |
| global_instrumentation        | YES |
| thread_instrumentation        | YES |
| statements_digest             | YES |
+-------------------------------+---------+
```

저장 레벨들은 그림 18.4와 같이 계층 구조로 돼 있으며, 상위 레벨에서 하위 레벨로 갈수록 데이터를
더 상세하게 저장한다. 또한 상위 레벨이 비활성화돼 있으면 하위 레벨이 활성화돼 있더라도 하위 레벨
의 설정은 Performance 스키마에 적용되지 않는다. 따라서 특정 저장 레벨을 활성화하고 싶은 경우
해당 저장 레벨의 모든 상위 저장 레벨도 모두 활성화해야 한다.

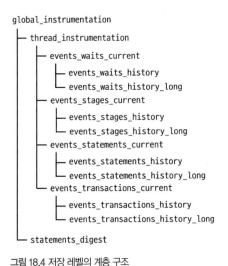

```
global_instrumentation
├─ thread_instrumentation
│   ├─ events_waits_current
│   │   ├─ events_waits_history
│   │   └─ events_waits_history_long
│   ├─ events_stages_current
│   │   ├─ events_stages_history
│   │   └─ events_stages_history_long
│   ├─ events_statements_current
│   │   ├─ events_statements_history
│   │   └─ events_statements_history_long
│   └─ events_transactions_current
│       ├─ events_transactions_history
│       └─ events_transactions_history_long
└─ statements_digest
```

그림 18.4 저장 레벨의 계층 구조

global_instrumentation 저장 레벨은 최상위 저장 레벨로, 수집한 데이터를 이벤트 클래스별로 전역적
으로만 저장되게 한다. thread_instrumentation 저장 레벨은 스레드별로도 데이터가 저장되게 하며,
statements_digest 저장 레벨은 쿼리 다이제스트별로 데이터를 저장해 다이제스트별 통계 정보를 확인
할 수 있게 한다. "events_"로 시작하는 저장 레벨은 각 저장 레벨명과 일치하는 Performance 스키마
테이블의 데이터 저장 가능 여부를 결정한다. 저장 레벨은 다음과 같이 SQL 문을 실행해 활성화 여부
를 설정할 수 있다. 이렇게 설정된 내용은 Performance 스키마에 바로 반영된다.

```
mysql> UPDATE performance_schema.setup_consumers
       SET ENABLED = 'YES'
       WHERE NAME LIKE '%history%';
```

18.3.2.1.2 수집 대상 이벤트 설정

사용자는 setup_instruments 테이블을 통해 Performance 스키마가 어떤 이벤트들에 대한 데이터를 수집하게 할 것인지 수집 대상 이벤트를 설정할 수 있다. setup_instruments 테이블의 레코드들은 MySQL 소스코드에서 성능 측정이 설정된 객체들의 클래스 목록이 자동으로 표시된 것으로, Performance 스키마는 해당 목록에 속한 클래스의 인스턴스들로부터 데이터를 수집할 수 있다. 다음은 setup_instruments 테이블에 저장된 데이터들의 예시다.

```
mysql> SELECT * FROM setup_instruments \G
*************************** 1. row ***************************
         NAME: wait/synch/mutex/pfs/LOCK_pfs_share_list
      ENABLED: NO
        TIMED: NO
   PROPERTIES: singleton
   VOLATILITY: 1
DOCUMENTATION: Components can provide their own performance_schema tables. This lock protects
the list of such tables definitions.
...
*************************** 371. row ***************************
         NAME: stage/sql/Creating tmp table
      ENABLED: NO
        TIMED: NO
   PROPERTIES:
   VOLATILITY: 0
DOCUMENTATION: NULL
...
*************************** 687. row ***************************
         NAME: statement/abstract/Query
      ENABLED: YES
        TIMED: YES
   PROPERTIES: mutable
   VOLATILITY: 0
```

DOCUMENTATION: SQL query just received from the network. At this point, the real statement type
is unknown, the type will be refined after SQL parsing.
...
*************************** 758. row ***************************
          NAME: memory/performance_schema/events_waits_history_long
       ENABLED: YES
         TIMED: NULL
    PROPERTIES: global_statistics
    VOLATILITY: 1
DOCUMENTATION: Memory used for table performance_schema.events_waits_history_long
  ...

테이블의 각 칼럼이 의미하는 바는 다음과 같다. 사용자는 setup_instruments 테이블에서 ENABLED와
TIMED 칼럼의 값만 수정할 수 있다.

- NAME

  구분자("/")를 사용해 계층형으로 구성된 이벤트 클래스명이다. 이벤트 클래스명은 디렉터리 경로와 같은 표현 방법
  을 사용하는데, 구분자를 기준으로 부모 자식 노드의 관계를 가지게 된다.

- ENABLED

  성능 지표를 측정할지 여부를 나타내며, 이벤트 데이터들을 수집할 것인지를 결정한다.

- TIMED

  이벤트들에 대해 경과 시간 등과 같은 시간 측정을 수행할 것인지에 대한 여부를 나타낸다. 이 칼럼값이 NULL로 표
  시되는 이벤트 클래스들은 이러한 시간 측정을 지원하지 않음을 의미한다. 측정된 시간 값은 수집된 이벤트 데이터
  들이 저장되는 테이블들에서 이름이 "TIMER_"로 시작하는 칼럼들에 표시된다.

- PROPERTIES

  이벤트 클래스의 특성을 나타낸다.

- VOLATILITY

  이벤트 클래스의 휘발성을 나타낸다. 큰 값일수록 이벤트 클래스의 인스턴스 생성 주기가 짧음을 의미한다. 0 값으
  로 표시된 경우도 있는데, 이는 "알 수 없음(Unknown)"을 의미한다.

- DOCUMENTATION

  이벤트 클래스에 대한 간략한 설명이 나와 있다.

이벤트 클래스명에서 최상위 분류 값은 이벤트 타입을 의미하며, setup_instruments 테이블에는 다음과 같은 이벤트 타입들이 존재한다.

```
mysql> SELECT DISTINCT SUBSTRING_INDEX(NAME,'/',1) AS 'Event Type'
       FROM performance_schema.setup_instruments;
+-------------+
| Event Type  |
+-------------+
| wait        |
| idle        |
| stage       |
| statement   |
| transaction |
| memory      |
| error       |
+-------------+
```

- wait

  I/O 작업 및 잠금, 스레드 동기화 등과 같이 시간이 소요되는 이벤트를 의미한다.

- stage

  SQL 명령문의 처리 단계와 관련된 이벤트를 의미한다.

- statement

  SQL 명령문 또는 스토어드 프로그램에서 실행되는 내부 명령들에 대한 이벤트를 의미한다.

- transaction

  MySQL 서버에서 실행된 트랜잭션들에 대한 이벤트를 의미한다.

- memory

  MySQL 서버에서 사용 중인 메모리와 관련된 이벤트를 의미한다.

- idle

  유휴 상태에 놓여있는 소켓과 관련된 이벤트를 의미한다.

- error

  MySQL 서버에서 발생하는 경고 및 에러와 관련된 이벤트를 의미한다.

수집 대상 이벤트 설정 시에는 필요에 따라 이벤트 타입 단위로 혹은 좀 더 구체적으로 수집 대상들을 정해서 설정한다. 전체 이벤트 클래스들을 수집 대상으로 설정하는 것은 MySQL 서버의 성능 저하를 초래할 수 있으므로 권장하지 않는다. 또한 setup_instruments 테이블에서 이름이 "memory/performance_schema"로 시작하는 이벤트 클래스들은 항상 활성화돼 있으며, 사용자가 비활성화할 수 없다. 그 외 나머지 이벤트 클래스들에 대해서는 사용자가 데이터 수집 여부를 재설정할 수 있으며, 다음과 같이 UPDATE 문을 사용해 설정한다.

```
mysql> UPDATE performance_schema.setup_instruments
       SET ENABLED='YES', TIMED='YES'
       WHERE NAME='stage/innodb/alter table%';
```

setup_instruments 테이블에 대한 변경은 대부분 즉시 반영되나, 이미 기존에 생성된 인스턴스에는 영향을 미치지 않는다. 따라서 VOLATILITY 칼럼의 값이 작은 클래스들은 런타임에 변경해도 효과가 없을 수 있다. VOLATILITY 칼럼이 큰 값으로 나타나 있는 클래스들은 인스턴스의 생성과 종료가 빈번하게 발생함을 의미하므로 새로 설정된 내용이 더욱 빨리 반영된다.

18.3.2.1.3 모니터링 대상 설정

Performance 스키마는 setup_instruments 테이블에서 설정된 수집 대상 이벤트들의 데이터를 모두 수집하는 것은 아니며, Performance 스키마가 모니터링하는 대상들과의 관련 여부를 확인해서 관련이 있는 경우 모니터링 대상들에 설정된 내용을 고려해 이벤트 데이터를 수집한다. 사용자는 setup_objects, setup_threads, setup_actors 테이블을 통해 Performance 스키마가 모니터링할 대상을 설정할 수 있다.

setup_objects 테이블은 MySQL 서버 내에 존재하는 데이터베이스 객체들에 대한 모니터링 설정 정보를 담고 있다. 초기 setup_objects 테이블에 저장돼 있는 데이터는 다음과 같다.

```
mysql> SELECT * FROM setup_objects;
+-------------+--------------------+-------------+---------+-------+
| OBJECT_TYPE | OBJECT_SCHEMA      | OBJECT_NAME | ENABLED | TIMED |
+-------------+--------------------+-------------+---------+-------+
| EVENT       | mysql              | %           | NO      | NO    |
| EVENT       | performance_schema | %           | NO      | NO    |
| EVENT       | information_schema | %           | NO      | NO    |
```

```
| EVENT     | %                  | %  | YES | YES |
| FUNCTION  | mysql              | %  | NO  | NO  |
| FUNCTION  | performance_schema | %  | NO  | NO  |
| FUNCTION  | information_schema | %  | NO  | NO  |
| FUNCTION  | %                  | %  | YES | YES |
| PROCEDURE | mysql              | %  | NO  | NO  |
| PROCEDURE | performance_schema | %  | NO  | NO  |
| PROCEDURE | information_schema | %  | NO  | NO  |
| PROCEDURE | %                  | %  | YES | YES |
| TABLE     | mysql              | %  | NO  | NO  |
| TABLE     | performance_schema | %  | NO  | NO  |
| TABLE     | information_schema | %  | NO  | NO  |
| TABLE     | %                  | %  | YES | YES |
| TRIGGER   | mysql              | %  | NO  | NO  |
| TRIGGER   | performance_schema | %  | NO  | NO  |
| TRIGGER   | information_schema | %  | NO  | NO  |
| TRIGGER   | %                  | %  | YES | YES |
+-----------+--------------------+----+-----+-----+
```

setup_objects 테이블에 기본으로 설정된 내용은 MySQL의 시스템 데이터베이스에 속한 개체를 제외한 나머지 모든 객체에 대해 모니터링하는 것이다. 테이블의 각 칼럼이 의미하는 바를 살펴보면 다음과 같다.

- OBJECT_TYPE

  객체 타입을 나타낸다.

- OBJECT_SCHEMA

  객체가 속한 스키마를 나타낸다. "%" 값은 모든 스키마를 의미한다.

- OBJECT_NAME

  객체의 이름을 나타낸다. "%" 값은 모든 객체를 의미한다.

- ENABLED

  모니터링 대상 여부를 나타낸다.

- TIMED

  시간 측정 수행 여부를 나타낸다.

Performance 스키마에서는 객체가 현재 모니터링 대상인지 확인하기 위해 setup_objects 테이블의 OBJECT_SCHEMA와 OBJECT_NAME 칼럼을 바탕으로 매칭되는 데이터를 찾으며, 매칭되는 데이터가 여러 개 존재하는 경우 두 칼럼값이 최대한 일치하는 데이터의 설정값을 확인한다. 사용자는 모니터링 대상 객체 설정을 위해 setup_objects 테이블에 새로운 데이터를 입력하거나 기존 데이터를 삭제할 수 있으며, 데이터를 변경할 때는 ENABLED와 TIMED 칼럼값만 변경할 수 있다.

setup_threads 테이블에는 Performance 스키마가 데이터를 수집할 수 있는 스레드 객체의 클래스 목록이 저장돼 있으며, 사용자는 이 테이블을 통해 Performance 스키마가 어떤 스레드를 모니터링하며 데이터를 수집할 것인지를 설정할 수 있다. setup_threads 테이블에는 다음과 같은 데이터가 저장돼 있다.

```
mysql> SELECT * FROM setup_threads \G
*************************** 1. row ***************************
         NAME: thread/performance_schema/setup
      ENABLED: YES
      HISTORY: YES
   PROPERTIES: singleton
   VOLATILITY: 0
DOCUMENTATION: NULL
...
*************************** 5. row ***************************
         NAME: thread/sql/one_connection
      ENABLED: YES
      HISTORY: YES
   PROPERTIES: user
   VOLATILITY: 0
DOCUMENTATION: NULL
...
*************************** 38. row ***************************
         NAME: thread/innodb/page_flush_thread
      ENABLED: YES
      HISTORY: YES
   PROPERTIES:
   VOLATILITY: 0
DOCUMENTATION: NULL
...
*************************** 49. row ***************************
```

```
        NAME: thread/sql/slave_worker
     ENABLED: YES
     HISTORY: YES
  PROPERTIES: singleton
  VOLATILITY: 0
DOCUMENTATION: NULL
```

테이블의 각 칼럼이 의미하는 바는 다음과 같다.

- NAME

  스레드 클래스명으로, 구분자("/")를 사용해 계층형으로 구성된다.

- ENABLED

  성능 지표를 측정할지 여부를 나타내며, 해당 스레드에 대한 모니터링 여부를 결정한다.

- HISTORY

  과거 이벤트 데이터 보관 여부를 나타낸다.

- PROPERTIES

  클래스의 특성을 나타낸다.

- VOLATILITY

  클래스의 휘발성을 나타낸다. 큰 값일수록 이벤트 클래스의 인스턴스 생성 주기가 짧음을 의미한다. 0 값으로 표시된 경우도 있는데, 이는 "알 수 없음(Unknown)"을 의미한다.

- DOCUMENTATION

  클래스에 대한 간략한 설명이 나와 있다.

기본적으로 setup_threads 테이블에 있는 모든 스레드 클래스에 대해 ENABLED 칼럼과 HISTORY 칼럼값은 "YES"로 설정되며, 사용자는 이 두 칼럼의 값을 변경해서 모니터링 여부를 재설정할 수 있다. 사용자가 변경한 setup_threads 테이블 설정은 변경 즉시 Performance 스키마에 반영되나, 기존에 동작 중인 스레드들은 해당 변경 사항이 적용되지 않는다. 기존 스레드에 대한 모니터링 설정을 변경하고 싶은 경우에는 Performance 스키마의 threads 테이블에서 INSTRUMENTED 칼럼과 HISTORY 칼럼값을 변경하면 된다. threads 테이블에는 현재 동작 중인 스레드들의 목록이 있으며, 해당 스레드가 생성될 때 적용된 모니터링 설정 정보는 INSTRUMENTED 칼럼과 HISTORY 칼럼에서 확인할 수 있다.

사용자가 setup_threads 또는 threads 테이블을 통해 모니터링을 활성화한 스레드에 대한 데이터가 Performance 스키마에 정상적으로 저장되려면 setup_consumers 테이블에서 global_instrumentation 저장 레벨과 thread_instrumentation 저장 레벨이 모두 "YES"로 설정돼 있어야 하며, 과거 이벤트 데이터를 보관하도록 설정돼 있는 경우에는 "history" 또는 "history_long" 키워드가 포함된 저장 레벨도 반드시 "YES"로 설정돼야 한다. 또한 클라이언트 연결로 인해 생성되는 포그라운드 스레드의 경우(thread/sql/one_connection 스레드 등이 해당)에는 setup_threads 테이블에서 설정된 내용이 무시되고 setup_actors 테이블의 설정이 적용된다는 점에 유의해야 한다. 백그라운드 스레드의 경우에는 setup_actors 테이블에 설정된 내용에 전혀 영향을 받지 않는다.

setup_actors 테이블에서는 모니터링 대상 DB 계정을 설정할 수 있다. 기본적으로는 모든 DB 계정에 대해 모니터링하고 과거 이벤트 데이터를 보관하도록 설정돼 있다.

```
mysql> SELECT * FROM setup_actors;
+------+------+------+---------+---------+
| HOST | USER | ROLE | ENABLED | HISTORY |
+------+------+------+---------+---------+
| %    | %    | %    | YES     | YES     |
+------+------+------+---------+---------+
```

테이블의 각 칼럼이 의미하는 바는 다음과 같다.

- HOST

  호스트명을 나타낸다. "%" 값은 모든 호스트를 의미한다.

- USER

  유저명을 나타낸다. "%" 값은 모든 유저를 의미한다.

- ROLE

  현재 사용되지 않는 칼럼이다.

- ENABLED

  모니터링 여부를 나타낸다.

- HISTORY

  과거 이벤트 데이터 보관 여부를 나타낸다.

MySQL 서버에 클라이언트 연결 스레드(포그라운드 스레드)가 생성되면 Performance 스키마에서는 해당 스레드에서 사용하는 DB 계정과 매칭되는 데이터를 setup_actors 테이블에서 확인하고 모니터링 여부를 결정한다. setup_actors 테이블의 데이터 매칭은 앞서 살펴본 setup_objects 테이블과 동일하게 HOST 칼럼과 USER 칼럼의 값이 가장 근접하게 매칭되는 데이터의 설정이 스레드에 적용된다. 각 스레드에 적용된 설정값은 마찬가지로 threads 테이블의 INSTRUMENTED 칼럼과 HISTORY 칼럼의 값을 통해 확인할 수 있으며, threads 테이블에서 두 칼럼의 값을 직접 변경해서 현재 동작 중인 스레드에 변경된 내용이 바로 적용되게 할 수도 있다. 사용자가 변경한 setup_actors 테이블의 내용은 변경 이후 생성되는 클라이언트 연결 스레드에만 적용된다.

18.3.2.2 Performance 스키마 설정의 영구 적용

MySQL 서버가 동작 중인 상태에서 사용자가 setup 테이블을 통해 동적으로 변경한 Performance 스키마 설정은 MySQL 서버가 재시작되면 모두 초기화된다. Performance 스키마에 대한 설정을 MySQL 서버가 재시작하더라도 유지하고 싶거나 MySQL 서버 시작 시 바로 Performance 스키마에 대한 설정이 적용되게 하고 싶은 경우에는 MySQL 설정 파일을 사용할 수 있다. MySQL 설정 파일을 사용해 MySQL 서버가 시작할 때 적용되게 하는 스타트업 설정은 Performance 스키마의 수집 대상 이벤트 및 데이터 저장 레벨에 대해서만 가능하다. 수집 대상 이벤트는 performance_schema_instrument 옵션을 사용해 설정할 수 있으며, 다음과 같은 형태로 옵션의 값을 지정한다.

```
[mysqld]
performance_schema_instrument='instrument_name=value'
```

"instrument_name"에는 수집 대상 이벤트 클래스명을 지정하며, 와일드카드(%)를 사용할 수도 있다. "value"에는 다음의 값을 설정할 수 있다.

- 0, OFF 또는 FALSE: 수집 대상에서 제외하는 것으로, setup_instruments 테이블에서 ENABLED 칼럼과 TIMED 칼럼이 모두 "NO"로 설정된 것과 동일하다.

- 1, ON 또는 TRUE: 수집 대상으로 설정하며 시간 측정 수행도 활성화한다. setup_instruments 테이블에서 ENABLED 칼럼과 TIMED 칼럼이 모두 "YES"로 설정된 것과 동일하다.

- COUNTED: 수집 대상으로만 설정하며, 시간 측정은 수행되지 않는다. setup_instruments 테이블에서 ENABLED 칼럼값은 "YES", TIMED 칼럼값은 "NO"로 설정된 것과 동일하다.

하나의 performance_schema_instrument 옵션에 여러 개의 수집 대상 이벤트 클래스명을 지정할 수는 없다. 따라서 여러 개의 클래스명을 지정하고 싶은 경우에는 원하는 클래스 수만큼 performance_schema_instrument 옵션을 중복해서 사용하면 된다.

데이터 저장 레벨은 다음과 같은 형태로 설정할 수 있다.

```
[mysqld]
performance_schema_consumer_consumer_name=value
```

옵션명에 포함되는 "consumer_name"에는 저장 레벨명을 지정하며, "value"에는 다음의 값으로 설정할 수 있다.

- 0, OFF 또는 FALSE: 저장 레벨 비활성화
- 1, ON 또는 TRUE: 저장 레벨 활성화

"consumer_name"에는 "%" 또는 "_" 같은 와일드 카드 문자는 사용할 수 없으며, setup_consumers 테이블에 있는 저장 레벨들의 이름으로만 지정 가능하다. 또한 여러 개의 저장 레벨들을 설정하고 싶은 경우에는 마찬가지로 옵션을 중복해서 사용해야 한다.

18.4 Sys 스키마란?

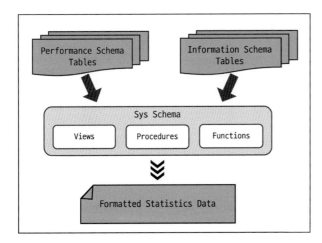

그림 18.5 Sys 스키마 역할

Sys 스키마는 MySQL에서 ps_helper라는 프로젝트로 처음 시작됐으며, ps_helper라는 이름에서 추측할 수 있듯이 Performance 스키마의 어려운 사용법을 해결해주는 솔루션이다. Performance 스키마는 사용자에게 MySQL 서버 내부에서 발생하는 이벤트들에 대해 다양하고 상세한 정보를 제공한다. 하지만 Performance 스키마에는 설정 테이블들을 포함해 백여 개에 달하는 테이블이 존재하며, 이로 인해 어느 테이블에 어떤 정보가 저장돼 있는지 익숙하지 않은 사용자들은 원하는 정보를 얻기까지 다소 시간이 걸릴 수 있다. Sys 스키마는 Performance 스키마의 이 같은 불편한 사용성을 보완하고자 도입됐으며, Performance 스키마 및 Information 스키마에 저장돼 있는 데이터를 사용자들이 더욱 쉽게 이해할 수 있는 형태로 출력하는 뷰와 스토어드 프로시저, 함수들을 제공한다. Sys 스키마는 MySQL 5.7.7 버전부터 MySQL 서버에 기본으로 내장된 형태로 제공된다. 5.7.7 이전의 버전을 사용 중인 경우에는 사용자가 mysql-sys 깃허브(GitHub) 저장소[1]에서 제공하는 Sys 스키마 생성 SQL 파일을 사용해 직접 MySQL 서버에 설치해서 사용할 수 있다.

18.5 Sys 스키마 사용을 위한 사전 설정

Sys 스키마의 데이터베이스 객체들은 기본적으로 Performance 스키마에 저장된 데이터를 참조하므로 Sys 스키마를 제대로 사용하기 위해서는 MySQL 서버에서 Performance 스키마 기능이 활성화돼 있어야 한다. MySQL 8.0 버전에서 Performance 스키마는 기본으로 활성화된다. 명시적으로 Performance 스키마 활성화를 설정하고 싶은 경우 MySQL 설정 파일에 다음과 같이 옵션을 추가하면 된다.

```
[mysqld]
performance_schema=ON
```

Performance 스키마에는 데이터 수집 및 저장과 관련해서 기본 설정이 존재하므로 Performance 스키마가 활성화돼 있으면 해당 설정 내용을 바탕으로 데이터가 수집 및 저장되고, 사용자는 Sys 스키마를 통해 현재 Performance 스키마에 저장돼 있는 데이터를 바로 조회해볼 수 있다. Performance 스키마의 설정을 변경하고 싶은 경우에는 18.3절 'Performance 스키마 설정'을 참고해서 MySQL 서버를 시작하거나 구동 중에 Performance 스키마 설정을 변경할 수 있다. MySQL 서버가 구동 중인 상태에서 Performance 스키마에 대한 설정 변경은 Sys 스키마에서 제공하는 프로시저들을 통해서도 진

---

[1] https://github.com/mysql/mysql-sys

행할 수 있다. 다음의 프로시저들을 사용할 수 있으며, 각 프로시저에 대한 설명은 18.6절 'Sys 스키마 구성'에서 좀 더 구체적으로 확인할 수 있다.

• Performance 스키마 현재 설정 확인

```
-- // Performance 스키마에서 비활성화된 설정 전체를 확인
mysql> CALL sys.ps_setup_show_disabled(TRUE, TRUE);

-- // Performance 스키마에서 비활성화된 저장 레벨 설정을 확인
mysql> CALL sys.ps_setup_show_disabled_consumers();

-- // Performance 스키마에서 비활성화된 수집 이벤트들을 확인
mysql> CALL sys.ps_setup_show_disabled_instruments();

-- // Performance 스키마에서 활성화된 설정 전체를 확인
mysql> CALL sys.ps_setup_show_enabled(TRUE, TRUE);

-- // Performance 스키마에서 활성화된 저장 레벨 설정을 확인
mysql> CALL sys.ps_setup_show_enabled_consumers();

-- // Performance 스키마에서 활성화된 수집 이벤트들을 확인
mysql> CALL sys.ps_setup_show_enabled_instruments();
```

• Performance 스키마 설정 변경

```
-- // Performance 스키마에서 백그라운드 스레드들에 대해 모니터링을 비활성화
mysql> CALL sys.ps_setup_disable_background_threads();

-- // Performance 스키마에서 'wait' 문자열이 포함된 저장 레벨들을 모두 비활성화
mysql> CALL sys.ps_setup_disable_consumer('wait');

-- // Performance 스키마에서 'wait' 문자열이 포함된 수집 이벤트들을 모두 비활성화
mysql> CALL sys.ps_setup_disable_instrument('wait');

-- // Performance 스키마에서 특정 스레드에 대해 모니터링을 비활성화
mysql> CALL sys.ps_setup_disable_thread(123);
```

```
-- // Performance 스키마에서 백그라운드 스레드들에 대해 모니터링을 활성화
mysql> CALL sys.ps_setup_enable_background_threads();

-- // Performance 스키마에서 'wait' 문자열이 포함된 저장 레벨들을 모두 활성화
mysql> CALL sys.ps_setup_enable_consumer('wait');

-- // Performance 스키마에서 'wait' 문자열이 포함된 수집 이벤트들을 모두 활성화
mysql> CALL sys.ps_setup_enable_instrument('wait');

-- // Performance 스키마에서 특정 스레드에 대해 모니터링 활성화
mysql> CALL sys.ps_setup_enable_thread(123);
```

- Performance 스키마의 설정을 기본 설정으로 초기화

```
mysql> CALL sys.ps_setup_reset_to_default(TRUE);
```

사용자가 root와 같이 MySQL에 대해 전체 권한을 가진 DB 계정으로 접속한 경우 Sys 스키마에서 제공하는 모든 데이터베이스 객체를 자유롭게 사용할 수 있으나, 제한적인 권한을 가진 DB 계정에서는 Sys 스키마를 사용하기 위해 추가 권한이 필요할 수 있다. 그러한 DB 계정에서 Sys 스키마를 사용하고자 한다면 다음의 권한들을 해당 계정에 추가한 후 Sys 스키마를 사용해야 한다.

```
mysql> GRANT PROCESS ON *.* TO `user`@`host`;
mysql> GRANT SYSTEM_VARIABLES_ADMIN ON *.* TO `user`@`host`;
mysql> GRANT ALL PRIVILEGES ON `sys`.* TO `user`@`host`;
mysql> GRANT SELECT, INSERT, UPDATE, DELETE, DROP ON `performance_schema`.* TO `user`@`host`;
```

18.6 Sys 스키마 구성

Sys 스키마는 테이블과 뷰, 프로시저, 그리고 다양한 함수로 구성돼 있다.

테이블

Sys 스키마에서 일반 테이블로는 Sys 스키마의 데이터베이스 객체에서 사용되는 옵션의 정보가 저장돼 있는 테이블 하나만 존재하며, 이 테이블은 InnoDB 스토리지 엔진으로 설정돼 있어 데이터가 영구적으로 보존된다.

▪ sys_config

Sys 스키마의 함수 및 프로시저에서 참조되는 옵션들이 저장돼 있는 테이블이다. 기본적으로 다음과 같은 옵션들이 존재하며, 예시 데이터에 보여지는 옵션값들은 각 옵션의 기본 설정값이다.

```
mysql> SELECT * FROM sys_config;
+-------------------------------------+-------+---------------------+--------+
| variable                            | value | set_time            | set_by |
+-------------------------------------+-------+---------------------+--------+
| diagnostics.allow_i_s_tables        | OFF   | 2021-02-21 16:44:33 | NULL   |
| diagnostics.include_raw             | OFF   | 2021-02-21 16:44:33 | NULL   |
| ps_thread_trx_info.max_length       | 65535 | 2021-02-21 16:44:33 | NULL   |
| statement_performance_analyzer.limit| 100   | 2021-02-21 16:44:33 | NULL   |
| statement_performance_analyzer.view | NULL  | 2021-02-21 16:44:33 | NULL   |
| statement_truncate_len              | 64    | 2021-02-21 16:44:33 | NULL   |
+-------------------------------------+-------+---------------------+--------+
```

옵션들이 참조되는 Sys 스키마 함수와 프로시저는 다음과 같으며, 각 옵션이 참조하는 함수 및 프로시저에서 어떤 영향을 주는지는 각 함수 및 프로시저에 설명된 내용을 참고하자.

옵션명	참조 객체
diagnostics.allow_i_s_tables	diagnostics() 프로시저
diagnostics.include_raw	
ps_thread_trx_info.max_length	ps_thread_trx_info() 함수
statement_performance_analyzer.limit	statement_performance_analyzer() 프로시저
statement_performance_analyzer.view	
statement_truncate_len	format_statement() 함수

이러한 옵션들을 참조하는 Sys 스키마 함수 및 프로시저에서는 sys_config 테이블에서 옵션 값을 조회하기 전에, 먼저 '@sys.' 접두사를 가지며 sys_config 테이블에 정의된 옵션명과 동일한 사용자 정의 변수가 존재하는지 확인한다. 예를 들어, diagnostics.allow_i_s_tables 옵션의 경우 매핑되는 사용자 정의 변수는 @sys. diagnostics.allow_i_s_tables이며, diagnostics() 프로시저에서는 @sys.diagnostics.allow_i_s_tables 사용자 정의 변수에 설정된 값을 먼저 확인한다. 프로시저를 호출한 세션에서 이 사용자 정의 변수가 정의돼 있고 값이 NULL이 아니면 프로시저는 sys_config 테이블에 설정된 옵션 값보다 사용자 정의 변수에 설정된 값을 우선적으로 사용한다. 옵션을 참조하는 함수 및 프로시저에서는 각 옵션에 매핑되는 사용자 정의 변수에 값이 설정돼 있지 않아 sys_config 테이블에서 설정값을 조회해야 하는 경우 조회한 값을 사용자 정의 변수에 할당해서 나중에 재참

조할 때는 변수에 설정된 값을 참조하게 한다. 따라서 참조하는 옵션의 값을 기본값이 아닌 다른 값으로 변경해서 사용하고자 할 때는 해당 옵션과 매핑되는 사용자 정의 변수의 값만 원하는 값으로 변경해도 무방하다. 이후 sys_config 테이블에 설정된 값을 다시 사용하고자 하는 경우 해당 사용자 정의 변수의 값을 NULL로 변경하거나 현재 세션을 종료 후 새로운 세션으로 접속하면 된다.

> **참고** sys_config 테이블에 기본으로 설정돼 있지는 않지만 일부 프로시저에서 참조되는 debug 옵션이 있다. debug 옵션은 ON 또는 OFF로 설정할 수 있으며, 기본적으로는 OFF로 설정된다. ON으로 설정된 경우에는 해당 옵션을 참조하는 프로시저에서 결과 데이터 출력 시 디버깅 내용이 포함될 수 있다. 디버깅 옵션을 사용하기 위해서는 sys_config 테이블에 debug 옵션 레코드(sys_config 테이블에 variable 칼럼의 값이 "debug"인 레코드)를 INSERT하여 설정하거나 @sys.debug 사용자 변수를 "ON"으로 설정하면 된다.

뷰

Sys 스키마의 뷰는 Formatted-View와 Raw-View로 구분되며, Formatted-View는 출력되는 결과에서 시간이나 용량과 같은 값들을 사람이 쉽게 읽을 수 있는(Human Readable) 수치로 변환해서 보여주는 뷰이고, Raw-View는 "x$"라는 접두사로 시작하는데 이 뷰들은 데이터를 저장된 원본 형태 그대로 출력해서 보여준다.

- host_summary, x$host_summary

  호스트별로 쿼리 처리 및 파일 I/O와 관련된 정보, 그리고 커넥션 수 및 메모리 사용량 등의 종합적인 정보가 출력된다.

- host_summary_by_file_io, x$host_summary_by_file_io

  호스트별로 발생한 파일 I/O 이벤트 총수와 대기 시간 총합에 대한 정보가 출력된다.

- host_summary_by_file_io_type, x$host_summary_by_file_io_type

  호스트 및 파일 I/O 이벤트 유형별로 발생한 파일 I/O 이벤트 총수 및 대기 시간에 대한 정보가 출력된다.

- host_summary_by_stages, x$host_summary_by_stages

  호스트별로 실행된 쿼리들의 처리 단계(Stage)별 이벤트 총수와 대기 시간에 대한 정보가 출력된다.

- host_summary_by_statement_latency, x$host_summary_by_statement_latency

  호스트별로 쿼리 처리와 관련해서 지연 시간, 접근한 로우 수, 풀스캔으로 처리된 횟수 등에 대한 정보가 출력된다.

- host_summary_by_statement_type, x$host_summary_by_statement_type

  호스트별로 실행된 명령문 유형별 지연 시간, 접근한 로우 수, 풀스캔으로 처리된 횟수 등에 대한 정보가 출력된다.

- innodb_buffer_stats_by_schema, x$innodb_buffer_stats_by_schema

  데이터베이스별로 사용 중인 메모리 및 데이터 양, 페이지 수 등에 대한 정보가 출력된다. 이 뷰는 information_schema.INNODB_BUFFER_PAGE 테이블 데이터를 조회하는데, 이때 MySQL 서버 성능에 영향을 주므로 서비스에서 사용 중인 MySQL 서버에서 해당 뷰를 조회할 때 주의해야 한다.

- innodb_buffer_stats_by_table, x$innodb_buffer_stats_by_table

  테이블별로 사용 중인 메모리 및 데이터 양, 페이지 수 등에 대한 정보가 출력된다. 마찬가지로 뷰에서 information_schema.INNODB_BUFFER_PAGE 테이블 데이터를 조회하므로 서비스에서 사용 중인 MySQL 서버에서는 해당 뷰를 조회할 때 주의해야 한다.

- innodb_lock_waits, x$innodb_lock_waits

  현재 실행 중인 트랜잭션에서 획득하기 위해 기다리고 있는 InnoDB 잠금에 대한 정보가 출력된다.

- io_by_thread_by_latency, x$io_by_thread_by_latency

  스레드별로 I/O 대기 시간에 대한 정보가 출력된다.

- io_global_by_file_by_bytes, x$io_global_by_file_by_bytes

  MySQL에서 접근했던 파일별로 읽기 및 쓰기 양에 대한 정보가 출력된다.

- io_global_by_file_by_latency, x$io_global_by_file_by_latency

  MySQL에서 접근했던 파일별로 읽기 및 쓰기 지연 시간에 대한 정보가 출력된다.

- io_global_by_wait_by_bytes, x$io_global_by_wait_by_bytes

  발생한 I/O 이벤트별로 지연 시간 통계 및 읽기, 쓰기 양에 대한 정보가 출력된다.

- io_global_by_wait_by_latency, x$io_global_by_wait_by_latency

  발생한 I/O 이벤트별로 I/O 읽기 및 쓰기 각각에 대한 총 지연 시간과 지연 시간 통계 및 읽기, 쓰기 양에 대한 정보가 출력된다.

- latest_file_io, x$latest_file_io

  스레드 및 파일별로 최근 발생한 I/O 유형과 지연 시간, 처리량에 대한 정보가 출력된다.

- memory_by_host_by_current_bytes, x$memory_by_host_by_current_bytes

  호스트별로 메모리 사용량에 대한 정보가 출력된다.

- memory_by_thread_by_current_bytes, x$memory_by_thread_by_current_bytes

  스레드별로 메모리 사용량에 대한 정보가 출력된다.

- memory_by_user_by_current_bytes, x$memory_by_user_by_current_bytes

  유저별 메모리 사용량에 대한 정보가 출력된다.

- memory_global_by_current_bytes, x$memory_global_by_current_bytes

  발생한 메모리 할당 이벤트별로 메모리 사용량에 대한 정보가 출력된다.

- memory_global_total, x$memory_global_total

  MySQL 서버가 사용 중인 메모리 총량이 출력된다.

- metrics

  MySQL 서버의 전체적인 메트릭 정보가 출력되며, 다음의 항목들이 포함된다.

  - performance_schema.global_status 테이블의 전역 상태 변수
  - information_schema.INNODB_METRICS 테이블의 InnoDB 메트릭
  - Performance 스키마에서 수집한 메모리 사용량 정보를 바탕으로 계산한 MySQL 서버의 현재 할당된 메모리 양과 MySQL 서버에서 할당 및 해제한 메모리의 총량
  - 현재 시각 정보(유닉스 타임스탬프 형식 및 사람이 읽을 수 있는 형태 두 가지로 표시)

- processlist, x$processlist

  현재 실행 중인 스레드들에 대한 정보가 출력된다. 실행 중인 포그라운드 및 백그라운드 스레드들이 모두 표시된다.

- ps_check_lost_instrumentation

  Performance 스키마에서 최대로 수집할 수 있는 이벤트 수를 제한하는 시스템 변수에 설정된 값으로 인해 실제로 Performance 스키마에서 수집이 제외된 이벤트들이 존재하는지에 대한 정보가 출력된다.

- schema_auto_increment_columns

  AUTO_INCREMENT 칼럼이 존재하는 테이블들에 대해 해당 칼럼의 현재 및 최댓값, 값 사용률(시퀀스가 사용된 정도) 등의 정보가 출력된다.

- schema_index_statistics, x$schema_index_statistics

  테이블에 존재하는 각 인덱스의 통계 정보가 출력된다.

- schema_object_overview

  데이터베이스별로 해당 데이터베이스에 존재하는 객체들의 유형(테이블, 프로시저, 트리거 등)별 객체 수 정보가 출력된다.

- schema_redundant_indexes

  인덱스의 칼럼 구성이 동일한 테이블 내 다른 인덱스의 칼럼 구성과 중복되는 인덱스에 대한 정보가 출력된다. 인덱스를 구성하는 칼럼들의 순서가 동일해야 중복된 인덱스로 간주하며, 칼럼 구성이 완전히 동일해야 하는 것이 아니라 포함 관계인 경우도 해당된다.

- x$schema_flattened_keys

  사용자가 생성한 테이블들에 존재하는 인덱스들의 목록이 출력되며, 인덱스 이름 및 유니크 속성, 구성 칼럼 등의 정보를 확인할 수 있다.

- schema_table_lock_waits, x$schema_table_lock_waits

  메타데이터 잠금을 획득하기 위해 대기 중인 세션과 해당 세션을 대기시킨 세션에 대한 정보가 출력된다.

- schema_table_statistics, x$schema_table_statistics

  각 테이블에 대해 데이터 작업 유형별(Fetched/Inserted/Updated/Deleted) 수행 횟수와 지연 시간, I/O 발생량 및 지연 시간 등을 포함하는 통계 정보가 출력된다. I/O와 관련된 정보들은 x$ps_schema_table_statistics_io 뷰에서 제공하는 데이터를 참조한다.

- x$ps_schema_table_statistics_io

  테이블 또는 파일별로 발생한 I/O에 대해 읽기 및 쓰기의 발생 횟수, 발생량, 처리 시간의 총 합에 대한 정보를 로우 형식으로 출력한다.

- schema_table_statistics_with_buffer, x$schema_table_statistics_with_buffer

  schema_table_statistics 뷰에서 제공하는 정보와 더불어 각 테이블의 InnoDB 버퍼풀 사용에 대한 통계 정보가 함께 출력된다. 뷰 실행 시 information_schema.INNODB_BUFFER_PAGE 테이블 데이터를 조회하므로 서비스에서 사용 중인 MySQL 서버에서 해당 뷰를 조회할 때 주의해야 한다.

- schema_tables_with_full_table_scans, x$schema_tables_with_full_table_scans

  전체 테이블 스캔이 발생한 테이블들의 목록이 출력된다.

- schema_unused_indexes

  MySQL 서버가 구동 중인 기간 동안 테이블에서 사용되지 않은 인덱스들의 목록이 출력된다.

- session, x$session

  processlist 또는 x$processlist 뷰와 동일한 정보를 제공하나 유저 세션에 해당하는 스레드들의 정보만 출력한다는 점이 다르다.

- session_ssl_status

  각 클라이언트 연결에 대해 SSL 버전 및 암호화 방식(Cipher), SSL 세션 재사용 횟수 정보를 출력한다.

- statement_analysis, x$statement_analysis

  MySQL 서버에서 실행된 전체 쿼리들에 대해 데이터베이스 및 쿼리 다이제스트(Digest)별로 쿼리 처리와 관련된 통계 정보를 출력한다.

- statements_with_errors_or_warnings, x$statements_with_errors_or_warnings

  쿼리 실행 시 경고 또는 에러를 발생한 쿼리들에 대해 데이터베이스 및 쿼리 다이제스트(Digest)별로 경고 및 에러에 대한 통계 정보를 출력한다.

- statements_with_full_table_scans, x$statements_with_full_table_scans

  전체 테이블 스캔을 수행한 쿼리들에 대해 데이터베이스 및 쿼리 다이제스트(Digest)별로 인덱스 미사용 횟수, 접근 및 반환된 총 데이터 수 등을 포함하는 통계 정보를 출력한다.

- statements_with_runtimes_in_95th_percentile, x$statements_with_runtimes_in_95th_percentile

  평균 실행 시간이 95 백분위수 이상에 해당하는 쿼리들(즉, 평균 실행 시간이 상위 5%에 속함)에 대해 실행 횟수와 실행 시간, 반환한 로우 수 등 쿼리 실행 내역과 관련된 통계 정보를 출력한다.

- x$ps_digest_95th_percentile_by_avg_us

  실행된 쿼리들의 평균 실행 시간을 기준으로 95 백분위수에 해당하는 평균 실행 시간 값을 출력한다.

- x$ps_digest_avg_latency_distribution

  평균 실행 시간별 쿼리들의 분포도를 출력한다.

- statements_with_sorting, x$statements_with_sorting

  정렬 작업을 수행한 쿼리들에 대해 데이터베이스 및 쿼리 다이제스트(Digest)별로 정렬 작업과 관련된 통계 정보를 출력한다.

- statements_with_temp_tables, x$statements_with_temp_tables

  처리 과정 중에 임시 테이블이 사용된 쿼리들에 대해 데이터베이스 및 쿼리 다이제스트(Digest)별로 임시 테이블과 관련된 통계 정보를 출력한다.

- user_summary, x$user_summary

  유저별로 쿼리 처리 및 파일 I/O와 관련된 정보, 그리고 커넥션 수 및 메모리 사용량 등의 종합적인 정보들이 출력된다.

- user_summary_by_file_io, x$user_summary_by_file_io

  유저별로 발생한 파일 I/O 이벤트 총수와 대기 시간 총합에 대한 정보가 출력된다.

- user_summary_by_file_io_type, x$user_summary_by_file_io_type

  유저 및 파일 I/O 이벤트 유형별로 발생한 파일 I/O 이벤트 총수 및 대기 시간에 대한 정보가 출력된다.

- user_summary_by_stages, x$user_summary_by_stages

  유저별로 실행된 쿼리들의 처리 단계(Stage)별 이벤트 총수와 대기 시간에 대한 정보가 출력된다.

- user_summary_by_statement_latency, x$user_summary_by_statement_latency

  유저별로 쿼리 처리와 관련해서 지연 시간, 접근한 로우 수, 풀스캔으로 처리된 횟수 등에 대한 정보가 출력된다.

- user_summary_by_statement_type, x$user_summary_by_statement_type

  유저별로 실행된 명령문 유형별 지연 시간, 접근한 로우 수, 풀스캔으로 처리된 횟수 등에 대한 정보가 출력된다.

- version

  Sys 스키마 버전과 MySQL 서버 버전 정보가 출력된다.

- wait_classes_global_by_avg_latency, x$wait_classes_global_by_avg_latency

  Wait 이벤트별로 평균 지연 시간에 대한 통계 정보 및 총 발생 횟수가 출력된다. Wait 이벤트명은 기존의 Wait 이벤트들을 상위 세 번째 분류 기준에서 그룹화한 값으로 표시된다.

- wait_classes_global_by_latency, x$wait_classes_global_by_latency

  Wait 이벤트별로 총 지연 시간에 대한 통계 정보 및 총 발생 횟수가 출력된다. Wait 이벤트명은 기존의 Wait 이벤트들을 상위 세 번째 분류 기준에서 그룹화한 값으로 표시된다.

- waits_by_host_by_latency, x$waits_by_host_by_latency

  호스트별로 발생한 Wait 이벤트별 지연 시간 통계 정보가 출력된다.

- waits_by_user_by_latency, x$waits_by_user_by_latency

  유저별로 발생한 Wait 이벤트별 지연 시간 통계 정보가 출력된다.

- waits_global_by_latency, x$waits_global_by_latency

  MySQL 서버에서 발생한 전체 Wait 이벤트별 지연 시간 통계 정보가 출력된다.

스토어드 프로시저

사용자는 Sys 스키마에서 제공하는 스토어드 프로시저들을 사용해 Performance 스키마의 설정을 손쉽게 확인 및 변경할 수 있으며, MySQL 서버 상태와 현재 실행 중인 쿼리들에 대해 종합적으로 분석한 보고서 형태의 데이터도 확인할 수 있다.

- create_synonym_db(in_db_name VARCHAR(64), in_synonym_db_name VARCHAR(64))

두 번째 인자로 주어진 데이터베이스명으로 새로운 데이터베이스를 생성한 후, 첫 번째 인자로 주어진 데이터베이스에 존재하는 모든 테이블과 뷰를 참조하는 뷰를 해당 데이터베이스에 생성한다.

- diagnostics(in_max_runtime INT UNSIGNED, in_interval INT UNSIGNED, in_ps_config ENUM)

현재 MySQL 서버 상태에 대한 정보를 보고서 형태로 출력한다. 최대 실행 시간(in_max_runtime)과 실행 간격(in_interval), 사용할 Performance 스키마 설정(in_ps_config)을 인자로 입력받는다. 기본 최대 실행 시간은 60초이고, 인자에 값이 NULL로 주어지면 기본값으로 동작한다. 실행 간격의 기본값은 30초이며 마찬가지로 인자에 값이 NULL로 주어지면 기본값으로 동작한다. 사용할 Performance 스키마 설정으로는 다음과 같이 세 가지 값을 입력할 수 있다.

- current: 현재 Performance 스키마의 수집 이벤트 및 저장 레벨 설정을 그대로 사용
- medium: 일부 수집 이벤트 및 저장 레벨을 추가로 활성화해서 사용
- full: 모든 수집 이벤트 및 저장 레벨을 활성화해서 사용

current가 아닌 나머지 값들을 사용하는 경우, 프로시저에서는 sys.ps_setup_save 및 sys.ps_setup_reload_saved 프로시저를 호출해서 현재 Performance 스키마 설정을 백업한 후 프로시저 실행 완료 시점에 복구한다. medium이나 full로 사용할 때는 MySQL 서버 성능에 영향을 줄 수 있으므로 주의해야 한다.

diagnostics() 프로시저 실행 시 Sys 스키마 옵션들을 참조하는데, 다음은 프로시저에서 참조하는 옵션들과 각 옵션의 용도에 대한 간략한 설명이다.

- diagnostics.allow_i_s_tables: diagnostics() 프로시저에서 information_schema의 TABLES 뷰를 조회해서 스토리지 엔진별 데이터 사이즈나 테이블 수 등의 정보를 실행 결과에 포함할 것인지에 대한 여부를 결정한다. ON 또는 OFF 값으로 설정 가능하며, 기본값은 OFF다.
- diagnostics.include_raw: diagnostics() 프로시저에서는 Sys 스키마의 metrics 뷰를 조회해서 얻은 데이터를 가공한 후 결과 데이터로 출력하는데, 이때 metrics 뷰에서 얻은 원본 데이터도 함께 출력할 것인지에 대한 여부를 결정한다. ON 또는 OFF 값으로 설정 가능하며, 기본값은 OFF다.

- execute_prepared_stmt(in_query LONGTEXT)

인자로 주어진 쿼리문을 프리페어 스테이트먼트로 실행한다. 프로시저에서는 프리페어 스테이트먼트를 생성한 후 바로 해제하므로 해당 구문을 재사용할 수는 없다.

- ps_setup_disable_background_threads()

Performance 스키마에서 모든 백그라운드 스레드에 대한 모니터링을 중단하도록 Performance 스키마 설정을 변경한 후 실제로 모니터링 중단이 적용된 백그라운드 스레드 개수를 결과로 반환한다.

- ps_setup_disable_consumer(in_pattern VARCHAR(128))

  인자로 주어진 문자열을 이름에 포함하고 있는 저장 레벨들을 Performance 스키마에서 모두 비활성화한 후 비활성화된 저장 레벨 수를 결과로 반환한다.

- ps_setup_disable_instrument(in_pattern VARCHAR(128))

  인자로 주어진 문자열을 이름에 포함하고 있는 수집 이벤트들을 Performance 스키마에서 모두 비활성화한 후 비활성화된 수집 이벤트 수를 결과로 반환한다.

- ps_setup_disable_thread(in_connection_id BIGINT)

  인자로 주어진 커넥션 ID에 매핑되는 스레드가 Performance 스키마에서 모니터링이 비활성화되도록 설정한다. 커넥션 ID 값은 다음의 값들과 동일한 유형의 값이다.

  - performance_schema.threads 테이블의 PROCESSLIST_ID 칼럼값
  - information_schema.processlist 테이블의 ID 칼럼값
  - SHOW [FULL] PROCESSLIST 출력에서 ID 칼럼값

- ps_setup_enable_background_threads()

  Performance 스키마에서 모든 백그라운드 스레드에 대한 모니터링을 활성화하도록 Performance 스키마 설정을 변경한 후 실제로 모니터링 활성화가 적용된 백그라운드 스레드 개수를 결과로 반환한다.

- ps_setup_enable_consumer(in_pattern VARCHAR(128))

  인자로 주어진 문자열을 이름에 포함한 저장 레벨들을 Performance 스키마에서 모두 활성화한 후 활성화된 저장 레벨 수를 결과로 반환한다.

- ps_setup_enable_instrument(in_pattern VARCHAR(128))

  인자로 주어진 문자열을 이름에 포함한 수집 이벤트들을 Performance 스키마에서 모두 활성화한 후 활성화된 수집 이벤트 수를 결과로 반환한다.

- ps_setup_enable_thread(in_connection_id BIGINT)

  인자로 주어진 커넥션 ID에 매핑되는 스레드가 Performance 스키마에서 모니터링이 활성화되도록 설정한다.

- ps_setup_reset_to_default(in_verbose BOOLEAN)

  Performance 스키마 설정을 기본값으로 초기화한다. 인자로 "TRUE" 값이 지정되면 프로시저에서 설정을 초기화할 때 사용된 SQL 문 등의 추가 정보가 출력된다.

- ps_setup_save(in_timeout INT)

  현재 Performance 스키마 설정을 임시 테이블(Temporary Table)을 생성해 백업한다. 다음 테이블의 데이터가 백업되며, 백업 시 다른 세션에서 동일하게 백업이 수행되는 것을 방지하고자 GET_LOCK() 함수를 통해 "sys.ps_setup_save" 문자열에 대한 잠금을 생성한다.

  - performance_schema.setup_actors
  - performance_schema.setup_consumers
  - performance_schema.setup_instruments
  - performance_schema.threads

해당 문자열에 대한 잠금이 이미 생성돼 있는 경우 인자로 주어진 타임아웃 시간(초 단위)만큼 대기하며 타임아웃 시간을 초과하면 프로시저 실행은 실패한다. 정상적으로 생성된 잠금은 동일한 세션에서 ps_setup_reload_saved() 프로시저가 실행되거나 세션이 종료될 때 임시 테이블과 함께 사라진다.

- ps_setup_reload_saved()

  ps_setup_save() 프로시저를 통해 백업된 Performance 스키마 설정을 현재 Performance 스키마에 적용한다.

- ps_setup_show_disabled(in_show_instruments BOOLEAN, in_show_threads BOOLEAN)

  현재 Performance 스키마에서 비활성화돼 있는 모든 설정을 보여준다. 사용자는 인자로 비활성화된 수집 이벤트들과 스레드들을 결과에 포함할 것인지를 설정해 프로시저를 실행할 수 있다.

- ps_setup_show_disabled_consumers()

  현재 Performance 스키마에서 비활성화돼 있는 저장 레벨 목록을 결과로 출력한다.

- ps_setup_show_disabled_instruments()

  현재 Performance 스키마에서 비활성화돼 있는 수집 이벤트 목록을 결과로 출력한다.

- ps_setup_show_enabled(in_show_instruments BOOLEAN, in_show_threads BOOLEAN)

  현재 Performance 스키마에서 활성화돼 있는 모든 설정을 보여준다. 사용자는 인자로 활성화된 수집 이벤트들과 스레드들을 결과에 포함할 것인지를 설정해서 프로시저를 실행할 수 있다.

- ps_setup_show_enabled_consumers()

  현재 Performance 스키마에서 활성화돼 있는 저장 레벨 목록을 결과로 출력한다.

- ps_setup_show_enabled_instruments()

  현재 Performance 스키마에서 활성화돼 있는 수집 이벤트 목록을 결과로 출력한다.

- ps_statement_avg_latency_histogram( )

Performance 스키마의 events_statements_summary_by_digest 테이블에 수집된 구문들의 평균 지연 시간을 텍스트 히스토그램 그래프로 출력한다.

- ps_trace_statement_digest(in_digest VARCHAR(32), in_runtime INT, in_interval DECIMAL(2,2), in_start_fresh BOOLEAN, in_auto_enable BOOLEAN)

인자로 주어진 쿼리 다이제스트에 대해 Performance 스키마에서 수집된 정보의 통계 데이터를 출력한다. 다음은 프로시저 인자들에 대한 간략한 설명이다.

  · in_digest: Performance 스키마의 events_statements_summary_by_digest 테이블에서 통계 데이터를 얻고 싶은 쿼리 다이제스트 값을 입력한다.

  · in_runtime: 몇 초 동안 데이터를 수집하고 분석할 것인지를 프로시저 수행 시간을 입력한다.

  · in_interval: 통계 데이터 생성 시 사용할 Performance 스키마의 events_stages_history_long 및 events_statements_history_long 테이블 스냅샷 데이터 생성 간격을 입력한다.

  · in_start_fresh: 통계 데이터 작성을 위한 분석 작업 전에 Performance 스키마에서 events_stages_history_long 및 events_statements_history_long 테이블을 초기화할 것인지 여부를 결정한다. TRUE 또는 FALSE 값을 입력한다.

  · in_auto_enable: 프로시저 실행 시 필요로 하는 Performance 스키마의 저장 레벨과 수집 이벤트들을 자동으로 활성화할 것인지 여부를 결정한다. TRUE 또는 FALSE 값을 입력한다. TRUE를 입력하면 현재 Performance 스키마 설정을 sys.ps_setup_save 프로시저를 사용해 백업한 뒤 Performance 스키마에서 events_stages_history_long 및 events_statements_history_long 저장 레벨과 그 상위 저장 레벨을 모두 활성화하며, stage 및 statement와 관련된 수집 이벤트들도 전부 활성화한다. 이후 프로시저가 종료되는 시점에 sys.ps_setup_reload_saved 프로시저를 사용해 Performance 스키마를 기존 설정으로 복구한다.

- ps_trace_thread(in_thread_id INT, in_outfile VARCHAR(255), in_max_runtime DECIMAL(20,2), in_interval DECIMAL(20,2), in_start_fresh BOOLEAN, in_auto_setup BOOLEAN, in_debug BOOLEAN)

인자로 주어진 스레드와 관련된 Performance 스키마의 모든 데이터를 ".dot" 형식의 그래프 파일로 덤프한다. 다음은 프로시저 인자들에 대한 간략한 설명이다.

  · in_thread_id: 덤프할 스레드 ID를 입력한다.

  · in_outfile: 출력될 ".dot" 파일의 파일명을 입력한다.

  · in_max_runtime: 스레드 데이터를 수집할 최대 시간을 지정한다. 기본값은 60초로, NULL을 입력하면 기본값으로 동작한다.

  · in_interval: 스레드 데이터 수집 간격을 지정한다. 기본값은 1초로, NULL을 입력하면 기본값으로 동작한다.

  · in_start_fresh: 데이터 수집 전 작업과 관련된 Performance 스키마의 테이블을 초기화할 것인지를 결정한다. TRUE 또는 FALSE 값을 입력할 수 있으며, TRUE로 입력할 경우 다음의 테이블이 초기화된다.

- performance_schema.events_transactions_history_long

- performance_schema.events_statements_history_long

- performance_schema.events_stages_history_long

- performance_schema.events_waits_history_long

- in_auto_setup: 프로시저 실행 시 인자로 주어진 스레드를 제외한 다른 나머지 스레드들을 Performance 스키마에서 모니터링을 비활성화하고, Performance 스키마의 모든 수집 이벤트와 저장 레벨을 활성화할 것인지 여부를 결정한다. TRUE 또는 FALSE 값을 입력할 수 있으며, TRUE로 입력할 경우 기존 Performance 설정은 백업됐다가 프로시저 종료 시점에 다시 복구된다.

- in_debug: 그래프에 소스코드 파일명과 줄 번호 정보를 포함할 것인지 여부를 결정한다. TRUE 또는 FALSE 값을 입력한다.

- ps_truncate_all_tables(in_verbose BOOLEAN)

  Performance 스키마의 모든 요약(Summary) 및 이력(History) 테이블의 데이터를 초기화하며, 초기화한 테이블 수를 결과로 출력한다. 인자로 TRUE 값을 지정하면 초기화 시 사용한 쿼리도 결과에 함께 출력된다.

- statement_performance_analyzer(in_action ENUM, in_table VARCHAR(129), in_views SET)

  서버에서 실행 중인 쿼리들에 대한 분석 보고서를 출력한다. 다음은 프로시저 인자들에 대한 간략한 설명이다.

  - in_action : 프로시저에서 수행할 작업을 지정한다. 다음의 값들로 입력 가능하다.

    1) snapshot

       기본적으로는 sys.tmp_digests라는 이름을 가지는 임시 테이블을 생성한 후 해당 테이블에 Performance 스키마의 events_statements_summary_by_digest 테이블 데이터에 대한 현재 스냅샷을 저장한다. 두 번째 인자인 in_table에 특정 테이블이 지정된 경우 해당 테이블 데이터를 임시 테이블에 저장한다. in_table에 지정된 테이블은 events_statements_summary_by_digest 테이블의 스키마와 일치해야 한다. 그렇지 않으면 에러가 발생한다.

    2) overall

       in_table 인자에 지정된 테이블의 내용을 기반으로 in_views 인자에 주어진 뷰들의 포맷을 사용해 분석 데이터를 출력한다. 기존에 생성된 스냅샷 데이터를 사용하려는 경우 in_table 인자에 NULL을 입력하면 된다. in_table 인자값이 NULL이고 기존 스냅샷 데이터가 존재하지 않으면 새로운 스냅샷을 생성한 후 결과를 출력한다. 출력되는 각각의 뷰 데이터는 Sys 스키마의 sys.statement_performance_analyzer.limit 옵션에 설정된 행 수만큼만 최대로 출력 가능하다.

    3) delta

       in_table 인자에 지정된 참조 테이블의 데이터와 기존 스냅샷 데이터 사이의 델타 데이터를 계산해서 sys.tmp_digests_delta 임시 테이블에 저장한 후 in_veiws 인자에 지정된 뷰 형태로 델타 데이터를 출력한다. 출력되는 각각의 뷰 데이터는 Sys 스키마의 sys.statement_performance_analyzer.limit 옵션에 설정된 행 수만큼만 최대로 출력 가능하다.

4) create_table

추후 스냅샷 데이터 저장에 사용될 일반 테이블을 생성한다.

5) create_tmp

추후 스냅샷 데이터 저장에 사용될 임시 테이블을 생성한다.

6) save

in_table 인자에 지정된 테이블에 스냅샷 데이터를 저장한다. in_table에 지정된 테이블은 Performance 스키마의 events_statements_summary_by_digest 테이블과 스키마와 일치해야 한다. 스냅샷 데이터가 기존에 존재하지 않는 경우에는 새로운 스냅샷 데이터를 생성해서 해당 테이블에 저장한다.

7) cleanup

스냅샷 및 델타 데이터를 저장하고 있는 임시 테이블인 sys.tmp_digests와 sys.tmp_digests_delta를 제거한다.

· in_table: in_action 인자에 지정된 프로시저 동작과 관련해서 사용될 테이블을 지정한다. 백틱(Backtick)을 사용하지 않고, 'db_name.tb_name' 혹은 'tb_name' 형태로 입력한다.

· in_views: 결과 데이터 출력에 사용될 뷰를 지정한다. 인자에는 여러 값을 쉼표로 구분해서 입력할 수 있다. 다음의 값이 사용 가능하다. 기본적으로 설정되는 값에는 'custom'을 제외한 모든 값이 포함되며, 인자에 NULL 값이 주어지는 경우 기본값이 입력된다.

1) with_runtimes_in_95th_percentile

statements_with_runtimes_in_95th_percentile 뷰를 사용해서 데이터를 출력한다.

2) analysis

statement_analysis 뷰를 사용해서 데이터를 출력한다.

3) with_errors_or_warnings

statements_with_errors_or_warnings 뷰를 사용해서 데이터를 출력한다.

4) with_full_table_scans

statements_with_full_table_scans 뷰를 사용해서 데이터를 출력한다.

5) with_sorting

statements_with_sorting 뷰를 사용해서 데이터를 출력한다.

6) `with_temp_tables`

    `statements_with_temp_tables` 뷰를 사용해서 데이터를 출력한다.

7) `custom`

    사용자가 정의한 뷰 또는 쿼리를 사용해서 데이터를 출력한다. Sys 스키마의 `statement_performance_`
    `analyzer.view` 옵션에 지정된 값을 사용하며, 사용자는 해당 옵션에 쿼리 또는 직접 생성한 뷰의 이름을
    설정할 수 있다. 설정된 쿼리 혹은 뷰는 Performance 스키마의 `events_statements_summary_by_digest`
    테이블을 조회하는 형태여야 한다.

- `table_exists(in_db VARCHAR(64), in_table VARCHAR(64), @out_exists)`

  인자로 주어진 데이터베이스와 테이블명을 바탕으로 해당 테이블이 MySQL에 존재하는지 확인하고, 존재하는 경우
  테이블 타입 값을 주어진 변수(@out_exists)에 저장한다.

함수

Sys 스키마에서는 값의 단위를 변환하고, Performance 스키마의 설정 및 데이터를 조회하는 등의 다양
한 기능을 가진 함수들을 제공한다. 이 같은 함수들은 주로 Sys 스키마의 뷰와 프로시저에서 사용된다.

- `extract_schema_from_file_name(in_path VARCHAR(512))`

  인자로 주어진 데이터 파일 경로에서 데이터베이스명을 추출해서 출력한다.

- `extract_table_from_file_name(in_path VARCHAR(512))`

  인자로 주어진 데이터 파일 경로에서 테이블명을 추출해서 출력한다.

- `format_bytes(in_bytes TEXT)`

  인자로 주어진 값을 바이트 단위의 사람이 읽을 수 있는 형식으로 변환해서 보여준다. MySQL 8.0.16 버전부터
  는 빌트인 함수인 `FORMAT_BYTES()`가 추가됐으며, Sys 스키마의 `format_bytes` 함수는 더이상 사용되지 않는
  (Deprecated) 것으로 표기됐다.

- `format_path(in_path VARCHAR(512))`

  인자로 주어진 경로 값에서 다음 시스템 변수에 지정된 경로 값과 일치하는 부분이 있는지 순서대로 매칭한 후 매칭
  된 부분을 해당 시스템 변수명으로 치환한 경로 값을 반환한다.

  · `datadir`

  · `tmpdir`

  · `slave_load_tmpdir`

  · `innodb_data_home_dir`

- innodb_log_group_home_dir

- innodb_undo_directory

- basedir

- **format_statement(in_statement LONGTEXT)**

  인자로 주어진 SQL 문을 Sys 스키마의 statement_truncate_len 옵션에 설정된 길이로 줄인 후 그 결과를 반환한다. SQL 문이 해당 옵션보다 길이가 짧은 경우 잘림이 발생하지 않으며, 긴 경우에는 SQL 문 중간 부분이 잘려 줄임표(...)로 표시된다.

- **format_time(in_picoseconds TEXT)**

  인자로 주어진 피코초(Picoseconds)를 사람이 쉽게 이해할 수 있는 시간 단위의 값으로 변환해서 보여준다. MySQL 8.0.16 버전부터는 빌트인 함수인 FORMAT_PICO_TIME()이 추가됐으며, Sys 스키마의 format_time 함수는 더이상 사용되지 않는(Deprecated) 것으로 표기됐다.

- **list_add(in_list TEXT, in_add_value TEXT)**

  인자로 쉼표(,)로 구분된 값 목록과 해당 목록에 추가할 새로운 값을 입력받으며, 목록에 새로운 값을 추가한 결과를 반환한다.

- **list_drop(in_list TEXT, in_drop_value TEXT)**

  인자로 쉼표(,)로 구분된 값 목록과 해당 목록에서 삭제할 값을 입력받으며, 목록에서 삭제 대상 값을 제거한 결과를 반환한다.

- **ps_is_account_enabled(in_host VARCHAR(60), in_user VARCHAR(32))**

  인자로 주어진 계정이 현재 Performance 스키마에서 모니터링이 활성화돼 있는지에 대한 결과를 반환한다.

- **ps_is_consumer_enabled(in_consumer VARCHAR(64))**

  인자로 주어진 저장 레벨(Consumer)이 현재 Performance 스키마에서 활성화돼 있는지에 대한 결과를 반환한다. 주어진 저장 레벨의 상위 레벨들이 모두 활성화돼 있어야 해당 저장 레벨도 활성화된 것으로 간주한다.

- **ps_is_instrument_default_enabled(in_instrument VARCHAR(128))**

  인자로 주어진 수집 이벤트가 Performance 스키마에서 기본적으로 수집되게 활성화돼 있는지에 대한 결과를 반환한다.

- **ps_is_instrument_default_timed(in_instrument VARCHAR(128))**

  인자로 주어진 수집 이벤트가 Performance 스키마에서 기본적으로 시간 측정이 수행되도록 설정돼 있는지에 대한 결과를 반환한다.

- ps_is_thread_instrumented(in_connection_id BIGINT UNSIGNED)

  인자로 주어진 커넥션 ID값이 현재 Performance 스키마에서 모니터링이 활성화돼 있는지에 대한 결과를 반환한다. 커넥션 ID 값은 다음의 값들과 동일한 유형의 값이다.

  - performance_schema.threads 테이블의 PROCESSLIST_ID 칼럼값
  - information_schema.processlist 테이블의 ID 칼럼값
  - SHOW [FULL] PROCESSLIST 출력에서 ID 칼럼값

- ps_thread_id(in_connection_id BIGINT UNSIGNED)

  인자로 주어진 커넥션 ID에 대해 Performance 스키마에서 해당 커넥션에 매핑되는 스레드 ID 값을 결과로 반환한다.

- ps_thread_account(in_thread_id BIGINT UNSIGNED)

  인자로 주어진 Performance 스키마의 스레드 ID 값에 대해 해당 스레드와 연결된 DB 계정을 결과로 반환한다.

- ps_thread_stack(in_thread_id BIGINT, in_verbose BOOLEAN)

  인자로 주어진 스레드 ID에 대해 Performance 스키마가 수집한 이벤트 데이터를 간략한 JSON 형식의 데이터로 반환한다. 두 번째 인자는 이벤트가 발생한 지점의 소스코드 파일명과 줄 번호를 데이터에 같이 표시할 것인지를 결정하며, TRUE 또는 FALSE 값으로 입력할 수 있다.

- ps_thread_trx_info(in_thread_id BIGINT UNSIGNED)

  인자로 주어진 스레드 ID에 대해 Performance 스키마에서 수집한 트랜잭션 데이터를 JSON 형식의 데이터로 반환한다. 결과 데이터는 Sys 스키마의 ps_thread_trx_info.max_length 옵션에 설정된 길이를 초과할 수 없으며, 초과하는 경우에는 다음과 같은 에러가 담긴 JSON 데이터가 출력된다.

  ```
  { "error": "Trx info truncated: Row 5 was cut by GROUP_CONCAT()" }
  ```

- quote_identifier(in_identifier TEXT)

  인자로 주어진 문자열을 백틱(`, Backtick)으로 감싼 결과를 반환한다.

- sys_get_config(in_variable_name VARCHAR(128), in_default_value VARCHAR(128))

  Sys 스키마의 sys_config 테이블에서 인자로 주어진 변수명과 일치하는 옵션의 설정값을 반환한다. 일치하는 옵션이 해당 테이블에 존재하지 않는 경우 두 번째 인자로 주어진 값을 결과로 반환한다.

- version_major()

  MySQL 서버 버전에서 메이저 버전 값만 추출해서 결과로 반환한다.

- version_minor()

  MySQL 서버 버전에서 마이너 버전 값만 추출해서 결과로 반환한다.

- version_patch()

  MySQL 서버 버전에서 패치 버전 값만 추출해서 결과로 반환한다.

18.7 Performance 스키마 및 Sys 스키마 활용 예제

지금까지 Performance 스키마와 Sys 스키마가 어떻게 구성돼 있는지 살펴봤다. 하지만 Performance 스키마는 매우 방대한 정보를 가지고 있고, Performance 스키마의 정보를 정제해서 보여주는 Sys 스키마도 친숙해지는 데 많은 시간이 걸릴 것이다. 이번 절에서는 Performance 스키마를 처음 접하는 사용자를 위해 Performance 스키마와 Sys 스키마를 활용하는 대표적인 몇 가지 예제를 살펴보겠다.

18.7.1 호스트 접속 이력 확인

MySQL 서버가 구동된 시점부터 현재까지 MySQL에 접속했던 호스트들의 전체 목록을 얻고자 할 때는 Performance 스키마의 hosts 테이블을 조회해서 해당 내용을 확인할 수 있다.

```
mysql> SELECT * FROM performance_schema.hosts;
+---------------+---------------------+-------------------+
| HOST          | CURRENT_CONNECTIONS | TOTAL_CONNECTIONS |
+---------------+---------------------+-------------------+
| NULL          |                  45 |              1612 |
| 127.0.0.1     |                   2 |               513 |
| 10.9.24.10    |                   0 |               110 |
| 10.7.8.52     |                   1 |              1994 |
| 192.172.20.10 |                   0 |                 2 |
| 192.172.41.4  |                   0 |                 2 |
| 192.162.32.3  |                   0 |                 2 |
+---------------+---------------------+-------------------+
```

HOST 칼럼이 NULL인 데이터에는 MySQL 내부 스레드 및 연결 시 인증에 실패한 커넥션들이 포함된다. CURRENT_CONNECTIONS 칼럼은 현재 연결된 커넥션 수를 의미하며, TOTAL_CONNECTIONS 칼럼은 연결됐던 커넥션의 총수를 의미한다. MySQL에 원격으로 접속한 호스트들에 대해 호스트별로 현재 연결된 커넥션 수를 확인하고자 한다면 다음의 쿼리를 사용할 수 있다.

```
mysql> SELECT HOST, CURRENT_CONNECTIONS
       FROM performance_schema.hosts
       WHERE CURRENT_CONNECTIONS>0 AND HOST NOT IN ('NULL','127.0.0.1')
       ORDER BY HOST;
+---------------+---------------------+
| HOST          | CURRENT_CONNECTIONS |
+---------------+---------------------+
| 10.112.17.123 |                   6 |
| 192.22.24.11  |                   4 |
| 192.22.24.12  |                   1 |
| 192.22.24.13  |                   1 |
+---------------+---------------------+
```

18.7.2 미사용 DB 계정 확인

MySQL 서버가 구동된 시점부터 현재까지 사용되지 않은 DB 계정들을 확인하고자 할 때 다음의 쿼리를 사용할 수 있다. 현재 MySQL에 생성돼 있는 계정들을 대상으로 계정별 접속 이력 유무와 뷰, 또는 트리거, 스토어드 프로시저 같은 스토어드 프로그램들의 생성 유무를 확인해서 두 경우 모두에 해당되지 않는 계정들의 목록이 출력된다.

```
mysql> SELECT DISTINCT m_u.user, m_u.host
       FROM mysql.user m_u
       LEFT JOIN performance_schema.accounts ps_a ON m_u.user = ps_a.user AND ps_a.host = m_u.host
       LEFT JOIN information_schema.views is_v ON is_v.definer = CONCAT(m_u.User, '@', m_u.Host)
AND is_v.security_type = 'DEFINER'
       LEFT JOIN information_schema.routines is_r ON is_r.definer = CONCAT(m_u.User, '@', m_
u.Host) AND is_r.security_type = 'DEFINER'
       LEFT JOIN information_schema.events is_e ON is_e.definer = CONCAT(m_u.user, '@', m_u.host)
       LEFT JOIN information_schema.triggers is_t ON is_t.definer = CONCAT(m_u.user, '@', m_u.host)
       WHERE ps_a.user IS NULL
         AND is_v.definer IS NULL
         AND is_r.definer IS NULL
         AND is_e.definer IS NULL
```

```
        AND is_t.definer IS NULL
    ORDER BY m_u.user, m_u.host;
+------------------+-----------+
| user             | host      |
+------------------+-----------+
| test_user        | %         |
| mysql.infoschema | localhost |
| mysql.session    | localhost |
+------------------+-----------+
```

18.7.3 MySQL 총 메모리 사용량 확인

다음 쿼리를 사용해 MySQL 서버에 할당된 메모리의 전체 크기를 확인할 수 있다. 이 크기는 실제로
MySQL 서버가 사용하고 있는 메모리 양보다 클 수 있다.

```
mysql> SELECT * FROM sys.memory_global_total;
+-----------------+
| total_allocated |
+-----------------+
| 21.56 GiB       |
+-----------------+
```

18.7.4 스레드별 메모리 사용량 확인

MySQL에서 동작 중인 스레드들의 메모리 사용량을 확인하고자 할 때 다음의 쿼리를 사용할 수 있다.
MySQL 내부 백그라운드 스레드 및 클라이언트 연결 스레드들의 현재 메모리 사용량이 출력된다. sys.
memory_by_thread_by_current_bytes 뷰는 기본적으로 current_allocated 칼럼값을 기준으로 내림차순으
로 정렬해서 결과를 출력한다.

```
mysql> SELECT thread_id, user, current_allocated
    FROM sys.memory_by_thread_by_current_bytes
    LIMIT 10;
+-----------+------------------------------------+-------------------+
| thread_id | user                               | current_allocated |
+-----------+------------------------------------+-------------------+
|        13 | innodb/page_flush_coordinator_thread | 123.76 MiB      |
|        36 | innodb/buf_dump_thread              | 11.65 MiB         |
```

```
|        37 | innodb/clone_gtid_thread            | 834.23 KiB       |
|  18587061 | user1@10.7.64.14                    | 770.13 KiB       |
|  18587066 | user2@10.7.16.35                    | 276.79 KiB       |
|  18587063 | user3@192.7.72.51                   | 238.54 KiB       |
|  18587062 | user3@192.7.72.51                   | 238.37 KiB       |
|  18587064 | user3@10.8.32.31                    | 158.13 KiB       |
|  18588048 | user2@10.2.16.34                    | 155.43 KiB       |
|  19177589 | user2@10.2.80.60                    | 130.02 KiB       |
+-----------+-------------------------------------+------------------+
```

특정 스레드에 대해 구체적인 메모리 할당 내역을 확인하고 싶은 경우에는 다음의 쿼리를 사용할 수 있다.

```
mysql> SELECT thread_id,
              event_name,
              sys.format_bytes(CURRENT_NUMBER_OF_BYTES_USED) AS `current_allocated`
       FROM performance_schema.memory_summary_by_thread_by_event_name
       WHERE THREAD_ID = 18587061
       ORDER BY CURRENT_NUMBER_OF_BYTES_USED DESC
LIMIT 10;
+-----------+-------------------------------------+------------------+
| thread_id | event_name                          | current_allocated |
+-----------+-------------------------------------+------------------+
|  18587061 | memory/sql/thd::main_mem_root       | 260.62 KiB       |
|  18587061 | memory/sql/sp_head::main_mem_root   | 130.41 KiB       |
|  18587061 | memory/sql/QUICK_RANGE_SELECT::alloc| 83.17 KiB        |
|  18587061 | memory/sql/NET::buff                | 32.01 KiB        |
|  18587061 | memory/sql/String::value            | 17.34 KiB        |
|  18587061 | memory/innodb/memory                | 6.41 KiB         |
|  18587061 | memory/sql/partition_sort_buffer    | 2.44 KiB         |
|  18587061 | memory/sql/Quick_ranges             | 2.00 KiB         |
|  18587061 | memory/innodb/ha_innodb             | 1.15 KiB         |
|  18587061 | memory/innodb/partitioning          | 886 bytes        |
+-----------+-------------------------------------+------------------+
```

쿼리의 WHERE 절에서 조건으로 주어지는 THREAD_ID 값은 SHOW PROCESSLIST 명령문의 결과에 표시되는 ID 칼럼값과는 다른 값으로, Performance 스키마에서 각 스레드를 식별하기 위해 부여한 ID 값이다.

SHOW PROCESSLIST의 ID 값을 바탕으로 Performance 스키마에서의 THREAD_ID 값을 확인하려면 다음과 같은 방법을 사용할 수 있다.

```
-- // SHOW PROCESSLIST의 ID 값이 1234인 스레드의 Performance 스키마 THREAD_ID 값 확인
-- // 방법 1) performance_schema.threads 테이블을 조회
mysql> SELECT THREAD_ID, PROCESSLIST_ID
         FROM performance_schema.threads
         WHERE PROCESSLIST_ID = 1234;
+-----------+----------------+
| THREAD_ID | PROCESSLIST_ID |
+-----------+----------------+
|      1443 |           1234 |
+-----------+----------------+


-- // 방법 2) Sys 스키마의 ps_thread_id 함수 사용
mysql> SELECT sys.ps_thread_id(1234);
+-----------------------+
| sys.ps_thread_id(1234) |
+-----------------------+
|                  1443 |
+-----------------------+
```

18.7.5 미사용 인덱스 확인

Sys 스키마의 schema_unused_indexes 뷰를 통해 MySQL 서버가 구동된 시점부터 현재까지 사용되지 않은 인덱스의 목록을 확인할 수 있다.

```
mysql> SELECT *
         FROM sys.schema_unused_indexes;
+--------------+-------------+-------------+
| object_schema | object_name | index_name  |
+--------------+-------------+-------------+
| DB1          | users       | ix_name     |
| DB1          | products    | ix_category |
| DB1          | orders      | ix_type     |
+--------------+-------------+-------------+
```

MySQL 서버가 충분히 오랫동안 구동된 상태라면 미사용 인덱스로 확인된 인덱스들은 실제로 계속 사용되지 않을 가능성이 높다. 사용하지 않는 인덱스는 불필요하게 디스크 공간을 차지하므로 MySQL 서버 관리 측면에서도 명시적으로 제거하는 것이 좋다. 제거할 때는 안전하게 인덱스가 쿼리에 사용되지 않는 INVISIBLE 상태로 먼저 변경해서 일정 기간 동안 문제가 없음을 확인한 후 제거하는 것이 좋다.

```
-- // 인덱스를 INVISIBLE 상태로 변경
mysql> ALTER TABLE users ALTER INDEX ix_name INVISIBLE;

-- // INVISIBLE 상태 확인
mysql> SELECT TABLE_NAME, INDEX_NAME, IS_VISIBLE
       FROM information_schema.statistics
       WHERE TABLE_SCHEMA='DB1' AND TABLE_NAME='users' AND INDEX_NAME='ix_name';
+------------+------------+------------+
| TABLE_NAME | INDEX_NAME | IS_VISIBLE |
+------------+------------+------------+
| users      | ix_name    | NO         |
+------------+------------+------------+
```

18.7.6 중복된 인덱스 확인

Sys 스키마의 schema_redundant_indexes 뷰를 통해 각 테이블에 존재하는 중복된 인덱스의 목록을 확인할 수 있다.

```
mysql> SELECT * FROM sys.schema_redundant_indexes LIMIT 1 \G
*************************** 1. row ***************************
              table_schema: DB1
                table_name: products
       redundant_index_name: ix_category
    redundant_index_columns: category
  redundant_index_non_unique: 1
        dominant_index_name: ix_category_price
     dominant_index_columns: category,price
   dominant_index_non_unique: 1
             subpart_exists: 0
             sql_drop_index: ALTER TABLE `DB1`.`products` DROP INDEX `ix_category`
```

인덱스의 중복 여부는 인덱스를 구성하고 있는 칼럼에 대해 두 인덱스의 칼럼 구성 순서가 일치하고 어느 한쪽이 다른 한쪽에 포함되는지를 바탕으로 결정된다. 뷰에서 "redundant_"로 시작하는 칼럼들에는 중복된 것으로 간주되는 인덱스의 정보가 표시되고, "dominant_"로 시작하는 칼럼들에는 중복된 인덱스를 중복으로 판단되게 한 인덱스의 정보가 표시된다. 또한 sql_drop_index 칼럼을 통해 중복된 인덱스를 제거하기 위한 ALTER 명령문도 제공하므로 사용자는 필요한 경우 해당 명령문을 사용해 중복 인덱스를 제거할 수 있다.

18.7.7 변경이 없는 테이블 목록 확인

MySQL 서버가 구동된 시점부터 현재까지 쓰기가 발생하지 않은 테이블 목록을 확인하고자 할 때 다음의 쿼리를 사용할 수 있다.

```
mysql> SELECT t.table_schema, t.table_name, t.table_rows, tio.count_read, tio.count_write
       FROM information_schema.tables AS t
       JOIN performance_schema.table_io_waits_summary_by_table AS tio
         ON tio.object_schema = t.table_schema AND tio.object_name = t.table_name
       WHERE t.table_schema NOT IN ('mysql', 'performance_schema', 'sys')
         AND tio.count_write = 0
       ORDER BY t.table_schema, t.table_name;
```

TABLE_SCHEMA	TABLE_NAME	TABLE_ROWS	count_read	count_write
DB1	admin_rule	0	3	0
DB1	app_info	2	8	0
DB1	user_log	0	0	0

MySQL 서버가 충분히 오랫동안 구동된 상태라면 지금까지 쓰기가 발생하지 않았으며 또한 저장된 데이터가 없는 테이블은 현재 사용되지 않고 있는 테이블일 가능성이 매우 높다. 그러므로 사용자는 위 쿼리를 통해 얻은 테이블 목록을 바탕으로 추가로 확인 작업을 거쳐 MySQL 서버에서 사용하지 않는 테이블들을 정리할 수 있다.

18.7.8 I/O 요청이 많은 테이블 목록 확인

Sys 스키마의 `io_global_by_file_by_bytes` 뷰를 조회해서 테이블들에 대한 I/O 발생량을 종합적으로 확인해볼 수 있다. `io_global_by_file_by_bytes` 뷰는 기본적으로 파일별로 발생한 읽기 및 쓰기 전체 총량을 기준으로 내림차순으로 정렬해서 결과를 출력한다. 사용자는 해당 뷰에서 테이블 데이터 파일에 대한 데이터들만 선별해서 조회함으로써 MySQL 서버가 구동되는 동안 I/O 요청이 가장 많이 발생한 테이블들을 확인할 수 있다.

```
mysql> SELECT * FROM sys.io_global_by_file_by_bytes WHERE file LIKE '%ibd';
*************************** 1. row ***************************
         file: @@datadir/DB1/user_friends.ibd
   count_read: 17157831
   total_read: 261.81 GiB
     avg_read: 16.00 KiB
  count_write: 5089034
total_written: 77.66 GiB
    avg_write: 16.00 KiB
        total: 339.46 GiB
    write_pct: 22.88
```

18.7.9 테이블별 작업량 통계 확인

Sys 스키마의 `schema_table_statistics` 뷰를 통해 MySQL 서버에 존재하는 각 테이블에 대해 데이터 작업 유형 및 I/O 유형별 전체 통계 정보를 확인할 수 있다.

```
mysql> SELECT table_schema, table_name,
              rows_fetched, rows_inserted, rows_updated, rows_deleted, io_read, io_write
       FROM sys.schema_table_statistics
       WHERE table_schema NOT IN ('mysql','performance_schema','sys') \G
*************************** 1. row ***************************
 table_schema: DB1
   table_name: user_info
 rows_fetched: 12539002110
rows_inserted: 7286602
 rows_updated: 760519
 rows_deleted: 226137
```

```
    io_read: 707.26 GiB
   io_write: 100.91 GiB
```

사용자는 이러한 통계 정보들을 통해 각 테이블에서 주로 어떤 작업들이 발생하는지 확인할 수 있으며, 이를 바탕으로 테이블의 대략적인 사용 형태를 파악할 수도 있다. 각 테이블의 주된 사용 형태는 MySQL 서버의 현재 상태를 분석하고 튜닝하는 데 있어 사용자가 기본적으로 파악해야 하는 부분 중 하나라고 할 수 있다. 사용 형태를 알고 그에 맞춰 현재 상태로부터 개선할 방향을 결정할 수 있기 때문이다. 예를 들어, 데이터 변경은 거의 없으나 데이터 조회는 빈번한 것으로 보이는 테이블이 존재하는 경우 해당 테이블에서 사용되는 조회 쿼리를 확인해서 캐싱을 적용해 MySQL 서버로 불필요하게 조회 쿼리가 자주 실행되지 않게 개선할 수 있다.

18.7.10 테이블의 Auto-Increment 칼럼 사용량 확인

MySQL 서버에서 테이블을 생성할 때 테이블의 프라이머리 키로 순차적으로 증가하는 값을 사용하고 싶은 경우, 일반적으로 테이블의 첫 번째 칼럼에 Auto-Increment 속성을 지정하고 이를 프라이머리 키로 사용한다. Auto-Increment 속성이 지정된 칼럼은 사용자가 해당 칼럼에 명시적으로 값을 입력하지 않더라도 1부터 시작해 새로운 데이터가 저장될 때마다 값을 자동으로 증가시켜 저장한다. Auto-Increment 칼럼은 저장할 수 있는 최댓값을 가지며, 이 최댓값은 칼럼에 지정된 데이터 타입에 따라 달라진다. 최댓값보다 큰 값을 가지는 데이터는 저장할 수 없으므로 많은 양의 데이터가 저장되는 테이블을 사용 중인 경우에는 사용자가 Auto-Increment 칼럼의 사용량을 주기적으로 확인하는 것이 좋다. 다음 쿼리를 통해 테이블별 Auto-Increment 칼럼의 사용량을 확인할 수 있다.

```
mysql> SELECT table_schema,
              table_name,
              column_name,
              auto_increment AS "current_value",
              max_value,
              ROUND(auto_increment_ratio * 100,2) AS "usage_ratio"
       FROM sys.schema_auto_increment_columns;
+--------------+------------+-------------+---------------+------------+-------------+
| table_schema | table_name | column_name | current_value | max_value  | usage_ratio |
+--------------+------------+-------------+---------------+------------+-------------+
| DB1          | payments   | id          |     203701856 | 2147483647 |        9.49 |
```

```
| DB1            | orders      | id          |             | 59281606 | 2147483647 |       2.76 |
| DB1            | users       | id          |             | 29211254 | 2147483647 |       1.36 |
+----------------+-------------+-------------+-------------+----------+------------+------------+
```

current_value 칼럼은 테이블에 저장된 Auto-Increment 칼럼의 가장 큰 값의 다음 순번 값을 나타내며, 이 값과 Auto-Increment 칼럼에 저장 가능한 최댓값(max_value 칼럼값)을 바탕으로 usage_ratio 칼럼에 사용량이 표시된다. 단순히 테이블에 저장된 가장 큰 값을 바탕으로 사용량을 계산하는 것이므로 실제 테이블의 데이터 수는 다를 수도 있음에 유의해야 한다. 예를 들어, INTEGER 데이터 타입의 Auto-Increment 칼럼을 가진 어떤 테이블이 있을 때 테이블에 두 건의 데이터만 존재하고 각 데이터의 Auto-Increment 칼럼값이 1 및 2147483647이라고 가정해보자. 이때 위 쿼리를 실행해 Auto-Increment 칼럼의 사용량을 조회하면 current_value에는 2147483647 값이, usage_ratio는 100(%)가 표시된다. 하지만 테이블에는 두 건의 데이터만 존재하며 Auto-Increment 칼럼에는 이미 사용된 1과 2147483647를 제외하고 그 사이의 값들을 사용할 수 있으므로, 사용자는 Auto-Increment 칼럼에 대해 명시적으로 값을 주어 새로운 데이터를 저장할 수 있다.

18.7.11 풀 테이블 스캔 쿼리 확인

테이블 풀스캔은 쿼리의 성능을 저하시키는 대표적인 원인 중 하나다. 테이블 풀스캔은 일반적으로 쿼리가 실행될 때 쿼리에서 사용할 적절한 인덱스가 테이블에 존재하지 않는 경우에 발생한다. 이렇게 테이블 풀스캔을 발생시키는 쿼리가 일회성으로 사용되는 것이 아니며 조회하는 테이블의 사이즈가 작지 않다면 MySQL 서버에 지속적인 부하를 줄 수 있다. 따라서 테이블 풀스캔으로 처리되는 쿼리들을 확인해서 해당 쿼리에서 사용될 수 있는 인덱스를 생성해 쿼리를 처리할 때 불필요하게 많은 데이터를 읽지 않게 하는 것이 좋다. 테이블 풀스캔을 발생시키는 쿼리는 실행 시간이 긴 경우 슬로우 쿼리 로그(Slow Query Log) 파일에서도 확인할 수 있지만, 슬로우 쿼리 로그 파일에서는 테이블 풀스캔 쿼리뿐만 아니라 실행 시간이 오래 걸리는 다양한 쿼리가 기록된다. 따라서 그중에서 어느 쿼리가 테이블 풀스캔을 발생시키는 쿼리인지는 사용자가 수동으로 쿼리의 실행 계획을 확인해야 하므로 쉽지 않다. 테이블을 풀스캔하는 쿼리들만 확인하고 싶은 경우에는 다음의 쿼리를 사용할 수 있다.

```
mysql> SELECT db, query, exec_count,
              sys.format_time(total_latency) as "formatted_total_latency",
              rows_sent_avg, rows_examined_avg, last_seen
       FROM sys.x$statements_with_full_table_scans
```

```
        ORDER BY total_latency DESC \G
*************************** 1. row ***************************
                    db: TB_USER
                 query: SELECT COUNT ( * ) FROM `orders`
WHERE `user_id` = ? AND `created_at`·>= ?
            exec_count: 1890054
formatted_total_latency: 1.10 w
        rows_sent_avg: 1
    rows_examined_avg: 824089
            last_seen: 2020-12-21 12:37:44.034990
```

18.7.12 자주 실행되는 쿼리 목록 확인

MySQL 서버에서 빈번하게 실행되는 쿼리들을 확인하고자 할 때 다음 쿼리를 사용해 확인할 수 있다. 사용자는 자주 실행되는 쿼리 목록을 통해 주로 어떤 쿼리들이 사용되고 있는지 파악할 수 있으며, 예상한 것과 다르게 너무 과도하게 실행되고 있는 쿼리가 존재하는지도 살펴볼 수 있다.

```
Mysql> SELECT db, exec_count, query
       FROM sys.statement_analysis
       ORDER BY exec_count DESC;
+-----+------------+-------------------------------------------------------------+
| db  | exec_count | query                                                       |
+-----+------------+-------------------------------------------------------------+
| DB1 | 994477846  | SELECT `phone_no` FROM `user_ta ... `user_id` = ? AND `name` = ? |
| DB1 | 406175573  | SELECT `a` . `user_id` AS `use ... AND `a` . `current_amount` > ? |
| DB1 | 279639577  | SELECT `user_id` AS `userId` , ... `user_level` WHERE `id` = ?   |
| DB1 | 275245875  | SELECT `user_id` , `test_name` ... tart_date` AND `test_end_date` |
| DB1 | 275245173  | SELECT `user` . `user_id` , `u ... NOT NULL THEN ? ELSE ? END AS  |
| DB1 | 275244700  | SELECT TYPE , STATUS , `reason ... ? ORDER BY `id` DESC LIMIT ?   |
| DB1 | 262681035  | SELECT EXISTS ( SELECT ? FROM  ... WHERE `user_id` = ? LIMIT ? )  |
| DB1 | 64629058   | SELECT `user` . `user_id` , `u ... E `user_type` WHEN ? THEN (    |
| DB1 | 36012063   | SELECT `t1` . `item_type` A ... e` = ? AND `t2` . `use_yn` = ?    |
| DB1 | 28797911   | SELECT `user_id` , `test_name` ... tart_date` AND `test_end_date` |
+-----+------------+-------------------------------------------------------------+
```

18.7.13 실행 시간이 긴 쿼리 목록 확인

MySQL 서버에서 오랫동안 실행된 쿼리들의 목록을 확인하고자 할 때 다음 쿼리를 사용할 수 있다. 오래 실행된 쿼리들은 슬로우 쿼리 로그 파일에서도 확인할 수 있지만, 슬로우 쿼리 로그 파일에서는 같은 형태의 쿼리라도 실행된 쿼리들이 모두 개별적으로 기록되므로 사용자가 오래 실행되는 쿼리들에 대해 유형별로 종합적인 통계 정보를 얻긴 어렵다. 그러나 Sys 스키마에서는 오래 실행된 쿼리들에 대해 쿼리 유형별로 누적 실행 횟수와 평균 실행 시간 등의 통계 정보를 함께 제공하므로 사용자가 오랫동안 실행된 쿼리들을 확인 및 분석하기가 매우 용이하다.

```
mysql> SELECT query, exec_count, sys.format_time(avg_latency) as "formatted_avg_latency",
              rows_sent_avg, rows_examined_avg, last_seen
       FROM sys.x$statement_analysis
       ORDER BY avg_latency DESC;
*************************** 1. row ***************************
              query: SELECT COUNT ( * ) , `user_id` FROM `user_friends` GROUP BY `user_id`
ORDER BY ? DESC LIMIT ?
           exec_count: 1
formatted_avg_latency: 17.46 m
        rows_sent_avg: 10
    rows_examined_avg: 123169261
            last_seen: 2021-01-15 01:49:33.894754
```

18.7.14 정렬 작업을 수행한 쿼리 목록 확인

많은 양의 데이터를 읽은 후 내부적으로 정렬 작업을 수행하는 쿼리들의 경우 서버의 CPU 자원을 많이 소모한다. 이러한 쿼리들이 갑자기 대량으로 MySQL 서버에 유입되면 서버에 부하를 주어 문제가 발생할 수 있다. 따라서 정렬 작업을 수행하는 쿼리들을 확인해서 정렬이 발생하지 않게 쿼리를 수정하거나 테이블 인덱스를 조정해 새로운 인덱스를 추가하는 방안을 고려해보는 것이 좋다. 다음 쿼리를 통해 MySQL 서버에서 최근에 정렬 작업을 수행한 쿼리들의 목록을 확인할 수 있다.

```
mysql> SELECT * FROM sys.statements_with_sorting ORDER BY last_seen DESC LIMIT 1 \G
*************************** 1. row ***************************
         query: SELECT `user` . `user_id` , `u ...  NOT NULL THEN ? ELSE ? END AS
            db: TB_USER
    exec_count: 283753324
```

```
        total_latency: 3.34 d
    sort_merge_passes: 0
      avg_sort_merges: 0
   sorts_using_scans: 283758559
    sort_using_range: 0
          rows_sorted: 196692
      avg_rows_sorted: 0
           first_seen: 2021-01-27 23:00:17.597260
            last_seen: 2021-02-23 06:18:32.216483
               digest: ae4311e000a3661a7da5517e32254e6a568ecdfa3f3d8a6865504cd8ff19b5dc
```

18.7.15 임시 테이블을 생성하는 쿼리 목록 확인

실행 시 임시 테이블을 생성하는 쿼리들의 목록을 확인하고자 할 때 다음 쿼리를 사용할 수 있다. Sys 스키마의 statements_with_temp_tables 뷰에서는 임시 테이블을 생성하는 쿼리들에 대해 쿼리 형태별로 해당 쿼리에서 생성한 임시 테이블 종류와 개수 등에 대한 통계 정보를 함께 제공한다. 따라서 사용자는 쿼리의 실행 계획을 직접 확인하지 않고도 손쉽게 임시 테이블을 사용하는 쿼리들과 관련 정보를 확인할 수 있다.

```
mysql> SELECT * FROM sys.statements_with_temp_tables LIMIT 10 \G
*************************** 1. row ***************************
                    query: SELECT `ifnull` ( MAX ( `unix_ ... ERE `user` NOT IN (...)
                       db: NULL
               exec_count: 106
            total_latency: 199.31 ms
        memory_tmp_tables: 212
          disk_tmp_tables: 106
  avg_tmp_tables_per_query: 2
    tmp_tables_to_disk_pct: 50
               first_seen: 2020-12-07 13:00:02.051832
                last_seen: 2021-03-22 13:00:01.879094
                   digest: 88af12205168e4654aafe469fa92c899c141d3670e350d5a9fd9cc9def1d4eab
```

18.7.16 트랜잭션이 활성 상태인 커넥션에서 실행한 쿼리 내역 확인

종종 MySQL 서버에서 세션의 트랜잭션이 정상적으로 종료되지 않고 오랫동안 남아있는 경우가 있다. 이 경우 해당 트랜잭션에서 실행한 쿼리들로 인해 다른 세션에서 실행된 쿼리가 처리되지 못하고 대기할 수 있으며, 다량으로 쌓인 언두 데이터로 인해 쿼리 성능이 저하되는 등의 문제가 발생할 수도 있다. 따라서 이 같은 문제 상황이 발생하지 않도록 트랜잭션이 남아있는 원인을 파악하고 해결하는 것이 중요한데, 원인 파악을 위한 가장 간단한 방법으로는 우선 트랜잭션에서 실행된 쿼리들을 확인하는 것이다. 트랜잭션에서 실행된 쿼리 내역을 통해 애플리케이션 서버의 어느 로직에서 이 트랜잭션을 발생시킨 건지 짐작해볼 수 있기 때문이다. 다음 쿼리를 사용해 종료되지 않고 아직 열린 채로 남아있는 트랜잭션에서 실행한 쿼리 내역을 확인할 수 있다.

```
mysql> SELECT
    ps_t.processlist_id,
    ps_esh.thread_id,
    CONCAT(ps_t.PROCESSLIST_USER,'@',ps_t.PROCESSLIST_HOST) AS "db_account",
    ps_esh.event_name,
    ps_esh.SQL_TEXT,
    sys.format_time(ps_esh.TIMER_WAIT) AS `duration`,
    DATE_SUB(NOW(), INTERVAL (SELECT VARIABLE_VALUE FROM performance_schema.global_status WHERE
VARIABLE_NAME='UPTIME') - ps_esh.TIMER_START*10e-13 second) AS `start_time`,
    DATE_SUB(NOW(), INTERVAL (SELECT VARIABLE_VALUE FROM performance_schema.global_status WHERE
VARIABLE_NAME='UPTIME') - ps_esh.TIMER_END*10e-13 second) AS `end_time`
FROM performance_schema.threads ps_t
INNER JOIN performance_schema.events_transactions_current ps_etc on ps_etc.thread_id=ps_
t.thread_id
INNER JOIN performance_schema.events_statements_history ps_esh on ps_esh.NESTING_EVENT_ID=ps_
etc.event_id
WHERE ps_etc.STATE='ACTIVE'
    AND ps_esh.MYSQL_ERRNO=0
ORDER BY ps_t.processlist_id, ps_esh.TIMER_START \G
*************************** 1. row ***************************
processlist_id: 8
    thread_id: 43
   db_account: user1@localhost
   event_name: statement/sql/update
     SQL_TEXT: update tb1 set col1 = 12345 where id = 43
```

```
      duration: 309 us
    start_time: 2021-01-02 21:51:10.593903
      end_time: 2021-01-02 21:51:10.594212
*************************** 2. row ***************************
processlist_id: 9
     thread_id: 44
    db_account: user2@localhost
    event_name: statement/sql/delete
      SQL_TEXT: delete from tb3 where id < 10
      duration: 271 us
    start_time: 2021-01-02 21:51:41.685649
      end_time: 2021-01-02 21:51:41.685919
```

현재 열려 있는 트랜잭션이 아닌 특정 세션에서 실행된 쿼리들의 전체 내역을 확인하고 싶은 경우에는
다음 쿼리를 사용할 수 있다. 쿼리 내역을 살펴보고 싶은 세션의 PROCESSLIST ID 값을 먼저 확인한
후 쿼리의 WHERE 절에 입력해준다.

```
mysql> SELECT
   ps_t.processlist_id,
   ps_esh.thread_id,
   CONCAT(ps_t.PROCESSLIST_USER,'@',ps_t.PROCESSLIST_HOST) AS "db_account",
   ps_esh.event_name,
   ps_esh.SQL_TEXT,
   DATE_SUB(NOW(), INTERVAL (SELECT VARIABLE_VALUE FROM performance_schema.global_status WHERE
VARIABLE_NAME='UPTIME') - ps_esh.TIMER_START*10e-13 second) AS `start_time`,
   DATE_SUB(NOW(), INTERVAL (SELECT VARIABLE_VALUE FROM performance_schema.global_status WHERE
VARIABLE_NAME='UPTIME') - ps_esh.TIMER_END*10e-13 second) AS `end_time`,
   sys.format_time(ps_esh.TIMER_WAIT) AS `duration`
FROM performance_schema.events_statements_history ps_esh
INNER JOIN performance_schema.threads ps_t ON ps_t.thread_id=ps_esh.thread_id
WHERE ps_t.processlist_id=8
   AND ps_esh.SQL_TEXT IS NOT NULL
  AND ps_esh.MYSQL_ERRNO=0
ORDER BY ps_esh.TIMER_START \G
*************************** 1. row ***************************
processlist_id: 8
     thread_id: 43
```

```
      db_account: root@localhost
     event_name: statement/sql/insert
       SQL_TEXT: insert into tb4 (col1, col2) values (1111, 2222)
     start_time: 2021-01-02 22:06:30.272962
       end_time: 2021-01-02 22:06:30.273178
       duration: 217 us
*************************** 2. row ***************************
  processlist_id: 8
      thread_id: 43
     db_account: root@localhost
     event_name: statement/sql/update
       SQL_TEXT: update tb2 set col1=10000, col2=20000 where id=3421
     start_time: 2021-01-02 22:07:10.589961
       end_time: 2021-01-02 22:07:10.590186
       duration: 225 us
*************************** 3. row ***************************
  processlist_id: 8
      thread_id: 43
     db_account: root@localhost
     event_name: statement/sql/select
       SQL_TEXT: select * from tb3 where id = 1123
     start_time: 2021-01-02 22:07:31.572144
       end_time: 2021-01-02 22:07:31.572372
       duration: 227 us
```

18.7.17 쿼리 프로파일링

쿼리가 MySQL 서버에서 처리될 때 처리 단계별로 시간이 어느 정도 소요됐는지 확인할 수 있다면 쿼리의 성능을 개선하는 데 많은 도움이 될 것이다. MySQL에서는 이를 위해 쿼리 프로파일링 기능을 제공하고 있으며, 사용자는 SHOW PROFILE 및 SHOW PROFILES 명령을 사용하거나 Performance 스키마를 통해 쿼리의 처리 단계별 소요 시간을 확인할 수 있다. SHOW PROFILE 및 SHOW PROFILES 명령은 MySQL 5.6.7 버전부터 지원이 중단될 예정(Deprecated)으로 표기됐으므로 Performance 스키마를 이용해 쿼리를 프로파일링하는 방법을 알아보겠다.

Performance 스키마로부터 쿼리 프로파일링 정보를 얻으려면 Performance 스키마의 특정 설정이 반드시 활성화돼 있어야 한다. 이를 위해 다음 쿼리들을 실행해 Performance 스키마 설정을 변경한다. 쿼리 프로파일링을 완료한 후 Performance 스키마 설정을 변경하기 전 설정으로 되돌리고 싶은 경우에는 변경 작업을 진행하기 전에 Sys 스키마의 ps_setup_save() 프로시저를 실행하는 것이 좋다.

```
-- // 현재 Performance 스키마 설정을 저장
mysql> CALL sys.ps_setup_save(10);

-- // 쿼리 프로파일링을 위해 설정 변경을 진행
mysql> UPDATE performance_schema.setup_instruments
       SET ENABLED = 'YES', TIMED = 'YES'
       WHERE NAME LIKE '%statement/%' OR NAME LIKE '%stage/%';

mysql> UPDATE performance_schema.setup_consumers
       SET ENABLED = 'YES'
       WHERE NAME LIKE '%events_statements_%' OR NAME LIKE '%events_stages_%';
```

Performance 스키마 설정이 완료되면 프로파일링 정보를 확인하고자 하는 쿼리를 실행한 후 events_statements_history_long 테이블에서 해당 쿼리에 매핑되는 Performance 스키마의 이벤트 ID 값을 확인한다.

```
-- // 프로파일링 대상 쿼리를 실행
mysql> SELECT * FROM DB1.tb1 WHERE id = 200725;

-- // 실행된 쿼리에 매핑되는 이벤트 ID 값을 확인
mysql> SELECT EVENT_ID,
              SQL_TEXT,
              sys.format_time(TIMER_WAIT) AS "Duration"
       FROM performance_schema.events_statements_history_long
       WHERE SQL_TEXT LIKE '%200725%';
+----------+-----------------------------------------+----------+
| EVENT_ID | SQL_TEXT                                | Duration |
+----------+-----------------------------------------+----------+
|     4011 | SELECT * FROM DB1.tb1 WHERE id = 200725 | 253 us   |
+----------+-----------------------------------------+----------+
```

확인한 이벤트 ID 값을 바탕으로 Performance 스키마의 `events_stages_history_long` 테이블을 조회하면 쿼리 프로파일링 정보를 확인할 수 있다.

```
mysql> SELECT EVENT_NAME AS "Stage",
       sys.format_time(TIMER_WAIT) AS "Duration"
       FROM performance_schema.events_stages_history_long
       WHERE NESTING_EVENT_ID=4011
       ORDER BY TIMER_START;
+-----------------------------------------------+----------+
| Stage                                         | Duration |
+-----------------------------------------------+----------+
| stage/sql/starting                            | 77 us    |
| stage/sql/Executing hook on transaction begin.| 3 us     |
| stage/sql/starting                            | 8 us     |
| stage/sql/checking permissions                | 5 us     |
| stage/sql/Opening tables                      | 33 us    |
| stage/sql/init                                | 5 us     |
| stage/sql/System lock                         | 8 us     |
| stage/sql/optimizing                          | 10 us    |
| stage/sql/statistics                          | 46 us    |
| stage/sql/preparing                           | 10 us    |
| stage/sql/executing                           | 10 us    |
| stage/sql/end                                 | 4 us     |
| stage/sql/query end                           | 3 us     |
| stage/sql/waiting for handler commit          | 8 us     |
| stage/sql/closing tables                      | 7 us     |
| stage/sql/freeing items                       | 14 us    |
| stage/sql/cleaning up                         | 1 us     |
+-----------------------------------------------+----------+
```

쿼리 프로파일링을 진행하기 전 Performance 스키마를 이전 설정으로 원상복구하기 위해 Sys 스키마의 `ps_setup_save()` 프로시저를 사용한 경우 프로파일링을 수행하고 난 뒤 다음 프로시저를 사용해 Performance 스키마 설정을 되돌린다.

```
mysql> CALL sys.ps_setup_reload_saved();
```

18.7.18 ALTER 작업 진행률 확인

ALTER TABLE 명령문을 사용해 테이블 스키마를 변경하는 작업을 진행하는 경우 작업이 어느 정도 진행되고 있는지 그 진행률을 Performance 스키마에 저장된 이벤트 데이터를 통해 확인할 수 있다. 하지만 그러기 위해서는 ALTER TABLE 명령문이 실행되기 전에 Performance 스키마에서 ALTER 작업과 관련된 설정들이 활성화돼야 한다. 따라서 사용자는 다음의 쿼리들을 사용해 ALTER 작업 관련 설정들을 작업하기 전에 미리 확인하는 것이 좋다.

```
mysql> SELECT NAME, ENABLED, TIMED
       FROM performance_schema.setup_instruments
       WHERE NAME LIKE 'stage/innodb/alter%';
+-----------------------------------------------------+---------+-------+
| NAME                                                | ENABLED | TIMED |
+-----------------------------------------------------+---------+-------+
| stage/innodb/alter table (end)                      | YES     | YES   |
| stage/innodb/alter table (flush)                    | YES     | YES   |
| stage/innodb/alter table (insert)                   | YES     | YES   |
| stage/innodb/alter table (log apply index)          | YES     | YES   |
| stage/innodb/alter table (log apply table)          | YES     | YES   |
| stage/innodb/alter table (merge sort)               | YES     | YES   |
| stage/innodb/alter table (read PK and internal sort)| YES     | YES   |
| stage/innodb/alter tablespace (encryption)          | YES     | YES   |
+-----------------------------------------------------+---------+-------+

mysql> SELECT *
       FROM performance_schema.setup_consumers WHERE NAME LIKE '%stages%';
+----------------------------+---------+
| NAME                       | ENABLED |
+----------------------------+---------+
| events_stages_current      | YES     |
| events_stages_history      | YES     |
| events_stages_history_long | YES     |
+----------------------------+---------+
```

설정들이 비활성화돼 있는 경우에는 다음 쿼리들을 실행해 해당 설정을 모두 활성화한다.

```
mysql> UPDATE performance_schema.setup_instruments
          SET ENABLED = 'YES', TIMED = 'YES'
          WHERE NAME LIKE 'stage/innodb/alter%';

mysql> UPDATE performance_schema.setup_consumers
          SET ENABLED = 'YES'
          WHERE NAME LIKE '%stages%';
```

Performance 스키마 설정을 완료한 후 ALTER 명령을 실행하면 다음 쿼리를 사용해 ALTER 작업의 진행률을 확인할 수 있다. ALTER 명령을 실행한 세션은 쿼리를 실행할 수 없으므로 다른 세션에서 다음 쿼리를 실행해야 한다.

```
-- // ALTER TABLE 명령을 실행
mysql_session1> ALTER TABLE tb1 ADD KEY ix_col1 (col1);

-- // ALTER 작업 진행률을 확인
mysql_session2> SELECT ps_estc.NESTING_EVENT_ID,
                  ps_esmc.SQL_TEXT,
                  ps_estc.EVENT_NAME,
                  ps_estc.WORK_COMPLETED,
                  ps_estc.WORK_ESTIMATED,
                  ROUND((WORK_COMPLETED/WORK_ESTIMATED)*100,2) as "PROGRESS(%)"
         FROM performance_schema.events_stages_current ps_estc
         INNER JOIN performance_schema.events_statements_current ps_esmc
                  ON ps_estc.NESTING_EVENT_ID=ps_esmc.EVENT_ID
         WHERE ps_estc.EVENT_NAME LIKE 'stage/innodb/alter%' \G

*************************** 1. row ***************************
NESTING_EVENT_ID: 78
        SQL_TEXT: ALTER TABLE tb1 ADD KEY ix_col1 (col1)
      EVENT_NAME: stage/innodb/alter table (insert)
  WORK_COMPLETED: 249649
  WORK_ESTIMATED: 302480
     PROGRESS(%): 82.53
```

쿼리 결과에서 각 칼럼이 의미하는 바는 다음과 같다.

- NESTING_EVENT_ID

  실행된 ALTER 명령문에 매핑되는 Performance 스키마의 이벤트 ID 값을 나타낸다.

- SQL_TEXT

  실행된 ALTER 명령문이 표시된다.

- EVENT_NAME

  현재 처리 중인 ALTER 작업 단계를 나타낸다.

- WORK_COMPLETED

  현재까지 완료된 작업량을 의미한다.

- WORK_ESTIMATED

  예측되는 전체 작업량을 의미한다. 따라서 초기에 측정된 전체 작업량과 최종적으로 결정된 작업량은 다를 수 있다.

- PROGRESS

  현재 작업 진행률을 나타낸다.

> **주의**
>
> WORK_ESTIMATED 칼럼의 값은 ALTER 명령의 정확한 작업량이 아니라 MySQL 서버가 작업을 시작하기 전에 통계 정보를 이용해 예측한 작업량을 의미한다. 때로는 MySQL 서버의 예측보다 ALTER 명령 처리가 지연될 수도 있는데, 이러한 경우 MySQL 서버는 ALTER 명령이 완료될 때까지 WORK_COMPLETED 칼럼의 값과 WORK_ESTIMATED 칼럼의 값을 계속 증가시키기도 한다. 이렇게 WORK_COMPLETED와 WORK_ESTIMATED 칼럼의 값이 동시에 증가하는 경우 이 쿼리를 이용해 ALTER 명령이 언제쯤 완료될지 예측하기는 어려울 수도 있다.

Performance 스키마의 events_stages_history_long 테이블을 조회해서 ALTER 작업에 대해 전체적인 진행 단계 및 단계별 소요 시간을 확인할 수도 있다. 다음의 쿼리를 사용해 확인할 수 있으며, 쿼리의 WHERE 절에서 NESTING_EVENT_ID 칼럼에는 ALTER 명령문의 이벤트 ID 값을 조건값으로 지정한다.

```
mysql> SELECT NESTING_EVENT_ID, EVENT_ID, EVENT_NAME,
            sys.format_time(TIMER_WAIT) AS 'ELAPSED_TIME'
       FROM performance_schema.events_stages_history_long
       WHERE NESTING_EVENT_ID=78
       ORDER BY TIMER_START \G
*************************** 1. row ***************************
NESTING_EVENT_ID: 78
        EVENT_ID: 80
```

```
           EVENT_NAME: stage/innodb/alter table (read PK and internal sort)
         ELAPSED_TIME: 23.64 s
*************************** 2. row ***************************
    NESTING_EVENT_ID: 78
            EVENT_ID: 81
          EVENT_NAME: stage/innodb/alter table (merge sort)
        ELAPSED_TIME: 31.58 s
*************************** 3. row ***************************
    NESTING_EVENT_ID: 78
            EVENT_ID: 82
          EVENT_NAME: stage/innodb/alter table (insert)
        ELAPSED_TIME: 2.98 s
*************************** 4. row ***************************
    NESTING_EVENT_ID: 78
            EVENT_ID: 83
          EVENT_NAME: stage/innodb/alter table (flush)
        ELAPSED_TIME: 683.58 ms
*************************** 5. row ***************************
    NESTING_EVENT_ID: 78
            EVENT_ID: 84
          EVENT_NAME: stage/innodb/alter table (log apply index)
        ELAPSED_TIME: 12.33 ms
*************************** 6. row ***************************
    NESTING_EVENT_ID: 78
            EVENT_ID: 85
          EVENT_NAME: stage/innodb/alter table (flush)
        ELAPSED_TIME: 106 us
*************************** 7. row ***************************
    NESTING_EVENT_ID: 78
            EVENT_ID: 86
          EVENT_NAME: stage/innodb/alter table (end)
        ELAPSED_TIME: 8.56 ms
```

18.7.19 메타데이터 락 대기 확인

ALTER TABLE 명령문을 사용해 테이블 스키마를 변경할 때 다른 세션에서 변경 대상 테이블에 대해 메타
데이터 락을 점유하고 있는 경우 ALTER TABLE 명령문은 진행되지 못하고 대기하게 된다. 이 같은 상황

이 발생한 경우 사용자는 Sys 스키마의 schema_table_lock_waits 뷰를 조회해서 현재 ALTER TABLE 작업을 대기하게 만든 세션에 대한 정보를 확인할 수 있다.

```
mysql> SELECT *
       FROM sys.schema_table_lock_waits
       WHERE waiting_thread_id != blocking_thread_id \G
*************************** 1. row ***************************
                object_schema: DB1
                  object_name: tb1
             waiting_thread_id: 79
                  waiting_pid: 43
              waiting_account: root@localhost
            waiting_lock_type: EXCLUSIVE
        waiting_lock_duration: TRANSACTION
                waiting_query: ALTER TABLE DB1.tb1 ADD col4 INT
           waiting_query_secs: 111
   waiting_query_rows_affected: 0
   waiting_query_rows_examined: 0
            blocking_thread_id: 78
                 blocking_pid: 42
             blocking_account: root@localhost
           blocking_lock_type: SHARED_READ
       blocking_lock_duration: TRANSACTION
        sql_kill_blocking_query: KILL QUERY 42
   sql_kill_blocking_connection: KILL 42
```

"waiting_"으로 시작하는 칼럼들은 ALTER TABLE 명령문을 실행했고 현재 메타데이터 락을 대기하고 있는 세션과 관련된 정보를 보여주며, "blocking_"으로 시작하는 칼럼들은 ALTER TABLE 명령문을 대기하게 만든 세션과 관련된 정보를 보여준다. "sql_"로 시작하는 칼럼에는 메타데이터 락을 점유한 세션에서 실행 중인 쿼리 또는 세션 자체를 종료시키는 쿼리 문이 표시된다. 따라서 필요한 경우 해당 쿼리들을 사용해 점유된 메타데이터 락을 강제로 해제시킬 수 있다. 하지만 이처럼 MySQL 서버에서 세션 또는 쿼리를 강제 종료할 경우 운영 중인 서비스에 영향을 줄 수 있으므로 주의가 필요하다.

사실 이렇게 ALTER TABLE 명령문이 대기하는 상황이 발생하면 MySQL 서버에서 연쇄적으로 대기가 발생할 수 있으므로 ALTER TABLE 명령을 일단 바로 취소하는 것이 가장 좋다. 취소 후 Performance 스키마의 metadata_locks 테이블을 조회해서 ALTER 작업 대상 테이블에 대한 메타데이터 락을 오랫동안 점유하고 있는 세션이 존재하는지 확인한다. ALTER TABLE 명령을 실행하기 전에 해당 테이블의 데이터를 조회해서 대기 상황이 발생할 가능성이 있는지 먼저 살펴보는 것도 좋은 방법이다.

```
mysql> SELECT *
       FROM performance_schema.metadata_locks \G
*************************** 1. row ***************************
          OBJECT_TYPE: TABLE
        OBJECT_SCHEMA: DB1
          OBJECT_NAME: tb1
          COLUMN_NAME: NULL
OBJECT_INSTANCE_BEGIN: 140265480784576
            LOCK_TYPE: SHARED_READ
        LOCK_DURATION: TRANSACTION
          LOCK_STATUS: GRANTED
               SOURCE: sql_parse.cc:5761
      OWNER_THREAD_ID: 78
       OWNER_EVENT_ID: 564
```

18.7.20 데이터 락 대기 확인

서로 다른 세션 간에 데이터 락 대기가 발생한 경우 Sys 스키마의 innodb_lock_waits 뷰를 조회해서 대기가 발생한 데이터 락과 관련된 종합적인 정보를 확인할 수 있다.

```
mysql> SELECT * FROM sys.innodb_lock_waits \G
*************************** 1. row ***************************
               wait_started: 2021-03-23 15:43:49
                   wait_age: 00:00:26
              wait_age_secs: 26
               locked_table: `test`.`t1`
        locked_table_schema: test
          locked_table_name: t1
     locked_table_partition: NULL
  locked_table_subpartition: NULL
               locked_index: PRIMARY
                locked_type: RECORD
```

```
            waiting_trx_id: 3576745
       waiting_trx_started: 2021-03-23 15:43:49
           waiting_trx_age: 00:00:26
    waiting_trx_rows_locked: 1
  waiting_trx_rows_modified: 0
                waiting_pid: 43
              waiting_query: update test.t1 set col1 = 12345 where id = 31
            waiting_lock_id: 4647355352:17:5:5:140666043036704
          waiting_lock_mode: X,REC_NOT_GAP
           blocking_trx_id: 3576744
              blocking_pid: 47
            blocking_query: NULL
          blocking_lock_id: 4647353672:17:5:5:140666043027488
        blocking_lock_mode: X,REC_NOT_GAP
       blocking_trx_started: 2021-03-23 15:32:29
          blocking_trx_age: 00:11:46
   blocking_trx_rows_locked: 1
 blocking_trx_rows_modified: 0
      sql_kill_blocking_query: KILL QUERY 47
 sql_kill_blocking_connection: KILL 47
```

"wait_"로 시작하는 칼럼들에는 대기가 시작된 시점과 경과 시간이 표시되며, "locked_"로 시작하는 칼럼들에는 락과 관련된 데이터베이스 객체와 락 종류 등의 내용이 표시된다. 다음으로 "waiting_"으로 시작하는 칼럼들에는 현재 데이터 락을 대기 중인 트랜잭션과 관련된 정보가 표시되며, "blocking_"으로 시작하는 칼럼들에는 락을 점유하고 있는 트랜잭션과 관련된 정보가 표시된다. "sql_"로 시작하는 칼럼에는 데이터 락을 점유하고 있는 세션 또는 해당 세션에서 현재 실행 중인 쿼리를 강제로 종료시키는 쿼리 문이 표시되는데, 서비스에서 사용되고 있는 MySQL 서버의 경우 이처럼 세션 혹은 쿼리를 강제 종료했을 때 운영 중인 서비스에 영향을 줄 수 있으므로 주의해야 한다. 데이터 락을 점유 중인 세션이 비정상적인 것으로 확인된 경우에는 강제 종료 쿼리를 사용한 후 락을 대기 중인 쿼리가 실행될 수 있게 한다.

M − O

P – Q

R - S

T – Z